suhrkamp taschenbuch 15

Claude Lévi-Strauss, geboren am 28. November 1908 in Brüssel, lehrte von 1935 bis 1939 Soziologie an der Universität von São Paulo und nahm in dieser Zeit an mehreren wissenschaftlichen Expeditionen ins Innere Brasiliens teil. Von 1942 bis 1945 lehrte er an der New York School for Social Research, 1950 erhielt er an der Ecole Pratique des Hautes Etudes in Paris einen Lehrstuhl für vergleichende Religionswissenschaften der schriftlosen Völker und 1959 am Collège de France den Lehrstuhl für Anthropologie. Werke: *La vie familiale et sociale des Indiens Nambikwara* 1948, *Les structures élémentaires de la parenté* 1949, *Race et histoire* 1952, *Tristes Tropiques* 1955, *Anthropologie structurale* 1958, *Le totémisme aujourd'hui* 1962, *La pensée sauvage* 1962, *Le cru et le cuit* 1964, *Du miel aux cendres* 1966, *L'origine des manières de table* 1968, *L'homme nu* 1971.

Diese Sammlung von Aufsätzen enthält die Quintessenz der Forschungen von Lévi-Strauss. Sie stellen eine vergleichende Strukturanalyse aller Äußerungen des sozialen Lebens dar, von den Verwandtschaftsbeziehungen und Siedlungsformen bis zu Sprache, Religion, Kunst und Kochgewohnheiten. All das sind Manifestationen der unbewußten Tätigkeit des menschlichen Geistes, die als eine Gesamtheit symbolischer Systeme oder als eine Syntax betrachtet werden können.

Das unentbehrliche Standardwerk des Strukturalismus, der seit dem letzten Jahrzehnt alle Humanwissenschaften und darüber hinaus das Denken unserer Zeit herausfordert.

Claude Lévi-Strauss

Strukturale Anthropologie

Suhrkamp

Titel der Originalausgabe ›Anthropologie Structurale‹
Aus dem Französischen von Hans Naumann

suhrkamp taschenbuch 15
16.–23. Tausend 1972

Suhrkamp Taschenbuch Verlag

Druck: Ebner, Ulm · Printed in Germany
Umschlag nach Entwürfen
von Willy Fleckhaus und Rolf Staudt

Inhalt

Vorwort 9

1 Einleitung: Geschichte und Ethnologie 11

Sprache und Verwandtschaft 41

2 Die Strukturanalyse in der Sprachwissenschaft und in der Anthropologie 43
3 Sprache und Gesellschaft 68
4 Sprachwissenschaft und Anthropologie 80
5 Nachtrag zu den Kapiteln 3 und 4 95

Soziale Organisation 113

6 Der Begriff des Archaismus in der Ethnologie 115
7 Die sozialen Strukturen in Zentral- und Ostbrasilien 135
8 Gibt es dualistische Organisationen? 148

Magie und Religion 181

9 Der Zauberer und seine Magie 183
10 Die Wirksamkeit der Symbole 204
11 Die Struktur der Mythen 226
12 Struktur und Dialektik 255

Kunst 265

13 Die Zweiteilung der Darstellung in der Kunst Asiens und Amerikas 267
14 Die Schlange mit dem Körper voller Fische 292

Probleme der Methode und des Unterrichts 297

15 Der Strukturbegriff in der Ethnologie 299
16 Nachtrag zu Kapitel 15 347
17 Die Stellung der Anthropologie in den Sozialwissenschaften und die daraus resultierenden Unterrichtsprobleme 369

Anhang

Bibliographie 409
Personenregister 423
Sachregister 427
Verzeichnis der Abbildungen im Text 435
Tafelteil 437
Verzeichnis der Abbildungen auf den Tafeln 451

Im Jahre 1958, in dem sich der Geburtstag Emile Durkheims zum hundertsten Male jährt, sei es einem nicht immer treuen Schüler gestattet, dieses Buch dem Gedächtnis des Begründers der *Année Sociologique* zu widmen: jener Zauberwerkstatt, in der die Ethnologie von heute einen Teil ihrer Ausrüstung erhielt, die wir aber dem Schweigen und der Vergessenheit überlassen haben – weniger aus Undankbarkeit als in dem traurigen Eingeständnis, daß dieses Unternehmen heute über unsere Kräfte ginge.

Χρύσεον μὲν πρώτιστα γένος.

Vorwort

Jean Pouillon schrieb in einer kritischen Würdigung einen Satz, den zu Anfang des vorliegenden Buches zu zitieren er mir hoffentlich nicht nachtragen wird, denn er entspricht in wunderbarer Weise allem, was ich auf dem wissenschaftlichen Felde auszuführen gewünscht habe, wiewohl ich oft daran zweifelte, daß ich schon so weit sei: »Lévi-Strauss ist sicher nicht der erste und auch nicht der einzige, der den Strukturcharakter der sozialen Phänomene unterstrichen hat, seine Originalität liegt aber darin, ihn ernst zu nehmen und daraus unbeirrt alle Konsequenzen zu ziehen.«[1]

Ich wäre glücklich, wenn mein Buch andere Leser dazu ermuntern würde, dieses Urteil zu teilen.

Man findet hier siebzehn von einigen hundert Texten, die ich in nahezu dreißig Jahren geschrieben habe. Manche sind verloren gegangen, andere werden besser der Vergessenheit überantwortet. Unter denen, die mir weniger wertlos erschienen, habe ich eine Auswahl getroffen und dabei die rein ethnographischen und beschreibenden Arbeiten von anderen, die zwar eine theoretische Weite haben, deren Substanz aber in mein Buch »Traurige Tropen« eingegangen ist, getrennt. Zum erstenmal veröffentlicht und an die fünfzehn anderen angehängt sind hier zwei Texte, die mir geeignet erscheinen, die strukturale Methode in der Anthropologie zu erläutern.

Bei der Zusammenstellung dieser Aufsätze bin ich auf eine Schwierigkeit gestoßen, auf die ich den Leser aufmerksam machen möchte. Einige meiner Aufsätze sind zunächst in englischer Sprache geschrieben worden, sie mußten also übersetzt werden. Während dieser Arbeit stellte ich verblüfft fest, wie sehr sich Ton und Aufbau der in der einen von den in der anderen Sprache geschriebenen Texten unterschieden. Daraus ergibt sich eine Unstimmigkeit, die, so fürchte ich, Gleichgewicht und Einheit des Buches stört.

Dieser Unterschied läßt sich zum Teil mit soziologischen Gründen erklären: man denkt und erklärt auf andere Weise, je nachdem, ob man sich an ein französisches oder ein angelsächsisches Publikum wendet. Aber auch persönliche Gründe spielen mit. Wenn ich mich auch an die englische Sprache gewöhnt habe, in der ich mehrere

1 *Les Temps Modernes*, Juli 1956, S. 158.

Jahre hindurch lehrte, so spreche ich sie doch ungenau und habe nur einen begrenzten Wortschatz. Ich denke englisch, was ich in dieser Sprache schreibe, und ohne mir immer darüber Rechenschaft zu geben, sage ich, was ich mit den mir zur Verfügung stehenden sprachlichen Mitteln sagen kann, nicht aber, was ich sagen will. Daher das Gefühl der Fremdheit gegenüber meinen eigenen Texten, wenn ich versuche, sie ins Französische zu übertragen. Da der Leser wahrscheinlich dieses Ungenügen spüren wird, war es nötig, den Grund dafür anzugeben.

Ich habe versucht, der Schwierigkeit durch eine sehr freie Übersetzung und durch Zusammenfassung einiger und Ausführungen anderer Stellen abzuhelfen. Auch die französischen Artikel sind leicht verändert worden. Schließlich habe ich hier und da Fußnoten angefügt, um auf Kritiken zu antworten, Irrtümer zu beseitigen oder neue Tatsachen anzuführen.

Paris, 1. November 1957

C. Lévi-Strauss

1. Kapitel

Einleitung: Geschichte und Ethnologie[1]

Mehr als ein halbes Jahrhundert ist vergangen, seitdem Hauser und Simiand die Prinzipien und Methoden der Geschichte und der Soziologie, die sich ihrer Meinung nach voneinander unterschieden, dargelegt und gegenübergestellt haben. Bekanntlich hingen diese Unterschiede im wesentlichen mit dem vergleichenden Charakter der soziologischen Methode im Gegensatz zu dem monographischen und funktionellen der historischen Methode zusammen[2]. Die beiden Forscher, die sich über diesen Gegensatz einig waren, trennten sich nur über dem entsprechenden Wert jeder Methode.

Was ist seitdem geschehen? Man darf feststellen, daß die Geschichte sich an das bescheidene und klare Programm gehalten hat, das ihr vorgezeichnet war, und daß sie sich innerhalb dieses Rahmens entfaltet hat. Vom Standpunkt der Geschichte aus scheinen die Prinzipien- und Methodenfragen endgültig geklärt zu sein. Bei der Soziologie ist das etwas anderes: man kann nicht sagen, sie habe sich nicht entwickelt; an den Zweigen, mit denen wir uns hier ganz besonders zu beschäftigen haben, der Ethnographie und der Ethnologie, hat sich im Laufe der letzten dreißig Jahre eine üppige Blütenpracht theoretischer und beschreibender Untersuchungen entwickelt: aber um den Preis von Konflikten, Streitigkeiten und Verwirrungen, in denen man die in die Ethnologie selbst verlagerte Debatte der Vergangenheit wiedererkennt, die sie in ihrer Gesamtheit einem anderen Fach, der gleichfalls in ihrer Gesamtheit gesehenen Geschichte, gegenüberzustellen schien.

Man wird sehen, daß die These der Historiker paradoxerweise wortwörtlich bei den Ethnologen wieder aufgenommen wird, und zwar gerade bei denen, die sich als Gegner der historischen Methode ausgeben. Diese Situation bleibt unverständlich, wenn man nicht den Ursprung rasch nachzeichnet und der größeren Deutlichkeit wegen einige vorläufige Definitionen gibt.

1 Unter diesem Titel in: *Revue de Métaphysique et de Morale*, 1949, S. 363 bis 391.

2 H. Hauser, *L'Enseignement des sciences sociales*, Paris, 1903. F. Simiand, Méthode historique et siences sociales, *Revue de Synthèse*, Paris, 1903.

Wir lassen in diesem Kapitel den Ausdruck Soziologie beiseite, der seit Anfang dieses Jahrhunderts noch nicht den allgemeinen Sinn eines *corpus* der Gesamtheit der Sozialwissenschaften erreicht hat, den Durkheim und Simiand für ihn erhofft hatten. In der noch in verschiedenen Ländern Europas, selbst in Frankreich geläufigen Bedeutung einer Reflexion über die Prinzipien des sozialen Lebens und über die Ideen, die die Menschen sich darüber machten und machen, läßt sich die Soziologie auf die Sozialphilosophie zurückführen und bleibt außerhalb unserer Untersuchung; und wenn man in ihr, wie das in den angelsächsischen Ländern der Fall ist, eine Gesamtheit von positiven Untersuchungen sieht, die auf die Organisation und das Funktionieren der Gesellschaften von sehr komplexem Aufbau hinauslaufen, wird die Soziologie ein Spezialfach der Ethnographie, ohne doch, gerade wegen der Komplexität ihres Gegenstandes, zu ebenso genauen und reichen Ergebnissen kommen zu können wie diese, deren Betrachtungsweise vom Standpunkt der Methode aus einen größeren topischen Wert hat.
Es bleibt nunmehr die Definition der Ethnographie und der Ethnologie übrig. Wir wollen sie sehr summarisch und provisorisch, aber für den Beginn der Untersuchung zureichend unterscheiden und sagen, daß die Ethnographie in der Beobachtung und Analyse menschlicher Gruppen besteht, die in ihrer Besonderheit betrachtet werden (und die oft aus theoretischen und praktischen Gründen, die indessen nichts mit der Art der Untersuchung zu tun haben, ausgewählt werden, unter ihnen Gruppen, die von der unseren am meisten abweichen), und auf die möglichst getreue Rekonstruktion der Lebensform jeder einzelnen abzielt; wohingegen die Ethnologie die von den Ethnographen gebotenen Dokumente komparativ (und zu Zwecken, die später zu bestimmen sind) auswertet. Mit diesen Definitionen bekommt die Ethnographie in allen Ländern die gleiche Bedeutung; und die Ethnologie entspricht ungefähr dem, was man in den angelsächsischen Ländern (in denen der Ausdruck Ethnologie in Vergessenheit gerät) unter sozialer und kultureller Anthropologie versteht (wobei die Sozialanthropologie sich vor allem der Untersuchung der Institutionen als Systemen der Repräsentation widmet, die Kulturanthropologie dagegen der Untersuchung der Techniken und eventuell auch der Institutionen als Techniken im Dienste des sozialen Lebens). Selbstverständlich wird die Soziologie, wenn die Ergebnisse der objektiven Untersuchung der komplexen

Gesellschaften und der sogenannten primitiven Gesellschaften jemals integriert werden können, um allgemein gültige Schlußfolgerungen vom diachronischen oder synchronischen Gesichtspunkt aus zu liefern, in ihrer endgültigen positiven Form automatisch den erwähnten ursprünglichen Sinn verlieren, um den einer Krönung der Sozialwissenschaften, den sie immer begehrt hat, zu verdienen. Aber so weit sind wir noch nicht.

Wenn das feststeht, läßt sich das Problem der Beziehungen zwischen den ethnologischen Wissenschaften und der Geschichte, das gleichzeitig ihr entschleiertes inneres Drama ist, folgendermaßen formulieren: entweder hängen unsere Wissenschaften mit der diachronischen Dimension der Erscheinungen, das heißt mit ihrer Ordnung in der Zeit zusammen, dann sind sie unfähig, deren Geschichte zu schreiben; oder sie versuchen nach Art des Historikers zu arbeiten, und dann entgeht ihnen die Dimension der Zeit. Eine Vergangenheit wiederherstellen zu wollen, deren Geschichte zu erreichen man unmöglich in der Lage ist, oder die Geschichte einer Gegenwart ohne Vergangenheit schreiben zu wollen, das Drama der Ethnologie im einen Falle, der Ethnographie im anderen, ist auf alle Fälle das Dilemma, in das ihre Entwicklung sie im Laufe der letzten fünfzig Jahre anscheinend allzu oft gestürzt hat.

I

Dieser Widerspruch äußert sich nicht in den Begriffen des klassischen Gegensatzes von Evolutionstheorie und Diffusionstheorie, denn von diesem Gesichtspunkt aus bilden die beiden Schulen keinen Gegensatz. Die entwicklungstheoretische Interpretation ist in der Ethnologie die direkte Auswirkung der biologischen Evolutionstheorie[3]. Die abendländische Zivilisation erscheint als fortgeschrittenster Ausdruck der Entwicklung der menschlichen Gesellschaften, die primitiven Gruppen gelten als »Überbleibsel« früherer Etappen, deren logische Klassifizierung zugleich die zeitliche Reihenfolge liefern sollte. Aber die Aufgabe ist nicht so einfach: die Eskimos, große Techniker, sind schlechte Soziologen; in Australien ist es umgekehrt. Man könnte die Beispiele vermehren. Eine unbegrenzte

3 Das stimmte am Ende des 19. Jahrhunderts. Aber man darf nicht vergessen, daß die soziologische Evolutionstheorie der anderen historisch vorausging.

Auswahl von Kriterien würde die Möglichkeit bieten, eine unbegrenzte Anzahl von ganz verschiedenen Reihen zu konstruieren. Die Neo-Evolutionstheorie von Leslie White [4] scheint ebenso wenig fähig zu sein, diese Schwierigkeit zu beheben: denn wenn das von ihm vorgeschlagene Kriterium – in jeder Gesellschaft eine Durchschnittsmenge verfügbarer Energie pro Kopf – einem Ideal entspricht, das in bestimmten Perioden und unter bestimmten Aspekten der abendländischen Zivilisation akzeptiert wird, ist nicht einzusehen, wie man diese Bestimmung für die große Mehrzahl der menschlichen Gesellschaften treffen soll, wo die vorgeschlagene Kategorie noch dazu bedeutungslos erscheint.

Man wird also versuchen, die Kulturen durch Abstraktion in isolierbare Elemente zu zerlegen und diese Beziehungen der Abfolge und der fortschreitenden Differenzierung, die der Paläontologe in der Entwicklung der menschlichen Gattungen aufdeckt, festzulegen, zwar nicht mehr zwischen den Kulturen selbst, sondern zwischen Elementen desselben Typus innerhalb verschiedener Kulturen. Für den Ethnologen, sagt Tylor, »ist der Bogen und der Pfeil eine Gattung, der Brauch, den Schädel der Kinder zu deformieren, eine Gattung, die Gewohnheit, die Zahlen nach Zehnergruppen zu ordnen, eine Gattung. Die geographische Verteilung dieser Objekte und ihre Übermittlung von einem Gebiet auf das andere müssen in der gleichen Weise untersucht werden, wie die Naturforscher die geographische Verteilung ihrer Tier- oder Pflanzengattungen untersuchen.« [5] Aber nichts ist gefährlicher als diese Analogie. Denn selbst wenn die Entwicklung der Genetik erlauben würde, den Begriff der Gattung endgültig zu überwinden, ist das, was ihn für den Naturwissenschaftler wertvoll gemacht hat und noch wertvoll macht, die Tatsache, daß das Pferd einem anderen Pferd effektiv Leben schenkt und daß über eine ausreichende Anzahl von Generationen hinweg *Equus caballus* der wirkliche Abkömmling von *Hipparion* ist. Die historische Gültigkeit der Rekonstruktion des Naturwissenschaftlers wird letzten Endes durch das biologische Band der Fortpflanzung garantiert. Dagegen zeugt eine Axt niemals eine andere Axt; zwischen zwei identischen Werkzeugen oder zwischen zwei verschiede-

4 L. A. White, Energy and the Evolution of Culture, *American Anthropologist*, Bd. 45, 1943; History, Evolutionism and Functionalism ..., *Southwestern Journal of Anthropology*, Bd. 1, 1945; Evolutionary Stages, Progress and the Evaluation of Cultures, *a.a.*O. Bd. 3, 1947.

5 E. B. Tylor, *Primitive Culture*, London 1871, Bd. 1, S. 7

nen Werkzeugen, die aber der Form nach ähnlich sind, besteht auf immer eine radikale Kluft, die daher rührt, daß das eine nicht aus dem anderen hervorgegangen ist, sondern jedes von ihnen aus einem System von Vorstellungen; so bilden die europäische Gabel und die polynesische Gabel, die rituellen Mahlzeiten vorbehalten bleibt, ebensowenig eine Gattung wie die Strohhalme, mit denen der Gast auf der Terrasse eines Cafés eine Zitrone saugt, die »bombilla«, um Mate zu trinken, und die Trinkröhrchen, die von gewissen amerikanischen Stämmen aus magischen Gründen verwendet werden. Das trifft auch für das Gebiet der Institutionen zu: man kann nicht den Brauch, Greise aus wirtschaftlichen Gründen zu töten, und den, ihre Abreise in die andere Welt zu beschleunigen, damit ihnen nicht allzulange deren Freuden vorenthalten bleiben, in dieselbe Sparte einreihen.

Wenn also Tylor schreibt: »Wenn man ein Gesetz aus einer Gesamtheit von Tatsachen erschließen kann, geht das über die Rolle der detaillierten Geschichte weit hinaus. Wenn wir sehen, wie ein Magnet ein Stück Eisen anzieht, und wir dahin gelangt sind, aus der Erfahrung das allgemeine Gesetz abzuleiten, daß der Magnet Eisen anzieht, brauchen wir uns nicht die Mühe zu machen, die Geschichte des betreffenden Magneten zu vertiefen« [6], schließt er uns in Wirklichkeit in einen Zirkel ein. Denn der Ethnologe ist im Unterschied zum Physiker noch im ungewissen über die Bestimmung der Objekte, die für ihn dem Magneten und dem Eisen entsprechen, und über die Möglichkeit, Objekte zu identifizieren, die oberflächlich wie zwei Magnete oder zwei Eisenstücke erscheinen. Nur eine »detaillierte Geschichte« würde ihm ermöglichen, in jedem Fall seinem Zweifel zu entgehen. Die Kritik des Begriffs Totemismus hat seit langem schon ein ausgezeichnetes Beispiel für diese Schwierigkeit abgegeben: wenn man seine Anwendung auf nicht anfechtbare Fälle begrenzt, bei denen die Institution mit allen ihren Eigenarten erscheint, sind diese Fälle zu speziell, um zu erlauben, daß man ein religiöses Entwicklungsgesetz aufstellt; und wenn man von bestimmten Elementen aus extrapoliert, kann man ohne eine »detaillierte Geschichte« der religiösen Ideen jeder Gruppe unmöglich wissen, ob das Vorhandensein von Tier- und Pflanzennamen oder von bestimmten Praktiken oder Glaubensinhalten, die sich auf Tier- oder

6 E. B. Tylor, *Researches into the Early History of Mankind and the Development of Civilisation*, London, 1865, S. 3

Pflanzengattungen beziehen, sich als Reste eines vorhergehenden totemistischen Systems erklären lassen oder aus ganz anderen Gründen wie zum Beispiel der logisch-ästhetischen Neigung des menschlichen Geistes, die – physischen, biologischen und sozialen – Gesamtheiten, die seine Welt bilden und deren Allgemeinheit eine klassische Untersuchung von Durkheim und Mauss nachgewiesen hat[7], in Form von Gruppen zu erfassen.
In dieser Hinsicht haben die evolutionstheoretischen und diffusionstheoretischen Interpretationen vieles gemeinsam. Tylor hatte sie übrigens nebeneinander formuliert und angewandt, und beide zusammen heben sie sich von den Methoden des Historikers ab. Dieser untersucht immer Individuen, seien sie nun Personen oder Ereignisse oder auch Gruppen von Erscheinungen, die durch ihre Stellung in Raum und Zeit individualisiert sind. Der Diffusionstheoretiker kann indessen die Gattungen des vergleichenden Forschers auseinanderreißen, um zu versuchen, Individuen aus Bruchstücken wieder zusammenzusetzen, die er verschiedenen Kategorien entlehnt hat: er wird immer nur ein Pseudoindividuum aufbauen, da die räumlichen und zeitlichen Koordinaten sich aus der Art ergeben, wie die Elemente ausgewählt und untereinander zusammengesetzt worden sind, anstatt daß sie dem Gegenstand eine wirkliche Einheit verleihen. Die kulturellen Zyklen oder »Komplexe« des Diffusionstheoretikers sind genau wie die »Stadien« des Evolutionstheoretikers das Ergebnis einer Abstraktion, dem immer die Bestätigung durch Zeugen fehlen wird. Ihre Geschichte bleibt der Konjektur und der Ideologie unterworfen. Dieser Vorbehalt trifft selbst auf bescheidenere und strengere Untersuchungen zu, etwa die von Lowie, Spier und Kroeber über die Verteilung bestimmter kultureller Charakterzüge der Gebiete innerhalb der Grenzen Nordamerikas[8]. Zweifellos nicht so sehr deshalb, weil man niemals aufgrund der Tatsache, daß das vorgeschlagene Arrangement möglich ist, wird schließen können, daß die Dinge sich so zugetragen haben: es ist immer legitim, Hypothesen aufzustellen, und zumindest in einigen Fällen haben die Ursprungszentren und die Wege der Ausbreitung einen Charakter sehr

7 E. Durkheim und M. Mauss, De quelques formes primitives de classification, *L'Année sociologique*, Bd. VI, 1901–1902.

8 R. H. Lowie, Societies of the Hidatsa and Mandan Indians, *Anthropological Papers of the American Museum of Natural History*, Bd. II, 1913. L. Spier, The Sun-Dance of the Plains Indians, *a.a.O.*, Bd. 16, 1921. A. L. Kroeber, Salt, Dogs, Tobacco, *Anthropological Records*, Berkeley, Bd. 6, 1941.

großer Wahrscheinlichkeit. Was solche Untersuchungen enttäuschend macht, ist viel eher, daß sie uns nichts über die bewußten und unbewußten Vorgänge mitteilen, die in konkreten individuellen oder kollektiven Erfahrungen zum Ausdruck kommen, durch die die Menschen, die keine Institution besaßen, sie erlangt haben, entweder durch Erfindung oder durch Umwandlung früherer Institutionen, oder auch, weil sie sie von außen angenommen haben. Diese Forschung scheint uns dagegen eines der wesentlichen Ziele des Ethnographen wie des Historikers zu sein.

Keiner hat mehr als Boas dazu beigetragen, auf diese Widersprüche hinzuweisen. Daher wird eine rasche Analyse seiner wesentlichen Stellungnahmen erlauben, zu untersuchen, in welchem Maße er selbst ihnen entgangen ist und ob sie nicht in den Bedingungen stecken, unter denen sich die ethnographische Arbeit vollzieht.
Der Geschichte gegenüber beginnt Boas mit einer bescheidenen Erklärung: »Alles, was die Ethnologen auf dem Gebiet der Geschichte der primitiven Völker herausgearbeitet haben, ist Rekonstruktion und kann nichts anderes sein.« [9] Und denen, die ihm vorwarfen, Geschichte nicht von diesem oder jenem Aspekt einer Zivilisation aus getrieben zu haben, der er immerhin den größten Teil seines Lebens widmete, hat er folgende Antwort gegeben: »Unglücklicherweise verfügen wir über keine Tatsache, die irgendein Licht auf diese Entwicklungen wirft.« [10] Wenn aber diese Grenzen einmal erkannt sind, kann man eine Methode festlegen, deren Anwendungsfeld ohne Zweifel durch die außergewöhnlich ungünstigen Bedingungen, unter denen der Ethnologe arbeitet, eingeengt wird, von der man aber einige Ergebnisse erwarten darf. Die detaillierte Untersuchung der Bräuche und ihres Platzes in der Gesamtkultur des Stammes, der sie praktiziert, verbunden mit einer Untersuchung, die sich auf ihre geographische Verteilung unter den Nachbarstämmen bezieht, erlaubt einerseits die historischen Ursachen, die zu ihrer Bildung geführt haben, und andererseits die psychischen Prozesse, die sie möglich gemacht haben, zu bestimmen [11].

9 F. Boas, History and Science in Anthropology: a Reply; *American Anthropologist*, N. S. Bd. 38, 1936, S. 137–141.
10 *ebda.*
11 F. Boas, *The Limitations of the Comparative Method of Anthropology* (1896), in: *Race, Language and Culture*, New York 1940, S. 276.

Wenn die Untersuchung richtig durchgeführt werden soll, muß sie sich auf ein kleines Gebiet mit genau bestimmten Grenzen beschränken; und die Vergleiche dürfen nicht über das gewählte Gebiet hinaus ausgedehnt werden. Tatsächlich kann das Zurückreichen analoger Bräuche oder Institutionen nur dann als Beweis für einen Kontakt gelten, wenn eine fortlaufende Kette von Tatsachen des gleichen Typus vorhanden ist, die die Verbindung mit den letzten Tatsachen durch eine ganze Reihe von Zwischengliedern herstellt.[12] Man erhält zweifellos niemals chronologische Gewißheit; aber es ist möglich, für Erscheinungen oder Gruppen von Erscheinungen, die in ihrer Ausdehnung in Raum und Zeit eingegrenzt sind, große Wahrscheinlichkeiten zu erhalten. Die Entwicklung der Geheimgesellschaften bei den Kwakiutl konnte über einen Zeitraum von einem halben Jahrhundert nachgezeichnet werden; einige Hypothesen über die früheren Beziehungen zwischen den Kulturen Nordsibiriens und denen des amerikanischen Nordwestens haben Form bekommen; die Wege, die dieses oder jenes mythische Thema Nordamerikas gewandert ist, sind schlüssig rekonstruiert worden.

Und doch gelingt es in diesen strengen Untersuchungen selten, die Geschichte in den Griff zu bekommen: in dem ganzen Werk von Boas erscheint ihr Ergebnis eher negativ. Sowohl bei den Pueblo im Südwesten wie bei den Stämmen von Alaska und Britisch-Kolumbien stellt man fest, daß die soziale Organisation des betrachteten Gebietes an den beiden Enden übertriebene, einander entgegengesetzte Formen annimmt, und daß die dazwischenliegenden Gebiete eine Reihe von Übergangstypen darstellen. So haben die westlichen Pueblo-Indianer matrilineare Clans ohne Hälften, die des Ostens patrilineare Hälften ohne Clans. Der nördliche Teil der Küste des Pazifik ist charakteristisch für nicht übermäßig zahlreiche Clans und blühende lokale Gruppen mit sehr ausgeprägten Vorrechten, während der südliche Teil eine bilaterale Organisation und lokale Gruppen ohne deutliche Vorrechte hat.

Was läßt sich daraus schließen? Daß sich vom einen Typus zum anderen eine Entwicklung vollzieht? Damit diese Hypothese sinnvoll wäre, müßte man beweisen, daß einer der Typen ursprünglicher ist als der andere; daß der ursprüngliche Typus, wenn er gegeben ist, sich notwendigerweise zu der anderen Form entwickelt; und endlich, daß dieses Gesetz im Mittelpunkt des Gebietes strenger wirkt

12 *a.a.O.*, S. 277.

als an seiner Peripherie. Mangels dieses dreifachen und unmöglichen Beweises ist jede Abstammungstheorie nutzlos, und in diesem besonderen Fall erlauben die Tatsachen keine Rekonstruktion, die zum Beispiel auf die Behauptung hinausliefe, die matrilinearen Institutionen gingen den patrilinearen Institutionen voraus: »Alles, was man sagen kann, ist, daß Bruchstücke archaischer historischer Entwicklungen weiterbestehen können.« Wenn es aber möglich oder sogar wahrscheinlich ist, daß die den matrilinearen Institutionen innewohnende Instabilität ihre Umwandlung in patrilineare oder bilineare Institutionen begünstigt hat, so ergibt sich daraus auf gar keinen Fall, daß das Mutterrecht immer und überall die ursprüngliche Form darstellt [13].

Diese kritische Analyse ist entscheidend, sie würde aber, auf die Spitze getrieben, zu einem vollständigen historischen Agnostizismus führen. Für Boas indessen richtet sie sich eher gegen die angeblich allgemeingültigen Gesetze der menschlichen Entwicklung und gegen die Verallgemeinerungen, die sich auf das, was er einmal »die Möglichkeiten der 40 %« [14] genannt hat, gründen, als gegen einen bescheidenen und sorgfältigen Beitrag zur historischen Rekonstituierung mit genauen und begrenzten Zielen. Welches sind nach seiner Ansicht die Bedingungen für einen solchen Beitrag? Er weiß, daß in der Ethnologie »die Beweise für einen Wandel nur mit indirekten Methoden erlangt werden können«, das heißt, wie in der vergleichenden Philologie, durch eine Analyse statischer Phänomene und eine Untersuchung ihrer Verteilung [15]. Man darf aber nicht vergessen, daß Boas als Geograph und Schüler von Ratzel sich einer ethnologischen Berufung im Laufe seiner ersten Arbeit auf diesem Gebiet bewußt wurde, als ihm schlagartig die Originalität, die Besonderheit und Spontaneität im sozialen Leben einer jeden Gruppe von Menschen aufging. Diese sozialen Erfahrungen, diese gegenseitigen Einwirkungen des Individuums auf die Gruppe und der Gruppe auf das Individuum lassen sich niemals deduktiv bestimmen: sie müssen beobachtet werden; oder wie er einmal gesagt hat: »wenn man die Geschichte begreifen will, genügt es nicht, zu wissen,

13 F. Boas, Evolution or Diffusion? *American Anthropologist*, N. S. Bd. 26, 1924, S. 340–344.
14 F. Boas, History and Science in Anthropology . . ., *a.a.O.*
15 F. Boas, The Methods of Ethnology, *American Anthropologist*, N. S. Bd. 22, 1920, S. 311–322.

wie die Dinge sind, sondern wie sie das geworden sind, was sie sind«[16].

Wir sind demnach in der Lage, den Rhythmus des Denkens von Boas zu definieren und seine paradoxe Eigenart zu erkennen. Da er seiner Universitätsausbildung nach nicht nur Geograph, sondern auch Physiker war, sprach er den ethnologischen Forschungen ein wissenschaftliches Objekt und allgemeine Tragweite zu: »Er sagte oft, das Problem liege in der Bestimmung der Beziehungen zwischen der objektiven und der subjektiven Welt des Menschen, wie sie in den verschiedenen Gesellschaften Form gewinnt.«[17] Aber in der gleichen Zeit, als er davon träumte, auf diese subjektive Welt die strengen Methoden anzuwenden, die er aus der Praxis der Naturwissenschaften übernommen hatte, erkannte er die unendliche Vielfalt der historischen Prozesse, aus denen sie sich in jedem Fall konstituiert. Die Kenntnis der sozialen Tatsachen kann sich nur auf der Grundlage der individuellen und konkreten Kenntnis räumlich und zeitlich lokalisierter sozialer Gruppen als Schlußfolgerung ergeben. Diese wiederum resultiert nur aus der Geschichte jeder Gruppe. Und der Gegenstand der ethnographischen Untersuchungen ist so beschaffen, daß diese Geschichte in der großen Mehrzahl der Fälle nicht erfaßt werden kann. So bringt Boas den Anspruch eines Physikers mit, die Geschichte von Gesellschaften zu schreiben, über die wir nur Dokumente besitzen, die den Historiker entmutigen würden. Wenn es ihm gelingt, reichen seine Rekonstruktionen wirklich an die Geschichte heran, aber an eine Geschichte des flüchtigen Augenblicks, der allein erfaßt werden kann, eine *Mikrogeschichte*, die ebensowenig an die Vergangenheit angeschlossen werden kann, wie die *Makrogeschichte* des Evolutionstheoretikers und des Diffusionstheoretikers diese Vergangenheit erfassen konnte.[18]

16 *ebda.*

17 R. Benedict, Franz Boas as an Ethnologist, *in:* Franz Boas: 1858–1942; *Memoirs of the American Anthropological Association*, Nr. 61, 1943, S. 27.

18 Wir sprechen hier nicht von den archäologischen Arbeiten von Boas, die die Frühgeschichte und nicht die Ethnologie betreffen, noch von seinen Untersuchungen über die Verbreitung bestimmter mythologischer Themen, die historische Forschungen mit Hilfe ethnographischer Dokumente sind. Ebenso verwendet Dr. Paul Rivet bei der Formulierung seiner Hyphothesen über die ursprüngliche Besiedelung Amerikas frühgeschichtliche, linguistische und ethnographische Dokumente für eine Untersuchung, die ausgesprochen historisch ist, denn solche Unternehmungen müssen vom historischen Standpunkt aus geprüft werden. Dasselbe kann man von einigen Arbeiten von Rivers sagen.

Durch diese verzweifelte Bemühung, mit Strenge, Arbeit und Genie widersprüchliche Forderungen zu überwinden, beherrscht das Werk von Boas von seiner monumentalen Höhe aus weiterhin alle späteren Entwicklungen, zweifellos auch in Zukunft noch. Jedenfalls kann man diejenigen, die im Laufe der letzten Jahre sichtbar geworden sind, nur als Versuche verstehen, dem Dilemma zu entgehen, das er selbst formuliert hatte, ohne sich entschließen zu können, ihm den Charakter der Unausweichlichkeit zuzuerkennen. So hat sich Kroeber bemüht, die erbarmungslosen Kriterien der Gültigkeit, die Boas den historischen Rekonstruktionen auferlegt hatte, ein wenig zu lockern, indem er seine Methode mit der Bemerkung rechtfertigte, daß der Historiker, wiewohl er aufgrund der Masse von verfügbaren Dokumenten besser daran ist als der Ethnologe, bei weitem nicht so anspruchsvoll ist.[19] Malinowski und seine Schule, das heißt fast die Gesamtheit der heutigen amerikanischen Schule, hat sich in der entgegengesetzten Richtung orientiert; da das Werk von Boas selbst beweist, wie enttäuschend es ist, wissen zu wollen, »wie die Dinge geworden sind, was sie sind«, wird man nun darauf verzichten, »die Geschichte zu begreifen«, um aus der Untersuchung der Kulturen eine synchronische Analyse der Beziehungen zwischen den konstitutiven Elementen in der Gegenwart zu machen. Die ganze Frage lautet, ob, wie Boas tiefsinnig bemerkt hat, die schärfste Analyse einer einzigen Kultur, die die Beschreibung ihrer Institutionen und ihrer funktionellen Beziehungen umfaßt, dazu die Untersuchung der dynamischen Prozesse, in denen Wechselbeziehungen bestehen zwischen Individuum und Kultur, ob also die Analyse ohne Kenntnis der historischen Entwicklung, die zu den augenblicklichen Formen geführt hat, deren vollen Sinn erfassen kann.[20] Dieser wesentliche Punkt wird in der Diskussion eines einzelnen Problems deutlich werden.

II

Mit dem Namen »dualistische Organisation« bezeichnet man einen Typus der sozialen Struktur, der häufig in Amerika, Asien und Oze-

19 A. L. Kroeber, History and Science in Anthropology, *American Anthropologist*, N. S. Bd. 37, 1935, S. 539–569.
20 F. Boas, History and Science . . ., *a.a.*O.

anien angetroffen wird, und dessen charakteristisches Merkmal die Teilung der sozialen Gruppe – Stamm, Clan oder Dorf – in zwei Hälften ist, deren Mitglieder Beziehungen unterhalten, die von der engsten Zusammenarbeit bis zur latenten Feindseligkeit gehen können und allgemein die beiden Typen von Verhaltensweisen verbinden. Oft scheint das Ziel der Hälften die Heiratsregelung zu sein: dann nennt man sie exogam. Oft beschränkt sich ihre Rolle auf religiöse, politische, wirtschaftliche, kultische oder einfach nur sportliche Tätigkeiten oder sogar nur auf die eine oder die andere dieser Tätigkeiten. In bestimmten Fällen überträgt sich die Zugehörigkeit zu der Hälfte in der mütterlichen Linie, in anderen Fällen in der väterlichen. Die Teilung in Hälften kann, muß aber nicht mit der Clanorganisation zusammenfallen. Sie kann einfach oder komplex sein, und dann spielen mehrere Hälftenpaare mit hinein, die sich gegenseitig begrenzen und die mit verschiedenen Funktionen ausgestattet sind. Kurz und gut, man kennt ungefähr so viele dualistische Organisationsformen wie man Völker kennt, die sie besitzen. Wo beginnt sie also und wo endet sie?

Die evolutionstheoretische und diffusionstheoretische Interpretation lassen wir sogleich beiseite. Die erstere, die aus der dualistischen Organisation ein notwendiges Stadium der gesellschaftlichen Entwicklung machen möchte, müßte zunächst eine einfache Form bestimmen, die in den beobachteten Formen als Teilrealisation, Restform oder Spur erkennbar wäre; dann müßte sie das frühere Vorhandensein dieser Form bei den Völkern postulieren, bei denen nichts bestätigt, daß eine Teilung in Hälften je existiert hat. Der Diffusionstheoretiker seinerseits wird einen dieser beobachteten Typen, gewöhnlich den ergiebigsten und komplexesten, als Vertreter der ursprünglichsten Form der Institution auswählen und wird seinen Ursprung in das Gebiet der Welt verlegen, in dem er sich am besten ausgeprägt zeigt, wobei dann alle anderen Formen das Ergebnis von Wanderungen und von Entlehnungen bei dem Stammsitz sind. In beiden Fällen weist man unwillkürlich auf einen Typus unter allen denen hin, die die Erfahrung geliefert hat, und macht aus diesem Typus das Modell, auf das man mit einer spekulativen Methode alle anderen zurückzuführen sich bemüht.

Soll man nun den Nominalismus von Boas bis zur Spitze treiben und jeden dieser besonderen Fälle als ganz individuelle Existenz untersuchen? Dann wird man feststellen müssen, daß einerseits die der dualistischen Organisation zugewiesenen *Funktionen* nicht zusammenfallen und andererseits die *Geschichte* jeder sozialen Gruppe zeigt, daß die Teilung in Hälften aus den verschiedensten Ursprüngen resultiert.[21] Die dualistische Organisation kann hervorgehen aus der Überlagerung einer Bevölkerung durch eine Einwanderergruppe; aus der Verschmelzung zweier territorial benachbarter Gruppen aus ihrerseits variablen Gründen (wirtschaftliche, demographische oder kultische); aus der Erstarrung empirischer Regeln, die zur Sicherung des Frauenaustauschs innerhalb einer Gruppe bestimmt waren, zur Institution; aus der im Inneren einer Gruppe vollzogenen Ausgleichung von gegensätzlichen Verhaltensweisen, die für die Aufrechterhaltung des sozialen Gleichgewichts als unerläßlich gelten, auf zwei Jahreshälften, zwei Tätigkeitstypen oder zwei Teile der Bevölkerung, und so weiter. So wird man geneigt sein, den Begriff dualistische Organisation zu sprengen, weil er eine falsche Kategorie zu sein scheint, und schließlich, diese Schlußfolgerung auf alle anderen Aspekte des sozialen Lebens ausdehnend, die *Institutionen* allesamt zu Gunsten der *Gesellschaften* zu leugnen. Die Ethnologie und die Ethnographie (die erstere übrigens auf die letztere zurückgeführt) wären dann nichts anderes mehr als eine Geschichtsschreibung, die wegen des Fehlens von schriftlichen und bildlichen Dokumenten nicht mehr wagen würde, ihren wirklichen Namen zu tragen.

Gerade gegen diesen Verzicht haben Malinowski und seine Nachfolger mit Recht protestiert. Aber man kann sich fragen, ob sie nicht die Flinte ins Korn geworfen haben, als sie unter dem Vorwand, die Geschichte der Ethnologen sei die Mühe nicht wert, sich um sie zu kümmern, auf die Geschichte überhaupt verzichtet haben. Denn es gibt nur zwei Möglichkeiten: entweder verlangen die Funktionstheoretiker, jede ethnologische Untersuchung müsse ausgehen von dem gewissenhaften Studium konkreter Gesellschaften, ihrer Institutionen und der Beziehungen, die diese untereinander und mit den Sitten, Glaubensinhalten und Techniken unterhalten; von den Beziehungen zwischen dem Individuum und der Gruppe und den Beziehungen zwischen den Individuen innerhalb der Gruppe; und dann tun sie einfach nur, was Boas mit denselben Worten seit 1895 zu tun empfohlen hatte, und in der gleichen Zeit etwa auch die

21 R. H. Lowie, American Culture History, *American Anthropologist*, N. S. Bd. 42, 1940.

französische Schule mit Durkheim und Mauss: sie treiben gute Ethnographie (Malinowski hat zu Anfang seiner Laufbahn, besonders mit seinen *Argonauts of Western Pacific* bewundernswerte Proben davon gegeben), aber man sieht nicht recht, worin die theoretische Position von Boas überwunden sein sollte.

Oder aber sie hoffen, in ihrer Askese das Heil zu finden; sie behaupten, durch ein unerhörtes Wunder mit einem einzigen Schlag in ihrer inneren Selbstbescheidung die allgemeinen Wahrheiten zu erreichen, deren Möglichkeit Boas nie geleugnet hat (die er allerdings ans Ende eines so langfristigen Unternehmens setzte, daß alle primitiven Gesellschaften verschwunden sein werden, bevor es auch nur merklich fortgeschritten ist), indem sie tun, was jeder gute Ethnograph tun muß und tut, aber unter der einzigen zusätzlichen Bedingung, entschlossen die Augen zu schließen vor jeder historischen Information, die sich auf die betreffende Gesellschaft bezieht, und vor jeder vergleichbaren Gegebenheit, die mehr oder weniger entfernten Gesellschaften entlehnt ist. Das ist also die Haltung Malinowskis; eine späte Vorsicht [22] kann so viele ehrgeizige Proklamationen nicht vergessen machen; und gerade das ist auch die Haltung manches Ethnologen der jungen Generation, der sich vor seinem Aufbruch ins Gelände jedes Quellenstudium und jede Auswertung der regionalen Bibliographie unter dem Vorwand versagt, sonst die wunderbare Schau zu verderben, die ihm erlauben wird, in einem zeitlosen Dialog mit seinem kleinen Stamm, über einen Rahmen von Regeln und außerordentlich differenzierten Bräuchen hinaus – deren jeder indessen unendlich viele Varianten bei benachbarten oder weiter entfernten Völkern hat –, ewige Wahrheiten über die Natur und die Funktion der sozialen Einrichtungen zu finden (aber hat nicht Malinowski selbst die Neugier gegenüber »primitiven Exzentrizitäten des Menschen« als »Herodotage« bezeichnet? [23]).

Wenn man sich auf die Untersuchung einer einzigen Gesellschaft beschränkt, kann man wertvolle Arbeit leisten; die Erfahrung be-

22 B. Malinowski, The Present State of Studies in Culture Contact, *Africa*, Bd. 12, 1939, S. 43.

23 B. Malinowski, Culture as a Determinant of Behavior, in: *Factors Determining Human Behavior*, Harvard Tercentenary Publications, Cambridge, 1937, S. 155. Auf der folgenden Seite spricht er auch von »jenen bizarren und widerwärtigen Bräuchen«, in denen man trotz allem »einen Kern praktischer und rationaler Prinzipien entdeckt«. Das bedeutet eine Rückkehr ins 18. Jahrhundert, aber in das schlechte.

weist, daß wir die besten Monographien im allgemeinen Forschern verdanken, die in einer einzigen Region gelebt und gearbeitet haben. Doch versagt man sich dabei jede Schlußfolgerung auf andere Regionen. Wenn man sich überdies auf den gegenwärtigen Augenblick des Lebens einer Gesellschaft beschränkt, ist man zunächst Opfer einer Illusion: denn alles ist Geschichte; was gestern gesagt worden ist, ist Geschichte; was vor einer Minute gesagt worden ist, ist Geschichte. Besonders aber verurteilt man sich dazu, diese Gegenwart nicht zu verstehen, denn allein die historische Entwicklung bietet die Möglichkeit, die Elemente der Gegenwart abzuwägen und in ihren entsprechenden Beziehungen wertmäßig einzustufen. Und sehr wenig Geschichte (unglücklicherweise das Los des Ethnologen) ist besser als gar keine Geschichte. Wie soll man die – für Ausländer so überraschende – Rolle des Aperitifs in der französischen Gesellschaft richtig einschätzen, wenn man nicht den traditionellen Wert des Prestiges kennt, der seit dem Mittelalter den gebrannten und gewürzten Weinen beigemessen wird? Wie soll man die moderne Kleidung analysieren, ohne in ihr Spuren früherer Formen wiederzuerkennen? Anders vorgehen heißt, sich jedes Mittels enthalten, eine immerhin wesentliche Unterscheidung herauszuarbeiten: die zwischen primärer Funktion, die einem tatsächlichen Bedürfnis des sozialen Organismus entspricht, und sekundärer Funktion, die sich nur durch den Widerstand der Gruppe, auf eine Gewohnheit zu verzichten, hält. Denn zu sagen, eine Gesellschaft funktioniere, ist eine Banalität; aber zu sagen, alles in einer Gesellschaft funktioniere, ist eine Absurdität.

Diese Gefahr des Gemeinplatzes, der die funktionalistische Interpretation bedroht, hat Boas indessen rechtzeitig gezeigt: »die Gefahr besteht immer, daß die letzten Verallgemeinerungen, die man aus der Untersuchung der kulturellen Integration zieht, sich auf Gemeinplätze reduzieren«[24]. Diese Eigenarten gehören, weil sie allgemein sind, in den Bereich des Biologen und des Psychologen; die Rolle des Ethnographen besteht in der Beschreibung und Analyse der Differenzen, und zwar in der Art und Weise, wie sie sich in den verschiedenen Gesellschaften bekunden, die Rolle des Ethnologen darin, von ihnen Rechenschaft zu geben. Was haben wir aber über »die Institution des Gartenbaus« (sic) wirklich erfahren, wenn man uns sagt,

24 F. Boas, Some Problems of Methodology in the Social Sciences, in: *The New Social Science*, Chicago, 1930, S. 84–98.

sie sei »auf der ganzen Welt verbreitet, überall, wo das Milieu der Bodennutzung günstig ist und das soziale Niveau hoch genug, um ihr Vorhandensein zu gestatten«[25]? Und über das Auslegerboot, seine vielfältigen Formen und die Besonderheiten seiner Verbreitung, wenn man von ihm sagt, »seine Vorrichtungen garantieren eine sehr große Festigkeit, Seetüchtigkeit und Handlichkeit, die in Einklang stehen mit den materiellen und technischen Beschränkungen der ozeanischen Kulturen«[26]? Und über den Zustand der Gesellschaft im allgemeinen und über die unendliche Verschiedenheit der Sitten und Bräuche, wenn man uns mit der folgenden Aussage alleinläßt: »die organischen Bedürfnisse des Menschen (der Autor zählt Ernährung, Schutz, Fortpflanzung auf) stellen die grundlegenden Anreize dar, die zur Entwicklung des gesellschaftlichen Lebens führen«[27]? Diese Bedürfnisse sind ja wohl dem Menschen und dem Tier gemeinsam. Man könnte jedoch meinen, eine der wesentlichen Aufgaben des Ethnographen bestünde in der Beschreibung und Analyse der komplizierten Heiratsregeln in den verschiedenen menschlichen Gesellschaften und der Bräuche, die damit zusammenhängen. Malinowski bestreitet es: »Offen gestanden halte ich die symbolischen, repräsentativen oder zeremoniellen Inhalte der Heirat für den Ethnologen für zweitrangig ... Das eigentliche Wesen des Heiratsaktes liegt darin, daß er dank einer sehr einfachen oder sehr komplizierten Zeremonie einen öffentlichen, kollektiv anerkannten Ausdruck für die Tatsache bietet, daß zwei Individuen in den Stand der Ehe treten.«[28] Warum also zu den weit entfernten Stämmen reisen? Wären die 603 Seiten des *Sexual Life of Savages in North-Western Melanesia* etwas wert, wenn das ihre ganze Lehre ist? Und darf man die Tatsache, daß einige Stämme die voreheliche Freiheit, andere die voreheliche Keuschheit praktizieren, unter dem Vorwand leichthin behandeln,

25 B. Malinowski, Art. Culture, in: *The Encyclopaedia of the Social Sciences*, New York, 1935, Bd. IV, S. 625.
26 *a.a.*O., S. 627.
27 *a.a.*O. Es scheint im übrigen, daß es für Malinowski keinen Unterschied ausmacht, wenn man vom Allgemeinen zum Besonderen übergeht: »Die Kultur, wie wir sie bei den Masai vorfinden, ist ein Instrument, das der Befriedigung der elementaren Bedürfnisse des Organismus dient.« Und über die Eskimo: »Sie verhalten sich gegenüber sexuellen Fragen genau wie die Masai. Sie haben auch einen ungefähr gleichen Typus sozialer Organisation.« *Culture as a Determinant of Behavior*, *a.a.*O., S. 136 und 140.
28 B. Malinowski, Vorwort zu H. Ian Hogbin, *Law and Order in Polynesia*, London 1934, S. 48–49.

daß diese Bräuche sich auf eine einzige Funktion zurückführen lassen, die nämlich, den Fortbestand der Ehe zu sichern?[29] Was den Ethnologen interessiert, ist nicht die weltweite Verbreitung der Funktion, die im übrigen nicht einmal feststeht und die ohne eine gründliche Untersuchung aller Bräuche dieser Art *und ihrer historischen Entwicklung* nicht bestätigt werden kann, sondern, daß die Bräuche so wandelbar sind. Wir haben hier eine Disziplin, deren erstes, wenn nicht einziges Ziel es sein sollte, Verschiedenheiten zu analysieren und zu interpretieren, die sich aber alle Probleme spart und nur noch von Ähnlichkeiten berichtet. Im selben Augenblick verliert sie jede Möglichkeit, das Allgemeine, zu dem sie hinstrebt, von dem Banalen, mit dem sie sich begnügt, zu unterscheiden.

Man sollte vielleicht meinen, diese ungeschickten Übergriffe auf das Gebiet der vergleichenden Soziologie seien im Werk Malinowskis Ausnahmen. Aber die Vorstellung, daß die empirische Beobachtung einer beliebigen Gesellschaft erlaubt, zu universellen Motivierungen zu gelangen, taucht in seinem Werk beständig auf wie ein Element der Verfälschung, das die Tragweite von Bemerkungen, deren Lebendigkeit und Reichtum man im übrigen kennt, vermindert und abwertet.

Die Vorstellungen, die die Eingeborenen der Trobriandinseln über den Wert und den entsprechenden Platz beider Geschlechter im Sozialkörper haben, sind außerordentlich komplex: sie sind stolz, wenn ihr Clan mehr Frauen als Männer hat, und verbittert, wenn es weniger sind; gleichzeitig aber halten sie die männliche Überlegenheit für eine feststehende Tatsache: die Männer besitzen eine aristokratische innere Kraft, die ihren Gefährtinnen abgeht. Warum muß man so treffende Bemerkungen durch die einleitende gegenteilige und brutale Behauptung verwässern: »Damit die Familie sich erhält, damit sie überhaupt existiert, sind Frau und Mann gleichermaßen unerläßlich; infolgedessen sehen die Eingeborenen beide Geschlechter als gleichwertig und gleich wichtig an«[30]; der erste Teil ist ein Gemeinplatz, der zweite stimmt nicht mit den übermittelten Tatsachen überein. Wenige Untersuchungen haben die Aufmerksamkeit Malinows-

29 B. Malinowski, Art. *Culture*, *a.a.O.*, S. 630.
30 B. Malinowski, *The Sexual Life of Savages in North-Western Melanesia*, London – New York, 1929, Bd. I, S. 29.

kis so in Anspruch genommen wie die über die Magie, und man findet in seinem gesamten Werk beständig die These vertreten, daß die Magie in der ganzen Welt[31] wie auf den Trobriandinseln »bei jeder Tätigkeit oder bedeutenden Unternehmung, deren Ausgang nicht in der Macht des Menschen liegt, eingreift«[32]. Lassen wir die allgemeine These beiseite und betrachten wir ihre Anwendung auf den Sonderfall.

Die Männer der Trobriandinseln, hören wir, nehmen die Magie bei folgenden Gelegenheiten in Anspruch: Gartenbau, Fischerei, Jagd, Kanubau, Seefahrt, Holzschnitzerei, Hexerei und Wetterkunde; die Frauen für die Abtreibung, die Zahnpflege, die Fertigung von Strohröcken.[33] Aber diese Arbeiten stellen nur einen Bruchteil derer dar, »deren Ausgang nicht in der Macht des Menschen liegt«, und sind außerdem unter diesem Gesichtspunkt überhaupt nicht vergleichbar. Warum die Strohröcke und nicht die Herstellung von Kürbisflaschen oder die Töpferei, von der man doch weiß, wie sehr die Technik vom Zufall abhängt? Kann man von vornherein bestimmen, daß eine bessere Kenntnis der Geschichte, des religiösen Denkens in Melanesien oder der von anderen Stämmen erfahrenen Tatsachen über die Rolle, die der Pflanzenfaser als Symbol eines Zustandswandels[34] zugeschrieben wird, keine Erklärung dieser Auswahl bringen könnte? Wir wollen noch zwei Texte zitieren, die die Widersprüche dieser intuitiven Methode zeigen: in dem Buch über das sexuelle Leben der Melanesier erfährt man, einer der hauptsächlichen Beweggründe für die Ehe sei hier wie anderswo »die natürliche Neigung eines Mannes, der die Jugend hinter sich hat, ein Haus und einen Haushalt für sich zu haben, ... und ein natürliches Verlangen *(natural longing)*, Kinder zu haben«[35]. Aber in *Sex and Repression*, das einen theoretischen Kommentar zu der Untersuchung an Ort und Stelle liefert, kann man folgendes lesen: »Bei dem Manne besteht außerdem das Bedürfnis, der schwangeren Frau ein zärtlicher und teilnahmsvoller Beschützer zu sein. Aber daß die dazugehörigen Mechanismen verschwunden sind, ergibt sich aus der Tatsache, daß in der Mehrzahl

31 B. Malinowski, Art. *Culture, a.a.O.*, S. 634 ff.
32 B. Malinowski, *The Sexual Life ..., a.a.O.*, S. 40.
33 *a.a.O.*, S. 43-45.
34 F. Boas, *The Social Organization and the Secret Societies of the Kwakiutl Indians*, Washington, 1895. M. Griaule, *Masques Dogons*, Paris, 1938; Mythe de l'organisation du monde ches les Dogons, *Psyché*, Bd. 2, 1947.
35 B. Malinowski, *a.a.O.*, Bd. I, S. 81.

der Gesellschaften ... der Mann es ablehnt, die ganze Verantwortung für seine Nachkommen auf sich zu nehmen, es sei denn, er würde von der Gesellschaft dazu gezwungen.«[36] Seltsame natürliche Neigung, wirklich! Die Nachfolger Malinowskis sind unglücklicherweise nicht frei von dieser sonderbaren Mischung aus Dogmatismus und Empirismus, die sein ganzes System vergiftet. Wenn Margaret Mead zum Beispiel drei benachbarte Gesellschaften Neu-Guineas nach den verschiedenen und sich ergänzenden Formen charakterisiert, die dort die Beziehungen zwischen den Geschlechtern annehmen (sanfter Mann, sanfte Frau; aggressiver Mann, aggressive Frau; aggressive Frau, sanfter Mann), bewundert man die Eleganz dieser Konstruktion.[37] Aber der Verdacht der Vereinfachung und eines Apriorismus verdichtet sich angesichts anderer Beobachtungen, die das Vorhandensein einer spezifisch weiblichen Piraterie bei den Arapesch hervorheben.[38] Und wenn dieselbe Autorin die nordamerikanischen Stämme in konkurrierende, zusammenarbeitende und individualistische einteilt[39], ist sie von einer wirklichen Taxonomie so weit entfernt wie ein Zoologe, der bei den Tieren die Gattungen danach einteilen würde, ob sie Einzelgänger, Herdentiere oder gesellige Tiere sind.

In Wahrheit kann man sich fragen, ob nicht alle diese flüchtigen Konstruktionen, die niemals dahin gelangen, aus den untersuchten Völkerschaften etwas anderes zu machen als »Reflexe unserer eigenen Gesellschaft«[40], unserer Kategorien und unserer Probleme, so verfahren, wie Boas es bereits bemerkt hatte, nämlich mit Überschätzung, nicht Unterschätzung der historischen Methode. Denn schließlich haben Historiker die funktionalistische Methode formuliert. Hauser, der alle Merkmale aufgezählt hat, die für einen bestimmten Zustand der römischen Gesellschaft zutreffen, fügte 1903 hinzu: »All das bildet zusammen einen untrennbaren *Komplex,* all diese Tatsachen lassen sich, die einen durch die anderen, weit besser erklären, als die Entwicklung der römischen Familie sich aus der der jüdischen

36 B. Malinowski, *Sex and Repression in Savage Society,* London–New York, 1927, S. 204.
37 M. Mead, *Sex and Temperament in Three Primitive Societies,* New York 1935, S. 279.
38 R. F. Fortune, Arapesh warfare, *American Anthropologist,* N. S. Bd. 41, 1939.
39 M. Mead, Hrsg., *Competition and Cooperation among Primitive Peoples,* London–New York, 1937, S. 461.
40 F. Boas, *History and Science ...,* a.a.O.

oder chinesischen oder aztekischen erklären läßt.«[41] Das könnte auch Malinowski gesagt haben – mit der Ausnahme, daß Hauser den Institutionen noch die Ereignisse hinzufügt. Zweifellos verlangt seine Behauptung einen doppelten Vorbehalt: denn was für die *Entwicklung* zutrifft, stimmt deswegen noch nicht für die *Struktur*, und für den Ethnologen können die vergleichenden Untersuchungen gewissermaßen das Fehlen schriftlicher Dokumente ersetzen. Dennoch bleibt das Paradox bestehen: die Kritik der evolutionistischen und diffusionistischen Interpretation hat uns gezeigt, daß der Ethnologe, wenn er glaubt, Geschichte zu treiben, das Gegenteil von Geschichte treibt; und wenn er gerade meint, keine zu schreiben, benimmt er sich wie ein guter Historiker, der durch die gleiche Unzulänglichkeit der Dokumente eingeengt ist.

III

Welche Unterschiede bestehen tatsächlich zwischen der Methode der Ethnographie (diesen Ausdruck im strengen Sinne genommen, wie er zu Anfang dieses Artikels definiert wurde) und der Geschichtsschreibung? Beide untersuchen *andere* Gesellschaften als die, in der wir leben. Daß diese Andersartigkeit an einer zeitlichen Entfernung (so gering sie auch sein mag) oder an einer Entfernung im Raum, oder gar an einer kulturellen Heterogenität hängt, ist zweitrangig gegenüber der Ähnlichkeit der Positionen. Welches Ziel verfolgen die beiden Disziplinen? Die genaue Wiederherstellung dessen, was vergangen ist oder was in der untersuchten Gesellschaft vor sich geht? Das zu behaupten hieße vergessen, daß man es in beiden Fällen mit Systemen von Vorstellungen zu tun hat, die sich für jedes Mitglied der Gruppe anders gestalten und die alle zusammen unterschieden sind von den Vorstellungen des Forschers. Die beste ethnographische Untersuchung wird niemals den Leser in einen Eingeborenen verwandeln. Die Revolution von 1789, wie ein Aristokrat sie erlebt hat, ist nicht das gleiche Phänomen wie die Revolution von 1789 aus der Sicht eines Sanskulotten, und weder die eine noch die andere kann je der Revolution von 1789 entsprechen, wie ein Michelet oder ein Taine sie sich später vorgestellt haben. Alles, was der Historiker und

41 H. Hauser, *a.a.O.*, S. 414. Ähnliche Erklärungen finden sich in den methodologischen Werken von H. Berr, L. Febvre und H. Pirenne.

der Ethnograph tun können, und alles, was man von ihnen verlangen kann, besteht darin, eine besondere Erfahrung auf die Dimensionen einer allgemeinen oder allgemeineren Erfahrung zu erweitern, die damit *als Erfahrung* Menschen eines anderen Landes oder einer anderen Zeit zugänglich wird. Und sie gelangen dahin unter den gleichen Bedingungen: Übung, Strenge, Sympathie, Objektivität.

Wie verfahren sie? Hier beginnt die Schwierigkeit. Denn man hat oft – sogar an der Sorbonne – Geschichte und Ethnographie unter dem Vorwand gegenübergestellt, die erstere beruhe auf dem kritischen Studium von Dokumenten, die von zahlreichen Beobachtern stammen, die man also voneinander abheben kann, während die letztere ihrer Definition nach sich auf die Beobachtung eines Einzelnen zurückführen lasse.

Man kann dieser Kritik entgegenhalten, das beste Mittel, der Ethnographie die Überwindung dieses Hindernisses zu ermöglichen, sei, die Ethnographen zahlenmäßig zu verstärken. Sicher wird das nicht gelingen, wenn man diejenigen, die sich berufen fühlen, durch vorgefaßte Einwände entmutigt. Das Argument ist übrigens durch die Entwicklung der Ethnographie selbst überholt: es gibt heute sehr wenige Völker, die nicht von zahlreichen Forschern untersucht worden sind, deren Beobachtung von den verschiedensten Gesichtspunkten aus sich über mehrere Jahrzehnte erstreckt, zuweilen sogar über mehrere Jahrhunderte. Was tut der Historiker im übrigen anderes, wenn er seine Dokumente studiert, als sich mit dem Zeugnis von Amateurethnographen zu umgeben, die oft ebenso weit von der Kultur, die sie beschrieben, entfernt waren wie der moderne Forscher von den Polynesiern oder den Pygmäen? Wäre der Historiker des alten Europa nicht so weit gekommen, wenn Herodot, Diodor, Plutarch, Saxo Grammaticus und Nestor Berufsethnographen gewesen wären, die die Probleme gekannt hätten und, mit den Schwierigkeiten der Untersuchungen vertraut, zur objektiven Beobachtung angehalten worden wären? Der um die Zukunft seiner Wissenschaft besorgte Historiker sollte den Ethnographen nicht mißtrauen, sondern sie im Gegenteil herbeiwünschen.

Aber der methodologische Parallelismus, den man anführt, um Ethnographie und Geschichte einander gegenüberzustellen, ist illusorisch. Der Ethnograph ist jemand, der Tatsachen sammelt und sie (wenn er ein guter Ethnograph ist) den Forderungen entsprechend, die auch

für den Historiker gelten, darstellt. Die Rolle des Historikers ist es, diese Arbeiten zu verwenden, wenn Beobachtungen, die über einen ausreichenden Zeitabschnitt zusammengetragen worden sind, es ihm gestatten; die Rolle des Ethnologen, wenn Beobachtungen gleicher Art, die sich auf eine ausreichende Zahl verschiedener Gebiete erstrekken, ihm die Möglichkeit dazu bieten. In allen Fällen legt der Ethnograph Dokumente vor, die dem Historiker dienen können. Und wenn bereits Dokumente existieren und der Ethnograph eine Auswahl trifft, um deren Substanz in seine Studie einzubauen, muß dann nicht der Historiker ihn um das Privileg beneiden – unter der Bedingung natürlich, daß der Ethnograph über eine gute historische Methode verfügt –, daß er die Geschichte einer Gesellschaft schreiben kann, von der er Kenntnisse aus erster Hand besitzt?
Die ganze Debatte läßt sich also auf die Beziehungen zwischen Geschichte und Ethnologie im strengen Sinne zurückführen. Wir wollen zeigen, daß der grundlegende Unterschied zwischen den beiden weder im Objekt, noch im Ziel, noch in der Methode liegt; sondern daß sie, da sie dasselbe Objekt haben, nämlich das soziale Leben, dasselbe Ziel, ein besseres Verständnis des Menschen, und eine Methode, bei der nur die Dosierung der Untersuchungsverfahren variiert, sich vornehmlich durch die Wahl komplementärer Perspektiven unterscheiden: die Geschichte ordnet ihre Gegebenheiten in Bezug auf die bewußten Äußerungen, die Ethnologie in Bezug auf die unbewußten Bedingungen des sozialen Lebens.

Daß die Ethnologie ihre Originalität aus der unbewußten Natur der kollektiven Phänomene gewinnt, ergab sich schon, wenn auch noch verworren und zweideutig, aus einer Formulierung von Tylor. Er beschrieb die Ethnologie, nachdem er sie als Untersuchung »der Kultur oder Zivilisation« definiert hatte, als einen komplexen Gesamtzusammenhang, in den sich »Kenntnisse, Glaubensinhalte, Kunst, Moral, Recht, Bräuche und alle anderen Fähigkeiten oder Gewohnheiten, die der Mensch als Mitglied der Gesellschaft erworben hat« [42], einordnen. Man weiß aber, daß es bei der Mehrzahl der primitiven Völker sehr schwierig ist, eine moralische Rechtfertigung oder eine rationale Erklärung eines Brauches oder einer Institution zu erlangen: der befragte Eingeborene begnügt sich mit der Antwort, die

42 E. B. Tylor, *Primitive Culture, a.a.O.*, Bd. I, S. 1.

Dinge seien immer so gewesen, dies sei die Ordnung der Götter oder die Lehre der Ahnen. Selbst wenn man auf Interpretationen stößt, haben diese immer den Charakter sekundärer Rationalisierungen oder Erklärungen: ohne Zweifel sind die unbewußten Gründe, aus denen man einen Brauch praktiziert oder an einem Glauben teilhat, weit von denen entfernt, die man anführt, um jene zu rechtfertigen. Sogar in unserer Gesellschaft werden die Tischsitten, die sozialen Bräuche, die Bekleidungsvorschriften und viele unserer moralischen, politischen und religiösen Verhaltensweisen von jedem gewissenhaft eingehalten, ohne daß ihr wirklicher Ursprung und ihre wirkliche Funktion zum Gegenstand einer reflektierten Überprüfung gemacht werden. Wir handeln und denken aus Gewohnheit, und der unerhörte Widerstand gegen Befragungen, selbst gegen geringfügige, stammt eher aus der Trägheit als aus einem bewußten Willen, Bräuche aufrecht zu erhalten, deren Grund man verstehen würde. Sicherlich hat die Entwicklung des modernen Denkens die Kritik der Sitten begünstigt. Aber diese Erscheinung bildet keine den ethnologischen Untersuchungen fremde Kategorie: sie ist eher deren Ergebnis, wenn es stimmt, daß ihr erster Ursprung sich in der großartigen ethnographischen Bewußtwerdung findet, die im abendländischen Denken durch die Entdeckung der Neuen Welt gefördert wurde. Und selbst heute noch neigen die sekundären, kaum formulierten Darlegungen dazu, denselben unbewußten Ausdruck aufzugreifen. Mit erstaunlicher Geschwindigkeit, die zeigt, daß man es hier mit einer inneren Eigenart bestimmter Denk- und Handlungsweisen zu tun hat, nimmt das kollektive Denken die Interpretationen auf, die am allerkühnsten erschienen sind: Priorität des Mutterrechts, des Animismus oder neuerdings der Psychoanalyse, um automatisch Probleme zu lösen, deren Natur es zu sein scheint, sich beständig dem Willen und der Reflexion zu entziehen.

Boas kommt das Verdienst zu, mit bewundernswertem Scharfsinn die unbewußte Natur der kulturellen Phänomene definiert zu haben, in den Texten, in denen er von diesem Gesichtspunkt aus durch Vergleich mit der Sprache die fernere Entwicklung des linguistischen Denkens und eine ethnologische Zukunft, deren Verheißungen wir kaum zu ahnen beginnen, vorweggenommen hat.

Nachdem er gezeigt hatte, daß die Struktur der Sprache demjenigen, der spricht, bis zur Entstehung einer wissenschaftlichen Grammatik unbekannt bleibt, und daß sie auch dann noch die Rede unabhängig vom Bewußtsein des Subjekts formt, indem sie seinem Denken Begriffsrahmen aufdrängt, die für objektive Kategorien gehalten werden, fügte er hinzu: »der wesentliche Unterschied zwischen den sprachlichen und kulturellen Erscheinungen liegt darin, daß die ersteren niemals aus dem klaren Bewußtsein stammen, während die letzteren, obwohl sie den gleichen unbewußten Ursprung haben, sich oft bis in die Höhe des bewußten Denkens erheben und so zur Entstehung der sekundären Überlegungen und der Neuinterpretierungen beitragen.«[43] Aber dieser Gradunterschied verbirgt nicht ihre tiefe Identität und vermindert nicht den exemplarischen Wert der linguistischen Methode für die ethnologischen Forschungen. Im Gegenteil: »Der große Vorteil der Sprachwissenschaft in dieser Hinsicht liegt darin, daß im Gesamtzusammenhang die Kategorien der Sprache unbewußt bleiben; aus diesem Grunde kann man den Prozeß ihrer Bildung verfolgen, ohne daß die sekundären Interpretationen, die in der Ethnologie so häufig sind, daß sie die Geschichte der Entwicklung der Ideen hoffnungslos verdunkeln können, auf täuschende oder hinderliche Weise eingreifen.«[44]

Die Ergebnisse der modernen Phonologie erlauben an sich schon, die ungeheure Tragweite dieser Thesen zu ermessen, die acht Jahre vor der Veröffentlichung des *Cours de linguistique générale* Ferdinand de Saussures formuliert worden sind, der ihren Aufstieg vorbereitete. Aber die Ethnologie hat sie noch nicht angewendet. Denn Boas, der sie voll ausnutzen wollte, um die amerikanische Linguistik zu begründen, und dem sie die Möglichkeit bieten sollten, die damals unbestrittenen theoretischen Konzeptionen zurückzuweisen, hat in Bezug auf die Ethnologie[45] eine Zurückhaltung bewiesen, die seine Nachfolger noch immer hemmt.

Tatsächlich bleibt die ethnographische Analyse von Boas, die unvergleichlich viel korrekter, solider und methodischer als die von Malinowski ist, wie diese im Bereich des bewußten Denkens der Individuen. Zweifellos verzichtet Boas darauf, die sekundären

43 F. Boas, Hrsg., *Handbook of American Indian Languages*, Bureau of American Ethnology, bulletin 40, 1911 (1908), Teil I, S. 67.

44 *a.a.O.*, S. 70–71.

45 In einer Zeit, in der die indoeuropäische Sprachwissenschaft noch fest an die Theorie der »Muttersprache« glaubt, beweist Boas, daß einige mehreren amerikanischen Sprachen gemeinsame Merkmale ebenso gut aus der sekundären Bildung von Verwandtschaftsbereichen herrühren können wie aus einem gemeinsamen Ursprung. Erst Trubetzkoi zeigte, daß dieselbe Hypothese auf die indoeuropäischen Tatsachen anwendbar ist.

Rationalisierungen und Neuinterpretationen beizubehalten, die so viel Macht über Malinowski haben, daß es ihm nur dann gelingt, die der Eingeborenen auszuschalten, wenn er seine eigenen an deren Stelle setzt. Boas aber verwendet weiterhin die Kategorien des individuellen Denkens; bei seiner wissenschaftlichen Sorgfalt gelingt es ihm nur, es weitgehend zurückzudrängen und von allen menschlichen Beiklängen zu befreien. Er schränkt die Reichweite der Kategorien, die er vergleicht, ein, er begründet sie nicht auf einer neuen Ebene; und wenn die Arbeit der Zerlegung ihm unmöglich zu sein scheint, verzichtet er auf die Vergleiche. Doch ist das, was die linguistische Vergleichung legitimiert, mehr und anderes als eine willkürliche Zerlegung: es ist eine wirkliche Analyse. Aus den Wörtern zieht der Sprachforscher die phonetische Wirklichkeit des Phonems heraus; aus dieser die logische Wirklichkeit der differentiellen Elemente.[46] Und wenn er in mehreren Sprachen das Vorhandensein derselben Phoneme oder den Gebrauch derselben Gegensatzpaare erkannt hat, vergleicht er bei ihnen nicht individuell verschiedene Wesen: es ist das gleiche Phonem, das gleiche Element, das auf dieser neuen Ebene die tiefe Identität empirisch verschiedener Objekte garantiert. Es handelt sich nicht um zwei ähnliche Phänomene, sondern um ein einziges. Der Übergang vom Bewußten zum Unbewußten läuft neben einem Fortschreiten vom Speziellen zum Allgemeinen her.

Weder in der Ethnologie noch in der Linguistik begründet infolgedessen der Vergleich die Verallgemeinerung, sondern umgekehrt. Wenn, wie wir meinen, die unbewußte Tätigkeit des Geistes darin besteht, einem Inhalt Formen aufzuzwingen, und wenn diese Formen im Grunde für alle Geister, die alten und die modernen, die primitiven und die zivilisierten[47] dieselben sind – wie die Untersuchung der symbolischen Funktion, wie sie in der Sprache zum Ausdruck kommt, überzeugend nachweist –, ist es notwendig und ausreichend, die unbewußte Struktur, die jeder Institution oder jedem Brauch zugrunde liegt, zu finden, um ein Interpretationsprinzip zu bekommen, das für andere Institutionen und andere Bräuche gültig ist, vorausgesetzt natürlich, daß man die Analyse weit genug treibt.

Wie kommt man an diese unbewußte Struktur heran? Hier treffen

46 R. Jakobson, Observations sur le classement phonologique des consonnes, *Proceedings of the Third International Congress of Phonetic Sciences*, Gent 1938.

47 Vgl. unseren Artikel: L'efficacité symbolique, *Revue de l'Histoire des religions*, Nr. 385, I, 1949. (Kap. 10 des vorliegenden Bandes.)

sich die ethnologische und die historische Methode. Es ist zwecklos, bei dieser Gelegenheit an das Problem der diachronischen Strukturen zu erinnern, für das die historischen Kenntnisse offensichtlich unerläßlich sind. Bestimmte Entwicklungen des sozialen Lebens enthalten zweifellos eine diachronische Struktur; aber das Beispiel der Phonologie lehrt die Ethnologen, daß diese Untersuchung viel komplexer ist und andere Probleme aufwirft als die Untersuchung synchronischer Strukturen[48], an die sie gerade erst herankommen. Doch setzt auch die Analyse der synchronischen Strukturen ein beständiges Zurückgehen auf die Geschichte voraus. Diese allein ermöglicht es, indem sie Institutionen im Wandel zeigt, die den vielfältigen Formulierungen zugrundeliegende Struktur freizulegen, die sich durch eine Folge von Ereignissen hinzieht. Greifen wir auf das Problem der dualistischen Organisation, das wir weiter oben angeführt haben, zurück; wenn man sich nicht entschließen will, in ihr entweder ein universelles Stadium der Entwicklung der Gesellschaft oder ein an einem einzigen Ort und zu einem einzigen Zeitpunkt erfundenes System zu sehen, und wenn man zur gleichen Zeit allzu deutlich spürt, was alle dualistischen Institutionen gemein haben, so daß man darauf verzichtet, sie als heteroklite Produkte einmaliger und nicht vergleichbarer Geschichten anzusehen, bleibt nur die Analyse jeder einzelnen dualistischen Gesellschaft, um hinter dem Chaos der Regeln und Bräuche ein einheitliches Schema wiederzufinden, das in den verschiedenen örtlichen und zeitlichen Zusammenhängen gegenwärtig ist und wirkt. Dieses Schema kann weder einem besonderen Modell der Institution noch der willkürlichen Gruppierung von Merkmalen, die mehreren Formen gemeinsam sind, entsprechen. Es läßt sich auf bestimmte, zweifellos selbst bei Völkern mit dualistischer Organisation unbewußte Beziehungen zwischen Wechselwirkung und Gegensatz zurückführen, die aber, weil sie unbewußt sind, wohl auch bei denen, die diese Institution niemals gekannt haben, vorhanden sein müssen.

So haben die Mekeo, die Motu und die Koita von Neuguinea, deren soziale Entwicklung von Seligman für einen ziemlich beträchtlichen Zeitabschnitt rekonstituiert werden konnte, eine Organisation von großer Komplexität, die von vielfältigen historischen Faktoren ständig in Verwirrung gebracht wird. Kriege, Wanderungen, reli-

48 R. Jakobson, Prinzipien der historischen Phonologie, in: *Travaux du Cercle linguistique de Prague*, Bd. IV.

giöse Spaltungen, demographischer Druck und Prestigestreitigkeiten lassen ganze Clans und Dörfer verschwinden oder fördern das Erscheinen neuer Gruppen. Und doch werden diese Partner, deren Identität, Zahl und Verteilung unaufhörlich variiert, immer zusammengehalten durch Beziehungen mit gleichfalls variablem Inhalt, deren formaler Charakter sich jedoch durch alle Schicksalswendungen hindurch erhält: bald wirtschaftlich, bald juristisch, bald matrimonial, bald religiös und bald kultisch gruppiert die *Ufuapie*-Beziehung auf der Ebene des Clans, des Unterclans oder des Dorfes je zwei und zwei diejenigen sozialen Einheiten, die zu gegenseitigen Leistungen verpflichtet sind. In gewissen Dörfern von Assam, deren Chronik Ch. von Fürer-Haimendorf mitgeteilt hat, wird der matrimoniale Austausch häufig durch Streitigkeiten zwischen Jungen und Mädchen desselben Dorfes oder durch Kämpfe zwischen benachbarten Dörfern verhindert. Diese Zwistigkeiten werden durch den Rückzug dieser oder jener Gruppe offenbar, zuweilen auch durch ihre Ausrottung; aber der Zyklus stellt sich in jedem Fall wieder her, sei es durch eine Neuorganisierung der Tauschstruktur, sei es durch Einbeziehung neuer Partner. Und bei den Mono und den Yokut aus Kalifornien, bei denen einige Dörfer die dualistische Organisation besitzen, andere nicht, kann man untersuchen, wie sich ein identisches soziales Schema durch eine genaue und begrenzte institutionelle Form oder auch außerhalb ihrer verwirklichen läßt. In allen diesen Fällen gibt es etwas, das sich erhält und das die historische Beobachtung allmählich durch eine Art von Filterung freizulegen erlaubt, bei der hindurchgeht, was man den lexikographischen Inhalt der Institutionen und Bräuche nennen könnte, so daß nur die strukturalen Elemente zurückbleiben. Bei der dualistischen Organisation scheint es sich um drei Elemente zu handeln: Forderung der Regel; Begriff der Gegenseitigkeit, die man als eine Form ansieht, die die Möglichkeit bietet, unmittelbar den Gegensatz von Ich und Du zu integrieren; synthetische Eigenart des Geschenkes. Diese Faktoren finden sich in allen untersuchten Gesellschaften wieder und weisen gleichzeitig auf weniger differenzierte Praktiken und Bräuche, die aber, wie man auf diese Art sieht, sogar bei Völkern, die keine dualistische Organisation haben, der gleichen Funktion entsprechen wie diese.[49]

49 C. Lévi-Strauss, *Les Structures élémentaires de la parenté*, Paris, 1949, Kap. VI und VII.

Daher kann die Ethnologie gegenüber den historischen Prozessen und den äußerst bewußten Bekundungen sozialer Phänomene nicht gleichgültig bleiben. Wenn sie ihnen aber die gleiche leidenschaftliche Aufmerksamkeit entgegenbringt wie der Historiker, so deshalb, um durch eine Art Rückwärtsgehen schließlich alles auszuschalten, was sie dem Ereignis und der Reflexion verdankt. Ihr Ziel ist es, trotz des bewußten und immer unterschiedlichen Bildes, das die Menschen sich von ihrem Werden machen, zu einem Katalog unbewußter Möglichkeiten zu kommen, von denen es nicht beliebig viele gibt und deren Übersicht und Beziehungen hinsichtlich Vereinbarkeit und Unvereinbarkeit, die sie miteinander unterhalten, eine logische Architektur für historische Entwicklungen liefern, die unvorhersehbar sein können, ohne jemals willkürlich zu sein. In diesem Sinne rechtfertigt die berühmte Formulierung von Marx: »Die Menschen machen ihre eigene Geschichte, aber sie machen sie nicht aus freien Stücken« in ihrer ersten Hälfte die Geschichtsschreibung und in ihrer zweiten die Ethnologie. Gleichzeitig zeigt sie, daß die beiden Verfahren untrennbar sind.

Denn wenn der Ethnologe seine Analyse hauptsächlich den unbewußten Elementen des sozialen Lebens widmet, wäre es absurd, anzunehmen, daß der Historiker diese nicht kennt. Zweifellos will dieser vor allem von den sozialen Erscheinungen, die von den Ereignissen abhängen, in denen sie sich verkörpern, Rechenschaft ablegen, aber gleichzeitig auch von der Art und Weise, wie die Individuen sie gedacht und gelebt haben. Aber der Historiker weiß sehr wohl und zunehmend besser, daß er bei seinem Vorwärtsgehen, um das zu finden und zu erklären, was den Menschen als Folge ihrer Vorstellungen und Handlungen (oder der Vorstellungen und Handlungen von einigen unter ihnen) erschienen ist, den ganzen Apparat der unbewußten Verarbeitung zu Hilfe rufen muß. Wir leben nicht mehr in einer Zeit der politischen Geschichte, die sich damit begnügte, chronologisch die Dynastien und die Kriege auf den Faden der sekundären Rationalisierungen und der Neuinterpretationen zu ziehen. Die Wirtschaftsgeschichte ist weitgehend die Geschichte unbewußter Handlungen. Daher ist jedes gute Geschichtswerk – und wir werden ein bedeutendes zitieren – mit Ethnologie durchtränkt. Lucien Febvre beruft sich in seinem Buch *Le Problème de l'incroyance au XVIe siècle* beständig auf psychologische Haltungen und auf logische Strukturen, die das Studium der Dokumente, etwa der Texte der Eingeborenen, nur indirekt zu erreichen erlaubt, weil sie dem Bewußtsein derer, die sprachen und schrieben, stets entgangen sind: Fehlen einer Nomenklatur und Fehlen von Maßstäben, ungenaue Vorstellung der Zeit, gemeinsame Charakterzüge bei mehreren Techniken usw.[50] Alle diese Hinweise sind gleichermaßen ethnologisch wie historisch, denn sie gehen über das gewöhnliche Maß der Zeugnisse hinaus, deren keines – aus gutem Grund – auf dieser Ebene liegt.

Es wäre also ungenau, wollte man sagen, daß der Historiker und der Ethnologe auf dem Wege zur Kenntnis der Menschen, der von der Untersuchung der bewußten Inhalte zu der der unbewußten Formen führt, in entgegengesetzten Richtungen gingen: beide gehen in einer Richtung. Daß die Wegstrecke, die sie gemeinsam zurücklegen, ihnen beiden in einer unterschiedlichen Optik erscheint – dem Historiker als Übergang vom Expliziten zum Impliziten, dem Ethnologen vom Besonderen zum Allgemeinen –, ändert im Grunde nichts an der Gleichheit des Vorgehens. Und auf einem Wege, den sie in derselben Richtung zurücklegen, ist allein ihre Orientierung verschieden: der Ethnologe geht vorwärts, indem er durch ein Bewußtes, das er niemals aus dem Auge verliert, immer mehr Unbewußtes anzutreffen sucht, dem er sich zuwendet; der Historiker dagegen geht sozusagen rückwärtsgehend vorwärts, indem er die Augen starr auf die konkreten und besonderen Handlungen gerichtet hält, von denen er sich nur entfernt, um sie unter einer reicheren und vollständigeren Perspektive betrachten zu können. Als wahrer Januskopf mit zwei Gesichtern gestattet die Zusammenarbeit der beiden Disziplinen, und sie allein, das Ganze des Weges im Auge zu behalten.

Eine Schlußbemerkung soll unseren Gedanken noch genauer fassen. Man unterscheidet herkömmlicherweise die Geschichte und die Ethnologie durch das Fehlen oder das Vorhandensein geschriebener Dokumente in den untersuchten Gesellschaften. Die Unterscheidung ist nicht falsch; aber wir halten sie nicht für wesentlich, sie stammt aus den tieferen Eigenarten, die wir zu bestimmen versucht haben, erklärt sie aber nicht. Zweifellos hat das Fehlen schriftlicher Dokumente bei den meisten sogenannten primitiven Gesellschaften den

50 L. Febvre, *Le Problème de l'incroyance au XVIe siècle*, 2. Aufl., Paris 1946.

Ethnologen gezwungen, Methoden und Techniken zu entwickeln, die sich für die Untersuchung von Tätigkeiten eignen, die aufgrund dieser Tatsache auf allen Ebenen, auf denen sie sich ausdrücken, nur unvollkommen bewußt sind. Aber abgesehen davon, daß diese Begrenzung oft durch die mündliche Überlieferung, die bei gewissen afrikanischen und ozeanischen Völkern so reich ist, überwunden werden kann, vermag man sie doch nicht als strenge Schranke anzusehen. Die Ethnologie interessiert sich auch für Völker, die die Schrift kennen: das alte Mexiko, die arabische Welt, den Fernen Osten; und man hat sogar die Geschichte von Völkern geschrieben, die nie eine gekannt haben, wie zum Beispiel die der Zulus. Auch hier handelt es sich noch um einen Unterschied der Orientierung, nicht des Objekts, und um zwei Arten, Gegebenheiten zu organisieren, die weniger heterogen sind, als es scheint. Der Ethnologe interessiert sich besonders für das, was nicht geschrieben ist, nicht so sehr, weil die von ihm untersuchten Völker nicht schreiben können, sondern weil das, wofür er sich interessiert, sich von allem unterscheidet, was die Menschen gewöhnlich auf Stein oder auf Papier zu fixieren lieben.

Bis heute hat eine Verteilung der Aufgaben, die durch alte Traditionen und durch die Notwendigkeiten des Augenblicks gerechtfertigt war, dazu beigetragen, die theoretischen und praktischen Aspekte der Unterscheidung zu verwechseln, also Ethnologie und Geschichte mehr als notwendig auseinanderzureißen. Erst wenn sie gemeinsam das Studium der gegenwärtigen Gesellschaften unternehmen werden, wird man voll und ganz die Ergebnisse ihrer Zusammenarbeit einschätzen können und sich überzeugen, daß hier wie anderswo keine etwas ohne die andere leisten kann.

Sprache und Verwandtschaft

2. Kapitel

Die Strukturanalyse in der Sprachwissenschaft und in der Anthropologie[1]

Die Sprachwissenschaft nimmt im Gesamtzusammenhang der Sozialwissenschaften, zu denen sie unbestreitbar gehört, einen besonderen Platz ein: sie ist nicht eine Sozialwissenschaft wie die anderen, sondern diejenige, die bei weitem die größten Fortschritte erzielt hat; die einzige zweifellos, die den Namen Wissenschaft verdient, die gleichzeitig eine positive Methode formuliert hat und das Wesen der ihrer Analyse unterzogenen Tatsachen kennt. Diese bevorzugte Situation bringt einige Verpflichtungen mit sich: der Sprachwissenschaftler wird oft erleben, wie Forscher benachbarter, aber verschiedener Fachwissenschaften sich nach seinem Beispiel richten und seinen Weg zu gehen versuchen. *Noblesse oblige*: eine sprachwissenschaftliche Zeitschrift wie *Word* kann sich nicht auf die Darstellung von streng sprachwissenschaftlichen Thesen und Gesichtspunkten beschränken. Sie ist es sich schuldig, die Psychologen, Soziologen und Ethnographen aufzunehmen, die bemüht sind, von der modernen Sprachwissenschaft den Weg zu erfahren, der zur positiven Kenntnis der sozialen Tatsachen führt. Vor zwanzig Jahren bereits schrieb Marcel Mauss: »Die Soziologie wäre ganz gewiß weiter, wenn sie überall nach dem Muster der Sprachwissenschaft vorgegangen wäre ...«[2] Die enge Verwandtschaft der Methoden dieser beiden Disziplinen legt ihnen eine besondere Pflicht zur Zusammenarbeit auf.

Seit Schrader[3] braucht man nicht mehr zu beweisen, welche Hilfestellung die Sprachwissenschaft der Soziologie in der Untersuchung der Verwandtschaftsprobleme leisten kann. Sprachwissenschaftler und Philologen (Schrader, Rose[4]) haben die Unwahrscheinlichkeit

1 Zuerst veröffentlicht in: *Word, Journal of the Linguistic Circle of New York*, Bd. I, Nr. 2, August 1945, S. 1–21.

2 Rapports réels et pratiques ..., in: *Sociologie et Anthropologie*, Paris 1951.

3 O. Schrader, *Prehistoric Antiquities of the Aryan Peoples*, Übers. F. B. Jevons (London, 1890), Kap. XII, Teil 4.

4 O. Schrader, *a.a.O;* H. J. Rose, On the Alleged Evidence for Mother-Right in Early Greece, *Folklore*, 22 (1911). Vgl. auch zu dieser Frage die neueren Werke von G. Thomson, die die Hypothese des matrilinearen Fortbestandes stützen.

der Hypothese von einem alten matrilinearen Erbe in der antiken Familie – an die sich zu jener Zeit noch manche Soziologen klammerten – bewiesen. Der Sprachwissenschaftler bietet dem Soziologen Etymologien, die die Möglichkeit geben, zwischen einigen Verwandtschaftsausdrücken Verbindungen herzustellen, die vorher nicht unmittelbar zu erkennen waren. Umgekehrt kann der Soziologe dem Sprachwissenschaftler Bräuche, positive Regeln und Verbote mitteilen, die die Dauer bestimmter Charakterzüge der Sprache oder die Unbeständigkeit von Ausdrücken oder Gruppen von Ausdrücken begreiflich machen. Vor kurzem erwähnte im Verlauf einer Sitzung des Linguistic Circle of New York Julien Bonfante diesen Gesichtspunkt und erinnerte an die Etymologie des Namens Onkel in einigen romanischen Sprachen: das griechische θεῖος ergibt im Italienischen, Spanischen und Portugiesischen *zio* und *tio*; und er fügte hinzu, daß in einigen Landschaften Italiens der Onkel *barba* heißt. Der »Bart«, der »göttliche Onkel«, welche Aufschlüsse für den Soziologen! Die Untersuchungen des verstorbenen Hocart über den religiösen Charakter der Beziehung zum Onkel mütterlicherseits und den Raub des Opfers durch Verwandte von mütterlicher Seite kommen alsbald ins Gedächtnis.[5] Welche Interpretation man den von Hocart gesammelten Tatsachen auch geben mag (seine eigene ist sicher nicht ganz befriedigend), es steht ohne Zweifel fest, daß der Sprachwissenschaftler an der Lösung des Problems mitarbeitet, indem er im heutigen Vokabular die hartnäckige Fortdauer verschwundener Beziehungen aufdeckt. Gleichzeitig erklärt der Soziologe dem Sprachwissenschaftler den tieferen Grund seiner Etymologie und bestätigt ihre Gültigkeit. Neuerdings hat Paul K. Benedict einen wichtigen Beitrag zur Familiensoziologie Südasiens geliefert, indem er sich als Sprachforscher an die Verwandtschaftssysteme dieses Teils der Welt machte.[6]

Trotz dieses Vorgehens verfolgen Sprachwissenschaftler und Soziologen ihre beiden Wege unabhängig voneinander. Zweifellos halten sie von Zeit zu Zeit ein, um sich einige Ergebnisse mitzuteilen; diese Ergebnisse stammen jedoch aus verschiedenen Verfahren, und es

5 A. M. Hocart, Chieftainship and the Sister's Son in the Pacific, *American Anthropologist*, N. S. Bd. 17 (1915); The Uterine Nephew, *Man*, 23 (1923), Nr. 4; The Cousin in Vedic Ritual, *Indian Antiquary*, Bd. 54 (1925), usw.

6 P. K. Benedict, Tibetan and Chinese Kinship Terms, *Harvard Journal of Asiatic Studies*, 6 (1942); Studies in Thai Kinship Terminology, *Journal of the Amer. Oriental Society*, 63 (1943).

wird kein Versuch gemacht, die technischen und methodologischen Fortschritte einer Gruppe der anderen zugutekommen zu lassen. Diese Haltung war noch erklärlich zu einer Zeit, als die Sprachwissenschaft sich vor allem auf die historische Analyse stützte. Im Vergleich zur ethnologischen Untersuchung, wie sie während der gleichen Zeit gehandhabt wurde, war da eher ein Grad- als ein Wesensunterschied. Die Sprachforscher besaßen eine strengere Methode; ihre Ergebnisse waren besser abgesichert; die Soziologen konnten sich an ihnen ein Beispiel nehmen, »indem sie darauf verzichteten, die räumliche Verbreitung der heutigen Gattungen zur Grundlage ihrer Klassifizierung zu machen« [7]; aber im Grunde erwarteten Anthropologie und Soziologie von der Sprachwissenschaft nur Belehrungen; nichts ließ eine Offenbarung vorhersehen. [8]

Die Entstehung der Phonologie hat diese Situation von Grund auf verändert. Sie hat nicht nur die sprachwissenschaftlichen Perspektiven erneuert, denn eine Umwandlung von solcher Breite beschränkt sich nicht auf ein einzelnes Fach. Die Phonologie muß für die Sozialwissenschaften die gleiche Rolle des Erneuerers spielen wie zum Beispiel die Kernphysik für die Gesamtheit der exakten Wissenschaften. Worin besteht diese Revolution, wenn wir versuchen, sie in ihren allgemeinsten Zügen zu sehen? Der berühmte Meister der Phonologie, N. Trubetzkoi, mag uns die Antwort auf diese Frage geben. In einem programmatischen Artikel [9] führt er, kurz gesagt, die phonologische Methode auf vier Grundschritte zurück: zunächst geht die Phonologie vom Studium der *bewußten* Spracherscheinungen zu dem ihrer *unbewußten* Infrastruktur über; sie lehnt es ab, die *Ausdrücke* als unabhängige Entitäten zu behandeln, und macht vielmehr die *Beziehungen* zwischen den Ausdrücken zur Grundlage ihrer Analyse; sie führt den Begriff *System* ein: »Die heutige Phonologie beschränkt sich nicht auf die Erklärung, daß die Phoneme immer Glieder eines Systems sind, sie *zeigt* konkrete phonologische Systeme und hebt ihre Struktur hervor« [10]; schließ-

7 L. Brunschvicg, *Le Progrès de la conscience dans la philosophie occidentale,* II (Paris 1927), S. 562.

8 Zwischen 1900 und 1920 stellen sich die Begründer der modernen Sprachwissenschaft, Ferdinand de Saussure und Antoine Meillet, entschlossen unter die Schutzherrschaft der Soziologen. Erst nach 1920 beginnt Marcel Mauss, die Tendenz umzukehren, wie die Wirtschaftler sagen.

9 N. Trubetzkoi, La Phonologie actuelle, in: *Psychologie du langage,* Paris, 1933.

10 *a.a.O.,* S. 243.

lich zielt sie auf die Entdeckung *allgemeiner Gesetze* ab, die entweder durch Induktion gefunden oder logisch deduziert werden, was ihnen einen absoluten Charakter verleiht.[11]
So gelangt eine Sozialwissenschaft zum erstenmal dazu, notwendige Beziehungen zu formulieren. Das ist der Sinn dieses letzten Satzes von Trubetzkoi, während die vorher erwähnten Regeln zeigen, wie die Sprachwissenschaft vorgehen muß, um zu diesem Ergebnis zu kommen. Wir wollen hier nicht nachweisen, daß die Forderungen Trubetzkois gerechtfertigt sind; die große Mehrzahl der modernen Sprachwissenschaftler scheint sich darin hinreichend einig zu sein. Aber wenn ein Ereignis von solcher Bedeutung in einer der Wissenschaften vom Menschen stattfindet, ist es den Vertretern der Nachbarwissenschaften nicht nur erlaubt, sondern geboten, unmittelbar die Folgen und ihre mögliche Anwendung auf die Tatsachen einer anderen Ordnung zu prüfen.
Damit öffnen sich neue Perspektiven. Es handelt sich nicht mehr nur um eine gelegentliche Zusammenarbeit, bei der die auf ihrem Spezialgebiet arbeitenden Sprachforscher und Soziologen sich von Zeit zu Zeit zuwerfen, was sie finden und was den anderen interessieren könnte. Bei der Erforschung der Verwandtschaftsprobleme (und zweifellos auch bei der Untersuchung anderer Probleme) sieht sich der Soziologe in einer Situation, die formal der des phonologischen Sprachforschers ähnelt: wie die Phoneme sind die Verwandtschaftsbezeichnungen Bedeutungselemente, wie diese bekommen sie ihre Bedeutung nur unter der Bedingung, daß sie sich in Systeme eingliedern; die »Verwandtschaftssysteme« werden wie die »phonologischen Systeme« durch den Geist auf der Stufe des unbewußten Denkens gebildet; schließlich läßt die Wiederholung von Verwandtschaftsformen, Heiratsregeln und gleichermaßen vorgeschriebenen Verhaltensweisen bei bestimmten Verwandtschaftstypen usw. in weit auseinanderliegenden Gebieten und sehr unterschiedlichen Gesellschaften vermuten, daß die beobachteten Phänomene sich in dem einen wie in dem anderen Falle aus dem Spiel allgemeiner, aber verborgener Gesetze ergeben. Das Problem läßt sich also folgendermaßen formulieren: die Verwandtschaftserscheinungen sind in einer *anderen Ordnung der Wirklichkeit* Phänomene vom *gleichen Typus* wie die sprachlichen. Kann der Soziologe, wenn er

11 *ebda.*

hinsichtlich der Form (wenn nicht gar des Inhalts) eine von der Phonologie eingeführte Methode analog anwendet, in seiner Wissenschaft einen Fortschritt erzielen, der dem in den Sprachwissenschaften erzielten analog ist?
Man wird noch eher zu dieser Ansicht neigen, wenn man außerdem feststellt, daß die Forschung über Verwandtschaftsprobleme sich heute in denselben Ausdrücken darstellt und anscheinend denselben Schwierigkeiten begegnet wie die Sprachwissenschaft am Vorabend der phonologischen Umwälzung. Zwischen der alten Sprachwissenschaft, die ihr Erklärungsprinzip vornehmlich in der Geschichte suchte, und bestimmten Versuchen von Rivers besteht eine verblüffende Ähnlichkeit: in beiden Fällen muß die diachronische Untersuchung allein – oder fast allein – über die synchronischen Erscheinungen Bericht erstatten. Trubetzkoi, der die Phonologie und die frühere Sprachwissenschaft verglichen hat, definierte die erstere als einen »Strukturalismus und einen systematischen Universalismus«, den er dem Individualismus und dem »Atomismus« der vorhergehenden Schulen gegenüberstellte. Und die diachronische Untersuchung betrachtete er in einer völlig veränderten Perspektive: »Die Entwicklung des phonologischen Systems wird in jedem Augenblick durch die *Tendenz auf ein Ziel hin* geleitet ... Diese Entwicklung hat also eine Richtung, eine innere Logik, die die historische Phonologie sichtbar machen muß.« [12] Diese ausschließlich auf den historischen Zufall gegründete, von Trubetzkoi und Jakobson kritisierte »individualistische«, »atomistische« Interpretation ist tatsächlich die gleiche wie die allgemein auf die Verwandtschaftsprobleme angewendete.[13] Jede Einzelheit der Terminologie, jede besondere Heiratsregel knüpft, gleichsam als Folge oder Rest, an einen anderen Brauch an: man schwelgt in Diskontinuität. Niemand fragt sich, wie die Verwandtschaftssysteme, als synchronische Einheit, das willkürliche Ergebnis von vielen heterogenen (übrigens größtenteils hypothetischen) Institutionen sein und trotzdem mit einer gewissen Regelmäßigkeit und Wirksamkeit funktionieren können. [14]

12 *a.a.*O., S. 245; R. Jakobson, Prinzipien der historischen Phonologie, *Travaux du Cercle linguistique de Prague*, Bd. IV; Remarques sur l'évolution phonologique du russe, *a.a.*O., Bd. II.

13 W. H. R. Rivers, *The History of Melanesian Society* (London 1914), passim; *Social Organization*, Hrsg. W. J. Perry (London, 1924), Kap. IV.

14 In diesem Sinne, S. Tax, Some Problems of Social Organization, in: *Social Anthropology of North American Tribes*, Hrsg. F. Eggan (Chicago, 1937).

Doch widersetzt sich eine Anfangsschwierigkeit der Übertragung der phonologischen Methode auf das Studium der Soziologie der Eingeborenen. Die oberflächliche Analogie zwischen den phonologischen und den Verwandtschaftssystemen ist so groß, daß sie unmittelbar auf eine falsche Fährte führt. Diese besteht darin, vom Gesichtspunkt ihrer formellen Behandlung aus die Verwandtschaftsbezeichnungen mit den Phonemen der Sprache zu vergleichen. Man weiß, daß der Sprachforscher zur Erlangung eines Strukturgesetzes die Phoneme in »differentielle Elemente« zerlegt und daß es dann möglich ist, diese in einem oder mehreren »Gegensatzpaaren« [15] zu organisieren. Der Soziologe könnte, einer analogen Methode folgend, versucht sein, die Verwandtschaftsbezeichnungen eines gegebenen Systems zu zerlegen. In unserem Verwandtschaftssystem zum Beispiel hat der Ausdruck *Vater* eine positive Bedeutung in Bezug auf das Geschlecht, das betreffende Alter und die Generation; dagegen hat er keine umfassende Bedeutung und kann keine Verwandtschaftsbeziehung wiedergeben. Daher wird man sich bei jedem System fragen, welches die ausgedrückten Beziehungen sind, und bei jedem Ausdruck des Systems, welche – positive oder negative – Bedeutung er in Bezug auf jede dieser Beziehungen: Generation, Ausdehnung, Geschlecht, entsprechendes Alter, Verwandtschaft und so weiter besitzt. Auf dieser »mikrosoziologischen« Stufe kann man, wie der Sprachforscher auf der infraphonemischen oder der Physiker auf der inframolekularen, das heißt auf der Stufe des Atoms, die allgemeinsten Strukturgesetze zu erkennen hoffen. So könnte man den interessanten Versuch von Davis und Warner [16] interpretieren.

Aber es erhebt sich sogleich ein dreifacher Einwand. Eine wirklich wissenschaftliche Analyse muß real, vereinfachend und erklärend sein. So besitzen die differentiellen Elemente, die am Ende der phonologischen Analyse stehen, eine objektive Existenz in psychologischer, physiologischer und sogar physischer Hinsicht; sie sind weniger zahlreich als die durch ihre Kombination gebildeten Phoneme; und schließlich ermöglichen sie es, das System zu begreifen und zu rekonstruieren. Nichts dergleichen würde sich aus der oben aufgestellten Hypothese ergeben. Die Behandlung der Verwandtschaftsbezeichnungen, wie wir sie uns vorgestellt haben, ist

15 R. Jakobson, Observations sur le classement phonologique des consonnes, *a.a.O.*
16 K. Davis and W. L. Warner, Structural Analysis of Kinship, *American Anthropologist*, N. S. Bd. 37 (1935).

nur dem Schein nach analytisch: denn tatsächlich ist das Ergebnis abstrakter als das Prinzip; anstatt zum Konkreten zu gelangen, entfernt man sich von ihm, und das definitive System – wenn es überhaupt eins gibt – kann nur begrifflich sein. Zweitens beweist die Erfahrung von Davis und Warner, daß das auf diesem Wege gewonnene System unendlich viel komplizierter und schwerer zu interpretieren ist als die Gegebenheiten der Erfahrung.[17] Und schließlich hat die Hypothese keinen erklärenden Wert: sie macht das Wesen des Systems nicht verständlich; noch weniger erlaubt sie, seine Genese nachzuvollziehen.

Was ist der Grund für dieses Scheitern? Eine zu wörtliche Befolgung der Methode des Sprachforschers verrät in Wirklichkeit deren Geist. Die Verwandtschaftsbezeichnungen haben nicht nur eine soziologische Existenz: Sie sind auch Elemente der gesprochenen Sprache. Bei der Übertragung der analytischen Methoden des Sprachforschers auf sie darf man nicht vergessen, daß sie als Teil des Vokabulars zu diesen Methoden gehören, und zwar nicht in analoger Weise, sondern direkt. Die Sprachwissenschaft lehrt aber gerade, daß die phonologische Analyse keinen direkten Einfluß auf die Worte hat, sondern nur auf die vorher in Phoneme zerlegten Wörter. *Auf der Stufe des Vokabulars gibt es keine notwendigen Beziehungen.*[18] Das gilt für alle Elemente des Vokabulars, auch für die Verwandtschaftsbezeichnungen. Das trifft für die Sprachwissenschaft zu und muß *ipso facto* auch für eine Sprachsoziologie zutreffen. Ein Versuch wie der, dessen Möglichkeit wir in diesem Augenblick diskutieren, würde also darauf hinauslaufen, die phonologische Methode auszuweiten, dabei aber ihre Grundlage zu vergessen. Kroeber hat in einem alten Artikel diese Schwierigkeit prophetisch vorhergesehen.[19] Und wenn er zu jenem Zeitpunkt

17 So wird am Ende der Analyse dieser Autoren der Ausdruck »Ehemann« durch die Formel $_{C}2a/2d/0_{SU}\,1a\,8/_{Ego}$ ersetzt.
Bei dieser Gelegenheit möchten wir auf zwei neuere Arbeiten hinweisen, die einen viel raffinierteren logischen Apparat verwenden und in Bezug auf die Methode und die Ergebnisse von größerem Interesse sind: F. G. Lounsbury, A Semantic Analysis of the Pawnee Kinship Usage, *Language*, Bd. 32, Nr. 1, 1956. – Ebenda: W. H. Goodenough, The Componential Analysis of Kinship.

18 Aus dem 5. Kapitel dieses Buches wird man ersehen, daß ich heute eine nuanciertere Formel verwende.

19 A. L. Kroeber, Classificatory Systems of Relationship, *Journal of the Royal Anthropol. Institute*, Bd. 39, 1909.

auf die Unmöglichkeit einer Strukturalanalyse der Verwandtschaftsbezeichnungen schloß, so deshalb, weil die Sprachwissenschaft selbst sich damals auf eine phonetische, psychologische und historische Analyse beschränkte. Die Sozialwissenschaften müssen tatsächlich die Grenzen der Sprachwissenschaft einhalten; aber sie können auch aus ihren Fortschritten Nutzen ziehen.

Man darf auch nicht den sehr tiefen Unterschied übersehen, der zwischen der Tabelle der Phoneme einer Sprache und der Tabelle der Verwandtschaftsbezeichnungen einer Gesellschaft besteht. Im ersteren Falle gibt es hinsichtlich der Funktion keine Zweifel: wir wissen alle, wozu eine Sprache dient: zur Mitteilung. Was der Sprachforscher dagegen lange Zeit nicht gekannt hat, und was allein die Phonologie ihm zu entdecken erlaubte, ist das Mittel, dank dessen die Sprache zu diesem Ergebnis gelangt. Die Funktion war klar; das System blieb unbekannt. In dieser Hinsicht ist der Soziologe in der umgekehrten Situation: daß die Verwandtschaftsbezeichnungen Systeme bilden, wissen wir bereits seit Lewis H. Morgan; dagegen wissen wir immer noch nicht, wie sie verwendet werden. Die Verkennung dieser Ausgangssituation schränkt die meisten Strukturalanalysen der Verwandtschaftssysteme auf reine Tautologien ein. Sie beweisen, was ohnehin klar ist, und lassen außer acht, was unbekannt ist.

Das soll nicht heißen, daß wir darauf verzichten müssen, in die Nomenklaturen der Verwandtschaft eine Ordnung einzuführen und eine Bedeutung darin zu entdecken. Aber man muß mindestens die besonderen Probleme erkennen, die eine Soziologie des Vokabulars stellt, und den doppeldeutigen Charakter der Beziehungen, die ihre Methoden mit denen der Sprachwissenschaft verbinden. Aus diesem Grunde wäre es vorzuziehen, sich auf die Diskussion eines Falles zu beschränken, in dem die Analogie sich einfach darstellt. Glücklicherweise haben wir diese Möglichkeit.

Was man allgemein »Verwandtschaftssystem« nennt, deckt in der Tat zwei verschiedene Wirklichkeitsordnungen. Es gibt zunächst Ausdrücke, in denen die verschiedenen Typen von Familienbeziehungen zum Ausdruck kommen. Aber die Verwandtschaft drückt sich nicht nur in einer Nomenklatur aus: die Individuen oder die Klassen von Individuen, die die Ausdrücke verwenden, fühlen sich (oder fühlen sich nicht, je nachdem) gegenseitig zu einer bestimmten Haltung verpflichtet: Achtung oder Vertraulichkeit, Recht oder Pflicht,

Zuneigung oder Abneigung. So gibt es neben dem, was wir das Benennungssystem (système des appellations) nennen wollen (und das genau genommen ein Wörtersystem ist) ein anderes System gleichfalls psychologischer und sozialer Natur, das wir als Haltungssystem (système des attitudes) bezeichnen wollen. Wenn es also (wie wir weiter oben gezeigt haben) stimmt, daß uns die Untersuchung der Benennungssysteme in eine Situation versetzt, die der analog ist, in der wir uns gegenüber den phonologischen Systemen befinden, nur umgekehrt, so wird diese Situation sozusagen »richtiggestellt«, wenn es sich um Haltungssysteme handelt. Wir ahnen die Rolle dieser letzteren, die darin besteht, den Zusammenhang und das Gleichgewicht der Gruppe zu sichern, aber wir begreifen nicht die Natur der zwischen den verschiedenen Haltungen existierenden Verbindungen und erfassen ihre Notwendigkeit nicht.[20] Mit anderen Worten, wir kennen, wie im Fall der Sprache, die Funktion, es fehlt uns aber das System.

Zwischen *Benennungssystem* und *Haltungssystem* sehen wir also einen tiefgehenden Unterschied, und wir möchten uns an diesem Punkt von A. R. Radcliffe-Brown trennen, falls er wirklich geglaubt hat, wie es ihm zuweilen vorgeworfen wurde, daß das letztere nur der Ausdruck des ersteren oder seine Übersetzung auf die affektive Ebene sei.[21] Im Laufe der letzten Jahre sind zahlreiche Beispiele von Gruppen vorgelegt worden, bei denen die Tabelle der Verwandtschaftsbezeichnungen nicht genau die der Familienhaltungen widerspiegelt und umgekehrt.[22] Man täuscht sich, wenn man glaubt, daß das Verwandtschaftssystem in jeder Gesellschaft das hauptsächliche Medium bildet, durch das sich die individuellen Beziehungen regeln; und sogar in den Gesellschaften, in denen ihm diese Rolle zufällt, füllt es sie nicht immer im gleichen Maß aus. Darüberhinaus muß man immer zwischen zwei Typen von Haltungen unterscheiden:

20 Ausgenommen das ausgezeichnete Werk von W. Lloyd Warner, Morphology and Functions of the Australian Murngin Type of Kinship, *Amer. Anthrop.*, N. S. Bd. 32–33 (1930–31), wo die in Bezug auf den Inhalt anfechtbare Analyse des Systems der Haltungen dennoch eine neue Phase in der Erforschung der Verwandtschaftsprobleme einleitet.

21 A. R. Radcliffe-Brown, Kinship Terminology in California, *Amer. Anthrop.*, N. S. Bd. 37 (1935); The Study of Kinship Systems, *Journal of the Royal Anthrop. Inst.*, Bd. 71 (1941).

22 M. E. Opler, Apache Data Concerning the Relation of Kinship Terminology to Social Classification, *Amer. Anthrop.*, N. S. Bd. 39 (1937); A. M. Halpern, Yuma Kinship Terms, *ebda.*, Bd. 44 (1942).

zunächst die diffusen, nicht ausgeprägten Haltungen ohne jeden institutionellen Charakter, bei denen man annehmen muß, daß sie auf der psychologischen Ebene die Widerspiegelung oder der Niederschlag der Terminologie sind; und daneben oder zusätzlich zu den vorhergehenden die stilisierten oder verpflichtenden Haltungen, die durch Tabus oder Vorrechte sanktioniert sind und sich durch ein festgelegtes Zeremoniell äußern. So wenig diese Haltungen automatisch die Nomenklatur widerspiegeln, erscheinen sie oft als sekundäre Schöpfungen, die dazu bestimmt sind, Widersprüche aufzulösen und die dem Benennungssystem innewohnenden Unzulänglichkeiten zu überwinden. Dieser synthetische Charakter tritt besonders deutlich bei den Wik Monkan in Australien hervor; in dieser Gruppe sanktionieren die Vorrechte, Scherze zu treiben, einen Widerspruch zwischen den Verwandtschaftsbeziehungen zwischen zwei Menschen vor ihrer Ehe und der theoretischen Beziehung, die man zwischen ihnen voraussetzen müßte, um über ihre nacheinander vollzogene Ehe mit zwei Frauen Auskunft zu geben, die zueinander nicht in der entsprechenden Beziehung stehen.[23] Es besteht ein Widerspruch zwischen zwei möglichen Systemen der Nomenklatur, und der auf die Haltungen gelegte Akzent stellt einen Versuch dar, diesen Widerspruch zwischen den Bezeichnungen zu integrieren oder zu überwinden. Man kann mit Radcliffe-Brown leicht in der Behauptung übereinstimmen, es bestünden »real relations of interdependence between the terminology and the rest of the system«[24]; einige seiner Kritiker haben einen falschen Weg eingeschlagen, als sie aus dem Fehlen eines strengen Parallelismus zwischen Haltungen und Nomenklatur auf die Unabhängigkeit der beiden Ordnungen voneinander schlossen. Aber diese Wechselbeziehung ist keine wortwörtliche Entsprechung. Das System der Haltungen ist vielmehr eine dynamische Integration des Systems der Benennungen.

Selbst bei der Annahme einer funktionellen Beziehung zwischen den beiden Systemen – der wir bedingungslos beipflichten – hat man also aus Gründen der Methode das Recht, die dem einen wie dem anderen zugehörenden Probleme getrennt zu behandeln. Das schlagen

23 D. F. Thomson, The Joking-Relationship and Organized Obscenity in North Queensland, *Amer. Anthrop.*, N. S. Bd. 37 (1935).

24 The Study of Kinship Systems, *a.a.*O., S. 8. Diese letztere Formulierung von Radcliffe-Brown scheint uns viel zufriedenstellender als seine Behauptung von 1935, daß die Haltungen »a fairly high degree of correlation with the terminological classification« darstellen (*Amer. Anthrop.*, N. S., 1935, S. 53).

wir hier für ein Problem vor, das mit Recht als Ausgangspunkt jeder Theorie der Haltungen angesehen werden kann: das des Onkels mütterlicherseits. Wir werden zu zeigen versuchen, wie eine formale Übertragung der von dem Phonologen verfolgten Methode dieses Problem von neuem zu erhellen erlaubt. Wenn die Soziologen ihm auch eine besondere Aufmerksamkeit gewidmet haben, so tatsächlich nur, weil die Beziehung zwischen dem Onkel mütterlicherseits und dem Neffen der Gegenstand einer wichtigen Entwicklung in einer sehr großen Zahl primitiver Gesellschaften zu bilden schien. Aber es genügt nicht, diese Häufigkeit festzustellen; man muß den tieferen Grund entdecken.

Wir wollen uns rasch die hauptsächlichen Etappen der Entwicklung des Problems ins Gedächtnis rufen. Während des ganzen 19. Jahrhunderts bis hin zu Sidney Hartland[25] hat man die Bedeutung des Onkels mütterlicherseits als Fortleben eines matrilinearen Regimes interpretiert. Dieses blieb rein hypothetisch, und seine Möglichkeit war angesichts der europäischen Beispiele besonders zweifelhaft. Im übrigen hatte der Versuch von Rivers[26], die Bedeutung des Onkels mütterlicherseits in Südindien als Überbleibsel der Heirat zwischen Kreuzvettern zu erklären, ein beklagenswertes Ergebnis: der Autor selbst mußte zugeben, daß diese Interpretation nicht alle Aspekte des Problems berücksichtigen konnte, und begnügte sich mit der Hypothese, daß *mehrere* heterogene und jetzt verschwundene Bräuche (die Heirat der Kreuzvettern war nur einer davon) herangezogen werden müßten, um die Existenz *einer einzigen* Institution zu begreifen. Der Atomismus und der Mechanismus triumphierten.[27]

In der Tat eröffnet sich erst mit dem wichtigen Artikel von Lowie über den matrilinearen Komplex[28] das, was man die »moderne Phase« des Problems des Avunkulats nennen könnte. Lowie zeigt, daß die angeführte oder angenommene Wechselbeziehung zwischen der Vorherrschaft des Onkels mütterlicherseits und einem matrilinearen Regime der Analyse nicht standhält; tatsächlich findet man das Avunkulat ebenso an patrilineare wie an matrilineare Systeme

25 S. Hartland, Matrilineal Kinship and the Question of its Priority, *Mem. of the Amer. Anthrop. Assoc.*, 4 (1917).

26 W. H. R. Rivers, The Marriage of Cousins in India, *Journ. of the Royal Asiatic Society*, Juli 1907.

27 *a.a.O.*, S. 624.

28 R. H. Lowie, The Matrilineal Complex, *Univ. of California Publ. in Amer. Archaeol. and Ethnol.*, 16 (1919), Nr. 2.

gebunden. Die Rolle des Onkels mütterlicherseits läßt sich nicht als Folge oder als Weiterleben eines mutterrechtlichen Systems erklären; das ist nur ein Sonderfall »of a very general tendency to associate definite social relations with definite forms of kinship regardless of maternal or paternal side«. Dieses 1919 von Lowie zum erstenmal eingeführte Prinzip, nach dem eine allgemeine Tendenz besteht, die *Haltungen zu bezeichnen*, bildet die einzige positive Grundlage einer Theorie der Verwandtschaftssysteme. Gleichzeitig ließ Lowie aber einige Fragen ohne Antwort: Was heißt genau genommen Avunkulat? Faßt man nicht ganz verschiedene Bräuche und Haltungen unter einer Bezeichnung zusammen? Weshalb werden nur einige Haltungen mit der Onkelbeziehung in Verbindung gebracht und nicht je nach den ins Auge gefaßten Gruppen alle möglichen Haltungen, wenn wirklich eine Tendenz besteht, alle Haltungen zu bezeichnen?

Wir müssen hier etwas einschieben, um die verblüffende Analogie zwischen dem Gang unseres Problems und einigen Etappen der sprachwissenschaftlichen Überlegung zu unterstreichen: die Verschiedenheit der möglichen Haltungen in dem Gebiet der zwischenindividuellen Beziehungen ist praktisch unbegrenzt; dasselbe gilt für die Verschiedenheit der Laute, die der Stimmapparat erzeugen kann und tatsächlich in den ersten Monaten des menschlichen Lebens hervorbringt. Doch behält jede Sprache nur eine kleine Anzahl von diesen möglichen Lauten zurück, und die Sprachwissenschaft stellt sich in dieser Hinsicht zwei Fragen: Weshalb werden bestimmte Laute ausgewählt? Welche Beziehungen bestehen zwischen einem oder mehreren der ausgewählten Laute und den anderen?[29] Unsere historische Skizze des Problems des Onkels mütterlicherseits ist genau im selben Stadium: wie die Sprache findet auch die soziale Gruppe ein sehr reiches psycho-physiologisches Material vor; wie die Sprache hält sie nur bestimmte Elemente zurück, von denen einige wenigstens durch die verschiedensten Kulturen hindurch die gleichen bleiben und die sie in immer anderen Strukturen kombiniert. Man fragt sich also, welches der tiefere Grund der Auswahl ist und welches die Gesetze der Kombinationen.

Was das besondere Problem der Onkelbeziehung betrifft, so muß man sich Radcliffe-Brown zuwenden; sein berühmter Artikel über

29 Roman Jakobson, *Kindersprache, Aphasie und allgemeine Lautgesetze* (Uppsala, 1941).

den Onkel mütterlicherseits in Südafrika[30] ist der erste Versuch, die Modalitäten dessen, was wir das »allgemeine Prinzip der Bezeichnung von Haltungen« nennen könnten, zu finden und zu analysieren. Es wird genügen, hier rasch an die Grundthesen dieser heute bereits klassischen Untersuchung zu erinnern.

Nach Radcliffe-Brown umfaßt der Ausdruck Avunkulat zwei antithetische Haltungssysteme: in einem Falle stellt der Onkel mütterlicherseits die Autorität der Familie dar; er wird gefürchtet, man gehorcht ihm, er besitzt Rechte auf seinen Neffen; im anderen Falle genießt der Neffe gegenüber seinem Onkel Vorrechte der Vertraulichkeit und kann ihn mehr oder weniger als Opfer behandeln. Zweitens besteht eine Wechselbeziehung zwischen der Haltung gegenüber dem Onkel mütterlicherseits und der Haltung dem Vater gegenüber. In beiden Fällen finden wir die gleichen Haltungssysteme, nur umgekehrt: in den Gruppen, in denen die Beziehung zwischen Vater und Sohn vertraulich ist, ist die zwischen dem Onkel mütterlicherseits und dem Neffen streng; und dort, wo der Vater als strenger Vertreter der Familienautorität auftritt, ist die Behandlung des Onkels freier. Die beiden Gruppen von Haltungen bilden also, wie der Phonologe sagen würde, zwei Gegensatzpaare. Radcliffe-Brown schloß mit dem Vorschlag einer Interpretation des Phänomens: letzten Endes bestimmt die Abstammung den Sinn der Gegensätze. In einem patrilinearen Regime, in dem der Vater und die Sippe des Vaters die traditionelle Autorität vertreten, wird der Onkel mütterlicherseits wie eine »männliche Mutter« angesehen und im allgemeinen genau so behandelt und zuweilen beim selben Namen gerufen wie die Mutter. Die umgekehrte Situation zeigt sich in einem matrilinearen Regime: dort verkörpert der Onkel mütterlicherseits die Autorität, und die Beziehungen von Zärtlichkeit und Vertraulichkeit verlegen sich auf den Vater und auf seine Sippe.

Die Bedeutung dieses Beitrags von Radcliffe-Brown läßt sich schwerlich übertreiben. Nach der unbarmherzigen Kritik der evolutionistischen Metaphysik, die Lowie so großartig durchgeführt hat, ist dieser Beitrag die positive Bemühung um eine Synthese. Wenn man sagt, diese Bemühung habe nicht auf Anhieb ihr Ziel erreicht, schwächt das nicht die Huldigung ab, die man dem großen englischen Soziologen schuldig ist. Wir müssen nur erkennen, daß auch

30 A. R. Radcliffe-Brown, The Mother's Brother in South Africa, *South African Journal of Science*, Bd. 21 (1924).

der Artikel von Radcliffe-Brown zwei heikle Fragen offen läßt: zunächst kommt das Avunkulat nicht in allen matrilinearen und patrilinearen Systemen vor; man findet es aber zuweilen in Systemen, die weder das eine noch das andere sind.[31] Sodann ist die Onkelbeziehung keine Beziehung mit zwei, sondern eine mit vier Bezeichnungen: sie setzt einen Bruder, eine Schwester, einen Schwager und einen Neffen voraus. Eine Interpretation wie die von Radcliffe-Brown isoliert willkürlich gewisse Elemente einer universellen Struktur, die als solche behandelt werden muß. Einige einfache Beispiele werden diese doppelte Schwierigkeit sichtbar machen.
Die soziale Organisation der Eingeborenen der Trobriandinseln in Melanesien läßt sich durch die matrilineare Abstammung, durch freie und vertrauliche Beziehungen zwischen Vater und Sohn und einen ausgesprochenen Antagonismus zwischen dem Onkel mütterlicherseits und dem Neffen charakterisieren.[32] Die Tscherkessen aus dem Kaukasus, die patrilinear sind, verlegen die Feindseligkeit dagegen zwischen Vater und Sohn, während der Onkel mütterlicherseits seinem Neffen hilft und ihm ein Pferd schenkt, wenn er sich verheiratet.[33] Damit bleiben wir noch im Rahmen des Schemas von Radcliffe-Brown. Betrachten wir aber die anderen in Frage stehenden Familienbeziehungen: Malinowski hat gezeigt, daß auf den Trobriand-Inseln Mann und Frau in einer Atmosphäre zärtlicher Vertrautheit leben, und ihre Beziehungen verraten, daß das auf Gegenseitigkeit beruht. Die Beziehungen zwischen Bruder und Schwester werden dagegen durch ein Tabu von äußerster Strenge beherrscht. Wie ist nun die Beziehung im Kaukasus? Die Beziehung zwischen Bruder und Schwester ist die zärtliche Beziehung, das geht so weit, daß bei den Pschav eine einzige Tochter einen »Bruder« »adoptiert«, der für sie die dem Bruder zukommende Rolle des keuschen Bettgenossen spielt.[34] Aber zwischen Eheleuten ist die Situation ganz anders: ein Tscherkesse wagt es nicht, mit seiner Frau in der Öffent-

31 So die Mundugomor aus Neu-Guinea, bei denen die Beziehung zwischen dem Onkel mütterlicherseits und dem Neffen beständig vertraulich ist, während die Abstammung abwechselnd patrilinear und matrilinear ist. Vgl. Margaret Mead, *Sex and Temperament in Three Primitive Societies* (New York, 1935), S. 176 bis 185.
32 B. Malinowski, *The Sexual Life of Savages in Northwestern Melanesia* (London, 1929), 2 Bd.
33 Dubois de Monpereux (1839), zitiert nach M. Kovalevski, La Famille matriarcale au Caucase, *L'Anthropologie*, Bd. 4 (1893).
34 *ebda.*

lichkeit aufzutreten, und besucht sie nur heimlich. Nach Malinowski gibt es bei den Trobriandeingeborenen keine schwerere Beleidigung, als wenn man einem Mann sagt, er ähnele seiner Schwester; der Kaukasus bietet ein entsprechendes Verbot, sich bei einem Manne nach der Gesundheit seiner Frau zu erkundigen.

Wenn man Gesellschaften des Typus »Tscherkesse« oder »Trobriand« untersucht, genügt es nicht, die Wechselbeziehungen der Haltungen *Vater/Sohn* und *Onkel/Sohn der Schwester* zu studieren. Diese Wechselbeziehung ist nur ein Aspekt eines umfassenden Systems, in dem vier Typen von Beziehungen vorhanden und organisch verbunden sind: *Bruder/Schwester, Mann/Frau, Vater/Sohn, Onkel mütterlicherseits/Sohn der Schwester.* Die beiden Gruppen, die uns als Beispiel dienten, liefern beide Anwendungen eines Gesetzes, das man folgendermaßen formulieren kann: in den beiden Gruppen verhält sich die Beziehung zwischen Onkel mütterlicherseits und Neffe zu der Beziehung zwischen Bruder und Schwester wie die Beziehung zwischen Vater und Sohn zu der Beziehung zwischen Mann und Frau. So daß man, wenn ein Beziehungspaar bekannt ist, das andere jeweils davon ableiten kann.

Betrachten wir nunmehr andere Fälle. Bei den Tonga in Polynesien ist die Abstammung patrilinear wie bei den Tscherkessen. Die Beziehungen zwischen Mann und Frau erscheinen öffentlich und harmonisch: die häuslichen Streitigkeiten sind selten, und obwohl die rechtliche Stellung der Frau höher ist als die ihres Mannes, »denkt sie nicht im geringsten an Auflehnung gegen ihn, und in den häuslichen Fragen fügt sie sich gern seiner Autorität«. Ebenso herrscht zwischen dem Onkel mütterlicherseits und dem Neffen größte Freiheit: dieser ist *fahu,* über dem Gesetz, er steht seinem Onkel gegenüber, bei dem er sich alle erdenklichen Freiheiten herausnehmen kann. Diesen freiheitlichen Beziehungen stehen die zwischen einem Sohn und seinem Vater gegenüber. Dieser ist *tapu,* es ist dem Sohn verboten, seinen Kopf oder seine Haare zu berühren, ihn während des Essens zu berühren, in seinem Bett oder auf seinem Kopfkissen zu schlafen, sein Trinken oder Essen zu teilen oder mit Gegenständen zu spielen, die ihm gehören. Das stärkste aller *tapu* ist jedoch das zwischen Bruder und Schwester, die sich noch nicht einmal unter einem Dach aufhalten dürfen.[35]

35 E. W. Gifford, Tonga Society, *B. P. Bishop Museum Bulletin,* Nr. 61, Honolulu, 1929, S. 16–22.

Obwohl die Eingeborenen vom Kutubu-See in Neu-Guinea auch patrilinear und patrilokal sind, liefern sie das Beispiel für eine völlig entgegengesetzte Struktur: »Ich habe niemals eine so innige Verbindung zwischen Vater und Sohn gesehen« schreibt F. E. Williams darüber. Die Beziehungen zwischen Mann und Frau sind durch die sehr niedrige Stellung charakterisiert, die man dem weiblichen Geschlecht zuerkennt, »durch den Trennungsstrich zwischen den männlichen und weiblichen Interessensphären«. »Die Frauen«, sagt Williams, »müssen für ihre Herren hart arbeiten ... Zuweilen protestieren sie und erhalten dafür eine Tracht Prügel.« Die Frau genießt immer gegen ihren Mann den Schutz ihres Bruders, und bei ihm sucht sie Zuflucht. Die Beziehungen zwischen dem Neffen und dem Onkel mütterlicherseits »faßt der Ausdruck ›Respekt‹ am besten zusammen... mit einer Beimengung von Furcht«, denn der Onkel mütterlicherseits hat (wie bei den Kipsigi in Afrika) die Macht, seinen Neffen zu verfluchen und ihm eine schwere Krankheit zuzufügen. 36

Und doch ist diese letzte Struktur, die einer patrilinearen Gesellschaft entlehnt ist, vom selben Typus wie die der Siuai aus Bougainville, die eine matrilineare Abstammung haben. Zwischen Bruder und Schwester bestehen »freundschaftliche Beziehungen und wechselseitige Großzügigkeit«. Zwischen Vater und Sohn »weist nichts auf eine Beziehung der Feindseligkeit, der starren Autorität und des furchtsamen Respekts hin«. Aber die Beziehungen des Neffen zu seinem Onkel mütterlicherseits liegen »zwischen starrer Disziplin und einer freiwillig anerkannten Interdependenz«. Indessen »sagen die Informatoren, daß alle Jungen ein gewisses Entsetzen gegenüber ihrem Onkel mütterlicherseits empfinden, und daß sie ihm besser gehorchen als ihrem Vater«. Was Mann und Frau betrifft, scheint das gute Einvernehmen zwischen ihnen kaum zu herrschen: »Wenige junge Ehefrauen sind treu... die jungen Ehemänner sind immer argwöhnisch und neigen zu Eifersuchtsausbrüchen... die Heirat schließt alle Arten schwieriger Anpassungen ein.« 37

Ein gleiches, noch markanteres Bild zeigt sich bei den Dobu: die Eingeborenen haben die matrilineare Abstammung und sind Nachbarn der gleichfalls matrilinearen Trobriand, doch mit einer ganz anderen

36 F. E. Williams, Natives of Lake Kutubu, Papua, *Oceania*, Bd. 11, 1940–41 und 12, 1941–1942, S. 265–280 von Bd. 11. Group Sentiment and Primitive Justice, *American Anthropologist*, Bd. 43, Nr. 4., Teil I, 1941.

37 Douglas L. Oliver, *A Solomon Island Society, Kinship and Leadership among the Siuai of Bougainville*, Cambridge, Mass. 1955, passim.

Struktur. Die Dobu-Ehen sind labil, der Ehebruch ist häufig, Mann und Frau fürchten immer, durch die Hexerei des anderen umzukommen. Tatsächlich scheint die Bemerkung von Fortune, »daß es eine schwere Beleidigung ist, auf die Hexenkräfte einer Frau so anzuspielen, daß der Mann das hören kann«, eine Abwandlung der oben zitierten Trobriand- und Kaukasusverbote zu sein.
Bei den Dobu wird der Bruder der Mutter für den strengsten aller Verwandten gehalten. »Er schlägt seine Neffen noch, wenn die Eltern schon längst damit aufgehört haben«, und es ist verboten, seinen Namen auszusprechen. Zweifellos besteht die zärtliche Beziehung zu dem »Nabel«, dem Mann der Schwester der Mutter, das heißt einer »Zweitfassung« des Vaters, jedenfalls eher als zu dem Vater selbst. Dennoch wird der Vater als »weniger streng« angesehen als der Onkel und sucht, entgegen dem Gesetz der Erbfolge, immer seinen Sohn auf Kosten seines Halbneffen mütterlicherseits zu begünstigen.
Schließlich ist die Bindung zwischen Bruder und Schwester »die stärkste aller sozialen Bindungen«.[38]

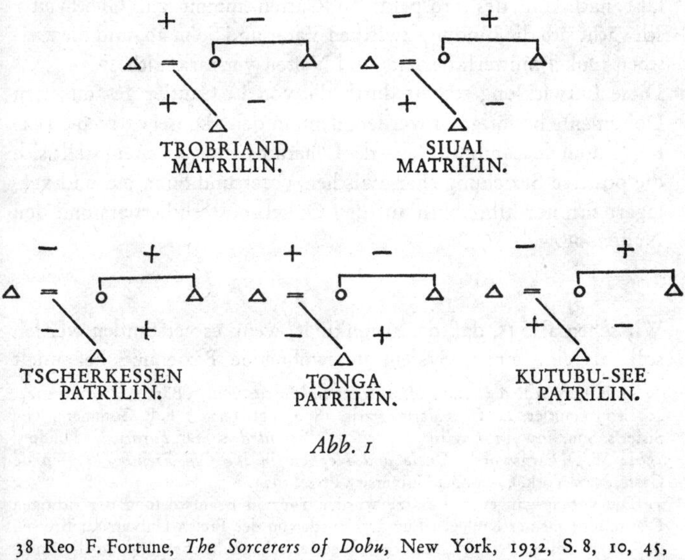

Abb. 1

38 Reo F. Fortune, *The Sorcerers of Dobu,* New York, 1932, S. 8, 10, 45, 62–64 usw.

Was läßt sich aus allen diesen Beispielen folgern? Die Wechselbeziehung zwischen Formen des Avunkulats und Typen direkter Abstammung erschöpft das Problem nicht. Verschiedene Formen des Avunkulats können mit ein- und demselben Typus patrilinearer oder matrilinearer Abstammung zusammengehen. Doch finden wir immer dieselbe Grundbeziehung zwischen den vier Gegensatzpaaren, die zur Aufstellung des Systems notwendig sind. Das wird noch klarer in den obenstehenden Schemata heraustreten, die unsere Beispiele illustrieren, wo das Zeichen + die freien und vertrauten Beziehungen darstellt, das Zeichen — die durch Feindseligkeit, Antagonismus oder Zurückhaltung bestimmten Beziehungen (Abb. 1). Diese Vereinfachung ist nicht ganz legitim, aber man kann sie als Provisorium verwenden. Wir werden später auf die unerläßlichen feineren Unterschiede eingehen.

Das damit vorgeschlagene synchronische Gesetz der Wechselbeziehung kann diachronisch nachgeprüft werden. Wenn man die Entwicklung der Familienbeziehungen im Mittelalter zusammenfaßt, wie sie sich aus der Darlegung von Howard ergibt, erhält man ungefähr folgendes Schema: die Macht des Bruders über die Schwester läßt nach, die des prospektiven Gatten nimmt zu. Gleichzeitig schwächt sich die Bindung zwischen Vater und Sohn ab, und die zwischen Onkel mütterlicherseits und Neffen verstärkt sich.[39]

Diese Entwicklung scheint durch die von L. Gautier gesammelten Dokumente bestätigt zu werden, denn in den »konservativen« Texten (Raoul de Cambrai, Geste des Loherains und so weiter) stellt sich die positive Beziehung eher zwischen Vater und Sohn ein und verlagert sich nur allmählich auf den Onkel mütterlicherseits und den Neffen.[40]

Wir sehen also[41], daß das Avunkulat, wenn es verstanden werden soll, als eine einem System innewohnende Beziehung behandelt

39 G. E. Howard, *A History of Matrimonial Institutions*, 3 Bände, Chicago 1904.

40 Léon Gautier, *La Chevalerie*, Paris, 1890. Vgl. ferner: F. B. Gummere, The Sister's Son, in: *An English Miscellany Presented to Dr. Furnivall*, London, 1901; W. O. Farnsworth, *Uncle and Nephew in the Old French Chanson de Geste*, New York, Columbia University Press, 1913.

41 Die vorangegangenen Absätze wurden 1957 in Beantwortung der richtigen Feststellung meines Kollegen Luc de Heusch von der Freien Universität Brüssel, daß eines meiner Beispiele materiell ungenau sei, geschrieben und an die Stelle des ursprünglichen Textes gesetzt. Ich spreche ihm hier meinen Dank aus.

und daß das System selbst in seinem Gesamtzusammenhang gesehen werden muß, damit die Struktur bemerkbar wird. Diese Struktur ruht selbst auf vier Gliedern (Bruder, Schwester, Vater, Sohn), die untereinander durch zwei aufeinander bezogene Gegensatzpaare zusammengehalten werden, und zwar so, daß in jeder der beiden betreffenden Generationen immer eine positive und eine negative Beziehung besteht. Was ist nun diese Struktur und was kann ihr tieferer Sinn sein? Die Antwort lautet: diese Struktur ist die einfachste Verwandtschaftsstruktur, die denkbar ist und die es überhaupt geben wann. Sie ist im eigentlichen Sinne das *Verwandtschaftselement.*

Zur Unterstützung dieser Behauptung kann man ein logisches Argument geltend machen: damit es überhaupt eine Verwandtschaftsstruktur gibt, müssen drei Typen von Familienbeziehungen, die immer in der menschlichen Gesellschaft gegeben sind, zusammentreffen, das heißt: die der Blutsverwandtschaft, der Ehe und der Abstammung; anders ausgedrückt, eine Verwandtschaft von blutsverwandten Geschwistern, eine Verwandtschaft von Ehemann und Ehefrau, und eine von Elternteil und Kind. Man kann sich leicht überzeugen, daß die hier betrachtete Struktur diejenige ist, die der dreifachen Forderung nach dem Prinzip der größten Ökonomie entspricht. Aber die vorhergehenden Überlegungen haben einen abstrakten Charakter, und für unsere Beweisführung mag ein konkretes Beispiel herangezogen werden.

Der ursprüngliche und unreduzierbare Charakter des Verwandtschaftselements, wie wir es definiert haben, ergibt sich tatsächlich unmittelbar aus der allgemeinen Existenz des Inzestverbots. Dieses bedeutet, daß in der menschlichen Gesellschaft ein Mann eine Frau nur von einem anderen Mann erhalten kann, der sie ihm als Tochter oder als Schwester abtritt. Man braucht also nicht zu erklären, wie der Onkel mütterlicherseits in die Verwandtschaftsstruktur hineingerät: er erscheint dort nicht, er ist unmittelbar gegeben, er ist deren Bedingung. Der Irrtum der traditionellen Soziologie wie auch der traditionellen Sprachwissenschaft liegt darin, die Glieder und nicht die Beziehungen zwischen den Gliedern betrachtet zu haben.

Bevor wir weitergehen, müssen wir rasch einige Einwände widerlegen, die auftauchen könnten. Erstens, warum muß man das aus der Ehe hervorgegangene Kind in der Grundstruktur auftreten lassen, wenn die Beziehung von »Verschwägerten« die unumgängliche Achse bildet, um die herum sich die Verwandtschaftsstruktur aufbaut? Selbstverständlich kann das vorgestellte Kind sowohl das bereits geborene Kind sein wie das, das erst geboren wird. Wenn das klar ist, ist das Kind unerläßlich, um den dynamischen und teleologischen Charakter des ersten Schrittes, der die Verwandtschaft auf und durch die Ehe gründet, zu bestätigen. Die Verwandtschaft ist kein statisches Phänomen; sie existiert nur, um weiterzuleben. Wir meinen hier nicht den Wunsch, der Rasse Dauer zu verleihen, sondern die Tatsache, daß in den meisten Verwandtschaftssystemen das anfängliche Fehlen des Gleichgewichts in einer gegebenen Generation zwischen dem, der eine Frau abtritt, und dem, der sie empfängt, nur ausgeglichen werden kann durch die Gegengaben in späteren Generationen. Selbst die elementarste Verwandtschaftsstruktur besteht gleichzeitig in der synchronischen Ordnung und in der der Diachronie.

Zweitens, könnte man sich nicht eine symmetrische Struktur von gleicher Einfachheit vorstellen, bei der die Geschlechter umgekehrt wären, das heißt eine Struktur, die eine Schwester, deren Bruder, die Frau dieses letzteren und die aus deren Vereinigung hervorgegangene Tochter ins Spiel bringt? Zweifellos; aber diese theoretische Möglichkeit kann alsbald auf einer experimentellen Grundlage ausgeschaltet werden: in der menschlichen Gesellschaft tauschen die Männer die Frauen aus und nicht umgekehrt. Es bleibt zu untersuchen, ob einige Kulturen nicht eine Art fiktives Bild dieser symmetrischen Struktur zu verwirklichen versucht haben. Die Fälle dürften selten sein.

Wir kommen nun zu einem schwerwiegenderen Einwand. Es könnte ja sein, daß wir das Problem nur umgekehrt haben. Die traditionelle Soziologie hat sich darauf versteift, den Ursprung des Avunkulats zu erklären, und wir haben uns dieser Untersuchung entledigt, indem wir den Bruder der Mutter nicht als ein außenstehendes Element, sondern als eine unmittelbare Gegebenheit der einfachsten Familienstruktur behandelt haben. Wieso haben wir das Avunkulat dann nicht immer und überall angetroffen? Denn wenn das Avunkulat auch eine sehr große Verbreitung kennt, so ist es doch nicht universell. Es wäre nutzlos, der Erklärung von Fällen, wo es sich findet, aus dem Wege zu gehen und dann dort zu scheitern, wo es sich nicht findet.

Wir wollen zunächst die Feststellung treffen, daß das Verwandtschaftssystem nicht in allen Kulturen die gleiche Bedeutung besitzt. Bei einigen liefert es das wirkende Prinzip, das alle sozialen Beziehungen oder die meisten von ihnen regelt. In anderen Gruppen, wie in unserer Gesellschaft, fehlt diese Funktion oder ist nur in geringem Maße vorhanden; in wieder anderen, z. B. in den Gesellschaften der Steppenindianer, wird sie nur teilweise erfüllt. Das Verwandtschaftssystem ist eine Sprache; aber es ist keine Universalsprache, man kann ihr andere Ausdrucks- und Aktionsmittel vorziehen. Vom Standpunkt des Soziologen aus läuft das darauf hinaus, daß sich angesichts einer bestimmten Kultur immer zuerst die Frage stellt: ist das System systematisch? Eine solche zunächst absurde Frage wäre in Wirklichkeit nur in Bezug auf die Sprache absurd, denn die Sprache ist das Bezeichnungssystem par excellence; es ist nicht möglich, daß sie nicht bezeichnet, das Ganze ihrer Existenz liegt in der Bezeichnung. Dagegen muß die Frage mit zunehmender Strenge geprüft werden, je weiter man sich von der Sprache entfernt, um sich anderen Systemen zuzuwenden, die auch den Anspruch auf Bezeichnung erheben, deren Bezeichnungswert aber partiell, fragmentarisch oder subjektiv bleibt: soziale Organisation, Kunst und so weiter.

Überdies haben wir das Avunkulat als ein Merkmal der Grundstruktur interpretiert. Diese Grundstruktur, die sich aus festumrissenen Beziehungen zwischen vier Gliedern ergibt, ist in unseren Augen das eigentliche *Verwandtschaftsatom*[42]. Es gibt keine Existenz, die außerhalb der fundamentalen Forderungen seiner Struktur gedacht oder gegeben sein kann, und andererseits ist es das einzige Baumaterial der komplexeren Systeme. Denn es gibt komplexere Systeme; entweder ist, genauer gesagt, jedes Verwandtschaftssystem auf diese sich wiederholende Elementarstruktur begründet, oder es entwickelt sich durch Hereinnahme neuer Elemente. Man muß also zwei Hypothesen ins Auge fassen: die, in der das betreffende Verwandtschaftssystem durch einfache Überlagerung elementarer Strukturen entsteht und wo infolgedessen die Onkelbeziehung ständig sichtbar bleibt; und diejenige, in der die einheitliche Konstruktion des Systems bereits eine komplexere Ordnung enthält. In diesem letzteren Falle kann die Onkelbeziehung, auch wenn sie vorhanden

42 Es ist überflüssig zu betonen, daß der Atomismus, den wir bei Rivers kritisiert haben, der der klassischen Philosophie ist und nicht die strukturale Konzeption des Atoms, wie man sie in der modernen Physik findet.

ist, in einem differenzierten Rahmen verlorengehen. Zum Beispiel kann man sich ein System denken, das von der Elementarstruktur ausgeht, ihr aber zur Rechten des Onkels mütterlicherseits die Frau des letzteren und zur Linken des Vaters zunächst die Schwester des Vaters und dann deren Ehemann angliedert. Man könnte leicht beweisen, daß eine Entwicklung dieser Art in der nächsten Generation eine parallele Verdoppelung nach sich zieht: das Kind muß dann als Sohn und Tochter unterschieden werden, wobei jeder durch eine umgekehrt symmetrische Beziehung mit den Gliedern verbunden wird, die in der Struktur die anderen Randpositionen (vorherrschende Position der Schwester des Vaters in Polynesien, die südafrikanische *nhlampsa* und Erbschaft der Frau des Bruders der Mutter) einnehmen. In einer derartigen Struktur bleibt die Onkelbeziehung weiterhin vorhanden; aber sie ist nicht mehr vorherrschend. Sie kann zurücktreten oder mit anderen zu noch komplexeren Strukturen verschmelzen. Gerade weil die Onkelbeziehung zur Elementarstruktur gehört, erscheint sie mit großer Pünktlichkeit wieder, neigt aber dazu, sich immer dann zu verbrauchen, wenn das betreffende System Schwierigkeiten hat: entweder weil es in schnellem Wandel begriffen ist (Nordwestküste des Pazifischen Ozeans); oder weil es an einer Naht- oder Konfliktstelle zwischen Kulturen mit tiefgehenden Unterschieden steht (Fidschi-Inseln, Südindien); oder auch weil es gerade eine unausweichliche Krise durchmacht (europäisches Mittelalter).

Man müßte noch hinzufügen, daß die in den vorangegangenen Schemata verwendeten Vorzeichen eine äußerste Vereinfachung darstellen, die nur als eine Etappe der Beweisführung annehmbar ist. In Wirklichkeit umfaßt das System der elementaren Haltungen wenigstens vier Bezeichnungen: eine Haltung der Zuneigung, Zärtlichkeit und Spontaneität; eine Haltung, die sich aus dem wechselseitigen Austausch von Leistungen und Gegenleistungen ergibt; und zusätzlich zu diesen bilateralen Beziehungen zwei unilaterale, deren eine der Haltung des Gläubigers entspricht, deren andere der des Schuldners. Anders ausgedrückt: freiwillige Gegenseitigkeit (=); zwangsläufige Gegenseitigkeit (±); Recht (+); Verpflichtung (–). Diese vier Grundhaltungen können in ihren wechselseitigen Beziehungen auf folgende Weise dargestellt werden:

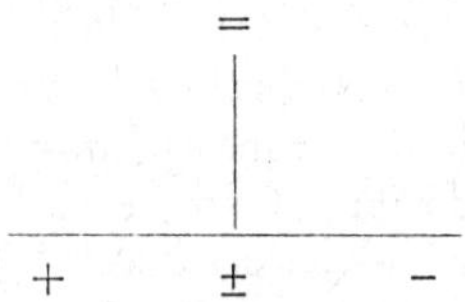

Abb. 2

In vielen Systemen kommt die Beziehung zwischen zwei Individuen oft nicht in einer einzigen Haltung, sondern in mehreren zum Ausdruck, die sozusagen ein Bündel bilden (so gibt es auf den Trobriand-Inseln zwischen Mann und Frau freiwillige *plus* zwangsläufige Gegenseitigkeit). Das ist ein weiterer Grund, weshalb die Grundstruktur schwer festzulegen ist.

Wir haben zu zeigen versucht, was die vorangegangene Analyse den heutigen Meistern der Eingeborenensoziologie verdankt. Man muß allerdings betonen, daß sie sich in dem grundlegendsten Punkt von ihrer Lehre entfernt. Zitieren wir dazu Radcliffe-Brown:
»The unit of structure from which a kinship is built up is the group which I call an ›elementary family‹, consisting of a man and his wife and their child or children ... The existence of the elementary family creates three special kinds of social relationship, that between parent and child, that between children of the same parents (siblings), and that between husband and wife as parents of the same child or children ... The three relationships that exist within the elementary family constitute what I call the first order. Relationships of the second order are those which depend on the connection of two elementary families through a common member, and are such as father's father, mother's brother, wife's sister, and so on. In the third order are such as father's brother's son and mother's brother's wife. Thus we can trace, if we have genealogical information, relationship of the fourth, fifth or n^{th} *order.«* [43]
Die in diesem Abschnitt ausgedrückte Vorstellung, nach der die biologische Familie den Punkt bildet, von dem aus jede Gesellschaft ihr Verwandtschaftssystem aufbaut, wird sicher nicht von dem englischen Meister allein vertreten; es gibt kaum eine, über die heute

43 A. R. Radcliffe-Brown, *a.a.O.*, S. 2.

eine größere Einmütigkeit herrscht. Es gibt nach unserer Ansicht aber auch keine gefährlichere. Zweifellos ist die biologische Familie vorhanden und setzt sich in der menschlichen Gesellschaft fort. Was aber der Verwandtschaft ihren Charakter als soziale Tatsache verleiht, ist nicht das, was sie von der Natur beibehalten muß: es ist der wesentliche Schritt, durch den sie sich von ihr trennt. Ein Verwandtschaftssystem besteht nicht aus den objektiven Bindungen der Abstammung oder der Blutsverwandtschaft zwischen den Individuen; es besteht nur im Bewußtsein der Menschen, es ist ein willkürliches System von Vorstellungen, nicht die spontane Entwicklung einer faktischen Situation. Das bedeutet gewiß nicht, daß diese faktische Situation automatisch einen Widerspruch erfährt, oder gar einfach ignoriert wird. Radcliffe-Brown hat in seinen heute bereits klassischen Untersuchungen gezeigt, daß selbst die augenscheinlich starrsten und künstlichsten Systeme, wie die australischen mit matrimonialen Klassen, sorgsam die biologische Verwandtschaft berücksichtigen. Aber eine so unumstrittene Beobachtung wie die seine läßt die in unseren Augen entscheidende Tatsache unangefochten, daß sich die Verwandtschaft in der menschlichen Gesellschaft nur durch und über bestimmte Modalitäten der Verbindung einrichten kann und fortbesteht. Anders ausgedrückt: die von Radcliffe-Brown als »Beziehungen ersten Ranges« behandelten Beziehungen sind funktionell und hängen von denen ab, die er als sekundär und abgeleitet ansieht. Das bei weitem wichtigste Merkmal der menschlichen Verwandtschaft als Existenzbedingung ist der Versuch, zwischen dem, was Radcliffe-Brown die »elementaren Familien« nennt, Beziehungen herzustellen. Wirklich »elementar« sind also nicht die Familien, isolierte Bestandteile, sondern die Beziehungen zwischen diesen Bestandteilen. Keine andere Interpretation kann die Universalität des Inzestverbotes erklären, dessen avunkulare (Onkel-) Beziehung unter ihrem allgemeinsten Aspekt nur ein bald sichtbares und bald verstecktes Korollarium ist.

Die Verwandtschaftssysteme sind, weil sie Systeme aus Symbolen sind, für den Anthropologen ein bevorzugtes Arbeitsgebiet, auf dem seine Bemühungen fast (und wir beharren auf dem fast) diejenigen der entwickeltsten Sozialwissenschaft, das heißt der Sprachwissenschaft, einholen können. Aber die Bedingung dieses Zusammentreffens, von dem man sich eine bessere Kenntnis des Menschen erwarten darf, heißt, niemals aus dem Auge verlieren, daß wir uns sowohl bei der soziologischen wie bei der sprachwissenschaftlichen Untersuchung mitten im Symbolismus bewegen. Wenn es also legitim und in gewisser Weise unvermeidbar ist, auf die naturalistische Interpretation zurückzugreifen bei dem Versuch, das Auftauchen des Symboldenkens zu verstehen, muß die Erklärung, wenn jenes einmal gegeben ist, ihre Natur so radikal ändern, daß das neu erschienene Phänomen sich von denen unterscheidet, die ihm vorhergegangen sind und es vorbereitet haben. Von da an würde jedes Zugeständnis an den Naturalismus die ungeheuren Fortschritte gefährden, die auf dem sprachwissenschaftlichen Gebiet bereits erreicht worden sind und sich auch in der Familiensoziologie abzuzeichnen beginnen, und diese letztere auf einen einfallslosen und unfruchtbaren Empirismus zurückwerfen.

3. Kapitel

Sprache und Gesellschaft [1]

In einem Buch, dessen Bedeutung man im Hinblick auf die Zukunft der Sozialwissenschaften nicht unterschätzen darf, fragt Norbert Wiener [2], ob die mathematischen Methoden der Vorhersage, die den Bau der großen elektronischen Rechenmaschinen ermöglicht haben, auf die Sozialwissenschaften übertragbar seien. Am Ende ist seine Antwort negativ, und zwar aus zwei Gründen.

Erstens ist er der Auffassung, daß die Natur der Sozialwissenschaften selbst in sich schließt, daß ihre Entwicklung auf den zu untersuchenden Gegenstand Einfluß hat. Die Interdependenz von Beobachter und beobachteter Erscheinung ist ein der heutigen Wissenschaftstheorie vertrauter Begriff. In gewisser Hinsicht beleuchtet sie eine allgemeine Situation. Man kann sie dennoch auf den Gebieten übergehen, die den am weitesten entwickelten mathematischen Untersuchungen zugänglich sind. So ist das Objekt der Astrophysik zu riesig, als daß der Einfluß des Beobachters sich dort auswirken könnte. Was die Atomphysik betrifft, so sind die Objekte, die sie untersucht, sicher sehr klein, aber da sie auch sehr zahlreich sind, lassen sich nur statistische oder Durchschnittswerte erfassen, wo der Einfluß des Beobachters in anderer Weise ausgeschaltet wird. Dagegen bleibt dieser Einfluß in den Sozialwissenschaften spürbar, weil die durch ihn bewirkten Veränderungen von der *gleichen Größenordnung* sind wie die untersuchten Erscheinungen.

Zweitens bemerkt Wiener, daß die Erscheinungen, die insbesondere den soziologischen und anthropologischen Untersuchungen unterliegen, sich im Zusammenhang mit unseren eigenen Interessen definieren lassen: sie beziehen sich auf Leben, Erziehung, Laufbahn und Tod von Individuen, die uns ähnlich sind. Infolgedessen bleiben die statistischen Reihen, über die man verfügt, um irgendein Phänomen zu untersuchen, immer zu kurz, um einer legitimen Induktion als Basis dienen zu können. Wiener schließt daraus, daß die auf die

1 Nach dem englischen Original: Language and the Analysis of Social Laws, *American Anthropologist*, Bd. 53, Nr. 2, April–Juni 1951, S. 155–163.
2 N. Wiener, *Cybernetics, or Control and Communication in the Animal and the Machine*, Paris–Cambridge–New York, 1948.

Sozialwissenschaften angewandte mathematische Analyse nur Ergebnisse erzielen kann, die für den Spezialisten uninteressant sind, vergleichbar mit denen, die die statistische Analyse eines Gases für ein Wesen erbringen würde, das ungefähr die Größe eines Moleküls hätte.

Diese Einwände sind unwiderlegbar, wenn man sie auf die Untersuchungen bezieht, die von Wiener ins Auge gefaßt werden, das heißt auf Monographien und Arbeiten der angewandten Anthropologie. Es handelt sich dann immer um individuelle Verhaltensweisen, die durch einen Beobachter untersucht werden, der selbst ein Individuum ist, oder auch um die Untersuchung einer Kultur, eines »Nationalcharakters«, einer Lebensweise durch einen Beobachter, der unfähig ist, sich vollständig von seiner eigenen Kultur oder von der Kultur zu lösen, der er seine Methoden und Arbeitshypothesen entlehnt, die selbst zu einem bestimmten Kulturtypus gehören.

Dennoch verlieren die Einwände Wieners wenigstens auf einem Gebiet der Sozialwissenschaften viel von ihrem Gewicht. In der Sprachwissenschaft, ganz besonders in der strukturalen Sprachwissenschaft – vor allem vom Standpunkt der Phonologie aus – scheint es, daß die Bedingungen, die er für eine mathematische Untersuchung stellt, gegeben sind. Die Sprache ist ein soziales Phänomen. Unter den sozialen Phänomen zeigt sie am deutlichsten die beiden grundlegenden Charakterzüge, die eine wissenschaftliche Untersuchung ermöglichen. Zunächst liegen fast alle sprachlichen Verhaltensweisen auf der Ebene des unbewußten Denkens. Beim Sprechen sind uns die syntaktischen und morphologischen Gesetze der Sprache nicht bewußt, ebensowenig wie die Phoneme, die wir verwenden, um den Sinn unserer Worte zu differenzieren; noch weniger sind wir uns – vorausgesetzt, daß wir es überhaupt sein können – der phonologischen Gegensätze bewußt, die uns erlauben, jedes Phonem in differentielle Momente zu zerlegen. Selbst wenn wir die grammatischen oder phonologischen Regeln unserer Sprache formulieren, bleibt der Mangel an intuitiver Vorstellung bestehen. Diese Formulierung kommt einzig und allein auf der Ebene des wissenschaftlichen Denkens zum Vorschein, während die Sprache gleichsam wie ein kollektives Schaffen lebt und sich entwickelt. Selbst dem Gelehrten gelingt es niemals, seine theoretischen Kenntnisse und seine Erfahrung als sprechendes Subjekt völlig zu verschmelzen. Seine Art zu sprechen verändert sich sehr wenig unter der Wirkung der Interpretationen, die er davon geben kann, weil sie einem anderen Bereich angehören. In der Sprachwissenschaft, darf man also behaupten, kann der Einfluß des Beobachters auf das beobachtete Objekt übergangen werden: das Phänomen verändert sich nicht dadurch, daß der Beobachter es wahrnimmt.

In der Entwicklung der Menschheit ist die Sprache sehr früh aufgetaucht. Und selbst wenn man sich über die Notwendigkeit klar ist, daß man schriftliche Dokumente braucht, um eine wissenschaftliche Untersuchung vornehmen zu können, wird man zugeben, daß die Schrift schon lange besteht und daß sie hinreichend lange Reihen liefert, um die mathematische Analyse möglich zu machen. Die in der indo-europäischen, semitischen und sino-tibetanischen Sprachwissenschaft verfügbaren Reihen reichen vier- bis fünftausend Jahre zurück. Und wo die historische Dimension fehlt – bei den sogenannten »primitiven« Sprachen – kann man oft Abhilfe schaffen durch den Vergleich zahlreicher heutiger Formen, dank derer eine räumliche Dimension, wenn man so sagen darf, diejenige, die fehlt, nützlich ersetzt.

Die Sprache ist also ein soziales Phänomen, das ein vom Beobachter unabhängiges Objekt darstellt und für das man lange statistische Reihen besitzt. Das sind zwei Gründe, sie als geeignet anzusehen, die von Wiener formulierten Forderungen des Mathematikers zu erfüllen.

Zahlreiche sprachwissenschaftliche Probleme verweisen auf die modernen Rechenmaschinen. Angenommen, man kennt die phonologische Struktur irgendeiner Sprache und die Regeln, die die Gruppierung der Konsonanten und Vokale bestimmen: dann könnte eine Maschine leicht die Liste der Kombinationen von Phonemen aufstellen, die die Worte mit *n* Silben bilden, die in dem Vokabular existieren, und die aller anderen Kombinationen, die mit der Struktur der Sprache vereinbar sind, wie sie vorher definiert worden ist. Wenn man die Gleichungen, die die verschiedenen, in der Phonologie bekannten Strukturtypen bestimmen, in eine Maschine gäbe, müßte das Repertoire der Töne, die der Stimmapparat des Menschen hervorbringen kann, und die kleinsten differentiellen Tonzwischenstufen, die vorher durch psycho-physiologische Methoden (auf der Grundlage einer Bestandsaufnahme und einer Analyse der Phoneme, die sich am nächsten liegen) bestimmt worden sind, eine erschöpfende Aufstellung der phonologischen Strukturen mit *n* Gegensätzen liefern können (wobei man *n* beliebig groß festlegen kann). So erhielte man eine Art periodischer Tabelle der Sprachstrukturen, vergleichbar etwa der der Elemente, wie sie die moderne Chemie Mendelejew verdankt. Wir brauchten dann nur noch in dieser Tabelle den Platz der bereits untersuchten Sprachen festzulegen, ihre Stellung und ihre Beziehungen zu anderen Sprachen, deren direkte Untersuchung noch unzureichend ist zu bezeichnen, um theoretische Kenntnisse von ihnen zu erhalten und selbst den Ort verschwundener, zukünftiger oder auch nur möglicher Sprachen zu entdecken.

Wir geben ein letztes Beispiel: Jakobson hat neuerdings die Hypothese aufgestellt, eine einzige Sprache könne mehrere verschiedene phonologische Strukturen enthalten, deren jede für einen bestimmten Typus grammatischer Operationen zuständig ist.[3] Es muß eine Beziehung zwischen allen diesen strukturalen Modalitäten der gleichen Sprache bestehen, eine »Metastruktur«, die man als das Gesetz der durch die modalen Strukturen gebildeten Gruppe ansehen kann. Wenn man einer Rechenmaschine die Aufgabe stellte, jede Modalität zu zerlegen, käme man zweifellos mit den bekannten mathematischen Methoden dahin, die »Metastruktur« der Sprache wiederherzustellen, obgleich diese oft zu komplex sein mag, als daß es möglich wäre, sie mit empirischen Untersuchungsmethoden freizulegen.

Das hier gestellte Problem kann also folgendermaßen definiert werden. Von allen sozialen Phänomenen scheint heute allein die Sprache für eine wirkliche wissenschaftliche Untersuchung geeignet zu sein, die die Art und Weise, wie sie sich gebildet hat, erklärt, und bestimmte Modalitäten ihrer weiteren Entwicklung voraussieht. Diese Ergebnisse sind dank der Phonologie erzielt worden, und zwar in dem Maße, in dem sie es verstanden hat, über die immer oberflächlichen bewußten und historischen Bekundungen hinaus objektive Realitäten zu erreichen. Diese bestehen aus Bezugssystemen, die wiederum das Ergebnis der unbewußten Tätigkeit des Geistes sind. So stellt sich das Problem: kann eine solche Reduktion für andere soziale Erscheinungen vorgenommen werden? Wenn ja, würde die gleiche Methode zu den gleichen Ergebnissen führen? Und wenn wir diese zweite Frage positiv beantworteten, könnten wir dann sagen, daß verschiedene Formen des sozialen Lebens im wesentlichen gleicher Natur sind: Verhaltenssysteme, die jeweils Projektionen allgemeiner,

3. R. Jakobson, The phonemic and grammatical aspect of language in their interrelations, *Actes du VIe Congrès international des linguistes*, Paris 1948.

die unbewußte Tätigkeit des Geistes regierender Gesetze auf die Ebene des bewußten und gesellschaftlichen Denkens sind? Natürlich können wir diese Fragen nicht alle auf einmal beantworten. Wir wollen uns also damit begnügen, einige Ausgangspunkte zu bezeichnen und die Hauptrichtungen zu skizzieren, in denen die Untersuchung sich sinnvoll bewegen könnte.

Zunächst wären einige Arbeiten Kroebers zu nennen, die eine gewisse methodologische Bedeutung für unsere Debatte haben. In einer Untersuchung über die Stilentwicklung der weiblichen Kleidung hat Kroeber sich mit der Mode befaßt, das heißt mit einem sozialen Phänomen, das eng an die unbewußte Tätigkeit des Geistes gebunden ist. Wir wissen selten deutlich, warum ein bestimmter Stil uns gefällt oder warum er aus der Mode kommt. Kroeber hat nun gezeigt, daß diese scheinbar willkürliche Entwicklung Gesetzen gehorcht. Diese sind der empirischen Beobachtung nicht zugänglich, noch weniger einem intuitiven Erfassen dessen, was in der Mode geschieht. Sie zeigen sich einzig und allein, wenn man eine bestimmte Anzahl von Beziehungen zwischen den verschiedenen Bekleidungselementen ermittelt. Diese Beziehungen sind in Form mathematischer Funktionen ausdrückbar, deren berechnete Werte in einem gegebenen Augenblick die Grundlage für eine Voraussage bieten.[4]

Die Mode – der willkürlichste und zufälligste Aspekt des sozialen Verhaltens – ist demnach für eine wissenschaftliche Untersuchung geeignet. Die von Kroeber skizzierte Methode ähnelt also nicht nur der der strukturalen Sprachwissenschaft: man kann sie durchaus mit bestimmten Untersuchungen der Naturwissenschaften vergleichen, besonders mit denen von Teissier über das Wachstum von Krustazeen. Dieser Autor hat gezeigt, daß es möglich ist, Wachstumsgesetze zu formulieren unter der Bedingung, daß man die relativen Dimensionen der Elemente berücksichtigt, die die Glieder (zum Beispiel die Zangen) bilden, und nicht ihre Formen. Die Bestimmung dieser Beziehungen führt dazu, Parameter abzuleiten, mit deren Hilfe die Wachstumsgesetze formuliert werden können.[5] Die wissenschaftliche Zoologie hat folglich nicht die Beschreibung der tierischen Formen, wie sie wahrgenommen werden, zum Gegenstand; es

4 J. Richardson and A. L. Kroeber, *Three Centuries of Women's Dress Fashions. A Quantitative Analysis;* Anthropological Records, 5, 2, Berkeley, 1940.

5 G. Teissier, La description mathématique des faits biologiques, *Revue de Métaphysique et de Morale,* Paris, Januar 1936.

handelt sich vielmehr darum, abstrakte aber konstante Beziehungen zu definieren, in denen der intelligible Aspekt des untersuchten Phänomens zum Ausdruck kommt.

Ich habe bei der Untersuchung der sozialen Organisation, besonders bei den Heiratsregeln und Verwandtschaftssystemen, eine analoge Methode angewandt. Dabei hat sich herausgestellt, daß die Gesamtheit der in den menschlichen Gesellschaften beobachteten Heiratsregeln nicht – wie es allgemein geschieht – in heterogene und verschieden betitelte Kategorien (Inzestverbot, präferentielle Heiraten und so weiter) eingeteilt werden darf. Jede Regel steht für eine andere Art und Weise, die Zirkulation der Frauen innerhalb der sozialen Gruppe zu sichern, das heißt, ein System von Blutsbeziehungen, ein System biologischen Ursprungs durch ein soziologisches System der Bündnisse zu ersetzen. Ist diese Arbeitshypothese einmal formuliert, braucht man nur noch alle denkbaren Tauschsysteme zwischen *n* Partnern zu untersuchen, um daraus die Heiratsregeln abzuleiten, die in den bestehenden Gesellschaften vorkommen. Gleichzeitig würde man andere entdecken, die möglichen Gesellschaften entsprechen. Schließlich würde man ihre Funktion, Arbeitsweise und die Beziehungen zwischen den verschiedenen Formen begreifen.

Die Ausgangshypothese ist aber durch den rein deduktiv erzielten Beweis bestätigt worden, daß alle Mechanismen der Gegenseitigkeit, die die klassische Anthropologie kennt (das heißt diejenigen, die auf dualistischer Organisation und der Heirat durch Tausch zwischen zwei Partnern oder einem Vielfachen von zwei Partnern beruhen), besondere Fälle einer viel allgemeineren Form der Gegenseitigkeit zwischen einer beliebigen Anzahl von Partnern bilden. Diese allgemeine Form der Gegenseitigkeit war im Dunkel geblieben, weil die Partner sich nicht gegenseitig geben (oder empfangen): man empfängt nicht von dem, dem man gibt; man gibt nicht dem, von dem man empfängt. Innerhalb eines Zyklus von Gegenseitigkeit, der in nur einer Richtung funktioniert, gibt jeder einem Partner und empfängt von einem anderen.

Dieser Strukturtyp, der ebenso bedeutsam ist wie das dualistische System, ist gelegentlich beobachtet und beschrieben worden. Aufmerksam geworden durch die Schlußfolgerungen der theoretischen Analyse, haben wir die verstreuten Dokumente, die die beträchtliche Ausdehnung des Systems zeigen, gesammelt und zusammengestellt. Gleichzeitig konnten wir die einer großen Anzahl von

Heiratsregeln gemeinsamen Charakterzüge interpretieren: so die Präferenz für die bilateralen Kreuzvettern oder für einen unilateralen, manchmal patrilinearen, manchmal matrilinearen Typ. Bräuche, die für die Ethnologen unverständlich waren, sind klar geworden, sobald man sie auf verschiedene Modalitäten der Tauschgesetze zurückgeführt hatte. Diese konnten ihrerseits auf bestimmte grundlegende Beziehungen zwischen der Wohnweise und der Abstammungsweise zurückgeführt werden.

Dieser in seinen Hauptzügen dargestellte Beweis konnte unter einer Bedingung gelingen: daß man die Heiratsregeln und die Verwandtschaftssysteme als eine Art Sprache ansah, das heißt als ein Operationsgefüge, das dazu bestimmt ist, zwischen den Individuen und den Gruppen einen bestimmten Kommunikationstyp zu sichern. Daß die »Nachricht« hier durch *Frauen der Gruppe* weitergegeben wird, die zwischen den Clans, den Sippen oder Familien ausgetauscht werden (und nicht, wie in der Sprache, durch die zwischen den Individuen ausgetauschten *Wörter der Gruppe*), ändert in nichts die Gleichartigkeit des in beiden Fällen beobachteten Phänomens.

Kann man noch weiter gehen? Wenn wir den Begriff der Kommunikation erweitern, um darin die Exogamie und die Regeln einzuschließen, die dem Inzestverbot entstammen, können wir rückblikkend Klarheit über ein noch immer ungelöstes Problem gewinnen: über den Ursprung der Sprache. Verglichen mit der Sprache bilden die Heiratsregeln ein gröberes, aber ebenso komplexes System gleichen Typs, wo sich eine Menge archaischer Züge, die beiden gemeinsam sind, zweifellos erhalten hat. Wir alle wissen, daß die Wörter Zeichen sind, aber die Dichter unter uns wissen auch noch, daß die Wörter Werte gewesen sind. Dagegen betrachtet die soziale Gruppe die Frauen als wesentliche Werte, doch wir haben Mühe zu begreifen, daß diese Werte sich in Zeichensysteme einfügen können, eine Eigenschaft, die wir gerade erst den Verwandtschaftssystemen zuzuschreiben beginnen. Diese Doppeldeutigkeit geht drolligerweise aus einer Kritik hervor, die zuweilen an den *Structures élémentaires de la parenté* geübt worden ist: »ein Anti-Frauen-Buch«, hat man gesagt, weil die Frauen darin wie Objekte behandelt worden sind. Man kann sich mit Recht darüber wundern, daß den Frauen in einem Zeichensystem die Rolle von Elementen zugeschrieben wird. Doch möge man beachten, daß, wenn die Wörter und die Phoneme ihre Eigenschaft als Werte (übrigens eher scheinbar als wirklich) verloren haben und einfache Zeichen geworden sind, sich diese Entwicklung in Bezug auf die Frauen nicht wiederholen kann. Die Wörter sprechen nicht, im Gegensatz zu den Frauen. Diese sind gleichzeitig Zeichen und Erzeuger von Zeichen, als solche lassen sie sich nicht auf Symbole oder Spielmarken reduzieren.

Aber diese theoretische Schwierigkeit bringt auch einen Vorteil mit sich. Die doppelte Stellung der Frauen in diesem Kommunikationssystem der Menschen, das die Heiratsregeln und das Verwandtschaftsvokabular bilden, bietet ein grobes, aber brauchbares Bild jener Beziehungen, die die Menschen seit langem mit den Wörtern unterhalten haben. Auf diesem Umweg würden wir also Zugang zu einem Zustand bekommen, der annähernd gewisse psychologische und soziologische Aspekte widerspiegelt, die für die Anfänge der Sprache charakteristisch sind. Muß nicht, wie im Fall der Frauen, der ursprüngliche Antrieb, der die Menschen gezwungen hat, Wörter »auszutauschen«, in einer doppelten Vorstellung gesucht werden, dem Resultat aus der symbolischen Funktion bei ihrem ersten Auftreten? Sobald ein Laut als etwas begriffen wird, das einen unmittelbaren Wert hat für denjenigen, der spricht und für denjenigen, der hört, bekommt er eine widersprüchliche Natur, deren Neutralisierung nur durch diesen Austausch komplementärer Werte möglich ist, auf den sich das gesamte soziale Leben reduziert.

Diese Spekulationen wird man vielleicht für abenteuerlich halten. Gesteht man uns aber das Prinzip zu, läßt sich wenigstens eine Hypothese ableiten, die experimentell geprüft werden kann. Wir müssen uns in der Tat fragen, ob nicht verschiedene Aspekte des sozialen Lebens (Kunst und Religion inbegriffen), von denen wir bereits wissen, daß man sich bei ihrer Untersuchung der Methoden und Begriffe, die aus der Sprachwissenschaft entlehnt werden, bedienen kann, aus Phänomenen bestehen, deren Natur sich mit der Natur der Sprache trifft. Wie könnte diese Hypothese verifiziert werden? Ob man die Untersuchung auf eine einzige Gesellschaft beschränkt oder auf mehrere ausdehnt, man muß die Analyse der verschiedenen Aspekte des sozialen Lebens weit genug treiben, um ein Niveau zu erreichen, auf dem der Übergang vom einen zum anderen möglich wird; man muß eine Art universelles Gesetz ausarbeiten, das die den spezifischen Strukturen gemeinsamen Eigenschaften auszudrücken vermag, die von jedem Aspekt abhängen. Dieses Gesetz müßte für jedes einzelne System Geltung haben, aber auch für alle Systeme, wenn es

sich darum handelt, sie miteinander zu vergleichen. Dann wird man erkennen, ob man ihre tiefste Natur erfaßt hat und ob sie in Wirklichkeit aus gleichen Typen bestehen oder nicht.
Wir wollen nun einen Versuch in dieser Richtung unternehmen. Der Anthropologe, der die Grundzüge von Verwandtschaftssystemen untersucht, die für mehrere Gebiete der Welt charakteristisch sind, kann versuchen, sie in eine so allgemeine Form zu bringen, daß diese auch für den Sprachwissenschaftler einen Sinn bekommt; das heißt, daß dieser bei der Beschreibung von Sprachfamilien der gleichen Regionen das gleiche Formprinzip anwenden kann. Wenn diese erste Ableitung einmal durchgeführt ist, können sich der Sprachwissenschaftler und der Anthropologe fragen, ob verschiedene Modalitäten der Kommunikation – Verwandtschafts- und Heiratsregeln einerseits, die Sprache andererseits –, wie sie in der gleichen Gesellschaft zu beobachten sind, mit ähnlichen unbewußten Strukturen in Verbindung gebracht werden können oder nicht. Wenn das der Fall ist, können wir sicher sein, auf eine wirklich grundlegende Schicht gestoßen zu sein.
Nehmen wir also an, es existiere eine formelle Übereinstimmung zwischen der Sprachstruktur und der Struktur des Verwandtschaftssystems. Wenn die Hypothese stimmt, wird man in den folgenden Gebieten das Vorhandensein von Sprachen feststellen müssen, die ihrer Struktur nach mit den hier beschriebenen Verwandtschaftssystemen vergleichbar sind.
1. *Indo-europäisches Gebiet* – In unseren heutigen Gesellschaften beruhen die Heiratsregeln anscheinend auf folgendem Prinzip: vorausgesetzt, daß es nur wenige negative Vorschriften gibt (verbotene Verwandtschaftsgrade), reichen die Dichte und die Fluktuation der Bevölkerung aus, um ein Ergebnis zu erzielen, das in anderen Gesellschaften nur mit Hilfe einer Vielzahl positiver und negativer Vorschriften möglich ist: eine soziale Kohäsion nämlich, die sich aus Heiraten zwischen Partnern ergibt, die sehr entfernt verwandt sind, soweit sich der Verwandtschaftsgrad überhaupt noch nachweisen läßt. Diese Lösung statistischer Art entspringt anscheinend einem für die meisten indo-europäischen Verwandtschaftssysteme charakteristischen Zug. In unserer Terminologie gehören sie zu den Gesellschaften mit einfachen, generalisierten Austauschregeln. Dennoch wird im indo-europäischen Raum diese Regel nicht direkt auf die Sippen angewandt, sondern auf komplexe Sippengemeinschaften

vom Typ *bratsvo*, wahre Konglomerate, in denen jede Sippe hinsichtlich der generalisierten Austauschregel, die ausschließlich auf der Ebene der Gesamtheiten selbst funktioniert, relativ frei ist. Man kann also sagen, daß ein charakteristischer Zug der indo-europäischen Verwandtschaftsstrukturen darin besteht, daß sie das Problem der sozialen Kohäsion in einfachen Begriffen stellen, wobei sie sich die Möglichkeit schaffen, es auf vielfältige Weise zu lösen.

Wäre nun die Sprachstruktur der Verwandtschaftsstruktur analog, ergäben sich fürs erste folgende Merkmale: Sprachen mit einfacher Struktur und zahlreichen Elementen. Und der Gegensatz zwischen *Einfachheit der Struktur* einerseits, *Komplexität der Elemente* andererseits würde sich darin zeigen, daß immer mehrere Elemente verfügbar sind und gleichsam miteinander konkurrieren, um dieselbe Position in der Struktur einzunehmen.

2. *Sino-tibetanisches Gebiet* – Die Komplexität der Verwandtschaftssysteme ist anderer Art. Alle gehören zu der denkbar einfachsten Form der generalisierten Austauschregel oder leiten sich von ihr her, also präferentielle Heirat mit der Tochter des Bruders der Mutter. Ich habe übrigens an anderer Stelle[6] gezeigt, daß dieser Heiratstyp die soziale Kohäsion mit geringsten Mitteln sichert und dabei auf eine beliebige Anzahl von Partnern ausgedehnt werden kann. Wollen wir diese Behauptungen auf eine ganz allgemeine Formel bringen, um sie für den Sprachwissenschaftler verwendbar zu machen, müssen wir sagen, daß die Struktur komplex ist, die Zahl der Elemente nicht sehr groß. Diese Formel scheint übrigens gut geeignet zu sein, einen charakteristischen Aspekt der »Tonsprachen« richtig auszudrücken.

3. *Afrikanisches Gebiet* – Die afrikanischen Verwandtschaftssysteme haben die gemeinsame Tendenz, die Institution des Brautpreises mit dem häufigen Verbot zu verbinden, die Gattin des Bruders der Frau zu heiraten. Es ergibt sich daraus ein allgemeines Tauschsystem, das komplexer ist als dasjenige, welches ausschließlich auf der Präferenzheirat mit der matrilateralen Kreuzkusine beruht. Gleichzeitig nähert sich der durch den Güteraustausch festgelegte Typ sozialer Kohäsion in gewissem Maße dem statistischen Kohäsionstyp, wie er in unseren Gesellschaften verbreitet ist.

Die afrikanischen Sprachen müßten also verschiedene intermediäre

6 C. Lévi-Strauss, *Les Structures élémentaires de la parenté*, S. 291–380.

Modalitäten zeigen, die zwischen den unter 1 und 2 untersuchten Typen liegen.

4. *Ozeanisches Gebiet* – Den wohlbekannten Charakterzügen der polynesischen Verwandtschaftssysteme entspräche auf der sprachlichen Ebene eine einfache Struktur mit nicht sehr zahlreichen Elementen.

5. *Nordamerikanisches Gebiet* – Dieses Gebiet zeigt eine außergewöhnliche Verbreitung der Crow-Omaha-Verwandtschaftssysteme, die dieselbe Indifferenz gegenüber den Generationsebenen bezeugen.[7] Die Crow-Omaha-Systeme können nicht einfach dadurch definiert werden, daß man die beiden Typen von unilateralen Kreuzvettern den verschiedenen Generationsebenen zuordnet: ihr unterscheidendes Merkmal (wodurch sie in Gegensatz zum Miwok-System stehen) ist die Gleichstellung der Kreuzvettern mit den Eltern und nicht mit den durch Heirat Verwandten. Die Systeme vom Typ Miwok sind in der alten und in der neuen Welt gleich häufig vertreten, während die eigentlichen Crow-Omaha-Systeme, von wenigen Ausnahmen abgesehen, sich nur in Amerika finden. Sie können dadurch charakterisiert werden, daß sie den Unterschied zwischen eingeschränktem und generalisiertem Austausch abschaffen, d. h. zwischen zwei Formeln, die gewöhnlich als unvereinbar angesehen werden. Auf diese Weise gestattet die gleichzeitige Anwendung zweier einfacher Formeln Heiraten zwischen entfernt Verwandten, während die isolierte Anwendung der einen oder der anderen einzig und allein zu Heiraten zwischen verschiedenen Typen von Kreuzvettern und Kusinen führen würde.

In den Begriffen der Sprachstruktur würde das bedeuten, daß einige amerikanische Sprachen Elemente in relativ hoher Zahl enthalten könnten, die sich in relativ einfache Strukturen einfügen ließen, aber um den Preis einer Asymmetrie dieser Strukturen.

Man kann den prekären und hypothetischen Charakter dieser Rekonstruktion gar nicht genug betonen. Der Anthropologe geht hier vom Bekannten zum Unbekannten vor (wenigstens soweit es ihn angeht). Die Verwandtschaftsstrukturen sind ihm vertraut, die Struk-

7 Das bedeutet, daß wir die von Murdock vorgeschlagene Gleichstellung der Crow-Omaha-Systeme mit dem Typus Miwok strikt ablehnen. Vgl. G. P. Murdock, *Social Structure*, New York, 1949, S. 224, 340.

turen der entsprechenden Sprache nicht. Haben die oben aufgezählten differentiellen Eigenschaften im Bereich der Sprachwissenschaft noch einen Sinn? Das muß der Sprachwissenschaftler entscheiden. Als Sozialanthropologe, der auf dem Gebiet der Sprachwissenschaft ein Laie ist, habe ich mich darauf beschränkt, mögliche strukturale Eigenschaften – in sehr allgemeinen Ausdrücken – mit gewissen Merkmalen der Verwandtschaftssysteme in Verbindung zu bringen. Die Rechtfertigung der Auswahl, die ich vorgenommen habe, kann der Leser in einer Arbeit finden, deren Schlußfolgerungen als bekannt vorausgesetzt werden [8] und die ich hier aus Platzmangel nur kurz ins Gedächtnis rufe. Wenigstens habe ich einige allgemeine Merkmale charakteristischer Verwandtschaftssysteme in verschiedenen Gebieten der Welt aufzeigen können. Es ist Sache des Sprachwissenschaftlers zu sagen, ob die Sprachstrukturen dieser Gebiete auch nur annäherungsweise in den gleichen oder in äquivalenten Begriffen formuliert werden können. Wenn das der Fall wäre, hätte man auf dem Weg zur Kenntnis der grundlegenden Aspekte des sozialen Lebens einen großen Schritt vorwärts getan.

Denn der Weg wäre nun frei für die Strukturanalyse und den Vergleich der Sitten, Institutionen und der von der Gruppe sanktionierten Verhaltensweisen. Wir wären in der Lage, einige grundlegende Analogien zwischen den Äußerungen des Lebens in der Gesellschaft zu begreifen, die dem Anschein nach sehr weit voneinander entfernt liegen, wie Sprache, Kunst, Recht oder Religion. Gleichzeitig könnten wir hoffen, eines Tages die Antinomie zwischen der Kultur als kollektiver Angelegenheit und den Individuen, die sie verkörpern, aufzulösen, da in dieser neuen Perspektive das sogenannte »Kollektivbewußtsein« nichts anderes mehr wäre als ein dem individuellen Verhalten gemäßer Ausdruck bestimmter vergänglicher Modalitäten der universalen Gesetze, aus denen die unbewußte Tätigkeit des Geistes besteht.

8 *Les Structures élémentaires de la parenté*

4. Kapitel

Sprachwissenschaft und Anthropologie [1]

Zum ersten Male vielleicht haben sich Anthropologen und Sprachwissenschaftler mit dem ausgesprochenen Ziel getroffen, ihre beiden Fächer miteinander zu vergleichen. In der Tat ist das Problem nicht einfach. Die Schwierigkeiten, auf die wir im Laufe unserer Diskussionen gestoßen sind, haben nach meiner Meinung mehrere Gründe. Wir haben uns nicht damit begnügt, Sprachwissenschaft und Anthropologie auf einer ganz allgemeinen Ebene einander gegenüberzustellen, wir mußten mehrere Ebenen berücksichtigen, und es wollte mir manchmal scheinen, als seien wir im Laufe ein und derselben Diskussion verschiedentlich unbewußt von einer Ebene auf eine andere geglitten. Beginnen wir damit, diese Ebene zu unterscheiden.

Zunächst hat man sich mit der Beziehung zwischen einer bestimmten Sprache und einer bestimmten Kultur beschäftigt. Bedarf es für die Untersuchung einer Kultur der Kenntnis der Sprache? In welchem Maße und bis zu welchem Punkt? Und schließt umgekehrt die Kenntnis der Sprache die der Kultur oder wenigstens einiger ihrer Aspekte ein?

Wir haben auch auf einer anderen Ebene diskutiert, wo es nicht mehr um die Frage der Beziehung zwischen *einer* Sprache und *einer* Kultur geht, sondern vielmehr um die Beziehung von Sprache und Kultur im allgemeinen. Aber haben wir nicht diesen Aspekt ein wenig vernachlässigt? Im Laufe der Diskussion hat man niemals jenes Problem ins Auge gefaßt, das durch das konkrete Verhalten einer Kultur gegenüber einer Sprache gestellt wird. Um ein Beispiel zu bringen: unsere Zivilisation behandelt die Sprache in einer Weise, die man als übertrieben bezeichnen könnte. Wir sprechen bei jeder Gelegenheit, wir benützen jeden Vorwand, um uns auszudrücken, zu fragen, zu kommentieren ... Diese Art und Weise, die Sprache zu mißbrauchen, ist nicht universell; sie ist nicht einmal häufig. Die

1 Nach dem englischen Original: *Conference of Anthropologists and Linguists*, Bloomington, Indiana, 1952. Veröffentlicht nach einer Tonbandaufnahme in: *Supplement to International Journal af American Linguistics*, Bd. 19, Nr. 2, April 1953, Mem. 8, 1953.

meisten Kulturen, die wir primitiv nennen, bedienen sich der Sprache sparsam; man spricht dort nicht irgendwann und bei jedem beliebigen Anlaß. Die sprachlichen Bekundungen sind dort auf vorgeschriebene Anlässe begrenzt, außerhalb derer man die Worte spart. Solche Probleme sind in unseren Debatten zur Sprache gekommen, aber ohne daß man ihnen dieselbe Bedeutung wie der ersten Ebene beigemessen hätte.

Noch weniger Aufmerksamkeit hat man einem dritten Problemkreis geschenkt. Ich denke hier nicht an den Vergleich zwischen *einer* Sprache – oder der Sprache an sich – und *einer* Kultur – oder der Kultur an sich –, sondern an den Vergleich zwischen Sprachwissenschaft und Anthropologie als Wissenschaften. Diese in meinen Augen sehr wichtige Frage ist bei allen Diskussionen im Hintergrund geblieben. Wie läßt sich diese ungleiche Behandlung erklären? Damit, daß das Problem der Beziehungen zwischen Sprache und Kultur eines der kompliziertesten überhaupt ist. Man kann die Sprache zunächst als *Produkt* der Kultur behandeln: eine Sprache, die in einer Gesellschaft gesprochen wird, spiegelt die allgemeine Kultur der Gesellschaft wider. Andererseits aber ist sie *ein Teil* der Kultur; sie bildet einen ihrer Bestandteile neben anderen. Erinnern wir uns an die berühmte Definition Tylors, für den die Kultur eine komplexe Gesamtheit ist, die die Gerätschaften, die Institutionen, die Glaubensinhalte und -formen, die Sitten, Gebräuche und natürlich auch die Sprache umfaßt. Je nach dem Gesichtspunkt, von dem man ausgeht, ändern sich die aufgeworfenen Probleme. Aber das ist nicht alles: man kann die Sprache auch als *Bedingung* der Kultur behandeln, und zwar in doppelter Hinsicht: diachronisch, da das Individuum die Kultur seiner Gruppe vor allem über die Sprache erwirbt; man unterrichtet, man erzieht das Kind durch Sprechen; man zürnt ihm oder man schmeichelt ihm mit Worten. Nimmt man einen mehr theoretischen Standpunkt ein, erscheint die Sprache auch insofern als Bedingung der Kultur, wie diese letztere eine der Sprache ähnliche Architektur besitzt. Beide bauen sich mit Hilfe von Gegenüberstellungen und Wechselbeziehungen auf, anders ausgedrückt, mittels logischer Beziehungen. So sehr, daß man die Sprache als ein Gebäude ansehen kann, das dazu bestimmt ist, die Strukturen aufzunehmen, die zuweilen viel komplexer, aber vom selben Typus wie die ihr eigentümlichen sind und der betreffenden Kultur unter verschiedenen Aspekten entsprechen.

Die vorangegangenen Bemerkungen zielen auf die objektive Seite unseres Problems ab. Es enthält aber auch subjektive Implikationen, deren Bedeutung nicht geringer ist. Im Laufe unserer Diskussionen schien es mir zuweilen, als seien die Motive, die die Anthropologen und die Sprachwissenschaftler zu einem Treffen angeregt haben, nicht dieselben und als stünden sie zuweilen im Widerspruch. Die Sprachwissenschaftler haben uns immer wieder erklärt, daß die augenblickliche Orientierung ihrer Wissenschaft sie beunruhige. Sie fürchten, den Kontakt mit den anderen Wissenschaften vom Menschen zu verlieren, da sie ganz mit Analysen beschäftigt sind, in die sich abstrakte Begriffe hineinmischen, die zu begreifen ihren Kollegen immer schwerer fällt. Die Sprachwissenschaftler – und unter diesen besonders die Strukturalisten – fragen sich: was untersuchen wir eigentlich? Was ist diese »Sache« Sprache, die sich von der Kultur, vom sozialen Leben, von der Geschichte und selbst von den Menschen, die sie sprechen, abzulösen scheint? Ist es nicht vielleicht so, daß die Sprachwissenschaftler, als sie sich mit den Anthropologen treffen wollten, gehofft haben, ihnen näherzukommen, und daß sie darauf rechnen, mit unserer Hilfe jenes konkrete Verständnis für die Erscheinungen wiederzufinden, von denen ihre Methode sie anscheinend entfernt?
Die Anthropologen nehmen dieses Vorhaben besonders günstig auf. Wir fühlen uns von den Sprachwissenschaftlern in eine heikle Situation gedrängt. Jahrelang haben wir Seite an Seite gearbeitet, und plötzlich scheint es uns, daß die Sprachwissenschaftler sich von uns lösen: wir sehen sie auf die andere Seite der Barriere hinüberwechseln, die man lange für unüberschreitbar gehalten hat und die die exakten und die Naturwissenschaften von den Geistes- und Sozialwissenschaften trennt. Wie um uns einen bösen Streich zu spielen, arbeiten sie jetzt mit der strengen Methode, die wir resigniert als das Privileg der Naturwissenschaften betrachtet hatten. Daher unsererseits ein bißchen Melancholie und – wir wollen es gestehen – viel Neid. Wir möchten von den Sprachwissenschaftlern das Geheimnis ihres Erfolges erfahren. Könnten nicht auch wir diese strengen Methoden, deren Wirksamkeit der Sprachwissenschaftler jeden Tag feststellen kann, auf das komplexe Feld unserer Untersuchungen – Verwandtschaftsbeziehungen, soziale Organisation, Religion, Folklore, Kunst – anwenden?
Man möge mir hier einen Einschub erlauben. Ich soll auf dieser

Schlußsitzung den Standpunkt des Anthropologen vertreten. Ich möchte den Sprachwissenschaftlern sagen, wieviel ich bei ihnen gelernt habe; nicht nur während der Hauptsitzungen, sondern mehr noch vielleicht bei den nebenher laufenden Sprachseminaren, wo ich den Grad der Genauigkeit und Schärfe ermessen konnte, den die Sprachwissenschaftler in ihren Untersuchungen erreicht haben, die ebenso wie die Anthropologie selbst weiterhin zu den Wissenschaften vom Menschen gehören.

Aber das ist nicht alles. Seit drei oder vier Jahren erleben wir nicht nur die Entfaltung der Sprachwissenschaft auf der theoretischen Ebene. Wir sehen sie auch eine technische Zusammenarbeit mit den Ingenieuren jener neuen Wissenschaft, die man Kybernetik nennt, verwirklichen. Sie begnügen sich bei der Untersuchung Ihrer Probleme nicht mehr mit einer theoretischen Methode, die sicherer und strenger ist als die unsere: Sie wenden sich an den Ingenieur und bitten ihn, eine Vorrichtung zu konstruieren, die geeignet ist, Ihre Hypothesen experimentell zu bestätigen oder zu widerlegen. Ein oder zwei Jahrhunderte lang haben sich die Geistes- und Sozialwissenschaften damit begnügt, über die Welt der exakten und der Naturwissenschaften nachzudenken wie über ein Paradies, dessen Zugang ihnen für immer verschlossen ist. Und nun ist es den Sprachwissenschaftlern gelungen, zwischen den beiden Welten eine kleine Tür zu öffnen. Wenn ich mich nicht täusche, stehen jedoch die Motive, die die Anthropologen hierher geführt haben, in einem seltsamen Widerspruch zu denen, die die Sprachwissenschaftler hergebracht haben. Diese letzteren nähern sich uns in der Hoffnung, ihre Untersuchungen konkreter zu gestalten; die Anthropologen befragen die Sprachwissenschaftler, soweit diese ihnen als Führer erscheinen, die in der Lage sind, sie aus einer Verwirrung herauszuführen, zu der eine allzugroße Vertrautheit mit den konkreten und empirischen Phänomenen sie zu verurteilen scheint. Diese heutige Sitzung ist mir daher manchmal als eine Art Teufelskreis erschienen, wo die Anthropologen hinter den Sprachwissenschaftlern herjagen, diese die Anthropologen verfolgen und jede Gruppe dabei versucht, von der anderen gerade das zu erlangen, wovon diese sich befreien möchte.

Wir wollen an diesem Punkt einen Augenblick verhalten. Woher kommt das Mißverständnis? Zweifellos zunächst aus der dem Ziel, das wir uns gesteckt haben, innewohnenden Schwierigkeit. Ich war besonders verblüfft über die Sitzung, in deren Verlauf Mary Haas versucht hat, an der schwarzen Tafel die scheinbar ganz einfachen Probleme der Zweisprachigkeit in Formeln auszudrücken. Es handelte sich nur um die Beziehung zwischen zwei Sprachen, und schon war man in eine enorme Anzahl möglicher Kombinationen verstrickt, die in der Diskussion nur noch anwuchsen. Über die Kombinationen hinaus mußte man Zuflucht nehmen zu weiteren Dimensionen, die das Problem noch komplizierter machten. Diese Sitzung hat uns zunächst gelehrt, daß jede Anstrengung, die Sprachprobleme und die kulturellen Probleme in einer gemeinsamen Sprache zu formulieren, uns von vornherein in eine außerordentlich schwierige Situation bringt. Das dürfen wir nicht vergessen.

Und zweitens haben wir so getan, als ob der Dialog nur zwischen zwei Protagonisten stattfände: zwischen der Sprache einerseits, der Kultur andererseits; und als ob unser Problem sich restlos in Ausdrücken der Kausalität definieren ließe: übt die Sprache eine Wirkung auf die Kultur aus? oder die Kultur auf die Sprache? Wir haben nicht genügend berücksichtigt, daß Sprache und Kultur parallele Modalitäten einer weit grundlegenderen Tätigkeit sind: ich denke hier an den Gast, der unter uns weilte, obwohl niemand daran gedacht hatte, ihn zu unseren Debatten einzuladen: *den menschlichen Geist*. Daß ein Psychologe wie Osgood sich ständig verpflichtet fühlte, in die Diskussion einzugreifen, genügt, die Gegenwart eines dritten Teilnehmers, jenes unvorhergesehenen Gespenstes, zu beweisen.

Selbst wenn wir einen theoretischen Standpunkt wählen, können wir, scheint es, behaupten, daß zwischen Sprache und Kultur irgendeine Beziehung bestehen muß. Beide haben mehrere tausend Jahre für ihre Entwicklung gebraucht, und diese ist parallel in den Köpfen der Menschen vor sich gegangen. Ich lasse die häufigen Fälle beiseite, in denen eine Gesellschaft, die vorher eine andere Sprache sprach, eine fremde annahm. Wir können uns hier auf die besonderen Fälle beschränken, in denen die Sprache und die Kultur sich während einer gewissen Zeit Seite an Seite ohne besondere äußere Einwirkungen entwickelt haben. Können wir uns überhaupt einen menschlichen Geist vorstellen, der durch so undurchlässige Schotte, daß nichts eindringen kann, eingeteilt ist? Ehe wir auf diese Frage antworten, gilt es zweierlei zu prüfen: den Standpunkt, auf den wir uns stellen müssen, um die Wechselbeziehungen zwischen den beiden

Ordnungen zu finden; und die Objekte selbst, zwischen denen wir diese Wechselbeziehungen herstellen können.
Unser Kollege Lounsbury hat uns dieser Tage ein schlagendes Beispiel für die erste Schwierigkeit vorgelegt. Die Oneida verwenden zwei Präfixe, um das weibliche Geschlecht zu bezeichnen; obwohl Lounsbury die sozialen Verhaltensweisen sehr aufmerksam studiert hat, die die Verwendung des einen oder des anderen Präfixes veranlassen, hat er nicht die geringsten Unterschiede im Verhalten entdecken können. Aber rührt das nicht daher, daß das Problem von vornherein falsch gestellt war? Wie hätte man auf dem Gebiete der Verhaltensweisen eine Wechselbeziehung herstellen können? Diese liegen nicht auf derselben Ebene wie die unbewußten Kategorien des Denkens, zu denen man zunächst durch die Analyse hätte zurückgehen müssen, um die unterschiedliche Funktion der beiden Präfixe zu begreifen. Die sozialen Verhaltensweisen hängen von der empirischen Beobachtung ab. Sie liegen nicht auf derselben Ebene wie die Sprachstrukturen, sondern auf einer anderen, nicht so tiefen Ebene.
Und doch scheint es mir schwierig, das Auftauchen einer dem weiblichen Genre eigenen Dichotomie in einer Gesellschaft wie der der Irokesen, wo das Mutterrecht bis zum Extrem getrieben worden ist, als reine Koinzidenz zu behandeln. Sollte man nicht sagen, daß eine Gesellschaft, die den Frauen eine anderswo nicht bekannte Bedeutung beimißt, auf andere Weise den Preis für diese Freiheit bezahlen muß? Einen Preis, der gegebenenfalls in einer Unfähigkeit bestehen würde, sich das weibliche Geschlecht als eine homogene Kategorie vorzustellen. Eine Gesellschaft, die, im Gegensatz zu fast allen anderen, den Frauen volle Gleichheit zuerkennen würde, müßte dafür einen Teil der Frauen – die jungen Mädchen, die ihre Rolle noch nicht spielen können – den Tieren statt den Menschen zuordnen. Aber bei dieser Interpretation postuliere ich nicht die Wechselbeziehung zwischen Sprache und Verhaltensweisen, sondern die zwischen bereits formalisierten homogenen Ausdrücken der Sprachstruktur und der sozialen Struktur.
Ich möchte hier an ein anderes Beispiel erinnern. Eine wirklich elementare Verwandtschaftsstruktur – ein Verwandtschaftsatom, wenn man so sagen darf – besteht aus einem Mann, seiner Frau, einem Kind und einem Vertreter der Gruppe, von der der Mann die Frau empfangen hat. Das allgemeine Inzestverbot untersagt uns in

der Tat, das Verwandtschaftselement nur aus einer blutsverwandten Familie zu bilden; es ergibt sich notwendigerweise aus der Vereinigung zweier Familien oder blutsverwandter Gruppen. Versuchen wir, auf dieser Grundlage alle Kombinationen der möglichen Verhaltensweisen innerhalb der Elementarstruktur aufzustellen, wobei (nur für die Beweisführung) zugegeben werden mag, daß die Beziehungen zwischen Individuen durch zwei Merkmale definiert werden können: ein positives und ein negatives. Man wird feststellen, daß bestimmte Kombinationen empirisch nachweisbaren Situationen entsprechen, die die Ethnographen in dieser oder jener Gesellschaft tatsächlich beobachtet haben. Sind die Beziehungen zwischen Mann und Frau positiv und die zwischen Bruder und Schwester negativ, kann man zwei korrelative Verhaltensweisen nachweisen: eine positive zwischen Vater und Sohn, eine negative zwischen dem Onkel mütterlicherseits und dem Neffen. Bekannt ist auch eine symmetrische Struktur, wo alle Zeichen umgekehrt sind; man trifft häufig Verhältnisse vom Typ $\begin{pmatrix} \pm & \mp \\ + & - \end{pmatrix}$ oder $\begin{pmatrix} \mp & \pm \\ - & + \end{pmatrix}$, also zwei Vertauschungen. Dagegen sind bei den Verhältnissen des Typus $\begin{pmatrix} + & - \\ - & + \end{pmatrix}$, $\begin{pmatrix} - & + \\ + & - \end{pmatrix}$ und des Typus $\begin{pmatrix} + & + \\ - & - \end{pmatrix}$, $\begin{pmatrix} - & - \\ + & + \end{pmatrix}$ die einen häufig, aber oft verschwommen, die anderen selten und vielleicht unmöglich in deutlich unterschiedener Form, denn sie würden möglicherweise diachronisch oder synchronisch einen Bruch der Grundstruktur hervorrufen.[2]

Kann man derartige Formalisierungen auf das sprachwissenschaftliche Gebiet übertragen? Ich sehe nicht, in welcher Form. Dennoch ist klar, daß der Anthropologe hier eine ähnliche Methode verwendet wie der Sprachwissenschaftler. Beide sind darauf bedacht, konstitutive Einheiten zu Systemen zu ordnen. Aber es wäre vergeblich, die Parallele noch weiter zu treiben, zum Beispiel zu versuchen, Wechselbeziehungen zwischen der Struktur der Verhaltensweisen und dem Phonemsystem oder der Syntax der betreffenden Gruppe zu finden. Das Unternehmen hätte keinen Sinn.

Versuchen wir, unser Problem noch enger einzukreisen. Während unserer Diskussionen sind der Name und die Ideen von Whorf häufig erwähnt worden[3]. Tatsächlich hat sich Whorf dafür eingesetzt, Wechselbeziehungen zwischen Sprache und Kultur zu ent-

2 Illustrationen und eingehendere Analysen im 2. Kapitel.

3 Benjamin L. Whorf, *Collected Papers on Metalinguistics*, Washington, 1952; *Language, Thought, and Reality* (Hrsg. John B. Carroll), New York, 1956.

decken, ohne allerdings, so scheint mir, überzeugen zu können. Liegt das nicht daran, daß er der Kultur weniger abverlangt als der Sprache? Die letztere betrachtet er als Linguist (ob gut oder schlecht, will ich nicht beurteilen); das heißt, daß das Objekt, mit dem er sich befaßt, nicht durch eine empirische und anschauliche Erfassung der Wirklichkeit gegeben ist; vielmehr erfaßt er es im Laufe einer methodischen Analyse und mit beträchtlicher Abstraktionsarbeit. Aber die kulturelle Einheit, die er damit vergleicht, ist kaum durchgearbeitet und so belassen, wie eine oberflächliche Beobachtung sie liefert. Whorf versucht, zwischen Objekten Zusammenhänge zu entdecken, die sowohl durch die Qualität der Beobachtung wie den Genauigkeitsgrad der Analyse, der beide unterworfen werden, auf zwei ganz verschiedenen Ebenen liegen.
Begeben wir uns also entschlossen auf die Ebene der Kommunikationssysteme. Selbst bei den von Whorf untersuchten Gesellschaften kann man zweierlei Beobachtungen machen. Erstens ist es unmöglich, sich ein Verwandtschaftssystem der Hopi in Form eines zweidimensionalen Modells vorzustellen; drei sind unerläßlich, sind die Bedingung, die sich übrigens für alle Systeme vom Typ Crow-Omaha feststellen läßt. Aus welchem Grunde? In dem Hopi-System gelten drei Typen zeitlicher Dimensionen. Einer entspricht der mütterlichen Linie (für weibliches Ego); das ist eine chronologische, progressive und kontinuierliche Zeit, wo der Reihe nach die Ausdrücke Großmutter, Mutter, (Ego), Tochter, Enkelin folgen. Es handelt sich also um ein genealogisches Kontinuum. Die Kontinua aber, in denen sich die anderen Geschlechterfolgen entfalten, haben unterschiedliche Eigenschaften. In der Verwandtschaft der Mutter des Vaters werden Individuen, die zu verschiedenen Generationen gehören, alle mit dem gleichen Ausdruck benannt: so ist eine Frau immer eine »Schwester des Vaters«, ob es sich um eine Mutter, ihre Tochter oder deren Tochter handelt. Das Kontinuum ist ein leerer Rahmen, in dem nichts passiert und nichts erzeugt wird. Die mütterliche Linie (für das männliche Ego) entfaltet sich in einem dritten Typ von Kontinuum, in dem Generation auf Generation die Individuen zwischen zwei Klassen abwechseln: die der »blutsverwandten Geschwister« und die der »Neffen«.
Diese drei Dimensionen findet man in dem Verwandtschaftssystem der Zuñi wieder, aber in einer gemilderten, fast könnte man sagen unvollkommenen Form. Es ist im übrigen bemerkenswert, daß das

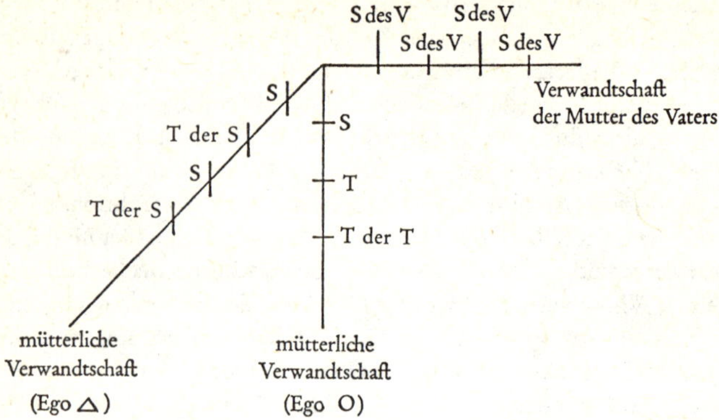

T = Tochter; S = Schwester; V = Vater

Abb. 3

geradlinige Kontinuum der mütterlichen Linie da einem ringförmigen Kontinuum mit nur drei Begriffen Platz macht: einem, das ohne Unterschied »Großmutter« und »Enkelin« bezeichnet, einem für »Mutter«, einem dritten schließlich für »Tochter«.
Fassen wir nunmehr ein drittes System der Pueblo-Indianer ins Auge, das der Acoma und Laguna, die zu einer anderen Sprachfamilie, der Keres-Gruppe, gehören. Die Systeme lassen sich durch eine bemerkenswerte Entwicklung der sogenannten »reziproken« Ausdrücke charakterisieren. Zwei Individuen, die einem dritten gegenüber eine symmetrische Stellung einnehmen, werden beide mit demselben Namen belegt.
Bei dem Übergang von den Hopi zu den Acoma beobachten wir also mehrere Verwandlungen der Verwandtschaftssysteme. Ein dreidimensionales Modell macht einem zweidimensionalen Platz. Ein Bezugssystem mit drei als Zeitkontinua darstellbaren Ordinaten verändert sich bei den Zuñi und wird bei den Acoma zu einem Raum-Zeit-Kontinuum. Tatsächlich kann sich ein Beobachter, der Teil des Systems ist, seine Beziehung zu einem anderen Mitglied nicht anders denken als durch einen dritten, der also gleichzeitig gegeben sein muß, vermittelt.

Diese Umwandlungen entsprechen nun denjenigen, die die Untersuchung der Mythen ergibt, wenn man die verschiedenen Versionen der gleichen Mythen bei den Hopi, Zuñi und Acoma vergleicht. Nehmen wir zum Beispiel den Ursprungsmythos. Die Hopi begreifen ihn nach einem genealogischen Modell: die Gottheiten bilden eine Familie: Mann, Frau, Vater, Großvater, Tochter und so weiter, aufeinander bezogen, etwa wie im Götterhimmel der alten Griechen. Diese genealogische Struktur ist lange nicht so deutlich bei den Zuñi, wo der entsprechende Mythos sich eher historisch und zyklisch darstellt. Anders ausgedrückt, die Geschichte ist in Zeitabschnitte unterteilt, deren jeder ungefähr den vorhergehenden reproduziert, und dessen Protagonisten ähnliche Beziehungen zueinander unterhalten. Bei den Acoma schließlich sind die meisten Protagonisten, die bei den Hopi und Zuñi als Individuen aufgefaßt werden, zu Paaren verdoppelt, deren Bezeichnungen durch antithetische Attribute in Gegensatz zueinander stehen. So wirkt es, als ob die Entstehungsszenerie, die in den Hopi- und Zuñiversionen im Vordergrund steht, bei den Acoma hinter einer anderen Szene verschwinde: der Erschaffung der Welt durch das vereinte Wirken zweier Gewalten, der von oben und der von unten. Anstelle einer kontinuierlichen oder periodischen Entwicklung stellt sich der Mythos als eine Gesamtheit bipolarer Strukturen dar, die denen analog sind, die das Verwandtschaftssystem bilden.

Was können wir daraus schließen? Wenn es möglich ist, Korrelationen zwischen Systemen festzustellen, die – jedenfalls dem Anschein nach – zu so entfernten Gebieten wie der Verwandtschaft und der Mythologie gehören, dann hat die Hypothese, daß eine ähnliche Korrelation mit dem Sprachsystem besteht, nichts Absurdes oder Phantastisches mehr. Welche Korrelation? Das muß der Sprachwissenschaftler sagen; für den Anthropologen wäre es jedenfalls überraschend, wenn sich nicht irgendeine Korrelation in der einen oder anderen Form aufdecken ließe. Eine negative Antwort würde bedeuten, daß offensichtliche Korrelationen zwischen sehr weit auseinanderliegenden Bereichen – Verwandtschaft und Mythologie – verblassen, wenn man andere Gebiete, wie Mythologie und Sprache, die viel näher beisammen liegen, vergleicht.

Diese Art der Fragestellung bringt uns dem Sprachforscher näher. Tatsächlich untersucht dieser, was er die Aspekte nennt, unter anderen den der Zeit. Er beschäftigt sich daher mit den verschiedenen

Modalitäten, die der Begriff der Zeit in einer gegebenen Sprache annehmen kann. Kann man diese Modalitäten, wie sie sich auf der sprachlichen und der verwandtschaftlichen Ebene zeigen, nicht miteinander vergleichen? Ohne den Ausgang der Debatte vorwegnehmen zu wollen, scheint es mir, daß man zumindest recht hat, sie zu eröffnen, und daß die gestellte Frage eine Antwort enthält, ob diese nun ja oder nein heißt.

Ich gehe jetzt zu einem komplexeren Beispiel über, das mir aber besser zu zeigen erlaubt, wie der Anthropologe seine Analyse durchführen muß, wenn er dem Sprachforscher entgegengehen und ihn auf gemeinsamem Boden treffen will. Ich möchte zwei Typen sozialer Strukturen betrachten, die in weit auseinanderliegenden Gebieten zu beobachten sind: der eine reicht ungefähr von Indien bis nach Irland, der andere von Assam bis zur Mandschurei. Ich will damit nicht sagen, daß jedes Gebiet nur diese eine soziale Struktur unter Ausschluß aller anderen aufweist. Ich behaupte nur, daß die am besten definierten und zahlreichsten Beispiele jedes Systems sich in den beiden oben genannten Gebieten finden, deren Konturen wir nicht genau bestimmen können, die aber im großen und ganzen jeweils den Gebieten der indo-europäischen und der sino-tibetanischen Sprache entsprechen.

Ich möchte die genannten Strukturen dreifach charakterisieren: durch die Heiratsregeln, durch die soziale Organisation und durch das Verwandtschaftssystem:

	Indo-Europäisches Gebiet	*Sino-Tibetanisches Gebiet*
Heiratsregeln	Kreissysteme, die entweder direkt aus ausdrücklichen Vorschriften oder indirekt aus der Tatsache resultieren, daß die Wahl des Partners nach den Gesetzen der Wahrscheinlichkeit feststeht	Kreissysteme, die neben symmetrischen Austauschsystemen bestehen
Soziale Organisation	zahlreiche soziale Einheiten mit komplexen Strukturen (vom Typ Großfamilie)	wenige soziale Einheiten mit einfachen Strukturen (vom Typ Clan oder Geschlecht)
Verwandtschafts-System	*a)* subjektiv *b)* wenige Ausdrücke	*a)* objektiv *b)* sehr zahlreiche Ausdrücke

Betrachten wir zunächst die Heiratsregeln. Die meisten Systeme, die man im indo-europäischen Bereich trifft, können trotz scheinbarer Verschiedenheit auf einen einfachen Typ zurückgeführt werden, den ich an anderer Stelle Kreissystem oder einfache Form des generalisierten Austauschs genannt habe, weil er die Integration einer beliebigen Zahl von Gruppen ermöglicht. Das beste Kennzeichen eines solchen Systems ist die Regel, vorzugsweise die Tochter des Bruders der Mutter zu heiraten, wobei einfach eine Gruppe A ihre Frauen von einer Gruppe B, B von C und C von A bekommt. Die Partner sind also im Kreis angeordnet und das System funktioniert unabhängig von der Anzahl der Gruppen, da es immer möglich ist, einen zusätzlichen Partner in den Kreislauf einzuführen.

Ich will damit nicht sagen, daß in allen Gesellschaften, die zum indo-europäischen Sprachkreis gehören, irgendwann im Laufe der Geschichte in der Regel die Tochter des Bruders der Mutter geheiratet wurde. Meine Hypothese hat nichts von einer historischen Rekonstruktion; ich beschränke mich auf die Feststellung, daß die meisten Heiratsregeln, die in einem Gebiet, das auch das des indo-europäischen Sprachraums ist, beobachtet werden, direkt oder indirekt zu demselben Typ gehören, dessen oben erwähnte Heiratsregeln das einfachste logische Modell bieten.

Was nun die soziale Organisation anlangt, so scheint in der indo-europäischen Welt die Großfamilie die häufigste Form zu sein. Bekanntlich besteht eine Großfamilie aus mehreren miteinander verwandten Geschlechtern, die sich zur Ausnutzung eines gemeinsamen Besitztums zusammengeschlossen haben und hinsichtlich ihrer Heiraten eine gewisse Freiheit bewahren. Diese letztere Einschränkung ist wichtig, denn wenn alle Großfamilien *als solche* den Partnern in einem matrimonialen Tauschsystem gleichgestellt würden (wenn zum Beispiel die Familie A ihre Frauen ausschließlich aus B, B aus C und so weiter nähme), könnte man die Großfamilien mit Clans verwechseln.

Diese Unterscheidung der miteinander verwandten Geschlechter innerhalb der Großfamilie wird auf mancherlei Art und Weise durch die indo-europäischen Systeme gesichert. Einige, die man zum Beispiel in Indien treffen kann, erlassen eine Präferenzheiratsregel nur für das älteste Geschlecht, während die anderen eine größere Unabhängigkeit genießen, die mit Ausnahme der verbotenen Familiengrade sogar bis zu einer freien Wahl gehen kann. Das System der alten Slawen zeigt, soweit man es rekonstruiert hat, besondere Merkmale, die darauf hinweisen, daß das exemplarische Geschlecht (das heißt das einzige in der Großfamilie, das einer strengen Heiratsregel unterworfen ist) von der patrilinearen Achse der Geschlechterfolge abweichen kann, wobei die Aufgabe, der Präferenzregel zu genügen, in jeder Generation von einer Linie auf eine andere übergeht. Alle Modalitäten haben ein gemeinsames Merkmal: in den auf der Großfamilie beruhenden Sozialstrukturen unterliegen die verschiedenen Linien, aus denen jede Familie besteht, keiner homogenen Heiratsregel. Anders ausgedrückt, obwohl die Regel aufgestellt ist, erlaubt sie immer auch zahlreiche Ausnahmen. Kurzum, die indoeuropäischen Verwandtschaftssysteme verwenden sehr wenige Ausdrücke, und diese sind in subjektiver Perspektive angeordnet: die Verwandtschaftsbeziehungen werden in Bezug auf das Subjekt gedacht, und die Ausdrücke werden um so ungenauer und seltener, je entfernter die Verwandschaft ist, die sie bezeichnen. Ausdrücke wie Vater, Mutter, Sohn, Tochter, Bruder und Schwester sind relativ genau. Onkel und Tante sind schon elastisch. Darüberhinaus haben wir praktisch keine Bezeichnungen mehr. Die indo-europäischen Systeme sind also egozentrische Systeme.

Prüfen wir nunmehr den sino-tibetanischen Raum. Dort trifft man nebeneinander zwei Typen von Heiratsregeln. Der eine entspricht dem, der oben für das indo-europäische Gebiet beschrieben wurde. Der andere kann in seiner einfachsten Form als Heirat durch Tausch definiert werden und ist ein Sonderfall des ersten Typus. Anstatt eine beliebige Anzahl von Gruppen zu integrieren, funktioniert dieses zweite System in Gruppen mit geraden Zahlen: 2, 4, 6, 8, wobei die Tauschenden immer in Gruppen zu je zwei angeordnet sind.

Die soziale Organisation besteht aus einfachen oder komplexen Clanformen. Dennoch ist die Komplexität niemals organisch (wie bei den Großfamilien). Sie ergibt sich vielmehr mechanisch aus der Unterteilung der Clans in Geschlechter; anders gesagt, die Elemente können quantitativ zunehmen, die Struktur bleibt aber einfach.

Für die Verwandtschaftssysteme gibt es oft viele Bezeichnungen. Sie lassen sich im chinesischen System nach Hunderten zählen, und man kann durch Zusammensetzen von einfachen Bezeichnungen unendlich viele neue schaffen. Es gibt also keinen noch so entfernten Verwandtschaftsgrad, den man nicht mit der gleichen Präzision beschreiben kann wie den nächsten. In diesem Sinne haben wir es mit einem völlig objektiven System zu tun. Wie Kroeber schon vor langem festgestellt hat, kann man sich kaum Verwandtschaftssysteme denken, die sich stärker voneinander unterscheiden würden als das chinesische und das europäische.

Wir kommen also zu folgenden Schlußfolgerungen. Im indo-europäischen Gebiet ist die soziale Struktur (Heiratsregeln) einfach, aber die Elemente (soziale Organisation), die in der Struktur vorkommen, sind zahlreich und komplex. Im sino-tibetanischen Gebiet ist es umgekehrt. Die Struktur ist komplex, da es zwei Typen von nebeneinander existierenden oder ineinander verschachtelten Heiratsregeln gibt, aber die soziale Organisation des Clantyps oder einer Entsprechung bleibt einfach. Andererseits erscheint der Gegensatz zwischen *Struktur* und *Elementen* auf der Ebene der Terminologie (das heißt auf einer sprachlichen Ebene) durch antithetische Merkmale, sowohl was das (*subjektive* oder *objektive*) Gerüst als auch was die (*zahlreichen* oder *weniger zahlreichen*) Ausdrücke selbst betrifft.

Wenn wir die Sozialstruktur so beschreiben, können wir dann nicht den Dialog mit dem Sprachforscher wenigstens in Gang setzen? Im Verlaufe einer früheren Sitzung hat Roman Jakobson die Grundzüge der indo-europäischen Sprachen dargelegt. Man beobachtet da, sagte er, eine Kluft zwischen Form und Inhalt, zahlreiche Ausnahmen von den Regeln, eine große Freiheit hinsichtlich der Möglichkeiten, ein und dieselbe Idee auszudrücken ... Ähneln diese Merkmale nicht denen, die wir bei der Sozialstruktur festgestellt haben?

Um die Beziehungen zwischen Sprache und Kultur zureichend definieren zu können, muß man, so scheint mir, von vornherein zwei Hypothesen ausschließen: die, daß keinerlei Beziehungen zwischen den beiden Ordnungen bestehen, und die entgegengesetzte einer gegenseitigen Durchdringung auf allen Ebenen. Im ersten Falle ergäbe sich das Bild eines menschlichen Geistes, der unartikuliert und zerstückelt, in einzelne Abschnitte und Etagen eingeteilt wäre, zwischen denen jede Kommunikation unmöglich ist, eine sehr seltsame Situation, die einzigartig wäre im Vergleich zu anderen Bereichen des psychischen Lebens. Wäre dagegen die Entsprechung zwischen der Sprache und der Kultur absolut, hätten Sprachforscher und Anthropologen das bereits bemerkt, und wir wären nicht hier, um darüber zu diskutieren. Meine Arbeitshypothese beruft sich also auf eine mittlere Position: Zwischen einigen Aspekten und einigen Ebenen sind wahrscheinlich einige Korrelationen erkennbar, und wir müssen herausfinden, welche Aspekte das sind und wo diese Ebenen liegen. Anthropologen und Sprachforscher können an dieser Aufgabe zusammenarbeiten. Aber der Hauptnutznießer unserer möglichen Entdeckungen wird weder die Anthropologie noch die Sprachwissenschaft sein, wie wir sie augenblicklich verstehen. Diese Entdeckungen werden einer zugleich sehr alten und sehr neuen Wissenschaft zugute kommen, einer *Anthropologie* im weitesten Sinne des Wortes, das heißt einer Kenntnis des Menschen, die verschiedene Methoden und Disziplinen miteinander verbindet, und die uns eines Tages die geheimen Kräfte aufdecken wird, welche unseren Gast bewegen, der, ohne zu unseren Debatten eingeladen zu sein, anwesend ist: den menschlichen Geist.

5. Kapitel

Nachtrag zu den Kapiteln 3 und 4[1]

In der gleichen Nummer der *Cahiers internationaux de sociologie*, die einen Artikel von Georges Gurvitch enthält, der sich zum Teil mit mir befaßt, findet man auch einen Aufsatz von Haudricourt und Granai, der solidere Informationen bringt und dessen Gedankengang nuancenreicher ist.[2] Eine Übereinstimmung hätte sich leichter ergeben, wenn sie vor der Abfassung ihres Textes meine beiden Artikel über die Beziehungen zwischen Sprache und Gesellschaft zur Kenntnis genommen hätten, anstatt sich nur an den ersten zu halten. Tatsächlich bilden diese beiden Artikel ein Ganzes, da der zweite auf die Einwände eingeht, die in den Vereinigten Staaten nach der Veröffentlichung des ersten erhoben worden sind. Aus diesem Grunde sind sie in diesem Band vereint.[3]

Ich räume übrigens Haudricourt und Granai ein, daß diese beiden Artikel, die auf englisch geschrieben bzw. gesprochen wurden (der zweite ist die Übertragung einer Bandaufnahme), im Ausdruck zuweilen ungenau sind. Vielleicht bin ich selbst am meisten für gewisse Irrtümer verantwortlich, die meinen Kritikern unterlaufen sind. Aber im großen und ganzen werfe ich ihnen hauptsächlich vor, daß sie eine außerordentlich zaghafte Stellung einnehmen.

Mir scheint, daß sie, über die schnelle Entwicklung der strukturalen Sprachwissenschaft beunruhigt, versuchen, eine Unterscheidung zwischen einer *Wissenschaft von den Sprachen* und einer *Sprachwissenschaft* einzuführen. Die erstere, sagen sie, »ist viel allgemeiner als die Sprachwissenschaft, aber sie umfaßt sie nicht ganz; sie entwickelt sich auf einer anderen Ebene; sie verwendet nicht die gleichen Begriffe und Methoden wie die Wissenschaft von den Sprachen«. Bis zu einem gewissen Grade stimmt das; aber die Unterscheidung würde eher das Recht des Ethnologen (von dem man nicht ganz genau weiß, ob er hier angegriffen wird oder nicht) begründen, sich direkt an die Wissenschaft von der Sprache zu wenden, da er (wie

1 Unveröffentlicht (1956).
2 A. G. Haudricourt und G. Granai, Linguistique et sociologie, *Cahiers internationaux de Sociologie*, Bd. 19, 1955, S. 114–129. Über den Artikel von G. Gurvitch, vgl. Kap. 16.
3 Kap. 3 und 4.

die beiden Autoren sehr schön sagen) »das unbestimmte Ganze der vorhandenen oder denkbaren Kommunikationssysteme« erforscht, jene symbolischen Systeme, die etwas anderes sind als das »System der Sprache«, und die »die Bereiche der Mythen, der Rituale, der Verwandtschaft umfassen, die im übrigen als ebenso viele Sondersprachen angesehen werden können«[4]. Und da die beiden Autoren fortfahren: »In dieser Hinsicht können sie in unterschiedlicher Weise jener Strukturalanalyse unterzogen werden, die auch auf die Sprache angewendet wird. Bekannt sind die in diesem Sinne hervorragenden Untersuchungen von Claude Lévi-Strauss über die ›Verwandtschaftssysteme‹, die sehr schwierige Fragen unbestreitbar vertieft und geklärt haben«[5], so brauchte ich ja nur die Anerkennung herauszuhören, denn nie habe ich anderes gewollt, vor allem nicht, die Methode auf andere Bereiche auszudehnen.

Und doch versuchen die beiden Autoren, mit der einen Hand zurückzunehmen, was sie mit der anderen gegeben haben, indem sie die Intentionen angreifen. Nach ihrer Ansicht liefe »die Interpretation der Gesellschaft als Ganzer mittels einer allgemeinen Kommunikationstheorie« darauf hinaus, »implizit (und manchmal auch explizit) die Gesellschaft oder die Kultur auf die Sprache zu reduzieren« (S. 114), ein Vorwurf, der hier anonym formuliert ist, der aber etwas weiter unten direkt gegen mich erhoben wird: »Claude Lévi-Strauss stellt ganz offen die Frage nach der Identität von Sprache und Gesellschaft und scheint sie positiv zu beantworten« (S. 126). Aber das von mir verwendete Adjektiv *»inmost«* bedeutet »am tiefsten«, was nicht ausschließt, daß es noch andere Aspekte gibt, deren erklärender Wert geringer ist; Haudricourt und Granai begehen hier den gleichen Fehler wie Georges Gurvitch; sie glauben, die auf die Ethnologie angewandte strukturale Methode habe den Ehrgeiz, eine totale Kenntnis der Gesellschaften zu erzielen, was ganz absurd wäre. Wir wollen nur aus dem Reichtum und der Vielfalt empirischer Möglichkeiten, die unsere Beobachtungs- und Beschreibungsfähigkeiten übersteigen, Konstanten gewinnen, die an anderen Orten und zu anderen Zeiten ebenfalls gelten. Auf diese Weise arbeiten wir wie der Sprachwissenschaftler, nur erscheint der Unterschied zwischen der Erforschung einer bestimmten Sprache und der der gesprochenen Sprache, den man auf-

4 *a.a.*O., S. 127.
5 S. 127.

recht zu erhalten versucht, recht fragwürdig. »Die unaufhörlich wachsende Zahl neuentdeckter Gesetze rückt die Frage nach den allgemein gültigen Regeln, auf denen das phonologische System der Sprachen der ganzen Welt beruht, in den Vordergrund, denn die angebliche Vielzahl ihrer differentiellen Elemente ist zum großen Teil eine Täuschung.« Tatsächlich »liegen allen Sprachen der Welt dieselben Gesetze zugrunde, und zwar sowohl vom statischen wie vom dynamischen Gesichtspunkt aus«.[6] Also führt die Erforschung einer Sprache nicht nur unausweichlich zur allgemeinen Sprachwissenschaft, sondern gleichzeitig darüber hinaus bis zur Betrachtung aller Kommunikationsformen: »Wie die Tonleitern bedeuten die phonologischen Strukturen *(phonemic patterning)* einen Eingriff der Kultur in die Natur, ein Mittel, das dem Tonkontinuum logische Regeln aufzwingt.«[7]

Man kann diese »kopernikanische Wende« (wie Haudricourt und Granai es ausdrücken), die darin besteht, die Gesellschaft als Ganze durch eine Kommunikationstheorie zu interpretieren, einleiten, ohne die Gesellschaft oder die Kultur auf die Sprache zu reduzieren. Von nun an ist dieser Versuch auf drei Ebenen möglich: die Verwandtschafts- und Heiratsregeln dienen dazu, den Austausch der Frauen zwischen den Gruppen zu sichern, wie die ökonomischen Regeln den Austausch von Gütern und Dienstleistungen und die Sprachregeln die Nachrichtenübermittlung garantieren.

Diese drei Kommunikationsformen sind gleichzeitig Tauschformen, zwischen denen offensichtlich Beziehungen bestehen (die Heiratsverbindungen gehen einher mit wirtschaftlichen Leistungen, und die Sprache spielt in alle Ebenen hinein). Man kann also durchaus untersuchen, ob zwischen ihnen Homologien bestehen und welches die formalen Charakterzüge jeder für sich genommenen Form sind, ob Umwandlungen möglich sind, die den Übergang von einer Ebene auf die andere erlauben.

Formuliert man die Frage so, wie ich es übrigens immer getan habe[8], so zeigt sich die schmale Basis der Kritik, die Gurvitch an mir übt.

6 R. Jakobson und M. Halle, *Fundamentals of Language*, 'S-Gravenhage, 1956, S. 27, 28, 17 und passim.

7 *a.a.O.*, S. 17 ff., bes. S. 28: »Die Untersuchung der Konstanten der phonologischen Struktur einer Sprache muß durch Erforschung der allgemeingültigen Konstanten der phonologischen Struktur der gesprochenen Sprache ergänzt werden.« (*a.a.O.*, S. 28)

8 vgl. Kap. 15 dieses Bandes.

Ihm zufolge denke ich, daß die »Kommunikation, als Quelle des gemeinschaftlichen Lebens betrachtet, zunächst ›das Sprechen‹ ist« (*a.a.O.*, S. 16). In der Sprache ein logisches Modell suchen, das uns – weil es vollständiger und bekannter ist – die Strukturen anderer Kommunikationsformen begreiflich machen soll, heißt keineswegs, dieses als Ursprung jener zu behandeln.

Aber es gibt in der Gesellschaft neben dem matrimonialen, wirtschaftlichen und sprachlichen noch anderen Austausch. Man findet da jene Sprachen, deren Existenz und Analogie zur Sprache auch Haudricourt und Granai zugeben: Kunst, Mythos, Ritus, Religion, über die ich schon früher und in letzter Zeit viel gearbeitet habe[9]. Es gibt schließlich noch eine Reihe von Elementen, die entweder wegen ihrer Natur oder wegen der Unzulänglichkeit unserer Kenntnisse nicht strukturierbar sind. Das sind jene, die man zugunsten irgendeines Mystizismus anführt, und ich halte Haudricourt und Granai trotz gegenteiligen Anscheins für in einer Art Geschichtsmetaphysik befangen. Es scheint mir weit ergiebiger, jene strategischen Ebenen, von denen ich gesprochen habe, direkt zum Gegenstand unserer Untersuchungen zu machen, nicht weil sie die einzigen sind oder weil die übrigen mit ihnen zusammenfallen, sondern weil allein sie bei dem augenblicklichen Stand der Wissenschaft gestatten, in unsere Fächer strenge Methoden einzuführen.

Ich leugne daher die Schwierigkeit, die unsere Autoren erwähnen: entweder existiert die Gesellschaft als Ganzes nicht und besteht aus einem Nebeneinander von nicht rückführbaren Systemen; oder alle behandelten Systeme sind gleichwertig und drücken jeweils in ihrer Sprache das soziale Ganze aus (*a.a.O.*, S. 128). Ich habe diese Frage schon längst in dem Artikel von 1953, den meine Kritiker nicht gelesen haben, beantwortet: »Um die Beziehungen zwischen Sprache und Kultur zureichend definieren zu können, muß man, so scheint mir, von vornherein zwei Hypothesen ausschließen: die, daß keinerlei Beziehungen zwischen den beiden Ordnungen bestehen, und die entgegengesetzte einer gegenseitigen Durchdringung auf allen Ebenen ... Meine Arbeitshypothese beruft sich also auf eine mittlere Position: zwischen einigen Aspekten und einigen Ebenen sind wahrscheinlich einige Korrelationen erkennbar, und wir müssen herausfinden, welche Aspekte das sind und wo diese Ebenen liegen.«[10]

9 vgl. Kap. 13 (Kunst), Kap. 10 u. 11 (Mythos) und Kap. 12 (Ritus) dieses Bandes.
10 Kap. 4 dieses Bandes.

Wollte man eine Reihe wortwörtlicher Übereinstimmungen zwischen einer bestimmten Sprache und Kultur, als Gesamtheit aller eine Gesellschaft betreffenden Gegebenheiten verstanden, festlegen, beginge man einen logischen Fehler, der ein einfacheres und stärkeres Argument als das von Haudricourt und Granai vorgebrachte liefern würde: tatsächlich ist das Ganze nicht gleich den Teilen. Ist dieser Denkfehler nicht zuweilen von der amerikanischen Metalinguistik gemacht worden, mit der mich Haudricourt und Granai absichtlich gleichzustellen suchen? Das ist möglich. Aber wenn mich nicht alles täuscht, sind in Amerika Wort und Sache erst nach meinem Vortrag, den ich 1949 in New York vor dem Internationalen Kongreß der Amerikanisten gehalten habe[11], in Mode gekommen, und diesem Vortrag liegen andere Gedankengänge zugrunde.[12] Die Vorwürfe, die ich seit 1952 der sogenannten Metalinguistik gemacht habe, sind mehr technischer Art und liegen auf einer anderen Ebene. Whorfs und seiner Schüler Irrtum rührt daher, daß sie sehr durchgearbeitete sprachliche Gegebenheiten, die das Ergebnis einer Analyse sind, mit ethnographischen Beobachtungen vergleichen, die aus einer Erfahrungsebene stammen oder aus einer ideologischen Analyse, der eine willkürliche Einteilung der sozialen Wirklichkeit zugrunde liegt. Sie vergleichen daher Objekte ungleicher Natur miteinander und laufen Gefahr, zu Gemeinplätzen oder fragwürdigen Hypothesen zu kommen.

Aber eben dieser Fehler unterläuft auch Haudricourt und Granai, wenn sie schreiben: »Der Gegenstand der Sprachwissenschaft ist durch die Sprachen (im üblichen Sinne dieses Wortes: französische Sprache, englische Sprache etc.) gegeben. In der Soziologie wären vergleichbare Objekte etwa die sogenannten globalen Gesellschaften oder Strukturen (Nation, Volk, Stamm und so weiter). Es ist in der Tat notwendig, daß der Gegenstand, dessen Natur man untersuchen will, im höchsten Maße unabhängig von anderen Gegenständen ist.«[13] In diesem Falle wären wir tatsächlich verloren, und die Kritik feierte leichte Triumphe. In den beiden Untersuchungen der Kapitel 3 und 4 dieses Bandes schlage ich etwas ganz anderes vor. Der Gegenstand der vergleichenden Strukturalanalyse ist nicht die französische oder englische Sprache, sondern eine bestimmte Anzahl

11 Kap. 3 dieses Bandes.
12 Etwa in verschiedenen Artikeln von E. Sapir, vgl. *Selected Writings* ..., 1949.
13 *a.a.O.*, S. 126.

von Strukturen, die der Sprachwissenschaftler, ausgehend von diesen empirischen Gegenständen, feststellen kann, also zum Beispiel die phonologische, grammatikalische oder lexikalische Struktur des Französischen oder sogar die der Rede, die nicht völlig unbestimmt ist. Mit diesen Strukturen vergleiche ich nun nicht die französische Gesellschaft, auch nicht ihre Struktur, was Gurvitch noch begreifen würde (der etwas als eine Gesellschaft bezeichnet, insofern es eine Struktur besitzt), sondern eine bestimmte Anzahl von Strukturen, die ich da suche, wo man sie möglicherweise findet, und nicht anderswo: in den Systemen der Verwandtschaft, der politischen Ideologie, der Mythologie, des Rituals, der Kunst, der Höflichkeitsformen und – warum nicht? – auch der Küche. Bei diesen Strukturen, die alle partielle, aber für die Forschung besonders geeignete Ausdrucksformen jener Einheit darstellen, die man die französische, die englische oder irgendeine andere Gesellschaft nennt, untersuche ich, ob sich Gemeinsamkeiten finden lassen. Denn selbst hier handelt es sich nicht darum, einen ursprünglichen Inhalt an die Stelle eines anderen zu setzen, diesen auf jenen zurückzuführen, sondern darum, zu erfahren, ob zwischen den formalen Merkmalen Homologien bestehen und welche, ob Widersprüche und welche, ob dialektische Beziehungen, die in Form von Umwandlungen ausdrückbar sind. Schließlich behaupte ich nicht, daß solche Vergleiche immer ergiebig seien, sondern nur, daß sie es zuweilen sein können, und daß diese Entsprechungen eine große Bedeutung für die Stellung dieser Gesellschaft im Vergleich zu anderen desselben Typus und für die Erkenntnis von Gesetzen, die deren Entwicklung in der Zeit regeln, haben können.

Wir wollen hier ein Beispiel anführen, das in den betreffenden Artikeln nicht enthalten ist. Man kann, so scheint mir, wie die Sprache auch die Küche einer Gesellschaft in konstitutive Elemente zerlegen, die man dann »Gusteme« nennen könnte, und die in bestimmten gegensätzlichen und sich entsprechenden Strukturen angeordnet sind. Man könnte dann die englische Küche von der französischen durch drei Gegensätze unterscheiden: *endogen/exogen* (das heißt, einheimische oder ausländische Rohstoffe); *zentral/peripher* (Hauptbestandteil der Mahlzeit und Beigaben); *ausgeprägt/nicht ausgeprägt* (das heißt, schmackhaft oder fade). Man hätte damit eine Tabelle, auf der die Zeichen + und — anzeigen, ob der jeweilige Gegensatz in dem betreffenden System zu finden ist oder nicht:

	Englische Küche	Französische Küche
endogen/exogen	+	—
zentral/peripher	+	—
ausgeprägt/nicht ausgeprägt	—	+

Anders ausgedrückt: die englische Küche stellt die Hauptgerichte der Mahlzeit aus einheimischen, fade zubereiteten Produkten zusammen und umgibt sie mit ausländischen Erzeugnissen, wo alle differentiellen Werte stark ausgeprägt sind (Tee, Früchtebrot, Orangenmarmelade, Portwein). Umgekehrt ist in der französischen Küche der Gegensatz *endogen/exogen* kaum vorhanden oder überhaupt nicht feststellbar, und die unterschiedlichsten Gusteme werden miteinander kombiniert, sowohl bei den Hauptgerichten wie bei den Beilagen.

Läßt sich diese Definition auch auf die chinesische Küche anwenden? Ja, wenn man sich auf die genannten Gegensätze beschränkt, nicht aber, wenn man andere Gegensätze einführt, z. B. *sauer/süß*, die in der französischen Küche im Unterschied zur chinesischen (und deutschen) einander ausschließen, und wenn man bedenkt, daß die französische Küche diachronisch ist (dieselben Gegensätze werden nicht zu verschiedenen Zeitpunkten der Mahlzeit serviert; so werden die französischen Hors-d'œuvres nach dem Gegensatz *maximale Vorbereitung/minimale Vorbereitung* zusammengestellt, nach der Art: Wurstwaren/Rohkost, die man in der Synchronie der folgenden Platten nicht wiederfindet), wogegen die chinesische Küche synchronisch aufgebaut ist, das heißt, daß dieselben Gegensätze bei allen Teilen der Mahlzeit vorkommen (die aus diesem Grund auf einmal serviert werden kann). Man müßte noch andere Gegensätze anführen, um eine Struktur erschöpfend zu beschreiben; so den zwischen Gebratenem und Gekochtem, der eine so große Rolle in der bäuerlichen Küche Zentralbrasiliens spielt (wobei *das Gebratene* die feinschmeckerische, *das Gekochte* die nahrhafte Art und Weise, das Fleisch zuzubereiten, darstellt und die eine die andere ausschließt). Schließlich gibt es einige Dinge, die miteinander unvereinbar, aber der sozialen Gruppe bewußt sind und einen normativen Wert besitzen: *einheizendes Nahrungsmittel/erfrischendes Nahrungsmittel; Milchgetränk/alkoholisches Getränk; rohe Früchte/eingemachte Früchte* und so weiter.

Nachdem wir diese unterschiedlichen Strukturen definiert haben, ist es nicht absurd zu untersuchen, ob sie speziell zu dem betrachteten

Gebiet gehören, oder ob sie sich (übrigens oft umgewandelt) in anderen Gebieten der gleichen Gesellschaft oder anderer Gesellschaften wiederfinden. Und wenn wir feststellen würden, daß sie in mehreren Gebieten vorkommen, könnten wir daraus schließen, daß wir einen bezeichnenden Ausdruck der unbewußten Haltungen der betreffenden Gesellschaft oder der betreffenden Gesellschaften gefunden haben.

Ich habe absichtlich ein so kleines Beispiel gewählt, weil es den heutigen Gesellschaften entlehnt ist. Nun sind Haudricourt und Granai anscheinend zuweilen bereit, den Wert meiner Methode für sogenannte primitive Gesellschaften anzuerkennen, versuchen aber, diese von den komplexeren Gesellschaften radikal zu unterscheiden. Dort, sagen sie, ist es unmöglich, die globale Gesellschaft zu erfassen. Nun habe ich gezeigt, daß es niemals darum geht, die globale Gesellschaft zu erfassen (ein Unterfangen, das auf alle Fälle *stricto sensu* zum Scheitern verurteilt ist), sondern darum, Ebenen zu finden, die vergleichbar sind und damit bezeichnend werden. Daß diese Ebenen in unseren riesigen modernen Gesellschaften zahlreicher sind und jede für sich schwieriger zu untersuchen als in kleinen Stämmen der Wilden, will ich gerne zugeben. Dennoch ist das ein gradmäßiger, kein prinzipieller Unterschied. Auch stimmt es, daß in der modernen westlichen Welt die Sprachgrenzen selten mit den kulturellen Grenzen zusammenfallen, aber das ist keine unüberwindliche Schwierigkeit. Anstatt bestimmte Aspekte der Sprache und der Kultur miteinander zu vergleichen, muß man ihre voneinander abweichenden Aspekte in zwei Gesellschaften oder Untergesellschaften vergleichen, die die eine gemeinsam haben, die andere aber nicht. So kann man fragen, ob sich zwischen der schweizerischen und belgischen Art, Französisch zu sprechen, und anderen Besonderheiten, die diesen Gesellschaften eigen zu sein scheinen, Beziehungen herstellen lassen, wenn man sie mit den entsprechenden Besonderheiten unserer Gesellschaft vergleicht. Ich bin auch nicht einverstanden mit der Behauptung, daß die sozialen Tatsachen eine räumliche Ausdehnung hätten, wogegen die Sprache gegenüber der Zahl der Individuen, die sie sprechen, unempfindlich bleibe. Es scheint mir im Gegenteil möglich, a priori zu postulieren, daß die »großen Sprachen« und die »kleinen Sprachen« in ihrer Struktur und ihrem Entwicklungsrhythmus nicht nur die Ausdehnung des Bereiches, in dem sie vorkommen, sondern auch das Vorhandensein sprachlicher

Bereiche an ihren Grenzen, die eine andere Größenordnung haben als sie selbst, enthalten müßten.

Die Mißverständnisse, von denen es im Artikel Haudricourts und Granais wimmelt, lassen sich auf zwei Irrtümer zurückführen, den einen, daß sie den Gegensatz zwischen diachronischem und synchronischem Gesichtspunkt übertreiben, den anderen, daß sie zwischen der auf allen Ebenen angeblich willkürlichen Sprache und den anderen sozialen Tatsachen, die dieses Merkmal nicht hätten, eine Trennungslinie ziehen. Verblüffend ist, daß die beiden Autoren, um diese Behauptung aufstellen zu können, den Artikel von Roman Jakobson *Principes de Phonologie historique* [14] und den nicht weniger bemerkenswerten Artikel von Emile Benveniste, wo dieser das Prinzip Saussures von der willkürlichen Natur des Sprachzeichens untersucht, zu ignorieren belieben. [15]

Zu dem ersten Punkt behaupten unsere Autoren, daß die Strukturalanalyse den Sprachforscher oder den Ethnologen in die Synchronie einzwängt. Sie führe daher unvermeidlich dazu, »für jeden ins Auge gefaßten Zustand ein auf die anderen Systeme nicht anwendbares System zu konstruieren«, und also dazu, »die Geschichte und die Entwicklung der Sprache zu leugnen«. Die rein synchronische Perspektive würde zu der unhaltbaren Auffassung führen, daß zwei phonologische Interpretationen ein und derselben phonetischen Wirklichkeit für gleich gültig gehalten werden müßten.

Man kann diesen Vorwurf gewissen amerikanischen Neopositivisten, nicht aber den europäischen Strukturalisten machen. Aber Haudricourt und Granai begehen hier eine schlimme Verwechslung: in gewissen Momenten der wissenschaftlichen Bestandsaufnahme ist es durchaus vernünftig, zwei Interpretationen derselben Tatsachen bei dem jeweils vorläufigen Stand der Kenntnisse als zutreffend zu akzeptieren. Das war bis zum 20. Jahrhundert – und bleibt vielleicht noch eine Weile so – die Situation der Physik. Der Fehler besteht nicht darin, daß man diesen Zustand erkennt, sondern darin, daß man ihn auf sich beruhen läßt und nicht versucht, ihn zu überwinden. Die Strukturalanalyse bietet aber bereits die Möglichkeit, dem Dilemma zu entgehen, durch das Prinzip der einzigen Lösung, das Jakobson – wie andere – von den Physikern entlehnt und stets

14 R. Jakobson, in: N. Trubetzkoi, *Principes de phonologie*, Paris 1949, S. 315 bis 336.

15 E. Benveniste, Nature du signe linguistique, *Acta linguistica*, I, 1, 1939.

angewendet hat: *Frustra fit per plura quod fieri potest per pauciora.* Dieses Prinzip lenkt uns in eine dem Pragmatismus, dem Formalismus und dem Neopositivismus entgegengesetzte Richtung, da die Behauptung, daß die ökonomischste Erklärung auch diejenige ist, die – unter allen betrachteten – der Wahrheit am nächsten kommt, letzten Endes auf der postulierten Identität der Welt- und der Denkgesetze beruht.

Aber seit dem Artikel von Jakobson wissen wir vor allem, daß der Gegensatz zwischen Diachronie und Synchronie weithin illusorisch und nur für die vorbereitenden Stadien der Untersuchung brauchbar ist. Es genügt, ihn zu zitieren: »Es wäre ein schwerer Fehler, wollte man Statik und Synchronie als Synonyme ansehen. Der statische Ausschnitt ist eine Fiktion: nur ein wissenschaftliches Hilfsmittel, keine besondere Seinsweise. Wir können die Wahrnehmung eines Films nicht nur diachronisch, sondern auch synchronisch betrachten: doch ist der synchronische Aspekt eines Films nicht mit einem einzelnen, dem Film entnommenen Bild identisch. Die Bewegung wird auch im synchronischen Aspekt wahrgenommen. Das gilt ebenso für die Sprache.« Und die folgenden, übrigens auch an sich sehr interessanten Gedankengänge beantworten die von beiden Autoren über die Entwicklung des gesprochenen Französisch angestellten Überlegungen direkt: »Die Versuche, *Synchronie*, *Statik* und das Anwendungsgebiet der *Teleologie* einerseits, *Diachronie*, *Dynamik* und den Bereich der *mechanischen Kausalität* andererseits gleichzusetzen, engen den Rahmen der Synchronie übermäßig ein, machen aus der historischen Sprachwissenschaft eine Anhäufung zusammenhangloser Tatsachen und schaffen die oberflächliche und schädliche Illusion, daß ein Abgrund zwischen den Problemen der Synchronie und der Diachronie bestehe.« [16]

Der zweite Irrtum Haudricourts und Granais besteht darin, die Sprache – die uns »eine willkürliche Doppelrolle zeigt«, das Wort in Bezug auf den Signifikanten und die Bedeutung des Begriffs in Bezug auf das bezeichnete physische Objekt, – und die Gesellschaft, »die mit der Natur in vielen Fällen eine direkte Beziehung unterhält« [17], einander gegenüber zu stellen, was ihre symbolische Funktion einschränken würde.

Ich könnte mich mit der Einschränkung »viele Fälle« zufriedengeben

16 R. Jakobson, *a.a.O.*, S. 333–334 und 335–336.
17 Haudricourt und Granai, *a.a.O.*, S. 126–127.

und antworten, daß ich mich eben gerade mit den anderen beschäftige. Aber da die implizite Behauptung unserer Autoren mir eine der gefährlichsten zu sein scheint, die formuliert werden können, will ich kurz darauf eingehen.

Seit 1939 hat sich Benveniste gefragt, ob der Sprachforscher nicht eines Tages in der Lage sein werde, mit Erfolg das metaphysische Problem der Übereinstimmung zwischen dem Geist und der Welt anzugehen. Wenn er auch im Augenblick besser daran täte, es beiseite zu lassen, so müßte er sich dennoch darüber im klaren sein, daß »es für den Sprachwissenschaftler eine Art Abwehr der Frage wäre, wenn er diese Beziehung für willkürlich hielte«.[18] Haudricourt (als der Sprachforscher der Gruppe) hält sich weiterhin in der Defensive; dennoch weiß er in seiner Eigenschaft als Ethnograph und Technologe sehr gut, daß die Technik nicht so natürlich und die Sprache nicht so willkürlich ist, wie er sagt.

Selbst die sprachwissenschaftlichen Argumente, die er zur Stützung seiner Behauptung anführt, befriedigen nicht. Ergibt sich das Wort *pomme de terre* wirklich aus einer willkürlichen Konvention, die »einen Gegenstand bezeichnet, der keine *pomme* und nicht in der *terre* ist«, und wird der willkürliche Charakter des Begriffs evidenter, wenn man feststellt, daß *pomme de terre* im Englischen *potato* heißt? In Wirklichkeit gibt die französische Wahl eines weitgehend von didaktischen Überlegungen beeinflußten Terminus die besonderen technischen und wirtschaftlichen Bedingungen wieder, die zur endgültigen Annahme dieses Nahrungsmittels in Frankreich geführt haben. Sie spiegelt auch die in den Ländern, aus denen die Pflanze vornehmlich eingeführt worden ist, üblichen Verbalformen. Schließlich war die Lösung *pomme de terre* für das Französische, wenn auch nicht notwendig, so doch zumindest akzeptabel, weil das Wort *pomme*, das ursprünglich alle runden Kern- oder Steinfrüchte bezeichnete, schon eine große funktionelle Reichweite hatte, die durch frühere Bildungen wie *pomme de pin, pomme de chêne, pomme de coing, pomme de grenade, pomme d'orange* und so weiter erwiesen ist. Kann eine Wahl, bei der historische, geographische, soziologische Erscheinungen und gleichzeitig ausgesprochen sprachliche Tendenzen zum Ausdruck kommen, wirklich als willkürlich angesehen werden? Wir wollen eher sagen, daß das französische *pomme de terre* der Sprache nicht aufgedrängt wurde, sondern als eine der möglichen

18 E. Benveniste, *a.a.O.*, S. 26.

Lösungen existierte (übrigens mit dem Gegensatz *pomme de l'air*, das in der Sprache der Köche so häufig ist und das den im Altfranzösischen geläufigen Begriff *pomme vulgaire* für die Frucht des Baumes ersetzt, da die andere Frucht einen stärkeren Beiklang von Vulgarität hat). Die Lösung ergibt sich dadurch, daß man zwischen vorgebildeten Möglichkeiten wählt.

Die Sprache, die auf der Ebene des Begrifflichen willkürlich sein soll, wäre es auch auf der des Wortes: »Es gibt keine einsehbare Beziehung zwischen der Aussprache eines Wortes und dem Begriff, den es darstellt. Welche Beziehung besteht zum Beispiel zwischen der Tatsache, die Lippen am Anfang und am Ende des Wortes *pomme* zu schließen, und der runden Frucht, die wir kennen?« 19

Das Prinzip Saussures, das hier von unseren Autoren angeführt wird, ist unwiderlegbar, wenn man es nur auf die Ebene der sprachlichen Beschreibung anwendet; es hat in der Wissenschaft von den Sprachen eine wichtige Rolle gespielt, da es der Phonetik die Möglichkeit bot, sich von den naturalistischen metaphysischen Interpretationen freizumachen. Doch stellt es nur ein Moment des sprachwissenschaftlichen Denkens dar, und sobald man versucht, die Dinge von einem etwas allgemeineren Standpunkt aus zu betrachten, wird seine Bedeutung und seine Genauigkeit nachlassen.

Einfacher ausgedrückt: das sprachliche Zeichen ist nur *a priori* willkürlich, *a posteriori* nicht. In der Art gewisser Zubereitungen mit saurer Milch gibt es *a priori* nichts, was die sonore Form *fromage* oder vielmehr *from-*, da die Endung auch anderen Wörtern gemeinsam ist, zwingend macht. Man braucht nur das französische *froment*, dessen semantischer Inhalt grundverschieden ist, und das englische *cheese*, das mit einem ganz anderen phonetischen Material dieselbe Sache wie *fromage* bezeichnet, zum Vergleich heranzuziehen. Bis hierher erscheint das sprachliche Zeichen willkürlich.

Dagegen steht keineswegs fest, ob die phonetischen Entscheidungen, die in Bezug auf das *designatum* willkürlich sind, nicht unmerklich nachträglich, wenn auch nicht auf den allgemeinen Sinn der Worte, so doch auf ihre Stellung in einem semantischen Milieu Einfluß haben. Diese *a posteriori*-Bestimmung entsteht auf zwei Ebenen: der phonetischen und der des Vokabulars.

Auf der phonetischen Ebene sind die Phänomene der Synästhesie oft beschrieben und untersucht worden. Praktisch vergleichen alle Kin-

19 Haudricourt und Granai, *a.a.O.*, S. 127.

der und zahlreiche Erwachsene, obwohl die meisten es nicht zugeben, spontan die Laute, Phoneme oder Klangfarben der Musikinstrumente mit Farben und Formen. Diese Assoziationen gibt es auch auf der Ebene der Wörter, für einige Bereiche stark strukturiert, so die Bezeichnungen des Kalenders. Obwohl die assoziierten Farben nicht immer für jedes Phonem dieselben sind, konstruieren die Individuen anscheinend mittels variabler Ausdrücke ein Beziehungssystem, das in analoger Form und auf anderer Ebene den strukturalen phonologischen Eigenschaften der betreffenden Sprache entspricht. So sieht jemand, dessen Muttersprache ungarisch ist, die Vokale wie folgt: i und í weiß; e gelb; geschlossenes é ein wenig dunkler; a beige; offenes á dunkelbeige; o dunkelblau; offenes o schwarz; u und û rot wie frisches Blut. Jakobson bemerkt dazu: »Die steigende Chromatik der Farben verläuft parallel zu dem Übergang von den höchsten zu den niedersten Vokalen und der Kontrast zwischen hellen und dunklen Farben verläuft parallel zum Gegensatz zwischen vorausgehenden und nachfolgenden Vokalen, ausgenommen der Vokal u, wo die Wahrnehmung anscheinend anomal ist. Der ambivalente Charakter der runden vorausgehenden Vokale ist klar erwiesen: ö, ő, blauer, sehr dunkler Grund mit hellen, diffusen, verstreuten Flekken; ü, ű, intensiver roter Grund, rosa gefleckt.« [20]

Es handelt sich also nicht um Eigenarten, die aus der persönlichen Geschichte und der Geschmacksrichtung jedes einzelnen erklärt werden können. Nicht nur kann, wie die von uns zitierten Autoren es ausdrücken, die Untersuchung dieser Phänomene »manchen vom psychologischen und theoretischen Standpunkt aus sehr bedeutsamen Aspekt zu Tage fördern« [21], sondern sie führt uns auch direkt zu der Betrachtung der »natürlichen Grundlagen« des phonetischen Systems, das heißt zur Struktur des Gehirns. David I. Mason, der die Frage in einer späteren Nummer der gleichen Zeitschrift aufgegriffen hat, schließt seine Analyse folgendermaßen: »Wahrscheinlich existiert im menschlichen Gehirn eine Farbtafel, die vom topologischen Standpunkt aus der Tafel der Tonfrequenzen, die sich dort ebenfalls befinden muß, zumindest zum Teil ähnlich ist. Wenn, wie Martin Joos annimmt, die Formen der Mundhöhle im Gehirn abgebildet sind . . . so muß diese anscheinend in gewisser Weise

20 Gladys A. Reichard, Roman Jakobson und Elizabeth Werth, Language and Synesthesia, *Word*, Bd. 5, Nr. 2, 1949, S. 226.
21 *a.a.*O., S. 224.

sowohl *umgekehrt* zur Tabelle der Frequenzen wie zur Farbtabelle sein.«[22]

Wenn wir also nach Saussures Prinzip zugeben, daß nichts bestimmte Lautgruppen *a priori* prädestiniert, bestimmte Gegenstände zu bezeichnen, so scheint es doch ebenso wahrscheinlich, daß diese Lautgruppen, wenn sie erst einmal feststehen, den ihnen zugeordneten semantischen Inhalt mit besonderen Nuancen versehen. Man hat bemerkt, daß die Vokale mit hoher Frequenz (von *i* nach offenem *ɛ*) von den englischen Dichtern mit Vorliebe gewählt werden, um fahle oder blasse Tönungen auszudrücken, während die Vokale mit niedriger Frequenz (von *u* bis *a*) sich auf kräftige und düstere Farben beziehen.[23] Mallarmé beklagte, daß der phonetische Wert der französischen Wörter *jour* und *nuit* umgekehrt zu ihrem entsprechenden Sinn sei. Seit im Französischen und Englischen dem Namen desselben Nahrungsmittels heterogene phonetische Werte zugeordnet werden, ist die semantische Stellung des Ausdrucks nicht mehr genau dieselbe. Für mich, der ich in gewissen Zeiten meines Lebens ausschließlich Englisch gesprochen habe, ohne deshalb zweisprachig zu sein, besagen *fromage* und *cheese* zwar dieselbe Sache, aber mit unterschiedlichen Nuancen; *fromage* erinnert an etwas Schweres, eine fettige und ein wenig bröckelige Materie, an etwas kräftig Schmeckendes. Es ist ein Wort, das besonders gut das bezeichnet, was die Milchhändler »pâtes grasses« nennen, während *cheese* viel leichter, frisch, etwas scharf und im Munde zergehend (vgl. die Form der Mundöffnung) klingt und mich unmittelbar an Weißkäse erinnert. Der »archetypische Käse« ist also für mich ein anderer, je nachdem ob ich französisch oder englisch denke.

Wenn wir das Vokabular *a posteriori* betrachten, das heißt, bereits konstituiert, verlieren die Wörter viel von ihrer Willkür, denn der Sinn, den wir ihnen geben, ist nicht mehr nur Funktion einer Konvention. Er hängt von der Art und Weise ab, wie jede Sprache die Welt der Bedeutung, von der das Wort abhängt, einteilt, und funktional auch davon, ob andere Wörter, die einen naheliegenden Sinn ausdrücken, vorhanden sind oder nicht. So können *time* und *temps* nicht den gleichen Sinn haben, einfach weil das Englische auch über

22 D. I. Mason, Synesthesia and Sound Spectra, *Word*, Bd. 8, Nr. 1, 1952, S. 41, Zitat nach M. Joos, Acoustic Phonetics (Ergänzungsband zu *Language:* Language Monograph, Nr. 23, April–Juni 1948, II, 46).

23 *a.a.O.*, Zitat nach M. McDermott, *Vocal Sounds in Poetry*, 1940.

das Wort *weather* verfügt, das im Französischen fehlt. Umgekehrt liegen *chair* und *armchair* in einem viel engeren semantischen Kreis als *chaise* und *fauteuil*. Die Wörter werden doch auch, trotz aller Verschiedenheit der Bedeutung, durch ihre Homophone kontaminiert. Wenn man eine Anzahl von Personen auffordern würde, zu der Reihe: *quintette*, *sextuor*, *septuor* frei zu assoziieren, wäre ich sehr erstaunt, wenn dies nur für die Zahl der Instrumente geschähe und der Sinn von *quintette* nicht bis zu einem gewissen Grad von *quinte* (Hustenanfall) beeinflußt würde, der von *sextuor* von *sexe*[24], während *septuor* ein Gefühl für Dauer weckt, wegen der zögernden Modulation der ersten Silbe, die die zweite verspätet und wie in einem majestätischen Akkord auflöst. Michel Leiris hat in seinem literarischen Werk die Untersuchung dieser unbewußten Strukturierung des Vokabulars entwickelt, deren wissenschaftliche Theorie noch formuliert werden muß. Man täte Unrecht, darin nur ein poetisches Spiel zu sehen und nicht wie in einem Teleskop die Wahrnehmung sehr weit auseinanderliegender Phänomene des klaren Bewußtseins und des rationalen Denkens, deren Rolle außerordentlich wichtig ist für ein besseres Verständnis der Natur der sprachlichen Tatsachen.[25]

Daher ist der willkürliche Charakter des sprachlichen Zeichens nur vorübergehend. Ist das Zeichen einmal geschaffen, präzisiert sich seine Bestimmung einerseits als Funktion der natürlichen Gehirnstruktur, andererseits im Verhältnis zu der Gesamtheit der übrigen Zeichen, das heißt, der Welt der Sprache, die ihrer Natur nach zu einem System tendiert.

Die Verkehrsregeln haben zum Beispiel ebenso willkürlich dem Rotlicht und Grünlicht ihren entsprechenden semantischen Wert zugewiesen. Man hätte auch umgekehrt verfahren können. Und doch hätten sich damit die affektiven Resonanzen und symbolischen Harmonien von Rot und Grün nicht einfach umgekehrt. Im geltenden System bedeutet Rot Gefahr, Gewalttat, Blut; Grün Hoffnung, Stille und den ruhigen Ablauf eines natürlichen Vorgangs wie etwa in der Vegetation. Was aber wäre, wenn Rot das Zeichen für Durchfahrt und Grün das für Verbot wäre? Zweifellos würde dann Rot

24 Das trifft bei mir so sehr zu, daß ich mir Mühe geben muß, nicht den Ausdruck *sextette* (der ein Anglizismus wäre) im Französischen zu gebrauchen, wahrscheinlich wegen der weiblichen Endung.

25 Michel Leiris, *La Règle du jeu*, Bd. I: *Biffures*, Paris, 1948; Bd. II: *Fourbis*, Paris, 1955.

als Zeichen menschlicher Wärme und Mitteilsamkeit genommen, Grün als eisiges und giftiges Symbol. Rot nähme also nicht schlicht und einfach den Platz von Grün ein und umgekehrt. Die Wahl des Zeichens kann willkürlich sein. Dieses bewahrt dennoch einen Eigenwert, einen unabhängigen Inhalt, der sich mit der Bedeutungsfunktion verbindet und sie verändert. Wenn sich der Gegensatz Rot/Grün umkehrt, wird der semantische Inhalt spürbar verschoben, weil Rot Rot und Grün Grün bleibt, nicht nur als Gefühlserreger mit Eigenwert, sondern auch als Stütze einer traditionellen Symbolik, die von dem Moment an, da sie historisch existiert, nicht mehr absolut frei manipuliert werden kann.

Geht man von der Sprache zu den anderen sozialen Tatsachen über, so wundert man sich, daß Haudricourt sich von einer empiristischen und naturalistischen Auffassung von den Beziehungen zwischen der geographischen Lage und der Gesellschaft verführen läßt, obgleich er selbst so viel dafür getan hat, den künstlichen Charakter der Beziehung, die sie eint, nachzuweisen. Ich habe gezeigt, daß die Sprache nicht so willkürlich ist; das Verhältnis zwischen Natur und Gesellschaft aber ist weit willkürlicher, als der betreffende Artikel uns glauben machen will. Muß ich daran erinnern, daß das gesamte mythische Denken, das ganze Ritual, in einer Neuordnung der sinnlichen Erfahrung innerhalb eines semantischen Systems besteht? Daß der Grund, aus dem sich verschiedene Gesellschaften entscheiden, bestimmte Naturprodukte zu verwenden und andere abzulehnen, und, wenn sie sie verwenden, der unterschiedliche Gebrauch, den sie davon machen, nicht nur von ihren Eigengesetzlichkeiten abhängt, sondern auch von dem Symbolwert, den sie ihnen geben? Ich will hier keine Beispiele aufgreifen, die sich in allen Handbüchern finden, sondern mich auf eine einzige Autorität berufen, die nicht in dem Verdacht des Idealismus steht, auf Marx. In *Zur Kritik der politischen Ökonomie* fragt er sich nach den Gründen, die die Menschen dazu geführt haben, die Edelmetalle als Wertmaßstab zu nehmen. Er zählt mehrere auf, die sich auf »natürliche Eigenschaften« von Gold und Silber beziehen: Homogenität, qualitative Einheitlichkeit, die Möglichkeit, sie in beliebige Teile zu zerschneiden und wieder zusammenzusetzen, hohes spezifisches Gewicht, Seltenheit, Transportfähigkeit, Unveränderlichkeit, und dann fährt er fort: »Andererseits sind Gold und Silber nicht nur negativ überflüssige, das heißt entbehrliche Gegenstände, sondern ihre ästhetischen Eigenschaften machen sie zum naturwüchsigen Material von Pracht, Schmuck, Glanz, sonntäglichen Bedürfnissen, kurz, zur positiven Form des Überflusses und Reichtums. Sie erscheinen gewissermaßen als gediegenes Licht, das aus der Unterwelt hervorgegraben wird, indem das Silber alle Strahlen in ihrer ursprünglichen Mischung, das Gold die höchste Potenz der Farbe, das Rot, widerspiegelt. Der Farbensinn aber ist die populärste Form des ästhetischen Sinnes überhaupt. Der etymologische Zusammenhang der Namen der Edelmetalle in den verschiedenen indo-germanischen Sprachen mit den Farben ist von Jacob Grimm nachgewiesen worden.« [26]

Also fordert Marx selbst uns auf, symbolische Systeme festzulegen, die der Sprache und den Beziehungen, die der Mensch mit der Welt unterhält, zugrundeliegen. »Es ist nur die Gewohnheit des täglichen Lebens, die es als trivial, als selbstverständlich erscheinen läßt, daß ein gesellschaftliches Produktionsverhältnis die Form eines Gegenstandes annimmt.« [27]

Aber seit zahlreiche Formen des sozialen – wirtschaftlichen, sprachlichen und so weiter – Lebens sich als miteinander verzahnt erwiesen haben, öffnet sich der Weg für eine Anthropologie, die als allgemeine Theorie der Beziehungen begriffen wird, und für eine Analyse der Gesellschaften aufgrund der differentiellen Merkmale, die den Beziehungssystemen eigen sind, welche die einen wie die anderen definieren.

26 K. Marx, *Zur Kritik der politischen Ökonomie,* Berlin 1963, S. 161.
27 *a.a.*O., S. 29.

Soziale Organisation

6. Kapitel

Der Begriff des Archaismus in der Ethnologie [1]

Es scheint, als habe sich der Ausdruck »primitiv« trotz aller Unvollkommenheiten und trotz aller wohlverdienten Kritik im ethnologischen und soziologischen Vokabular von heute endgültig durchgesetzt, weil es keinen besseren gibt. Wir untersuchen also »primitive« Gesellschaften. Doch was verstehen wir darunter? Im großen und ganzen ist der Ausdruck klar. Wir wissen, daß »primitiv« eine riesige Gesamtheit von Bevölkerungen bezeichnet, die keine Schrift kennen und sich daher den Untersuchungsmethoden des reinen Historikers entziehen; da diese Gesellschaften erst in neuerer Zeit von der Ausdehnung der technischen Zivilisation erreicht wurden, sind sie durch ihre soziale Struktur und ihre Vorstellung von der Welt Begriffen gegenüber fremd, die in der politischen Ökonomie und Philosophie bei der Beurteilung unserer eigenen Gesellschaft für grundlegend gelten. Wo aber verläuft die Grenze? Das alte Mexiko entspricht dem zweiten Kriterium, aber nur unvollkommen dem ersten. Das alte Ägypten und Altchina sind der ethnologischen Forschung zugänglich – sicher nicht, weil ihnen die Schrift nicht bekannt wäre, sondern weil die vielen erhaltenen Dokumente nicht ausreichen, um den Gebrauch anderer Methoden überflüssig zu machen; und beide liegen nicht außerhalb der technischen Zivilisation: beide sind ihr nur zeitlich vorausgegangen. Umgekehrt darf die Tatsache, daß der Volkskundler in der Gegenwart und innerhalb der technischen Zivilisation arbeitet, diesen nicht vom Ethnologen isolieren. Seit zehn Jahren erlebt man in den Vereinigten Staaten eine sensationelle Entwicklung, die ohne Zweifel zunächst nur aufschlußreich ist für die geistige Krise, die die heutige amerikanische Gesellschaft durchläuft (indem sie beginnt, an sich selbst zu zweifeln, und sich selbst nur noch durch diese Fremdheit, die sie jeden Tag deutlicher erkennt, begreifen kann), die aber, obwohl sie dem Ethnologen die Tore der Fabriken, der öffentlichen – staatlichen und städtischen – Dienststellen, zuweilen sogar der Generalstäbe öffnet, implizit zeigt, daß der Unterschied zwischen der Ethnologie und den anderen Wis-

1 Unter diesem Titel in: *Cahiers internationaux de Sociologie*, Bd. 12, 1952, S. 32–55.

senschaften vom Menschen eher in der Methode als im Objekt liegt.

Wir aber wollen dennoch nur dieses Objekt betrachten. Man stellt verwundert fest, daß die amerikanische Ethnologie, die das Gefühl für ihr Objekt verliert, es zuläßt, daß die zwar vorwiegend empirische, aber genaue und gewissenhafte Methode, mit der ihre Gründer sie ausgestattet haben, sich auflöst zugunsten einer oft lächerlich simplen sozialen Metaphysik und unsicherer Untersuchungsverfahren. Die Methode kann sich nur festigen und gar erst erweitern durch eine immer genauere Kenntnis ihres besonderen Objektes, seiner spezifischen Eigenschaften und bezeichnenden Elemente. Davon sind wir noch weit entfernt. Zwar erscheint der Ausdruck »primitiv« definitiv gesichert gegen die Verwirrungen, die durch seinen etymologischen Sinn hervorgerufen und durch einen veralteten Evolutionismus aufrechterhalten wurden. Ein primitives Volk ist kein zurückgebliebenes oder rückständiges Volk; es kann auf diesem und jenem Gebiet einen Erfinder- oder Schöpfergeist bezeugen, der die Errungenschaften der Zivilisierten weit hinter sich läßt. So etwa jene echte »Plansoziologie«, wie sie die Untersuchung der Familienorganisation der australischen Gesellschaften an den Tag gebracht hat, oder die Integration des Gefühlslebens in ein komplexes System von Rechten und Pflichten in Melanesien, und fast überall die Ausnutzung der religiösen Gefühle zur Begründung einer lebensfähigen, wenn auch nicht immer harmonischen Synthese der individuellen Bestrebungen und der sozialen Ordnung.

Ein primitives Volk ist auch kein Volk ohne Geschichte, obwohl uns der Ablauf dieser Geschichte oft entgeht. Die Arbeiten von Seligman über die Eingeborenen von Neuguinea[2] bezeugen, wie sich eine anscheinend sehr systematische soziale Struktur durch eine Reihe zufälliger Ereignisse bald frei entwickelt, bald erhalten hat: Kriege, Wanderungen, Rivalitäten, Eroberungen. Stanner hat die Debatten beschrieben, die die Schaffung einer Verwandtschafts- und Ehegesetzgebung in einer Gesellschaft von heute auslöst: die reformwilligen »Jungtürken«, die sich zu den Doktrinen eines kleinen Nachbarvolkes bekehrt haben, verhelfen einem spitzfindigen System, das nicht so einfach wie die früheren Institutionen ist, zum Siege; und Eingeborene, die jahrelang fern von ihrem Stamm gelebt haben, können

2 C. G. Seligman, *The Melanesians of British New Guinea*, London 1910.

sich nach ihrer Rückkehr nicht mehr der neuen Ordnung anpassen.[3] In Amerika waren Zahl, Verbreitung und gegenseitige Beziehungen der Hopi-Clans vor zwei Jahrhunderten nicht die gleichen wie heute.[4] Wir wissen das alles, aber was haben wir daraus gefolgert? Eine theoretisch unklare und schwer verwendbare Unterscheidung zwischen »sogenannten Primitiven«, aus Überlieferung so bezeichnet (sie machen übrigens fast die Gesamtheit der von den Ethnologen erforschten Völkerschaften aus), und einigen seltenen »echten Primitiven«, die sich nach dem Resumé der Vorlesung von Marcel Mauss auf die Australier und Feuerländer beschränken.[5] Was von den Australiern zu halten ist, haben wir gesehen. Bleiben also die Feuerländer (und einige weitere südamerikanische Stämme, die von einigen Autoren noch hinzugezählt werden[6]) und einige Pygmäengruppen als einzige, die das außerordentliche Vorrecht genießen, die Zeiten überdauert zu haben und doch keine Geschichte zu besitzen. Diese seltsame Aussage beruht auf einem doppelten Argument. Zunächst ist uns die Geschichte dieser Völker vollständig unbekannt oder bleibt uns infolge der fehlenden oder mangelhaften mündlichen Überlieferungen und archäologischen Zeugnisse auf ewig verschlossen. Daraus läßt sich nicht schließen, daß es keine gibt. Zweitens mahnen uns diese Völker durch den Archaismus ihrer Techniken und ihrer Institutionen, soviel wie möglich von dem sozialen Zustand sehr alter Bevölkerungen, die vor zehn- oder zwanzigtausend Jahren gelebt haben, zu rekonstruieren; daher der Schluß, daß sie so, wie sie in jener fernen Zeit gelebt haben, bis heute geblieben sind. Man überläßt der Philosophie die Erklärung, weshalb in gewissen Fällen etwas geschehen ist und weshalb in diesen hier nichts geschieht.

Ist die philosophische Ebene einmal erreicht, scheint die Debatte aussichtslos zu sein. Nehmen wir also theoretisch an, daß einige Volksreste hinter der im übrigen uneinheitlichen Bewegung, in der die Menschheit vorwärtsstrebt, zurückgeblieben sind: sei es nun, daß sie sich mit kaum wahrnehmbarer Langsamkeit entwickelt haben, die das beste von ihrer primitiven Frische bis heute bewahrt hat;

3 W. E. H. Stanner, Murinbata kinship and totemism, *Oceania*, Bd. 7, No. 2, 1936–1937.

4 R. H. Lowie, Notes on Hopi clans, *Anthropological Papers of the American Museum of Natural History*, Bd. 30, 1929, S. 6.

5 Marcel Mauss, *Manuel d'Ethnographie*, Paris, 1947, S. 1, Anm. 1.

6 J. M. Cooper, The South American Marginal Cultures, *Proceedings of the 8th American Scientific Congress*, Washington, 1940, Bd. 2, S. 147, 160.

sei es im Gegenteil, daß ihr vorzeitig unterbrochener Entwicklungszyklus sie in einer endgültigen Trägheit hat erstarren lassen. Das eigentliche Problem läßt sich so nicht stellen. Wenn man in der Gegenwart diese oder jene anscheinend archaische Völkerschaft betrachtet, lassen sich da gewisse Kriterien ableiten, deren Fehlen oder Vorhandensein die Möglichkeit bieten würde, die Frage zu entscheiden, gewiß nicht positiv – wir haben gesehen, daß Hypothesen ideologisch sind und für einen Beweis ungeeignet – aber wenigstens negativ? Wenn dieser negative Beweis für jeden bekannten und zitierten Fall erbracht werden kann, ist die Frage praktisch, wenn nicht gar theoretisch, entschieden. Dann aber müßte man ein neues Problem lösen: läßt man die Vergangenheit außer acht, welche formalen, die Strukturen der Gesellschaften betreffenden Merkmale unterscheiden dann die sogenannten primitiven von jenen, die wir modern oder zivilisiert nennen?

Diese Fragen möchten wir aufwerfen, wenn wir einige südamerikanische Gesellschaften diskutieren, für die die Hypothese eines ursprünglichen Archaismus neuerdings wieder aufgestellt worden ist.

Seit Martius[7] haben die Ethnologen gewöhnlich die Eingeborenenkulturen des tropischen Amerika in zwei große Kategorien eingeteilt. Die der Küste und des Orinoko-Amazonas-Gebietes lassen sich charakterisieren durch Siedlungen im Urwald oder durch Ufersiedlungen in Waldnähe; durch eine kaum mechanisierte Landwirtschaft, aber durch ausgedehnte gerodete Gebiete mit zahlreichen Zuchtpflanzen; durch eine differenzierte soziale Organisation, die eine klare soziale Hierarchie andeutet oder bestätigt; und durch weiträumige Gemeinschaftsunterkünfte, die gleichzeitig von der großen Geschicklichkeit der Eingeborenen und von der starken gesellschaftlichen Integration zeugen. Aruak, Tupi und Karaiben zeigen diese charakteristischen Merkmale in unterschiedlichen Graden und mit regionalen Variationen. Dagegen leben in Zentralbrasilien Kulturvölker mit viel geringerer Kultur; zuweilen Nomaden, die den Bau fester Wohnsitze und die Töpferei nicht kennen und vom Sammeln leben, oder, wenn sie seßhaft sind, von individueller oder kollektiver Jagd, jedenfalls eher als vom Gartenbau, der bei ihnen eine zusätzliche Beschäftigung

7 C. F. Ph. von Martius, *Beiträge zur Ethnographie ...*, Leipzig, 1867.

bleibt. Martius hatte geglaubt, er könne unter der Bezeichnung Gés in einer einzigen Kultur- und Sprachfamilie Bevölkerungen zusammenfassen, die sich in Wirklichkeit nach Sprache und anderen Aspekten ihrer Kulturen unterscheiden; in ihnen sah er die Nachfahren der wilden Tapuya, die von den Reisenden des 16. Jahrhunderts als die traditionellen Feinde der Tupi an der Küste angesehen wurden: diese hätten sie im Laufe von Wanderungen, die ihnen den Besitz der Küstengebiete und des Amazonastales sichern sollten, ins Innere des Landes verdrängt. Bekanntlich nahmen diese Wanderungen erst im 17. Jahrhundert ein Ende, und man kennt sogar noch neuere Beispiele.

Diese verführerische Konstruktion ist im Laufe der letzten zwanzig Jahre durch die Untersuchungen, die der verstorbene Curt Nimuendaju bei mehreren Stämmen der sogenannten Gé-Familie in der Savanne Ost- und Nordbrasiliens zwischen der Küstenkette und dem Tal des Araguaya durchgeführt hat, erschüttert worden. Bei den Ramkokamekran, den Kayapo, den Cherentes und den Apinaya entdeckte Nimuendaju zunächst eine ursprünglichere Landwirtschaft, als man angenommen hatte: einige dieser Stämme bauten Pflanzen (*Cissusarten*) an, die anderswo unbekannt sind. Aber besonders die soziale Organisation dieser sogenannten Primitiven war erstaunlich komplex: exogame Hälften, die sich mit solchen überschnitten, die dem Sport oder den Zeremonien dienten, Geheimgesellschaften, Männerbünde und Altersklassen. Diese Strukturen finden sich gewöhnlich bei weit höheren Kulturstufen. Man kann daraus schließen, daß diese Strukturen entweder nicht zu jenen Kulturstufen gehören, oder daß der Archaismus der sogenannten Gés nicht so unbestritten ist wie es scheint. Die Interpreten der Entdeckungen Nimuendajus, besonders Lowie und Cooper, neigten eher zu der ersten Erklärung. So schreibt Lowie, daß »die Erscheinung von matrilinearen Hälften in Kulturen wie der der Canella und der Bororo beweist, daß diese Institution lokal bei Jäger- und Sammlervölkern, besser ausgedrückt, bei Völkern, die in der ersten Phase des Gartenbaus stehengeblieben sind, vorkommen kann« [8]. Aber verdienen die Gés und die entsprechenden Stämme im westlichen Hochland, die Bororo und die Nambikwara, uneingeschränkt eine solche Definition? Kann man in ihnen nicht ebensogut auch Zurück-

8 R. H. Lowie, A Note on the Northern Ge of Brazil, *American Anthropologist*, N. S. Bd. 43, 1941, S. 195.

gebildete sehen, die, was das materielle Leben und die soziale Organisation betrifft, eine höhere Stufe hatten und diesen oder jenen Zug als Rest früherer Lebensbedingungen beibehalten haben? Auf diese Hypothese, die im Laufe einer privaten Korrespondenz geäußert worden ist, antwortete Lowie, daß das wohl denkbar sei, daß aber ihre Begriffe gleichfalls zweifelhaft blieben, solange man nicht »ein genaues Modell« geschaffen habe, »von dem man beweisen könne, daß die soziale Organisation der Canella und der Bororo dessen abgeschwächte Replik bilde«.[9]

Es gibt viele Möglichkeiten, dieser Forderung zu entsprechen. Die erste ist in ihrer Einfachheit sicher trügerisch. Doch haben die präkolumbianischen Hochkulturen von Peru und Bolivien etwas besessen, das der dualistischen Organisation ähnelte: die Bewohner der Inka-Hauptstadt waren in zwei nicht nur geographische Gruppen eingeteilt, Ober-Cuzco und Unter-Cuzco, denn bei den Zeremonien wurden die Mumien der Ahnen wie im China der Tschu feierlich in zwei korrespondierende Ränge verteilt.[10] Und Lowie selbst erinnert in dem Kommentar über unsere Beschreibung eines Bororodorfes, dessen Plan die komplexe soziale Struktur widerspiegelt, an den Plan von Tiahuanaco, wie ihn Bandelier wiederhergestellt hat.[11] Derselbe Dualismus reicht, jedenfalls in seinen Grundthemen, bis nach Mittelamerika, bis in den Antagonismus der Azteken-Rituale des Adlers und des Jaguars. Die beiden Tiere spielen eine analoge Rolle in der Mythologie der Tupi und anderer südamerikanischer Stämme, wie das Motiv vom »Himmlischen Jaguar« und das rituelle Einschließen einer Harpye in einen Käfig in den Eingeborenendörfern der Xingu und Machado bezeugen. Diese Ähnlichkeiten zwischen den Gesellschaften der Tupi und der Azteken gelten auch für andere Aspekte des religiösen Lebens. Ließe sich das konkrete Modell, dessen abgeschwächte Replik die primitiven Kulturen der tropischen Savanne liefern, nicht auf den Hochplateaus der Anden finden?

Die Antwort ist zu einfach. Zwischen den großen Zivilisationen der Hochebene und den Barbaren der Savanne und des Urwaldes haben sich sicher Kontakte wie wirtschaftliche Tauschgeschäfte, kriegerische

9 *ebda.*

10 Garcilasso de la Vega, *Histoire des Incas,* Paris 1787, Bd. I, S. 167; H. Maspero, *La Chine antique,* Paris 1927, S. 251–252.

11 C. Nimuendaju und R. H. Lowie, The Dual Organization of the Ramkokamekran (Canella) of Southern Brazil, *American Anthrologist,* N. S. Bd. 29, 1927, S. 578.

Rekognoszierungen, Vorpostengefechte ergeben. Die Eingeborenen vom Gran Chaco wußten von der Existenz der Inkas und beschrieben den ersten Reisenden nach dem Hörensagen deren zauberhaftes Reich. Orellana fand am mittleren Amazonenstrom Gegenstände aus Gold; und Metalläxte peruanischer Herkunft sind sogar noch am Strand von São Paulo ausgegraben worden. Doch kann der so überstürzte Rhythmus der Ausbreitung und des Niedergangs der Andenzivilisationen nur sporadische und kurzfristige Berührungen möglich gemacht haben. Andererseits ist uns durch die Beschreibungen der von ihrer Entdeckung begeisterten Eroberer die soziale Organisation der Azteken und Inkas als so systematisch, wie sie ganz sicher nicht war, überliefert worden. In beiden Fällen sieht man das vorübergehende Bündnis stark voneinander abweichender, oft sehr alter und ganz heterogener Kulturen. Aus dem hervorragenden Platz, den zeitweilig einer von so vielen anderen Stämmen eingenommen hat, kann man nicht schließen, daß seine besonderen Bräuche im ganzen Gebiet, in dem er seinen Einfluß ausübte, nachgeahmt wurden, selbst wenn seine Würdenträger ein Interesse daran gehabt hätten, diese Fiktion zu verbreiten, zumal vor den gerade angekommenen Europäern. Sowenig wie in Mexiko gab es jemals in Peru wirklich ein Reich, dessen kolonisierte Völker, Schutzbefohlene oder verblendete Zeugen das Modell mit bescheidenen Mitteln nachzuahmen versucht hätten. Die Analogien zwischen hohen und niedrigen Kulturen haben tiefergehende Gründe.

Die dualistische Organisation ist in Wirklichkeit nur eins von vielen Merkmalen, die beiden Typen gemeinsam sind. Diese Merkmale sind ganz beliebig verteilt. Sie verschwinden und tauchen wieder auf, ohne Rücksicht auf geographische Entfernungen und die jeweiligen Kulturhöhen. Man könnte meinen, sie seien gleichsam wie zufällig über die ganze Fläche des Kontinents verstreut. Bald sind sie vorhanden, bald fehlen sie, bald sind es mehrere, dann wieder einzelne, teils sind sie reich entwickelt in einer mächtigen Zivilisation, teils spärlich bewahrt in der niedrigsten. Wie kann man alle diese Zufälligkeiten durch die Diffusionsstufen hindurch verfolgen? Man müßte in jedem einzelnen Fall einen historischen Kontakt nachweisen, sein Datum fixieren, einen Wanderungsweg aufspüren. Die Aufgabe wäre nicht nur nicht zu verwirklichen, sie würde der Wirklichkeit auch nicht entsprechen, die uns eine weltweite Verflechtung präsentiert und die man als solche begreifen muß. Es ist ein gewaltiges Phänomen von Synkretismus, dessen historische und lokale Ursachen weit vor dem liegen, was wir die präkolumbianische Geschichte Amerikas nennen und was eine vernünftige Methode uns als Ausgangslage anzunehmen zwingt, aus der heraus sich die Hochkulturen Mexikos und Perus entwickelt haben.

Kann man das Bild dieser Ausgangssituation in dem gegenwärtigen Bild der niedrigen Savannenkulturen wiederfinden? Unmöglich; es gibt zwischen dem kulturellen Niveau der Gés und den Anfängen der Mayakultur oder dem archaischen Niveau des Tales von Mexiko keinen denkbaren Übergang, keine Stufe, die sich wiederherstellen ließe. Also leiten sie sich von einer zweifellos gemeinsamen Grundlage her, die man aber auf einer Ebene zwischen den heutigen Kulturen der Savanne und den alten Zivilisationen der Hochebenen suchen muß.

Diese Hypothese wird durch zahlreiche Hinweise bestätigt. Vor allem die Archäologie war es, die relativ entwickelte Zivilisationszentren im ganzen tropischen Amerika fand, bis in die jüngste Vergangenheit hinein: in den Antillen, auf Marajó, bei den Cunani, am unteren Amazonas, an der Mündung des Tocantins, in der Ebene der Mojo, in Santiago del Estero; auch die großen Petroglyphen im Tal des Orinoko und in anderen Gebieten, die eine Gruppenarbeit voraussetzen, für die man bei den Tapirapes noch heute verblüffende Beispiele in der Urbarmachung und der Gartenkultur findet[12]. Zu Beginn der historischen Zeit, so staunte Orellana, gab es längs des Amazonenstroms zahlreiche ganz unterschiedliche und entwickelte Kulturen. Kann man nicht annehmen, daß die niederen Stämme in ihrer Blütezeit nicht wenigstens in gewissem Maße an dieser Vitalität, auf deren Indizien wir hingewiesen haben, Anteil hatten?

Die dualistische Organisation selbst ist kein unterscheidendes Merkmal der Bevölkerungen der Savanne: man hat sie im Urwald bei den Parintintin und den Munduruku festgestellt; bei den Tembé und den Tukuna wird sie vermutet, ganz sicher aber für die äußersten Teile Brasiliens angenommen, bei den Aruak ebenso ausgeprägt wie bei den Palikur und Tereno. Wir selbst haben sie in Form von Restspuren bei den Tupi-Kawahib des Ober-Machado angetroffen, so daß man, unter bald matrilinearen, bald patrilinearen Modalitäten, einen Raum der dualistischen Organisation abstecken

12 H. Baldus, Os Tapirapé. *Revista do Arquivo Municipal,* São Paolo, 1944 bis 1946.

kann, der sich vom rechten Arm des Tocantins bis zum Rio Madeira erstreckt. Es ist unmöglich, die dualistische Organisation in Südamerika als ein typisches Merkmal der niedrigen Kulturstufen zu definieren, da auch ihre Nachbarn im Urwald sie haben, die hervorragende Gärtner und Kopfjäger sind und eine viel höhere Kultur besitzen.

Man darf die soziale Organisation der Savannenvölker nicht von der ihrer Nachbarn aus den Waldtälern und von den Flußläufen trennen. Umgekehrt stellt man manchmal Stämme von sehr unterschiedlicher Kultur auf eine sogenannte archaische Stufe. Der Stamm der Bororo bietet ein besonders packendes Beispiel für jene falschen Analogien. Um aus ihnen »echte Primitive« oder diesen ähnliche zu machen, zitiert man einen Text von K. von den Steinen: »Die Frauen, des Wurzelgrabens vom Wald her gewöhnt, rissen die nicht meterlangen Sträucher (des Maniok) aus und gruben fleißig nach, ob nicht noch Wurzeln im Erdreich versteckt seien. Dem Jägerstamm fehlte alles Verständnis für planmäßiges Anpflanzen, namentlich aber die Geduld zu warten, bis die Wurzel ihre volle Entwicklung erreicht hatte.«[13] Daraus zog man den Schluß, daß die Bororo vor ihrer Berührung mit dem Expeditionskorps, das sie unterwerfen sollte, ausschließlich von der Jagd und dem Sammeln lebten. Dabei hat man aber vergessen, daß sich dieser Bericht auf die Gärten der brasilianischen Soldaten bezieht, nicht auf die der Eingeborenen, und daß nach Ansicht desselben Autors »die Bororo sich nichts aus den Segnungen der Zivilisation machten«[14]. Man braucht diese Bemerkungen nur in den Kontext zu bringen, der ein so lebhaftes Gemälde von der Auflösung der Bororogesellschaft unter dem Druck ihrer sogenannten Befrieder bietet, um ihren anekdotischen Charakter zu begreifen. Was zeigen sie uns? Daß die Bororo in dieser Epoche keinen Landbau kannten? Seit mehr als fünfzig Jahren waren sie von den Kolonisatoren erbarmungslos verfolgt und ausgerottet worden. Oder daß die Eingeborenen es für vorteilhafter hielten, die Gärten der Militärposten zu plündern, als selbst das Land urbar zu machen?

Einige Jahre später, im Jahre 1901, bemerkte Cook bei den Bororo des Rio Ponte de Pedra (einem damals noch fast unbekannten Ne-

13 K. v. den Steinen, *Unter den Naturvölkern Zentral-Brasiliens*, Berlin 1894, S. 453.
14 *ebda.*

benfluß des São-Lourenço-Stromes) »Felder mit kleinem gelben Mais«.[15] Anläßlich der unabhängig gebliebenen Dörfer des Rio Vermelho schrieb Radin 1905: »In der Kolonie Theresa Christina pflanzen die Bororo kaum an, und vielleicht schloß Professor von den Steinen, der sie nur unter Zwang Landarbeit verrichten sah, daß sie nie ein Landbau treibender Stamm gewesen seien. Aber V. Frič entdeckte bei denen, die noch im Zustand von Wilden lebten, wohlgepflegte Pflanzungen ...«[16] Zudem beschrieb der gleiche Autor ein bäuerliches Ritual, »eine Segnungszeremonie für Früchte, deren Verzehr ohne diese Weihe den Tod zur Folge hätte«, ein Ritual, das im Waschen des noch unreifen Maiskolbens bestand, der darauf vor den *aroetorrari* (oder Schamanen) gelegt wurde, der mehrere Stunden hintereinander tanzte und sang, ununterbrochen rauchte und so in eine Art hypnotischer Ekstase geriet. Am ganzen Leib bebend »beißt er dann in den Kolben und stößt zwischendurch Schreie aus. Dieselbe Zeremonie vollzieht sich, wenn man ein großes Stück Wild oder einen großen Fisch erlegt beziehungsweise gefangen hat. Die Bororo sind überzeugt, daß jeder, der das ungeweihte Fleisch oder den Mais berührte, mit all den Seinen umkommen würde«.[17] Wenn man bedenkt, daß die Bororogesellschaft mit Ausnahme der Dörfer am Rio Vermelho zwischen 1880 und 1910 vollständig ausgelöscht worden ist, hat man Mühe, sich vorzustellen, daß die Eingeborenen die Zeit gefunden und sich die Mühe gemacht haben sollten, in so kurzer und unerfreulicher Zeit eine ganz junge Landwirtschaft mit einem komplizierten bäuerlichen Ritual zu krönen. Es sei denn, sie hätten bereits das letztere besessen, was allerdings auch den traditionellen Charakter der ersteren voraussetzen würde.

Es geht also um die Frage, ob man in Südamerika überhaupt von wirklichen Jäger- und Sammlervölkern sprechen kann. Einige Stämme sind heute anscheinend sehr primitiv: die Guayaki aus Paraguay, die Siriono aus Bolivien, die Nambikwara vom Quellgebiet des Tapajoz und die Sammler aus dem Orinokotal. Doch sind diejenigen, die keinerlei Gartenbau kennen, selten und leben isoliert zwischen Gruppen einer höheren Kulturstufe. Würde man ihre jeweilige Geschichte kennen, so gäbe sie bessere Auskunft als diese Hypothese

15 W. A. Cook, The Bororo Indians of Matto Grosso, Brazil, *Smithsonian Miscellaneous Collection*, Bd. 50, Washington 1908.
16 V. Frič und P. Radin, Contributions to the Study of the Bororo Indians, *Journal of the Royal Anthropological Institute*, Bd. 36, 1906, S. 391–392.
17 *ebda.*

einer archaischen Kulturstufe, deren Rest sie angeblich darstellen. Sehr oft praktizieren sie einen elementaren Gartenbau, den niemals die Jagd, die Fischerei oder das Sammeln zu ersetzen imstande wäre. Dies reicht aber nicht aus, um zu beweisen, daß es sich um Anfänger in der Landwirtschaft handelt und nicht um Bauern, die sich auf Grund der neuen ihnen aufgezwungenen Existenzbedingungen in einer Rückentwicklung befinden.

Der verstorbene Pater J. M. Cooper hat eine Aufteilung der Stämme des tropischen Amerika in zwei Hauptgruppen vorgeschlagen, die er »silval« und »marginal« nannte; die marginale Gruppe wäre dann wieder aufzugliedern in »savannal« und »intrasilval«.[18] Wir halten uns nur an die Hauptunterscheidung, die eine gewisse praktische Nützlichkeit aufweist, in der man aber zu Unrecht eine Darstellung des Faktischen suchen würde. Nichts beweist oder legt auch nur nahe, daß die Savanne in einer archaischen Epoche bewohnt gewesen ist; dagegen scheint es eher, als suchten die »savannalen« Stämme an ihrem jetzigen Wohnsitz die Reste einer Art Waldleben zu bewahren.

Keine geographische Unterscheidung ist in der Vorstellung der südamerikanischen Eingeborenen klarer und gegenwärtiger als die zwischen Savanne und Urwald. Die Savanne ist nicht nur ungeeignet für den Gartenbau, sondern auch für das Sammeln wilder Naturprodukte: Vegetation und Tierbestand sind ärmlich. Dagegen ist der brasilianische Urwald reich an Früchten und Wild, und der Boden bleibt, wenn man ihn nur ein wenig bearbeitet, reich und fruchtbar. Der Gegensatz zwischen den Gärtnern der Waldgebiete und den Jägern der Savanne mag eine kulturelle Bedeutung haben; eine natürliche Grundlage hat er nicht. Im tropischen Brasilien bilden der Wald und die Flußufer das für den Gartenbau, die Jagd, den Fischfang und auch für die Sammeltätigkeit geeignetes Milieu. Wenn die Savanne verödet ist, dann wegen all dieser Gesichtspunkte zugleich. Man kann keinen Unterschied machen zwischen einer prähortikalen Kultur, die von den Savannenvölkern bewahrt worden ist, und einer höheren auf der Grundlage des Gartenbaus in den niedergebrannten Wäldern, denn die Völkerschaften aus dem Urwald sind nicht nur (von allen) die besten Gärtner, sondern auch (ebenfalls von allen) die besten Pflücker und Sammler. Der Grund ist sehr einfach: man findet im Wald mehr als anderswo. Gartenbau- und Sammler-

18 J. M. Cooper, *a.a.O.*

tätigkeit bestehen in beiden Milieus nebeneinander, aber diese beiden Lebensweisen sind in dem einen Milieu besser entwickelt als in dem anderen.
Die größere Beherrschung der Natur, über die die Waldgesellschaften verfügen, zeigt sich ebenso bei den Wildpflanzen wie bei den gezüchteten. Die Vegetation verändert sich im tropischen Urwald von Osten nach Westen; aber die Lebensweise ändert sich dabei weniger als die verwendeten Pflanzen. Die Korbflechterei ist die gleiche, nur verarbeitet man einmal diesen, einmal jenen Typ von Palmen; auch die Betäubungsmittel spielen dieselbe rituelle Rolle, sie werden aber aus verschiedenen Pflanzen hergestellt. Die Produkte ändern sich, die Gewohnheiten bleiben sich gleich. Andererseits übt der Zwang der Savanne nur einen negativen Einfluß aus; sie eröffnet keine neuen Möglichkeiten, sondern schränkt nur die im Wald möglichen ein. Es gibt keine »Savannenkultur«. Was man als solche zu bezeichnen pflegt, ist eine schwache Replik, ein leises Echo, eine ohnmächtige Nachahmung der Waldkultur. Sammlervölker hätten aus demselben Grunde die Waldniederlassung gewählt wie die Gärtner; oder genauer gesagt, sie wären im Walde geblieben, wenn sie gekonnt hätten. Wenn sie nicht mehr da wohnen, so nicht wegen einer vorgeblichen »Savannenkultur«, die ihnen besonders zusagte, sondern weil sie aus dem Walde vertrieben worden sind. So wurden die Tapuya durch die großen Wanderungen der Tupi in das Innere des Landes gedrängt.
Steht das fest, wird man gern zugeben, daß in diesem oder jenem bestimmten Fall die neue Wohnstätte einen positiven Einfluß ausüben könnte. Die Geschicklichkeit der Bororo für die Jagd ist zweifellos durch das häufige Aufsuchen der wildreichen Sumpfgebiete am mittleren Lauf des Paraguay geweckt oder entwickelt worden; und der Platz, den der Fischfang in der Wirtschaft der Xingu einnimmt, ist sicher weit größer als der, den er in den nördlichen Breiten, aus denen die Auëto und die Kamayura stammen, hätte einnehmen können. Aber wenn die Stämme der Savanne Gelegenheit haben, sich im Urwald festzusetzen und unter den Bedingungen des Waldes zu leben, tun sie es. Der gesamte Gartenbau vollzieht sich in dem schmalen baumbestandenen Streifen, der – selbst in der Savanne – die Hauptflußläufe einfaßt. Anderswo könnte man auch nicht pflanzen, und die Bakairi spotten weidlich über den Gimpel in der Legende, der stumpfsinnig genug ist, seinen Maniok im Busch an-

zupflanzen.[19] Die Eingeborenen unternehmen weite Reisen, nur um auf Wald zu stoßen, in dem sie einige für ihr Handwerk notwendige Produkte finden können: starken Bambus, Pilze und Samen. Noch eindrucksvoller sind die Arten der Bereitung wilder Pflanzenarten. Die Waldstämme verfügen über einen Schatz von Kenntnissen und Fertigkeiten; so für das Herausziehen der Stärke aus dem Mark bestimmter Palmensorten, so für die Gärung der geernteten Körnerfrüchte und für die Verwendung von Giftpflanzen für die Ernährung. All das reduziert sich bei den Savannenvölkern auf ein planloses Sammeln, dem der Verzehr unmittelbar folgt, als hätte man plötzlich für den Verlust einer weit ausgeglicheneren Ernährungsweise einen Ersatz suchen müssen. Aber auch Sammel- und Pflücktätigkeit stellt sich bei ihnen als verarmte und verminderte Technik dar.[20]

Die vorhergehenden Überlegungen lassen sich nur auf das tropische Südamerika anwenden. Wenn sie aber exakt sind, erlauben sie auch, Kriterien von allgemeinerer Gültigkeit herauszuarbeiten, die auf jeden Fall anwendbar sind, für den man die Hypothese eines authentischen Archaismus aufstellen würde. Es erscheint uns nicht zweifelhaft, daß man dann zu demselben Schluß gelangte, daß der wahre Archaismus Sache der Archäologen und Vorgeschichtler ist, daß aber der Ethnologe, der sich der Untersuchung lebender und heutiger Gesellschaften widmet, nicht vergessen darf, daß sie ihrer Definition nach *gelebt, gedauert und sich gewandelt haben müssen.* Ein Wandel aber, der sich aus so elementaren Lebens- und Organisationsbedingungen heraus vollzieht, die an einen archaischen Zu-

19 K. von den Steinen, *a.a.O.*
20 C. Lévi-Strauss, On Dual Organization in South America, *America Indigena*, Bd. 4, Mexico 1944; The Tupi-Kawahib, in: *Handbook of South American Indians*, Smithsonian Institution, Bd. V, Washington 1948.
Diese Rekonstruktion ist von Maria de Queiroz scharfsinnig kritisiert worden. Sie hebt mehrere wichtige Züge der Mythologie und des Rituals der Cherentes hervor, die darauf hinweisen, daß diese Eingeborenen während einer längeren Periode in der Savanne gelebt haben. Ich erkenne gern an, daß da ein Problem steckt, obwohl es gewagt ist, gewisse mythische Themen, die in der Neuen Welt von Kanada bis Peru verbreitet sind, als Funktion der Wirtschaftsgeschichte eines besonderen Stammes zu interpretieren, wie es die Cherentes selbst getan haben. Vgl. Maria Isaura Pereira de Queiroz, A noção de arcaismo em etnologia e a organização social dos Xerente, *Revista de Antropologia*, Bd. I, No. 2, São Paolo, 1953, S. 99–108.

stand erinnern, kann nur eine Regression sein. Kann man durch Kritik von innen her diesen Pseudoarchaismus von dem wahren unterscheiden?
Die Frage, ob eine Gesellschaft primitiv sei, stellt sich gewöhnlich angesichts des Kontrastes zu ihren anders organisierten näheren oder ferneren Nachbarn. Man konstatiert einen kulturellen Niveauunterschied zwischen dieser Gesellschaft und denen, die man mit ihr am ehesten vergleichen kann. Ihre Kultur ist ärmer durch das Fehlen oder die Unzulänglichkeit von Techniken, deren ununterbrochenen Gebrauch, wenn nicht gar deren Erfindung man in das Neolithikum zurückdatiert: Dauerwohnsitz, Gartenbau, Viehzucht, Steinbearbeitung, Webkunst, Töpferei. Zu diesen Charakteristika fügt man im allgemeinen noch – auch wenn die Induktion in diesem Fall viel ungewisser ist – eine differenzierte Sozialorganisation hinzu. Es besteht kein Zweifel, daß in gewissen Gebieten der Welt diese Kontraste bestehen und daß sie sogar heute noch vorkommen. Und doch sind sie nicht exklusiv in den Fällen von Pseudoarchaismus, die wir hier betrachtet haben: wir verstehen darunter, daß die betreffenden Gesellschaften sich von ihren entwickelteren Nachbarn nicht in jeder Hinsicht, sondern nur in einigen Aspekten unterscheiden, während sich auf anderen Gebieten zahlreiche Übereinstimmungen finden lassen.
Das schlagendste Beispiel, das wir schon besprochen haben, ist die dualistische Organisation. In Südamerika stellt diese Institution (oder, genauer gesagt, dieses Organisationsschema) ein Merkmal dar, das für mehrere Gesellschaften gilt, die zu den primitivsten wie zu den fortgeschrittensten – bei einer ganzen Reihe von Übergangsformen – gehören. Die Bororo- und Nambikwarasprachen zeigen unter anderem deutliche Affinitäten zu gewissen Dialekten, die außerhalb des geographischen Bereichs dieser Stämme liegen und eigentlich für höhere Zivilisationen charakteristisch sind; der Menschentyp, der bei beiden Gruppen so unterschiedlich ist, weist im einen Fall auf einen südlichen, im anderen auf einen nördlichen Ursprung hin. Dasselbe gilt für die soziale Organisation, bestimmte Familieneinrichtungen, die politischen Institutionen und die Mythologie, die alle an dieses oder jenes Merkmal erinnern, dessen am höchsten entwickelte Form anderswo gesucht werden muß. Taucht also die Frage des Archaismus auf, wenn Unterschiede zwischen einigen Gesellschaften festgestellt werden, kann man sofort sehen, daß

bei pseudoarchaischen Gesellschaften diese Unterschiede nie für das Ganze gelten; es bestehen Ähnlichkeiten, die den Gegensätzen die Waage halten.

Wir wollen nunmehr die sogenannten »archaischen« Gesellschaften betrachten, nicht im Vergleich zu anderen, sondern in ihrer inneren Struktur. Ein besonderes Schauspiel erwartet uns: diese Struktur ist reich an Unstimmigkeiten und Widersprüchen. Das Beispiel der Nambikwara ist in dieser Hinsicht besonders beweiskräftig; denn diese Sprachfamilie, die sich über ein Gebiet verteilt, das so groß wie halb Frankreich ist, lebt auf einer der niedrigsten Kulturstufen, die sich heute in der Welt finden lassen. Einige Horden zumindest wissen überhaupt nichts vom Bau fester Wohnsitze und von der Töpferei; Webkunst und Gartenbau sind auf einfachste Formen reduziert; und das Nomadenleben in Gruppen zu vier oder fünf Familien, die sich zeitweilig unter der Führung eines Häuptlings ohne wirkliche Autorität vereinigen, scheint gänzlich beherrscht von der Notwendigkeit, wilde Naturprodukte zu sammeln, und von der Angst, Hungers sterben zu müssen. Anstelle der schönen Einfachheit jedoch, die man bei so rudimentären Techniken und einer so ärmlichen Organisation erwarten könnte, findet man bei den Nambikwara viele Rätsel.

Man erinnert sich an den Kontrast, der bei den Bororo zwischen einem entwickelten bäuerlichen Ritual und einer anscheinend fehlenden Landwirtschaft besteht, deren Existenz sich aber durch eine aufmerksamere Untersuchung nachweisen läßt. Bei den Nambikwara ist die Situation auf einem benachbarten Gebiet mit umgekehrtem Vorzeichen dieselbe (im tropischen Amerika, das Maniok verwendet, bilden Nahrungsmittel und Gift keine sich ausschließenden Kategorien). Die Nambikwara sind sehr erfahrene Giftmischer. Zu ihren toxischen Produkten gehört auch das Curare, dessen südlichstes Vorkommen damit erreicht ist. Bei den Nambikwara wird es ohne die sonst üblichen Rituale, magischen Handlungen oder Geheimprozeduren gewonnen. Das Rezept beschränkt sich auf das Grundprodukt, das Herstellungsverfahren ist rein profan. Und doch haben die Nambikwara eine Theorie der Gifte, die alle möglichen mystischen Vorstellungen beschwört und sich auf eine Metaphysik der Natur gründet. Aber seltsamerweise hat diese Theorie keinen Einfluß auf die Herstellung der eigentlichen Gifte: sie rechtfertigt nur deren Wirksamkeit; wohingegen sie bei der Herstellung,

kunstgerechten Behandlung und Verwendung anderer Produkte, die denselben Namen tragen und denen die Eingeborenen dieselbe Macht zusprechen, ganz im Vordergrund steht, wiewohl dies ganz harmlose Substanzen mit rein magischen Eigenschaften sind.
Dieses Beispiel verdient, daß wir es einen Augenblick betrachten, denn es ist sehr lehrreich. Zunächst enthält es die beiden Kriterien, die wir zur Unterscheidung des Pseudoarchaismus vorgeschlagen haben. Daß das Curare in einer so großen Entfernung von seinem heutigen Verbreitungsgebiet und bei einem Volk mit einer soviel niedrigeren Kultur als der, in der man es gewöhnlich antrifft, vorkommt, bildet eine *äußere Übereinstimmung*; aber der sachliche Charakter seiner Herstellung – in einer Gesellschaft, die gleichzeitig magische Gifte verwendet, die für alle ihre Gifte nur einen einzigen Ausdruck hat und die auch ihre Wirkung metaphysisch interpretiert – ist eine *innere Unstimmigkeit*, die noch viel bezeichnender ist: die Tatsache eines auf ein Grundprodukt reduzierten und ohne jegliches Ritual hergestellten Curare wirft – für die Nambikwara – die wichtige Frage auf, ob die scheinbar archaischen Merkmale ihrer Kultur wirklich ursprünglich sind oder ob sie die Rückstände einer heruntergekommenen Kultur bilden. Man kann den Widerspruch zwischen Theorie und Praxis der Gifte viel eher durch den Verlust der komplexen Rituale, die weiter nördlich mit der Herstellung des Curare einhergehen, interpretieren, als dadurch, daß sich eine Theorie, die sich aus dem Übernatürlichen speist, auf dem Boden einer rein experimentellen Aufbereitung von Strychnoswurzeln entwikkelt habe.
Diese Unstimmigkeit ist nicht die einzige. Die Nambikwara besitzen seit jeher schön gearbeitete Steinäxte; aber wenn sie auch noch in der Lage sind, diese mit Stielen zu versehen, so können sie sie doch nicht mehr herstellen; die Steinwerkzeuge, die sie gelegentlich herstellen, sind bloß unregelmäßige, kaum behauene Stücke. In ihrer Ernährung hängen sie den größten Teil des Jahres vom Sammeln und Lesen ab; ihre Verarbeitung der Naturprodukte kennt nicht jene bei den Urwaldvölkern vorhandenen raffinierten Techniken, und wenn sie sie kennen, dann in einer vergröberten Form. Alle Nambikwaragruppen treiben während der Regenzeit ein wenig Gartenbau, alle betreiben Korbflechterei und manche stellen grobe, aber feste Töpferware her. Und gleichwohl gelingt es ihnen trotz des entsetzlichen Elends, das während der Trockenzeit herrscht, nicht,

ihre Maniokernte anders aufzubewahren als durch Vergraben der gepreßten Kuchen, die dann zu drei Vierteln verdorben sind, wenn sie nach ein paar Wochen oder Monaten wieder ausgegraben werden. Der Zwang des Nomadenlebens und das Fehlen fester Wohnsitze hindern sie daran, ihre Töpfe und Körbe zu diesem Zweck zu verwenden. Einerseits geht eine prähortikale Wirtschaft nie mit den zu dieser Lebensweise gehörenden Techniken zusammen; andererseits genügt die Kenntnis einiger Gefäße nicht, um eine stabile Landwirtschaft entstehen zu lassen. Man könnte noch weitere Beispiele aus der sozialen Organisation anführen: die der Apinaya ähnelt nur dem Schein nach den australischen Institutionen[21]; ihre auf den ersten Blick auffallende extreme Kompliziertheit verdeckt nur recht summarische Differenzierungen, und der funktionelle Wert des Systems ist in Wirklichkeit äußerst gering.

Das Kriterium für den Pseudoarchaismus ist also das gleichzeitige Vorhandensein dessen, was wir äußere Übereinstimmungen und innere Unstimmigkeiten genannt haben. Man kann aber noch weiter gehen; denn in den pseudoarchaischen Kulturen stehen Übereinstimmungen und Unstimmigkeiten einander durch ein weiteres Merkmal gegenüber, das aber dieses Mal beiden Formen anhaftet, wenn man sie isoliert betrachtet.

Bleiben wir bei dem Beispiel der Nambikwara und überprüfen wir schnell die Tabelle ihrer äußeren Übereinstimmungen. Sie ähneln keiner einzigen Nachbarkultur, obgleich man doch meinen sollte, daß jene auf Grund der geographischen Nähe oder einer erdrückenden technischen, politischen oder geistigen Überlegenheit diese kleine archaische Insel, die sich wie durch ein Wunder erhalten hat, beeinflußt haben müßten. Übereinstimmungen zeigen die Nambikwara dagegen mit einer ganzen Reihe von Völkern, von denen einige Nachbarn sind, andere weiter entfernt wohnen, die einen ihnen ähnlich durch das Kulturniveau, andere in der Entwicklung weit voraus. Der Menschentyp ist der des alten Mexiko, besonders an der atlantischen Küste; die Sprache zeigt Verwandtschaft mit den Dialekten der Meerenge und denen des nördlichen Südamerika; die Familienorganisation und die großen religiösen Themen erinnern

21 C. Nimuendaju, The Apinayé, *The Catholic University of America Anthropological Series*, Nr. 8, Washington 1939. C. Lévi-Strauss, Les Structures sociales dans le Brésil central et oriental, *Proceedings of the 29th Congress of Americanists*, New York, 1952, Kapitel 7 dieses Buches.

sogar im entsprechenden Vokabular an die Tupi aus dem Süden; die Herstellung von Giften und die kriegerischen Bräuche (die aber nichts miteinander zu tun haben, da das Curare nur für die Jagd verwendet wird) knüpfen an Bräuche der Guyana an; die Heiratsregeln schließlich erinnern an Andenvölker. Ähnliches gilt für die Bororo, deren Menschentyp meridional, deren politische Organisation westlich und deren Lebensweise im Vergleich zu ihrem heutigen Wohngebiet östlich ist.

Die Übereinstimmungen sind also verstreut. Dagegen konzentrieren sich die Unstimmigkeiten im Zentrum der Kultur selbst; sie rühren an ihre innerste Struktur und greifen den Wesenskern an. Man möchte fast sagen, daß sie die Individualität begründen. Alle oder fast alle Elemente des neolithischen Bereichs sind bei den Nambikwara vorhanden. Sie bebauen Gärten, sie spinnen Baumwolle, weben daraus Bänder, flechten Fasern und modellieren Ton; aber diese Elemente sind nicht koordiniert, es fehlt die Synthese. Und in ganz ähnlicher Weise scheitert die Sammelwut bei der Entwicklung spezialisierter Techniken. Auch stehen die Eingeborenen wie gelähmt vor einer Entscheidung, die sie unmöglich treffen können; der Dualismus ihrer Lebensweise prägt ihr Alltagsleben, ihre psychologischen Verhaltensweisen, ihre soziale Organisation und ihr metaphysisches Denken. Der Gegensatz zwischen der Tätigkeit der Männer, die durch die Jagd und den Gartenbau bestimmt wird und ebenso lohnend wie unregelmäßig ist, und der Tätigkeit der Frauen, die aus Auflesen und Zusammenklauben besteht und konstante, aber mäßige Ergebnisse zeitigt, wird zu einem Gegensatz zwischen den Geschlechtern, der aus den Frauen tatsächlich gehätschelte aber deutlich wertlose Wesen macht; zu einem Gegensatz zwischen den Jahreszeiten, der des Wanderlebens und der des festen Wohnsitzes; zu einem Gegensatz zwischen zwei Lebensweisen, einer, die man als zeitweiliges Obdach und als feste Hütte bezeichnen könnte, und einer trostlosen Wiederholung landwirtschaftlicher Arbeiten: die eine reich an Leistungen und Abenteuern, die andere Grundlage einer monotonen Sicherheit. Schließlich spiegelt sich das Ganze auf der metaphysischen Ebene in der Ungleichheit des Schicksals, das die Seelen erwartet: die männlichen, die ewig reinkarniert werden, wie Bodenbesitzer ihre Rodungen immer wieder, nachdem sie sie lange haben brachliegen lassen, in Kulturland verwandeln, und die weiblichen, die nach dem Tode in Wind, Regen und Gewitter verwehen und der gleichen Unbeständigkeit geweiht sind wie das weibliche Pflücken und Sammeln.[22]

Die Hypothese, daß archaische Gesellschaften überlebt haben, die sich auf die Entdeckung äußerer Unstimmigkeiten zwischen ihrer Kultur und der der Nachbargesellschaften gründete, stößt also im Falle des Pseudoarchaismus auf zwei große Hindernisse. Zunächst sind die äußeren Unstimmigkeiten niemals so zahlreich, daß sie die ebenfalls äußerlichen Übereinstimmungen vollständig aufheben; und diese äußeren Übereinstimmungen sind *atypisch*, das heißt, anstatt daß sie zu einer Gruppe oder zu einer Gesamtheit von Gruppen gehören, die durch die Kultur bestimmt ist und geographisch festliegt, weisen sie in alle Richtungen und erwecken den Eindruck von heterogenen Gruppen. Zweitens läßt die Analyse der als autonomes System betrachteten pseudoarchaischen Kultur innere Unstimmigkeiten hervortreten, die dieses Mal *typisch* sind, das heißt, sie rühren an die Struktur der Gesellschaft selbst und gefährden unweigerlich ihr spezifisches Gleichgewicht. Denn die pseudoarchaischen Gesellschaften sind dem Untergang geweihte Gesellschaften, und man muß ihre unsichere Stellung in dem Milieu sehen, in dem sie sich Nachbarn gegenüber, die sie zu unterdrücken versuchen, behaupten müssen.

Daß diese tieferliegenden Merkmale dem Historiker und Soziologen, der mit Dokumenten arbeitet, entgehen können, ist leicht begreiflich. Aber ein erfahrener Forscher im Gelände kann sie nicht übersehen. Unsere theoretischen Schlußfolgerungen gründen sich auf an Ort und Stelle beobachtete südamerikanische Tatsachen. Die Spezialisten für Malaysia und Afrika müssen sagen, ob sie sie aus ihrer Erfahrung für die Gebiete, wo sich die gleichen Probleme stellen, bestätigen können. Wenn das so wäre, hätte man einen großen Fortschritt in der Abgrenzung des Gegenstandes der ethnologischen Forschungen erreicht. Denn diese bestehen in einer Gesamtheit von Untersuchungsverfahren, die weniger durch die Bedingungen bestimmter Gesellschaften gefordert werden als durch die besonderen Bedingungen, *unter denen wir selbst arbeiten*, wenn wir uns mit Gesellschaften befassen, auf denen kein spezielles Mißgeschick lastet. In diesem Sinne könnte sich die Ethnologie als eine Technik der Veränderung der Lebensweise und des Ortes definieren lassen.

22 Lévi-Strauss, *La vie familiale et sociale des Indiens Nambikwara*, Paris, 1948; *Tristes Tropiques*, Paris, 1955, dtsch. Köln 1960.

Im Augenblick ist es am wichtigsten, den Ethnologen dabei zu helfen, sich von der philosophischen Restbedeutung, der dem Begriff »primitiv« noch immer anhängt, zu befreien. Eine wirklich primitive Gesellschaft müßte eine harmonische Gesellschaft sein, da sie eine in sich selbst ruhende und zufriedene Gesellschaft wäre. Wir haben dagegen gesehen, daß in einem großen Teil der Welt, der für unsere Untersuchungen in vieler Hinsicht vorteilhaft ist, diejenigen Gesellschaften, die am echtesten archaisch erscheinen könnten, alle vor Unstimmigkeiten knirschen, in denen sich der nicht zu verkennende Stempel des *Geschichtlichen* zeigt.
Zahllose Sprünge, die als einzige die Zerstörungen der Zeit überleben, werden niemals die Illusion eines ursprünglichen Klanges aufkommen lassen, dort, wo einst Harmonien ertönten.

7. Kapitel

Die sozialen Strukturen in Zentral- und Ostbrasilien [1]

Im Laufe der letzten Jahre ist die Aufmerksamkeit auf die Institutionen einiger Stämme Zentral- und Ostbrasiliens gelenkt worden, die wegen des niedrigen Standes ihrer materiellen Kultur als sehr primitiv eingestuft worden sind. Diese Stämme kennzeichnet eine soziale Struktur von großer Kompliziertheit, mit verschiedenen Systemen von Hälften, die einander überschneiden und außerdem spezifische Funktionen der Clans, der Altersklassen, der sportlichen oder zeremoniellen Vereinigungen und anderer Gruppenformen aufweisen. Die verblüffendsten Beispiele, die von Colbacchini, Nimuendaju und mir selbst nach anderen, älteren Beobachtern beschrieben worden sind, finden sich bei den Cherentes, die in Clans unterteilte exogame patrilineare Hälften haben; bei den Canella und den Bororo mit exogamen matrilinearen Hälften und anderen Gruppierungsformen; schließlich bei den Apinaya mit nicht-exogamen, matrilinearen Hälften. Die komplexesten Typen, ein doppeltes System von in Clans unterteilten Hälften und ein dreifaches System nicht unterteilter Hälften findet man bei den Bororo und den Canella.

Die Beobachter und Theoretiker neigten im allgemeinen zu einer Interpretation dieser komplexen Strukturen auf der Grundlage der dualistischen Organisation, die die einfachste Form darzustellen schien. [2] Man folgte dabei den eingeborenen Informanten, die diese dualistischen Formen in den Vordergrund ihrer Beschreibung rückten. Der Verfasser der vorliegenden Mitteilung unterscheidet sich in dieser Hinsicht nicht von seinen Kollegen. Doch hatte ihn der Zweifel, den er schon lange hegte, dazu geführt, für das betreffende Gebiet den Restcharakter der dualistischen Strukturen zu betonen. Diese Hypothese sollte sich, wie man in der Folge erkennen wird, als unzulänglich erweisen.

Ich möchte nun hier zeigen, daß die Beschreibung der Eingeborenen-

1 Unter diesem Titel in: *Proceedings of the 29th Congress of Americanists,* New York 1952; auch in: Sol Tax, Hrsg., *Indian Tribes of Aboriginal America,* Univ. of Chicago Press, 1952, S. 302–310.

2 Seit 1940 warnte indes Lowie vor den falschen Analogien zu den australischen Systemen.

institutionen, wie sie Beobachter – mich inbegriffen – an Ort und Stelle gegeben haben, ohne Zweifel mit dem Bild zusammenfällt, das die Eingeborenen sich von ihrer eigenen Gesellschaft machen, daß sich dieses Bild aber auf eine Theorie oder vielmehr eine Transfiguration der Wirklichkeit ganz anderer Art reduzieren läßt. Aus dieser Feststellung, die bisher nur für die Apinaya getroffen worden ist, lassen sich zwei wichtige Folgerungen ableiten: die dualistische Organisation der Völkerschaften Zentral- und Ostbrasiliens ist nicht nur später hinzugekommen, sie ist oft sogar illusorisch; vor allem müssen wir uns die sozialen Strukturen als Objekte vorstellen, die unabhängig von dem Bewußtsein existieren, das die Menschen davon haben (deren Existenz sie allerdings bestimmen), Objekte, die so verschieden sein können von dem Bild, das jene sich machen, daß die physische Wirklichkeit sich von der Vorstellung, die wir davon haben, und von den Hypothesen, die wir daraufhin aufstellen, unterscheidet.

Beginnen wir mit dem Beispiel der von Nimuendaju beschriebenen Cherentes. Dieser Volksstamm, der zur zentralen Gruppe der Sprachfamilie Gés gehört, lebt in Dörfern, welche sich aus zwei in vier Clans unterteilten exogamen patrilinearen Hälften zusammensetzen, wobei drei Clans von den Eingeborenen als ursprünglich angesehen werden und ein zusätzlicher der Sage nach von einem »gefangengenommenen« fremden Stamm herrührt. Diese acht Clans – vier pro Hälfte – unterscheiden sich in den zeremoniellen Funktionen und den Privilegien voneinander; aber weder die Clans, noch die Sportmannschaften, noch die vier Männerbünde und die ihnen angehängte weibliche Verbindung, noch die sechs Altersklassen spielen bei der Heiratsreglementierung eine Rolle, die ausschließlich vom System der Hälften abhängt. Man sollte also erwarten, daß die üblichen Korollarien der dualistischen Organisation auftauchen: Unterscheidung zwischen Kreuzvettern und parallelen Vettern; Vermischung der patrilinearen und matrilinearen Kreuzvettern; bevorzugte Heirat zwischen bilateralen Kreuzvettern und -kusinen. Das ist aber nur ganz unvollkommen der Fall.

In einer anderen Arbeit, an deren Schlußfolgerungen wir kurz erinnern wollen[3], haben wir die grundlegenden Modalitäten des matrimonialen Austausches auseinandergehalten, die in drei Formen zum Ausdruck kommen: in der bevorzugten Heirat zwischen bila-

3 *Les Structures élémentaires de la parenté.*

teralen Kreuzvettern und -kusinen, in der Heirat zwischen Schwestersohn und Brudertochter und in der Heirat zwischen Brudersohn und Schwestertochter. Der ersten Form haben wir den Namen *eingeschränkter Tausch* gegeben und damit ausgedrückt, daß sie die Gruppe in zwei oder ein Vielfaches von zwei teilt; während der Ausdruck *verallgemeinerter Tausch,* der die beiden restlichen Formen umfaßt, sich auf die Tatsache bezieht, daß sie unter einer beliebigen Anzahl von Partnern verwirklicht werden können. Der Unterschied zwischen matrilateraler und patrilateraler Heirat rührt dann daher, daß die erste die vollkommenere und reichere Form des matrimonialen Tauschs darstellt, wobei die Partner sich ein für alle Mal nach einer globalen und unbegrenzt offenen Struktur richten. Dagegen bildet die patrilaterale Heirat die »Grenze« der Gegenseitigkeit, bindet die Gruppen nur immer zwei und zwei aneinander und schließt für jede Generation eine totale Umkehrung aller Zyklen ein. Daraus folgt, daß die matrilaterale Heirat normalerweise einhergeht mit einer Verwandtschaftsterminologie, die ich »konsekutiv« genannt habe: das Verhältnis der Sippen zueinander erfährt keine Veränderung, die aufeinander folgenden Glieder werden meist unter demselben Ausdruck geführt und die Generationsunterschiede vernachlässigt. Die patrilaterale Heirat ergibt eine »alternative« Terminologie, die durch den Gegensatz zwischen zwei aufeinander folgenden Generationen und die Identifizierung der alternierenden Generationen die Tatsache zum Ausdruck bringt, daß ein Sohn sich in entgegengesetzter Richtung zu seinem Vater verheiratet (aber in derselben Richtung wie die Schwester des Vaters), und in derselben Richtung wie der Vater seines Vaters, aber in umgekehrter Richtung wie die Schwester des Vaters des Vaters. Die umgekehrt symmetrische Situation gilt für die Töchter. Als zweite Folgerung ergibt sich: bei der matrilateralen Heirat findet man zwei verschiedene Ausdrücke, um zwei Typen von Verbundenen zu bezeichnen: »die Männer der Schwestern« und »die Brüder der Frauen«, die nie untereinander heiraten. Mit der patrilateralen Heirat überträgt sich diese Dichotomie innerhalb der Sippe selbst, um die Verwandten ersten Grades je nach ihrem Geschlecht zu unterscheiden; der Bruder und die Schwester, die immer einem gegensätzlichen matrimonialen Schicksal folgen, unterscheiden sich durch das von F. E. Williams für Melanesien unter dem Namen »sex affiliation« genau beschriebene Phänomen; jeder erhält bevorzugt einen Teil des Statuts der

Vorfahren, nach dessen matrimonialer Bestimmung er (oder sie) sich richtet, oder dessen komplementäre Bestimmung er vertritt. Also je nach Fall: der Sohn das der Mutter – die Tochter das des Vaters – oder umgekehrt.

Wendet man diese Abgrenzungen auf die Cherentes an, entdeckt man sofort Anomalien. Weder die Verwandtschaftsterminologie noch die Heiratsregeln passen zu den Forderungen eines dualistischen oder eines eingeschränkten Tauschsystems. Und sie stehen in Widerspruch zueinander, wobei jede Form an einer der beiden Grundmodalitäten des verallgemeinerten Austauschs hängt. So bietet das Verwandtschaftsvokabular mehrere Beispiele konsekutiver Benennungen:

Sohn der Schwester des Vaters = Sohn der Schwester
Sohn des Bruders der Frau = Bruder der Frau
Mann der Schwester des Vaters = Mann der Schwester = Mann der Tochter

Die beiden Typen von Kreuzvettern werden gleichfalls unterschieden. Und doch ist nur die Heirat der patrilateralen Kusine gestattet, nicht die der matrilateralen Kusine, was eine alternative Terminologie einschließen müßte, nicht aber eine konsekutive, wie es hier der Fall ist. Gleichzeitig zeigen mehrere terminologische Identifizierungen von Individuen, die von verschiedenen Hälften abhängen (Mutter, Tochter der Schwester der Mutter; Bruder und Schwester, Kinder des Bruders der Mutter; Kinder der Schwester des Vaters, Kinder des Bruders und so weiter), daß die Teilung in Hälften nicht den wesentlichsten Aspekt der Sozialstruktur ausmacht. So legt selbst eine oberflächliche Prüfung des Verwandtschaftsvokabulars und der Heiratsregeln folgende Feststellungen nahe: weder das Vokabular noch die Heiratsregeln fallen mit einer exogamen dualistischen Organisation zusammen. Das Vokabular einerseits, die Heiratsregeln andererseits hängen an zwei einander ausschließenden Formen, die beide mit der dualistischen Organisation unvereinbar sind.

Dagegen findet man suggestive Anzeichen für eine matrilaterale Heirat, die im Widerspruch zu der allein belegten patrilateralen Form steht. Erstens die gleichzeitige Verheiratung mit einer Frau und ihrer Tochter aus einer anderen Ehe, eine Form von Polygynie, die gewöhnlich in Verbindung gebracht wird mit der matrilateralen Heirat mit matrilinearer Filiation (obwohl diese in dem Augenblick gerade patrilinear ist); zweitens die Existenz von zwei aufeinander bezogenen Ausdrücken für Verbundene, *aimapli* und *izakmu*, was den Gedanken aufkommen läßt, daß die Verbundenen stets eine eindeutige Beziehung unterhalten (»Männer der Schwestern« oder »Brüder der Frauen«, aber nie beides zusammen); drittens ist schließlich in einem System von Hälften die Rolle des matrilinearen Onkels der Verlobten besonders anomal.

Die dualistische Organisation läßt sich charakterisieren durch eine Gegenseitigkeit von Diensten zwischen den Hälften, die zugleich verbündet und entgegengesetzt sind. Diese Gegenseitigkeit drückt sich in einer Gesamtheit von Einzelbeziehungen zwischen dem Neffen und seinem Onkel mütterlicherseits aus, die unabhängig vom Filiationsmodus zwei verschiedenen Hälften angehören. Bei den Cherentes aber werden diese Beziehungen, die sich in ihrer klassischen Form auf die spezielle Beziehung der *narkwa* beschränken, anscheinend auf den Mann oder den Verlobten einerseits und andererseits auf den Onkel mütterlicherseits der *Verlobten* übertragen. Wir wollen uns das einen Augenblick vergegenwärtigen.

Der matrilineare Onkel der Verlobten hat folgende Funktionen: ihm obliegt, als Heiratspräliminarie, die Wegführung des Verlobten; er bekommt seine Nichte im Falle der Scheidung zurück und schützt sie vor dem Ehemann; er zwingt den Schwager, sie zu heiraten, falls der Ehemann stirbt; zusammen mit dem Ehemann rächt er seine Nichte, wenn sie vergewaltigt wird, und so weiter. Mit anderen Worten, er ist mit dem Mann seiner Nichte und gegebenenfalls gegen ihn ihr Beschützer. Hätte aber das System der Hälften wirklich einen funktionellen Wert, wäre der matrilineare Onkel der Verlobten ein klassifikatorischer »Vater« des Verlobten, was seine Rolle als Abduktor (und als ein dem Ehemann feindlicher Beschützer der Frau eines seiner »Söhne«) vollkommen unbegreiflich machen würde. Es muß also immer mindestens drei verschiedene Geschlechterfolgen geben: die des Ego, die der Frau des Ego und die der Mutter der Frau des Ego, was wiederum mit einem reinen System der Hälften unvereinbar ist.

Dagegen werden gegenseitige Dienste häufig von Mitgliedern derselben Hälfte geleistet: bei Gelegenheit der Zuteilung weiblicher Namen vollzieht sich der zeremonielle Austausch zwischen der Hälfte,

die mit der der Töchter alterniert, und ihren Onkels mütterlicherseits, die zur Hälfte der Offizianten gehören; die Onkels väterlicherseits nehmen die Einweihung der jungen Männer vor, zu deren Hälfte sie gehören; bei der Vergebung des Namens *Wakedi* an zwei Knaben, dem einzigen Privileg der Frauengruppe, schaffen die matrilinearen Onkels der Knaben Wildbret herbei, das die Frauen der alternierenden Hälfte, also jener, zu der die betreffenden Onkels gehören, an sich reißen. Es geht also alles so vor sich, als gäbe es eine dualistische Organisation, nur mit umgekehrten Vorzeichen. Genauer gesagt, die Rolle der Hälften wird annulliert: anstatt daß die Hälften sich gegenseitig Dienste leisten, werden diese *anläßlich* einer besonderen Betätigung der einen Hälfte von der anderen geleistet. Es gibt also immer drei, nicht nur zwei Partner.
Bezeichnenderweise trifft man unter diesen Bedingungen auf der Ebene der Verbindungen eine formale Struktur an, die ganz genau einem Gesetz des verallgemeinerten Tausches entspricht. Die vier Männerbünde sind kreisförmig angeordnet. Wechselt ein Mann den Bund, muß er es innerhalb einer vorgeschriebenen, unwandelbaren Ordnung tun. Diese Ordnung ist die gleiche wie jene, die die Übertragung der weiblichen Namen bestimmt, welche das Vorrecht der Männerbünde ist. Schließlich ist die folgende Ordnung:

krara ⟶ krieriekmũ ⟶ akemhã ⟶ annõrowa ⟶ (krara)

mit umgekehrtem Vorzeichen dieselbe wie die der mythischen Entstehung der Bünde und der Übertragung des Amtes, das Padi-Zeremoniell zu begehen, von einem Bund auf den anderen.
Bei der Betrachtung des Mythos erlebt man eine neue Überraschung. Der Mythos stellt nämlich die Bünde als *Altersklassen* dar, die in bestimmter Reihenfolge (von der jüngsten bis zur ältesten) geschaffen worden sind. Bei der Fertigung der Masken gruppieren sich die vier Bünde paarweise und sind untereinander durch eine Gegenseitigkeit der Dienste verbunden, so als bildeten sie Hälften, und diese Paare verbinden alternierende, nicht aufeinanderfolgende Klassen, als ob diese Hälften aus je zwei matrimonialen Klassen mit verallgemeinertem Tausch bestünden, wie Abb. 4 zeigt. Diese Anordnung findet sich in den Festvorschriften für die Feier berühmter Toter oder aikmã.

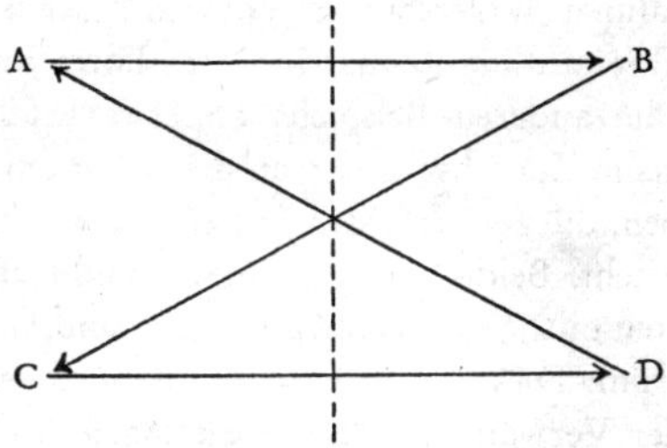

Abb. 4

Faßt man die Argumentation, auf deren wesentliche Glieder wir nur kurz hinweisen konnten, zusammen, ergeben sich folgende Punkte:

1. Zwischen den exogamen Hälften, den Verbänden und den Altersklassen gibt es keine festen Trennwände. Die Verbände funktionieren, als seien sie matrimoniale Klassen, die die Forderungen der Heiratsregeln und der Verwandtschaftsterminologie besser als die Hälften erfüllen; auf der mythischen Ebene erscheinen sie als Altersklassen, im zeremoniellen Leben gruppieren sie sich nach einem theoretischen System von Hälften. Nur die Clans scheinen dieser organischen Gesamtheit gegenüber fremd, gleichsam gleichgültig zu sein. Alles vollzieht sich, als seien Hälften, Verbände und Altersklassen ungeschickte und fragmentarische Übertragungen einer untergründigen Wirklichkeit.
2. Die einzige historische Entwicklung, die die Möglichkeit böte, von den widersprüchlichen Merkmalen Rechenschaft zu geben, wäre:

a) ursprünglich drei patrilineare und patrilokale Sippen mit verallgemeinertem Austausch (Heirat mit der Tochter des Bruders der Mutter);
b) Einführung matrilinearer Hälften, die verlangen:
c) die Konstitution einer vierten patrilokalen Geschlechterfolge (der vierte Clan einer jeden bestehenden Hälfte, oder »gefangener Stamm«; der Ursprungsmythos der Verbände behauptet gleichfalls, daß es anfänglich drei waren);
d) ein Konflikt, der zwischen der (matrilinearen) Filiationsregel und der (patrilokalen) Wohnsitzregel entsteht und zur Folge hat:
e) die Umkehrung der Hälften in patrilineare Filiation mit
f) gleichzeitigem Verlust der funktionellen Rolle der Sippen, die sich zu Verbänden umwandeln durch die Einschaltung des Phänomens

des »maskulinen Widerstandes«, der mit der Einführung der Hälften in ihrer anfänglich matrilinearen Form aufgetaucht ist.

Wir können die anderen Beispiele, an erster Stelle die Bororo, rascher behandeln. Zunächst muß man die bemerkenswerte Symmetrie hervorheben, die zwischen den Institutionen der Cherentes und der Bororo besteht. Beide Stämme haben Runddörfer, die in zwei exogame Hälften mit je vier Clans aufgeteilt sind, und ein Männerhaus im Zentrum. Dieser Parallelismus ist durchgehend trotz des Gegensatzes der Verwandtschaftsbezeichnungen, die auf den patrilinearen oder matrilinearen Charakter beider Gesellschaften zurückgehen: Bei den Bororo steht das Männerhaus den verheirateten Männern offen, bei den Cherentes ist es den Junggesellen vorbehalten; bei den Bororo ist es ein Ort sexueller Promiskuität, bei den Cherentes ist Keuschheit vorgeschrieben; die Junggesellen der Bororo schleppen die Mädchen oder Frauen, mit denen sie außereheliche Beziehungen unterhalten, mit Gewalt hinein, während die Mädchen der Cherentes dort nur eindringen, um sich einen Ehemann zu schnappen. Der Vergleich ist also gewiß zu rechtfertigen.

Neuere Arbeiten haben weitere Informationen über das Verwandtschaftssystem und die Sozialorganisation erbracht. Was das Verwandtschaftssystem angeht, so zeigen die von P. Albisetti veröffentlichten reichhaltigen Dokumente, daß die Dichotomie – auch wenn sie zwischen »kreuzweisen« und »parallelen« Verwandten vorkommt (wie es ja in einem System mit exogamen Hälften zu erwarten ist) – dennoch nicht die Teilung in Hälften wiederholt, sondern diese nochmals mischt: identische Verwandtschaftsnamen finden sich in der einen wie in der anderen Hälfte. So identifiziert – um nur einige schlagende Beispiele hervorzuheben – Ego die Kinder seines Bruders und die Kinder seiner Schwester miteinander, die immerhin verschiedenen Hälften angehören, und wenn man in der Generation der Enkel die leicht erkennbare Dichotomie zwischen »Söhnen und Töchtern« (Ausdrücken, die theoretisch den Enkeln der alternierenden Hälfte von Ego vorbehalten sind) einerseits und »Schwiegersöhnen und Schwiegertöchtern« (Ausdrücken, die theoretisch den Enkeln der Hälfte von Ego vorbehalten sind) andererseits wiederfindet, entspricht die effektive Verteilung der Ausdrücke nicht der Einteilung der Hälften. Bekanntlich sind gerade solche Anomalien bei anderen Stämmen, zum Beispiel bei den Miwok in Kalifornien, der Hinweis dafür, daß andere und weit wichtigere Gruppierungen als die in Hälften vorhanden sind. Andererseits kann man im Bororo-System bemerkenswerte Identifizierungen feststellen, wie etwa:

Sohn des Sohnes des Mutterbruders, genannt: Mann der Tochter, Enkel
Tochter der Tochter der Vaterschwester, genannt: Mutter der Frau, Großmutter;

und besonders:

Sohn des Bruders der Mutter der Mutter, Sohn des Sohnes des Bruders der Mutter der Mutter der Mutter, genannt: Sohn;

das erinnert unmittelbar an Verwandtschaftsstrukturen vom Typus Bank-Ambrym-Pentecôte, ein Vergleich, der in beiden Fällen durch die Möglichkeit der Heirat mit der Tochter der Tochter des Bruders der Mutter bestätigt wird.[4]
Für die soziale Organisation präzisiert P. Albisetti folgendes: jede matrilineare Hälfte umfaßt jeweils vier Clans, und die Heirat zwischen gewissen Clans wird nicht nur bevorzugt, sondern soll privilegierte Sektionen jedes Clans miteinander verbinden. Jeder Clan wäre demnach tatsächlich in drei Sektionen unterteilt, die wie der Clan selbst matrilinear wären: eine obere, eine mittlere und eine untere. Sind zwei Clans durch eine Präferenz auf dem Gebiet der Heiratsregeln miteinander verbunden, kann die Heirat nur zwischen Oberen und Oberen, Mittleren und Mittleren, Unteren und Unteren stattfinden. Wenn diese Beschreibung richtig wäre (und die Informationen der Salesianer haben sich eigentlich immer als zuverlässig erwiesen), würde das klassische Schema der Bororo-Institutionen zusammenbrechen. Gleichgültig welcher Art die matrimonialen Präferenzen sind, die bestimmte Clans aneinander binden, die Clans im eigentlichen Sinne würden allen funktionellen Wert verlieren (wir haben eine analoge Feststellung schon einmal bei den Cherentes getroffen), und die Bororo-Gesellschaft würde auf drei endogame Gruppen zusammenschrumpfen: eine obere, eine mittlere und eine untere, die in je zwei exogame Sektionen geteilt wäre, ohne daß auch

4 Doch bleibt bei den Bororo die Heirat mit der Tochter des Mutterbruders möglich, was besagt, daß man den Vergleich nicht zu weit treiben darf.

nur die geringste Verwandtschaftsbindung zwischen den drei Hauptgruppen bestünde, die dann in Wahrheit drei Untergesellschaften bildeten.

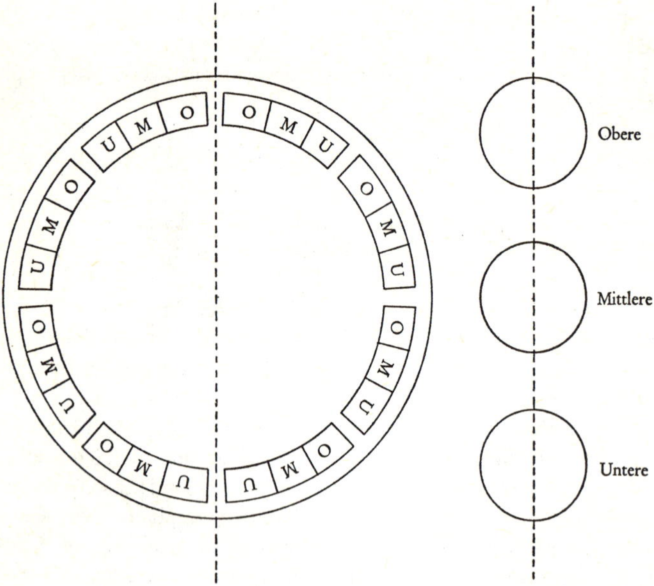

Klassisches Schema des Bororodorfes — Wirkliche Situation

Abb. 5

Da die Verwandtschaftsterminologie anscheinend nur in Funktion von drei, später von drei auf sechs verdoppelten, theoretischen Geschlechterfolgen systematisiert werden kann: Vater der Frau, Mutter, Mann der Tochter, die durch ein verallgemeinertes Tauschsystem verbunden sind, muß man wohl wie bei den Cherentes ein ursprünglich dreiteiliges System voraussetzen, das durch den Zwang eines überlagerten Dualismus umgestülpt ist.

Die Behandlung der Bororo-Gesellschaft als endogame Gesellschaft ist so überraschend, daß man zögern würde, sie überhaupt zu erwägen, hätten nicht drei Autoren unabhängig voneinander aus den Dokumenten Nimuendajus den gleichen Schluß hinsichtlich der Apinaya

gezogen. Bekanntlich sind die Hälften bei den Apinaya nicht exogam und die Heiraten durch die Teilung der Gruppe in vier *kiyé* geregelt nach der Formel: ein A-Mann heiratet eine B-Frau, ein B-Mann eine C-Frau, ein C-Mann eine D-Frau und so weiter. Da die Burschen der *kiyé* ihres Vaters und die Mädchen der ihrer Mutter angehören, überdeckt die Scheinteilung in vier exogame Gruppen eine wirkliche Teilung in vier endogame Gruppen: A-Männer und B-Frauen: untereinander verwandt; B-Männer und C-Frauen: untereinander verwandt; C-Männer und D-Frauen: untereinander verwandt; D-Männer und A-Frauen: auch untereinander verwandt; während keinerlei verwandtschaftliche Beziehung zwischen den in jeder *kiyé* gruppierten Männern und Frauen besteht. Das ist genau die Situation, die wir für die Bororo auf der Grundlage der augenblicklich verfügbaren Informationen geschildert haben, mit dem Unterschied allerdings, daß die letzteren drei und nicht vier endogame Gruppen hätten. Einige Indizien weisen auf eine Situation gleichen Typus bei den Tapirapes hin. Unter diesen Bedingungen kann man sich fragen, ob die Heiratsregel der Apinaya, die Ehen zwischen Vettern und Kusinen verbietet, und die endogamen Privilegien einiger Bororo-Clans (die Heiraten schließen können, auch wenn sie derselben Hälfte angehören) nicht mit antithetischen Mitteln darauf abzielen, auf gleiche Weise der Spaltung der Gruppe abzuhelfen: entweder durch inzestuöse Ausnahmen oder durch Heiraten entgegen der Regel, was aber durch die Entfernung vom Verwandtschaftsgrad nicht so leicht zu ermitteln ist.
Schade, daß die Arbeit von Nimuendaju über die östlichen Timbira wegen ihrer Lücken und Unklarheiten keine Möglichkeit bietet, die Analyse ebenso weit zu treiben. Doch steht man zweifellos auch hier vor den gleichen Elementen eines Komplexes, der dem ganzen Kulturbereich gemeinsam ist. Die Timbira haben eine systematisch konsekutive Terminologie:

Sohn der Vaterschwester = Vater
Tochter der Vaterschwester = Schwester des Vaters
Sohn des Mutterbruders = Sohn des Bruders
Tochter der Tochter = Tochter der Schwester;

dazu das Eheverbot zwischen Kreuzvetter und -kusine (wie bei den Apinaya) trotz der Anwesenheit exogamer Hälften; die Rolle des matrilinearen Onkels der Verlobten, des Beschützers seiner Nichte vor deren Mann, eine Situation, die wir bereits bei den Cherentes angetroffen haben; den Kreiszyklus der Altersklassen analog zu den Verbindungen der Cherentes und den matrimonialen Klassen der Apinaya; und schließlich ihre paarweise Gruppierung in alternierende Gruppen für die Sportwettkämpfe, gleich den Verbänden der Cherentes in ihren zeremoniellen Funktionen. All das erlaubt die Behauptung, daß die gegebenen Probleme nicht sehr verschieden sein können.

Drei Schlußfolgerungen ergeben sich aus dieser Darlegung, deren schematischen Charakter man entschuldigen möge:

1. Die soziale Organisation der Bevölkerungen Zentral- und Ostbrasiliens muß im Gelände selbst noch einmal von neuem untersucht werden. Einmal weil diese Gesellschaften in Wahrheit ganz anders funktionieren, als man bisher recht oberflächlich angenommen hatte, und dann besonders, weil die Untersuchung auf vergleichender Grundlage vorgenommen werden muß. Zweifellos haben die Bororo, Canella, Apinaya und Cherentes alle auf ihre Weise wirkliche Institutionen systematisiert, die sich sehr ähneln und einfacher sind als ihre ausdrückliche Formulierung. Mehr noch: die verschiedenen Gruppierungstypen, die man in diesen Gesellschaften trifft: drei Formen dualistischer Organisation, Clans, Unter-Clans, Altersklassen, Verbände und so weiter, stellen nicht, wie in Australien, ebensoviele Formationen mit funktionellem Wert dar, sondern eher eine Reihe von partiellen und unvollständigen Übertragungen ein und derselben zugrundeliegenden Struktur, die sie in mehreren Exemplaren reproduzieren, ohne je ihre Wirklichkeit ganz ausdrücken oder etwa ausschöpfen zu können.

2. Die Forscher sollten sich daran gewöhnen, ihre Forschungen im Gelände unter zwei verschiedenen Gesichtspunkten zu sehen. Sie sind immer in Gefahr, die Theorien der Eingeborenen über ihre soziale Organisation (und die oberflächliche Form, die man diesen Institutionen gibt, um sie mit der Theorie in Einklang zu bringen) mit dem wirklichen Funktionieren der Gesellschaft zu verwechseln. Zwischen diesen beiden kann der Unterschied so groß sein wie zum Beispiel zwischen der Physik Epikurs oder Descartes' und den Kenntnissen, die man aus der Entwicklung der heutigen Physik gewinnt. Die soziologischen Vorstellungen der Eingeborenen sind nicht nur Teil oder Spiegelung ihrer sozialen Organisation: sie können ihr, wie

bei den entwickelten Gesellschaften, vollständig widersprechen oder einige ihrer Elemente ignorieren.

3. Es hat sich herausgestellt, daß die Vorstellungen der Eingeborenen Zentral- und Ostbrasiliens und die institutionelle Sprache, in der sie sich ausdrücken, einen verzweifelten Versuch darstellen, einen Strukturtyp in den Vordergrund zu stellen: exogame Hälften oder Klassen, deren wirkliche Rolle ganz sekundär, wenn auch nicht vollständig illusorisch ist. Hinter dem Dualismus und der scheinbaren Symmetrie der sozialen Struktur ahnt man eine fundamentalere dreiteilige und asymmetrische Organisation[5], für deren harmonisches Funktionieren das Verlangen nach einer dualistischen Formulierung möglicherweise unüberwindliche Schwierigkeiten mit sich bringt. Weshalb haben Gesellschaften, die durch einen kräftigen Endogamiekoeffizienten gezeichnet sind, ein solch dringendes Bedürfnis, sich selbst zu mystifizieren und sich als von exogamen Institutionen klassischer Form, die ihnen aber nicht unmittelbar bewußt sind, beherrscht zu begreifen? Dieses Problem hängt mit der allgemeinen Anthropologie zusammen. Daß es sich anläßlich dieser Fachdiskussion und für einen so begrenzten geographischen Raum zeigt, beweist jedenfalls sehr wohl die augenblickliche Tendenz der ethnologischen Untersuchungen und läßt erkennen, daß fortan auf dem Gebiet der Sozialwissenschaften Theorie und praktische Erfahrung unlösbar miteinander verbunden sind.

5 A. Métraux stellte diese dreiteilige Organisation bereits bei den Aweikoma fest; sie wurde aber mit der Begründung bestritten, daß sie dann »einmalig in Brasilien« wäre. Die Bibliographie für dieses Kapitel findet sich in dem Band, aus dem es stammt, und im Anhang dieses Buches.

8. Kapitel

Gibt es dualistische Organisationen?[1]

Der von uns gefeierte Gelehrte hat seine ganze Aufmerksamkeit auf Amerika und Indonesien gerichtet. Vielleicht hat dieser Vergleich die Kühnheit und die Fruchtbarkeit der theoretischen Ansichten Professor J. P. B. de Josselin de Jongs begünstigt: denn der Weg, den er auf diese Weise vorgezeichnet hat, scheint mir für die ethnologische Forschung vielversprechend. Die Ethnologie hat es schwer, die Grundlage für ihre Vergleiche festzusetzen und abzugrenzen: entweder liegen die Gegebenheiten, die zu vergleichen man sich vornimmt, geographisch und historisch so eng beieinander, daß man nie sicher ist, ob man es mit mehreren Phänomenen zu tun hat oder nur mit einem einzigen, das an der Oberfläche als vielfältig erscheint; oder sie sind zu heterogen, und die Gegenüberstellung verliert ihre Berechtigung einfach deshalb, weil sie sich auf Dinge richtet, die nicht miteinander verglichen werden können.

Amerika und Indonesien bieten die Möglichkeit, diesem Dilemma zu entgehen; der Ethnologe, der sich über die Glaubensformen und Institutionen dieser Gebiete beugt, fühlt sich durchdrungen von der intuitiven Überzeugung, daß die Tatsachen hier wie dort gleicher Art sind. Einige haben ein gemeinsames Substrat suchen wollen, um von dieser Verwandtschaft Rechenschaft zu geben; es ist nicht meine Sache, hier ihre betörenden, aber gefährlichen Hypothesen zu diskutieren. Von meinem Standpunkt aus könnte es sich ebensogut um eine strukturale Ähnlichkeit zwischen Gesellschaften handeln, die eine ähnliche Auswahl aus der Zahl möglicher Institutionen getroffen haben, die zweifellos nicht unbegrenzt ist. Ob sich die Analogie durch eine Gemeinsamkeit des Ursprungs erklären läßt, oder ob sie sich aus einer zufälligen Ähnlichkeit der strukturalen Prinzipien ergibt, die hier wie da die soziale Organisation und die religiösen Glaubensformen beherrschen, die Tatsache der Verwandtschaft bleibt bestehen. Und ich meine, es gibt kein besseres Mittel, Professor J. P. B. de Josselin de Jong zu ehren, als das, der Anregung seines Werkes zu

1 Unter diesem Titel veröffentlicht in: *Bijdragen tot de taal-, land- en Volkenkunde*, Nr. 112, 2. Aufl., 1956, S. 99–128 (Festschrift für Prof. J. P. B. de Josselin de Jong).

folgen und zu zeigen, wie eine vergleichende Analyse gewisser institutioneller Formen ein grundlegendes Problem des Lebens der Gesellschaften aufhellen kann. Man kennt die außerordentliche Verbreitung der allgemein dualistisches System genannten Organisationsform. Ihr sollen einige Reflexionen dienen, wobei ich mir mit amerikanischen und indonesischen Beispielen helfe.

Ich gehe aus von einer Bemerkung, die Paul Radin in seiner klassischen Monographie über einen Stamm des großen amerikanischen Seengebietes, die Winnebago, gemacht hat.[2]

Die Winnebago waren, wie man weiß, ehemals in zwei Hälften geteilt, die *wangeregi* oder »die von oben«, und die *manegi* oder »die, die auf der Erde leben« (wir sagen fortan aus Bequemlichkeit »die von unten«). Diese Hälften waren exogam, und sie faßten auch Rechte und Pflichten als gegenseitig auf; jede Hälfte mußte an den Bestattungsfeierlichkeiten für ein Mitglied der anderen Hälfte teilnehmen.

Als Radin den Einfluß der Einteilung in Hälften auf die Dorfstruktur prüfte, stellte er eine seltsame Uneinigkeit zwischen den älteren Personen, die ihm als Informanten dienten, fest. In der Mehrzahl beschrieben sie ein kreisförmig angelegtes Dorf, wo die beiden Hälften durch einen von Nordwesten nach Südosten verlaufenden theoretischen Durchmesser voneinander getrennt waren (Abb. 6).

Dennoch bestritten mehrere Personen energisch diese Aufteilung des Dorfes und reproduzierten eine andere, wo die Hütten der Häuptlinge der Hälften im Zentrum lagen und nicht mehr an der Peripherie (Abb. 7).

Nach Ansicht unseres Autors scheint es, als sei die erste Anordnung immer von Informanten der Hälfte von oben beschrieben worden, die zweite immer von Informanten der Hälfte von unten (*a.a.O.*, S. 188).

So hatte also das Dorf für einige Eingeborene eine Kreisform, und die Hütten lagen über die ganze Fläche des in zwei Hälften geteilten Kreises verteilt. Für die anderen gab es auch immer die Zweiteilung des Runddorfes, aber mit zwei Hauptunterschieden: keinen Durchmesser, der zwei Halbkreise festlegte, sondern einen kleineren, in einen größeren einbeschriebenen Kreis; und anstatt einer dem zusammengeballten Dorf eigenen Teilung einen inneren

2 Paul Radin, *The Winnebago Tribe*, 37th Annual Report, Bureau of American Ethnology (1915–1916), Washington 1923.

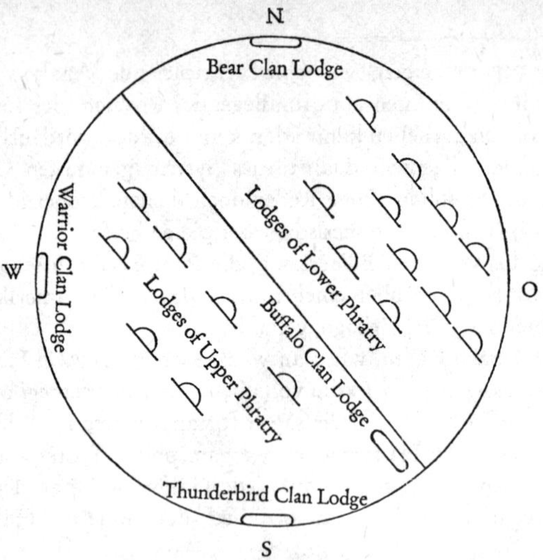

Abb. 6: Grundriß eines Winnebago-Dorfes nach den Informanten der Hälfte »von oben« (nach P. Radin*)*

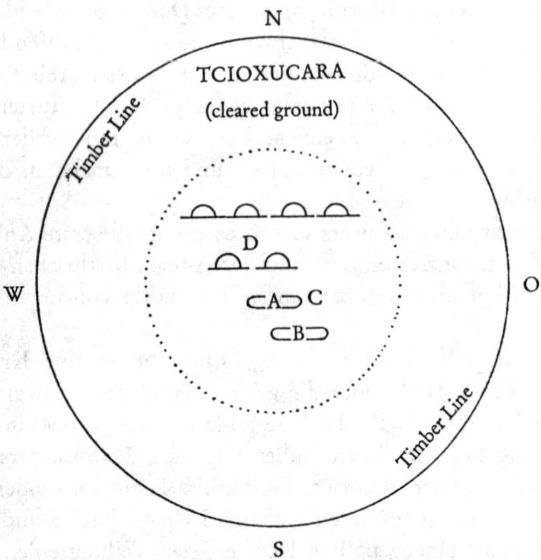

Abb. 7: Grundriß eines Winnebago-Dorfes nach den Informanten der Hälfte »von unten« (nach P. Radin*)*

Kreis, der die Gesamtheit der Hütten dem urbar gemachten Gelände entgegenstellt, das sich seinerseits dem das Ganze einschließenden Urwald entgegenstellt.

Radin ging dieser Meinungsverschiedenheit nicht auf den Grund; er begnügte sich damit, die Unzulänglichkeit seiner Informanten zu bedauern, die nicht erlaubte, die Entscheidung zugunsten der einen oder anderen Anordnung zu treffen. Ich möchte hier zeigen, daß es sich nicht zwangsläufig um eine Alternative handelt: die beschriebenen Formen betreffen nicht notwendigerweise zwei verschiedene Anlagen. Es kann sich auch um zwei Arten handeln, eine Organisation zu beschreiben, die zu komplex ist, als daß man sie mittels eines einzigen Modells formalisieren könnte, so daß die Mitglieder jeder Hälfte je nach ihrer Stellung in der sozialen Struktur die Neigung hätten, sie bald auf die eine, bald auf die andere Weise begrifflich zu fassen. Denn selbst bei einem (jedenfalls dem Schein nach) symmetrischen Typus sozialer Struktur wie der dualistischen Organisation ist die Beziehung zwischen den Hälften nie statisch und nie so reziprok, wie man sie sich vorzustellen geneigt sein mag.

Die Meinungsverschiedenheit der Winnebago-Informanten bietet das Bemerkenswerte, daß beide beschriebenen Formen wirklichen Anordnungen entsprechen. Wir kennen Dörfer, die effektiv nach dem einen oder dem anderen Modell angeordnet sind (oder ihre ideale Verteilung so auffassen). Um das Dargelegte zu vereinfachen, nenne ich fortan die Anordnung nach Abb. 6 *diametrale Struktur* und die der Abb. 7 entsprechende *konzentrische Struktur*.

An Beispielen für die diametrale Struktur fehlt es nicht. Man findet sie zunächst in Nordamerika, wo außer den Winnebago fast alle Siouxindianer ihre Lager in dieser Form gebaut haben. Für Südamerika haben die Arbeiten von Curt Nimuendaju eine gewisse Häufigkeit bei den Gés nachgewiesen, denen man aus geographischen, kulturellen und sprachlichen Gründen noch die Bororo vom zentralen Mato Grosso beigesellen muß, die von den Patres Colbacchini und Albisetti und von dem Verfasser dieses Artikels erforscht worden sind. Vielleicht existierte sie sogar in Tiahuanaco und in Cuzco. Auch verschiedene Gebiete Melanesiens weisen sie auf.

Was die konzentrische Struktur betrifft, so liefert dafür der Plan des Dorfes Omarakana auf den Trobriandinseln, den Malinowski veröffentlichte, ein besonders packendes Beispiel. Verweilen wir einen Augenblick dabei (Abb. 8).

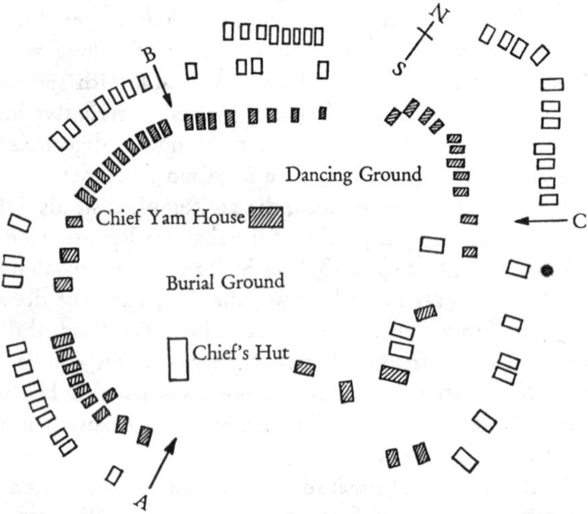

Abb. 8: Grundriß des Dorfes Omarakana (nach B. Malinowski*)*

Man hat wohl niemals mehr Grund gehabt, die Gleichgültigkeit dieses Autors gegenüber den Problemen der Morphologie zu beklagen. Malinowski erinnert in aller Kürze an eine hochbedeutsame Struktur, deren Analyse, wäre sie weiter vorangetrieben worden, sich als außerordentlich lehrreich erwiesen hätte. Das Dorf Omarakana ist in zwei konzentrischen Ringen angelegt. Im Mittelpunkt der Platz, »scene of the public and festive life« (*a.a.*O., S. 10), um den herum die Igname-Speicher gruppiert sind, geheiligt und durch Tabus aller Art geschützt. Ein Rundgang, an dem rabattenartig die Hütten der verheirateten Paare liegen, umgibt die Speicher. Das ist der profane Teil des Dorfes, sagt Malinowski. Aber der Gegensatz liegt nicht nur zwischen *zentral* und *peripher, heilig* und *profan.* Er erstreckt sich auch auf andere Ebenen: in den Speichern des inneren Kreises werden die *rohen* Nahrungsmittel *aufbewahrt;* es ist verboten, dort zu kochen: »The main distinction between the two rings is the taboo on cooking« (*a.a.*O., S. 71) aus dem einfachen

Grunde, weil »cooking is inimical to yams«; nur an den Zugängen der Familienhäuser des inneren Kreises darf die Nahrung *gekocht* und *verzehrt* werden. Die Speicher sind fester gebaut und reicher verziert als die Wohnhäuser. Nur die *Junggesellen* dürfen sich im inneren Kreis niederlassen, während die *Ehepaare* an der Peripherie wohnen müssen; eine Feststellung, die nebenbei gesagt sofort an eine Unklarheit erinnert, die Radin hinsichtlich der Winnebago vermerkt hat: »It was customary for a young couple to set up their home at some distance from their village« 3, was umso verwirrender ist, als in Omarakana nur der Häuptling seine Residenz im inneren Kreis aufschlagen darf, und als die Winnebago-Informanten, die Vertreter der konzentrischen Struktur, ein Dorf beschreiben, das praktisch auf die Wohnsitze der wichtigsten Häuptlinge eingeschrumpft ist: wo wohnten denn die anderen? Schließlich bilden in Omarakana die beiden konzentrischen Ringe auch in Bezug auf das Geschlecht einen Gegensatz: »Without overlabouring the point, the central place might be called the male portion of the village and the street that of the women«.4 Malinowski betont nun mehrfach, die Speicher und Junggesellenhäuser könnten als Zubehör oder Erweiterung des geheiligten Platzes behandelt werden, wogegen die Familienhäuser eine ähnliche Beziehung zu dem Rundgang hätten.

Wir haben also auf den Trobriandinseln ein komplexes System von Gegensätzen zwischen heilig und profan, roh und gekocht, Zölibat und Ehe, männlich und weiblich, zentral und peripherisch. Die Rolle, die der rohen und der gekochten Nahrung bei den Heiratsgeschenken – die selbst nach männlich und weiblich über den ganzen Pazifik unterschieden werden – zugewiesen wird, würde notfalls die soziale Bedeutung und die geographische Verbreitung der zugrundeliegenden Auffassungen bestätigen.

Wir wollen die Vergleiche nicht so weit treiben und beschränken uns darauf, die Analogien der Struktur des Trobrianddorfes zu einigen indonesischen Erscheinungen zu vermerken. Der Gegensatz zwischen zentral und peripher oder innen und außen ruft unmittelbar die Organisation der Baduj des Westteils von Java in innere Baduj –

3 Paul Radin, The Culture of the Winnebago: as Described by Themselves, *Special Publications of Bollingen Foundation* Nr. 1, 1949, S. 38, Nr. 13.

4 B. Malinowski, *The Sexual Life of Savages in North-Western Melanesia*, New York-London, 1929, Bd. I, S. 10; vgl. auch *Coral Gardens and their Magic*, London, 1935, Bd. I, S. 32.

als höherstehend und heilig angesehen – und äußere Baduj – untergeordnet und profan – ins Gedächtnis.[5] Vielleicht sollte man, wie J. M. van der Kroef[6] anregte, diesen Gegensatz vergleichen mit dem von »Gebern« und »Nehmern« bei den Frauen in den asymmetrischen Heiratssystemen Südostasiens, wo die ersteren den letzeren hinsichtlich des sozialen Prestiges und der magischen Macht überlegen sind, was uns vielleicht bis zu der chinesischen Unterscheidung der zwei Verwandtschaftsarten *t'ang* und *piao* führen könnte. Die Behandlung der Baduj als Übergang vom dreiteiligen zum zweiteiligen System könnte uns wieder nach Omarakana zurückbringen, wo wir gleichzeitig eine Unterscheidung zwischen *zwei* Kreisen des in *drei* Sektoren gegliederten Dorfes haben, wobei die Sektoren sich jeweils auf den matrilinearen Clan des Häuptlings, auf die Frauen des Häuptlings (also die Vertreter der verbündeten Clans) und schließlich auf die gewöhnlichen Leute beziehen, die ihrerseits in sekundäre Eigner des Dorfes und Fremde ohne Eigentum zerfallen. Wie dem auch sei, man darf nicht vergessen, daß die dualistische Struktur der Baduj gegenwärtig nicht auf der Dorfebene funktioniert, sondern die Beziehungen zwischen Gebieten beschreibt, die alle zahlreiche Dörfer umfassen, was uns große Vorsicht gebietet. Doch hat P. E. de Josselin de Jong auf einer anderen Ebene die auf die Baduj zutreffenden Beobachtungen legitim verallgemeinern können. Er bemerkt dazu, der dort vorhandene Gegensatz weise auf andere in Java und Sumatra hin: auf den zwischen »Angebotsverwandten« und »Überangebotsverwandten« (sehr »chinesisch«); er bringt ihn in Zusammenhang mit dem zwischen *agglomération* und *écarts*, das heißt zwischen *kampung*, »built-up village area«, und *bukit*, »outlying hill-district«, bei den Minangkabau[7]: eine konzentrische Struktur also, die aber auf dem Dorfplatz das Thema eines Scheinkonfliktes zwischen den Vertretern beider Gruppen ist: »Matrosen« auf der einen, »Soldaten« auf der anderen Seite, die dazu nach einer diametralen Struktur angeordnet sind (Ost bzw. West). Derselbe Autor stellt indirekt die Frage nach der Beziehung zwischen den beiden Strukturtypen, wenn er vermerkt: »It would be of even more interest to know whether the contrast of

5 N. J. C. Geise, *Badujs en Moslims*, Leiden, 1952.
6 Justus M. van der Kroef, Dualism and Symbolic Antithesis in Indonesian Society, *American Anthropologist*, N. S. Bd. 56, Nr. 5, 1954, S. 1.
7 P. E. de Josselin de Jong, *Minangkabau and Negri-Sembilan Socio-Political Structure in Indonesia*, Leiden 1951, S. 79–80 und 83–84.

kampung and *bukit* coincided with that of Koto-Piliang and Bodi-Tjaniago« (*a.a.*O., S. 80–81), anders ausgedrückt die alte, von ihm vorausgesetzte Einteilung der Minangkabau in zwei Hälften.
Von unserem Standpunkt aus ist die Unterscheidung noch viel bedeutsamer; es ist klar, daß der Gegensatz zwischen Dorfmitte und Peripherie ungefähr der melanesischen Struktur entspricht, wie wir sie oben beschrieben haben; aber die Analogie zur konzentrischen Struktur des Winnebagodorfes ist aufregend, da die Informanten in ihre Beschreibung spontan ökologische Merkmale einführen, die ihnen dazu dienen, wie in Indonesien den Gegensatz begrifflich zu fassen: hier der periphere Ring *tcioxucara*, urbar gemachtes Gelände, dem das gebaute Dorf gegenübersteht, das selbst einen Gegensatz zum Urwald bildet, der das Ganze einbettet (vgl. Abb. 7). Man wird also mit ganz besonderem Interesse vernehmen, daß P. E. de Josselin de Jong denselben Strukturtypus bei den Negri-Sembilan der malaiischen Halbinsel wiederfindet, wo der Gegensatz zwischen der (hochgelegenen) Küste und dem (niedrigen) Innern besteht, wiederaufgenommen durch einen auf dem Festlande und auf den Inseln ganz allgemeinen Gegensatz zwischen Reisfeldern und Palmenhainen (das heißt den Pflanzungen) einerseits und den Bergen und Tälern (mit anderen Worten den jungfräulichen und unbebauten Landstrichen) andererseits.[8] Ganz Indochina kennt übrigens Einteilungen vom selben Typus.

Alle niederländischen Autoren halten an der Betonung der seltsamen Kontraste, die so komplexe Typen sozialer Organisation sichtbar werden lassen, fest, für deren Untersuchung Indonesien zweifellos ein bevorzugtes Feld abgibt. Versuchen wir nach ihnen, sie in ein Schema zu bringen. Zunächst haben wir Dualismusformen, in denen man zuweilen die Reste einer früheren Organisation in Hälften zu sehen glaubte. Zwecklos, sich in diese Debatte einzumischen: der springende Punkt für uns ist, daß dieser Dualismus in sich doppelt ist: einmal begriffen als Ergebnis einer zwischen sozialen Gruppen ausbalancierten symmetrischen Dichotomie der Aspekte der physischen Welt und der moralischen oder metaphysischen Attribute: das heißt – wenn wir den weiter oben vorgeschlagenen Begriff etwas verallgemeinern – eine Struktur von diametralem Typus;

8 *a.a.*O., S. 139, 165, 167.

zum anderen in einer konzentrischen Perspektive, mit dem Unterschied allerdings, daß die beiden Gegensatzpaare hinsichtlich des sozialen oder des religiösen Prestiges (oder beider zugleich) notwendig ungleich sind.

Es entgeht uns selbstverständlich nicht, daß die Elemente einer diametralen Struktur auch ungleich sein können. Das ist sogar sicher der häufigere Fall, da wir zu ihrer Benennung Ausdrücke finden wie: überlegen und unterlegen, älter und jünger, edel und gemein, stark und schwach und so weiter. Aber bei den diametralen Strukturen gibt es diese Ungleichheit nicht immer; jedenfalls entstammt sie nicht ihrer Natur, die von Reziprozität geprägt ist. Wie ich früher einmal vermerkt habe[9], bildet sie eine Art Geheimnis, dessen Interpretation eines der Ziele der jetzigen Untersuchung ist.

Wie können Hälften mit gegenseitigen Verpflichtungen bei Ausübung symmetrischer Rechte gleichzeitig hierarchisiert sein? Bei den konzentrischen Strukturen ist die Ungleichheit selbstverständlich, da beide Elemente sozusagen in Bezug auf ein und denselben Begriff angeordnet sind: auf den Mittelpunkt, dem einer der Kreise nahe ist, da er ihn enthält, während der andere weit davon entfernt liegt. Von diesem ersten Gesichtspunkt aus stellen sich also drei Probleme: das Wesen der diametralen Strukturen; das Wesen der konzentrischen Strukturen; der Grund, weshalb die Mehrzahl der ersteren einen asymmetrischen Charakter in scheinbarem Gegensatz zu ihrem Wesen zeigt, das sie infolgedessen halbwegs zwischen die seltenen absolut symmetrischen diametralen Formen und die konzentrischen Strukturen einreiht, die immer asymmetrisch sind.

Zweitens scheinen die indonesischen dualistischen Strukturen – ob sie nun unter diametralem oder konzentrischem Aspekt auftreten – mit Strukturen zusammen zu existieren, die aus einer ungeraden Zahl von Elementen gebildet werden: am häufigsten 3, aber auch 5, 7 und 9. Welche Beziehungen einen diese anscheinend nicht reduzierbaren Typen? Das Problem stellt sich vornehmlich angesichts der Heiratsregeln, denn es gibt eine Unvereinbarkeit zwischen der bilateralen Heirat, die normalerweise zusammengeht mit den Systemen der exogamen Hälften, und der unilateralen Heirat, deren Häufigkeit in Indonesien man seit den Arbeiten von van Wouden

9 C. Lévi-Strauss, Reciprocity and hierarchy, *American Anthropologist*, N. S. Bd. 46, Nr. 2, 1944.

immer wieder feststellen konnte. Tatsächlich schließt die Unterscheidung zwischen den beiden Kreuzkusinen, der Tochter der Schwester des Vaters und der Tochter des Bruders der Mutter, mindestens drei verschiedene Gruppen ein und ist bei zwei Gruppen ganz unmöglich. Und doch scheint es in Amboine Hälften gegeben zu haben, die mit einem asymmetrischen Tauschsystem gekoppelt waren; in Java, Bali und anderswo finden sich Reste von Gegensätzen des dualistischen Typs, die mit anderen Typen verbunden waren und 5, 7 oder 9 Kategorien ins Spiel brachten. Wenn es nun aber unmöglich ist, die letzteren zurückzuführen auf die ersteren, die in Begriffen einer diametralen Struktur verstanden werden, dann enthält das Problem eine theoretische Lösung unter der Bedingung, daß man sich den Dualismus in konzentrischer Form denkt, da der ergänzende Begriff dann ins Zentrum verlegt wird, wohingegen die anderen symmetrisch an der Peripherie angeordnet werden. Wie Professor J. P. B. de Josselin de Jong ganz richtig gesehen hat, kann jedes ungerade System auf ein gerades zurückgeführt werden, wenn man es als »Gegensatz zwischen dem Zentrum und den angrenzenden Seiten« behandelt. Es gibt also – wenigstens formal gesehen – eine Bindung zwischen der ersten Problemgruppe und der zweiten.

In den vorhergehenden Abschnitten habe ich an einem nordamerikanischen Beispiel die Typologie der dualistischen Strukturen und die sie einigende Dialektik erörtert; diese erste Phase der Diskussion hat sich, wenn ich so sagen darf, von melanesischen und indonesischen Beispielen genährt. In der zweiten Phase möchte ich zeigen, daß das Problem seiner Lösung mindestens nähergebracht werden kann durch die Betrachtung eines neuen Beispiels, der südamerikanischen Bevölkerungsgruppe der Bororo.

Erinnern wir uns rasch der Struktur des Bororo-Dorfes (Abb. 9).

Im Mittelpunkt das Männerhaus, die Bleibe der Junggesellen, der Versammlungsort der verheirateten Männer, den Frauen strengstens untersagt. Ringsherum ein kreisförmiges, weites Brachland, mitten darauf, an das Männerhaus angrenzend, der Tanzplatz. Das ist ein festgetretener Platz ohne Vegetation, durch Stangen abgesteckt. Das übrige ist von Buschwerk bedeckt, kleine Pfade führen zu den ringsumherliegenden Familienhütten, die im Kreis angeordnet an

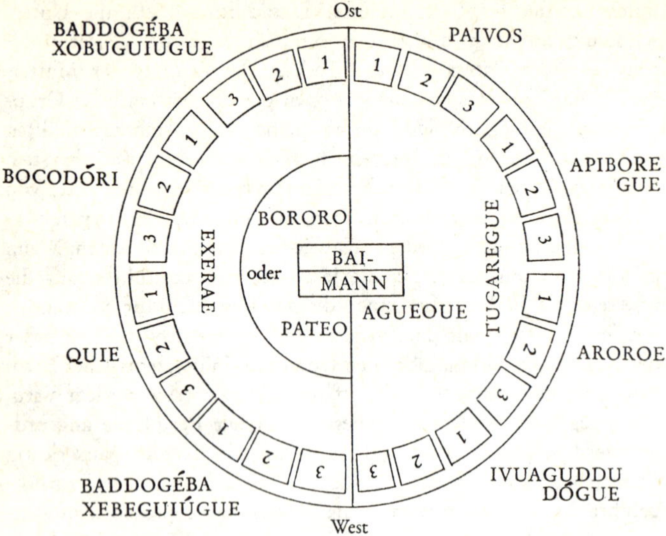

Abb. 9: Grundriß eines Bororo-Dorfes (nach P. C. Albisetti*)*

der Urwaldgrenze liegen. Diese Hütten werden von Ehepaaren und ihren Kindern bewohnt. Die Filiation ist matrilinear, die Wohnweise matrilokal. Der Gegensatz zwischen Zentrum und Peripherie ist also derselbe wie zwischen Männern (den Besitzern des Gemeinschaftshauses) und Frauen (den Besitzern der umliegenden Familienhütten).

Wir stehen also vor einer konzentrischen Struktur, die den Eingeborenen vollkommen bewußt ist und wo die Beziehung zwischen Zentrum und Peripherie zwei Gegensätze zum Ausdruck bringt, den zwischen *männlich* und *weiblich*, wie man gesehen hat, und einen anderen zwischen *heilig* und *profan*: das ganze Zentrum, das aus dem Männerhaus und dem Tanzplatz besteht, dient als Bühne des zeremoniellen Lebens, während die Peripherie den häuslichen Verrichtungen der Frauen vorbehalten ist, die von Natur aus von den Geheimnissen der Religion ausgeschlossen sind (so bei der Herstellung und Handhabung der Rhomben im Männerhaus, die den Blicken der Frauen bei Todesstrafe entzogen sind).

Dennoch besteht diese konzentrische Struktur mit mehreren anderen

des diametralen Typus zusammen. Das Dorf der Bororo ist zunächst in zwei Hälften geteilt durch eine Ost-West-Achse, die die acht Clans in zwei Gruppen zu je vier teilt, die alle sichtlich exogam sind. Diese Achse ist durchschnitten von einer anderen, die ihrerseits senkrecht dazu in nordsüdlicher Richtung verläuft und die acht Clans in zwei andere Gruppen zu je vier aufteilt, die entsprechend »von oben« und »von unten« oder – wenn das Dorf an einem Flußufer liegt – »stromaufwärts« und »stromabwärts« heißen.
Diese komplexe Anlage ergibt sich nicht nur in den festen Dörfern, sondern auch in den improvisierten Nachtlagern: im letzteren Falle richten sich die Frauen und Kinder im Kreise an der Peripherie in der Platzordnung der Clans ein, während die jungen Männer im Zentrum ein Gelände vom Gebüsch freimachen, das dann das Männerhaus und den Tanzplatz vertritt. [10]
Die Eingeborenen vom Rio Vermelho haben mir 1936 erklärt, in der Epoche, in der die Dörfer dichter bevölkert gewesen seien als heute, seien die Hütten genau so angeordnet gewesen, allerdings in mehreren konzentrischen Kreisen anstatt des einen.
In dem Augenblick, da ich diese Zeilen schreibe, erfahre ich von den archäologischen Entdeckungen von Poverty Point in Louisiana im unteren Tal des Mississippi. [11] Man möge mir dafür eine Einschiebung gestatten, denn diese Stadt der Hopewell, die aus dem Beginn des ersten Jahrtausends vor Christus stammt, zeigt eine merkwürdige Ähnlichkeit mit dem Bororodorf, wie es in der Vergangenheit hätte existieren können. Die Anlage ist achteckig (man denke an die acht Clans bei den Bororo), und die Wohnungen sind in sechs Reihen geordnet, so daß das Ganze die Form von sechs konzentrischen Achtecken annimmt. Zwei senkrecht aufeinanderstehende Achsen, eine Ost-West-Achse und eine Nord-Süd-Achse, durchschneiden das Dorf, wobei die äußeren Enden durch Grabhügel in Vogelform [12] markiert sind, von denen zwei im Norden und im Westen aufgefunden worden sind, während die beiden anderen sicher durch Erosion zerstört wurden, als der Arkansas sein Flußbett veränderte. Wenn man bedenkt, daß Spuren von

10 P. A. Colbacchini und P. C. Albisetti, *Os Bororos orientais*, São Paulo, 1942, S. 35.
11 James A. Ford, The puzzle of Poverty Point, *Natural History*, Bd. 64, Nr. 9, New York, Nov. 1955, S. 466–472.
12 Die Bororo glauben an einen Transmigrations-Zyklus, der in Form eines Vogels endet.

Einäscherungen dicht neben einem der Grabhügel (dem im Westen) aufgefunden worden sind, liegt es nahe, sich der beiden »Totendörfer« der Bororo zu erinnern, die an den Ost- und West-Enden der Achse der beiden Hälften liegen.

Wir stehen also vor einem Typus von Struktur, der in Amerika bis ins Altertum zurückreicht und für den Entsprechungen aus der jüngeren Vergangenheit in Bolivien und Peru gefunden worden sind und, uns noch näher, in der sozialen Struktur der Sioux Nordamerikas und in der der Gés oder der ihnen verwandten Gruppen in Südamerika. Das sind genug Hinweise.

Schließlich zeigt das Bororo-Dorf noch eine dritte Form von Dualismus, und zwar implizit, die bis heute unbemerkt geblieben ist und deren Darstellung erfordert, daß wir zunächst einen anderen Aspekt der sozialen Struktur berücksichtigen.

Wir haben in dem Dorf bereits eine konzentrische und zwei diametrale Strukturen unterschieden. Diese verschiedenen Äußerungen des Dualismus geben auch einer triadischen Struktur Raum: denn jeder der acht Clans ist in drei Klassen eingeteilt, die ich obere, mittlere, untere (o, m, u, im Schema weiter unten) nenne. Gestützt auf Beobachtungen P. Albisettis [13] habe ich in einer anderen Arbeit [14] gezeigt, wie die Regel, nach der ein Oberer der einen Hälfte notwendigerweise eine Obere der anderen Hälfte heiratet, ein Mittlerer eine Mittlere, ein Unterer eine Untere, die Gesellschaft der Bororo aus einem scheinbaren System dualistischer Exogamie in ein wirkliches System dreiteiliger Endogamie verkehrt, da wir vor drei Unter-Gesellschaften stehen, deren jede aus Individuen ohne verwandtschaftliche Beziehungen zu den Mitgliedern der anderen beiden gebildet wird: also den oberen, den mittleren und den unteren. Schließlich erlaubte in derselben Arbeit ein rascher Vergleich der Bororogesellschaft mit der der zentralen und der östlichen Gés – den Apinaya, Cherentes, Timbira – die Annahme, es müsse für das Ganze eine soziale Organisation vom gleichen Typus geben.

Wenn auch die Exogamie der Bororo den Charakter eines Epiphä-

13 P. C. Albisetti, Contribuçoes missionarias, *Public. da Sociedade brasileira de Anthropologia e Etnologia*, Rio de Janeiro, 1948, Nr. 2, S. 8.
14 C. Lévi-Strauss, Les Structures sociales dans le Brésil central et oriental (Kap. 7 dieses Bandes).

nomens trägt, so braucht man dennoch nicht erstaunt zu sein, daß es nach Ansicht der Salesianer eine Ausnahme von der Regel der Exogamie der Hälften zugunsten von zwei Paaren von Clans der einen von beiden gibt, die das Vorrecht hätten, untereinander zu heiraten. Aber im gleichen Augenblick wird es möglich, eine dritte Form von Dualismus freizulegen. Nennen wir 1, 2, 3, 4 die Clans der einen Hälfte, 5, 6, 7, 8 die der anderen, in der Reihenfolge der räumlichen Anordnung auf dem Kreise um das Dorf. Die Exogamieregel setzt zugunsten von 1 und 2 einerseits, 3 und 4 andererseits aus. Wir müssen also acht Nachbarschaftsbeziehungen unterscheiden, wovon vier die Heirat zulassen, vier sie ausschließen, und diese neue dualistische Formulierung des Gesetzes der Exogamie drückt die Wirklichkeit genauso aus wie die Scheinteilung in Hälften:

Paare von Clans in Nachbarschaftsbeziehung	Mögliche Verbindung (+) oder ausgeschlossene Verbindung (—)
1,2	+
2,3	—
3,4	+
4,5	+
5,6	—
6,7	—
7,8	—
8,1	+

Also insgesamt 4 + und 4 —.

Wenn das klar ist, kann man feststellen, daß die Struktur des Bororo-Dorfes zwei hervorstechende Anomalien aufweist. Die erste bezieht sich auf die Anordnung der o, m und u in beiden pseudo-exogamen Hälften. Diese Anordnung ist für uns innerhalb jeder Hälfte regelgerecht, wo wir (nach den Salesianern) eine Aufeinanderfolge von drei Hütten pro Clan in der Reihenfolge: o, m, u; o, m, u; und so weiter haben. Aber die Reihenfolge der o, m, u, in einer Hälfte verläuft umgekehrt zur Reihenfolge in der anderen: anders ausgedrückt, die Symmetrie der Klassen im Vergleich zu den Hälften ist *spiegelbildlich,* wobei die beiden Halbkreise in zwei o an einem Ende und zwei u am anderen zusammentreffen. Wenn man die Krümmung des Dorfes außer Acht läßt, hat man also

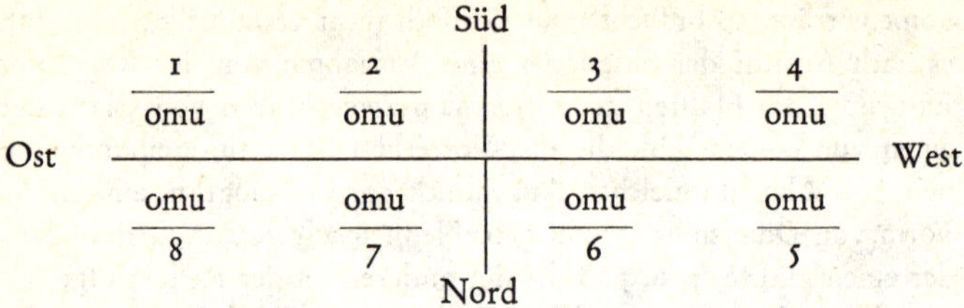

Ein Schema also, wo die Ziffern 1 bis 8 sich auf die Clans beziehen, die Buchstaben o, m, u auf die Klassen, aus denen jeder Clan besteht, die Horizontale Ost-West auf die Achse der pseudoexogamen Hälften und die Vertikale Nord-Süd auf die der Hälften »von oben« und »von unten«.

Aus dieser bemerkenswerten Anordnung scheint sich zu ergeben, daß die Eingeborenen ihr Dorf trotz seiner Rundform nicht als ein einziges Objekt denken, das in zwei Teile zerlegbar ist, sondern eher als zwei verschiedene und aneinandergeklebte Objekte.

Kommen wir nun zur zweiten Anomalie. In jeder Hälfte von 1 bis 4 und von 5 bis 8 besitzen zwei Clans eine bevorzugte Stellung in dem Sinne, daß sie auf der sozialen Ebene die beiden großen Helden darstellen, die zu den Göttern des Bororo-Pantheons gehören: Bakororo und Ituboré, die Wächter für West und Ost. In dem Schema oben personifizieren die Clans 1 und 7 Bakororo, die Clans 4 und 6 Ituboré. Für 1 und 4, die im Westen beziehungsweise im Osten liegen, gibt es kein Problem; weshalb aber 7 und nicht 8? und weshalb 6 und nicht 5? Die erste Antwort, die einem einfällt, ist die, daß die für diese Funktionen ausersehenen Clans auch an eine der beiden Ost-West- und Nord-Süd-Achsen angrenzen müssen: 1 und 4 stoßen an die Ost-West-Achse, sie liegen *an beiden Enden* und *auf derselben Seite*; wohingegen 6 und 7 an die Nord-Süd-Achse stoßen und *am gleichen Ende*, aber *auf zwei verschiedenen Seiten* liegen. Da 1 und 7 Westen sind, 4 und 6 Osten (der Definition nach), gibt es keine andere Möglichkeit, der Bedingung der Angrenzung zu entsprechen.

Man möge uns aber gestatten, festzustellen – mit aller Vorsicht, die für eine so theoretische Behandlung eines empirischen Problems geboten ist –, daß eine einzige Hypothese diesen Anomalien Rechnung trägt. Es würde nämlich genügen zuzugeben, daß die Bororo wie die Winnebago ihre soziale Struktur gleichzeitig in einer diametralen und einer konzentrischen Perspektive denken. Wenn eine Hälfte oder auch alle beide sich dauernd oder nur gelegentlich so begreifen würden, als läge die eine im Zentrum, die andere an der Peripherie, würde der Denkvorgang, der notwendig ist, um von einer solchen idealen Anordnung des Dorfes zu einer konkreten überzugehen, erstens die Öffnung des inneren Kreises nach Süden und seine Verlegung nach Norden voraussetzen; zweitens die Öffnung des äußeren Kreises nach Norden und seine Verlegung nach Süden (Abb. 10).

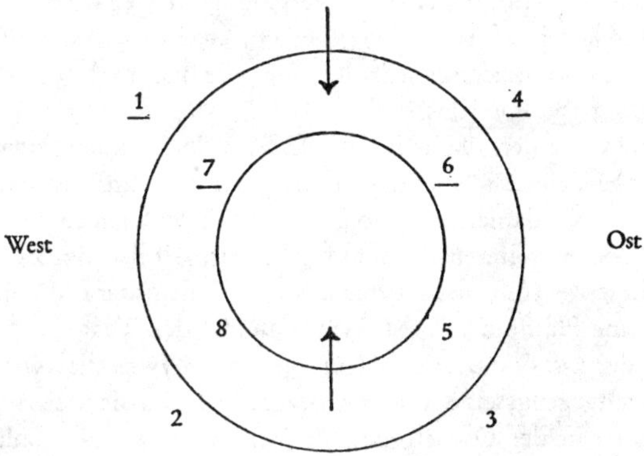

Abb. 10: Übergang von einer konzentrischen zu einer diametralen Struktur

Durch die Umkehrung der Himmelsrichtungen könnte jede Hälfte sich selbst und die andere Hälfte beliebig als zentral oder peripher denken; eine Freiheit, die durchaus nicht gleichgültig ist, da die Hälfte Cera augenblicklich über der Hälfte Tugaré steht, wohingegen die Mythen eine umgekehrte Position ausdrücken. Übrigens wäre es vielleicht ungenau, wenn man sagte, die Cera seien heiliger als die Tugaré; aber jede Hälfte scheint bevorrechtigte Beziehungen zu einem bestimmten Typus des Heiligen zu unterhalten, was man vereinfacht für die Cera religiös und für die Tugaré magisch nennen könnte ...

Rekapitulieren wir die hauptsächlichen Merkmale der Bororo-Gesellschaft. Wir haben drei herausgestellt: erstens mehrere Formen

eines Dualismus diametralen Typs (a) mit pseudoexogamer Ost-West-Achse, (b) mit anscheinend nicht funktioneller Nord-Süd-Achse, (c) mit exogamer Dichotomie der Grenzbeziehungen zwischen Clans; zweitens mehrere Formen von Dualismus konzentrischen Typs (Gegensätze zwischen männlich-weiblich; Zölibat-Ehe; heilig-profan; und schließlich können die diametralen Strukturen in konzentrischer Form gedacht werden und umgekehrt, ein Phänomen, das hier nur aufgezeigt wird und dessen experimentelle Realisierung wir weiter unten bei den Ost-Timbira feststellen werden); drittens eine dreiteilige Struktur, die eine Neuverteilung aller Clans auf drei endogame Klassen erfordert (deren jede in zwei exogame Hälften geteilt wird, also insgesamt sechs Klassen, wie man auch bei den Timbira sechs maskuline Klassen findet).
Daß wir einer den dualistischen Organisationen inhärenten Komplexität gegenüberstehen, wie wir es weiter oben an Hand von Beispielen aus Nordamerika, Indonesien und Melanesien gezeigt haben, geht aus einer weiteren Feststellung hervor. Bei den Bororo besteht das heilige Zentrum des Dorfes aus drei Teilen: dem Männerhaus, dessen eine Hälfte den Cera, dessen andere den Tugaré gehört, da es von der Ost-West-Achse durchzogen wird (was die Namen der beiden entgegengesetzten Türen bezeugen); und dem *boróro* oder Tanzplatz an der Ostseite des Männerhauses, wo die Einheit des Dorfes wiederhergestellt wird. Dies aber ist fast wortwörtlich die Beschreibung des Bali-Tempels mit seinen beiden Innenhöfen und einem Außenhof, wobei die beiden ersteren eine allgemeine Dichotomie der Welt und der dritte die Vermittlung zwischen diesen antagonistischen Formen symbolisieren.[15]

Die soziale Organisation der Ost-Timbira umfaßt folgende Formen: erstens zwei exogame matrilineare Hälften, Ost- bzw. West-Hälften genannt, ohne Vorrang einer der beiden; doch gehen die Heiratsregeln über eine einfache Exogamie der Hälften hinaus, da Ehen zwischen Vettern und Kusinen ersten Grades verboten sind; zweitens patronyme Klassen mit der Zahl 2 für die Frauen und $3 \times 2 = 6$ für die Männer; das Tragen eines beliebigen Namens hat für beide Geschlechter eine Neuverteilung auf zwei Gruppen zur Folge, eine,

15 J. M. van der Kroef, *a.a.O.*, S. 856, Zitat nach Swellengrebel, *Kerk en Tempel op Bali*, La Haye, 1948.

die *kamakra,* »die vom (zentralen) Platz des Dorfes«, und eine, die *atukmakra,* »die von draußen« heißt; drittens haben die patronymen Klassen für die Männer eine zusätzliche Funktion, die in ihrer Verteilung auf 6 Gruppen »des Platzes« besteht, die je drei und drei verbunden sind zu zwei, Ost und West genannten, nicht-exogamen Hälften, die sich durch ihre Zusammensetzung von den unter eins erwähnten unterscheiden; viertens schließlich vier Altersklassen, die sich in Abständen von zehn Jahren folgen und vier Sektionen bilden, die nach Paaren konsekutiver Klassen auf ein anderes (viertes) System von Hälften verteilt sind, von den vorhergehenden unterschieden werden und auch Ost und West heißen.
Diese komplexe Organisation verlangt einige Hinweise. Es gibt zwei Filiationsregeln: eine matrilineare für die exogamen Hälften, jedenfalls im Prinzip, da die subsidiäre Regel (die die Heirat zwischen Vetter und Kusine ersten Grades verbietet) vom Standpunkt der formalen Analyse (denn nichts garantiert, daß das effektiv der Fall ist) interpretiert werden kann als Resultat der Durchkreuzung der expliziten matrilinearen Filiation durch eine implizite patrilineare Filiation, das heißt ein doppeltes Hälftensystem.
Die zweite Filiationsregel gilt für die patronymen Klassen. Die Namen werden übertragen von der Vaterschwester auf die Brudertochter bei den Frauen, und vom Mutterbruder auf den Schwestersohn bei den Männern.
Von den vier aufgezählten Hälftensystemen gehören drei zum diametralen Typus (Ost und West) und einer zum konzentrischen Typus (zentraler Platz und draußen). Dieser letztere dient einer viel allgemeineren Dichotomie als Muster:

kamakra	*atukmakra*
Ost	West
Sonne	Mond
Tag	Nacht
Trockene Jahreszeit	Regenzeit
Feuer	Feuerholz
Erde	Wasser
rot	schwarz

Vom funktionellen Gesichtspunkt aus spielt das System drei nur bei den Initiationsriten eine Rolle. System eins regelt die im weitesten Sinne aufgefaßte Exogamie; die Systeme zwei und vier umschreiben zwei Sport- und Arbeitsmannschaften, von denen die erste in der Regenzeit, die zweite während der trockenen Jahreszeit in Funktion tritt.

Um das Dargelegte vollständig zu machen, müßte man noch eine letzte Gruppe männlicher Hälften anführen, die eine rein zeremonielle, auf einige Festlichkeiten beschränkte Funktion haben.

Obwohl die Lücken in dem Werk Nimuendajus (aus dem alle vorangegangenen Angaben stammen[16]) eine vollständige Formalisierung des Systems verbieten, ist klar, daß wir in diesem Labyrinth von Institutionen die wesentlichen Merkmale wiederfinden, auf die diese Untersuchung aufmerksam machen möchte, also vor allem das Nebeneinander von diametralen Strukturen und einer konzentrischen Struktur, sogar den Versuch, den einen Typus auf den andern

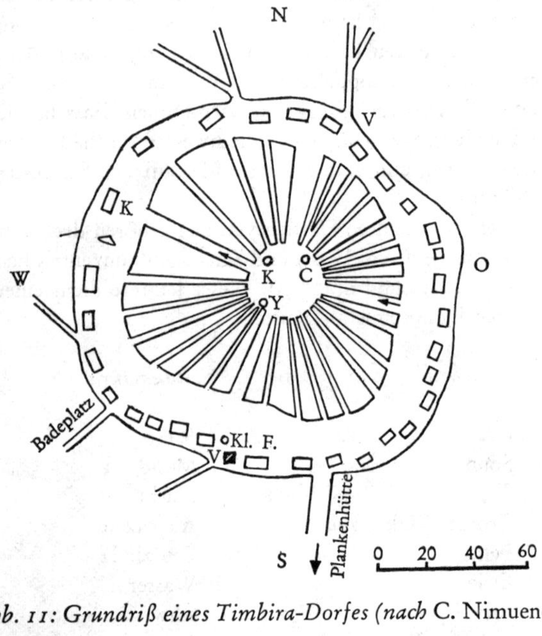

Abb. 11: Grundriß eines Timbira-Dorfes (nach C. Nimuendaju*)*

16 C. Nimuendaju, The Eastern Timbira, *Univ. of California Publ. in Amer. Archaeol. and Ethnology*, Bd. 41, 1946.

zu übertragen. In der Tat ist Ost zugleich Ost und Mitte; West zugleich West und Umgebung. Aber wenn es auch stimmt, daß die Aufteilung zwischen Mitte und Umgebung für die Frauen ebenso gilt wie für die Männer, so sind doch nur die letzteren geeignet, die sechs Gruppen des Platzes zu bilden. In verblüffender Analogie zu Melanesien können die Herdstellen dieser Gruppen des Platzes nicht dazu verwendet werden, die Nahrung zu kochen, während die Kochstellen hinter (bei manchen Feierlichkeiten vor) den Hütten der Umgebung, die unbestreitbar weiblich sind, eingerichtet werden.[17] (Abb. 11)

Nimuendaju weist sogar darauf hin, daß während der trockenen Jahreszeit die zeremonielle Tätigkeit sich auf dem »Boulevard« abspielt (das heißt auf dem Rundgang, der an der Fassade der Hütten der Umgebung vorbeiführt), wohingegen sie während der Regenzeit streng auf den zentralen Platz beschränkt bleibt.[18]

Zweitens werden alle diese binaren Formen mit ternären Formen kombiniert und dies auf zweierlei Art. Die Hälften erfüllen dreierlei Funktionen, dabei regelt System eins die Heiraten, die Systeme zwei und vier die gemeinschaftlichen Arbeiten und Vergnügungen je nach dem Rhythmus der Jahreszeiten:

Matrimoniale Verbindungen

Gemeinschaftliche Arbeiten = Trockene Jahreszeit | Regenzeit

Andererseits erscheint die Dreiteilung wieder in der Zahl der männlichen Gruppen »des Platzes«, die sechs beträgt, drei vom Osten, drei vom Westen.

Wir kommen nun zum Kern des Problems: welche Beziehung besteht zwischen diesen drei Typen der Repräsentation: diametraler Dualismus; konzentrischer Dualismus; Triade? Und wie ist es möglich, daß sich das, was man gewöhnlich »dualistische Organisation« nennt, in einer großen Zahl von Fällen (vielleicht sogar in allen) als eine unzerstörbare Mischung dreier Formen darstellt? Man muß, scheint es, das Problem zerteilen: in die Beziehung zwischen Dualis-

17 *a.a.O.*, S. 42–43.
18 *a.a.O.*, S. 92.

mus und Triadismus und in die Beziehung zwischen den beiden Formen des eigentlichen Dualismus.

Es liegt nicht in meiner Absicht, hier die erste Frage zu behandeln, was sehr weit führen würde. Es genügt mir, darauf hinzuweisen, in welcher Richtung man die Lösung zu suchen hätte. Das Grundprinzip meines Buches über die *Structures élémentaires de la parenté* (1949) lag in einer Unterscheidung zweier Typen von Gegenseitigkeit, die ich eingeschränkten Austausch und verallgemeinerten Austausch genannt hatte, der erstere nur möglich zwischen Gruppen mit der Zahl zwei, der letztere vereinbar mit jeder beliebigen Zahl von Gruppen. Diese Unterscheidung erscheint mir heute naiv, weil sie den Klassifizierungen der Eingeborenen noch zu nahe steht. Logisch betrachtet ist es viel vernünftiger, und zugleich auch wirtschaftlicher, den eingeschränkten Austausch als einen Sonderfall des verallgemeinerten zu behandeln. Wenn die in dieser Untersuchung dargebotenen Beobachtungen durch andere Beispiele bestätigt werden, müßten wir vielleicht zu dem Schluß kommen, daß sogar dieser Sonderfall in der Erfahrung niemals vollkommen realisiert worden ist, es sei denn in der Form unvollkommener Rationalisierung von Systemen, die sich nicht auf einen Dualismus zurückführen lassen, unter dessen Formen sie sich vergeblich darzustellen versuchen.

Wenn man uns dies, sei es auch nur als Arbeitshypothese, zugesteht, ergibt sich, daß der Triadismus und der Dualismus unlösbar verbunden sind, weil der zweite niemals als solcher gedacht ist, sondern nur als Grenzform des ersten. Nunmehr können wir den anderen Aspekt angehen, der das Zusammenleben zweier Formen des Dualismus, einer diametralen und einer konzentrischen, betrifft. Die Antwort ist bald gegeben: der konzentrische Dualismus ist selbst eine Mittelform zwischen dem diametralen Dualismus und dem Triadismus, und der Übergang von einer Form zur anderen vollzieht sich durch seine Vermittlung.

Versuchen wir, die einfachste geometrische Vorstellung zu formulieren, die man sich von dem diametralen Dualismus machen kann, wie er sich, empirisch verwirklicht, in Dorfstrukturen wie den von uns dargestellten finden läßt. Es genügt, den Plan des Dorfes auf einer Geraden darzustellen. Der diametrale Dualismus wird durch zwei Segmente der Geraden dargestellt, die in der Verlängerung des einen durch das andere stehen und einen gemeinsamen Endpunkt haben.

Wenn wir aber bei dem konzentrischen Dualismus ebenso vorgehen wollen, ändert sich alles: wenn es auch möglich bleibt, den peripherischen Kreis auf einer Geraden unterzubringen (die dieses Mal weitergeführt und nicht mehr aus zwei Segmenten gebildet wird), liegt das Zentrum punktförmig außerhalb der Geraden. Anstelle zweier Segmente der Geraden haben wir dann eine Gerade und einen Punkt; und da die bezeichnenden Elemente dieser Geraden die beiden Ursprünge sind, könnte die Vorstellung in drei Polen analysiert werden. (Abb. 12)

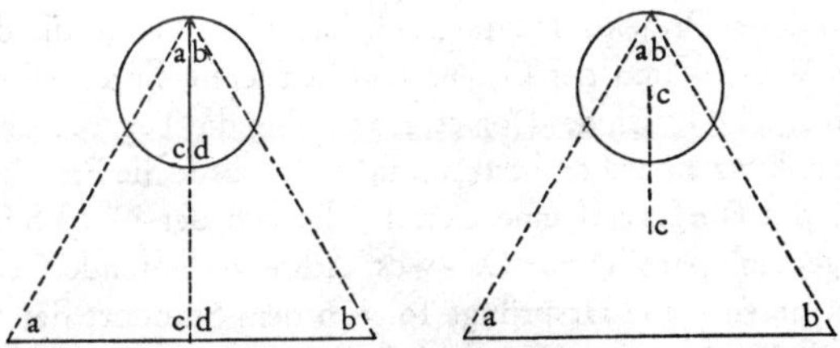

Abb. 12: Darstellung einer diametralen (links) und einer konzentrischen Struktur (rechts) auf einer Geraden

Es besteht also ein grundlegender Unterschied zwischen diametralem und konzentrischem Dualismus: der eine ist statisch, ein Dualismus, der nicht über sich selbst hinaus kann; seine Umwandlungen erzeugen immer wieder nur einen Dualismus, der dem ähnlich ist, von dem man ausgegangen war. Der konzentrische Dualismus dagegen ist dynamisch; er trägt in sich einen impliziten Triadismus; oder genauer gesagt, jede Bemühung, von der asymmetrischen Triade zur symmetrischen Dyade zu gelangen, setzt den konzentrischen Dualismus voraus, der dyadisch ist wie der eine, aber asymmetrisch wie der andere.

Die ternäre Natur des konzentrischen Dualismus geht auch aus einer anderen Feststellung hervor: er ist ein System, das sich nicht selbst genügt und das sich immer auf das umgebende Milieu beziehen muß. Der Gegensatz zwischen abgeholztem Terrain (innerer Kreis) und unbestimmtem Terrain (peripherer Kreis) ruft nach einer dritten Bestimmung, Busch oder Wald – das heißt jungfräuliches Terrain –, das die binare Gesamtheit umfaßt oder auch weiterführt, da das abgeholzte sich zum unbestimmten verhält wie dieses zum jungfräulichen. In einem diametralen System stellt dagegen das jungfräuliche Terrain ein nicht dazu passendes Element dar; die Hälften lassen sich jeweils durch Gegenüberstellung mit der anderen definieren, und die scheinbare Symmetrie ihrer Struktur schafft die Illusion eines geschlossenen Systems.

Zur Unterstützung dieses Beweises, den manche zweifellos für übertrieben theoretisch halten werden, kann man mehrere Reihen von Beobachtungen anführen.

Zunächst gehen bei den Bororo die Dinge so vor sich, als verwendeten die beiden Hälften in Bezug auf die Nord-Süd-Achse unbewußt einen anderen Projektionstyp. Die beiden Cera-Clans, die die Götter des Westens und des Ostens repräsentieren, liegen effektiv im Westen und im Osten des Dorfes. Aber wenn die Tugaré ihrerseits in Begriffen konzentrischer Struktur dächten, würde die Projektion des Kreises des Dorfes auf eine Gerade, die von der Nord-Süd-Achse ausginge, eine parallel zur Ost-West-Achse verlaufende Gerade erzeugen, deren beide Ursprünge folglich dem Standort der Clans 7 und 6 als Wächter von West und Ost (Punkt a und b von Abb. 12 rechts) entsprechen.

Zweitens beleuchtet die Darstellung eines konzentrischen Systems in Form eines Gegensatzes zwischen *einem Punkt* und *einer Geraden* [19] wunderbar eine Besonderheit des (konzentrischen und diametralen) Dualismus, die sich in einer sehr großen Zahl von Fällen wiederholt, ich meine die heterogene Natur einiger Symbole, die dazu dienen, die Antithese der Hälften zu verdeutlichen. Ohne Zweifel können diese Symbole homogen sein: so der Gegensatz von Sommer und Winter, Erde und Wasser, Erde und Himmel, hoch und niedrig, links und rechts, rot und schwarz (oder andere Farben), edel und gemein, stark und schwach, älter und jünger und so weiter. Zuweilen aber beobachtet man eine unterschiedliche Symbolisierung, wo ein Gegensatz zwischen logisch heterogenen Begriffen entsteht: Stabilität und Wandel, Zustand (oder Akt) und Prozeß, Sein

19 Man hat mir entgegengehalten, daß die Strukturen des »konzentrischen« Typus durch zwei Geraden darstellbar seien, anstatt durch eine Gerade und einen Punkt. Ich glaube, ohne Bedenken die zweite Darstellung übernehmen zu können, die eine Vereinfachung der ersten ist, da ich bereits gezeigt habe, daß die Anordnung in konzentrischen Kreisen die empirische Verwirklichung eines tieferliegenden Gegensatzes zwischen Zentrum und Umgebung ist. Selbst wenn man sich an die komplexe Form hielte, würde der binare oder ternäre Charakter jedes Systems sofort hervortreten.

und Werden, Synchronie und Diachronie, einfach und doppelt, eindeutig und zweideutig; alles Gegensatzformen, die man, wie es scheint, unter einer einzigen subsumieren kann, nämlich unter kontinuierlich und diskontinuierlich.

Ein zu einfaches Beispiel (es ist so einfach, daß es der vorangegangenen Definition nicht entspricht) kann als erste Annäherung dienen: das der bereits erwähnten Winnebago, wo ein scheinbar diametraler Dualismus »von oben« und »von unten« ein dreipoliges System schlecht überdacht, da das Oben von einem Pol, dem Himmel, repräsentiert werden kann, während das Unten zwei Pole erfordert: die Erde und das Wasser

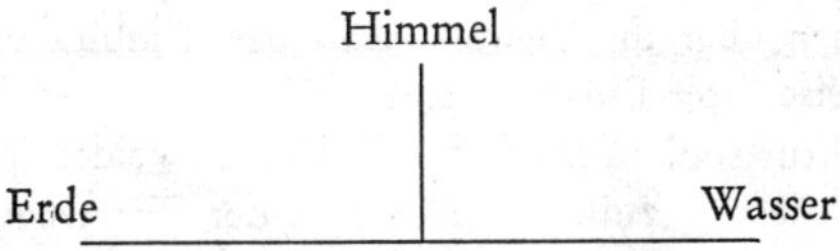

Oft drückt der Gegensatz zwischen den Hälften auch eine subtilere Dialektik aus. So bei den Winnebago, wo den beiden Hälften verschiedene Rollen zufallen: denen »von unten« Krieg und Polizei, denen »von oben« Frieden und Vermittlung. Das heißt, daß der beständigen Intention, die die letzteren definiert, bei den ersteren eine ambivalente Funktion einerseits des Schutzes, andererseits des Zwangs entspricht.[20] Anderswo teilen sich die beiden Hälften in die Erschaffung der Welt (einerseits) und ihre Erhaltung (andererseits), welches nicht Operationen des gleichen Typs sind, da die eine ein Moment der Dauer enthält, während die andere koextensiv ist. Der Gegensatz, den wir in Melanesien und in Südamerika zwischen gekochter Nahrung und roher Nahrung festgestellt haben (wie übrigens auch, parallel dazu, den zwischen Ehe und Zölibat), impliziert eine Asymmetrie desselben Typus zwischen Zustand und Prozeß, Stabilität und Wandel, Identität und Umwandlung. Man sieht also, daß die Antithesen, die dazu da sind, den Dualismus auszudrücken, von zwei verschiedenen Kategorien abhängen: die einen wirklich, die anderen fälschlich symmetrisch; diese letzteren sind

20 Diesen Gegensatz zwischen zwei Ausdrücken, einem eindeutigen und einem zweideutigen, findet man auf Schritt und Tritt im Pawnee-Ritual, vgl. unsere Untersuchung: le Symbolisme cosmique dans la structure sociale et l'organisation cérémonielle de plusieurs populations nord- et sud-américaines, *in* Le Symbolisme cosmique des monuments religieux, *Serie Orientale Roma*, Rom, 1957.

als Dyaden verkleidete Triaden, dank der logischen Ausflucht, die darin liegt, daß man ein Ganzes, das in Wahrheit aus einem Pol und einer Achse besteht, die nicht Objekte derselben Natur sind, wie zwei homologe Ausdrücke behandelt.

Nun bleibt uns nur noch der letzte Schritt des Beweises. Sobald man sich dazu entschließt, diese Formen sozialer Organisation als ternäre Systeme zu behandeln, verschwinden ihre Anomalien, und nun wird es möglich, sie alle auf einen Typus der Formalisierung zurückzuführen. Von den verschiedenen in diesem Kapitel diskutierten Beispielen wollen wir nur drei zurückbehalten, denn unsere Informationen über die Heiratsregeln der Timbira und über die Art und Weise ihrer Eingliederung in eine besonders komplizierte soziale Struktur sind zu bruchstückhaft und zweideutig, als daß sie eine Formalisierung zuließen. Der Fall der Winnebago und auch der der Bororo liegt eindeutiger; wir nehmen noch ein indonesisches Modell hinzu. Doch dabei muß hervorgehoben werden, daß die indonesischen Sozialstrukturen des öfteren eher rekonstruiert als wirklich beobachtet worden sind, und zwar wegen des Auflösungszustandes, in dem sie sich bereits befanden, als ihre Untersuchung möglich wurde. Die Verbindung eines asymmetrischen Heiratssystems (mit der präferentiellen Heirat der Tochter des Bruders der Mutter) und einer dualistischen Organisation scheint in Indonesien sehr verbreitet gewesen zu sein; wir bringen sie hier in Form eines vereinfachten Modells, das zwei Hälften und drei matrimoniale Klassen umfaßt, wobei klar ist, daß die Zahl drei nicht notwendigerweise einer empirischen Gegebenheit entspricht, sondern für eine beliebige Zahl steht, vorausgesetzt, daß diese nicht gleich zwei ist: in diesem Fall würde die Heirat nämlich symmetrisch, und man würde die Bedingungen der Hypothese nicht einhalten.
Wenn das feststeht, lassen sich die drei Modelle, das der Winnebago, das indonesische und das der Bororo, in den drei (untenstehenden) Diagrammen formalisieren, die gleichartig sind und die Merkmale des entsprechenden Systems zeigen. Die drei Diagramme haben eine identische Struktur, das heißt sie zeigen erstens eine Gruppe von drei kleinen Kreisen, zweitens eine Dreiteilung, drittens einen großen Kreis; aber die Funktion dieser drei Elemente ist nicht für alle gleich. Gehen wir sie also der Reihe nach durch.

Das Winnebago-Dorf umfaßt zwölf Clans, die auf drei Gruppen verteilt sind und zwar zu zwei Gruppen von vier (»Erde« und »Wasser«) bei der Hälfte »von unten« und einer Gruppe von vier (»Himmel«) für die Hälfte »von oben«. Die Dreiteilung zeigt die Möglichkeiten einer Heirat aufgrund der Exogamieregel der zwei Hälften. Der große Kreis, der mit dem Umkreis des Dorfes zusammenfällt, umfaßt das Ganze, um daraus eine Wohneinheit zu machen (Abb. 13).

WINNEBAGO

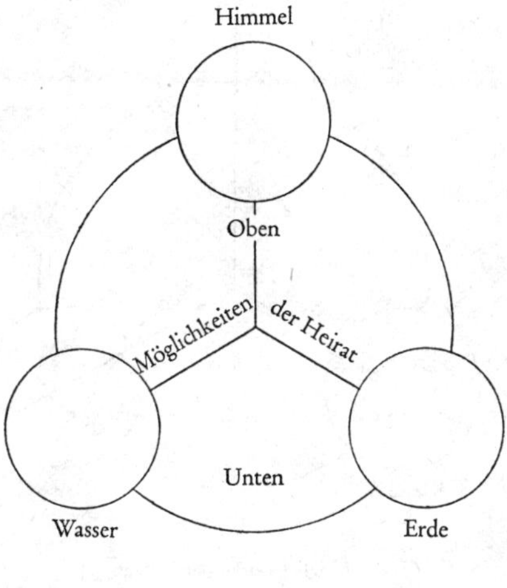

Abb. 13: Schema der Sozialstruktur der Winnebago

Das indonesische Modell ist viel komplexer. Wir haben es nicht mehr mit gruppierten Clans zu tun, sondern mit matrimonialen Klassen ohne festen Wohnsitz, das heißt, ihre Mitglieder können sich über mehrere Dörfer verstreuen. Die asymmetrische Heiratsregel ist bei diesen Klassen von folgendem Typ: ein Mann A heiratet eine Frau B, ein Mann B eine Frau C, ein Mann C eine Frau A; das bedeutet erstens: eine Dichotomie der Geschlechter innerhalb jeder Klasse (Bruder und Schwester haben eine verschiedene matrimoniale Bestimmung); diese dichotomische Funktion wird in dem Diagramm durch die Dreiteilung dargestellt, die jede Klasse auf zwei Gruppen verteilt: auf der einen Seite Männer, auf der anderen Frauen; zweitens: in einem solchen System ist der Wohnort nicht wichtig, und der große Kreis bekommt eine andere Funktion, nämlich die, die Möglichkeiten der Heirat zwischen Männern der einen Klasse und Frauen der anderen wiederzugeben, wie ein Blick auf das Diagramm zeigt (Abb. 14).

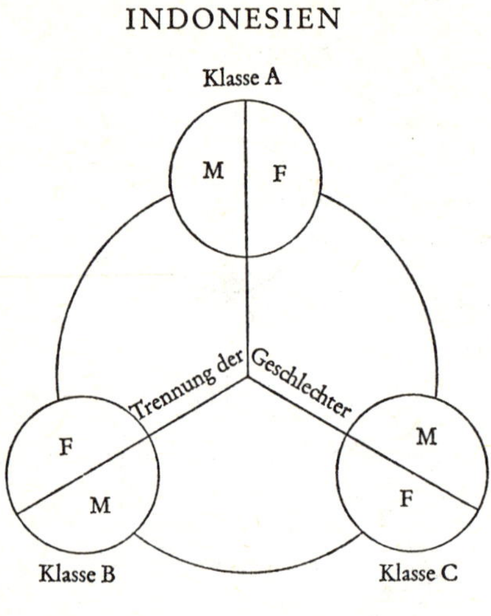

Abb. 14: Schema einer Sozialstruktur indonesischen Typs

Halten wir einen Augenblick ein. Unsere formale Fassung des indonesischen Modells zeigt deutlich eine bemerkenswerte Eigenart der asymmetrischen Heirat. Sobald ihre Bedingungen erfüllt sind – das heißt mit einem Minimum von drei Klassen –, taucht das Prinzip einer dualistischen Dichotomie auf, die auf dem Gegensatz männlich–weiblich beruht. Daß dieser dem System inhärente Gegensatz in Indonesien das Modell geliefert hat, von dem aus es seine dualistischen Organisationen aufgebaut hat, geht nach unserer Ansicht aus der Tatsache hervor, daß die indonesischen Hälften immer als männlich oder weiblich gedacht werden. Das indonesische Denken scheint nicht von der Tatsache berührt zu sein, daß die Hälften bei ihrer empirischen Verwirklichung männlich oder weiblich sein und dennoch eine ungefähr gleiche Menge männlicher und weiblicher Mitglieder haben können. Aber in einer Gesellschaft des gleichen Typus (asymmetrische Heirat verbunden mit einer dualistischen Organisation), ich meine die Miwok aus Kalifornien, haben sich die Eingeborenen an dem Problem gestoßen und eine gewisse Schwierigkeit bei seiner Auflösung empfunden.

Wie die indonesischen Hälften bringen auch die der Miwok eine allgemeine Zweiteilung der Dinge und der Lebewesen zum Ausdruck. Sie heißen *kikua* (Wasser) und *tunuka* (Erde). Obwohl alle Tiere, Pflanzen, physiographischen Aspekte und alle meteorologischen oder astronomischen Erscheinungen auf die beiden Hälften verteilt werden, bilden das männliche und das weibliche Prinzip eine Ausnahme von dieser universellen Dichotomie, als ob die Dialektik der Eingeborenen die objektive Feststellung, daß es in jeder Hälfte Männer und Frauen gibt, nicht hätte verarbeiten können. Aber bezeichnenderweise wird diese Situation nicht als selbstverständlich angesehen; sie bedarf zu ihrer Erklärung eines recht quälenden Mythos: »Coyote-girl and her husband told each other they would have four children, two girls and two boys ... Coyote named one of the male children Tunuka and one of the female children Kikua. The other male child he named Kikua and the other femal Tunuka. Coyote thus made the moieties and gave people their first names.«[21]

Das ursprüngliche Paar genügt nicht; durch eine wahrhaft mythische Wahrsagerei muß man für den Ursprung vier Klassen ansetzen (das heißt eine implizite Teilung jeder Hälfte in männlich und weiblich), um zu vermeiden, daß die Hälften unter anderem eine sexuelle Dichotomie ausdrücken, wie sie Indonesien zugelassen hat, wenn auch im Widerspruch zu der empirischen Situation.

Kommen wir nun zum dritten Diagramm (Abb. 15), in dem die Sozialstruktur der Bororo nach demselben Modell wie die anderen beiden formal dargestellt ist.

Die kleinen Kreise entsprechen nicht den Gruppen von Clans (wie bei den Winnebago), noch den Klassen (wie in Indonesien), sondern *Gruppen von Klassen*; im Gegensatz zu den beiden vorhergehenden Modellen sind diese Einheiten endogam. Man erinnere sich daran,

21 E. W. Gifford, Miwok Moities, *Univ. of Calif. Publ. in Amer. Archaeol. and Ethnol.*, Bd. 12, Nr. 4, S. 143–144.

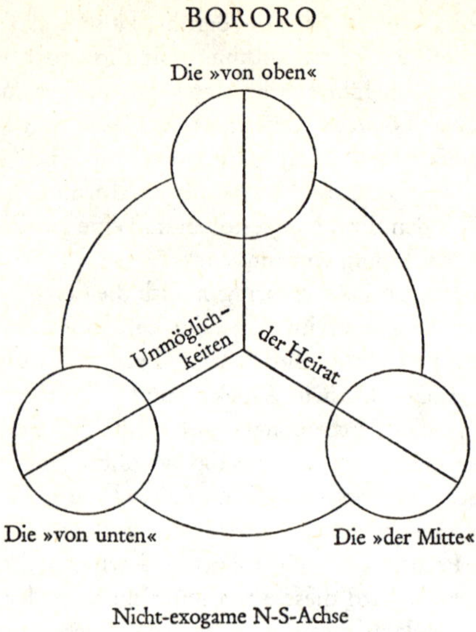

Abb. 15: Schema der Sozialstruktur der Bororo

daß die pseudoexogamen Hälften der Bororo je vier in drei Klassen unterteilte Clans umfassen. Im Diagramm sind alle Oberen, Mittleren und Unteren neu eingeteilt. Die exogame Teilung verlegt sich also bei jeder Gruppe von Klassen ins Innere, nach dem Prinzip: die Oberen der einen Hälfte heiraten die Oberen der anderen, die Mittleren heiraten die Mittleren und so weiter. Die Dreiteilung hat also die Aufgabe, die jeder Klasse eigenen Unmöglichkeiten der Heirat auszudrücken.

Welche Funktion hat nun hier der große Kreis? Seine Beziehung zu den drei kleinen Kreisen (den Gruppen von Klassen) und zu der Dreiteilung (Unmöglichkeiten der Heirat) läßt keinen Zweifel zu: der Kreis entspricht der nichtexogamen Nord-Süd-Achse, die in jedem Bororo-Dorf die Clans senkrecht zu der Achse der pseudoexogamen Hälften auf zwei Gruppen verteilt, die »von oben« und »von unten«, oder auch »stromaufwärts« und »stromabwärts« heißen. Ich habe oft festgestellt, daß die Rolle dieser zweiten Einteilung dunkel ist.[22] Mit Recht: denn wenn die vorliegende

22 C. Lévi-Strauss, *Traurige Tropen*, Köln 1960, S. 169

Analyse hier stimmt, liegt der – zunächst überraschende – Schluß nahe, daß die Nord-Süd-Achse überhaupt keine Funktion hat, es sei denn die, der Bororo-Gesellschaft die Existenz zu ermöglichen. Betrachten wir das Diagramm: die drei kleinen Kreise stellen endogame Gruppen dar, Untergesellschaften, die sich nebeneinander fortpflanzen, ohne daß jemals zwischen ihren Mitgliedern irgendeine Verwandtschaftsbeziehung entsteht. Die Dreiteilung entspricht keinem einigenden Prinzip, insofern sie auch – weil sie die Unmöglichkeiten der Heirat wiedergibt – einen negativen Wert des Systems zum Ausdruck bringt. Das einzig verfügbare einigende Element wird also durch die Nord-Süd-Achse geliefert, auch dies noch unter Vorbehalt: denn auch wenn sie eine Bedeutung für den Wohnort hat, bleibt diese doch zweideutig; sie hat Bezug auf das Dorf, hat aber seine Teilung in zwei getrennte Gebiete zur Folge.
Diese Hypothese müßte nun in dem Gelände selbst geprüft werden. Aber es ist nicht das erstemal, daß die Forschung uns institutionellen Formen gegenüberstellt, die man *Null-Typus* nennen könnte.[23] Diese hätten keine andere Eigenschaft als die, die vorläufigen Existenzbedingungen des sozialen Systems einzuführen, von dem sie abhängen und dem ihr – an sich bedeutungsloses – Vorhandensein gestattet, sich als Ganzheit zu setzen.
Die Soziologie würde damit auf ein wesentliches Problem stoßen, das sie mit der Sprachforschung gemein hat, das ihr aber auf ihrem eigenen Gebiet anscheinend noch nicht völlig bewußt geworden ist. Dieses Problem besteht in dem Vorhandensein von Institutionen ohne allen Sinn, es sei denn den, der Gesellschaft, die sie besitzt, einen zu geben.
Ohne uns noch länger über diesen Gegenstand verbreiten zu wollen, der den Rahmen dieser Untersuchung sprengt, kommen wir auf unsere drei Systeme zurück, deren Eigenarten in Form von fünf zweiteiligen Gegensätzen zusammengefaßt werden können:
Wir haben es mit Klassen oder mit Clans zu tun; diese Elemente sind gruppenweise (Gruppen von Clans, Gruppen von Klassen) oder für sich allein (Klassen) gegeben; die Regeln für eine Verbindung werden positiv oder negativ ausgedrückt; die Geschlechter werden auseinandergehalten (bei der asymmetrischen Heirat) oder

23 So haben wir vor einigen Jahren das *mana* definiert. Vgl. C. Lévi-Strauss, Introduction à l'oeuvre de Marcel Mauss, in: Marcel Mauss, *Sociologie et Anthropologie*, Paris, 1950, S. XLI–LII.

gemischt (bei der symmetrischen Heirat, wo Bruder und Schwester die gleiche matrimoniale Bestimmung haben); und schließlich ist der Wohnort ein bedeutungsvoller Aspekt oder einer ohne Bedeutung je nach dem betrachteten System. Man gelangt so zu folgender Tabelle, wo das Pluszeichen willkürlich dem ersten Ausdruck jedes Gegensatzes zugelegt wird, das Minuszeichen dem zweiten:

		Winnebago	Indonesien	Bororo
1	Klasse/Clan	—	+	+
2	Gruppe/Einheit	+	—	+
3	vorgeschriebene Verbindung/ verbotene Verbindung	+	±	—
4	unterschiedene Geschlechter/ gemischte Geschlechter	—	+	—
5	Wohnort von Bedeutung/ Wohnort ohne Bedeutung	+	—	±

Der Gegensatz Nr. 3 (Verbindung) ist in Indonesien ambivalent wegen des asymmetrischen Charakters der Heirat: für zwei beliebige Klassen ist die Regel der Heirat zwischen Mann von x und Frau von y umgekehrt symmetrisch zu der zwischen Männern von y und Frauen von x. Der Gegensatz Nr. 5 (Wohnort) ist bei den Bororo aus dem oben angegebenen Grunde ambivalent: die Nord-Süd-Achse schließt einen gemeinsamen Wohnort ein und löst ihn dabei in Bezug auf sich auf.

Eine Überprüfung der Diagramme genügt, um zu zeigen, daß das angenommene Modell die binaren und ternären Züge der betrachteten Sozialstrukturen in sich aufnimmt. Man kann auch erkennen, daß eine Beziehung zwischen dem diametralen oder konzentrischen Aspekt der binaren Gegensätze zu bestehen scheint, je nach der Natur der Symbole, zu denen sie gehören. In Indonesien zeigt der diametrale Aspekt einen Gegensatz männlich-weiblich, und der konzentrische wird nunmehr an den komplementären Gegensatz von oben und unten (der eine Triade Oben–Mitte–Unten liefert) angelehnt. Umgekehrt ist es bei den Bororo (und zweifellos auch bei den Winnebago). Da weist eine Triade Oben–Mitte–Unten oder Himmel–Wasser–Erde dem konzentrischen Aspekt die Aufgabe zu, den Gegensatz männlich–weiblich auszudrücken. Es wäre interessant, an Hand anderer Beispiele zu untersuchen, ob diese

Korrelation sich bestätigt, das heißt, ob die Anwendung des konzentrischen Dualismus auf den Gegensatz von oben und unten immer die Zuweisung des diametralen Dualismus auf den Gegensatz von männlich und weiblich zur Folge hat und umgekehrt.
Nach allem, was gesagt worden ist, wird bereits klar, daß der allgemeinste Gegensatz (der zwischen binarer und ternärer Struktur) in Südamerika und in Indonesien umgekehrt symmetrische Anwendungen erfährt. Im Fall Indonesiens haben wir ein System von Hälften, das mit dem verallgemeinerten Austausch verbunden ist, also eine asymmetrische Form der Exogamie. Die ternäre Struktur umschreibt also die Gruppen von Verbundenen, die binare Struktur die beiden Verkehrsrichtungen bei Männern und Frauen. Mit anderen Worten, die erstere bezieht sich auf die *Klassen*, die letztere auf die *Beziehungen* der Klassen zueinander. In Südamerika dagegen (und, wie es scheint, bei allen Gé-Völkern) wird die binare Struktur zur Definition der Gruppen verwandt, die ternäre zu der der beiden Verkehrsrichtungen, und zwar nicht mehr der Männer und der Frauen, sondern der Richtungen, die unterschiedslos den beiden Geschlechtern erlaubt oder verboten sind (da der Austausch beschränkt ist gemäß einer symmetrischen Form der Endogamie). Also bezieht sich hier die binare Struktur auf die *Klassen* und die ternäre auf die *Beziehungen*.
Noch ein letztes Wort zum Abschluß. Ich wollte in diesem Artikel zeigen, daß die Untersuchung der sogenannten dualistischen Organisationen so viele Anomalien und Widersprüche in Bezug auf die geltende Theorie aufgedeckt hat, daß man ein Interesse daran haben müßte, auf diese Theorie zu verzichten und die hauptsächlichen Formen des Dualismus als oberflächliche Verdrehungen von Strukturen, deren wirkliche Natur ganz anders und weit komplizierter ist, zu behandeln. Und doch waren diese Anomalien der Aufmerksamkeit der Erfinder der dualistischen Theorie, ich meine Rivers und seine Schule, keineswegs entgangen. Sie störten sich nicht daran, weil sie sich die dualistischen Organisationen (eben auf der Grundlage dieser Anomalien) als historische Produkte der Vereinigung zweier Bevölkerungen vorstellten, die nach Rasse, Kultur oder einfach Macht verschieden waren. Bei einer solchen Auffassung konnten, ja mußten die betrachteten Sozialstrukturen gleichzeitig dualistisch und asymmetrisch sein.
Marcel Mauss, später Radcliffe-Brown und Malinowski haben das

ethnologische Denken revolutioniert, als sie an die Stelle dieser historischen Interpretation eine andere, psychosoziologische setzten, die sich auf den Begriff der Gegenseitigkeit gründete[24]. Aber in dem Maß, wie diese Meister Schule gemacht haben, wurden die Phänomene der Asymmetrie in den Hintergrund gedrängt, weil sie sich schlecht in die neue Perspektive einfügten. Die Ungleichheit der Hälften wurde zunehmend als eine Unregelmäßigkeit des Systems behandelt. Und, was viel schwerer wiegt, die in der Folge aufgedeckten offensichtlichen Anomalien wurden vollständig außer Acht gelassen. Wie so oft in der Geschichte der Wissenschaft hat sich eine wesentliche Eigenart des Objekts der Aufmerksamkeit der Forscher zunächst in Form eines Sonderfalls angekündigt; dann hat man Angst bekommen, das erlangte Ergebnis in Frage gestellt zu sehen, wenn man es einer strengeren Prüfung unterzöge.

Die Theorie der Gegenseitigkeit steht nicht auf dem Spiele. Für das ethnologische Denken bleibt sie heute begründet auf einer so festen Unterlage, wie es in der Astronomie die Gravitationstheorie ist. Aber der Vergleich enthält eine Lehre: in Rivers hat die Ethnologie ihren Galilei gefunden; Mauss wurde ihr Newton. Hoffen wir nur, daß in einer Welt, die unempfindlicher ist als diese grenzenlosen Räume, deren Schweigen Pascal erschreckte, jene seltenen sogenannten dualistischen Organisationen, die noch in Tätigkeit sind, ihren Einstein erwarten können, ehe für sie – die weniger geschützt sind als die Planeten – die nahe Stunde der Auflösung schlägt.

24 In Wirklichkeit beharrte Rivers, dessen Genialität heute verkannt wird, gleichzeitig auf beiden Interpretationsweisen, und seit Rivers hat niemand etwas geäußert, das nicht bereits von diesem großen Theoretiker angekündigt worden wäre. Was hier gesagt wurde, bleibt dennoch richtig, da die Zeitgenossen und die Nachfolger von Rivers ihm vornehmlich die Urheberschaft seiner historischen und geographischen Interpretationen zuerkannt haben, wohingegen der psychologische und logische Aspekt seiner Lehre stillschweigend von Mauss, Radcliffe-Brown und Malinowski übernommen wurde, um von ihnen mit dem bekannten Erfolg weiterentwickelt zu werden.

Magie und Religion

9. Kapitel

Der Zauberer und seine Magie [1]

Seit Cannons Arbeiten sieht man klarer, auf welchen psychophysiologischen Mechanismen die Todesfälle durch Beschwörung oder Verhexung beruhen, die in zahllosen Gebieten der Welt bezeugt sind [2]: ein Individuum, das sich bewußt wird, Objekt einer Verhexung zu sein, ist aufgrund der feierlichsten Traditionen seiner Gruppe zutiefst überzeugt, daß es verdammt ist; Verwandte und Freunde teilen diese Gewißheit. Von da an zieht sich die Gemeinschaft zurück: man bleibt dem Verdammten fern, man verhält sich ihm gegenüber, als sei er nicht nur bereits tot, sondern ein Gefahrenherd für die ganze Umgebung; bei jeder Gelegenheit und durch alle Verhaltensweisen legt die Gesellschaft dem unglücklichen Opfer den Tod nahe, das dem, was es für sein unvermeidliches Los hält, gar nicht mehr entgehen möchte. Bald übrigens zelebriert man für es die heiligen Riten, die es ins Schattenreich befördern sollen. Der Verzauberte, zunächst brutal von allen familiären und gesellschaftlichen Bindungen abgeschnitten, ausgeschlossen von allen Funktionen und Betätigungen, durch die das Individuum sich seiner selbst bewußt wird, dann diese aufs neue beschworenen, so übermächtigen Kräfte wiederfindend, aber nur, damit sie ihn aus der Welt der Lebenden verbannen, kapituliert nun vor dem vereinten Wirken des intensiven Terrors, des plötzlichen und totalen Rückzugs der vielfältigen Bezugssysteme, die mit Einverständnis der Gruppe geliefert werden, und schließlich vor ihrer entscheidenden Abkehr, die ihn schon zu Lebzeiten als Subjekt mit Rechten und Pflichten für tot erklärt, für ein Objekt der Ängste, Riten und Verbote. Die physische Existenz setzt der Auflösung der sozialen Persönlichkeit keinen Widerstand mehr entgegen. [3]

Wie drücken sich diese komplexen Phänomene auf physiologischer

1 Veröffentlicht unter diesem Titel in: *Les Temps modernes*, Nr. 41, 1949, S. 3–24.
2 W. B. Cannon, »Voodoo« Death, *American Anthropologist*, N. S. Bd. 44, 1942.
3 Ein australischer Eingeborener, das Opfer einer Verhexung dieser Art im April 1956, wurde sterbend in das Krankenhaus von Darwin gebracht. In eine eiserne Lunge gesteckt und durch eine Sonde ernährt, kam er langsam wieder zu Kräften, überzeugt, daß »die Magie des weißen Mannes stärker ist«. Vgl. Arthur Morley, in *London Sunday Times*, 22. 4. 1956, S. 11.

Ebene aus? Cannon hat gezeigt, daß die Angst wie die Wut von einer besonders intensiven Tätigkeit des sympathischen Nervensystems begleitet wird. Diese Tätigkeit ist normalerweise nützlich, da sie organische Veränderungen im Gefolge hat, die das Individuum instandsetzen, sich einer neuen Lage anzupassen; wenn aber das Individuum über keine instinktive oder angelernte Antwort auf eine außerordentliche Situation oder was es für eine solche hält verfügt, erweitert sich die Tätigkeit des Sympathicus und gerät in Unordnung und kann zuweilen binnen weniger Stunden eine Verminderung des Blutvolumens und ein damit zusammenhängendes Absinken des Blutdrucks bewirken, mit dem Ergebnis nicht wiedergutzumachender Schädigungen der Kreislauforgane. Die Zurückweisung von Essen und Trinken, die bei Kranken häufig ist, welche intensiv Angst empfinden, beschleunigt diese Entwicklung, wobei die Entwässerung gleichsam den Sympathicus stimuliert und die Verringerung des Blutvolumens durch die zunehmende Durchlässigkeit der Kapillargefäße noch fortschreitet. Diese Hypothesen sind bestätigt worden durch die Untersuchung mehrerer Fälle von Traumatismen, die auf Bombenangriffe zurückzuführen waren, auf Einsätze auf dem Schlachtfeld oder sogar auf ärztliche Operationen: der Tod tritt ein, ohne daß die Autopsie eine Verletzung feststellen kann.

Es gibt also keinen Grund, die Wirksamkeit gewisser magischer Praktiken in Zweifel zu ziehen. Gleichzeitig sieht man aber, daß die Wirksamkeit der Magie den Glauben an die Magie impliziert und daß dieser sich unter drei ergänzenden Aspekten darstellen läßt: zunächst der Glaube des Zauberers an die Wirksamkeit seiner Techniken; dann der des Kranken, den jener pflegt, oder des Opfers, das er verfolgt, an die Macht des Zauberers selbst; schließlich das Vertrauen und die Forderungen der öffentlichen Meinung, die ständig eine Art Gravitationsfeld bilden, in dem die Beziehungen zwischen dem Zauberer und denen, die er verzaubert, liegen und sich definieren lassen.[4] Keiner der drei mitwirkenden Teile ist natürlich imstande, eine klare Vorstellung von der Tätigkeit des Symphaticus und den Störungen, die Cannon homöostatisch genannt hat, zu er-

4 Im Laufe dieser Untersuchung, deren Gegenstand mehr psychologisch als soziologisch ist, glauben wir die Unterscheidungen, die nicht unerläßlich sind und die in der Religionssoziologie notwendigerweise zwischen den diversen Arten magischer Operationen und den verschiedenen Typen von Zauberern gemacht werden müssen, vernachlässigen zu dürfen.

zeugen. Wie rechtfertigt ein Zauberer, der vorgibt, einen pathologischen Gegenstand aus dem Körper seines Kranken saugen zu können, dessen Vorhandensein den Krankheitszustand erklären würde, und einen Kieselstein vorzeigt, den er im Mund verborgen hatte, diese Prozedur vor sich selbst? Wie gelingt es einem der Zauberei angeklagten Unschuldigen, sich zu entlasten, wenn die Beschuldigung einstimmig ist, da die magische Situation ein Phänomen des *Konsensus* ist? Und schließlich, wie viel Anteil hat die Leichtgläubigkeit und wieviel die Kritik, die sich in die Haltung der Gruppe denen gegenüber mischt, denen sie außerordentliche Kräfte zubilligt, denen sie entsprechende Vorrechte einräumt, von denen sie aber auch entsprechende Zufriedenstellung verlangt? Fangen wir mit der Prüfung des letzten Punktes an.

September 1938. Wir kampierten seit ein paar Wochen bei einer kleinen Gruppe von Nambikwara-Indianern im Quellgebiet des Tapajoz in jenen öden Savannen Zentralbrasiliens, wo die Eingeborenen den größten Teil des Jahres auf der Suche nach Körnern und wilden Früchten, kleinen Säugetieren, Insekten und Reptilien umherstreifen, auf der Suche nach allem, was verhindert, daß sie Hungers sterben. Es waren ungefähr dreißig, die sich im Laufe des zufallsreichen Nomadenlebens zusammengefunden hatten und in Familien zusammenlebten unter dem kümmerlichen Dach des Laubwerks, das einen spärlichen Schutz gegen die glühende Sonne und gegen die nächtliche Kälte, gegen Regen und Wind bot. Wie die meisten der Horden hatten sie einen Häuptling und einen Medizinmann, dessen Tagesbeschäftigung sich in nichts von der der anderen Männer der Gruppe unterschied: Jagd, Fischerei, handwerkliche Arbeiten. Er war ein robuster Mann von ungefähr fünfundvierzig Jahren, von fröhlicher Lebensart.

Eines Abends jedoch erschien er nicht zur gewohnten Stunde im Lager. Die Nacht fiel herein und die Feuer wurden angezündet: die Indianer verhehlten ihre Unruhe nicht; zahlreich sind die Gefahren im Busch: reißende Flüsse, die zweifellos unwahrscheinliche Gefahr, einem großen wilden Tier, einem Jaguar oder einem Ameisenbär zu begegnen, oder die der Vorstellung der Nambikwara weit näherliegende, daß ein anscheinend friedliches Tier die Verkörperung eines feindlichen Geistes der Gewässer oder Wälder sei; vor allem aber sahen wir allabendlich seit einer Woche geheimnisvolle Lagerfeuer, die bald näher, bald ferner von den unseren leuchteten. Jede unbekannte Horde ist möglicherweise feindlich eingestellt. Nach zwei Stunden des Wartens war die Überzeugung, der Medizinmann sei in einen Hinterhalt geraten, allgemein, und während seine beiden jungen Frauen und sein Sohn herzzerreißend den Tod ihres Gatten und Vaters beweinten, besprachen die anderen Eingeborenen die tragischen Folgen, die das Verschwinden ihres Würdenträgers anzeigen mußte.

Gegen zehn Uhr abends hatten das ängstliche Warten auf eine unmittelbar bevorstehende Katastrophe, das Wehklagen, an dem sich nun auch andere Frauen beteiligten, und die Aufregung der Männer eine unerträgliche Atmosphäre geschaffen, und wir beschlossen, mit einigen Eingeborenen, die relativ ruhig geblieben waren, einen Erkundungsgang zu unternehmen. Wir hatten noch keine zweihundert Meter zurückgelegt, als wir auf etwas Unbewegliches stießen: es war unser Mann, schweigend zusammengekauert, in der nächtlichen Kälte klappernd, mit zerzaustem Haar und seines Gürtels (die Nambikwara tragen weiter keine Kleidung), seiner Hals- und Armbänder beraubt. Widerstandslos ließ er sich ins Lager zurückführen, aber es bedurfte langen Zuredens aller und der inständigen Bitten seiner Angehörigen, bis er seine Stummheit aufgab. Schließlich konnte man ihm Stück für Stück die Einzelheiten seiner Geschichte entreißen. Ein Gewitter – das erste der Jahreszeit – war am Nachmittag niedergegangen, der Donner hatte ihn mehrere Kilometer bis an einen Ort, den er bezeichnete, entführt und vollständig entblößt wieder an die Stelle zurückgebracht, wo wir ihn gefunden hatten. Alles ging schlafen und kommentierte unterdes das Ereignis. Anderentags hatte das Opfer des Donners seine übliche Heiterkeit wiedergefunden und übrigens auch allen Schmuck, eine Einzelheit, die niemanden zu überraschen schien; das Alltagsleben nahm seinen Fortgang.

Einige Tage nach dem Vorfall wurde eine andere Version dieses wundersamen Ereignisses von einigen Eingeborenen in Umlauf gesetzt. Nun muß man wissen, daß die Horde, die hier der Ort des Geschehens war, aus Individuen ganz verschiedenen Herkommens bestand, die sich bei unbekannter Gelegenheit zu einer neuen sozialen Einheit zusammengetan hatten. Die eine Gruppe war einige Jahre zuvor durch eine Seuche dezimiert worden und nun nicht mehr zahlreich genug, um ein autonomes Leben zu führen; die andere hatte sich von ihrem ursprünglichen Stamm getrennt und war denselben Schwierigkeiten ausgesetzt gewesen. Wann und unter welchen Bedingungen sich die beiden Gruppen begegnet waren und beschlossen hatten, ihre Kräfte zu vereinen, wobei die eine der neuen Formation ihren weltlichen Häuptling gab, die andere ihren religiösen Führer, konnten wir nie in Erfahrung bringen; aber das Ereignis war sicher neueren Datums, denn keine Ehe zwischen den beiden Gruppen war noch zustande gekommen, als wir sie trafen, wiewohl die Kinder der einen im allgemeinen den Kindern der anderen anverlobt wurden; und trotz der Existenzgemeinschaft hatte jede Gruppe ihren Dialekt bewahrt und konnte mit der anderen nur durch Vermittlung von zwei oder drei zweisprachigen Eingeborenen verkehren.

Nach diesen unerläßlichen Erklärungen nun also das, was von Mund zu Mund ging: man hatte allen Grund anzunehmen, daß die unbekannten Gruppen, die in der Savanne umherzogen, zu dem Stamm der abtrünnigen Gruppe gehörten, zu der auch der Medizinmann rechnete. Dieser hatte ohne Zweifel, indem er sich die Rechte seines Kollegen, des politischen Führers anmaßte, Kontakt mit seinen Landsleuten aufnehmen wollen, um über eine Rückkehr zum alten Stamm zu verhandeln, um sie anzureizen, die neuen Verbündeten anzugreifen, oder auch, um sie hinsichtlich der Pläne dieser Verbündeten jenen gegenüber zu beruhigen; wie dem auch sei, er brauchte einen Vorwand, um sich wegzubegeben, und die Entführung durch den Donner war zu diesem Zweck erfunden worden. Natürlich waren es die Angehörigen der anderen Gruppe, die diese Lesart verbreiteten, der sie insgeheim Glauben schenkten und die sie mit Unruhe erfüllte. Niemals aber wurde diese offizielle Version des Vorfalls öffentlich diskutiert, und bis zu unserem Aufbruch, der bald darauf erfolgte, blieb sie sichtlich von allen anerkannt.[5]

Man hätte dennoch die Skeptiker in Staunen versetzt, wenn man einen so wahrscheinlichen Betrug beim Namen genannt hätte, dessen Beweggründe sie selbst mit großer psychologischer Finesse und viel politischem Verstand analysierten, um die Glaubwürdigkeit und Wirksamkeit ihres Medizinmannes zu untersuchen. Zweifellos war er nicht auf den Flügeln des Donners bis zum Flusse Ananaz geflogen, und alles war nur Theater. Aber diese Dinge hätten gesche-

5 C. Lévi-Strauss, *Traurige Tropen*, a.a.O., S. 271 f.

hen können, sie waren unter anderen Umständen effektiv geschehen, sie gehörten zum Erfahrungsbereich. Daß ein Zauberer intime Beziehungen zu den übernatürlichen Gewalten unterhielt, war sicher; daß er in einem solchen Sonderfall seine Macht zum Vorwand nahm, um eine politische Tätigkeit zu verschleiern, gehörte in das Gebiet der Vermutung und bot der historischen Kritik Gelegenheit, sich einzuschalten. Der wichtige Punkt ist, daß die beiden Möglichkeiten sich nicht ausschlossen, so wenig wie für uns die Interpretation des Krieges als letztes Aufbrausen nationaler Unabhängigkeit oder als Ergebnis der Machenschaften des Waffenhandels. Beide Erklärungen sind logisch nicht miteinander zu vereinbaren, wir können aber einräumen, daß die eine oder die andere je nach Standpunkt wahr sein kann; und da sie beide plausibel sind, wechseln wir leicht von einer zur anderen hinüber, je nach Gelegenheit und Augenblick, und für viele können sie sogar insgeheim im Bewußtsein nebeneinander existieren. Diese divergierenden Darstellungen werden – welches auch immer ihr gelehrter Ursprung sein mag – vom individuellen Bewußtsein nicht als Ergebnis einer objektiven Analyse angeboten, sondern viel eher als Gegebenheiten zusätzlicher Art, gefordert durch sehr verschwommene und kaum durchgearbeitete Einstellungen, die für jeden von uns Erfahrungscharakter haben. Diese Erfahrungen bleiben jedoch intellektuell ungeformt und affektiv unerträglich, es sei denn, sie werden in dieses oder jenes Schema eingegliedert, das zu der Kultur der Gruppe gehört und dessen Aneignung allein erlaubt, subjektive Zustände zu objektivieren, unformulierbare Eindrücke zu formulieren und ungegliederte Erfahrungen in ein System einzuordnen.

Diese Mechanismen lassen sich besser an Hand älterer Beobachtungen erklären, die die bewundernswerte Forscherin M. C. Stevenson[6] bei den Zuñi in Neu-Mexiko gemacht hat. Ein zwölfjähriges Mädchen hatte, unmittelbar nachdem ein Jüngling ihre Hände ergriffen hatte, einen Nervenschock bekommen; der Jüngling wurde der Hexerei beschuldigt und vor den Gerichtshof der Priester gebracht. Eine Stunde lang leugnete er vergeblich, irgendwelche okkulten Kenntnisse zu besitzen. Da sich das Verteidigungssystem als

6 M. C. Stevenson, The Zuni Indians, *23rd Annual Report of the Bureau of American Ethnology*, Smithsonian Institution, Washington, 1905.

unwirksam erwiesen hatte und da das Verbrechen der Hexerei bei den Zuñi zu jener Zeit noch mit dem Tode bestraft wurde, änderte der Beschuldigte die Taktik und improvisierte einen langen Bericht, in dem er erklärte, unter welchen Umständen er in die Hexerei eingeweiht worden sei und von seinen Meistern zwei Mittel empfangen habe, eines, das die Mädchen verrückt mache, ein anderes, das sie heile. Dieser Punkt war eine erfinderische Vorsichtsmaßnahme gegen die weitere Entwicklung. Aufgefordert, diese Drogen vorzuzeigen, begab er sich unter Bewachung nach Hause und kam mit zwei Wurzeln wieder, die er alsbald in einem komplizierten Ritual benutzte, in dessen Verlauf er nach dem Genuß einer dieser Drogen einen Trancezustand simulierte, dann seine Rückkehr in den Normalzustand durch die andere. Danach probierte er das Mittel an der Kranken aus und erklärte sie für geheilt. Die Sitzung wurde bis zum nächsten Tag verschoben, aber in der Nacht entfloh der angebliche Zauberer. Man ergriff ihn alsbald wieder, und die Familie des Opfers bildete einen improvisierten Gerichtshof, um den Prozess fortzusetzen. Angesichts der Weigerung der neuen Richter, seine vorhergehende Version anzunehmen, erfand der Bursche nun eine neue: alle seine Verwandten und seine Ahnen seien Zauberer, von ihnen habe er wunderbare Kräfte wie die, sich in eine Katze zu verwandeln, seinen Mund voller Kaktusstacheln zu nehmen und seine Opfer zu töten – zwei Säuglinge, drei kleine Mädchen, zwei Knaben –, indem er jene auf diese schleudere; all das dank magischer Federn, die ihm und den Seinen erlaubten, die menschliche Gestalt zu verlassen. Dieses letzte Detail war ein taktischer Fehler, denn nun verlangten die Richter das Vorzeigen der Federn als Beweis für den Wahrheitsgehalt der neuen Erzählung. Nach verschiedenen Entschuldigungen, die nacheinander zurückgewiesen wurden, mußte man sich in das Haus der Familie des Beschuldigten begeben. Dieser gab nun vor, die Federn seien hinter der Verkleidung einer Wand verborgen, die er nicht zerstören könne. Man zwang ihn dazu. Nachdem er ein Stück Mauer niedergerissen hatte, deren einzelne Trümmer er sorgfältig untersuchte, versuchte er sich mit Gedächtnisschwund zu entschuldigen: vor zwei Jahren seien die Federn versteckt worden, und er wisse nicht mehr genau, wo. Zu neuen Nachforschungen gezwungen, machte er sich an eine andere Wand, wo nach einer Stunde eine alte Feder im Mauerwerk zum Vorschein kam. Gierig ergriff er sie und bot sie sei-

nen Verfolgern als das erwähnte magische Instrument dar; man ließ ihn im Detail den Mechanismus ihrer Verwendung erklären. Schließlich mußte er, auf den öffentlichen Platz gezerrt, seine ganze Geschichte wiederholen, die er nun mit einer großen Zahl neuer Einzelheiten anreicherte; er schloß mit einer pathetischen Rede, in der er den Verlust seiner übernatürlichen Kraft beweinte. So beruhigt, willigten seine Zuhörer in seine Freilassung ein.
Diese Geschichte, die wir hier abgekürzt wiedergeben und aller psychologischer Nuancen entkleiden mußten, bleibt in vielerlei Hinsicht lehrreich. Man sieht zunächst, daß der Beschuldigte, der wegen Hexerei verfolgt wird und deshalb die Todesstrafe fürchten muß, die Freisprechung nicht erreicht, indem er sich entlastet, sondern indem er sein angebliches Verbrechen auf sich nimmt; noch mehr: er verbessert seine Sache, indem er verschiedene Versionen vorbringt, von denen jede blumiger, detailreicher (also im Grunde belastender) ist als die vorangegangenen. Die Verhandlung läuft nicht wie in unseren Prozessen in Anklage und Widerlegung, sondern in Behauptungen und Spezifierungen ab. Die Richter erwarten vom Angeklagten nicht, daß er eine These bestreitet, und noch weniger, daß er Tatsachen widerlegt; sie verlangen von ihm, daß er ein System bestätigt, von dem sie nur ein Bruchstück in der Hand haben und dessen fehlenden Teil sie angemessen ergänzen wollen. So vermerkt die Forscherin zu einer Phase des Prozesses: »Die Krieger hatten sich durch die Geschichte des Burschen so vollkommen fesseln lassen, daß sie den anfänglichen Grund seines Erscheinens vor ihnen vergessen zu haben schienen.« Und als die magische Feder schließlich zutage gefördert ist, stellt die Autorin sehr tiefsinnig fest: »Die Bestürzung griff bei den Kriegern um sich, die wie aus einem Munde ausriefen: ›Was hat das zu bedeuten?‹ Jetzt waren sie gewiß, daß der Junge die Wahrheit gesprochen hatte.« Bestürzung und nicht Triumph, den sichtbaren Beweis des Verbrechens auftauchen zu sehen: denn mehr, als ein Verbrechen zu ahnden, suchen die Richter (indem sie die objektive Grundlage durch einen angemessenen emotialen Ausdruck für gültig erklären) die Wirklichkeit des Systems, die das ermöglicht hat, zu bestätigen. Das durch die Anteilnahme, ja sogar die Komplizenschaft der Richter verstärkte Bekenntnis verwandelt den Beschuldigten aus einem Schuldigen in einen Helfer der Anklage. Dank seiner verlieren die Hexerei und die damit verknüpften Gedanken als diffuses Ganzes von Gefühlen und unklaren

Vorstellungen ihren bösartigen Charakter und schlagen sich als Erfahrung nieder. Der Angeklagte bringt als Zeuge der Gruppe einen Gewinn an Wahrheit ein, der dichter und reicher ist als der Gewinn an Gerechtigkeit, den seine Exekution zur Folge gehabt hätte. Aufgrund seiner erfindungsreichen Verteidigung, die seinen Zuhörern allmählich durch die Verifizierung seines Systems (da die Wahl nicht zwischen diesem System und einem anderen getroffen werden muß, sondern zwischen dem magischen System und überhaupt keinem System, das heißt der restlosen Unordnung) seinen vitalen Charakter gezeigt hat, gelangt der Junge schließlich dahin, aus einer Bedrohung der physischen Sicherheit seiner Gruppe ein Garant der Kohärenz ihres Denkens zu werden.
Aber ist die Verteidigung wirklich nur erfindungsreich? Alles läßt darauf schließen, daß der Beschuldigte, nachdem er erst zögernd einen Durchschlupf zu finden versucht hat, aufrichtig und – das Wort ist nicht zu stark – voller Hingebung an dem dramatischen Spiel mit seinen Richtern teilnimmt. Man erklärt ihn zum Zauberer; da es dergleichen gibt, könnte er einer sein. Und wie sollte er von vornherein die Zeichen kennen, die ihm seine Berufung klarmachen würden? Vielleicht sind sie in dieser Prüfung und in den Zuckungen des Mädchens, das vor das Gericht gebracht wurde, zu finden. Auch für ihn haben die Kohärenz des Systems und die Rolle, die ihm zugewiesen wurde, um es festzulegen, einen nicht weniger großen Wert als die persönliche Sicherheit, die er bei dem Abenteuer aufs Spiel setzt. Man sieht also, wie er kontinuierlich an der Persönlichkeit, die man ihm aufdrängt, mit einer Mischung aus Verschlagenheit und gutem Glauben baut: indem er weitgehend aus seinen Kenntnissen und Erinnerungen schöpft, auch improvisiert, aber besonders dadurch, daß er seine Rolle spielt und in den Manipulationen, die er andeutet, und in dem Ritual, das er Stück für Stück zusammensetzt, die Erfahrung eines Auftrages sucht, dessen Möglichkeit zumindest allen offensteht. Was bleibt am Ende des Abenteuers von den anfänglichen Listen übrig; wie weit ist der Held von seiner Person zum Narren gehalten worden, oder inwieweit ist er tatsächlich zum Zauberer geworden? »Je mehr der Junge sprach«, wird über sein Schlußbekenntnis gesagt, »desto tiefer versenkte er sich in seinen Gegenstand. Momentweise hellte sich sein Gesicht auf vor Befriedigung, die der Beherrschung seiner Zuhörerschaft entsprang.« Daß das Mädchen nach der Verordnung des Heilmittels

gesundet und daß die im Laufe einer so außergewöhnlichen Prüfung gemachten Erfahrungen sich einstellen und organisieren: mehr braucht es zweifellos nicht, damit die von der Gruppe bereits anerkannten übernatürlichen Kräfte von ihrem unschuldigen Besitzer definitiv zugegeben werden.

Einen noch wichtigeren Platz müssen wir einem weiteren Dokument von außerordentlichem Wert einräumen, dem man anscheinend bis heute nur ein rein sprachliches Interesse entgegengebracht hat: es handelt sich um das Fragment einer Eingeborenenbiographie in der Sprache der Kwakiutl (aus der Gegend von Vancouver in Kanada), von Franz Boas aufgefunden, der auch die wortgetreue Übersetzung vorgenommen hat.[7]

Ein Mann namens Quesalid (so lautet jedenfalls der Name, den er bekam, als er Zauberer wurde) glaubte nicht an die Macht der Zauberer oder besser der Schamanen, da dieser Ausdruck richtiger ist, wenn man den Typ ihrer spezifischen Tätigkeit in einigen Gebieten der Welt bezeichnen will; von Neugier getrieben, ihre Betrügereien aufzudecken, und von dem Wunsch beseelt, sie zu entlarven, begann er ihre Nähe zu suchen, bis einer von ihnen ihm anbot, ihn in ihre Gruppe einzuführen, wo er eingeweiht und schnellstens einer der ihren würde. Quesalid ließ sich nicht lange bitten, und sein Bericht beschreibt mit allen Einzelheiten, wie seine ersten Lektionen verliefen: eine seltsame Mischung aus Pantomime, Gaukelei und empirischen Kenntnissen, darunter die Kunst, Ohnmachten zu heucheln, Nervenanfälle vorzutäuschen, die Lehre magischer Gesänge, die Technik, sich selbst zum Speien zu bringen, und ziemlich präzise Kenntnisse in der Praxis der Auskultation und der Geburtshilfe, die Einsetzung von »Träumern«, das heißt von Spionen, die die privaten Unterhaltungen belauschen und den Schamanen Elemente der Information über das Herkommen und die Symptome der Krankheit verschiedener Leute berichten müssen, und besonders die *ars magna* einer bestimmten Schamanenschule der Nordwestküste des Pazifik, das heißt, den Gebrauch eines kleinen Federbüschels, welches der Praktiker in einer Höhle seines Mundes verbirgt, um es im gegebenen Moment ganz blutig wieder auszuspucken, nach-

7 Franz Boas, The religion of the Kwakiutl, *Columbia University Contributions to Anthropology*, Bd. X, New York, 1930, Teil II, S. 1–41.

dem er sich auf die Zunge gebissen oder das Blut aus dem Zahnfleisch gesaugt hat, und es dem Kranken und den Umstehenden feierlich zu präsentieren als den pathologischen Körper, der dank seiner Manipulationen ausgestoßen wurde.

Obwohl sich Quesalid in seinem ärgsten Verdacht bestätigt sah, wollte er dennoch die Untersuchung fortsetzen; indes, er war nicht mehr ganz frei, da seine Lehrzeit bei den Schamanen in der Öffentlichkeit bekannt zu werden begann. Und so wurde er eines Tages von der Familie eines Kranken gerufen, der von ihm als seinem Retter geträumt hatte. Diese erste Behandlung (für die er, wie er anderswo erwähnte, keine Bezahlung nahm, so wenig wie für die folgenden, da er die vier Jahre regulären Exerzitiums noch nicht abgeschlossen hatte) wurde ein eklatanter Erfolg. Aber obwohl Quesalid von diesem Augenblick an als »ein großer Schamane« galt, verlor er nicht seinen kritischen Geist; er interpretierte seinen Erfolg mit psychologischen Gründen, »da der Kranke fest an den Traum, in dem ich vorkomme, glaubt«. Was ihn nach seinen eigenen Ausdrücken »zögernd und nachdenklich« machte, war ein weit komplexeres Abenteuer, das ihn vor mehrere Modalitäten von »falschem Übernatürlichem« stellte und ihn den Schluß ziehen ließ, daß einige weniger falsch seien als andere: natürlich diejenigen, an denen sich sein persönliches Interesse entzündete; zugleich begann sein System sich heimlich in seinem Geiste aufzubauen.

Als Quesalid bei dem Nachbarstamm der Koskimo zu Besuch war, wohnte er einer Heilung durch seinen berühmten auswärtigen Kollegen bei; zu seinem großen Entsetzen stellte er eine durchaus andere Technik fest: anstatt die Krankheit in Form eines blutigen, aus dem im Munde verborgenen Federbüschel bestehenden Wurms auszuspucken, spuckten die Koskimo-Schamanen nur ein wenig Speichel in ihre Hand und gaben vor, dies sei »die Krankheit«. Was war diese Methode wert? Welcher Theorie entsprach sie? Um herauszubringen, »worin die Kraft dieser Schamanen besteht, ob sie wirklich vorhanden ist oder ob diese nur vorgeben, Schamanen zu sein«, wie seine Landsleute es sind, bat Quesalid um die Erlaubnis, seine Methode zu versuchen, und erhielt sie, da sich die vorherige Behandlung als unwirksam erwiesen hatte; die Kranke erklärte sich für geheilt.

Und jetzt wird unser Held zum erstenmal schwankend. So wenig Illusionen er sich bis dahin über seine Technik gemacht hat, er hat eine noch falschere, noch betrügerischere und noch unehrlichere angetroffen als die eigene. Er gibt seiner Kundschaft wenigstens etwas: er stellt ihr die Krankheit sichtbar und fühlbar dar, während seine ausländischen Kollegen nichts dergleichen tun und nur vorgeben, das Übel gepackt zu haben. Und seine Methode zeitigt Ergebnisse, während jene andere nutzlos ist. So wird unser Held vor ein Problem gestellt, das in der Entwicklung der modernen Wissenschaft nicht ohne Äquivalent ist: zwei Systeme, von denen man weiß, daß sie gleicherweise inadäquat sind, haben jedoch im Vergleich zueinander einen unterschiedlichen Wert, sowohl vom logischen wie vom experimentellen Standpunkt aus. Im Vergleich zu welchem Bezugssystem soll man sie beurteilen? Zu dem der Tatsachen, wo sie verwechselt werden können, oder zu ihrem eigenen, wo sie theoretisch wie praktisch unterschiedliche Werte haben?

Währenddessen wurden die Koskimo-Schamanen, »mit Schande bedeckt« durch den Mißkredit, in den sie bei ihren Landsleuten gerieten, von tiefen Zweifeln befallen: ihr Kollege hatte die Krankheit, der sie immer eine geistige Natur beigemessen hatten, und die sichtbar zu machen ihnen nie eingefallen wäre, in Form eines materiellen Objekts vorgezeigt. Sie schickten ihm einen Unterhändler, um ihn einzuladen, in einer Grotte an einer Geheimsitzung mit ihnen teilzunehmen. Quesalid begab sich dorthin, und seine ausländischen Kollegen legten ihm ihr System dar: »Jede Krankheit ist ein Mensch: Furunkel und Geschwülste, Juckreize und Krätze, Warzen und Husten und Schwindsucht und Skrofeln; und auch Blasenleiden und Magenschmerzen ... Sobald es uns gelungen ist, die Seele der Krankheit zu packen, die ein Mensch ist, stirbt die Krankheit, die ein Mensch ist; sein Körper verschwindet in unserem Innern.« War diese Theorie richtig, was konnte man dann vorweisen? Und aus welchem Grunde, wenn Quesalid operierte, »klebte die Krankheit an seiner Hand«? Aber Quesalid zog sich hinter die Berufsvorschriften zurück, die ihm vor Beendigung der vier Lehrjahre zu lehren verboten, und lehnte es ab, zu sprechen. Er verharrte in dieser Haltung, auch als ihm die Schamanen der Koskimo ihre angeblich jungfräulichen Töchter schickten, damit sie ihn verführten und ihm sein Geheimnis entrissen.

Daraufhin kehrte Quesalid heim in sein Dorf Fort Rupert und erfuhr dort, daß der berühmteste Schamane eines Nachbarclans, beunruhigt über Quesalids wachsenden Ruf, an alle seine Kollegen eine Herausforderung geschickt und sie eingeladen hatte, sich mit ihm an mehreren Kranken zu messen. Quesalid war zur Stelle und wohnte verschiedenen Heilungen seines älteren Kollegen bei, der so wenig wie die Koskimo die Krankheit vorzeigte; er begnügte sich damit, ein unsichtbares Objekt, »von dem er behauptet, es sei die Krankheit«, bald seiner Kopfbedeckung aus Borke, bald seinem rituellen Flitterkram in Form eines Vogels einzuverleiben: und »durch die Kraft der Krankheit«, die in die Pfeiler des Hauses oder in die Hand des Arztes »beißt«, können diese Gegenstände sich dann im Leeren halten. Das bekannte Szenarium läuft ab. Quesalid, der gebeten wird, sich der von den anderen für aussichtslos gehaltenen Fälle anzunehmen, triumphiert mit der Technik des blutigen Wurms.

Jetzt kommt der wahrhaft pathetische Teil unseres Berichts. Der alte Schamane, beschämt und zugleich verzweifelt über den Mißkredit, in den er durch den Zusammenbruch seines Heilverfahrens geraten ist, schickt Quesalid seine Tochter als Unterhändlerin, damit sie ihn bitte, ihm eine Unterredung zu gewähren. Er trifft ihn am Fuße eines Baumes sitzend, und der Greis drückt sich in folgenden Worten aus: »Wir wollen uns keine bösen Dinge sagen, Freund, ich möchte nur, daß du versuchst, mir mein Leben zu retten, damit ich nicht vor Scham sterbe, denn ich bin zum Gelächter unseres Volkes geworden wegen dem, was du letzte Nacht getan hast. Ich bitte dich, Mitleid zu haben und mir zu sagen, was in jener Nacht an deiner Handfläche klebte. War es die wirkliche Krankheit, oder war es etwa nur fabriziert? Ich bitte dich, Mitleid zu haben und mir zu sagen, wie du das angestellt hast, damit ich es dir nachmachen kann. Freund, habe Mitleid mit mir.« Quesalid, der zunächst schweigt, beginnt nun, Erklärungen zu verlangen über die Rolle der Kopfbedeckung und des Flitterwerkes, und sein Kollege zeigt ihm die in der Kopfbedeckung versteckte Spitze, mit deren Hilfe er sie im rechten Winkel an einem Pfahl befestigen kann, und die Art und Weise, wie er den Kopf seines Flittervogels zwischen den Fingern festhält, um glauben zu machen, der Vogel hinge mit dem Schnabel an seiner Hand. Ganz ohne allen Zweifel ist das alles nur Lug und Trug; er simuliert den Schamanismus wegen des materiellen Gewinns, den er daraus zieht, und wegen »seiner Gier nach den Reichtümern der Kranken«; er weiß wohl, daß man die Seelen nicht pakken kann, »denn wir haben alle unsere Seele«, auch verwendet er Unschlitt und gibt vor, »dies sei die Seele, dieses weiße Zeug, das in meiner Hand sitzt«. Das Mädchen fügt seine Bitten denen des Vaters hinzu: »Hab doch Mitleid mit ihm, damit er weiterleben kann.« Aber Quesalid bleibt schweigsam. Nach dieser tragischen Unterredung mußte der alte Schamane noch in derselben Nacht mit seinen Angehörigen verschwinden, »krank im Herzen« und von der ganzen Gemeinschaft gefürchtet ob der Rache, die er zu nehmen versucht sein könnte. Ganz grundlos: ein Jahr später kehrte er zurück. Wie seine Tochter war auch er verrückt geworden. Drei Jahre darauf starb er.

Und Quesalid machte Karriere, geheimnisbeladen, die Betrüger entlarvend, voller Mißtrauen gegen den Beruf: »Nur einmal habe ich einen Schamanen gesehen, der die Krankheit durch Saugen behandelte; und ich habe nie herausbekommen können, ob er ein echter Schamane war oder ein Simulant. Nur aus einem Grunde glaube ich, daß er ein Schamane war: er erlaubte denen, die er geheilt hatte, nicht, ihn zu bezahlen. Und wahrhaftig, nicht ein einziges Mal habe ich ihn lachen sehen.« Die anfängliche Haltung hatte sich also merklich modifiziert: die radikale negative Einstellung des Freidenkers ist nuancierteren Gefühlen gewichen. Es gibt echte Schamanen. Und er selbst? Am Ende des Berichts weiß man es nicht; es ist aber klar, daß er sein Handwerk gewissenhaft ausübt, daß er stolz ist auf seine Erfolge und daß er gegen alle rivalisierenden Schulen die Technik der blutigen Feder wärmstens verteidigt, deren trügerische Natur, über die er anfangs so gespottet hatte, er völlig aus den Augen verloren zu haben scheint.

Man sieht, die Psychologie des Zauberers ist nicht einfach. Um den Versuch einer Analyse zu machen, sehen wir uns zunächst den Fall des alten Schamanen an, der seinen jungen Rivalen bittet, ihm die Wahrheit zu sagen, ob die Krankheit, die in seinem Handteller klebt wie ein roter klebriger Wurm, echt oder unecht ist, und der in Wahnsinn versinkt, weil er keine Antwort darauf bekommen hat. Vor dem Drama besaß er einerseits die Überzeugung, daß die pathologischen Zustände eine Ursache haben, und daß man diese herausfinden kann; andererseits ein Interpretationssystem, in dem die persönliche Erfindung eine große Rolle spielt und das die verschiedenen Phasen der Krankheit von der Diagnose bis zur Heilung ordnet. Diese Ausdeutung einer an sich unbekannten Wirklichkeit, die aus Verfahren und Vorstellungen besteht, setzt auf eine dreifache Erfahrung: die des Schamanen selbst, der, wenn seine Berufung echt ist (und sogar, wenn sie es nicht ist, aufgrund der Ausübung), spezifische Zustände empfindet, die psychosomatischer Natur sind; dann die des Kranken, der eine Besserung verspürt oder auch nicht; und schließlich die der Öffentlichkeit, die auch an der Heilung teilnimmt, wobei das Mitgerissensein, dem sie unterliegt, und die intellektuelle und gefühlsmäßige Befriedigung, die sie daraus zieht, eine kollektive Zustimmung erzeugen, die selbst wiederum einen neuen Kreislauf inauguriert.

Diese drei Elemente dessen, was man den Schamanen-Komplex nennen könnte, sind untrennbar. Aber man sieht, daß sie sich um zwei Pole gruppieren, von denen der eine durch die intime Erfahrung des Schamanen entsteht, der andere durch den kollektiven *Konsensus*. Es gibt in der Tat keinen Grund, daran zu zweifeln, daß die Zauberer oder wenigstens die aufrichtigsten unter ihnen an ihre Mission glauben und daß dieser Glaube auf die Erfahrung spezifischer Zustände gegründet ist. Die Prüfungen und Entbehrungen, denen sie sich unterwerfen, dürften oft genügen, diese Zustände zu erzeugen, selbst wenn man es ablehnt, sie als Probe einer ernsthaften und hingebungsvollen Berufung anzuerkennen. Es gibt aber auch viel überzeugendere, weil indirekte sprachliche Argumente: in dem Dialekt der Wintu aus Kalifornien gibt es fünf Verbalmodi, die einer Kenntnis entsprechen, die durch das Sehen, durch körperlichen Eindruck, durch Schlußfolgerung, durch Nachdenken und durch Hörensagen zustandekommt. Alle fünf bilden die Kategorie der Kenntnis, im Gegensatz zur Mutmaßung, die sich anders äußert. Seltsamerweise drücken sich die Beziehungen zur übernatürlichen Welt vermittels der Kenntnismodi aus, und zwar durch die des Körpereindrucks (das heißt der am meisten intuitiven Erfahrung), der Schlußfolgerung und des Nachdenkens. So begreift der Eingeborene, der infolge einer geistigen Krise Schamane wird, seinen Zustand grammatisch als eine Folgerung aus der gleichsam als unmittelbare Erfahrung formulierten Tatsache, daß er den Befehl eines Geistes erhalten hat, was den deduktiven Schluß zuläßt, daß er eine Reise ins Jenseits hat machen müssen, an deren Ende – unmittelbare Erfahrung – er sich bei den Seinen wiederfand.[8]

8 D. Demetracopoulou Lee, Some Indian Texts Dealing With the Supernatural, *The Review of Religion*, Mai 1941.

Die Erfahrungen des Kranken geben den am wenigsten wichtigen Aspekt des Systems wieder, wenn man davon absieht, daß ein von einem Schamanen mit Erfolg Gepflegter besonders gut geeignet ist, seinerseits Schamane zu werden, wie man das auch heute bei der Psychoanalyse sieht. Wie dem auch sei, man erinnere sich, daß der Schamane nie vollständig bar aller positiven Kenntnisse und experimentellen Techniken ist, die seinen Erfolg teilweise erklärlich machen; im übrigen müssen Störungen der Art, die man heute psychosomatisch nennt und die einen großen Teil der in Gesellschaften mit geringem Sicherheitskoeffizienten üblichen Krankheiten ausmachen, häufig durch eine psychologische Therapie behoben werden. Im Großen und Ganzen ist es wahrscheinlich, daß die primitiven Medizinmänner wie ihre zivilisierten Kollegen wenigstens einen Teil der Fälle heilen, die sie behandeln, und daß ohne diese relative Wirksamkeit die magischen Bräuche nicht die weite Verbreitung gefunden hätten, wie es in Zeit und Raum tatsächlich der Fall war und ist. Aber der Punkt ist nicht wesentlich, weil er den beiden anderen untergeordnet ist: Quesalid ist nicht ein großer Zauberer geworden, weil er seine Kranken heilte, sondern er heilte seine Kranken, weil er ein großer Zauberer geworden war. Wir kommen also direkt ins andere Extrem des Systems, das heißt zu seinem Kollektivpol.

Tatsächlich muß man den wirklichen Grund für das Zusammenbrechen der Rivalen Quesalids viel eher in der Haltung der Gruppe suchen als in dem Rhythmus von Scheitern und Erfolg. Sie selbst betonen es ja, wenn sie sich beklagen, zum Gespött aller geworden zu sein, wenn sie ihre Schande in den Vordergrund stellen, ein soziales Gefühl par excellence. Das Scheitern ist sekundär, aber in all ihren Reden gewahrt man, daß sie es als Funktion eines anderen Phänomens auffassen: als Schwinden des *sozialen Konsensus*, der auf ihre Kosten um einen andern Praktiker und um ein anderes System herum wiederersteht. Das Grundproblem ist also die Beziehung zwischen einem Individuum und der Gruppe, oder genauer gesagt, zwischen einem bestimmten Typus von Individuum und gewissen Forderungen der Gruppe.

Der Schamane bietet seinem Publikum ein Schauspiel, wenn er seinen Kranken behandelt. Was für ein Schauspiel? Auf die Gefahr hin, bestimmte Beobachtungen in unvorsichtiger Weise zu verallgemeinern, können wir sagen, daß dieses Schauspiel immer eine

Wiederholung des »Rufes« durch den Schamanen ist, das heißt der Anfangskrise, die ihm seinen Zustand offenbar gemacht hat. Aber das Wort Schauspiel darf uns nicht irreführen: der Schamane begnügt sich nicht damit, bestimmte Vorfälle zu reproduzieren oder zu mimen, er erlebt sie effektiv in all ihrer Lebhaftigkeit, ihrer Originalität und ihrer Gewalt von neuem. Und da er am Ende der Sitzung wieder in den normalen Zustand zurückkehrt, können wir mit einem wesentlichen Begriff, den wir der Psychoanalyse entlehnen, sagen, daß er *abreagiert*. Bekanntlich nennt die Psychoanalyse Abreaktion jenen entscheidenden Augenblick des Heilverfahrens, in dem der Kranke die Ausgangssituation, die den Ursprung seiner Störung bildet, noch einmal intensiv erlebt, bevor er diese endgültig überwindet. In diesem Sinn ist der Schamane ein professioneller Abreagierer.

Wir haben an anderer Stelle die theoretischen Hypothesen untersucht, die zu formulieren notwendig wäre, wenn man feststellen wollte, daß der jedem Schamanen oder zumindest jeder Schulrichtung eigene Modus der Abreaktion bei dem Kranken symbolisch eine Abreaktion seiner eigenen Störung induzieren kann[9]. Wenn jedoch die wesentliche Beziehung die zwischen dem Schamanen und der Gruppe ist, dann muß man auch die weitere Frage nach der Beziehung zwischen normalem und pathologischem Denken stellen. In jeder nicht-wissenschaftlichen Perspektive aber (und keine Gesellschaft kann sich rühmen, daran keinen Anteil zu haben) bilden pathologisches und normales Denken nicht nur keinen Gegensatz, sondern sie ergänzen sich. Angesichts einer Welt, die es begierig erfassen möchte, deren Mechanismus zu beherrschen ihm aber nicht gelingt, fragt das normale Denken immer von neuem nach dem Sinn der Dinge, die ihn indessen verweigern; das als pathologisch bezeichnete Denken dagegen strömt über von Interpretationen und affektiven Tönen, mit denen es immer eine weit ärmlichere Wirklichkeit zu überladen bereit ist. Für das eine gibt es experimentell nicht Nachprüfbares, also Dinge, die man nicht fordern kann, für das andere Erfahrungen ohne Objekt, also Verfügbares. In der Sprache der Linguisten können wir sagen, das normale Denken leide immer an einem Mangel an Signifikat, das sogenannte pathologische Denken verfüge (wenigstens in einigen seiner Äußerungen) über einen Überfluß an Signifikantem. Durch

9 Die Wirksamkeit der Symbole, Kap. 10 dieses Bandes.

die kollektive Zusammenarbeit bei dem Heilverfahren des Schamanen stellt sich immer ein Ausgleich zwischen diesen beiden sich ergänzenden Situationen her. Bei dem Problem der Krankheit, die das normale Denken nicht begreift, wird der Psychopath von der Gruppe aufgefordert, einen gefühlsmäßigen Reichtum zu investieren, der durch sich selbst ohne Nutzwert ist. Es entsteht ein Gleichgewicht zwischen dem, was auf psychischer Ebene wirklich ein Angebot und eine Nachfrage ist, aber unter zwei Bedingungen: durch eine Zusammenarbeit zwischen der kollektiven Tradition und der individuellen Erfindung muß sich fortlaufend eine Struktur herausarbeiten und sich modifizieren, das heißt ein System von Gegensätzen und Wechselbeziehungen, das alle Elemente einer totalen Situation in sich birgt, in der Zauberer, Kranker und Öffentlichkeit, Vorstellungen und Verfahren ihren Platz haben. Und wie der Kranke und der Zauberer muß die Öffentlichkeit wenigstens bis zu einem gewissen Grade an der Abreaktion teilhaben, an jenem Erlebnis einer Welt symbolischer Ergüsse, deren »Erleuchtungen« ihr der Kranke als Kranker und der Zauberer als Psychopath – beide über anders nicht integrierbare Erfahrungen verfügend – von fern zeigen. Wenn jede experimentelle Kontrolle fehlt, die nicht notwendig ist und nicht einmal verlangt wird, kann einzig diese Erfahrung und ihr relativer Reichtum im einzelnen Fall die Wahl zwischen mehreren verfügbaren Systemen ermöglichen und die Zustimmung zu dieser Schule oder jenem Praktiker nach sich ziehen.[10]

Im Unterschied zur wissenschaftlichen Erklärung geht es hier nicht darum, verwirrte und ungeordnete Zustände, Emotionen oder Vorstellungen mit einer objektiven Ursache in Zusammenhang zu bringen, sondern sie in der Form eines Ganzen oder eines Systems zu gliedern, wobei das System genau so lange Wert behält, wie es die Ausfällung oder das Zusammenwachsen dieser diffusen (auch wegen ihrer Diskontinuität peinvollen) Zustände ermöglicht; und dieses letztere Phänomen wird dem Bewußtsein durch eine ursprüngliche Erfahrung, die nicht von außen erfaßt werden kann, beglaubigt.

10 Über den hier durchgeführten vereinfachten Vergleich zwischen Zauberer und Psychopath habe ich mich aufgrund einsichtsvoller Kritik seitens Michel Leiris' genauer geäußert in der Einleitung zu dem Werk von Marcel Mauss: *Sociologie et Anthropologie*, Paris 1950, S. XVIII bis XXIII.

Dank ihrer sich ergänzenden Unordnungen verkörpert das Paar Zauberer-Kranker für die Gruppe konkret und lebendig einen Antagonismus, der jedem Denken eigen ist, dessen normale Ausdrucksform aber vage und ungenau bleibt: der Kranke ist reine Passivität, Selbstentfremdung, so wie das Nichtformulierbare die Krankheit des Denkens ist; der Zauberer dagegen ist reine Aktivität, Selbstverströmung, so wie die Affektivität die Nährerin der Symbole ist. Das Heilverfahren setzt diese entgegengesetzten Pole miteinander in Verbindung, sichert den Übergang von einem zum anderen und bekundet in einer ganzheitlichen Erfahrung den Zusammenhang des psychischen Universums, das selbst eine Projektion des sozialen Universums ist.

So erkennt man die Notwendigkeit, den Begriff der Abreaktion auszuweiten, indem man die Richtungen prüft, die er in den psychologischen, von der Psychoanalyse abweichenden Therapien einschlägt; die Psychoanalyse hat das ungeheure Verdienst gehabt, die Abreaktion wieder zu entdecken und ihren großen Wert zu betonen. Darf man sagen, in der Psychoanalyse gebe es nur eine Abreaktion – die des Kranken – und nicht drei? So sicher ist das nicht. Wahr ist jedoch, daß bei dem Heilverfahren eines Schamanen der Zauberer spricht und die Abreaktion *für* den Kranken vollzieht, der schweigt, wohingegen in der Psychoanalyse der Kranke spricht und *gegen* den Arzt, der ihm zuhört, abreagiert. Aber obgleich das Abreagieren des Arztes nicht mit dem des Kranken zusammenwirkt, ist es dennoch erforderlich, denn der Arzt muß eine Analyse durchgemacht haben, um Analytiker zu werden. Die von den beiden Techniken der Gruppe vorbehaltene Rolle ist weit heikler zu definieren, denn die Magie paßt die Gruppe mit Hilfe des Kranken wieder an vordefinierte Probleme an, während die Psychoanalyse den Kranken mittels eingeführter Lösungen wieder an die Gruppe anpaßt. Aber die beunruhigende Entwicklung, die seit ein paar Jahren dahin tendiert, das psychoanalytische System aus einer Gesamtheit wissenschaftlicher Hypothesen, die in einigen präzisen und begrenzten Fällen experimentell nachprüfbar sind, in eine Art diffuse, das Bewußtsein der Gruppe ganz durchdringende Mythologie umzuwandeln (ein objektives Phänomen, das beim Psychologen in der subjektiven Tendenz zum Ausdruck kommt, ein System von Interpretationen, das in Funktion des pathologischen Denkens gedacht ist, auf das normale Denken auszudehnen, und auf Tatsachen der Kollektivpsychologie eine Methode anzuwenden, die an die Untersuchung des individuellen Denkens allein angepaßt ist), läuft Gefahr, rasch den Parallelismus wiederherzustellen. Dann – in einigen Ländern vielleicht schon jetzt – wird der Wert des Systems sich nicht mehr auf wirkliche Heilungen gründen, wovon einige wenige Individuen profitieren, sondern auf das Sicherheitsgefühl der Gruppe auf der Basis des grundlegenden Mythos der Heilung und des bekannten Systems, nach dem sich ihre Welt rekonstruiert.

Von jetzt an kann ein Vergleich zwischen der Psychoanalyse und den ältesten und verbreitetsten psychologischen Heilpraktiken die erstere zu nützlichen Reflexionen über ihre Methode und ihre Prinzipien anregen. Die Psychoanalyse wandelt ihre Behandlungen in Bekehrungen um, indem sie unaufhörlich den Kreis ihrer Patienten erweitert, die, als anomal bezeichnet, allmählich zu Abbildern der Gruppe werden; nur ein Kranker kann geheilt aus der Analyse kommen, ein Unangepaßter oder ein Haltloser kann nur überredet werden. Man kann also eine große Gefahr herannahen sehen: daß die Behandlung (ohne Wissen des Arztes, selbstverständlich) überhaupt nicht zu einer immer die Umwelt berücksichtigenden Auflösung einer präzisen Störung kommt, sondern sich auf die Neuordnung des Weltbildes des Patienten aufgrund psychoanalytischer Interpretationen reduziert. Das heißt, man geriete am Ende in die gleiche Situation, die dem magisch-sozialen System, das wir analysiert haben, seinen Ausgangspunkt und seine theoretische Möglichkeit liefert.

Wenn diese Analyse richtig ist, muß man in den magischen Verhaltensweisen die Antwort auf eine Situation sehen, die sich dem Bewußtsein durch affektive Äußerungen offenbart, deren tiefere Natur aber intellektuell ist. Denn nur die Geschichte der symbolischen Funktion böte die Möglichkeit, Rechenschaft abzulegen von dieser intellektuellen Bedingung des Menschen: daß die Welt nie genug Bedeutung hat und daß das Denken immer über zu viele Bezeichnungen für die Objekte verfügt. Hin- und hergerissen zwischen diesen beiden Bezugssystemen, dem des Signifikanten und dem des Signifikats, verlangt der Mensch vom magischen Denken ein neues Bezugssystem, in das sich bis dahin kontradiktorische Gegebenheiten einfügen lassen können. Aber man weiß, daß dieses System sich auf Kosten des Fortschritts der Erkenntnis aufbaut, die erfordert hätte, eines der beiden früheren Systeme beizubehalten und bis

zu dem Punkt zu vertiefen (wovon wir noch weit entfernt sind), der das Aufgehen des einen im anderen ermöglicht hätte. Man sollte das psychopathische oder normale Individuum nicht immer nur dieses verunglückte kollektive Abenteuer wiederholen lassen. Selbst wenn die Untersuchung des Kranken uns gelehrt hat, daß sich jedes Individuum mehr oder weniger auf kontradiktorische Systeme bezieht, und daß es unter ihrem Konflikt leidet, so genügt es nicht, daß eine bestimmte Integrationsform denkbar und praktisch wirksam ist, damit sie sich als wahr erweise und damit man sicher sein könne, daß die so verwirklichte Anpassung keine absolute Regression im Vergleich zu der vorherigen Konfliktsituation darstellt.
Eine irrige lokale Synthese zusammen mit den normalen Synthesen in eine allgemeine, aber willkürliche Synthese zu integrieren, wäre ein Verlust auf allen Gebieten. Ein Bündel elementarer Hypothesen kann für den Praktiker einen bestimmten instrumentalen Wert besitzen, ohne daß die theoretische Analyse sich dazu zwingen lassen darf, darin das letzte Bild der Wirklichkeit zu erkennen, und ohne daß es überhaupt nötig ist, durch ihre Vermittlung den Kranken und den Arzt zu vereinigen in einer Art mystischer Kommunion, die für beide nicht denselben Sinn hat und die nur damit enden würde, die ärztliche Behandlung in eine Fabeldichtung aufzulösen. Im Grenzfall würde man von dieser nur noch eine Sprache verlangen, die dazu diente, die sozial gebilligte Übersetzung von Phänomenen zu geben, deren tiefere Natur sowohl der Gruppe als auch dem Kranken und dem Zauberer wieder undurchdringlich wäre.

10. Kapitel

Die Wirksamkeit der Symbole [1]

Der erste umfangreichere magisch-religiöse Text einer südamerikanischen Kultur, den wir durch die Veröffentlichung von Wassen und Holmer kennen, wirft ein ganz neues Licht auf gewisse Aspekte des Heilverfahrens der Schamanen und stellt uns vor theoretische Interpretationsfragen, die in dem ausgezeichneten Kommentar der Herausgeber längst nicht ausgeschöpft worden sind. Wir wollen hier den Text nicht aus linguistischer oder amerikanistischer Sicht befragen, aus der er in erster Linie untersucht wurde [2], sondern versuchen, die allgemeinen Zusammenhänge freizulegen.

Es handelt sich um einen langen Beschwörungsgesang, der in der Originalfassung achtzehn Seiten mit 535 Versen umfaßt, die der Cuña-Indianer Guillermo Haya von einem alten Informanten seines Stammes erhalten hat. Bekanntlich besiedeln die Cuña das Gebiet der Republik Panama, und der verstorbene Erland Nordenskjöld hat ihnen seine besondere Aufmerksamkeit zugewandt; es gelang ihm sogar, unter den Eingeborenen Mitarbeiter heranzubilden. In dem uns interessierenden Fall ließ Haya nach dem Tode Nordenskjölds dessen Nachfolger, Dr. Wassen, einen in der Originalsprache aufgesetzten Text mit einer spanischen Übersetzung zugehen, deren Durchsicht Nils Holmer alle erdenkliche Sorgfalt angedeihen ließ.

Gegenstand des Gesangs ist die Hilfe bei einer schweren Geburt. Das ist relativ ungewöhnlich, da die Eingeborenenfrauen Zentral- und Südamerikas leichter niederkommen als die der westlichen Gesellschaften. Die Hinzuziehung eines Schamanen ist also selten und erfolgt bei einer schweren Geburt auf Bitten der Hebamme. Der Gesang hebt an mit einem Bild der Verwirrung dieser letzteren, beschreibt ihren Besuch bei dem Schamanen, dessen Aufbruch zur Hütte der Gebärenden, seine Ankunft, seine Vorbereitungen, bestehend aus der Verbrennung gebrannter Kakaobohnen, Be-

1 Dieser Raymond de Saussure gewidmete Artikel wurde unter demselben Titel in *Revue de l'Histoire des religions*, Bd. 135, Nr. 1, 1949, S. 5–27 veröffentlicht.
2 Nils M. Holmer und Henry Wassen, *Mu-Igala or the Way of Muu, a medicine song from the Cunas of Panama*, Göteborg, 1947.

schwörungen und der Herstellung von heiligen Bildern oder *nuchu.* Diese Bilder, die aus vorgeschriebenen Hölzern geschnitzt werden, welche ihnen Heilwirkung verleihen, stellen die Schutzgeister dar, die der Schamane zu seinen Helfern macht und die er am Kopf packt, um sie zum Aufenthaltsort Muus, der für die Bildung des Foetus verantwortlichen Macht, zu führen. Die schwere Geburt läßt sich daraus erklären, daß Muu seine Befugnisse überschritten und sich des *purba* oder der »Seele« der zukünftigen Mutter bemächtigt hat. So besteht der Gesang ganz und gar in einer Suche nach dem verlorenen *purba*, der nach mancherlei Schicksalswendungen wiedererstattet wird – so etwa der Zerstörung von Hindernissen, dem Sieg über wilde Tiere und schließlich einem großen Kampf, den der Schamane und seine Schutzgeister gegen Muu und seine Töchter führen mit Hilfe magischer Kappen, deren Gewicht jene nicht aushalten können. Muu wird besiegt, der *purba* der Kranken entdeckt und befreit; die Entbindung findet statt, und der Gesang endet mit der Aufzählung von Maßnahmen, die ergriffen werden, damit Muu nicht mit seinen Besuchern entweichen kann. Der Kampf ist aber nicht gegen Muu geführt worden, der für die Fortpflanzung unentbehrlich ist, sondern nur gegen seinen Machtmißbrauch; wenn dieser einmal behoben ist, werden die Beziehungen freundschaftlich, und der Abschied, den Muu vom Schamanen nimmt, kommt fast einer Einladung gleich: »Freund *nele,* wann besuchst du mich wieder?« (412).

Bisher haben wir den Ausdruck *nele* mit Schamane wiedergegeben, was ungenau erscheinen mag, da das Heilverfahren von dem Heiler keine Ekstase, keinen Übergang in einen anderen Zustand verlangt. Doch hat die Verbrennung von Kakao die »Stärkung seiner Kleider« und seine eigene »Stärkung« zum Ziel, sie soll ihn »tapfer machen, damit er Muu begegnen kann« (65–66); insbesondere zeigt die Klassifizierung der Cuña, die zwischen mehreren Typen von Medizinmännern unterscheidet, daß die Macht des *nele* übernatürliche Quellen hat. Die Medizinmänner der Eingeborenen werden in *nele, inatuledi* und *absogedi* eingeteilt. Die Funktionen der beiden letzteren beziehen sich auf eine durch Studium erworbene und durch Prüfungen festgestellte Kenntnis der Beschwörungsgesänge und Heilmittel; wohingegen das Talent des *nele* als angeboren gilt und in der Fähigkeit besteht, in einer Vision die Ursache der Krankheit unmittelbar wahrzunehmen, also den Ort, von dem die bösen

Geister einzelne oder alle Lebenskräfte abziehen. Der *nele* kann diese bösen Geister mobilisieren und aus ihnen seine Schutzgeister oder Hilfskräfte machen[3]. Es handelt sich hier also um einen Schamanen, auch wenn sein Eingreifen bei der Geburt nicht alle mit dieser Funktion gewöhnlich verbundenen Merkmale zeigt. Und die *nuchu*, die Schutzgeister, die sich beim Anruf des Schamanen in den von ihm modellierten Figürchen verkörpern, empfangen von ihm mit der Unsichtbarkeit und der Gabe der Vision *niga*, »Lebenskraft«, »Widerstandskraft«[4], die aus ihnen *nelegan* machen (Plural von *nele*), das heißt »Wesen nach dem Bilde des Menschen für den Dienst am Menschen« (235–237), aber mit außergewöhnlichen Kräften ausgestattet.

So wie wir den Gesang summarisch zusammengefaßt haben, scheint er nach einem recht banalen Muster gemacht: der Kranke leidet, weil er sein zweites, sein geistiges Ich verloren hat, oder genauer, eines der Ichs, deren Summe seine Lebenskraft bildet (darauf kommen wir noch zurück); der Schamane unternimmt mit Hilfe seiner Schutzgeister eine Reise in die übernatürliche Welt, um dem bösen Geist das Ich, das dieser gefangen hält, zu entreißen, und bewirkt – indem er es dem Besitzer wiedergibt – die Heilung. Das außerordentlich Interessante unseres Textes beruht nicht auf diesem formalen Rahmen, sondern auf der Entdeckung – die sicher aus der Lektüre hervorgeht, für die aber Holmer und Wassen der ganze Dank gebührt –, daß *Mu-Igala*, das heißt »der Weg von Muu« und der Aufenthaltsort von Muu, im Denken der Eingeborenen kein mythischer Weg und Ort sind, sondern buchstäblich die Vagina und den Uterus der schwangeren Frau darstellen, die der Schamane und die *nuchu* erforschen und in deren Tiefen sie ihre siegreichen Kämpfe bestehen.

Diese Interpretation gründet sich zunächst auf eine Analyse des Begriffs *purba*. Der *purba* ist ein geistiges Prinzip, das sich vom oben definierten *niga* unterscheidet. Im Gegensatz zum ersteren kann der letztere seinem Besitzer nicht entrissen werden; nur die Menschen und die Tiere haben ihn. Eine Pflanze oder ein Stein haben einen *purba*, aber keinen *niga*; so verhält es sich auch beim Leichnam,

3 E. Nordenskjöld, *An Historical and Ethnological Survey of the Cuna Indians*, herausgg. von Henry Wassen (*Comparative Ethnographical Studies*, 10) Göteborg, 1938, S. 80 ff.

4 *a.a.O.*, S. 360 ff.; Holmer und Wassen, S. 78–79.

und beim Kind entwickelt sich der *niga* erst, wenn es älter wird. Es scheint also, als könne man ohne allzugroße Ungenauigkeit den Ausdruck *niga* mit »Lebenskraft« wiedergeben, und *purba* mit »Ich« oder »Seele«; womit gesagt ist, daß diese Wörter keine Unterscheidung zwischen Belebtem und Unbelebtem (für die Cuña ist alles belebt) einschließen, sondern eher dem platonischen Begriff der »Idee« oder des »Archetyps« entsprechen, die sich in jedem Lebewesen oder Ding verwirklichen.

Die Kranke in unserem Gesang hat nun aber mehr als nur ihren *purba* verloren, der Eingeborenentext spricht ihr Fieber zu, »das warme Kleid der Krankheit« (*passim*), und einen Verlust oder ein Nachlassen der Sehkraft, »die abgeirrt ist, eingeschlafen auf dem Pfade von Muu Puklip« (97); und vornehmlich, so erklärt sie dem Schamanen, der sie befragt, »ist Muu Puklip zu mir gekommen und will mein *nigapurbalele* für immer behalten« (98). Holmer schlägt vor, *niga* mit physischer Kraft zu übersetzen und *purbalele* mit Seele oder Wesen, also »Seele ihres Lebens« [5]. Vielleicht ginge es zu weit, zu sagen, der *niga*, das Attribut des Lebewesens, entstehe aus der Existenz nicht eines, sondern mehrerer funktional vereinigter *purba*. Doch hat jeder Körperteil seinen eigenen *purba*, und der *niga* scheint auf der geistigen Ebene das Äquivalent zu dem Begriff des Organismus zu sein: so wie das Leben aus dem Einklang der Organe entsteht, wäre die »Lebenskraft« nichts anderes als das harmonische Zusammenspiel aller für das Funktionieren je eines Organs verantwortlichen *purba*.

In Wirklichkeit erlangt der Schamane nicht nur den *nigapurbalele* wieder: unmittelbar darauf entdeckt er auch die auf gleicher Ebene liegenden anderen *purba*, des Herzens, der Knochen, der Zähne, der Haare, der Nägel, der Füße (401–408; 435–442). Man könnte sich wundern, in dieser Liste nicht den *purba* aufgeführt zu sehen, der die am meisten betroffenen Organe beherrscht: die der Fortpflanzung. Das rührt, wie die Herausgeber des Textes betont haben, daher, daß der *purba* des Uterus nicht als Opfer angesehen wird, sondern als Urheber der pathologischen Unordnung. Muu und seine Töchter, die muugan, sind – wie Nordenskjöld bereits betont hatte – diejenigen Kräfte, die die Entwicklung des Foetus leiten und die ihm ihre *kurngin*, ihre Eigenschaften übertragen [6]. Der Text aber

5 *a.a.O.*, S. 38, Nr. 44.
6 E. Nordenskjöld, *a.a.O.*, S. 364 ff

liefert keinen Beweis für diese positiven Zuteilungen. Muu erscheint da als ein Unruhestifter, eine einzelne »Seele«, die die anderen einzelnen »Seelen« gefangen und gelähmt und so das Zusammenwirken zerstört hat, das die Integrität des »Hauptkörpers« (*cuerpo jefe* im Spanischen, 430, 435) gewährleistete und aus dem er sein *niga* bezog. Gleichzeitig aber muß Muu an Ort und Stelle bleiben: denn die Expedition zur Befreiung der *purba* droht, die Flucht Muus auf dem vorläufig noch offengelassenen Wege zu provozieren. Daher die Vorsichtsmaßnahmen, die im letzten Teil des Gesanges in allen Einzelheiten beschrieben werden. Der Schamane ruft die Herren der wilden Tiere auf, damit sie den Weg bewachen, die Spuren werden verwischt, man spannt Gold- und Silbernetze auf, und vier Tage lang wachen die *nelegan* und schlagen mit ihren Stöcken (505–535). Muu ist also keine von Grund auf böse, sondern eine vom richtigen Wege abgeirrte Kraft. Die schwere Geburt läßt sich als eine Ablenkung aller anderen »Seelen« der verschiedenen Körperteile durch die »Seele« des Uterus erklären. Sind die einen erst einmal befreit, kann und muß die andere die Zusammenarbeit wiederaufnehmen. Wir wollen hier schon darauf hinweisen, wie genau der Eingeborenenglaube den gefühlsmäßigen Inhalt der physiologischen Störung, wie sie dem Bewußtsein der Kranken unartikuliert erscheinen mag, übernimmt.
Um Muu zu finden, müssen der Schamane und seine Gehilfen einen Weg, »den Weg Muus« gehen, den die zahlreichen Anspielungen des Textes auf dieselbe Art und Weise zu identifizieren erlauben. Wenn der Schamane, unter der Hängematte der Kranken angeklammert, die *nuchu* schließlich modelliert hat, richten sich diese »am Ende des Weges« auf (72, 83) und der Schamane ermahnt sie mit folgenden Worten:

Die Kranke liegt vor euch in ihrer Hängematte;
ihr weißes Gewand hängt lang herab, ihr weißes Gewand bewegt sich leise.
Der schwache Körper der Kranken liegt ausgestreckt;
wenn sie den Weg von Muu erhellen, tropft dieser wie von Blut;
das Bächlein fließt unter der Hängematte, wie Blut, ganz rot;
das weiße innere Gewand steigt zum Grund der Erde herab;
in der Mitte des weißen Gewandes der Frau steigt ein menschliches Wesen herab. (84–90)

Die Übersetzer geben den Sinn der beiden letzten Sätze als zweifelhaft an; aber sie verweisen gleichzeitig auf einen anderen von Nordenskjöld veröffentlichten Originaltext, der keine Zweifel über die Identifizierung des »weißen inneren Gewandes« mit der Vulva zuläßt:

sibugua	*molul*	*arkaali*		
blanca	tela	abriendo		
sibugua	*molul*	*akinnali*		
blanca	tela	extendiendo		
....				
sibugua	*molul*	*abalase*	*tulapurua*	*ekuanali*
blanca	tela	centro	feto	caer haciendo[7]

Der dunkle »Weg Muus«, der ganz voller Blut ist durch die schwere Niederkunft und den die *nuchu* im Lichtschein ihrer magischen Gewänder und Kappen finden müssen, ist also unbestreitbar die Vagina der Kranken. Und der »Aufenthaltsort Muus«, die »Trübe Quelle«, wo er sein Haus hat, entspricht wohl dem Uterus, da der eingeborene Informant den Namen dieser Bleibe *Amukkapiryawila* mit *omegan purba amurrequedi* kommentiert, »die getrübte Menstruation der Frauen«, die auch »die tiefe dunkle Quelle« (250–251) und der »dunkle innere Ort« (32) heißt.[8]

Unser Text zeigt also einen originellen Charakter, der ihm einen besonderen Platz unter den gewöhnlich beschriebenen Heilverfahren der Schamanen sichert. Diese Heilverfahren gehören drei Typen an, die sich allerdings nicht gegenseitig ausschließen: entweder wird das kranke Organ oder Glied physisch ins Spiel gebracht durch eine Manipulation oder durch Saugen, das die Ursache der Krankheit herausziehen soll, im allgemeinen einen Dorn, einen Glassplitter, eine Feder, die man im geeigneten Augenblick erscheinen läßt (Tropisches Amerika, Australien, Alaska); oder das Heilverfahren dreht sich, wie z. B. bei den Araukanern, um einen vorgeblichen Kampf, der in der Hütte, dann unter freiem Himmel gegen die schädlichen Geister ausgefochten wird; oder der Heilende

7 Nordenskjöld, *a.a.O.*, S. 607–608; Holmer und Wassen, *a.a.O.*, S. 38, N. 35 bis 39.

8 Die Übersetzung von *ti ipya* mit »Wirbel« erscheint übertrieben. Für manche südamerikanischen Eingeborenen ist, wie übrigens auch in den iberischen Sprachen (vgl. das portugiesische olho d'agua), ein »Wasserauge« eine Quelle.

spricht, wie es bei den Navajo geschieht, Beschwörungen aus und schreibt Handlungen vor (der Kranke wird auf die verschiedenen Partien einer mit Sand und farbigem Blütenstaub auf den Boden gemalten Figur gelegt), deren direkte Beziehung zu der besonderen Störung, die es zu heilen gilt, nicht erkennbar ist. In allen diesen Fällen nun ist die therapeutische Methode (von der man weiß, daß sie oft Erfolg hat) schwer zu interpretieren: wenn sie den kranken Teil direkt angeht, ist sie in zu grober Weise konkret (im allgemeinen reiner Betrug), als daß man ihr einen inneren Wert zuerkennen könnte; und wenn sie in der Wiederholung eines oft ganz abstrakten Rituals besteht, muß ihre spezielle Einwirkung auf die Krankheit unbegreiflich bleiben. Es ist sehr einfach, diese Schwierigkeiten auszuräumen, indem man erklärt, es handele sich um psychologische Heilverfahren. Dieses Wort bleibt aber sinnlos, solange man nicht die Art und Weise definieren kann, wie bestimmte psychologische Vorstellungen hervorgerufen werden, um physiologische Störungen, die gleichfalls genau definiert sind, zu bekämpfen. Der Text, den wir analysiert haben, bringt nun einen außergewöhnlichen Beitrag zur Lösung des Problems. Er stellt ein rein psychologisches Verfahren dar, da der Schamane den Körper der Kranken ja nicht berührt und ihm keine Heilmittel einflößt; dagegen greift er den pathologischen Zustand und seinen Sitz direkt und ausdrücklich an: wir würden sagen, daß der Gesang eine *psychologische Manipulation* der kranken Organe darstellt und daß die Heilung von dieser Behandlung erwartet wird.

Wir wollen die Realität und die Merkmale dieser Behandlung darlegen; anschließend werden wir dann untersuchen, welches ihr Ziel und ihre Wirkung sein können. Zunächst wundert man sich darüber, daß der Gesang, dessen Sujet ein dramatischer Kampf zwischen hilfreichen und schädlichen Geistern um die Rückgewinnung einer »Seele« ist, der eigentlichen Aktion so wenig Platz einräumt: von achtzehn Seiten Text nimmt das zentrale Kampfgeschehen weniger als eine Seite ein und die Begegnung mit Muu Puklip gerade nur zwei. Dagegen ist das Vorspiel sehr ausführlich dargestellt, und die Vorbereitungen, die Ausrüstung der *nuchu*, der Weg und die Landschaft werden in allen Einzelheiten beschrieben. Dies trifft auch für den Anfang, den Besuch der Hebamme bei dem Schamanen zu; die

Unterhaltung der Kranken mit der ersteren und dann mit dem letzteren wird zweimal gebracht, da jeder Gesprächspartner den Satz des anderen genau wiederholt, ehe er ihm antwortet:

Die Kranke sagt zur Hebamme: »Wirklich, ich bin bekleidet mit dem warmen Gewand der Krankheit.«
Die Hebamme antwortet der Kranken: »Wirklich, du bist mit dem warmen Kleid der Krankheit bekleidet, so habe ich dich auch verstanden.« (1–2)

Man mag nun geltend machen 9, daß dieses stilistische Verfahren bei den Cuña üblich ist und daß es bei Völkern mit nur mündlicher Überlieferung aus der Notwendigkeit zu erklären ist, mittels Gedächtnis das, was gesprochen worden ist, genau festzuhalten. Und doch gilt das hier nicht nur für die Wörter, sondern auch für die Vorgänge:

Die Hebamme geht in der Hütte umher;
Die Hebamme sucht Perlen;
Die Hebamme geht umher;
Die Hebamme setzt einen Fuß vor den anderen;
Die Hebamme berührt mit dem einen Fuß den Boden;
Die Hebamme setzt den anderen Fuß vor;
Die Hebamme öffnet die Tür ihrer Hütte; die Tür ihrer Hütte knarrt;
Die Hebamme tritt heraus ... (7–14)

Diese minutiöse Beschreibung des Fortgehens wiederholt sich bei der Ankunft bei dem Schamanen, bei der Rückkehr zur Kranken, beim Fortgehen des Schamanen und bei der Ankunft dieses letzteren; zuweilen wird die Beschreibung zweimal mit den gleichen Ausdrükken wiederholt (37-39 und 45-47 reproduzieren 33-35). Die Heilung beginnt also mit einer geschichtlichen Darstellung der ihr vorangegangenen Ereignisse; und einige Aspekte, die als sekundär erscheinen könnten (»Auftritt«, »Abgang«), werden mit unglaublich vielen Einzelheiten abgehandelt, so als ob sie im Zeitlupentempo gefilmt wären. Diese Technik durchzieht den gesamten Text, sie wird aber nirgends so systematisch angewandt wie zu Anfang

9 Holmer und Wassen, *a.a.O.*, S. *65–66*.

bei der Beschreibung von Vorgängen, die nur retrospektiv von Interesse sind.
Alles geht so vor sich, als versuche der Heilende, eine Kranke, deren Aufmerksamkeit für das Wirkliche durch ihr Leiden zweifellos geschwächt und deren Sensibilität hochgradig gereizt ist, dazu zu bringen, noch einmal ganz genau und intensiv eine Ausgangssituation und alle Einzelheiten im Geiste zu erleben. In der Tat beginnt mit dieser Situation eine Reihe von Ereignissen, die sich sozusagen im Körper und in den inneren Organen der Kranken abspielen. Man geht also von der banalen Realität zum Mythos über, vom physischen zum physiologischen Universum, von der Außenwelt zum Körperinnern. Und der im Körperinnern wirkende Mythos muß die gleiche Lebendigkeit, den gleichen Erlebnischarakter haben, deren Bedingungen der Schamane durch den pathologischen Zustand der Kranken begünstigt und mit Hilfe einer entsprechend obsessiven Technik festlegt.
Die folgenden zehn Seiten zeigen in jagendem Rhythmus ein immer rascheres Hin und Her zwischen den mythischen und den physiologischen Themen, als ob es darum ginge, im Geiste der Kranken den Unterschied zwischen ihnen auszuschalten und die Differenzierung ihrer jeweiligen Attribute unmöglich zu machen. Auf die Beschreibung der Frau in ihrer Hängematte oder in der bei den Eingeborenen üblichen Kreißlage, nach Osten gewandt, mit auseinandergespreizten Knien, stöhnend, blutvergießend, mit bereits offener, in Bewegung befindlicher Vulva (84–92, 123–124, 134–135, 152, 158, 173, 177–178, 202–204), folgt die namentliche Aufzählung folgender Geister: derjenigen der alkoholischen Getränke, des Windes, der Gewässer, der Wälder und sogar – ein kostbares Zeugnis der Anpassungsfähigkeit des Mythos – »des versilberten Dampfers des weißen Mannes« (187). Die Themen vereinigen sich wieder: die *nuchu* tropfen und rinnen vor Blut, ganz wie die Kranke; und die Schmerzen der Kranken nehmen kosmische Ausmaße an: »Ihr inneres weißes Gewand fällt bis ins Innere der Erde... bis ins Innere der Erde, ihr Schweiß bildet eine Lache, ganz wie Blut, ganz rot« (89, 92). Gleichzeitig wird jeder Geist bei seinem Erscheinen Gegenstand einer genauen Beschreibung, und die magische Ausstattung, die der Schamane ihm verleiht, wird lang und breit ausgesponnen: schwarze Perlen, feuerrote Perlen, dunkle Perlen, runde Perlen, Jaguarknochen, runde Knochen, Halswirbel und andere Kno-

chen, silberne Halsbänder, Knochen des Gürteltiers, Knochen des Vogels *kerkettoli*, Knochen des Grünspechts, Knochen für Flöten, silberne Perlen (104–118); dann die allgemeine Mobilisierung wieder von vorn, als ob diese Garantien noch unzureichend wären und alle bekannten und unbekannten Kräfte der Kranken für die Invasion zusammengefaßt werden müßten (119–229).
Aber man ist im Reich des Mythos so wenig frei, daß das Eindringen in die Vagina – so mythisch es auch ist – der Kranken in konkreten und bekannten Ausdrücken dargestellt wird. Zweimal übrigens bedeutet »muu« direkt Uterus und nicht das geistige Prinzip, das seine Tätigkeit regiert (»der muu der Kranken«, 204, 453).[10] Hier sind es die *nelegan*, die, um den Weg Muus zu gehen, das Aussehen des eregierten Penis annehmen und seine Bewegung ausführen:

Die Kappen der *nelegan* glänzen, die Kappen der *nelegan* werden weiß;
die *nelegan* werden flach und niedrig (?), ganz wie Spitzen, ganz gerade;
die *nelegan* werden furchtbar (?), die *nelegan* werden alle furchtbar (?);
zum Heil des *nigapurbalele* der Kranken. (230–233)

Und weiter unten:

Die *nelegan* schwingen sich auf die Hängematte, sie schwingen sich hinauf, wie *nusupane* (239).[11]

Die Technik der Erzählung zielt also darauf ab, tatsächlich Erlebtes zu reproduzieren, wobei sich der Mythos darauf beschränkt, die Hauptdarsteller zu vertreten. Diese dringen in die natürliche Öffnung ein, und es ist vorstellbar, daß die Kranke sie nach dieser psychologischen Vorbereitung wirklich eindringen spürt. Und sie spürt sie nicht nur, sondern sie »erhellen« auch den Weg, den sie durcheilen wollen – für sich selbst natürlich, damit sie sich zurechtfinden,

10 Holmer et Wassen, S. 45, N. 219, S. 57, N. 539.
11 Die Fragezeichen stammen vom Übersetzer: *nusupane*, von *nusu*, »Wurm«, ist der gebräuchliche Ausdruck für »Penis« (vgl. Holmer und Wassen, S. 47, N. 280, S. 57, N. 540, und S. 82).

aber auch für jene, um ihr den Sitz unnennbarer und schmerzlicher Empfindungen »klar« ins Bewußtsein zu rufen:

Die *nelegan* pflanzen ein gutes Licht in die Kranke, die *nelegan* öffnen leuchtende Augen in der Kranken ... (238)

Und dieses »erhellende Licht« – um eine Formulierung des Textes zu umschreiben – ermöglicht es ihnen, einen komplizierten Weg zu schildern, eine wahrhaft mythische Anatomie, die nicht so sehr dem tatsächlichen Aufbau der Genitalien als vielmehr einer Art affektiver Geographie entspricht, wobei jeder Widerstandspunkt und jeder Schmerz genau bezeichnet wird:

Die *nelegan* machen sich auf den Weg, die *nelegan* gehen einer hinter dem anderen den Weg von Muu bis zum niedrigen Gebirge
die *nelegan* usw. bis zum Kurzen Gebirge
die *nelegan* usw. bis zum Langen Gebirge
die n. usw. bis zum Yala Pokuna Yala (unübersetzt)
die n. usw. bis zum Yala Akkwatallekun Yala (unübersetzt)
die n. usw. bis zum Yala Ilamisuikun Yala (unübersetzt)
die n. bis zum Mittelpunkt des Flachen Gebirges
die *nelegan* setzen sich in Bewegung, die *nelegan* gehen einer hinter dem anderen den Weg Muus (241-248).

Das Bild der von phantastischen Ungeheuern und wilden Tieren bevölkerten Welt des Uterus unterliegt derselben Interpretation, die übrigens unmittelbar vom eingeborenen Informanten bestätigt wird: wie er sagt, sind es »die Tiere, die die Leiden der gebärenden Frau verschlimmern«, das heißt, die Schmerzen sind personifiziert. Und auch hier scheint es der Hauptzweck des Gesanges zu sein, der Kranken die Schmerzen zu beschreiben und zu nennen, sie so darzustellen, daß das Bewußtsein oder das Unterbewußtsein sie erfassen kann: Onkel Alligator, der sich mit hervorquellenden Augen, mit seinem gewundenen, gefleckten Leib hin und her bewegt, der sich zusammenkrümmt und mit dem Schwanz schlägt; Onkel Alligator Tiikwalele mit dem glänzenden Leib, der seine feuchtglänzenden Flossen bewegt, diese Flossen, die den ganzen Raum ausfüllen, alles zurückschieben und alles mitziehen; Nele Ki(k)kirpanalele, der Tintenfisch, der seine schleimigen Fangarme abwechselnd ausstreckt und wieder einzieht; und viele andere: Der-dessen-Hut-weich-ist, Der-dessen-Hut-rot-ist, Der-dessen-Hut-vielfarbig-ist, usw; und die Wächtertiere: der Schwarze Tiger, das Rote Tier, das Zweifarbene Tier, das Staubfarbene Tier; jedes an einer Eisenkette, mit herunterhängender Zunge, mit heraushängender Zunge, geifernd und schäumend, mit flammendem Schwanz, drohend gefletschten, alles zerreißenden Zähnen, »ganz wie Blut, ganz rot« (253–298).

Um in dieses Inferno à la Hieronymus Bosch und zu seiner Besitzerin vordringen zu können, müssen die *nelegan* noch andere, diesmal organische Hindernisse überwinden: Fasern: schwebende Stricke, gespannte Fäden, hintereinander hängende Vorhänge: regenbogenfarbene, goldene, silberne, rote, schwarze, braune, blaue, weiße, wurmförmige, »krawattenartige«, gelbe, gewundene, dichte (308 bis 330); und zu ihrer Überwindung ruft der Schamane Verstärkung herbei: die Herren-der-Holzbohrertiere, die die Fäden »zerschneiden, sammeln, zusammenrollen, entfernen« müssen, und die von Holmer und Wassen für die Schleimhäute des Uterus gehalten werden (S. 85).

Der Überwindung dieser letzten Hindernisse folgt die Invasion, es folgt der Kampf der Kappen, dessen Erörterung uns hier zu weit führen würde. Nach der Befreiung des *nigapurbalele* kommt der Abstieg, der ebenso gefahrvoll ist wie der Aufstieg: denn der Zweck des ganzen Unternehmens besteht darin, die Entbindung herbeizuführen, das heißt hier, ein schwieriger Abstieg. Der Schamane zählt seine Leute und feuert seine Truppe an; aber wieder muß er Verstärkung herbeiholen: die »Wege-Öffner«, die »Herren-der-Wühltiere«, wie beispielsweise das Gürteltier. Man fleht den *niga* an, sich zur Öffnung zu wenden:

Dein Körper liegt vor dir, in der Hängematte,
sein weißes Gewand ist ausgebreitet;
sein weißes inneres Gewand bewegt sich sacht;
deine Kranke liegt vor dir und glaubt, sie habe das Augenlicht verloren.
In ihrem Körper setzen sie ihr *nigapurbalele* neu ein ... (430–435)

Die darauffolgende Episode ist undurchsichtig; man hat den Eindruck, als sei die Kranke noch nicht geheilt. Der Schamane geht mit den Dorfbewohnern in die Berge, um Heilpflanzen zu sammeln, und dann wiederholt er seinen Angriff in anderer Form: diesmal dringt er selbst – in Nachahmung des Penis – in die »Öffnung von muu« ein und bewegt sich dort »wie *nusupane*, er reinigt und trocknet den inneren Platz vollständig« (453-454). Doch deutet die Anwendung von Adstringentien darauf hin, daß die Niederkunft stattgefunden hat. Schließlich ergeht – vor der Aufzählung der Vorbereitungen, die das Entweichen Muus verhindern sollen – ein Aufruf an ein Volk von Bogenschützen. Da sie damit beauftragt sind, eine Staubwolke aufzuwirbeln, »um Muu den Weg zu verdunkeln« (464) und an allen Wegen, Umwegen und Abkürzungen Muus Wache zu stehen (468), scheint auch ihre Mitwirkung zum Abschluß zu gehören.

Vielleicht bezieht sich diese Episode auf eine andere Heiltechnik, bei der die Organe manipuliert und zugleich Heilmittel angewendet werden; vielleicht ist sie aber auch, in ebenfalls metaphorischer Form, ein Pendant zur ersten Reise, die in der uns vorliegenden Version vollständiger dargestellt ist. So würden also zwei Angriffe unternommen, um der Kranken zu helfen; der eine auf der Basis einer psycho-physiologischen, der andere auf der einer psychosozialen Mythologie, was in dem Appell an die Dorfbewohner aber nur in groben Umrissen zutage tritt. Auf jeden Fall ist festzuhalten, daß der Gesang nach der Niederkunft aufhört, so wie er vor der Behandlung begonnen hatte: über die vorausgehenden und nachfolgenden Ereignisse wird sorgfältig berichtet. Es kommt tatsächlich darauf an, ein systematisches Ganzes aufzubauen. Nicht nur gegen Muus Anwandlungen zur Flucht muß die Behandlung mit ausgeklügelten Methoden »abgeriegelt« werden: darüber hinaus wäre ihr ganzer Erfolg in Frage gestellt, wenn sie nicht – noch ehe man ihre Ergebnisse sehen kann – der Kranken eine Lösung bieten würde, das heißt eine Situation, in der alle Hauptdarsteller an ihren Platz zurückgekehrt und wieder Teil einer Ordnung sind, über der keine Drohung mehr schwebt.

Das Heilverfahren bestünde also darin, eine Situation, die zunächst affektiver Natur ist, gedanklich faßbar und Schmerzen, die auszuhalten der Körper sich weigert, für den Geist annehmbar zu machen. Daß die Mythologie des Schamanen keiner objektiven Wirklichkeit entspricht, ist ohne Bedeutung: die Kranke glaubt daran, und sie ist Mitglied einer Gesellschaft, die auch daran glaubt. Die Schutzgeister und die bösen Geister, die übernatürlichen Ungeheuer und die magischen Tiere sind Teil eines geschlossenen Systems, auf dem das Weltbild der Eingeborenen beruht. Die Kranke akzeptiert sie, oder vielmehr, sie hat sie nie in Frage gestellt. Dagegen ist sie nicht bereit, zufällige und willkürliche Schmerzen hinzunehmen, die ein Fremdkörper in ihrem System sind, denen aber der Schamane mit Hilfe des Mythos einen Platz in einem Ganzen zuweist, in dem alles sinnvoll aufeinander abgestimmt ist.

Aber nachdem die Kranke das verstanden hat, gibt sie nicht nur nach: sie gesundet. Nichts derartiges vollzieht sich bei unseren Kranken, denen man die Ursache ihrer Störungen mit Ausscheidungen, Mikroben und Viren erklärt hat. Man wird uns Widersprüche vorwerfen, wenn wir dieses Phänomen damit erklären, daß Mikroben wirklich existieren, Ungeheuer hingegen nicht. Und gleichwohl ist die Beziehung zwischen Mikrobe und Krankheit dem Denken des Patienten äußerlich: es ist eine Beziehung zwischen Ursache und Wirkung, während die Beziehung zwischen Ungeheuer und Krankheit für dasselbe bewußte oder unbewußte Denken eine innere ist: es ist eine Beziehung zwischen Symbol und symbolisiertem Gegenstand oder, um es in der Terminologie der Linguisten auszudrücken, zwischen Signifikant und Signifikat. Der Schamane gibt seiner Kranken eine *Sprache,* in der unformulierte – und anders nicht formulierbare – Zustände unmittelbar ausgedrückt werden können. Und der Übergang zu dieser sprachlichen Ausdrucksform (die es gleichzeitig ermöglicht, eine Erfahrung in geordneter und verständlicher Form zu erleben, die sonst anarchisch und nicht ausdrückbar bliebe) führt zur Lösung des physiologischen Prozesses, das heißt zur günstigen Neuordnung jener Reihe, deren Verlauf die Kranke sich unterwirft.

In dieser Hinsicht steht das schamanische Heilverfahren zwischen unserer organischen Medizin und psychologischen Heilmethoden wie etwa der Psychoanalyse. Sie ist insofern etwas anderes, als sie bei einer organischen Störung eine Methode anwendet, die der psychologischen sehr ähnlich ist. Wie ist das möglich? Ein genauerer Vergleich zwischen dem Schamanentum und der Psychoanalyse (was unserer Meinung nach letzterer keineswegs abträglich sein kann) erklärt diesen Punkt genauer.

In beiden Fällen bemüht man sich, Konflikte und Hemmungen ins

Bewußtsein zu bringen, die bislang unbewußt geblieben waren, sei es, daß sie durch andere psychologische Kräfte verdrängt waren, sei es – wie dies bei der Entbindung der Fall ist – wegen ihrer eigentlichen Natur, die nicht psychisch, sondern organisch oder auch einfach mechanisch ist. In beiden Fällen lösen sich die Konflikte und Hemmungen nicht etwa durch die tatsächliche oder behauptete Erkenntnis, die die Kranke allmählich gewinnt, sondern weil diese Erkenntnis eine spezifische Erfahrung ermöglicht, in deren Verlauf die Konflikte sich in einer Ordnung und auf einer Ebene realisieren, welche ihre freie Entwicklung ermöglicht und zu ihrer Lösung führt. Diese gelebte Erfahrung wird in der Psychoanalyse als *Abreagieren* bezeichnet. Bekanntlich ist die Voraussetzung dafür die Anwesenheit des Analytikers, der in den Konflikten des Kranken durch den doppelten Übertragungsmechanismus als Mensch aus Fleisch und Blut auftaucht und so dem letzteren ermöglicht, eine unformuliert gebliebene Ausgangssituation zu rekonstruieren und zu erklären.
All diese Merkmale finden sich auch im schamanischen Heilverfahren. Auch hier handelt es sich darum, ein Erlebnis hervorzurufen, und in dem Maße, in dem dieses Erlebnis sich entwickelt, regeln sich die der Kontrolle des Subjekts entzogenen Mechanismen spontan und funktionieren schließlich geordnet. Der Schamane hat dieselbe Doppelrolle wie der Psychoanalytiker: in der ersten Rolle – der Psychoanalytiker als Zuhörer, der Schamane als Redner – wird eine unmittelbare Verbindung mit dem Bewußtsein (und eine mittelbare mit dem Unbewußten) des Kranken hergestellt. Das ist die Rolle des eigentlichen Beschwörungsgesanges. Aber der Schamane spricht nicht nur die Beschwörung: er ist auch der Held dieses Gesangs, da er an der Spitze des überirdischen Bataillons der Geister in die bedrohten Organe eindringt und die gefangene Seele befreit. In diesem Sinne wird er wie der Psychoanalytiker zum Objekt der Übertragung, um dann – durch die dem Kranken eingegebenen Vorstellungen – zum tatsächlichen Protagonisten des Konflikts zu werden, den dieser auf der Schwelle zwischen der organischen und der psychischen Welt ausficht. Der Neurotiker überwindet einen individuellen Mythos, indem er sich mit einem wirklich vorhandenen Psychoanalytiker konfrontiert; die gebärende Eingeborene überwindet eine organische Störung, indem sie sich mit einem zum Mythos gewordenen Schamanen identifiziert.
Die Parallelität schließt also Unterschiede nicht aus. Das ist nicht

verwunderlich, wenn man die Art der zu heilenden Störung beachtet, die im einen Fall psychisch, im anderen organisch ist. Genau genommen, scheint das schamanische Heilverfahren dem psychoanalytischen völlig zu entsprechen, wobei jedoch sämtliche Begriffe umgekehrt sind. Beide zielen darauf ab, ein Erlebnis hervorzurufen, und beiden gelingt das, indem sie einen Mythos rekonstruieren, den der Kranke erleben oder wiedererleben muß. Aber im einen Falle handelt es sich um einen individuellen Mythos, den der Kranke mit Hilfe von Elementen aus seiner Vergangenheit errichtet, im anderen ist es ein gesellschaftlicher Mythos, den der Kranke von außen empfängt und der keinem früheren persönlichen Zustand entspricht. Zur Vorbereitung der Abreaktion, die damit erst eine »Adreaktion« wird, hört der Psychoanalytiker zu, während der Schamane redet. Mehr noch: wenn die Übertragungen stattfinden, bringt der Kranke den Psychoanalytiker zum Sprechen, indem er ihm erwartete Empfindungen und Absichten unterstellt; die Beschwörung dagegen spricht der Schamane für die Kranke. Er befragt sie und gibt an ihrer Stelle die Antworten, die der Interpretation ihres Zustands, mit dem sie sich vertraut machen soll, entsprechen:

Ich habe meinen Gesichtssinn verloren, er ist auf dem Weg von Muu Puklip eingeschlafen;
Muu Publik ist zu mir gekommen. Er will mir mein *nigapurbalele* nehmen;
Muu Nauryaiti ist zu mir gekommen. Er will mir mein *nigapurbalele* für immer rauben.
etc. (97-101)

Und doch wird die Ähnlichkeit noch faszinierender, wenn man die schamanische Methode mit bestimmten jüngeren Therapieverfahren vergleicht, die sich auf die Psychoanalyse berufen. Bereits R. Desoille hatte in seinen Werken über den Wachtraum hervorgehoben, daß psychopathologische Störungen nur mit einer Symbolsprache erfaßt werden können. Er spricht also mit seinen Kranken in Symbolen, die aber noch sprachliche Metaphern sind. In einer neueren Arbeit, die wir noch nicht kannten, als wir diese Untersuchung begannen, geht M. A. Sechehaye noch sehr viel weiter [12], und

12 M. A. Sechehaye, *La Réalisation Symbolique* (Ergänzungsband Nr. 12 der *Revue suisse de Psychologie et de Psychologie appliquée)*, Bern, 1947.

unserer Ansicht nach bestätigen die Ergebnisse, die sie bei der Behandlung eines als unheilbar angesehenen Falles von Schizophrenie erzielt hat, voll und ganz unsere vorher dargelegten Auffassungen über die Beziehungen zwischen Psychoanalyse und Schamanentum. Denn M. A. Sechehaye hat festgestellt, daß die Unterhaltung, so symbolisch sie auch sein mochte, gegen die Schranke des Bewußtseins stieß und daß zu tief liegende Komplexe nur durch Taten angegangen werden konnten. Für die Lösung einer Entwöhnungsstörung zum Beispiel mußte die Psychotherapeutin eine verwirklichte Mutterhaltung einnehmen, nicht auf dem Weg einer getreuen Rekonstruktion der entsprechenden Verhaltensweise, sondern – wenn ich so sagen darf – durch einzelne Handlungen, die jeweils die Symbolisierung eines Grundelements jener Situation darstellen: zum Beispiel die Berührung der Wange der Kranken mit der Brust der Psychotherapeutin. Der symbolische Sinngehalt solcher Handlungen ersetzt die Sprache angemessen: tatsächlich führt der Arzt die Unterhaltung mit seinem Patienten nicht mit Worten, sondern durch konkrete Tätigkeiten, wahre Riten, die die Bewußtseinsschwelle ohne Schwierigkeiten überschreiten und ihre Botschaft unmittelbar an das Unbewußte richten.

Hier treffen wir auch auf den Begriff der Manipulation, der uns von entscheidender Bedeutung für das Verständnis des schamanischen Heilverfahrens schien, dessen traditionelle Definition aber offensichtlich stark erweitert werden muß: denn einmal handelt es sich um die Manipulation von Ideen, dann um die von Organen, wobei die gemeinsame Bedingung bleibt, daß diese Manipulation mit Hilfe von Symbolen vor sich gehen muß, das heißt mit Hilfe von signifikativen Äquivalenten des Signifikats, die aus einem anderen Bereich der Wirklichkeit stammen als letzteres. Die *Gesten* von M. A. Sechehaye finden ein Echo in dem unbewußten *Geist* ihrer Schizophrenen, wie die vom Schamanen wachgerufenen *Vorstellungen* eine Veränderung der organischen *Funktionen* der Gebärenden bewirken. Zu Beginn der Beschwörung ist die Arbeit blockiert, die Befreiung erfolgt am Ende, und das Fortschreiten der Geburt spiegelt sich in den aufeinanderfolgenden Etappen des Mythos: die erste Durchdringung der Vagina durch die *nelegan* erfolgt im Gänsemarsch (241) und – da es ein Aufstieg ist – mit Hilfe der Zauberkappen, die den Weg öffnen und beleuchten. Bei der Rückkehr (der zweiten Phase des Mythos, aber der ersten Phase des physiologischen Prozesses, da hierbei das Kind nach unten geschoben werden muß) wird die Aufmerksamkeit auf ihre Füße gelenkt: man teilt mit, daß sie Schuhe tragen (494-496). Als sie in die Wohnung Muus eindringen, gehen sie bereits nicht mehr im Gänsemarsch, sondern »jeweils zu viert« (388); und bei ihrer Rückkehr an die frische Luft gehen sie »alle in einer Linie« (248). Diese Abänderung der Einzelheiten des Mythos hat wohl den Zweck, eine entsprechende organische Reaktion hervorzurufen; aber die Kranke könnte sie sich nicht in Form eines Erlebnisses aneignen, wenn damit nicht tatsächlich ein Fortschritt des Öffnens verbunden wäre. Die Wirkungskraft der Symbole gewährleistet diese harmonische Gleichzeitigkeit von Mythos und Handlung. Mythos und Handlung bilden ein Paar, in dem man die Dualität Kranker-Arzt stets erkennt. Bei der Behandlung der Schizophrenie nimmt der Arzt die Handlungen vor, während der Kranke seinen Mythos hervorbringt; beim schamanischen Heilverfahren stammt der Mythos vom Arzt, während der Kranke handelt.

Die Analogie zwischen den beiden Methoden wäre noch vollständiger, wenn man davon ausgehen könnte – wie es Freud an zwei Stellen vorgeschlagen zu haben scheint[13] –, daß die Beschreibung der Struktur von Psychosen und Neurosen in psychologischen Termini eines Tages einer physiologischen oder gar biochemischen Konzeption Platz machen müsse. Diese Möglichkeit könnte näher liegen als es den Anschein hat, da neuere schwedische Forschungen[14] chemische Unterschiede, die sich auf den jeweiligen Polynucleotidgehalt beziehen, bei den Nervenzellen des Normalen und denen des Geisteskranken nachgewiesen haben. Nach dieser Hypothese – oder jeder anderen dieser Art – glichen sich das schamanische und das psychoanalytische Heilverfahren völlig: in beiden Fällen würde eine organische Veränderung herbeigeführt, die im wesentlichen in einer Neuordnung der Struktur bestünde, indem sie den Kranken veranlaßte, intensiv einen – übernommenen oder selbst geschaffenen – Mythos zu erleben, dessen Struktur auf der Ebene des Unbe-

13 In *Jenseits des Lustprinzips* und in der *Neuen Folge der Vorlesungen ...*, zitiert von E. Kris, *The Nature of Psychoanalytic Propositions and their Validation*, in *Freedom and Experience, Essays presented to H. M. Kallen*, Cornell University Press, 1947, S. 244.
14 Von Caspersson und Hyden, Institut Karolinska, Stockholm.

wußten derjenigen analog wäre, deren Bildung man auf der Ebene des Körpers hervorrufen möchte. Die Wirkungskraft der Symbole würde in eben dieser »induzierenden Eigenschaft« bestehen, die den – in Bezug aufeinander – formal homologen Strukturen eignete, die sich mit unterschiedlichen Stoffen auf den verschiedenen Ebenen des Lebewesens bilden könnten: organische Vorgänge, das Unbewußte, reflektiertes Denken. Die poetische Metapher ist ein bekanntes Beispiel für diesen induzierenden Vorgang; aber ihr gewohnter Gebrauch erlaubt es ihr nicht, über das Psychische hinauszugehen. In diesem Zusammenhang heben wir die Intuition Rimbauds hervor, welcher sagte, daß sie auch zur Veränderung der Welt dient.

Durch den Vergleich mit der Psychoanalyse ist es uns gelungen, verschiedene Aspekte des schamanischen Heilverfahrens zu erklären. Vielleicht wird eines Tages umgekehrt die Untersuchung des Schamanentums dazu führen, unklare Stellen der Freudschen Theorie zu erläutern. Hierbei denken wir vor allem an die Begriffe des Mythos und des Unbewußten.

Man sieht, der einzige Unterschied zwischen den beiden Methoden, der auch noch nach Entdeckung einer physiologischen Grundlage der Neurosen fortbestehen würde, beträfe den Ursprung des Mythos, der im einen Fall als individueller Schatz wiedergefunden, im anderen von der kollektiven Tradition übernommen wird. In der Tat würden sich viele Psychoanalytiker weigern, zuzugeben, daß die psychischen Konstellationen, die im Bewußtsein des Kranken wiederauftauchen, einen Mythos darstellen: sie sagen, es handle sich dabei um tatsächliche Ereignisse, die sich mitunter zeitlich festlegen lassen und deren Wahrheitsgehalt durch eine Nachfrage bei Eltern oder Hausangestellten überprüft werden kann [15]. Tatsachen stellen wir nicht in Zweifel. Die Frage, die man sich stellen muß, ist die: hängt der therapeutische Wert des Heilverfahrens vom tatsächlichen Charakter der ins Gedächtnis zurückgerufenen Situation ab, oder kommt die traumatisierende Kraft dieser Situationen nicht vielmehr daher, daß der Patient diese Situationen – in dem Augenblick, in dem sie sich ihm darstellen – unmittelbar in Form eines erlebten Mythos erfährt? Damit wollen wir sagen, daß sich die traumatisierende Kraft einer beliebigen Situation nicht aus den zugehörigen Merkmalen ergeben kann, sondern daraus, daß be-

15 Marie Bonaparte, Notes on the Analytical Discovery of a Primal Scene, in *The Psychoanalytic Study of the Child*, Bd. I, New York, 1945.

stimmte Ereignisse, die in einem geeigneten psychologischen, historischen und sozialen Zusammenhang auftreten, eine affektive Kristallisierung herbeiführen können, die in der Form einer vorher bestehenden Struktur erfolgt. Im Vergleich zum Ereignis oder zur Anekdote sind diese Strukturen – oder, genauer gesagt, diese Strukturgesetze – wirklich zeitlos. Beim Psychopathen organisieren sich das gesamte psychische Leben und sämtliche späteren Erfahrungen, unter der katalysierenden Wirkung des Anfangs-Mythos, nach einer exklusiven oder vorherrschenden Struktur; doch diese Struktur findet sich, ebenso wie die anderen, die bei ihm nur einen untergeordneten Platz einnehmen, auch beim primitiven oder zivilisierten Normalen. Die Gesamtheit dieser Strukturen würde das sogenannte Unbewußte bilden. So wäre also auch der letzte Unterschied zwischen der Theorie des Schamanentums und der der Psychoanalyse aufgehoben. Das Unbewußte hört auf, der unnennbare Zufluchtsort der individuellen Besonderheiten zu sein, der Aufenthaltsort einer einzigartigen Geschichte, die aus jedem von uns ein unersetzliches Wesen macht. Es beschränkt sich auf einen Ausdruck, mit dem wir eine Funktion bezeichnen: die symbolische Funktion, die zwar spezifisch menschlich ist, die sich aber bei allen Menschen nach denselben Gesetzen vollzieht; die sich in Wahrheit auf die Gesamtheit dieser Gesetze zurückführen läßt.

Wenn diese Auffassung richtig ist, muß wahrscheinlich zwischen dem Unbewußten und dem Unterbewußtsein eine Unterscheidung getroffen werden, die schärfer ist, als wir sie von der zeitgenössischen Psychologie gewohnt sind. Denn das Unterbewußtsein – der Speicher von Erinnerungen und Bildern, die sich im Laufe jedes Lebens ansammeln [16] – wird zum einfachen Aspekt des Gedächtnisses; die Bestätigung seines immerwährenden Fortbestands enthält gleichzeitig seine Grenzen, denn der Ausdruck Unterbewußtsein rührt von der Tatsache her, daß die Erinnerungen, obwohl immer vorhanden, doch nicht jederzeit greifbar sind. Dagegen ist das Unbewußte immer leer; genauer gesagt, es ist den Bildern ebenso fremd wie der Magen den Nahrungsmitteln, die durch ihn hindurchgehen. Als Organ einer spezifischen Funktion beschränkt es sich darauf, unartikulierten Elementen, die von außen kommen – wie Antrieben, Emotionen, Vorstellungen, Erinnerungen – Struk-

16 Diese so heftig angegriffene Definition erhält einen neuen Sinn durch die radikale Trennung zwischen Unterbewußtsein und Unbewußtem.

turgesetze aufzuerlegen, die seine Realität erschöpfen. Man könnte also sagen, daß das Unterbewußtsein das individuelle Lexikon ist, in dem jeder das Vokabular seiner persönlichen Geschichte sammelt, daß aber dieses Vokabular nur insoweit Bedeutung für uns selbst und für die anderen gewinnt, als das Unbewußte es gemäß seinen Gesetzen formt und eine Rede daraus macht. Da diese Gesetze für alle Gelegenheiten, bei denen jenes seine Tätigkeit ausübt, und für alle Individuen dieselben sind, läßt sich das im vorigen Absatz gestellte Problem leicht lösen. Das Vokabular ist weniger wichtig als die Struktur. Ob der Mythos vom Patienten neu geschaffen oder der Tradition entlehnt wird, in beiden Fällen entnimmt er seinen individuellen oder kollektiven Quellen (zwischen denen ein ständiger Austausch und fortwährend Wechselwirkungen stattfinden) nur das Bildmaterial, das er verarbeitet; die Struktur aber bleibt dieselbe, und durch sie erfüllt sich die symbolische Funktion.

Wenn wir noch hinzusetzen, daß diese Strukturen nicht nur für alle Individuen und Materien dieselben sind, auf die die Funktion Anwendung findet, sondern daß sie nicht sehr zahlreich sind, dann verstehen wir, warum die Welt des Symbolismus in ihrem Inhalt zwar unendlich vielfältig, in ihren Gesetzen aber immer begrenzt ist. Es gibt viele Sprachen, aber nur sehr wenige phonologische Gesetze, und die gelten für alle Sprachen. Eine Sammlung der bekannten Märchen und Mythen würde eine imponierende Zahl von Bänden füllen. Aber sie ließe sich auf eine kleine Zahl einfacher Typen reduzieren, die hinter der Verschiedenartigkeit der Personen einige Grundfunktionen herausstellen würde; und die Komplexe, diese individuellen Mythen, lassen sich ebenfalls auf einige einfache Typen reduzieren, auf Formen, in denen sich die fließende Menge der Fälle fängt.

Aus der Tatsache, daß der Schamane seinen Kranken nicht psychoanalysiert, läßt sich also schließen, daß die Suche nach der verlorenen Zeit, die manche für den Schlüssel der psychoanalytischen Therapie halten, nur eine Modalität (deren Wert und Ergebnisse durchaus bemerkenswert sind) einer grundlegenderen Methode ist, die ohne Rückgriff auf den individuellen oder kollektiven Ursprung des Mythos auskommt. Denn die *Form* des Mythos ist wichtiger als der *Inhalt* der Erzählung. Wenigstens scheint uns das die Analyse des Eingeborenentextes gelehrt zu haben. Aber in einem anderen Sinne weiß man sehr wohl, daß jeder Mythos eine Suche nach der verlorenen Zeit ist. Die moderne Form der schamanischen Technik, die Psychoanalyse, erhält ihren charakteristischen Zug daher, daß in der technischen Zivilisation kein Platz mehr ist für die mythische Zeit, es sei denn im Menschen selbst. Dieser Feststellung kann die Psychoanalyse die Bestätigung ihrer Gültigkeit ebenso wie die Hoffnung entnehmen, ihre theoretischen Grundlagen zu vertiefen und durch eine Gegenüberstellung ihrer Methoden und Ziele mit denen ihrer großen Vorgänger, der Schamanen und der Zauberer, die Mechanismen ihrer Wirkungskraft besser zu verstehen.

11. Kapitel

Die Struktur der Mythen [1]

»Man möchte sagen, daß die mythologischen Welten, kaum erst geschaffen, dazu bestimmt sind, zerstört zu werden, damit aus ihren Trümmern neue Welten entstehen.«

Franz Boas, Einleitung zu: James Teit, Traditions of the Thompson River Indians of British Columbia, *Memoirs of the American Folklore Society*, VI (1898), S. 18.

Seit etwa zwanzig Jahren scheint die Anthropologie trotz einiger verstreuter Versuche zunehmend mehr die Erforschung religiöser Zusammenhänge aufgegeben zu haben. Amateure verschiedenen Herkommens haben sich dies zunutze gemacht, um in das Gebiet der Religionsethnologie einzudringen. Sie tummeln sich jetzt auf dem Gelände, das wir haben brachliegen lassen, und ihre Ausschweifung gesellt sich zu unserer Enthaltsamkeit und stellt die Zukunft unserer Arbeiten in Frage.

Wie ist diese Situation entstanden? Die Begründer der Religionsethnologie, Tylor, Frazer und Durkheim, waren immer für psychologische Probleme aufgeschlossen; da sie aber selbst keine Fachpsychologen waren, konnten sie mit der raschen Entwicklung der psychologischen Forschung nicht Schritt halten und sie schon gar nicht voraussehen. Ihre Interpretationen waren ebenso schnell veraltet wie die von ihnen eingeführten psychologischen Postulate. Wir wollen ihnen indessen das Verdienst zuschreiben, begriffen zu haben, daß die Probleme der Religionsethnologie mit einer Bewußtseinspsychologie zusammenhängen. Man kann mit Hocart – der diese Feststellung schon am Anfang eines kürzlich veröffentlichten nachgelassenen Werkes traf – beklagen, daß die moderne Psychologie sich allzu wenig für die Bewußtseinsphänomene interessiert und das Studium des Gefühlslebens vorzieht: »Zu den Mängeln, die der psychologischen Schule anhaften, kam noch der Irrtum, zu glauben, aus konfusen Emotionen könnten klare Ideen

1 Nach dem Originalartikel: The Structural Study of Myth, in: Myth, A Symposium, *Journal of American Folklore*, Bd. 78, Nr. 270, Okt./Dez. 1955, S. 428 bis 444. Übersetzt mit einigen Ergänzungen und Abänderungen.

entstehen.«[2] Man hätte den Rahmen unserer Logik erweitern müssen, um darin Denkprozesse unterzubringen, die von den unseren anscheinend verschieden, aber genau so bewußt sind. Stattdessen hat man versucht, sie auf formlose und unaussprechliche Gefühle zurückzuführen. Diese unter dem Namen Religionsphänomenologie bekannte Methode hat sich allzuoft als unfruchtbar erwiesen.

An dieser Situation leidet von allen Bereichen der Religionsethnologie am meisten die Mythologie. Zwar kann man auf die hervorragenden Arbeiten von G. Dumézil und H. Grégoire hinweisen. Aber sie gehören eigentlich nicht zur Ethnologie. Wie vor fünfzig Jahren gefällt sich diese weiterhin im Chaotischen. Man frischt immer wieder die alten Interpretationen auf: Träumereien des Kollektivbewußtseins, Vergöttlichung historischer Gestalten oder umgekehrt. Wie man auch die Mythen betrachtet, sie scheinen sich immer auf ein grundloses Spiel oder eine grobschlächtige Form philosophischer Spekulation reduzieren zu lassen.
Haben wir denn zum Verständnis dessen, was ein Mythos ist, nur die Wahl zwischen Plattheit und Sophismus? Manche behaupten, jede Gesellschaft drücke in ihren Mythen Grundgefühle wie Liebe, Haß, Rache aus, die der ganzen Menschheit gemeinsam seien. Für andere wiederum stellen die Mythen Versuche dar, schwer begreifbare astronomische, meteorologische und ähnliche Phänomene zu erklären. Aber die Gesellschaften verschließen sich positiven Interpretationen nicht, selbst wenn sie falsche annehmen; warum sollten sie ihnen plötzlich so dunkle und komplizierte Denkarten vorziehen? Andererseits wollen die Psychoanalytiker und gewisse Ethnologen an die Stelle der kosmologischen und naturalistischen Interpretationen neue, der Soziologie und der Psychologie entlehnte Interpretationen setzen. Doch werden dabei die Dinge zu einfach. Daß ein mythologisches System einer bestimmten Person, sagen wir einer bösen Großmutter, einen wichtigen Platz einräumt, will man damit erklären, daß in dieser oder jener Gesellschaft die Großmütter ihren Enkeln gegenüber eine feindselige Haltung einnehmen; die Mythologie wird also als Reflex der Sozialstruktur und der sozialen Beziehungen betrachtet. Und wenn die Erfahrung der Hypothese widerspricht, wird man alsbald noch einschieben, daß das den My-

2 A. M. Hocart, *Social Origins*, London, 1954, S. 7.

then Eigentümliche darin liege, den wirklichen, aber verdrängten Gefühlen eine Ableitung zu schaffen. Unabhängig davon, wie die Situation in Wirklichkeit aussieht, wird eine Dialektik, die jedesmal gewinnt, das Mittel finden, die wahre Bedeutung zu erfahren.
Wir sollten allerdings erkennen, daß die Untersuchung der Mythen uns zu gegensätzlichen Feststellungen führt. In einem Mythos kann alles vorkommen; es scheint, daß die Reihenfolge der Ereignisse keiner Regel der Logik oder der Kontinuität unterworfen ist. Jedes Subjekt kann ein beliebiges Prädikat haben, jede denkbare Beziehung ist möglich. Dennoch entstehen diese anscheinend so willkürlichen Mythen mit denselben Charakterzügen und oft denselben Einzelheiten in den verschiedensten Regionen der Welt. Daher stellt sich das Problem: wenn der Inhalt des Mythos ganz zufällig ist, wie läßt sich dann verstehen, daß die Mythen von einem Ende der Welt zum anderen einander so sehr ähneln? Erst wenn man sich diese grundlegende Antinomie bewußt gemacht hat, die zum Wesen der Mythen gehört, kann man sich eine Auflösung versprechen. Tatsächlich gleicht dieser Widerspruch jenem anderen, den die ersten Philosophen, die sich für die Sprache interessierten, aufdeckten, und die Sprachwissenschaft mußte, um sich überhaupt als Wissenschaft konstituieren zu können, zuerst von dieser Hypothek befreit werden. Die antiken Philosophen redeten über die Sprache wie wir noch heute über die Mythologie. Sie konstatierten, daß in jeder Sprache gewisse Lautgruppen bestimmten Sinngehalten entsprechen, und suchten verzweifelt zu begreifen, welche innere Notwendigkeit diese *Sinngehalte* und diese *Laute* verbinden. Das Unterfangen war vergeblich, da die nämlichen Laute sich auch in anderen Sprachen fanden, dort aber mit ganz anderen Sinngehalten verbunden waren. So wurde der Widerspruch erst behoben, als man merkte, daß die Bedeutungsfunktion der Sprache nicht direkt an die Laute selbst gebunden ist, sondern an die Art und Weise, wie die Laute miteinander kombiniert werden.
Viele neuere Theorien über die Mythologie entstanden aus einer analogen Konfusion. Nach C. G. Jung wären genaue Bedeutungen an bestimmte mythologische Themen gebunden, die er Archetypen nennt. Das heißt nach Art der Sprachphilosophen folgern, die lange Zeit überzeugt waren [3], daß die verschiedenen Laute eine

3 Diese Hypothese hat noch immer ihre Anhänger, wie zum Beispiel Sir R. A. Paget, The Origin of Language, *Journal of World History*, I, Nr. 2, Unesco, 1953.

natürliche Affinität zu diesem oder jenem Sinngehalt besäßen: so hätten etwa die »liquiden« Halbvokale die Funktion, an den entsprechenden Zustand der Materie zu erinnern, die offenen Vokale wären danach vorzugsweise ausgewählt, um die Namen großer, dicker, schwerer oder klingender Objekte zu bilden, und so weiter. Saussures Prinzip vom *willkürlichen Charakter der sprachlichen Zeichen* bedarf sicherlich einer Überprüfung und einer Korrektur [4]; doch sind alle Sprachforscher einmütig der Auffassung, daß es vom historischen Standpunkt aus eine unerläßliche Etappe der sprachwissenschaftlichen Reflexion war.
Es genügt nicht, den Mythologen aufzufordern, seine eigene ungewisse Situation mit der des Sprachforschers einer vorwissenschaftlichen Epoche zu vergleichen. Denn wenn wir da stehenblieben, würden wir von einer Schwierigkeit in die andere geraten. Den Mythos mit der Sprache zu vergleichen, hilft gar nichts: der Mythos ist ein Bestandteil der Sprache; durch die Sprache ist er uns bekannt, er hängt mit der Rede zusammen.
Wollen wir uns über die spezifischen Merkmale des mythischen Denkens Rechenschaft geben, so müssen wir verifizieren, daß der Mythos gleichzeitig in der Sprache und jenseits der Sprache ist. Auch diese neue Schwierigkeit ist dem Sprachforscher nicht fremd: umfaßt die Sprache selbst nicht verschiedene Ebenen? Saussure hat, als er zwischen Sprache und Gesprochenem unterschied, gezeigt, daß die Sprache zwei komplementäre Aspekte hat: einen strukturalen und einen statistischen; die Sprache gehört ins Gebiet einer umkehrbaren Zeit, und das Gesprochene in das einer nicht umkehrbaren. Wenn es also möglich ist, diese beiden Ebenen in der Sprache voneinander zu trennen, so besagt das nicht, daß wir nicht noch eine dritte definieren könnten.
Man hat die *Sprache* und das *Gesprochene* mit Hilfe von Zeitsystemen unterschieden, auf die sich beide beziehen. Aber auch der Mythos läßt sich durch ein Zeitsystem definieren, das die Eigenschaften der beiden anderen kombiniert. Ein Mythos bezieht sich immer auf vergangene Ereignisse: »Vor der Erschaffung der Welt« oder »in ganz frühen Zeiten« oder jedenfalls »vor langer Zeit«. Aber der dem Mythos beigelegte innere Wert stammt daher, daß diese Ereignisse, die sich ja zu einem bestimmten Zeitpunkt abgespielt

4 Vgl. E. Benveniste, Nature du signe linguistique, *Acta Linguistica*, I, 1, 1939, und Kap. 5 dieses Buches.

haben, gleichzeitig eine Dauerstruktur bilden. Diese bezieht sich gleichzeitig auf Vergangenheit, Gegenwart und Zukunft. Ein Vergleich mag uns helfen, diese grundlegende Doppelbedeutung genauer darzustellen. Nichts ähnelt dem mythischen Denken mehr als die politische Ideologie. In unseren heutigen Gesellschaften hat diese möglicherweise jenes nur ersetzt. Was tut aber der Historiker, wenn er die Französische Revolution beschwört? Er bezieht sich auf eine Reihe von vergangenen Ereignissen, deren weitreichende Folgen zweifellos durch eine nicht umkehrbare Reihe von dazwischenliegenden Ereignissen hindurch noch immer spürbar sind. Aber für den Politiker und für seine Zuhörer ist die Französische Revolution eine Wirklichkeit ganz anderer Art; eine Folge von vergangenen Ereignissen, ja, aber auch ein Schema, das dauernde Wirkung besitzt, die es ermöglicht, die Sozialstruktur des heutigen Frankreich, die sich daraus ergebenden Antagonismen zu interpretieren und die Grundzüge der zukünftigen Entwicklung abzulesen. Michelet, ein politischer Denker und zugleich ein Historiker, drückt das folgendermaßen aus: »An jenem Tage war alles möglich... Die Zukunft wurde gegenwärtig... das heißt mehr Zeit, ein Blitz der Ewigkeit.«[5] Diese doppelte, zugleich *historische* und *ahistorische* Struktur erklärt, daß der Mythos sowohl in das Gebiet des *gesprochenen Wortes* gehört (und als solcher analysiert werden kann) wie in das der *Sprache* (in der er formuliert wird) und dabei auf einer dritten Ebene denselben Charakter eines absoluten Objekts hat. Diese dritte Ebene ist auch sprachlicher Natur, aber sie unterscheidet sich dennoch von den beiden anderen. Ich möchte mir hier eine Einfügung erlauben, um kurz die Originalität zu erläutern, die der Mythos in Bezug auf alle anderen sprachlichen Phänomene zeigt. Man könnte den Mythos als jene Art der Rede umschreiben, in der der Wert der Formulierung *traduttore traditore* praktisch gegen Null strebt. In dieser Hinsicht steht der Mythos auf der Stufenleiter sprachlicher Ausdrucksweisen der Poesie genau gegenüber, was man auch gesagt haben mag, um sie einander nahezubringen. Die Poesie ist eine Form der Sprache, die nur unter großen Schwierigkeiten in eine andere Sprache übersetzt werden kann, und jede Übersetzung bringt zahlreiche Deformationen mit sich. Dagegen bleibt der Wert des Mythos als Mythos trotz der schlimmsten Übersetzung bestehen.

5 Michelet, *Histoire de la Révolution française*, IV, 1. Dieses Zitat stammt aus Maurice Merleau-Ponty, *Les Aventures de la Dialectique*, Paris, 1955, S. 273.

Unsere Unkenntnis der Sprache und der Kultur der Bevölkerung, bei der man einen Mythos entdeckte, mag noch so groß sein, er wird doch von allen Lesern in der ganzen Welt als Mythos erkannt. Die Substanz des Mythos liegt weder im Stil noch in der Erzählweise oder der Syntax, sondern in der *Geschichte,* die darin erzählt wird. Der Mythos ist Sprache; aber eine Sprache, die auf einem sehr hohen Niveau arbeitet, wo der Sinn, wenn man so sagen darf, sich vom Sprachuntergrund ablöst, auf dem er anfänglich lag.

Fassen wir nun die vorläufigen Schlußfolgerungen, zu denen wir gelangt sind, zusammen. Es sind drei an der Zahl. Erstens: wenn die Mythen einen Sinn haben, kann dieser nicht an den isolierten Elementen hängen, die hier in ihrer Zusammensetzung erscheinen, sondern nur an der Art und Weise, in der diese Elemente zusammengesetzt sind. Zweitens: der Mythos gehört zur Ordnung der Sprache, bildet ihren integrierenden Teil; doch zeigt die Sprache, wie sie im Mythos angewandt wird, spezifische Eigenschaften. Drittens: diese Eigenschaften können nur *über* dem üblichen Niveau des sprachlichen Ausdrucks gesucht werden; anders gesagt, sie sind komplexer als die, die man sonst in einem sprachlichen Ausdruck findet.

Wenn man mit diesen drei Punkten einverstanden ist, sei es auch nur als Arbeitshypothesen, so ergeben sich zwei wichtige Folgerungen: erstens, der Mythos besteht wie jedes Sprachgebilde aus konstitutiven Einheiten; zweitens, diese Teileinheiten setzen das Vorhandensein solcher Einheiten voraus, die normalerweise in der Struktur der Sprache vorhanden sind, wie Phoneme, Morpheme und Semanteme. Aber sie verhalten sich zu diesen wie die letzteren zu den Morphemen und diese zu den Phonemen. Jede Form unterscheidet sich von der vorhergehenden durch einen größeren Schwierigkeitsgrad. Aus diesem Grunde nennen wir die Elemente, aus denen der Mythos letztlich besteht (und die die komplexesten von allen sind), große konstitutive Einheiten.

Wie wird man vorgehen, um diese konstitutiven Einheiten oder Mytheme zu erkennen und herauszulösen? Wir wissen, daß sie weder mit den Phomenen, noch mit den Morphemen oder den Semantemen vergleichbar sind, sondern auf einem höheren Niveau liegen; sonst wäre der Mythos von einer beliebigen Form der Rede nicht zu unterscheiden. Man muß sie also auf dem Satzniveau suchen. Im vorbereitenden Stadium der Untersuchung wird man mit Annäherungswerten, Versuchen und Irrtümern arbeiten, indem man sich an die Prinzipien hält, die der Strukturalanalyse aller Formen als Grundlage dienen: Sparsamkeit in der Erklärung; Einheitlichkeit der Lösung; Möglichkeit, das Ganze vom Fragment her aufzubauen und die späteren Entwicklungen aus den augenblicklichen Gegebenheiten abzuleiten.

Bisher haben wir folgende Technik angewandt: jeder Mythos wird einzeln analysiert, indem man die Reihenfolge der Ereignisse in möglichst kurzen Sätzen wiedergibt. Jeder Satz wird auf eine Karteikarte geschrieben, die entsprechend ihrem Ort in dem Bericht eine Nummer trägt. Man sieht dann, daß jede Karte in der Zuweisung eines Prädikats zu einem Subjekt besteht. Mit anderen Worten, jede konstitutive Einheit ist ihrer Natur nach eine *Beziehung*.

Diese Definition ist noch unbefriedigend, und zwar aus zwei Gründen: Erstens wissen die Strukturalisten unter den Sprachforschern genau, daß alle Einheiten, auf welchem Niveau man sie auch herauslöst, aus Beziehungen bestehen. Welches ist also der Unterschied zwischen den *großen* Einheiten und den anderen? Und zweitens liegt die dargestellte Methode immer in einer nicht umkehrbaren Zeit, da die Karten in der Reihenfolge des Berichtes numeriert sind. Der spezifische Charakter, den wir der mythischen Zeit zuerkannt haben – seine Doppelnatur, die zugleich umkehrbar und nicht umkehrbar, synchronisch und diachronisch ist –, bleibt also ungeklärt.

Diese Feststellungen führen zu einer neuen Hypothese, die uns zum Kern des Problems bringt. Wir behaupten nunmehr, daß die wirklichen konstitutiven Einheiten des Mythos keine isolierten Beziehungen sind, sondern *Beziehungsbündel*, und daß jene nur in Form von Kombinationen solcher Bündel eine Bedeutungsfunktion erlangen. Beziehungen, die zum selben Bündel gehören, können in weiten Zwischenräumen erscheinen, wenn man sich auf einen diachronischen Standpunkt stellt; wenn wir sie aber in ihre »natürliche« Gruppierung eingliedern können, gelingt es uns, den Mythos aufgrund eines zeitlichen Bezugssystems anderer Art zu organisieren, das zugleich den Forderungen der Ausgangshypothese genügt. Dieses System hat somit zwei Dimensionen: eine diachronische und eine synchronische, und es vereinigt so die charakteristischen Eigenschaften der »Sprache« und des »Gesprochenen«. Zwei Vergleiche werden unseren Gedanken verdeutlichen. Stellen wir uns Archäologen späterer Zeiten vor, die von einem anderen Planeten auf die Erde heruntergekommen sind, wo alles menschliche Leben erstorben ist, und die eine unserer Bibliotheken durchwühlen. Diese Archäologen wissen überhaupt nichts von unserer Schrift, aber sie versuchen dennoch, sie zu entziffern, was die Entdeckung voraussetzt, daß das Alphabet, wie wir es drucken, von links nach rechts und von oben nach unten gelesen wird. Doch eine Kategorie von Bänden ist auf diese Weise nicht zu entziffern. Das sind die Orchesterpartituren, die in der Musikabteilung aufbewahrt werden. Unsere Gelehrten werden zweifellos alles daran setzen, die Notenreihen zu lesen, indem sie oben auf der Seite anfangen und der Reihenfolge nach weiterlesen; dann werden sie merken, daß bestimmte Notengruppen in gewissen Abständen immer wiederkehren, entweder ganz oder teilweise, und daß bestimmte melodische Gebilde, die sichtlich weit voneinander entfernt sind, einander ähneln. Vielleicht werden sie sich dann fragen, ob diese Gebilde, anstatt der Reihe nach gelesen zu werden, nicht besser wie Elemente eines Ganzen, die im Zusammenhang zu begreifen sind, behandelt werden müssen. Dann hätten sie das Prinzip dessen entdeckt, was wir *Harmonie* nennen: eine Orchesterpartitur hat nur Sinn, wenn sie diachronisch gemäß der einen Achse (Seite nach Seite von links nach rechts), zugleich aber auch synchronisch und gemäß der anderen Achse, von oben nach unten, gelesen wird. Anders ausgedrückt, alle Noten auf derselben Vertikalen bilden eine große Teileinheit, ein Beziehungsbündel.

Der andere Vergleich ist analoger, als es scheint. Nehmen wir einen Beobachter, der nichts von unseren Spielkarten weiß und längere Zeit einer Wahrsagerin zuhört. Er sieht die Klienten und teilt sie ein, rät ihr ungefähres Alter, ihr Geschlecht, ihr Aussehen, ihre gesellschaftliche Stellung und so weiter, wie ein Ethnograph, der etwas von der Gesellschaft weiß, deren Mythen er untersucht. Unser Beobachter wird also die Beratungen anhören, wird sie sogar auf ein Tonband aufnehmen, um sie in Muße untersuchen und vergleichen zu können, wie wir das auch bei unseren Eingeborenen-Informanten tun. Wenn der Beobachter einigermaßen begabt ist und eine ausreichende Dokumentation gesammelt hat, wird er Struktur und Zusammensetzung des verwendeten Spiels rekonstruieren können, das heißt die Anzahl der Karten, 32 oder 52, die in vier homologen Serien ausgegeben werden und aus denselben Teileinheiten (den Karten) mit einem einzigen Unterscheidungsmerkmal (der Farbe) bestehen.

Nun wird es Zeit, die Methode etwas direkter zu erproben. Nehmen wir als Beispiel den Ödipusmythos, der den Vorteil hat, daß jeder ihn kennt, so daß man ihn nicht zu erzählen braucht. Sicher eignet sich dieses Beispiel schlecht für einen Beweis. Der Ödipusmythos ist uns in fragmentarischen und späten Fassungen überliefert, lauter literarischen Umsetzungen, die mehr von einem ästhetischen oder moralischen Interesse inspiriert worden sind als von der religiösen Tradition oder dem rituellen Brauch, falls eine solche Beschäftigung mit ihm überhaupt je existiert hat. Aber es handelt sich für uns nicht darum, den Ödipusmythos auf eine wahrscheinliche Art und Weise zu interpretieren, auch nicht darum, eine für den Fachmann annehmbare Erklärung von ihm zu bieten. Wir wollen mit diesem Beispiel – ohne daraus eine Schlußfolgerung hinsichtlich dieses Mythos ziehen zu wollen – nur eine bestimmte Technik illustrieren, deren Verwendung in diesem besonderen Fall wegen der bereits erwähnten Ungewißheiten wahrscheinlich nicht legitim ist. Der »Beweis« soll also nicht in dem Sinne verstanden werden, den der Gelehrte ihm gibt, sondern höchstens im Sinne des Marktschreiers: nicht ein Ergebnis zu erzielen, sondern so rasch wie möglich das Funktionieren der kleinen Maschine zu erklären, die er den Dummköpfen zu verhökern versucht.

Der Mythos wird also manipuliert werden wie eine Orchesterpartitur, die ein verrückter Amateur Seite für Seite in Form einer kontinuierlichen melodischen Reihe übertragen hat und die man nun in ihrer ursprünglichen Anordnung wiederherzustellen versucht. Ein wenig so, als ob man uns eine Folge ganzer Zahlen anböte, etwa 1, 2, 4, 7, 8, 2, 3, 4, 6, 8, 1, 4, 5, 7, 8, 1, 2, 5, 7, 3, 4, 5, 6, 8, mit der Weisung, alle 1, 2, 3 usw. in Form einer Tabelle zu ordnen:

1	2		4			7	8
	2	3	4		6		8
1			4	5		7	8
1	2			5		7	
		3	4	5	6		8

Genauso wird man mit dem Ödipusmythos verfahren und nacheinander verschiedene Anordnungen der Mytheme ausprobieren, bis man auf eine stößt, die die auf Seite 231 aufgezählten Bedingungen erfüllt. Nehmen wir ganz willkürlich an, eine solche Anordnung wäre mit der nachfolgenden Tabelle gegeben (wobei, wie gesagt, klar ist, daß es sich nicht darum handelt, diese den Spezialisten der klassischen Mythologie, die sie sicher abändern, wenn nicht gar ganz verwerfen würden, aufzudrängen oder auch nur nahezulegen):

Kadmos sucht seine von Zeus entführte Schwester Europa			
		Kadmos tötet den Drachen	
	Die Spartoi rotten sich gegenseitig aus		
			Labdakos (Vater von Laios) = »hinkend« (?)
	Ödipus erschlägt seinen Vater Laios		Laios (Vater von Ödipus) = »linkisch« (?)
		Ödipus bringt die Sphinx um	
Ödipus heiratet Jokaste, seine Mutter			Ödipus = »geschwollener Fuß« (?)
	Eteokles tötet seinen Bruder Polyneikes		
Antigone beerdigt Polyneikes, ihren Bruder, und übertritt das Verbot			

Wir stehen also vor vier senkrechten Spalten, die mehrere, zum selben »Bündel« gehörende Beziehungen gruppieren. Müßten wir den Mythos *erzählen,* nähmen wir auf diese Anordnung in Spalten keine Rücksicht und läsen die Zeilen von links nach rechts und von oben nach unten. Aber sobald es darum geht, den Mythos zu *verstehen,* verliert eine Hälfte der diachronischen Reihenfolge (von oben nach unten) ihren funktionellen Wert und die »Lektüre« erfolgt von links nach rechts, eine Spalte nach der anderen, wobei jede Spalte als Ganzes behandelt wird.

Alle in einer Spalte gruppierten Beziehungen haben nach der Hypothese einen Charakterzug gemein, den es herauszulösen gilt. So betreffen alle in der ersten Spalte links gesammelten Zwischenfälle Blutsverwandte, deren nahe Verwandtschaftsverhältnisse, so ließe sich vielleicht sagen, überreizt sind: diese Verwandten sind Gegenstand einer intimeren Behandlung, als die sozialen Regeln zulassen.

Stellen wir also fest, daß der gemeinsame Zug der ersten Spalte in *überbewerteten Verwandtschaftsbeziehungen* besteht. Es wird alsbald sichtbar, daß die zweite Spalte dieselbe Beziehung zeigt, aber behaftet mit den umgekehrten Vorzeichen: *unterbewertete* oder *entwertete Verwandtschaftsbeziehungen.* Die dritte Spalte betrifft Ungeheuer und ihre Vernichtung. Bei der vierten Spalte sind einige genauere Hinweise erforderlich. Auf den hypothetischen Sinn der Eigennamen in der väterlichen Sippe von Ödipus ist oft hingewiesen worden. Aber die Sprachforscher messen dem kaum Beachtung bei, da im allgemeinen der Sinn eines Ausdrucks erst zu definieren ist, wenn er in alle Rahmen, in denen er bezeugt wird, eingefügt werden kann. Eigennamen stehen aber ihrer Definition nach außerhalb eines solchen Rahmens. Die Schwierigkeit könnte bei unserer Methode weniger groß erscheinen, denn der Mythos ist da so neu organisiert, daß er sich selbst als Rahmen konstituiert. Nicht mehr der mögliche Sinn jedes für sich genommenen Namens stellt nun einen Bedeutungswert, sondern die Tatsache, daß die drei Namen einen Zug gemeinsam haben: sie enthalten hypothetische Bedeutungen, die alle eine *Schwierigkeit, aufrecht zu gehen,* hervorheben.

Ehe wir weitergehen, wollen wir die Beziehung der beiden Spalten rechts klären. Die dritte Spalte bezieht sich auf Ungeheuer: zuerst den Drachen, ein chthonisches Monstrum, das vernichtet werden muß, damit die Menschen aus der Erde geboren werden können; alsdann die Sphinx, die sich mit Hilfe von Rätseln, die sich auch auf die Natur des Menschen beziehen, bemüht, ihren menschlichen Opfern die Existenzmöglichkeit zu entziehen. Der zweite Terminus reproduziert also den ersten, der auf die *Autochthonie des Menschen* Bezug nimmt. Da die beiden Ungeheuer letzten Endes von Menschen besiegt werden, kann man sagen, daß das der dritten Spalte gemeinsame Merkmal die *Verneinung der Autochthonie des Menschen* ist.[6]

6 Ohne uns mit den Spezialisten in eine Diskussion einlassen zu wollen, die unsererseits anmaßend und sogar gegenstandslos wäre, da hier der Ödipusmythos als ein ganz willkürlich behandeltes Beispiel steht, meinen wir doch, daß der der Sphinx zugeschriebene chthonische Charakter überrascht; wir führen das Zeugnis von Marie Delcourt an: »In den archaischen Legenden werden sie ganz sicher von der Erde selbst zur Welt gebracht« (*Oedipe ou la légende du conquérant*, Liège, 1944, S. 108). So weit auch die Methode von M. Delcourt und die unsere auseinanderliegen (das würde auch für unsere Folgerungen gelten, wenn wir befugt wären, das Problem gründlich zu behandeln), hat sie, scheint es, überzeugend den Charakter der Sphinx in der archaischen Tradition dargelegt: ein weibliches Ungeheuer, das junge Männer angreift und vergewaltigt, anders gesagt, die Per-

Diese Hypothesen verhelfen dazu, den Sinn der vierten Spalte zu erfassen. In der Mythologie werden häufig die aus der Erde geborenen Männer so dargestellt, als seien sie im Augenblick ihres Auftauchens gleichsam noch unfähig zu gehen oder als gingen sie linkisch. So hinken bei den Pueblo-Indianern die chthonischen Wesen wie die Shumaikoli oder auch die Muyingwû 7, die an dem Auftauchen teilnehmen (man nennt sie im Text »Blutiger Fuß«, »Verwundeter Fuß«, »Weichfuß«). Dieselbe Beobachtung macht man bei den Koskimo der Kwakiutl-Mythologie: nachdem das chthonische Ungeheuer Tsiakish sie verschlungen hat, steigen sie zur Erdoberfläche empor, »wobei sie nach vorn stolpern oder seitwärts ausrutschen«. Das gemeinsame Merkmal der vierten Spalte dürfte also die *Beständigkeit der menschlichen Autochthonie* sein. Daraus ergäbe sich, daß die vierte Spalte die gleiche Beziehung zur dritten hätte wie die erste zur zweiten. Die Unmöglichkeit, Beziehungsgruppen miteinander in Verbindung zu bringen, ist überwunden (oder, genauer gesagt, ersetzt) durch die Bestätigung, daß zwei ein-

sonifizierung eines weiblichen Wesens mit Umkehrung des Vorzeichens, woraus sich erklärt, daß – in der schönen, von Marie Delcourt am Schluß ihres Werkes zusammengestellten Ikonographie – der Mann und die Frau immer in der umgekehrten »Himmel/Erde«-Position stehen.

Wir haben, wie wir später zeigen werden, den Ödipusmythos als erstes Beispiel ausgewählt auf Grund der bemerkenswerten Analogien, die zwischen einigen Aspekten des archaischen griechischen Denkens und dem Denken der Pueblo-Indianer, dem die folgenden Beispiele entlehnt sind, zu bestehen scheinen. Man wird an diesem Sujet feststellen, daß die Person der Sphinx, wie sie Marie Delcourt rekonstruiert hat, mit zwei Personen der nordamerikanischen Mythologie (die in Wirklichkeit nur eine bilden) übereinstimmt. Es handelt sich einerseits um die »old hag«, eine alte Hexe von abstoßendem Äußeren, die durch ihre äußere physische Erscheinung dem jungen Helden ein Rätsel aufgibt: wenn er dieses Rätsel löst – das heißt auf die Avancen der widerlichen Kreatur eingeht – wird er auf seinem Lager beim Erwachen eine strahlende junge Frau finden, die ihm zur Herrschaft verhelfen wird (in dieser Form gleichfalls ein keltisches Motiv). Noch mehr erinnert die Sphinx an die »child-protruding woman« der Hopi, eine phallische Mutter, wenn es das gäbe: diese junge Frau, die von den Ihren im Laufe einer schwierigen Wanderung gerade in dem Augenblick im Stich gelassen wurde, als sie niederkam, und die seither in der Wüste umherirrt, eine Mutter der Tiere, die sie den Jägern vorenthält. Wer ihr in ihren blutigen Gewändern begegnet, »ist so erschrocken, daß er eine Erektion verspürt«, die sie ausnutzt, um ihm Gewalt anzutun, ihn dann aber durch einen unfehlbaren Jagderfolg zu entschädigen (vgl. H. R. Voth, The Oraibi Summer Snake Ceremony, *Field Columbian Museum, Publ. Nr. 83, Anhtropol. Series* Bd. III, Nr. 4, Chicago, 1903, S. 352–353 und 352, Anm. 1).

7 Und nicht Masauwû, dessen Name im englischen Text dieser Untersuchung an dieser Stelle infolge eines Tippfehlers erscheint.

ander widersprechende Beziehungen identisch sind, soweit sie beide in sich widersprüchlich sind. Diese Art, die Struktur des mythischen Denkens zu formulieren, hat immer nur einen Näherungswert. Für den Augenblick genügt das.
Was bedeutet also dieser »amerikanisch« interpretierte Ödipusmythos? Er drückt eine Aporie aus, vor der eine Gesellschaft steht, die an die Autochthonie des Menschen zu glauben vorgibt (so Pausanias, VIII, XXIX, 4: die Pflanze ist das Modell des Menschen), nämlich die Unmöglichkeit, von dieser Theorie zu der Anerkennung der Tatsache zu kommen, daß jeder von uns aus der Vereinigung eines Mannes mit einer Frau geboren wird. Die Schwierigkeit ist unüberwindlich. Aber der Ödipusmythos liefert eine Art logisches Instrument, das es ermöglicht, eine Brücke zu schlagen zwischen dem Ausgangsproblem – wird man aus einem oder aus zweien geboren? – und dem abgeleiteten Problem, das man etwa so formulieren kann: wird das Selbst aus dem Selbst geboren oder aus dem Anderen? Dadurch ergibt sich eine Korrelation: die Überbewertung der Blutsverwandtschaft verhält sich zu ihrer Unterbewertung wie die Bemühung, der Autochthonie zu entgehen, zu der Unmöglichkeit, dies zu erreichen. Die Erfahrung mag die Theorie in Abrede stellen, aber das soziale Leben bestätigt die Kosmologie in dem Maße, wie beide dieselbe kontradiktorische Struktur aufweisen. Also ist die Kosmologie wahr. Wir wollen hier zwei Bemerkungen einfügen.
Bei dem vorangegangenen Interpretationsversuch konnte eine Frage unberücksichtigt bleiben, die die Spezialisten in der Vergangenheit viel beschäftigt hat, nämlich das Fehlen gewisser Motive in den ältesten (homerischen) Versionen des Ödipusmythos, etwa der Selbstmord der Jokaste und die eigenhändige Blendung des Ödipus. Aber diese Motive verändern die Struktur des Mythos nicht, in der sie übrigens leicht Platz finden können, das erste als ein neues Beispiel von Selbstzerstörung (Spalte 3) und das zweite als ein weiteres Beispiel für Gebrechlichkeit (Spalte 4). Diese Zusätze tragen nur dazu bei, den Mythos zu verdeutlichen, da der Wechsel vom Fuß zum Kopf als Korrelat zu einem anderen Wechsel erscheint: von der geleugneten Autochthonie zur Selbstzerstörung.
Die Methode enthebt uns also einer Schwierigkeit, die bisher eines der Haupthindernisse für den Fortschritt der mythologischen Forschungen bildete, nämlich der Suche nach einer authentischen oder ursprünglichen Version. Wir schlagen stattdessen vor, jeden Mythos

durch die Gesamtheit seiner Fassungen zu definieren. Mit anderen Worten: der Mythos bleibt so lange Mythos, wie er als solcher gesehen wird. Dieses Prinzip wird recht gut durch unsere Interpretation des Ödipusmythos illustriert, die sich auf die Formulierung Freuds stützen kann, und ist sicher auf sie anwendbar. Das von Freud in »ödipeischen« Ausdrücken aufgeworfene Problem ist zweifellos nicht mehr die Alternative zwischen Autochthonie und zweigeschlechtlicher Fortpflanzung. Aber es geht immer um die Frage, wie *einer* aus *zweien* entstehen kann: wie kommt es, daß wir nicht einen einzigen Erzeuger haben, sondern eine Mutter und dazu noch einen Vater? Man wird nicht zögern, Freud nach Sophokles zu unseren Quellen des Ödipusmythos zu zählen. Ihre Versionen verdienen dieselbe Glaubwürdigkeit wie andere, ältere und dem Anschein nach »authentischere«.

Aus dem Gesagten ergibt sich eine wichtige Konsequenz. Da ein Mythos aus der Gesamtheit seiner Varianten besteht, muß die Strukturalanalyse sie alle mit dem gleichen Ernst betrachten. Nachdem man die bekannten Varianten der thebanischen Fassung untersucht hat, wird man auch die anderen betrachten: die Berichte, die die zugehörige Sippe des Labdakos betreffen, die Agaue, Pentheus und Jokaste selbst umfaßt; die thebanischen Variationen über Lykos, wo Amphion und Zethos die Rolle der Stadtgründer spielen; und andere, entferntere, die Bezug haben auf Dionysos (den matrilateralen Vetter von Ödipus), und die athenischen Sagen, wo die Rolle, die von Theben dem Kadmos zugedacht ist, dem Kekrops zukommt, usw. Für jede dieser Varianten muß man eine Tabelle anlegen, auf der jedes Element eingeordnet wird, so daß man es mit dem entsprechenden Element der anderen Tabelle vergleichen kann: die Vernichtung der Schlange durch Kekrops mit der parallelen Episode der Geschichte des Kadmos; die Selbstaufgabe des Dionysos mit der des Ödipus; »Geschwollener Fuß« mit Dionysos *loxias*, das heißt schiefgehend; die Suche nach Europa mit der nach Antiope; die Gründung Thebens durch die Spartoi mit der durch die Dioskuren Amphion und Zethos; Zeus, der die Europa oder die Antiope entführt, mit der ähnlichen Episode, in der Semele das Opfer ist; den thebanischen Ödipus mit dem argivischen Perseus usw. So erhält man mehrere, jeweils einer Variante gewidmete zweidimensionale Tabellen, die man wie parallele Ebenen hintereinanderstellt, um zu einem dreidimensionalen Ganzen zu kommen, welches dann auf dreierlei Art »gelesen« werden kann, von links nach rechts, von oben nach unten, von vorn nach hinten (oder umgekehrt). Diese Tabellen werden nie ganz und gar identisch sein. Aber die Erfahrung zeigt, daß die differentiellen Abstände, die man immer beobachten kann, bezeichnende Korrelationen zeigen, die es gestatten, das Ganze durch allmähliche Vereinfachungen logischen Operationen zu unterwerfen, so daß man schließlich das Strukturalgesetz des betreffenden Mythos erhält.

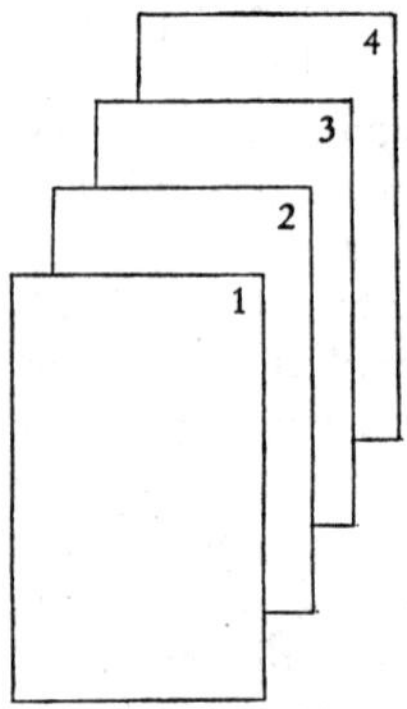

Abb. 16

Man wird vielleicht einwenden, ein derartiges Unternehmen dürfe nicht bis zum Extrem getrieben werden, da die verfügbaren Versionen die heute bekannten seien. Was würde eintreten, wenn eine neu hinzutretende Version die bisherigen Ergebnisse umwürfe? Die Schwierigkeit ist real, wenn man nur eine geringe Anzahl von Versionen zur Verfügung hat, aber sie ist rein theoretisch, je mehr Versionen es gibt. Die Erfahrung wird die ungefähre Größenordnung der notwendigen Anzahl lehren; diese kann nicht sehr groß sein. Wenn wir das Mobiliar eines Zimmers und seine Verteilung nur von den Bildern kennten, die von zwei an gegenüberliegenden Wänden aufgehängten Spiegeln zurückgeworfen werden, gäbe es zwei Möglichkeiten. Bei genau parallel aufgehängten Spiegeln wäre die Zahl der Bilder theoretisch unendlich. Stünde dagegen ein Spiegel in einem Winkel zu einem anderen, würde sich die Zahl der Bilder je nach der Größe des Winkels verringern. Aber selbst im äußersten

Fall würden vier oder fünf Bilder genügen, uns, wenn nicht eine absolut genaue Information, so doch die Sicherheit zu geben, daß kein wichtiges Möbel unbemerkt geblieben ist.

Man kann dagegen niemals genug darauf bestehen, daß es absolut notwendig ist, alle überlieferten Varianten aufzunehmen. Wenn Freuds Kommentare zum Ödipuskomplex einen – wie wir glauben – integrierenden Teil des Ödipusmythos bilden, hat die Frage, ob die Cushingsche Übertragung des Ursprungsmythos der Zuñi zuverlässig genug ist, um einbezogen zu werden, keinen Sinn mehr. Es gibt keine »wahre« Fassung, im Verhältnis zu der alle anderen Kopien oder deformierte Echos wären. Alle Fassungen gehören zum Mythos.

Jetzt können wir verstehen, warum viele Untersuchungen der allgemeinen Mythologie so entmutigende Ergebnisse gezeitigt haben. Zuerst haben die Komparatisten besonders wichtige Fassungen auslesen wollen, anstatt sie alle zu betrachten. Dann hat man festgestellt, daß die Strukturalanalyse *einer* Variante *eines* Mythos, die bei *einem* Stamm (zuweilen sogar bei *einem* Dorf) gefunden wurde, zu einem zweidimensionalen Schema führt. Seit man mehrere Varianten des gleichen Mythos für dasselbe Dorf oder denselben Stamm verwendet, wird das Schema dreidimensional, und will man den Vergleich ausweiten, wächst die Zahl der Dimensionen so rasch, daß es nicht mehr möglich ist, sie in anschaulichen Verfahren zu erfassen. Die Verwirrungen und Banalitäten, zu denen die allgemeine Mythologie oft führt, hängen also mit der Verkennung der effektiv notwendigen mehrdimensionalen Bezugssysteme zusammen, an deren Stelle man naiverweise zwei- oder dreidimensionale Systeme setzen zu können glaubt. Es besteht wirklich wenig Hoffnung, eine vergleichende Mythologie zu entwickeln, wenn man nicht an einen Symbolismus mit mathematischer Inspiration appelliert, der sich auf mehrdimensionale Systeme, die für unsere herkömmlichen empirischen Methoden zu komplex sind, anwenden läßt.

Wir haben 1952–1954 versucht[8], die soeben in ganz allgemeinen Zügen dargelegte Theorie durch eine erschöpfende Analyse aller bekannten Lesarten der Ursprungs- und Entstehungsmythen der Zuñi zu bestätigen: Cushing, 1883 und 1896; Stevenson, 1904; Parsons, 1923; Bunzel, 1932; Benedict, 1934. Diese Analyse wurde vervoll-

8 Vgl. *Annuaire de l'Ecole pratique des Hautes Etudes*, Section des Sciences religieuses, 1952–1953, S. 19–21 und 1953–1954, S. 27–29.

ständigt durch einen Vergleich mit Ergebnissen, die bei ähnlichen Mythen anderer Pueblo-Gruppen, der östlichen wie der westlichen, erzielt worden waren; schließlich wurde noch eine vorläufige Sondierung bei den Mythologien der Steppenindianer durchgeführt. Jedesmal haben die Ergebnisse die Hypothesen bestätigt. Nicht nur, daß die nordamerikanische Mythologie aus dem Experiment strahlend wie der junge Tag hervorgegangen ist, man konnte schließlich auch logische Operationen eines lange genug vernachlässigten Typus oder solche, die in uns fernen Gebieten beobachtet wurden, erkennen und zuweilen definieren. Wir können hier nicht in die Einzelheiten gehen, sondern müssen uns darauf beschränken, einige Ergebnisse anzuführen.

Eine zweifellos äußerst vereinfachte Tabelle des Entstehungsmythos der Zuñi würde den folgenden allgemeinen Anblick bieten (S. 243). Eine rasche Überprüfung dieses Schemas genügt, um seine Natur zu begreifen. Es ist eine Art logisches Werkzeug, das dazu bestimmt ist, eine Vermittlung zwischen Leben und Tod herzustellen. Der Übergang ist für das Denken der Pueblo schwierig, denn es begreift das menschliche Leben nach dem Muster des Pflanzenreichs (Entstehung aus der Erde). Diese Interpretation hat jenes Denken mit dem alten Griechenland gemein, und es ist nicht ganz willkürlich, wenn wir den Ödipusmythos als erstes Beispiel herausgegriffen haben. Bei dem hier betrachteten amerikanischen Fall wird das pflanzliche Leben nacheinander unter mehreren Aspekten, die vom einfachsten zum komplexesten reichen, analysiert. Die Landwirtschaft steht auf der obersten Stufe, doch zeigt sie einen periodischen Charakter, das heißt, sie besteht in dem Wechsel von Leben und Tod, im Gegensatz zu dem ursprünglichen Postulat.

Man darf diesen Widerspruch nicht außer Acht lassen, er geht übrigens auch aus der Tabelle hervor: die Landwirtschaft ist Nahrungsquelle, also Lebensquelle; die Jagd aber schafft auch Nahrung und ähnelt doch dem Kriege, der Tod bedeutet.

Es gibt also verschiedene Arten, das Problem zu behandeln. Cushing konzentriert sich auf eine Gegenüberstellung von nahrungsschaffenden Tätigkeiten, deren Ergebnis unmittelbar ist (Sammeln wilder Pflanzen), und solchen, deren Ergebnis nur für die Zukunft vorausberechnet werden kann. Anders gesagt, der Tod muß in das Leben hereingenommen werden, damit Landwirtschaft möglich ist.

Bei Parsons wechselt man von der Jagd über zur Landwirtschaft,

Veränderung			*Tod*
Mechanische Verwendung der Pflanzen (Stufenleiter, um aus den niederen Welten herauszutreten)	Entstehen, geleitet von den Zwilllingen Bien-Aimés	Inzest von Bruder und Schwester (Ursprung des Wassers)	Vernichtung der Kinder der Menschen durch die Götter (durch Ertränken)
Verwendung der Wildpflanzen als Nahrungsmittel	Wanderung, geleitet von den beiden Newekwe (zeremonielle Spaßmacher)		Magisches Turnier, dem Volke der Rosée dargeboten (Sammler gegen Gärtner)
		Opferung eines Bruders und einer Schwester (zur Erlangung des Sieges)	
Verwendung der Kulturpflanzen als Nahrungsmittel			
		Adoption eines Bruders und einer Schwester (im Tausch gegen Mais)	
Periodischer Charakter der landwirtschaftlichen Arbeiten			
			Krieg gegen die Kyanakwe (Gärtner gegen Jäger)
Verwendung des Wildbrets als Nahrung			
	Krieg, gelenkt von den beiden Kriegsgöttern		
Unvermeidbarkeit des Krieges			Heil des Stammes (Entdeckung des Mittelpunktes der Welt)
		Opferung eines Bruders und einer Schwester (um die Sintflut zu besiegen)	
Tod			*Dauer*

während Stevenson in umgekehrter Reihenfolge vorgeht. Alle weiteren Unterschiede zwischen den drei Versionen können in Korrelation zu den Grundstrukturen gesetzt werden. So beschreiben alle drei Versionen den großen Krieg der Vorfahren der Zuñi gegen eine mythische Völkerschaft, die Kyanakwe, führen aber in den Bericht folgende bezeichnende Varianten ein: 1. Bündnis mit den Göttern oder deren Feindseligkeit; 2. Zuerkennung des Endsieges an das eine oder das andere Lager; 3. die den Kyanakwe zugeschriebene symbolische Funktion; jene werden bald als Jäger beschrieben (und tragen dann mit Tiersehnen bespannte Bogen), bald als Landbebauer (ihre Bogen sind mit Pflanzenfasern umwickelt):

Cushing	*Parsons*	*Stevenson*
Götter Kyanakwe { verbündet, pflanzliche Sehnen	Kyanakwe, allein, pflanzliche Sehnen	Götter Menschen { verbündet, pflanzliche Sehnen
siegreich über:	*siegreich über:*	*siegreich über:*
Menschen, allein, Tiersehnen (vor der Ersetzung durch Fasern)	Menschen Götter { verbündet, Tiersehnen	Kyanakwe, allein, Tiersehnen

Da die Pflanzenfaser (Landwirtschaft) immer der Tiersehne (Jagd) überlegen ist, und da (in einem geringeren Maße) das Bündnis mit den Göttern ihrer Feindseligkeit vorzuziehen ist, ergibt sich, daß bei Cushing der Mensch in doppelter Weise benachteiligt ist (feindselige Götter, Tiersehnen), bei Stevenson doppelt begünstigt (wohlwollende Götter, Pflanzenfasern), während Parsons eine dazwischenliegende Position beschreibt (wohlwollende Götter, aber Tiersehnen, da die primitive Menschheit von der Jagd lebt).

Gegenüberstellungen	*Cushing*	*Parsons*	*Stevenson*
Götter/Menschen	−	+	+
Faser/Sehne	−	−	+

Bunzel zeigt dieselbe Struktur wie Cushing. Aber sie unterscheidet sich von dieser wie von der Stevensons insofern, als beide die Entstehung als Ergebnis der Bemühungen der Menschen darstellen, ihrer elenden Lage im Inneren der Erde zu entgehen, wohingegen Bunzel die Entstehung als Folge eines Anrufs behandelt, der von den Mächten höherer Regionen an die Menschen gerichtet wurde. So folgen zwischen Bunzel einerseits, Stevenson und Cushing anderer-

seits die zur Entstehung ins Werk gesetzten Verfahren einander in umgekehrt symmetrischer Reihenfolge. Bei Stevenson und Cushing von den Pflanzen zu den Tieren; bei Bunzel von den Säugetieren zu den Insekten und von den Insekten zu den Pflanzen.
In allen Mythen der Westpueblo bleibt die logische Formgebung die gleiche: Ausgangs- und Endpunkt der Überlegungen sind eindeutig, und die Doppeldeutigkeit erscheint im Zwischenstadium:

Leben (= Wachsen)		
(Mechanischer) Gebrauch des Pflanzenreichs, nur auf das Wachstum bauend		*Ursprung*
Verwendung des Pflanzenreichs als Nahrung, auf wilde Pflanzen beschränkt		*Sammlertätigkeit*
Verwendung des Pflanzenreichs als Nahrung umfaßt wilde und Kulturpflanzen		*Landwirtschaft*
Verwendung des Tierreichs als Nahrung, auf die Tiere bebeschränkt	(ab hier Widerspruch, da Negierung des Lebens = Vernichtung, daher:)	*Jagd*
Vernichtung des Tierreichs auf die Menschen ausgedehnt		*Krieg*
↓ *Tod (= Ent-Wachsen)*		

Das Erscheinen eines widersprüchlichen Ausdrucks mitten im dialektischen Prozeß steht in Beziehung zu der Entstehung einer doppelten Reihe von Dioskurenpaaren, deren Funktion darin besteht, eine Vermittlung zwischen den beiden Polen zu bewirken:

1. 2 göttliche Boten	2 zeremonielle Spaßmacher		2 Kriegsgötter
2. homogenes Paar: Dioskuren (2 Brüder)	Blutsverwandte (Bruder und Schwester)	Paar (Mann und Frau)	heterogenes Paar (Großmutter, Enkel)

Also eine Reihe von Kombinationsvarianten, die in den verschiedenen Rahmen alle dieselbe Funktion erfüllen. So wird begreiflich, weshalb in dem Pueblo-Ritual den Spaßmachern Kriegsfunktionen zugeschrieben werden können. Das Problem, das oftmals als unlösbar angesehen wurde, verschwindet, wenn man erkennt, daß die Spaßmacher in Bezug auf die Nahrungserzeugung (es sind Vielfraße, die ungestraft die Erzeugnisse des Landbaus mißbrauchen dürfen) dieselbe Funktion haben wie die Kriegsgötter (der Krieg erscheint im dialektischen Prozeß als *Mißbrauch* der Jagd: Jagd auf den Menschen anstatt auf die Tiere, die sich für den menschlichen Verbrauch eignen).

Manche Mythen der Zentral- und Ostpueblo verfahren anders. Sie beginnen damit, die grundlegende Identität von Jagd und Landbau zu behaupten. Diese Identifizierung geht zum Beispiel aus dem Mythos vom Ursprung des Maises hervor, der von dem Vater der Tiere erzielt wird, der anstelle von Körnern Hirschklauen säte. Man versucht also, gleichzeitig das Leben und den Tod aus einem umfassenden Ausdruck abzuleiten. Anstatt daß die extremen Ausdrücke einfach und die dazwischenliegenden verdoppelt sind (wie bei den Westpueblo), verdoppeln sich die Extreme (die zwei Schwestern der Ostpueblo), während ein einfacher vermittelnder Ausdruck in den Vordergrund tritt (der Poshaiyanne der Zia), ausgestattet mit doppeldeutigen Attributen. Dank diesem Schema kann man sogar die Attribute ablesen, die diesem »Erlöser« in den verschiedenen Versionen je nach dem Augenblick, in dem er im Laufe des Mythos auftritt, beigegeben werden: wohltätige, wenn er sich anfangs zeigt (Zuñi, Cushing), doppeldeutige in der Mitte (Zentralpueblo), bösartige am Ende (Zia); eine Ausnahme macht Bunzels Version des Zuñi-Mythos, wo, wie bereits gesagt, die Reihenfolge umgekehrt ist.

Bei systematischer Anwendung dieser Methode der strukturalen Analyse gelangt man zur Einordnung aller bekannten Varianten eines Mythos in eine Reihe, die eine Art Tauschgruppe bildet, wo die an den beiden Enden der Reihe eingeordneten Varianten in Bezug aufeinander eine symmetrische aber umgekehrte Struktur zeigen. Es wird also dort der Anfang einer Ordnung eingeführt, wo vorher Chaos herrschte, und man gewinnt zusätzlich noch die Möglichkeit, bestimmte logische Operationen freizulegen, die zur Grundlage des mythischen Denkens gehören.[9] Nunmehr können drei Typen von Operationen herausgelöst werden.

9 Für eine weitere Anwendung dieser Methode vgl. unsere Untersuchung *On four Winnebago Myths* in der Festschrift zum 75. Geburtstag Paul Radins, 1958.

Die in der amerikanischen Mythologie allgemein *trickster* genannte Person blieb lange Zeit ein Rätsel. Wie wollte man erklären, daß fast in ganz Nordamerika diese Rolle dem Steppenwolf oder dem Raben zugeordnet wurde? Der Grund für diese Wahl wird erkennbar, wenn man weiß, daß das mythische Denken ausgeht von der Bewußtmachung bestimmter Gegensätze und hinführt zu ihrer allmählichen Ausgleichung. Nehmen wir also an, zwei Ausdrücke, zwischen denen der Übergang unmöglich scheint, würden zunächst durch zwei äquivalente Ausdrücke ersetzt, die einen weiteren als Zwischenstation zulassen. Danach würden einer der polaren Ausdrücke und der dazwischengeschaltete ersetzt durch eine neue Dreiergruppe, und so fort. Man erhielte dann eine Vermittlungsstruktur folgender Art:

Anfangspaar	*Erste Triade*	*Zweite Triade*
Leben		
	Landwirtschaft	
		Pflanzenfresser
		Aasfresser
	Jagd	
		Raubtiere
	Krieg	
Tod		

Diese Struktur steht für die implizite Überlegung: die Aasfresser sind wie die von Raub lebenden Tiere (sie fressen nur tierische Nahrung), aber auch wie die Erzeuger pflanzlicher Nahrung (sie töten nicht, was sie essen). Die Pueblo, für die das bäuerliche Leben viel »bezeichnender« ist als das Jagdleben, formulieren dieselbe Überlegung auf etwas andere Art: die Raben sind für die Gärten, was die vom Raub lebenden Tiere für die Pflanzenfresser sind. Aber es war schon möglich, die Pflanzenfresser als Vermittler zu behandeln; sie sind ja in der Tat gleichsam Sammler (Vegetarier) und liefern tierische Nahrung, ohne selbst Jäger zu sein. Man bekommt also Vermittler ersten, zweiten und dritten Grades usw., wobei jeder Ausdruck dem nachfolgenden durch Gegensatz und Wechselbeziehung zur Entstehung verhilft.

Diese Folge von Operationen tritt in der Mythologie der Steppenindianer, die in einer Reihe angeordnet werden kann, klar zutage:

Vermittler (ohne Erfolg) zwischen Himmel und Erde:
(Gattin von »*Star-husband*«)
Heterogenes Vermittlerpaar:
(Großmutter/Enkel)
Halbhomogenes Vermittlerpaar:
(»*lodge-boy/thrown-away*«)
↓

Dahingegen hat die entsprechende Reihe bei den Pueblo (Zuñi) folgenden Typus:

Vermittler (mit Erfolg) zwischen Himmel und Erde:
(Poshaiyanki)
Halbhomogenes Vermittlerpaar:
(Uyuyewi und Matsailema)
Homogenes Vermittlerpaar:
(die beiden Ahaiyuta)
↓

Wechselbeziehungen derselben Art können auch auf einer horizontalen Achse erscheinen (das trifft sogar für die sprachliche Ebene zu: so die zahlreichen Konnotationen der Wurzel *pose* in der Tewa-Sprache, nach Parsons: Steppenwolf, Nebel, Skalp usw.). Der Steppenwolf (der ein Aasfresser ist) steht zwischen Pflanzenfressern und Fleischfressern *wie* der Nebel zwischen Himmel und Erde; *wie* der Skalp zwischen Krieg und Ackerbau (der Skalp gehört zur »Ernte« des Kriegers); *wie* die Kornrade zwischen wilden Pflanzen und Kulturpflanzen (sie lebt auf den letzteren nach Art der ersteren); *wie* die Gewänder zwischen »Natur« und »Kultur«; *wie* der Unrat zwischen dem bewohnten Dorf und dem Busch; *wie* die Asche (und der Ruß) zwischen dem Herd (auf dem Erdboden) und dem Dach (dem Bild für das Himmelsgewölbe). Diese Vermittlerkette – wenn man so sagen darf – zeigt eine Reihe logischer Glieder, die erlauben, verschiedene Probleme der amerikanischen Mythologie zu lösen: weshalb der Gott des Taus auch der Herr der Tiere ist; weshalb der Besitzer reicher Gewänder oft ein männliches Aschenbrödel *(Ash-boy)* ist; weshalb die Skalps den Tau erzeugen; weshalb die Mutter der Tiere mit der Kornrade in Verbindung gebracht wird usw.

Aber man kann sich auch fragen, ob wir mit diesem Mittel nicht einen Universalmodus gefunden haben, die Gegebenheiten der sinnlich wahrnehmbaren Erfahrung zu organisieren. Man vergleiche mit den vorhergehenden Beispielen das französische *nielle* (Ackerwinde, Kornrade) lat. *nebula*; und die Rolle des Glücksbringers, die in Europa dem Unrat (alte Schuhe), der Asche und dem Ruß zugeschrieben wird (vgl. den Ritus, den Schornsteinfeger zu küssen); man vergleiche den amerikanischen Zyklus von *Ash-boy* mit dem indoeuropäischen von Aschenbrödel. Beide sind phallische Figuren (Mittler zwischen den Geschlechtern); Herren über den Tau und die wilden Tiere; Besitzer prächtiger Gewänder; soziale Vermittler (matrimoniale Verbindung zwischen Edlen und Gefolgsleuten, zwischen Reichen und Armen). Es ist aber unmöglich, von dieser Parallelerscheinung zu sagen, sie sei entlehnt (was man zuweilen getan hat), denn die auf *Ash-boy* und Aschenbrödel bezugnehmenden Märchen sind umgekehrt symmetrisch bis ins kleinste Detail, wohingegen das Märchen von Aschenbrödel, wie es effektiv von Amerika übernommen worden ist (vgl. das Zuñi-Märchen vom *Gänselieschen*), zum Prototyp parallel verläuft:

	Europa	*Amerika*
Geschlecht	weiblich	männlich
Familie	doppelte Familie (Vater wieder verheiratet)	keine Familie (Waise)
Äußeres	hübsches Mädchen	häßlicher Junge
Haltung	niemand liebt es	liebt unglücklich
Verwandlung	mit übernatürlicher Hilfe in prächtige Gewänder gekleidet	mit übernatürlicher Hilfe von seinem abstoßenden Äußeren befreit

Wie *Ash-boy* und Aschenbrödel ist auch der *trickster* ein Vermittler, und diese Funktion erklärt, daß er etwas von der Dualität zurückbehält, die zu überwinden seine Funktion ist. Daher sein zweiseitiger und doppeldeutiger Charakter. Aber der *trickster* ist nicht die einzig mögliche Ausformung des Vermittlers. Manche Mythen scheinen sich darauf zu beschränken, alle vorstellbaren Modalitäten des Übergangs von der Dualität zur Einheit auszuschöpfen. Vergleicht man alle Varianten des Entstehungsmythos der Zuñi, kann man eine Reihe ablösen, die sich nach Vermittlerfunktionen ordnen läßt, wobei sich jede aus der vorhergehenden durch Gegenüberstellung und Wechselbeziehung ergibt:

Erlöser > Dioskuren > *trickster* > zweigeschlechtliche Wesen > Paar von Blutsverwandten > Ehepaar > Großmutter/Enkel > Gruppe mit vier Bezeichnungen > Triade

Bei Cushing geht diese Dialektik mit dem Übergang aus einem räumlichen Milieu (Vermittlung zwischen Himmel und Erde) in ein zeitliches Milieu (Vermittlung zwischen Sommer und Winter, genau gesagt, zwischen Geburt und Tod) einher. Aber obgleich der Übergang sich vom Raum zur Zeit vollzieht, führt die letzte Formel (die Triade) den Raum wieder ein, da eine Triade hier in einem Dioskurenpaar besteht, das *gleichzeitig* mit einem Erlöser gegeben ist; wäre umgekehrt die Ausgangsformel in räumlichen Termini (Himmel und Erde) ausgedrückt worden, enthielte sie dennoch den Begriff der Zeit: der Erlöser fleht um Hilfe, *worauf* die Dioskuren vom Himmel herniedersteigen. Man sieht also, daß die logische Konstruktion des Mythos einen doppelten Funktionsaustausch voraussetzt. Wir kommen darauf noch zu sprechen, wenn wir einen anderen Operationstypus angesehen haben.
Mit dem zweiseitigen Charakter des *trickster* wird eine andere Charakteristik der mythologischen Wesen tatsächlich erklärbar. Wir haben hier die Dualität im Auge, die der Natur einer einzigen Gottheit eignet: bald wohlgesinnt, bald bösartig, je nachdem. Wenn man die Varianten des Hopi-Mythos vergleicht, der dem Ritual von Shalako zugrundeliegt, sieht man, daß es möglich ist, sie aufgrund der folgenden Struktur zu ordnen:

$$(\text{Masauwû} : x) \cong (\text{Muyingwû} : \text{Masauwû}) \cong (\text{Shalako} : \text{Muyingwû}) \cong (y : \text{Masauwû})$$

wobei x und y willkürliche Werte darstellen, die dennoch für die beiden »extremen« Versionen vorausgesetzt werden müssen. In diesen Versionen werden dem Gott Masauwû, der allein erscheint und nicht in Beziehung zu einem anderen Gott (Version 2) oder gar abwesenden Gott (Version 3) steht, Funktionen zugewiesen, die immerhin relativ bleiben. In der ersten Version ist Masauwû (allein) gegenüber den Menschen hilfsbereit, ohne es allerdings absolut zu sein; in der 4. Version ist er feindselig, könnte aber noch böser sein. Seine Rolle ist infolgedessen fest umrissen – jedenfalls implizit – durch Vergleich mit einer anderen möglichen und nichtspezifizierten Rolle, die hier durch die Werte x und y dargestellt wird. Dagegen ist Muyingwû in Version 2 relativ hilfsbereiter als Masauwû, wie in Version 3 Shalako relativ hilfsbereiter ist als Muyingwû. Es läßt sich nach den Keres-Versionen eines benachbarten Mythos formal eine analoge Reihe konstruieren:

$$(\text{Poshaiyanki} : x) \backsimeq (\text{Lea} : \text{Poshaiyanki}) \backsimeq (\text{Poshaiyanki} : \text{Tiamoni}) \backsimeq (y : \text{Poshaiyanki})$$

Dieser Strukturtypus verdient eine ganz besondere Aufmerksamkeit, denn die Soziologen sind ihm schon auf zwei anderen Gebieten begegnet: im Unterordnungsverhältnis bei den Hühnervögeln und anderen Tieren *(pecking order)*; und bei den Verwandtschaftssystemen, wo wir ihm den Namen *verallgemeinerter Austausch* gegeben haben. Wenn wir ihn nun auf einer dritten Ebene isolieren, der des mythischen Denkens, können wir hoffen, seine wahre Rolle in den sozialen Phänomenen besser zu unterscheiden und ihr eine theoretische Interpretation von größerer allgemeiner Bedeutung zu geben.
Denn wenn es gelingt, eine vollständige Reihe von Varianten in Form einer Gruppe von Tauschvorgängen anzuordnen, kann man vielleicht das Gesetz der Gruppe entdecken. Bei dem augenblicklichen Stand der Forschung wird man hier nur ungefähre Angaben machen können. Wie die genaueren Fassungen und Berichtigungen auch immer aussehen mögen, die der folgenden Formel hinzugefügt werden müssen, scheint es nun doch festzustehen, daß jeder (als Gesamtheit seiner Varianten gesehene) Mythos auf eine kanonische Beziehung des Typus

$$F_x(a) : F_y(b) \backsimeq F_x(b) : F_{a-1}(y)$$

zurückzuführen ist, von der man, wenn gleichzeitig zwei Ausdrücke *a* und *b* sowie zwei Funktionen *x* und *y* dieser Ausdrücke gegeben sind, behaupten kann, daß eine Äquivalenzbeziehung zwischen zwei Situationen besteht, die durch eine Umkehrung der betreffenden *Ausdrücke* und der *Beziehungen* definiert werden, allerdings unter zwei Bedingungen: 1. daß einer der Ausdrücke durch sein Gegenteil (in der obigen Formulierung *a* und *a-1*) ersetzt wird, 2. daß eine auf Wechselbeziehung beruhende Umkehrung zwischen dem *Funktionswert* und dem *Ausdruckswert* zweier Elemente erfolgt (oben: *y* und *a*).

Die obige Formel erhält ihren vollen Sinn, wenn man sich erinnert, daß für Freud zwei Traumatismen (und nicht ein einzelner, wie man so oft anzunehmen geneigt ist) nötig sind, damit jener individuelle Mythos entstehen kann, aus dem eine Neurose besteht. Wenn man versucht, die Formel auf die Analyse dieser Traumatismen anzuwenden (von denen man annehmen könnte, sie erfüllten die betreffenden Bedingungen, die oben unter 1 und 2 gestellt sind), würde man zweifellos dahin kommen, das genetische Gesetz des Mythos genauer und strenger auszudrücken. Überdies wäre man in der Lage, die soziologische und psychologische Untersuchung des mythischen Denkens parallellaufend zu entwickeln, vielleicht sogar, dieses wie im Labor zu behandeln, indem man die Arbeitshypothesen einer experimentellen Prüfung unterwirft.

Bedauerlicherweise lassen es die prekären Bedingungen der wissenschaftlichen Forschung in Frankreich im Augenblick nicht zu, die Arbeit weiter voranzutreiben. Die mythischen Texte sind außerordentlich umfangreich. Ihre Zerlegung in Teileinheiten erfordert Teamarbeit und technisch geschultes Personal. Eine Variante mittleren Ausmaßes verlangt mehrere hundert Karteikarten. Um die günstigste Anordnung dieser Karten in Spalten und Reihen herauszufinden, müßte man vertikale Klassierer von ungefähr 2 m x 1,50 m haben, die mit Fächern versehen sind, auf die man die Karten nach Belieben immer neu verteilen kann. Und sobald man sich vornimmt, dreidimensionale Modelle auszuarbeiten, um mehrere Varianten vergleichen zu können, brauchte man ebenso viele Klassierer wie es Varianten gibt, sowie genügend Platz, um sie nach Belieben bewegen und anordnen zu können. Wenn dann schließlich das Bezugssystem mehr als drei Dimensionen verlangt (was schnell geschehen kann, wie wir oben gezeigt haben), muß man auf Lochkarten und Maschinen zurückgreifen. Ohne Aussicht, im Augenblick auch nur die Räume zu erhalten, die für die Zusammenstellung eines einzigen Arbeitsteams unerläßlich sind, begnügen wir uns damit, abschließend drei Feststellungen zu treffen:

Erstens hat man sich oft gefragt, weshalb die Mythen und ganz allgemein die mündlich überlieferte Literatur einen so häufigen Gebrauch von der Verdoppelung, Verdreifachung oder Vervierfachung ein und derselben Geschichte machen. Wenn man unsere Hypothesen annimmt, ist die Antwort einfach. Die Wiederholung hat eine Eigenfunktion, die die Struktur des Mythos manifest machen soll. Wir haben gezeigt, daß die synchro-diachronische Struktur, die den Mythos charakterisiert, es ermöglicht, seine Elemente in diachronischen Abfolgen (die Reihen unserer Tabellen) anzuordnen, die synchronisch gelesen werden müssen (Spalten). Jeder Mythos besitzt also eine Blätterstruktur, die in und durch den Vorgang der Wiederholung an der Oberfläche durchscheint, wenn man so sagen darf.

Und doch sind (zweitens) die einzelnen Blätter nicht ganz identisch. Wenn das Objekt des Mythos ein logisches Modell liefern soll, um einen Widerspruch aufzulösen (eine unlösbare Aufgabe, wenn der Widerspruch real ist), wird eine theoretisch unendliche Anzahl von Blättern erzeugt, jedes vom vorhergehenden etwas abweichend. Der Mythos entwickelt sich spiralenförmig, bis die intellektuelle Triebkraft, die ihn in die Welt gesetzt hat, verbraucht ist. Das *Wachstum* des Mythos ist also kontinuierlich, im Gegensatz zur *Struktur*, die diskontinuierlich bleibt. Wenn man uns ein gewagtes Bild gestattet, ist der Mythos ein Wortgebilde, das im Bereich des Gesprochenen einen ähnlichen Platz einnimmt wie der Kristall in der Welt der physikalischen Materie. Gegenüber der *Sprache* einerseits, dem *Gesprochenen* andererseits wäre seine Stellung der des Kristalls ähnlich: ein Objekt zwischen einem statistischen Aggregat von Molekülen und der molekularen Struktur selbst.

Die Soziologen schließlich, die sich die Frage nach dem Verhältnis von sogenannter »primitiver« Mentalität und wissenschaftlichem Denken stellten, haben sie im allgemeinen damit beantwortet, daß sie auf qualitative Unterschiede in der Art, wie der Geist hier oder dort arbeitet, hinwiesen. Sie haben aber nicht in Zweifel gezogen, daß in beiden Fällen der Geist sich immer auf die gleichen Objekte richtet.

Die vorangegangenen Ausführungen kommen zu einer anderen Auffassung. Die Logik des mythischen Denkens erschien uns ebenso anspruchsvoll wie die, auf der das positive Denken beruht, und im Grunde kaum anders. Denn der Unterschied liegt weniger in der Qualität der intellektuellen Operationen als in der Natur der Dinge, auf die sich diese Operationen richten. Übrigens haben die Technologen dies schon längst auf ihrem Gebiet festgestellt: eine eiserne Axt ist nicht wertvoller als eine Steinaxt, nur weil sie »besser gemacht« ist. Beide sind gleich gut gemacht, aber Eisen ist nicht dasselbe wie Stein.

Vielleicht werden wir eines Tages entdecken, daß im mythischen und im wissenschaftlichen Denken dieselbe Logik am Werke ist und daß der Mensch allezeit gleich gut gedacht hat. Der Fortschritt – falls dieser Begriff dann überhaupt angemessen ist – hätte nicht das Bewußtsein, sondern die Welt als Aktionsraum, in der eine mit konstanten Begabungen ausgestattete Menschheit im Laufe ihrer langen Geschichte mit immer neuen Objekten ringen mußte.

12. Kapitel

Struktur und Dialektik [1]

Von Lang über Durkheim, Lévy-Bruhl und van der Leeuw bis Malinowski haben sich die Soziologen oder Ethnologen, die sich für die Beziehungen zwischen Mythos und Ritual interessiert haben, diese als Redundanz vorgestellt. Manche sehen in jedem Mythos die ideologische Projektion eines Ritus, die diesem die Grundlage liefern soll; andere kehren das Verhältnis um und behandeln den Ritus als eine Art Erläuterung des Mythos in Form lebender Bilder. In beiden Fällen setzt man eine feststehende Verbindung oder, anders ausgedrückt, eine Homologie zwischen Mythos und Ritus voraus: gleichgültig, wem man die Rolle des Originals und wem die des Abbildes gibt, Mythos und Ritus erzeugen sich gegenseitig, der eine als Tat, der andere als Begriff. Bleibt nur zu fragen, weshalb nicht alle Mythen Riten entsprechen und umgekehrt; weshalb diese Homologie nur in einer sehr kleinen Zahl von Fällen beweisbar ist; und besonders, welchen Grund diese seltsame Verdoppelung hat.

Ich möchte hier an Hand eines Beispiels zeigen, daß diese Homologie nicht immer besteht; oder, genauer gesagt, daß sie – wenn sie überhaupt besteht – der Sonderfall eines viel allgemeineren Verhältnisses zwischen Mythos und Ritus und zwischen den Riten selbst sein könnte. Dieses Verhältnis schließt selbstverständlich eine »wortwörtliche« Entsprechung zwischen den Elementen scheinbar verschiedener Riten oder zwischen den Elementen dieses Ritus und jenes Mythos ein, ohne daß allerdings diese Entsprechung als Homologie behandelt werden kann. In dem im folgenden diskutierten Beispiel verlangt sie, um überhaupt hergestellt werden zu können, zunächst eine Reihe von Operationen: Austausch und Umwandlungen, in denen vielleicht der Grund der Verdoppelung liegt. Wenn diese Hypothese stimmt, wird man darauf verzichten müssen, das Verhältnis von Mythos und Ritual in einer Art mechanischer Kausalität zu suchen, und statt dessen ihre Beziehung auf der Ebene einer Dialektik begreifen, die nur zugänglich ist, wenn man beide vorher auf ihre strukturalen Elemente reduziert hat.

1 Unter diesem Titel veröffentlicht in: *For Roman Jakobson, Essays on the Occasion of his sixtieth birthday,* The Hague, 1956, S. 289–294.

Der Abriß eines solchen Beweises scheint mir eine dem Werk und der Methode Roman Jakobsons würdige Huldigung darzustellen. Er selbst hat sich wiederholt für die Mythologie und die Folklore interessiert; es mag hier genügen, an seinen Artikel über die slawische Mythologie in Funk/Wagnalls *Standard Dictionary of Folklore* (Bd. I, New York 1950) und seine wertvollen Kommentare zu den *Russian Fairy Tales* (New York 1945) zu erinnern. Zudem ist klar, daß meine Methode eine Anwendung der mit dem Namen Jakobson verknüpften Methode der strukturalen Linguistik auf ein anderes Gebiet darstellt. Und schließlich hat er selbst die enge Verbindung von strukturaler Analyse und dialektischer Methode besonders aufmerksam verfolgt; er schloß seine berühmten *Prinzipien der historischen Phonologie* mit den Worten: »Die Verbindung von Statik und Dynamik ist eine der grundlegenden dialektischen Antinomien, die die Vorstellung von der Sprache bestimmen.« Ich folge also nur einem von ihm gefundenen Weg, wenn ich versuche, die wechselseitigen Beziehungen zwischen dem Begriff der Struktur und dem dialektischen Denken zu vertiefen.

In dem Werk von G. A. Dorsey, das die Mythologie der Pawnee-Indianer aus den Steppen Nordamerikas behandelt (*The Pawnee: Mythology*, part I, Washington 1906), findet man unter den Ziffern 77 bis 116 eine Reihe von Mythen, die von der Herkunft der Kräfte der Schamanen berichten. Besonders ein Thema kommt verschiedentlich vor (vgl. Nr. 77, 86, 89 und weitere), das ich der Einfachheit halber *Schwangerer Junge* nennen möchte. Nehmen wir zum Beispiel den Mythos Nr. 77.
Ein junger, unwissender Bursche merkt, daß er magische Kräfte besitzt, die ihn befähigen, Kranke zu heilen. Ein alter, offiziell eingesetzter Medizinmann, der auf den wachsenden Ruf des Jungen eifersüchtig ist, besucht ihn mehrmals zusammen mit seiner Frau. Wütend darüber, daß er – aus guten Gründen – kein Geheimnis im Tausch gegen seine eigenen Unterweisungen erhält, bietet er dem Jungen seine mit magischen Kräutern gefüllte Pfeife an. Auf diese Weise verhext, muß der Junge entdecken, daß er schwanger ist. Voller Scham verläßt er sein Dorf und sucht bei den wilden Tieren den Tod. Diese aber haben Mitleid mit seinem Unglück und beschließen, ihn zu heilen, ziehen den Foetus aus seinem Leib heraus und lehren ihn ihre magischen Kräfte, mit deren Hilfe der zu den

Seinen heimgekehrte Junge den bösen Medizinmann tötet und selbst ein berühmter und geachteter Heiler wird.

Wenn man den Text dieses Mythos, von dem eine einzige Version dreizehn Seiten von Dorseys Arbeit einnimmt, aufmerksam analysiert, stellt man fest, daß er eine lange Reihe von Gegensätzen in sich schließt: 1. *Eingeweihter Schamane / nicht eingeweihter Schamane,* das heißt erworbene Kraft gegenüber angeborener Kraft; 2. *Kind / Greis,* denn der Mythos betont die Jugend bzw. das Alter der Protagonisten; 3. *Verwischung der Geschlechter / saubere Unterscheidung der Geschlechter*; das ganze metaphysische Denken der Pawnee beruht nämlich auf der Vorstellung, daß am Anfang der Welt die gegensätzlichen Elemente vermischt sind und das Werk der Götter zunächst darin bestanden hat, diese zu trennen. Das kleine Kind ist geschlechtslos, oder genauer, das männliche und weibliche Prinzip in ihm ist noch nicht getrennt. Umgekehrt ist beim Greis die Trennung unwiderruflich; das ist eine in dem Mythos deutlich durch das stets anwesende Paar des Medizinmanns und seiner Frau ausgedrückte Vorstellung, im Gegensatz zu dem Jungen, der zwar allein ist, aber Männlichkeit und Weiblichkeit (schwangerer Mann) enthält; 4. *Fruchtbarkeit des Kindes* (trotz seiner Unberührtheit) / *Unfruchtbarkeit des Greises* (trotz seiner immer wieder erwähnten Ehe); 5. die nicht umkehrbare Beziehung der Befruchtung des »Sohnes« durch den »Vater« ist als ein Gegensatz zu einer gleichfalls unumkehrbaren Beziehung dargestellt: die Rache des »Vaters«, weil der »Sohn« ihm kein Geheimnis im Austausch gegen die seinen preisgibt (er besitzt keines); 6. der dreifache Gegensatz von *pflanzlicher* Magie (und *wirklicher*: eine Droge, mit der der Greis das Kind befruchtet – aber diese Magie ist *heilbar*) und der Magie *tierischen* Ursprungs (und *symbolischen*: Manipulation eines Schädels), durch die das Kind den Greis tötet – *ohne Chance der Auferstehung*; 7. eine der beiden magischen Praktiken verfährt mittels *Einführen*, die andere mittels *Herausziehen.*

Diese auf Gegensätzen beruhende Konstruktion findet man auch in den Einzelheiten wieder. Die Tiere haben Mitleid mit dem Knaben aus zwei Gründen, die im Text genau angegeben werden: er besitzt die Merkmale des Mannes und der Frau, die Vereinigung zeigt sich bei ihm in dem Gegensatz der Magerkeit seines Körpers (er fastet seit Tagen) und der Dicke seines Bauches (wegen seines Zustandes). Um eine Abtreibung herbeizuführen, *speien die Pflanzenfresser die*

Knochen aus, während die *Fleischfresser* das *Fleisch aussaugen* (dreifacher Gegensatz); wenn der Knabe beinahe an dem dicken Bauch stirbt (in Nr. 89 wird der Foetus durch eine Tonkugel ersetzt, die solange größer wird, bis sie den Träger zerreißt), so stirbt der Zauberer wirklich an einer Darmverschlingung.

Die unter Nr. 86 wiedergegebene Version enthält und verdoppelt zugleich einige dieser Gegensätze: der Mörder läßt sein Opfer an einem Seil in die Unterwelt hinab (Aufenthalt der magischen Tiere, die Säugetiere sind), um ihn Adler- und Spechtfedern sammeln zu lassen, also Federn von Vögeln, die den Himmel bewohnen und von denen der eine vor allem mit den höchsten Regionen, der andere mit dem Gewitter verbunden ist. Diese Umkehrung des Weltsystems geht zusammen mit einem entsprechenden Ausgleich des Gegensatzes (den man im »rechten« System des Mythos Nr. 77 antrifft) zwischen Fleischfressern und Pflanzenfressern, die sich diesmal »normal« verhalten, das heißt, daß die einen sich mit den Knochen des Foetus, die anderen mit seinem Blut abgeben. Hier erkennt man, was eine Strukturalanalyse des Mythosinhalts für sich allein bereits liefern könnte: Umwandlungsregeln, die es ermöglichen, mit Rechenmethoden, wie sie in der Algebra üblich sind, von einer Variante zur anderen überzugehen.

Doch will ich hier die Aufmerksamkeit auf einen anderen Aspekt des Problems lenken. Welchem Pawnee-Ritus entspricht der Mythos des schwangeren Knaben? Auf den ersten Blick keinem. Die Pawnee haben keine Schamanen-Gesellschaften, die auf Altersklassen aufgebaut sind, während der Mythos doch gerade den Generationsgegensatz betont. Der Zugang zu diesen Gesellschaften ist nicht von Prüfungen oder Zahlungen abhängig. Mit den Worten von Murie: »the usual way to become a medicine-man was to succeed one's teacher at his death«.[2] Der ganze Mythos beruht im Gegenteil auf der doppelten Vorstellung einer angeborenen Kraft, die aus eben diesem Grunde von dem Meister bestritten wird, der sie demjenigen nicht beigebracht hat, den er als Nachfolger ablehnt.

Können wir nun sagen, der Pawnee-Mythos spiegele ein System wider, das dem im Pawnee-Ritual vorherrschenden entspricht und entgegengesetzt ist? Das wäre nur zum Teil richtig, weil der Gegensatz nicht durchgehend stimmt: um es genau zu sagen, der Begriff

2 J. R. Murie, *Pawnee Societies (Anthropol. Papers of the American Museum of Natural History,* Bd. II), S. VII, 603.

des Gegensatzes ist hier nicht heuristisch: er sagt einiges über gewisse Unterschiede zwischen dem Mythos und dem Ritus aus, läßt aber andere unerklärt; vornehmlich verschweigt er das Thema vom schwangeren Knaben, dem wir immerhin in der Gruppe der betreffenden Mythen einen zentralen Platz zugewiesen haben.

Dagegen fügen sich alle Elemente des Mythos zusammen, wenn wir diesen nicht dem entsprechenden Pawnee-Ritual, sondern dem umgekehrt symmetrischen Ritual gegenüberstellen, das in jenen Stämmen der nordamerikanischen Steppen vorherrscht, die sich ihre schamanischen Gesellschaften und ihre Aufnahmeregeln in einer Weise denken, die der der Pawnee entgegengesetzt ist. Nach einem Wort von Lowie haben die Pawnee »the distinction of having developed the most elaborate system of societies outside the age-series«.3 Unter diesem Gesichtspunkt stehen sie im Gegensatz zu den Schwarzfuß-Indianern und den dörflichen Stämmen: den Mandan und den Hidatsa, die die extremsten Beispiele des anderen Typus darstellen und mit denen sie nicht nur kulturell, sondern auch geographisch und historisch durch die Zwischenform der Arikara verbunden sind, die sich von den Skidi-Pawnee (deren Mythen Dorsey gesammelt hat) erst in der ersten Hälfte des achtzehnten Jahrhunderts getrennt haben.

Bei diesen Stämmen bilden die Gesellschaften Altersklassen; der Übergang von der einen zur anderen vollzieht sich durch Kauf; die Beziehung zwischen Verkäufer und Käufer wird als Beziehung von »Vater« und »Sohn« begriffen; der Anwärter stellt sich immer in Begleitung seiner Frau vor, und das zentrale Motiv der Transaktion ist eine Auslieferung der Frau des »Sohnes« an den »Vater«, der mit dieser einen wirklichen oder symbolischen Koitus vollzeiht, der jedoch immer als Akt der Befruchtung vorgestellt wird. Wir finden also alle auf der Ebene des Mythos bereits analysierten Gegensätze wieder, mit Umkehrung der jedem Gegensatzpaar zugeschriebenen Werte: Eingeweiht/nicht eingeweiht; Jugend/Alter; Vermischung/Trennung der Geschlechter usw. Tatsächlich wird in dem Ritus der Mandan, der Hidatsa oder der Schwarzfußindianer der »Sohn« von seiner Frau begleitet, so wie im Pawnee-Mythos die Frau den »Vater« begleitete; aber während sie im letzteren Fall nur eine ein-

3 R. H. Lowie, *Plains-Indian age-societies: historical and comparative summary* (*Anthropol. Papers of the American Museum of Natural History*, Bd. II, 1916), S. XIII, 890.

fache Begleitfigur war, spielt sie hier nun die Hauptrolle: vom Vater befruchtet und den Sohn zeugend, also in sich jene Doppelgeschlechtlichkeit vereinigend, die der Mythos dem Sohn zuschrieb; anders gesagt, die semantischen Werte sind die gleichen, sie haben nur in Bezug auf die Symbole, die ihnen als Unterbau dienen, den Platz getauscht. Interessant ist es, in dieser Hinsicht die Ausdrücke zu vergleichen, denen die Rolle des Fruchtbarkeitssymbols in beiden Systemen zugeschrieben wird: Pfeife im Pawnee-Mythos, vom Vater und seiner Frau auf den Sohn übertragen; Wildwurzel im Ritus der Schwarzfußindianer, vom Vater auf die Frau des Sohnes, dann von jener auf letzteren übertragen; nun aber ist die Pfeife, ein Hohlrohr, das Bindeglied zwischen Himmel und Welt, also umgekehrt symmetrisch der Rolle der Wildwurzel in der Mythologie der Steppenindianer, wie sie aus zahllosen Varianten des »Star-husband«-Zyklus hervorgeht, »wo die Wurzel ein voller Propfen ist«, der als Unterbrecher zwischen den Welten dient. Die Elemente ändern ihre Vorzeichen, wenn die Reihenfolge sich umkehrt.

Der sonderbare Hidatsa-Ritus (den man meines Wissens noch nie mit altchinesischen Parallelen verglichen hat) von der Übergabe der Frauen in einer Tonne, die anstelle eines Deckels mit Dörrfleisch bedeckt ist, entspricht ebenfalls dem Pawnee-Mythos: Fleisch als Bezahlung, einmal an die befruchtenden Väter als Inhaber der Magie, einmal an die magischen Tiere, die die Rolle der Nicht-Väter (Abtreiber) spielen; aber einmal als Fleisch, das als Behälter (fleischbedeckte Hütte) vorgestellt wird, das andere Mal mit der genauen Angabe, daß es als Inhalt (mit Fleisch gefüllte Säcke) dargeboten werden muß. Man könnte diese Parallelen noch weiter treiben, alle würden zum gleichen Schluß führen: der Pawnee-Mythos enthält ein Ritensystem, das die Umkehrung nicht des geltenden, wohl aber eines nicht angewendeten Systems ist, das jedoch verwandte Stämme, deren rituelle Organisation derjenigen der Pawnee völlig entgegengesetzt ist, anwenden. Außerdem zeigt die Beziehung zwischen den beiden Systemen einen kontrapunktischen Zug: sieht man das eine als Progression, erscheint das andere als Regression.

Damit haben wir einen Pawnee-Mythos in Beziehung und Gegensatz zu einem fremden Ritual gebracht. Bemerkenswert ist, daß man eine ähnliche, wenn auch komplexere Beziehung zwischen diesem Mythos und einem Ritual aufdecken kann, das zwar nicht allein den Pawnee zugehörig, aber dennoch Gegenstand einer besonders ausführlichen Untersuchung gerade bei ihnen geworden ist: dem Hako.[4]

Der Hako ist ein Ritual der Bündnisschließung zwischen zwei Gruppen; im Unterschied zu den Pawnee-Gesellschaften, deren Platz in der sozialen Struktur festgelegt ist, können sich die beteiligten Gruppen frei wählen. Doch stellen sie bei diesem Vorgehen die *Vater-Sohn*-Beziehung her, das heißt gerade die Beziehung, die das feste Verhältnis zwischen den aufeinanderfolgenden Altersklassen in den dörflichen Stämmen genau definiert. Hocart hat früher einmal gründlich dargelegt, daß die *Vater-Sohn*-Beziehung, auf der der Hako beruht, als die Umkehrung einer Bündnisbeziehung zwischen Vaterverwandtschaft und Mutterverwandtschaft aufgefaßt werden kann.[5] Mit anderen Worten: der Mythos vom schwangeren Jungen, das Ritual der Mandan und der Hidatsa, das sich um den Aufstieg in eine höhere Stufe einer Reihe von Altersklassen dreht, und der Hako, sie alle stellen Austauschgruppen dar, deren Gesetz eine Äquivalenz zwischen dem Gegensatz *Vater-Sohn* und dem Gegensatz *Mann-Frau* ist. Ich könnte beweisen, daß diese Gleichung sich auf die Unterscheidungsmerkmale des Crow-Omaha genannten Verwandtschaftssystems gründet, wo die Beziehungen zwischen verbündeten Gruppen genauestens durch Verwandtschaftsbeziehungen zwischen Vorfahren und Nachfahren formalisiert sind, kann aber aus Platzgründen diesen Aspekt des Problems hier nicht entwickeln.

Ich werde mich also darauf beschränken, rasch die letzten Phasen des Rituals (16–19 in der Einteilung Fletchers) zu prüfen; diejenigen, die am deutlichsten einen ganz sakralen Charakter haben und zugleich eine Reihe verblüffender Analogien zu dem Mythos vom schwangeren Jungen aufweisen. Die Gruppe des Vaters ist im Dorf des Sohnes eingetroffen; sie fängt symbolisch ein Kind ein (Knabe oder Mädchen, also geschlechtslos, oder genauer, mit nicht bezeichnetem Geschlecht; vgl. a.a.O., S. 201), heiligt es durch Salbungen, die es mit Tirawa, der obersten Gottheit der Himmelswelt, identisch machen sollen. Dann wird das Kind in eine Decke gewickelt, wobei die Beine vorn herausschauen, und in dieser Lage wird es wie ein Phallus im symbolischen Koitus mit der Welt bewegt, was durch

4 A. C. Fletcher und J. R. Murie, *The Hako: a Pawnee ceremony*, 22nd Annual Report, Bureau of American Ethnology, Teil II, Washington 1900–1901 (1904).
5 A. M. Hocart, Covenants, in *The Life Giving Myth* (London, 1952).

einen auf den Boden gezeichneten Kreis dargestellt wird, in den gleichsam wie ein Ei ein Goldamselnest *(oriole)* fallen gelassen wird: »the putting of the child's feet into the circle means the giving of new life«, sagt der eingeborene Informant unzweideutig (a.a.O., S. 245). Am Ende wird der Kreis ausgelöscht, das Kind vom Öl gereinigt und zu seinen Spielgefährten zurückgeschickt.

Sicher können alle diese Handlungen als Abänderungen der Elemente des Mythos vom schwangeren Jungen angesehen werden. In beiden Fällen haben wir drei Protagonisten:

Reihe Mythos:	Sohn	Vater (oder Gatte)	Frau des Vaters
Reihe Ritus:	Sohn (Austausch Frau)	Vater (Austausch Gatte)	Kind (Austausch Sohn)

In beiden Reihen sind je zwei Protagonisten in Bezug auf das Geschlecht bestimmt, einer nicht (Sohn oder Kind).

In der Reihe Mythos kann der Sohn, weil die Geschlechtsbezeichnung fehlt, halb Mann, halb Frau sein: in der Reihe Ritus wird er ganz und gar Mann (der den Koitus vollzieht) und ganz und gar Frau (er bringt effektiv ein Nest, das ein Ei symbolisiert, in einem Kreis, der ein Nest symbolisiert, zur Welt).

Die Symbolik des Hako schließt ein, daß der Vater den Sohn über die ambivalente Funktion des Kindes befruchtet, wie im Mythos die ambivalente Funktion des Paares Medizinmann-Frau das Kind befruchtet und im Ritual der dörflichen Stämme der Vater den Sohn durch die ambivalente Funktion der Frau des Sohnes. Diese sexuelle Doppelbedeutung eines der Protagonisten wird stets in dem Kontext betont; man vergleiche in dieser Hinsicht den Sack, aus dem die Beine des Kindes heraussehen (Hako), das männliche Kind mit dem dicken Bauch (Pawnee-Mythos); die Frau, aus deren Mund eine Wurzel hervorschaut (Schwarzfuß-Mythos, als Grundlage des Ritus vom Aufstieg zur Gesellschaft der *Kit-foxes* durch Preisgabe der Ehefrau).

An anderer Stelle (Kapitel 11) versuchte ich zu zeigen, daß das genetische Modell des Mythos (das Modell, das jenen erzeugt und ihm gleichzeitig seine Struktur gibt) in der Anwendung von *vier* Funktionen auf *drei* Symbole besteht; hier werden die vier Funktionen bestimmt durch die doppelte Gegenüberstellung *älter-jünger* und *männlich-weiblich*, woraus sich die Funktionen Vater, Mutter, Sohn, Tochter ergeben. In dem Mythos vom schwangeren Jungen verfügen Vater und Mutter über ein eigenes Symbol, und die Funktionen Sohn und Tochter werden unter dem dritten verfügbaren Symbol, Kind, zusammengefaßt. In dem Ritual der Mandan und Hidatsa unterscheiden sich Vater und Sohn, und die Frau des Sohnes vertritt die Funktionen Mutter und Tochter. Die Situation des Hako ist weit komplexer, denn da kommt zu den Symbolen, die immer zu dritt auftreten, außer dem Vater und dem Sohn noch eine neue Person: das Kind (Knabe oder Mädchen) des Sohnes, weil nämlich die Anwendung der Funktionen auf die Symbole hier eine ideale Dichotomisierung der letzteren verlangt: wie wir gesehen haben, ist der Vater zugleich Vater und Mutter, der Sohn zugleich Sohn und Tochter, und das Kind gibt den beiden anderen Symbolen eine seiner Halbfunktionen: Befruchter (Vater) und befruchtetes Subjekt (Tochter). Es ist bemerkenswert, daß diese komplexere Verteilung der Funktionen auf die Symbole für das einzige der drei Systeme, das an die Gegenseitigkeit appelliert, bezeichnend ist: denn wenn es auch in jedem Fall darum geht, einen Bund zu schließen, so wird dieser im ersten Fall zurückgewiesen, im zweiten erbeten, aber nur im dritten ausgehandelt.

Die dialektische Beziehung zwischen Mythos und Ritual verlangt die Berücksichtigung der Struktur, auf die wir hier nicht eingehen können; wir verweisen den Leser lediglich auf die bereits zitierte Untersuchung. Aber wir hoffen, gezeigt zu haben, daß es zu ihrem Verständnis unerläßlich ist, Mythos und Ritus nicht nur innerhalb ein und derselben Gesellschaft, sondern auch mit den Glaubensinhalten und Praktiken der Nachbargesellschaften zu vergleichen. Wenn eine bestimmte Gruppe von Pawnee-Mythen einen Austausch gewisser Rituale nicht nur desselben Stammes, sondern auch derjenigen anderer Volksstämme darstellt, kann man sich nicht mit einer rein formalen Analyse begnügen: diese bildet eine Vorstufe der Untersuchung und ist in dem Maße ergiebig, wie sie die Möglichkeit bietet, in strengeren Begriffen als sonst üblich die Fragen der Geographie und der Geschichte zu formulieren. Die strukturale Dialektik widerspricht also dem historischen Determinismus nicht: sie verlangt ihn geradezu und gibt ihm ein neues Hilfsmittel. Wie Meillet und Trubetzkoi hat auch Roman Jakobson verschiedentlich bewiesen, daß sich gegenseitig beeinflussende Phänomene geographisch benachbarter Sprachräume sich gut für Strukturanalysen eignen; das ist die berühmt gewordene Theorie der Sprachverwandtschaften. Ich habe versucht, dazu auf einem anderen Gebiet einen bescheidenen Beitrag zu leisten, indem ich betonte, daß die Verwandtschaft nicht nur in der Verbreitung gewisser strukturaler Merkmale über die Grenzen des jeweiligen Sprachraumes hinweg oder in der Abwehr ihrer Ausbreitung besteht: die Verwandtschaft kann auch antithetisch entstehen und Strukturen erzeugen, die die Merkmale von Antworten, Abhilfen, Entschuldigungen oder gar Selbstvorwürfen zeigen. Wie in der Sprachwissenschaft stellt die formale Analyse auch in der Mythologie unmittelbar die Frage nach dem *Sinn*.

Kunst

13. Kapitel

Die Zweiteilung der Darstellung in der Kunst Asiens und Amerikas[1]

Die Ethnologen von heute bekunden eine gewisse Abneigung gegen vergleichende Untersuchungen primitiver Kunst. Ihre Gründe einzusehen ist einfach. Bisher haben Untersuchungen dieser Art sich fast ausschließlich damit beschäftigt, kulturelle Kontakte, Anhaltspunkte für die Verbreitung und Übernahme nachzuweisen. Ein einzelnes Schmuckstück, eine einzigartige Form brauchte nur in zwei Weltteilen zugleich aufzutauchen, und schon verkündeten Enthusiasten die gleiche Herkunft und unbezweifelbar bestehende prähistorische Beziehungen zwischen sonst nicht vergleichbaren Kulturen, wie groß der oft beträchtliche geographische und historische Abstand auch sein mochte. Es ist bekannt, welchen Unfug – neben fruchtbaren Entdeckungen – diese hastige Suche nach Analogien »um jeden Preis« hervorgebracht hat. Aber die Spezialisten für kulturelle Gegenstände müßten, um uns vor ihm zu bewahren, erst noch den spezifischen Unterschied definieren, der zwischen einem Merkmal, einer Gruppe solcher Merkmale oder einem Stil, die häufig unabhängig voneinander auftreten, und den Merkmalen oder Stilen besteht, deren Natur und Eigenart die Möglichkeit einer Wiederholung ohne Übernahme ausschließt.

Nicht ohne Zögern entschließe ich mich also, zu einem heiß und zurecht umstrittenen Aktenbündel einige Akten hinzuzufügen. Dieses umfangreiche Aktenbündel zieht gleichzeitig die Nordwestküste Nordamerikas, China, Sibirien, Neuseeland, vielleicht sogar Indien und Persien heran; was aber schwerer wiegt, die betreffenden Dokumente stammen aus den verschiedensten Perioden: aus dem 18. und 19. Jahrhundert unserer Zeitrechnung für Alaska, aus dem 1. und 2. Jahrtausend v. Chr. für China; aus der Vorgeschichte für die Kunst des Gebietes am Amur, und aus einer Periode, die vom 14. bis zum 18. Jahrhundert reicht, für Neuseeland. Man könnte sich kaum einen schlimmeren Fall denken: ich habe an anderer Stelle

1 Unter diesem Titel veröffentlicht in: *Renaissance*, dreimonatlich erscheinende Zeitschrift, hgg. von der Ecole libre des Hautes Etudes de New York, Bd. 2 und 3, 1944–1945, S. 168–186.

auf die schier unüberwindlichen Schwierigkeiten hingewiesen [2], die Hypothese eines präkolumbianischen Kontaktes zwischen Alaska und Neuseeland zu beweisen; ohne Zweifel liegt das Problem einfacher, wenn man Sibirien und China mit Nordamerika vergleicht: die Entfernungen sind überschaubarer und es handelt sich nur noch darum, eine Barriere von ein oder zwei Jahrtausenden zu überwinden. Aber selbst in diesem Falle bedarf es trotz vieler intuitiver Gewißheiten, die sich im Geist sogleich bilden, eine nachdrückliche Berufung auf Tatsachenmaterial, um auf einigermaßen sicherem Grund bauen zu können. In einem scharfsinnigen und glänzenden Werk muß sich C. Hentze zum Lumpensammler des Amerikanismus machen und seine Beweise einzeln aus den verschiedensten Kulturen zusammensuchen, wobei er zuweilen auch ganz unbedeutenden Details Gewicht beimißt. [3] Anstatt die Vermutung zu bestätigen, löst er sie durch seine Analyse auf, und in diesen *membra disjecta poetae* scheint das tiefe Verwandtschaftsgefühl, das der weltweite Kontakt mit den beiden Kulturen so kraftvoll geweckt hatte, durch nichts mehr gerechtfertigt.

Und doch kann man sich den Analogien, die sich zwischen der Kunst der Nordwestküste Amerikas und der Kunst Altchinas zeigen, nicht entziehen. Diese liegen nicht so sehr in der äußeren Ähnlichkeit der Stücke wie in den Grundprinzipien, die die Analyse der beiden Künste herauszuarbeiten gestattet. Diese Arbeit hat Leonhard Adam geleistet, dessen Schlußfolgerungen ich hier zusammenfasse. [4] Beide Künste arbeiten mit a) intensiver Stilisierung; b) Schematismus oder Symbolismus, die durch die Betonung der charakteristischen Merkmale oder die Addition typischer Attribute ausgedrückt wird (so wird in der Kunst der Nordwestküste der Biber durch den Stock, den er zwischen den Pfoten hält, bezeichnet); c) der Darstellung des Körpers durch ein »Doppelbildnis« (*split representation*); d) dem Auseinandernehmen von willkürlich isolierten Teilen des Ganzen; e) der Darstellung *eines* frontal gesehenen Individuums durch *zwei Profile;* f) sehr durchgearbeiteter Symmetrie, die oft einzelne Asym-

2 The Art of the North West Coast, *Gazette des Beaux-Arts*, 1943.

3 Carl Hentze, *Objets rituels, Croyances et Dieux de la Chine antique et de l'Amérique*, Antwerpen, 1936.

4 Leonhard Adam, Das Problem der asiatisch-altamerikanischen Kulturbeziehungen mit besonderer Berücksichtigung der Kunst. *Wiener Beiträge zur Kunst und Kulturgeschichte Asiens*, Bd. 5, 1931. – Northwest American Indian Art and its Early Chinese Parallels, *Man*, Bd. 36, Nr. 3, 1936.

metrien verschiebt; g) der vernunftwidrigen Verwendung der Details als neuer Elemente (so wird aus einer Pfote ein Schnabel, aus einem Auge ein Gelenk, oder umgekehrt); h) der eher intellektuellen als intuitiven Darstellung, wobei das Skelett oder die inneren Organe den Vorrang vor der Darstellung des Körpers haben (ein Verfahren, das auch im Norden Australiens auffällt).[5] Diese Verfahren sind nicht typisch für die amerikanische Kunst der Nordwestküste, wie Leonard Adam schreibt: »the various technological and artistic principles displayed in both ancient China and North West America are almost entirely identical«.[6]

Angesichts dieser Ähnlichkeiten ist es interessant festzustellen, daß die altchinesische Kunst und die der Nordwestküste unabhängig davon und aus ganz anderen Gründen mit der Kunst der Maori aus Neuseeland verglichen worden sind.[7] Das ist umso bemerkenswerter, als die neolithische Kunst des Gebietes am Amur – in der gewisse Themen (so etwa der Vogel mit den ausgebreiteten Flügeln, dessen Bauch als Sonne dargestellt ist) praktisch identisch sind mit denen der Nordwestküste – nach Aussage einiger Autoren »an unexpectedly rich, curvilinear ornamentation related to that of the Ainu and Maori on one side and to the Neolithic cultures of China (Yangshao) and Japan (Jomon) on the other; consisting particularly of that type of ribbon ornamentation characterized by complex motifs such as the weave, spiral and meander in contradistinction to the rectangular geometric decoration of the Baikailan culture«.[8] So legen Künste aus sehr verschiedenen Gebieten und Epochen, in denen es offensichtlich Analogien gibt, von sich aus und aus unterschiedlichen Gründen Vergleiche nahe, und zwar unabhängig von geographischen und historischen Erwägungen.
Sind wir also in der Zwangslage, entweder die Geschichte leugnen oder diesen Ähnlichkeiten gegenüber, die so oft festgestellt worden

5 Vgl. F. D. McCarthy, *Australian Aboriginal Decorative Art*, Sidney, 1938, Abb. 21, S. 38.
6 Rezension von: Carl Hentze, *Frühchinesische Bronzen und Kultdarstellungen* (Antwerpen, 1937) in *Man*, Bd. 39, Nr. 60.
7 Für China und Neuseeland vgl. H. Heine-Geldern, in: *Zeitschrift für Rassenkunde*, Bd. 2, Stuttgart 1935.
8 Henry Field and Eugene Prostov, Results of Soviet Investigation in Siberia, 1940–41; *American Anthropologist*, Bd. 44, 1942, S. 396.

sind, blind bleiben zu müssen? Die Anthropologen der diffusionistischen Schule haben ihrerseits nicht gezögert, in die historische Kritik mit Gewalt einzugreifen. Ich denke nicht daran, ihre abenteuerlichen Hypothesen zu verteidigen; doch muß gesagt werden, daß die Einstellung ihrer vorsichtigen Gegner, soweit sie negativ ist, ebensowenig befriedigt wie die sagenhaften Ansprüche, die nur das Gegenstück dazu bilden. Die vergleichenden Untersuchungen primitiver Kunst sind durch den Eifer derjenigen, die nach Kulturkontakten und Übernahmen suchen, zweifellos kompromittiert worden. Sprechen wir es ruhig aus, daß sie noch mehr durch die intellektuellen Pharisäer gelitten haben, die es vorziehen, eindeutige Verbindungen zu leugnen, weil ihre Wissenschaft noch nicht über eine befriedigende Interpretationsmethode verfügt, die auf jene angewandt werden kann. Tatsachen zu leugnen, weil man sie für unverständlich hält, ist sicher unter dem Aspekt des Fortschreitens der Kenntnisse noch unfruchtbarer als Hypothesen auszuarbeiten; selbst wenn diese unannehmbar sind, geben sie gerade wegen ihrer Unzulänglichkeit Anlaß zu Kritik und Forschung, die sie eines Tages überrunden werden. 9

Man hat also das Recht, weiterhin die amerikanische Kunst und die Altchinas oder Neuseelands zu vergleichen, selbst wenn der Beweis tausendmal erbracht worden ist, daß die Maori niemals ihre Waffen und Ornamente an die Küste des Pazifik gebracht haben können. Zweifellos liefert die Hypothese vom kulturellen Kontakt am leichtesten eine Erklärung für komplexe Ähnlichkeiten, die man mit dem Zufall nicht erklären kann. Wenn aber die Historiker behaupten, der Kontakt sei unmöglich, dann beweist das nicht, daß die Ähnlichkeiten illusorisch sind, sondern nur, daß man sich anderswohin wenden muß, um eine Erklärung zu finden. Der Erfolg der Bemühungen der Diffusionisten rührt gerade daher, daß sie die Möglichkeiten der Geschichte systematisch erforscht haben. Wenn die Geschichte, die unaufhörlich befragt wird (und *zuerst* befragt werden muß), keine Antwort liefert, dann wenden wir uns der

9 Dr. Pal Kelemen, der der Auffassung ist, daß die Ähnlichkeiten zwischen der amerikanischen Kunst und einigen der höchsten Zivilisationen der östlichen Hemisphäre nur »optical illusions« sind, rechtfertigt diese Meinung, indem er schreibt: »Pre-Columbian art was created and developed by a mentality totally alien to ours« (*Medieval American Art,* New York 1943, S. 377–378). Ich bezweifle, daß es irgendwo in der diffusionistischen Schule eine einzige so total unbegründete, oberflächliche und sinnlose Behauptung gibt wie diese.

Psychologie oder der strukturalen Formanalyse zu und fragen uns, ob nicht innere Verbindungen psychologischer oder logischer Natur erlauben, gleichzeitige Rückläufigkeiten, die so häufig und zwingend auftreten, daß sie nicht nur aus dem einfachen Spiel der Wahrscheinlichkeiten stammen können, zu verstehen. In diesem Geiste möchte ich jetzt meinen Beitrag zur Debatte leisten.

Die Zweiteilung der Darstellung ist für die Kunst der nordwestlichen Pazifikküste Amerikas von Franz Boas beschrieben worden: »The animal is imagined cut in two from head to tail ... there is a deep depression between the eyes, extending down the nose. This shows that the head itself must not have been considered a front view, but as consisting of two profiles which adjoin at mouth and nose, while they are not in contact with each other on a level with the eyes and forehead ... either the animals are represented as split in two so that the profiles are joined in the middle, or a front view of the head is shown with two adjoining profiles of the body.« 10
Und Boas analysiert auf folgende Weise die beiden hier wiedergegebenen Malereien (Abb. 17 u. 18, die in dem zitierten Text den Fig. 222 u. 223 entsprechen):
»Fig. 222 (a Haida painting) shows a design which has been obtained in this manner. It represents a bear. The enormous breadth of mouth observed in these cases is brought about by the junction of

Abb. 17: Haida. Malerei, die einen Bären darstellt
(*nach* Franz Boas)

10 Franz Boas, Primitive Art, *Instituttet for sammenlignende kulturforskning*, Reihe B, Bd. VIII, Oslo, 1927, S. 223–224.

Abb. 18a: Tsimshian. Malerei an der Fassade eines Hauses, die einen Bären darstellt

Abb. 18b: Haida. Hut aus Holz, bemalt mit einem Motiv, das einen Fisch darstellt (Leierfisch)
(*nach* Franz Boas)

the two profiles of which the head consists. This cutting of the head is brought out most clearly in the painting Fig. 223, which also represents the bear. It is the painting on the front of a Tsimshian house, the circular hole in the middle of the design being the door of the house. The animal is cut from back to front, so that only the front part of the head coheres. The two halves of the lower jaw do not touch each other. The back is represented by the black outlines on which the hair is indicated by fine lines. The Tsimshian call such a design ›bears meeting‹, as though two bears had been represented.« [11]

Man vergleiche diese Analyse mit der, die Creel von dem ähnlichen Verfahren in der altchinesischen Kunst gibt: »One of the most distinctive characteristics of Shang decorative art is a peculiar method by which animals were represented in flat or in rounded surfaces. It is as if one took the animal and split it lengthwise, starting at the tip of the tail and carrying the operation almost, not quite, to the tip of the nose, then the two halves are pulled apart and the bisected animal is laid out flat on the surface, the two halves joined only at the tip of the nose.« [12] Und Creel, der offenbar die Arbeit von Boas nicht kennt, fügt, nachdem er fast genau die gleichen Ausdrücke wie dieser verwendet hat, hinzu: »In studying Shang design I have constantly been aware of the feeling that this art has great resemblance, certainly in spirit and possibly in detail, to that of ... the Northwest coast Indians.« [13]

Diese für die Kunst Altchinas, für die Primitiven Sibiriens und Neuseelands charakteristische Technik erscheint auch am anderen Ende des amerikanischen Kontinents, bei den Caduveo. Die Zeichnung auf Tafel VI stellt ein Gesicht dar, das nach dem traditionellen Brauch der Frauen dieses kleinen Stammes aus Südbrasilien, einem der letzten Reste der ehemals blühenden Nation der Guaikuru, bemalt ist. Ich habe an anderer Stelle die Herstellung dieser Malereien und ihre Funktion in der Kultur der Eingeborenen beschrieben. [14] Es mag also hier genügen, daran zu erinnern, daß diese Malereien seit den ersten europäischen Kontakten mit den Guaikuru im 17. Jahrhundert bekannt sind und daß sie sich seit jener Zeit anscheinend nicht weiterentwickelt haben. Es sind keine Tatauierungen, sondern Bemalungen, die nach ein paar Tagen erneuert werden müssen und die mit einem Holzspachtel, der in den Saft von Früchten und Blättern wildwachsender Pflanzen getaucht wird, ausgeführt wer-

11 Franz Boas, *a.a.O.*, S. 224–225.
12 H. G. Creel, On the Origins of the Manufacture and Decoration of Bronze in the Shang period, *Monumenta Serica*, Bd. I, Fasc. I, S. 64, 1935.
13 *ebda.*
14 *Indian Cosmetics*, VVV, Nr. 1, New York, 1942. *Traurige Tropen*, Köln 1960.

den. Die Frauen, die sich gegenseitig das Gesicht bemalen (früher auch die Männer), arbeiten nicht nach einem Muster, sondern improvisieren innerhalb der Grenzen einer komplexen traditionellen Thematik. Unter vierhundert Originalzeichnungen, die ich 1935 an Ort und Stelle gesammelt habe, fand ich nicht zwei, die einander glichen. Die Unterschiede stammen indes mehr aus der immer neuen Anordnung der Grundelemente als aus ihrer Erneuerung: einfache und doppelte Spiralen, Schraffierungen, Schnecken, Vierecke, Ranken, Kreuze und geflammte Motive. Spanischer Einfluß kann ausgeschlossen werden, wenn man bedenkt, wie früh diese subtile Kunst zum ersten Mal beschrieben worden ist. Heute besitzen nur noch einige alte Frauen die einstige Geschicklichkeit, und der Augenblick läßt sich voraussehen, an dem sie vollständig untergegangen sein wird.

Die Abbildung von Tafel VIII bietet ein gutes Beispiel für diese Bemalung. Sie ist symmetrisch zu zwei Achsen angeordnet: einer vertikalen, die der Mittellinie des Gesichts folgt, und einer horizontalen, die das Gesicht in Augenhöhe zerschneidet; die Augen sind schematisch und im verkleinerten Maßstab dargestellt. Sie dienen als Ausgangspunkt für zwei gegenläufige Spiralen, deren eine die rechte Wange, deren andere die linke Stirnhälfte einnimmt. Das Motiv in Form eines bunten Bogens, der mit Rankenwerk geschmückt ist, das sich auf dem unteren Teil der Malerei findet, stellt die Oberlippe dar und wird auf dieser angebracht. Man trifft es, mehr oder weniger reich und mehr oder weniger abgewandelt, bei allen Gesichtsbemalungen, deren konstantes Element es zu bilden scheint. Es ist wegen der scheinbaren Asymmetrie nicht leicht, es zu zerlegen; aber jene verbirgt eine wirkliche, wenn auch komplexe Symmetrie: die beiden Achsen schneiden sich an der Nasenwurzel und teilen das Gesicht in vier Dreiecke: linke Stirnhälfte, rechte Stirnhälfte, rechter Nasenflügel mit rechter Wange, linker Nasenflügel mit linker Wange. Die Bemalung der gegenüberliegenden Dreiecke ist symmetrisch. Aber die Bemalung jedes Dreiecks ist selbst wieder doppelt und wiederholt sich in umgekehrter Form im gegenüberliegenden Dreieck. So sind die (rechte Hälfte der) Stirn und die linke Wange zunächst durch ein Dreieck mit Vierecken ausgefüllt, dann, von diesem durch ein leeres Band getrennt, durch zwei sich anschließende doppelte Spiralen und Ranken geschmückt. Die (linke Hälfte der) Stirn und die rechte Wange sind durch eine mit Ranken verzierte einfache

Abb. 19: Eine nahe bei An-Yang (China) entdeckte Bronze. In dem Mittelfeld sieht man eine zweigeteilte Maske von t'ao t'ieh ohne Unterkiefer. Die Ohren bilden eine zweite Maske über der ersten; jedes Auge der zweiten Maske kann auch interpretiert werden als zu einem kleinen Drachen gehörig, der durch jedes Ohr der Hauptmaske dargestellt wird. Die beiden kleinen Drachen sind im Profil gesehen und stehen sich wie die des oberen Feldes gegenüber. Diese letzteren können ihrerseits eine von vorn gesehene Widdermaske darstellen, deren Hörner durch den Körper des Drachen figuriert werden.
Der Dekor des Deckels kann ganz analog interpretiert werden. Nach W. Perceval Yetts, *An-Yang: A Retrospect.*

breite Spirale geschmückt, diese wird von einem anderen Motiv in Vogel- oder Flammenform gekrönt, das auf das leere schräge Band des alternierenden Teils antwortet. Wir haben also je zweimal zwei Themen, von denen jedes sich zweimal, und zwar symmetrisch, wiederholt. Aber diese Symmetrie wird bald in Bezug auf die horizontale oder die vertikale Achse, bald in Bezug auf die durch die Zweiteilung dieser Achsen begrenzter Dreiecke bestätigt. Trotz größerer

Komplexität erinnert die Formel an die Figuren auf den Spielkarten. Die Tafeln IV, V und VI bringen weitere Beispiele und zeigen Variationen eines im Grunde gleichen Verfahrens.
Aber bei der Abbildung von Tafel VIII verdient nicht nur die Bemalung Beachtung. Der Künstler (eine Frau von ungefähr dreißig Jahren) wollte auch das Gesicht und sogar das Haar darstellen. Es ist ganz offensichtlich, daß sie dies durch die Zweiteilung der Darstellung fertiggebracht hat: das Gesicht ist nicht wirklich von vorn gesehen; es wird durch zwei aneinandergefügte Profile gebildet. So lassen sich seine außerordentliche Breite und sein herzförmiger Umriß erklären: der Abstand, der die Stirn in zwei Hälften trennt, gehört noch zur Darstellung der Profile, und die fallen erst von der Nasenwurzel bis zum Kinn übereinander. Der Vergleich der Abbildungen 17, 18 und VIII unterstreicht die Identität dieses Verfahrens mit dem der Künstler der Nordwestküste Amerikas.
Auch andere wesentliche Merkmale sind den beiden süd- und nordamerikanischen Küsten gemeinsam. Wir haben bereits das Zerlegen des Sujets in Elemente betont, die selbst wieder nach konventionellen Regeln ohne Rücksicht auf die Natur zusammengesetzt werden. Diese Zerlegung ist in der Caduveo-Kunst, wo sie allerdings nur indirekt erscheint, nicht weniger erstaunlich. Boas hat die Zerlegung der Körper und der Gesichter in der Kunst der Nordwestküste minutiös beschrieben; Organe und Glieder werden zerlegt, und mit ihrer Hilfe rekonstruiert man ein willkürliches Individuum. An einem Totempfahl der Haida, sagt Boas, »the figure must be ... explained in such a way that the animal is twisted twice, the tail being turned up over the back, and the head being first turned down under the stomach, then split and extended outward«.[15] In einer Malerei der Kwakiutl, die einen Schwertwal (orcinus) darstellt, »the animal has been split along its whole back towards the front. The two profiles of the head have been joined ... The dorsal fin, which according to the methods described heretofore (split representation) would appear on both sides of the body, has been cut off from the back before the animal was split, and appears now placed over the junction of the two profiles of the head. The flippers are laid along the two sides of the body, with which they cohere only at one point each. The two halves of the tail have been twisted outward so that

15 Franz Boas, *a.a.O.*, S. 238.

the lower part of the figure forms a straight line.« 16 (Abb. 20) Diese Beispiele ließen sich vermehren.

Abb. 20: Kwakiutl. Malerei auf einer Hauswand, einen Schwertwal darstellend (nach Franz Boas)

Die Kunst der Caduveo treibt die Zerlegung gleichzeitig weiter und nicht so weit. Nicht so weit, denn das Gesicht oder der Körper, auf den man malt, ist ein Gesicht oder ein Körper aus Fleisch und Knochen, die man nicht ohne komplizierte chirurgische Methoden zerlegen und wieder zusammensetzen kann. Die Integrität des Gesichts wird also respektiert, aber es wird dennoch durch die systematische Asymmetrie, dank derer seine natürliche Harmonie geleugnet wird, zugunsten der künstlichen Harmonie der Malerei zerlegt. Aber gerade weil diese Malerei ein wirkliches Gesicht effektiv entstellt, anstatt das Bild eines entstellten Gesichts zu schaffen, geht die Zerlegung weiter als die vorher beschriebene. In das dekorative Element mischt sich da ein subtil sadistisches mit hinein, das wenigstens zum Teil erklärt, weshalb der erotische Zauber der Caduveo-Frauen (in den Malereien ausgedrückt und überliefert) früher die out-laws und Abenteurer an die Ufer des Paraguay lockte. Mehrere von ihnen, die inzwischen alt sind und, mit Eingeborenen verheiratet, unter diesen leben, haben mir zitternd diese nackten Körper junger

16 *a.a.*O., S. 239 und Abb. 247.

Mädchen beschrieben, die vollständig mit einem Netzwerk von Arabesken von subtiler Perversität bedeckt waren. Die Tatauierungen und Körperbemalungen der Nordwestküste, denen das sexuelle Element wahrscheinlich fehlte und deren oft abstrakter Symbolismus einen weniger dekorativen Charakter zeigt, erwiesen sich gleichermaßen als Verächter der Symmetrie des menschlichen Gesichtes. 17

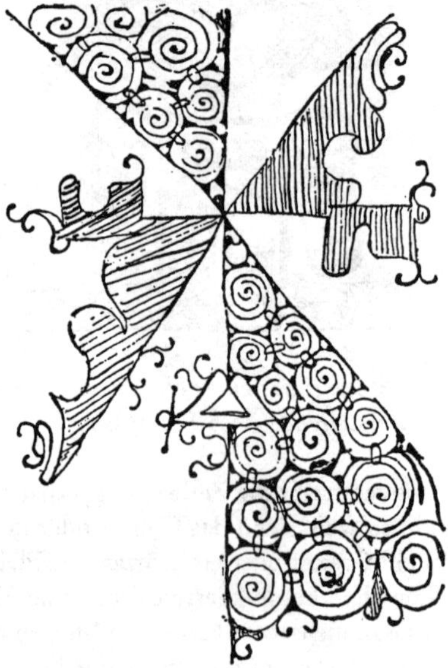

Abb. 21: Caduveo. Beispiel einer Gesichtsbemalung, von einer Eingeborenen auf ein Blatt Papier gezeichnet. (Sammlung des Verfassers)

Man kann auch feststellen, daß die Komposition der Caduveo-Malereien mit einer doppelten, das heißt horizontalen und vertikalen Achse das Gesicht nach einem Verfahren der Zweiteilung zerlegt, sozusagen nochmals zerteilt: die Malerei schafft das Gesicht neu, nicht mit zwei Profilen, sondern mit vier Vierteln (Abb. 21). Die

17 Vgl. z. B. die Tatauierungen der Tlingit bei J. R. Swanton, 26. *Annual Report of the Bureau of American Ethnology*, Tafeln XLVIII bis LVI, und F. Boas, *a.a.*O., S. 250–251 (Körperbemalungen).

Asymmetrie besitzt also eine formale Funktion, die zur Hervorhebung der Viertel dient: diese würden in zwei Profile zusammenfallen, wenn die Felder sich rechts und links, anstatt in der Diagonale, symmetrisch wiederholten. Zerlegung und Zweiteilung sind funktional verbunden.

Bei dem Vergleich dieser Parallelen zwischen der Kunst an der Nordwestküste und der der Caduveo verdienen noch manche weiteren Punkte Beachtung. In beiden Fällen sind Schnitzerei und Malerei die fundamentalen Ausdrucksmittel; in beiden Fällen ist die Schnitzkunst realistisch, die Malerei eher symbolisch und dekorativ. Zweifellos beschränkt sich die Caduveo-Schnitzkunst (wenigstens in der historischen Zeit) auf Fetische und Götterdarstellungen, die im Unterschied zur monumentalen Kunst Kanadas und Alaskas stets klein sind; aber der realistische Charakter, die doppelte Tendenz zum Porträt und zur Stilisierung und auch der wesentlich symbolische Wert der gezeichneten oder gemalten Motive sind dieselben. In beiden Fällen unterstreicht die sich auf das Schnitzen konzentrierende Kunst der Männer den Willen zur Darstellung, während die Kunst der Frauen – die sich an der Nordwestküste auf Weben und Flechten beschränkt und bei den Eingeborenen Südbrasiliens und Paraguays auch die Zeichnung mit einschließt – eine nicht gegenständliche Kunst ist. Das gilt in beiden Fällen für die Webmotive, doch ist uns der ursprüngliche Charakter der Gesichtsbemalungen der Guaikuru unbekannt; es ist möglich, daß ihre Themen, deren Bedeutung man heute nicht mehr kennt, ehedem einen realistischen oder wenigstens symbolischen Sinn gehabt haben. Die beiden Künste arbeiten mit Schablonen und schaffen durch vielseitige Anordnung ganz einfacher Motive immer neue Kombinationen. Und schließlich ist in beiden Fällen die Kunst sehr eng an die soziale Organisation gebunden: die Motive und Themen dienen dazu, Rangunterschiede, Adelsvorrechte und unterschiedliches Prestige auszudrücken. Beide Gesellschaften waren hierarchisch geordnet, und ihre dekorative Kunst diente zur Wiedergabe und Bestätigung der hierarchischen Unterschiede. [18]

Ich möchte nunmehr rasch die Caduveo-Kunst mit einer anderen, die ebenfalls die Zweiteilung der Darstellung praktiziert, vergleichen: mit der der Maori aus Neuseeland. Erinnern wir uns zunächst

18 Diese Analyse ist in *Traurige Tropen* wieder aufgenommen und weiter entwickelt worden (S. 124 ff.).

daran, daß die Kunst der Nordwestküste häufig, wenn auch aus anderen Gründen, mit der Neuseelands verglichen worden ist; einige dieser Gründe haben sich als Scheingründe erwiesen, wie die auffällige Identität der in beiden Gebieten verwendeten gewebten Decken; andere leisten etwas mehr Widerstand: zum Beispiel diejenigen, die man aus der Ähnlichkeit der Keulen Alaskas mit den *patu mere* der Maori gewonnen hat. Dieses Rätsel habe ich bereits erwähnt.[19]

Die Parallele zur Guaikuru-Kunst gründet sich auf andere Vergleiche: nur in den beiden Gebieten hat die Gesichts- und Körperbemalung eine ähnliche Entwicklung genommen und ein gleiches Raffinement erreicht. Die Tatauierungen der Maori sind allgemein bekannt. Ich habe vier davon (Tafel VII und XII) reproduziert, die man mit den Fotografien der Caduveo-Gesichter vergleichen kann.

Die Analogien sind verblüffend: Komplexität der Bemalung mit Schraffierungen, Mäandern und Spiralen (diese letzteren sind in der Caduveo-Kunst oft durch mäanderartige Zeichnungen, die die Einflüsse der Andenbewohner bezeugen, ersetzt), außerdem die gleiche Tendenz, das Gesichtsfeld vollständig auszufüllen, die gleiche Lokalisierung der Bemalung um die Lippen in den einfachsten Ausführungen. Man muß auch die Unterschiede vermerken. Daß das Maori-Dekor tatauiert, das Caduveo-Dekor gemalt ist, kann beiseite gelassen werden; denn es besteht kaum ein Zweifel, daß auch in Südamerika die Tatauierung die ursprüngliche Technik war. Noch im 18. Jahrhundert hatten die Abipon-Frauen Paraguays dank der Tatauierung »their face, breast and arms covered with black figures of various shapes, so that they present the appearance of a Turkish carpet«[20]; was sie nach ihren eigenen, von dem alten Missionar übertragenen Worten »more beautiful than beauty itself«[21] machte. Dagegen ist man von der strengen Symmetrie der Maori-Tatauierungen gegenüber der fast schamlosen Asymmetrie einiger Caduveo-Malereien verblüfft. Aber diese Asymmetrie besteht nicht immer, und ich habe gezeigt, daß sie sich logisch aus dem Prinzip der Zweiteilung ergibt. Sie ist also eher scheinbar als wirklich. Doch vom Standpunkt der Klassifizierung der Typen gehören die Gesichtsbemalungen der Caduveo zwischen die der Maori und die der Nord-

19 The Art of the North West Coast, *a.a.*O.
20 M. Dobrizhoffer, *An Account of the Abipones*, Bd. II, London 1822, S. 20.
21 *a.a.*O., S. 21.

westküste. Sie wirken wie die letzteren asymmetrisch und besitzen doch den im wesentlichen dekorativen Charakter der ersteren.
Dic Kontinuität wird auch bestätigt, wenn man die psychologischen und sozialen Verhältnisse betrachtet. Bei den Maori findet wie bei den Eingeborenen der Grenze Paraguays die Arbeit an der Gesichts- und Körperbemalung in einer halbreligiösen Athmosphäre statt. Die Tatauierungen sind nicht nur Ornamente; sie sind nicht nur – wie wir schon für die Nordwestküste vermerkt haben und auch für Neuseeland wiederholen können – Embleme, Zeichen für Adel oder Stand in der sozialen Hierarchie; sie sind auch Botschaften, die ganz von einem geistigen Endzweck geprägt sind, und pädagogische Lektionen. Die Maori-Tatauierung soll nicht nur eine Zeichnung in das Fleisch, sondern auch alle Traditionen und die Philosophie der Rasse in den Geist ritzen. So hat auch für die alten Caduveo der Jesuiten-Missionar Sanchez Labrador den leidenschaftlichen Ernst beschrieben, mit dem die Eingeborenen ganze Tage opferten, um sich bemalen zu lassen; wer nicht bemalt ist, sagten sie, ist »stumpfsinnig« [22]. Und wie die Caduveo praktizieren auch die Maori die Zweiteilung der Darstellung. Auf den Tafeln VII, IX, X und XIII findet man die gleiche Teilung der Stirn in zwei Hälften, die gleiche Komposition des Mundes von zwei gegenüberliegenden Hälften aus, die gleiche Darstellung des Körpers, als sei er von hinten her senkrecht gespalten, und die gleichen nach vorn sich schwenkenden beiden Hälften, mit einem Wort alle Verfahren, die uns schon bekannt sind.
Wie kann man diese gleiche, so wenig natürliche Darstellungsmethode bei zeitlich und räumlich weit auseinanderliegenden Kulturen erklären? Am einfachsten, indem man einen historischen Kontakt oder zwei voneinander unabhängige Entwicklungen aus einer gemeinsamen Zivilisation annimmt. Aber selbst wenn diese Annahme durch die Tatsachen widerlegt wird oder wenn sie – wie es wahrscheinlicher ist – nicht über ausreichendes Beweismaterial verfügt, ist die Bemühung um eine Interpretation nicht zu verdammen. Ich

22 Vgl. H. G. Creel: »The fine Shang pieces are executed with a care, extending to the most minute detail, which is truly religious. And we know, through the study of the oracle bone inscriptions, that almost all the motifs found on Shang bronzes can be linked with the life and religion of the Shang people. They had meaning and the production of the bronzes was probably in some degree a sacred task.« Notes on Shang Bronzes in the Burlington House Exhibition, *Revue des Arts asiatiques,* Bd. 10, S. 21, 1936.

möchte sogar sagen: selbst wenn die ehrgeizigsten Rekonstruktionen der Schule der Diffusionisten bewiesen würden, bliebe noch ein wesentliches Problem, das nicht mit der Geschichte zusammenhängt. Wieso hat sich ein kulturelles Merkmal, das eine lange historische Periode hindurch entlehnt oder verbreitet worden ist, erhalten? Denn die Stabilität ist nicht weniger geheimnisvoll als der Wandel. Und auch die Entdeckung eines gemeinsamen Ursprungs der Zweiteilung der Darstellung würde die Frage offen lassen, wie es kommt, daß dieses Ausdrucksmittel von den Kulturen, die sich im übrigen in ganz verschiedene Richtungen entwickelt haben, bewahrt worden ist. Äußere Zusammenhänge können die Übernahme, aber nur innere Zusammenhänge den Fortbestand erklären. Diese beiden Fragen unterscheiden sich gradmäßig, und sich nur mit der einen zu befassen, trägt nichts bei für die Lösung der anderen.

Es ergibt sich also unmittelbar aus der Parallele zwischen der Kunst der Maori und der der Guaikuru: in beiden Fällen erscheint die Zweiteilung der Darstellung als eine Folge der Bedeutung, die die beiden Kulturen der Tatauierung zumessen. Betrachten wir noch einmal die Tafel VIII, und fragen wir uns, weshalb die Gesichtskontur durch zwei aneinander grenzende Profile dargestellt wird. Es ist klar, daß die Künstlerin nicht ein Gesicht, sondern eine Gesichtsbemalung im Sinn hatte; dieser hat sie alle Sorgfalt vorbehalten. Sogar die nur summarisch angedeuteten Augen sind nur als Ausgangspunkte der beiden großen, im umgekehrten Sinne verlaufenden Spiralen vorhanden, in deren Architektur sie aufgehen. Die Künstlerin hat die Gesichtsbemalung realistisch gezeichnet, das heißt, die wirklichen Proportionen respektiert, wie wenn sie auf ein Gesicht und nicht auf eine ebene Fläche gemalt hätte. Sie hat das Blatt genauso bemalt, wie sie ein Gesicht zu bemalen gewohnt war. Und weil das Papier für sie ein Gesicht *ist*, ist es ihr unmöglich, ein Gesicht auf dem Papier *darzustellen*, wenigstens nicht ohne Entstellung. Sie mußte entweder ein Gesicht genau zeichnen und die Bemalung perspektivisch verzerren, oder die Einheitlichkeit der Bemalung respektieren und deshalb das Gesicht geteilt darstellen. Man kann nicht einmal sagen, die Künstlerin habe sich für die zweite Lösung entschieden, denn die Alternative hat sich ihr nie gestellt. Im Denken der Eingeborenen *ist* die Bemalung, wie wir gesehen haben, das Gesicht, oder schafft es vielmehr. Sie verleiht ihm sein soziales Sein, seine Menschenwürde und seine geistige Bedeutung. Die geteilte Darstellung des Gesichtes drückt also, als graphischer Vorgang gesehen, eine viel tiefere und viel wesentlichere Teilung aus: die in das »stumpfsinnige« biologische Individuum und die soziale Persönlichkeit, die zu verkörpern es den Auftrag hat. Wir merken bereits, daß die Zweiteilung der Darstellung eine Funktion der soziologischen Theorie der Zweiteilung der Persönlichkeit ist.

Dieselbe Verbindung zwischen gespaltenem Bild und Tatauierung kann man in der Maori-Kunst beobachten. Es genügt, die Tafeln VII, IX, X und XIII zu vergleichen, um zu erkennen, daß die Zweiteilung der Stirn in zwei Hälften nur die Projektion der auf die Haut tatauierten symmetrischen Bemalung auf die plastische Ebene ist.

Angesichts dieser Beobachtungen muß die von Franz Boas in seiner Untersuchung über die Kunst der Nordwestküste vorgeschlagene Interpretation der Zweiteilung präzisiert und vervollständigt werden. Nach seiner Ansicht wäre die *split representation* in der Malerei oder der Zeichnung nur die Projektion eines Verfahrens, das sich bei dreidimensionalen Objekten ganz natürlich ergibt, auf die ebene Fläche. Wenn man z. B. ein Tier auf einer rechtwinkligen Schachtel darstellen will, muß man die Formen des Tieres so zerlegen, daß sie sich der rechtwinkligen Form der Schachtel anpassen: »In the decoration of silver bracelets a similar principle is followed but the problem differs somewhat from that offered in the decoration of square boxes. While in the latter case the four edges make a natural division between the four views of the animal, – front and right profile, back and left profile, – there is no such sharp line of division in the round bracelet, and there would be great difficulty in joining the four aspects artistically, while two profiles offer no such difficulty ... The animal is imagined cut in two from head to tail, so that the two halves cohere only at the tip of the nose and at the tip of the tail. The hand ist put through this hole and the animal now surrounds the wrist. In this position it is represented on the bracelet ... The transition from the bracelet to the painting or carving of animals on a flat surface is not a difficult one. The same principle is adhered to ...«[23] So würde sich das Prinzip der *split representation* allmählich herausschälen, indem es von eckigen zu abgerundeten Objekten übergeht und von diesen zu ebenen

23 Franz Boas, *a.a.*O., S. 222–224

Flächen. Im ersten Falle gibt es eine Zerlegung und gelegentliches *splitting*; im zweiten Falle wird das *splitting* systematisch angewandt, aber das Tier bleibt an Kopf und Schwanz intakt; im dritten Falle schließlich wird die Zergliederung durch Trennung des Schwanzendes vollendet und die beiden Körperhälften, die nun frei sind, werden rechts und links auf dieselbe Ebene, auf der das Gesicht liegt, geschwenkt.

Diese Behandlung des Problems durch den Großmeister der modernen Anthropologie besticht durch ihre Eleganz und ihre Einfachheit. Aber diese Eleganz und Einfachheit sind vornehmlich theoretisch. Wenn man die Bemalung der ebenen und gekrümmten Flächen als Sonderfälle der Bemalung der viereckigen Flächen ansieht, schafft man keinen für diese letzteren gültigen Beweis. Und insbesondere gibt es *a priori* keine notwendige Verbindung, aus der folgt, daß der Künstler beim Übergang vom ersten zum zweiten und von diesem zum dritten demselben Prinzip treu bleiben muß. Zahlreiche Kulturen haben Schachteln mit Menschen- und Tierfiguren geschmückt, ohne diese zu zerlegen oder zu zergliedern. Ein Armband kann auch mit Borten oder hundert anderen Dingen geschmückt werden. Es muß also irgendein Grundelement in der Kunst der Nordwestküste (und der Guaikuru, der Maori und der Altchinas) geben, das die Kontinuität und Beharrlichkeit erklärt, mit der die Zweiteilung der Darstellung angewandt wird.

Man ist versucht, diese Grundlage in der ganz besonderen Beziehung zu suchen, die bei diesen vier Künsten zwischen dem plastischen und dem graphischen Element besteht. Die beiden Elemente sind nicht unabhängig voneinander; sie sind durch eine zweifache Beziehung verbunden, die gleichzeitig gegensätzlich und funktional ist. Gegensätzlich: denn die Forderungen der Bemalung verändern die Struktur, daher die Zweiteilung und Zergliederung. Aber auch funktional, da das Objekt immer unter dem doppelten, das heißt dem plastischen und dem graphischen Aspekt gesehen wird: die Vase, die Schachtel, die Wand sind keine unabhängigen und vorherbestehenden Objekte, die es nachträglich zu schmücken gilt. Sie erhalten ihre endgültige Existenz erst durch die Bemalung und die nützliche Funktion. So sind die Truhen der Nordwestküste nicht nur Behälter, die mit einem gemalten oder geschnitzten Tierbild verziert sind. Sie sind das Tier selbst und bewahren die feierlichen Ornamente, die ihm übertragen sind. Die Struktur verändert die

Bemalung, aber diese ist die Endursache jener und muß sich gleichzeitig an deren Forderungen anpassen. Das Endresultat ist *eine Einheit*: Gebrauchsgegenstand und zugleich Ornament, Sache und zugleich Tier, Schachtel, die zugleich spricht. Die lebendigen Schiffe der Nordwestküste haben ihr genaues Äquivalent in den neuseeländischen Entsprechungen zwischen Schiff und Frau, Frau und Löffel, Gebrauchsgegenständen und Organen.[24]

Wir sind also einem Dualismus, der sich uns mit zunehmender Beharrlichkeit aufgedrängt hat, bis in die höchste Abstraktion gefolgt. Wir haben im Laufe unserer Analyse den Dualismus zwischen gegenständlicher und nicht gegenständlicher Kunst sich in andere Dualismen verwandeln sehen: Schnitzkunst und Zeichnung, Gesicht und Bemalung, Person und Persönlichkeit, individuelle Existenz und soziale Funktion, Gemeinschaft und Hierarchie. All das endet bei der Feststellung eines Dualismus, der gleichzeitig eine Wechselbeziehung zwischen dem plastischen und dem graphischen Werk ist und der uns den wahren »gemeinsamen Nenner« für die verschiedenen Bekundungen des Prinzips der Darstellung durch Zweiteilung liefert. Letzten Endes kann unser Problem folgendermaßen formuliert werden: unter welchen Bedingungen bestehen notwendige Beziehungen zwischen dem plastischen und graphischen Element? Unter welchen Bedingungen besteht zwischen ihnen eine funktionelle Beziehung, so daß die Ausdrucksweisen der einen immer die der anderen verwandeln und umgekehrt? Der Vergleich der Maori-Kunst mit der Guaikuru-Kunst hat uns bereits die Antwort gegeben: wir haben in der Tat gesehen, daß das der Fall sein muß, wenn das plastische Element durch das Gesicht oder den menschlichen Körper und das graphische durch die Gesichts- oder Körperbemalung (Malerei oder Tatauierung) geformt ist, die man auf jenen anbringt. Die Bemalung ist in der Tat für das Gesicht *gemacht*, aber in einem anderen Sinne ist das Gesicht für die Bemalung vorherbestimmt, da es nur durch und über sie seine soziale Würde und seine mystische Bedeutung erhält. Sie ist für das Gesicht gedacht, aber das Gesicht selbst besteht nur durch sie. Die Dualität ist letzten Endes dieselbe wie die von Schauspieler und Rolle, und den Schlüssel dazu liefert uns der Begriff der *Maske*.

24 John R. Swanton, Tlingit Myths and Texts, *Bureau of American Ethnology*, Bulletin 59, 1909, Text Nr. 89, S. 254–255; E. A. Rout, *Maori Symbolism*, London 1926, S. 280.

Alle hier untersuchten Kulturen sind in der Tat Maskenkulturen, sei es, daß die Maskerade hauptsächlich durch die Tatauierung ausgedrückt wird (wie bei den Guaikuru und den Maori), sei es, daß der Akzent auf die Maske im eigentlichen Sinne gelegt wird, wie es, in einer sonst nirgendwo erreichten Weise, an der Nordwestküste geschieht. In Altchina fehlt es nicht an Hinweisen auf die frühere Rolle der Maske, die bei den Gesellschaften Alaskas so bedeutsam ist. So die im *Schu Li* beschriebene »Persönlichkeit des Bären« mit seinen »vier gelben Metallaugen«[25], die an die aufklappbaren Masken der Eskimo und der Kwakiutl erinnert.

Diese aufklappbaren Masken, die abwechselnd mehrere Aspekte der Totem-Ahnen darstellen, bald friedliche und bald wütende, bald menschliche und bald tierische, beleuchten ganz verblüffend die Verbindung zwischen der Zweiteilung der Darstellung und der Maskerade. Ihre Rolle besteht darin, eine Reihe von Zwischenformen zu bieten, die den Übergang vom Symbol zur Bedeutung, vom Magischen zum Normalen, vom Übernatürlichen zum Sozialen sichern. Sie haben also zugleich die Funktion, zu maskieren und zu demaskieren. Aber beim Demaskieren öffnet sich die Maske durch eine Art umgekehrter Zweiteilung in zwei Hälften, wogegen sich der Schauspieler in der *split representation*, die, wie wir sahen, darauf abzielt, im eigentlichen und im übertragenen Sinne eine *Ausstellung* der Maske auf Kosten des Trägers zu bilden, selbst spaltet.

Wir kommen also auf die Analyse von Boas zurück, nachdem wir ihre Grundlage erreicht haben. Wahr ist, daß die Zweiteilung der Darstellung auf der Fläche ein Sonderfall der Darstellung auf einer gekrümmten Fläche ist, wie diese selbst ein Sonderfall der Darstellung auf dreidimensionalen Oberflächen: aber nicht auf *jeder beliebigen* dreidimensionalen Oberfläche, sondern nur auf der dreidimensionalen Oberfläche par excellence, auf der Bemalung und Form weder physisch noch sozial zerlegt werden können, ich meine auf dem *menschlichen Gesicht*. Gleichzeitig erklären sich auf dieselbe Weise andere einzigartige Analogien zwischen den verschiedenen hier betrachteten Kunstformen.

In den vier Künsten finden wir nicht eine, sondern zwei dekorative Stile. Einer dieser Stile neigt zu einer repräsentativen oder wenigstens symbolischen Darstellung des vorherrschenden Motivs, um

25 Florance Waterbury, *Early Chinese Symbols and Literature: Vestiges and Speculations*, New York, 1942.

zunächst das allgemeinste gemeinsame Merkmal zu nennen. Für Altchina ist dies Stil *A* von Karlgren [26], für die Nordwestküste und für Neuseeland die Malerei und das Flachrelief, für die Guaikuru die Gesichtsbemalungen. Daneben aber gibt es einen anderen Stil von strengerem formalen und dekorativen Charakter mit geometrischen Tendenzen: den Stil *B* von Karlgren, Sparren-Ornamente in Neuseeland, gewebte und geflochtene Ornamente für Neuseeland und die Nordwestküste, und für die Guaikuru einen leicht erkennbaren Stil, den man gewöhnlich in der Zierkeramik, den (von den Gesichtsbemalungen unterschiedenen) Körperbemalungen und dem bemalten Lederzeug wiederfindet. Wie läßt sich dieser Dualismus und vornehmlich seine Rekurrenz erklären? Daraus, daß der erste Stil nur dem Schein nach dekorativ ist. In keiner der vier Künste hat er, wie wir gesehen haben, eine plastische Funktion. Seine Funktion ist im Gegenteil sozial, magisch, religiös. Das Ornament ist die graphische oder plastische Projektion einer Wirklichkeit anderer Ordnung, so wie die Zweiteilung der Darstellung sich aus der Projektion einer dreidimensionalen Maske auf eine zweidimensionale (oder auch dreidimensionale, aber dann nicht dem menschlichen Archetypus entsprechende) Fläche ergibt, wie schließlich auch das biologische Individuum durch seine Kleidung auf die soziale Ebene projiziert wird. Der Platz ist also frei für die Entstehung und Entwicklung einer wahren dekorativen Kunst, obwohl man eigentlich ihre Verunreinigung durch den Symbolismus erwarten müßte, der das ganze soziale Leben prägt.

Ein weiteres Merkmal, das zumindest Neuseeland und die Nordwestküste gemeinsam haben, ist die Behandlung der Baumstümpfe, wobei die Gesichter übereinandergeschichtet werden und jedes ein ganzes Stück des Stumpfes bedeckt. Die letzten Spuren der Caduveo-Skulptur erlauben kaum, Hypothesen über ihre ursprünglichen Formen aufzustellen; und noch sind wir schlecht über die Behandlung des Holzes durch die Shang-Bildhauer unterrichtet, für welche die Ausgrabungen von An-Yang bereits einige Beispiele freigelegt haben. [27] Doch möchte ich die Aufmerksamkeit auf eine Bronze der von Hentze reproduzierten Sammlung Loo lenken [28]:

26 Bernhard Karlgren, New Studies on Chinese Bronzes, *The Museum of Far Eastern Antiquites,* Bulletin 9, Stockholm 1937.
27 H. G. Creel, *Monumenta Serica,* Bd. I, S. 40, 1935.
28 *Frühchinesische Bronzen, a.a.O.,* Tafel 5.

man könnte glauben, die Verkleinerung eines beschnitzten Stammes vor sich zu haben, vergleichbar den Tonschiefer-Verkleinerungen der Totempfähle in Alaska und Britisch-Kolumbien. In allen diesen Fällen spielt der zylindrische Teil des Stumpfes dieselbe archetypische Rolle der absoluten Grenze, die wir dem Gesicht und dem menschlichen Körper zuerkannt haben; aber er spielt sie nur, weil der Stumpf als Lebewesen interpretiert wird, als »sprechender Stamm«. Auch hier noch ist der plastische und stilistische Ausdruck nichts anderes als die konkrete Übertragung der *Herrschaft der Persönlichkeiten.*

Doch wäre unsere Analyse unzureichend, wenn wir dadurch nur die Zweiteilung der Darstellung als einen den Maskenkulturen gemeinsamen Zug festgestellt hätten. Vom rein formalen Standpunkt aus hat man den *t'ao t'ieh* der altchinesischen Bronzen immer als Maske angesehen. Boas hat seinerseits die gespaltene Darstellung des Haifisches in der Kunst der Nordwestküste als eine Folge der Tatsache interpretiert, daß die charakteristischen Symbole dieses Tieres besser von vorn wahrgenommen werden (Tafel III).[29]

29 *a.a.O.*, S. 229. – Man muß jedoch zwei Formen der Spaltung unterscheiden: die eigentliche Spaltung, wo ein Gesicht, zuweilen ein ganzes Individuum durch zwei aneinander stoßende Profile dargestellt wird; und die Spaltung, wie man sie auf Tafel III sehen kann: dort haben wir *ein* Gesicht, das von *zwei* Körpern flankiert wird. Es ist keineswegs gewiß, daß die beiden Formen aus demselben Prinzip abgeleitet werden können, und in dem Abschnitt, den wir zu Beginn dieses Artikels kurz zusammengefaßt haben, unterscheidet Leonhard Adam sie klug. Die Spaltung, für die Tafel III ein so schönes Beispiel bietet, erinnert in der Tat an ein in der europäischen und orientalischen Archäologie wohlbekanntes ähnliches Verfahren: es ist das *Tier mit zwei Körpern,* dessen Geschichte E. Pottier nachzuzeichnen versucht hat (Histoire d'une Bête, *in: Recueil E. Pottier,* Bibliothèque des Ecoles d'Athènes et de Rome, Fasc. 142). Pottier leitet das Tier mit zwei Körpern von der chaldäischen Darstellung eines Tieres ab, dessen Kopf frontal und dessen Körper im Profil erscheint. Ein zweiter, gleichfalls im Profil gesehener Körper soll später dem Kopf angefügt worden sein. Wenn diese Annahme richtig ist, müßte man die von Boas analysierte Darstellung des Haifisches als eine unabhängige Erfindung oder als das charakteristische orientalische Zeugnis der Verbreitung eines asiatischen Themas ansehen. Diese letztere Interpretation würde eine nicht zu vernachlässigende Bestätigung in der Übereinstimmung mit einem anderen Thema finden, nämlich den »Tierwirbeln« (vgl. Anna Roes, Tierwirbel, *Ipek,* 1936–1937) in der Kunst der Steppen und verschiedener Gebiete Amerikas (insbesondere in Moundville). Es ist gleichfalls möglich, daß die Darstellung des Tieres mit zwei Körpern sich in Asien und Amerika unabhängig voneinander von einer Technik der Zweiteilung herleitet, die in den archäologischen Fundstellen des Vorderen Orients die Zeit nicht überdauert hat, für die aber China uns ein Zeugnis aufbewahrt hat und die in einigen Gebieten am Pazifik und in Amerika noch immer zu beobachten ist.

Wir sind aber weitergegangen: wir haben in dem Verfahren der Zweiteilung nicht nur die graphische Darstellung der Maske gefunden, sondern auch den funktionellen Ausdruck eines bestimmten Zivilisationstyps. Nicht alle Maskenkulturen kennen die Zweiteilung. Wir finden sie nicht (jedenfalls nicht in dieser vollendeten Form) in der Kunst der Pueblo-Gesellschaften im Südwesten Nordamerikas und auch nicht in der Neu-Guineas. 30 In beiden Fällen spielen die Masken jedoch eine beträchtliche Rolle. Die Masken stellen auch Ahnen dar, und der Schauspieler verkörpert, wenn er die Maske vorbindet, den Ahnen. Was ist also der Unterschied? Im Gegensatz zu den Zivilisationen, die wir bisher betrachtet haben, gibt es nicht die Kette von Privilegien, Rangzeichen und Prestige, die mittels der Masken eine soziale Hierarchie aufgrund erblicher Vorrechte rechtfertigen. Vor allem ist das Übernatürliche nicht dazu bestimmt, eine Kasten- oder Klassenordnung zu begründen. Die Welt der Masken ist eher ein *Pantheon* als eine *Ahnengalerie*. Daher verkörpert der Schauspieler den Gott nur hin und wieder bei Festen und Zeremonien. Er erhält von ihm nicht durch ständige Schöpfung in jedem Augenblick des sozialen Lebens seine Titel, seinen Rang, seinen Platz auf der sozialen Stufenleiter. Der Parallelismus, den wir aufgestellt haben, wird also von diesen Beispielen eher bestätigt als entkräftet. Die Unabhängigkeit der plastischen und graphischen Darstellungen voneinander entspricht dem geschmeidigen Spiel zwischen gesellschaftlicher und übernatürlicher Ordnung, wie die Zweiteilung der Darstellung die strenge Zugehörigkeit des Schauspielers zu seiner Rolle, des sozialen Rangs zu den Mythen, zum Kult und zu den *pedigrees* zum Ausdruck bringt. Diese Zugehörigkeit ist so streng, daß man das Individuum, wenn man es von seiner sozialen Persönlichkeit abtrennen will, in Stücke reißen muß.

Selbst wenn wir nichts von der altchinesischen Gesellschaft wüßten, würde uns allein die Besichtigung ihrer Kunst den Kampf zwischen

30 Die Kunst Melanesiens zeigt undeutliche Formen der Zweiteilung und der Zerlegung. Vgl. z. B. die Holzbehälter der Admiralitätsinseln, die von Gladys A. Reichard reproduziert worden sind (Melanesian Design: Study of Style in Wood and Tortoise shell Carving, *Columbia University Contributions to Anthropology*, Nr. 18, 2 Bd., 1933, Bd. II), und die Bemerkung des Autors selbst: »Among the Tami joints are represented by an eye motive. In the face of the fact that tattoing is exceedingly important to the Maori and that it is represented on the carvings, it seems to me more than possible that the spiral often used on the human figures may emphasize the joints« (*a.a.*O., Bd. II, S. 151).

Prestigegruppen, die Rivalität der Hierarchien und die Konkurrenz der sozialen und wirtschaftlichen Privilegien wiederzuerkennen gestatten, die alle auf das Zeugnis der Masken und auf den Ahnenkult begründet sind. Aber glücklicherweise sind wir besser unterrichtet. Perceval Yetts schreibt in seiner Analyse der psychologischen Hintergründe der Bronzekunst: »The impulse seems almost invariably to have been self-glorification, even when show is made of solacing ancestors or of enhancing the family prestige« [31]; und an anderer Stelle vermerkt er: »There is the familiar history of certain *ting* being treasured as emblems of sovereignty down to the end of the feudal period in the third century B. C.« [32] In den Gräbern von An-Yang hat man Bronzen gefunden, die die aufeinanderfolgenden Mitglieder ein und derselben Ahnenreihe ins Gedächtnis rufen sollen. [33] Und die Qualitätsunterschiede zwischen den ausgegrabenen Stücken lassen sich nach Ansicht Creels dadurch erklären, daß »the exquisite and the crude were produced side by side at Anyang, for people of various economic status of prestige«. [34] Die vergleichende ethnologische Analyse trifft also hier mit den Schlußfolgerungen der Sinologen zusammen; sie bestätigt auch die Theorien von Karlgren, der, im Gegensatz zu Leroi-Gourhan [35] und anderen, auf der Grundlage der statistischen und chronologischen Untersuchung der Themen behauptet, es habe, vor ihrer Auflösung in dekorative Elemente, die repräsentative Maske gegeben, und sie sei nie aus einem bloßen Spiel des Künstlers entstanden, der Ähnlichkeiten in der zufälligen Anordnung abstrakter Themen entdeckte. [36] In einer anderen Arbeit hat Karlgren gezeigt, wie die Tierornamente der archaischen Stücke sich in den späteren Bronzen in flammende Arabesken verwandelt haben, und er hat die Phänomene einer stilistischen Entwicklung mit dem Zusammenbruch der Feudalgesellschaft in Beziehung gesetzt. [37] Man ist versucht, in den Arabesken der Guaikuru-

31 W. Perceval Yetts, *The Cull Chinese Bronzes*, London, 1939, S. 75.
32 W. Perceval Yetts, *The George Eumorfopoulos Collection Catalogue*, 3 Bd., London, 1929, Bd. I, S. 43.
33 W. Perceval Yetts, An-Yang: A Retrospect, *China Society occasional papers*, N. S., Nr. 2, London 1942.
34 *a.a.*O., S. 46.
35 A. Leroi-Gourhan, L'Art animalier dans les Bronzes chinois, *Revue des Arts asiatiques*, Paris, 1935.
36 *a.a.*O., S. 76–78.
37 Bernhard Karlgren, Huai and Han, *The Museum of Far Eastern Antiquities*, Bulletin 13, Stockholm, 1941.

Kunst, so eindrucksvoll ihre Vögel und Flammen immer noch sind, das Ende einer parallelen Entwicklung zu ahnen. Das Barocke und Preziöse des Stils wäre somit das formale und manierierte Überleben einer dekadenten oder überholten Sozialordnung. Auf der ästhetischen Ebene wäre es deren verhallendes Echo.

Die Schlußfolgerungen dieser Arbeit präjudizieren keineswegs die immer möglichen Entdeckungen noch ungeahnter historischer Verbindungen.[38] Die Frage stellt sich noch, ob diese hierarchischen und auf Prestige begründeten Gesellschaften unabhängig voneinander in verschiedenen Gebieten der Welt aufgetaucht sind, oder ob einige von ihnen nicht irgendwo eine gemeinsame Wiege haben. Mit Creel[39] glaube ich, daß die Ähnlichkeiten der altchinesischen Kunst mit der der Nordwestküste, vielleicht sogar mit der anderer Gegenden Amerikas zu groß sind, als daß wir nicht immer an diese Möglichkeit denken müßten. Aber selbst wenn Anlaß wäre, an eine Verbreitung zu glauben, so kann sich diese nicht auf Details beziehen, auf unabhängige Merkmale, die für sich stehen und sich je nach Laune von einer Kultur lösen, um sich einer anderen einzugliedern, sondern um organische Einheiten, deren Stil, ästhetische Konventionen, soziale Organisation und geistiges Leben strukturell verbunden sind. Creel erinnert an eine besonders bemerkenswerte Analogie der altchinesischen Kunst zu der der Nordwestküste, wenn er schreibt: »The many isolated eyes used by the Northwest Coast designers recall most forcibly their similar use in Shang art and cause me to wonder if there was some magical reason for this which was possessed by both peoples.«[40] Vielleicht; aber die magischen Verbindungen existieren wie die optischen Illusionen nur im Bewußtsein der Menschen, und wir verlangen von der wissenschaftlichen Forschung, daß sie uns die Gründe dafür angibt.

38 Die Frage früherer Beziehungen über den pazifischen Ozean hinweg wird in der Tat neu gestellt durch ein Flachrelief aus Holz, das man in einem Provinzmuseum des südöstlichen Formosa unerwartet entdeckt hat: es könnte lokalen Ursprungs sein. Es stellt drei Personen stehend dar. Die an den Seiten sind reinster Maori-Stil, während die in der Mitte eine Art Übergang von der Maori-Kunst zu der der Nordwestküste Amerikas bildet. Vgl. Ling Shun-sheng, Human Figures with Protruding Tongue, *Bulletin of the Institue of Ethnology, Academia Sinica,* Nr. 2, Sept. 1956, Nankang, Taipei, Taiwan.

39 *a.a.*O., S. 65–66.

40 *a.a.*O., S. 65.

14. Kapitel

Die Schlange mit dem Körper voller Fische [1]

In einer jüngst erschienenen, den mündlichen Überlieferungen der Toba und der Pilagá gewidmeten Veröffentlichung [2] zeigt Alfred Métraux gewisse Parallelen zwischen den großen mythologischen Themen, die man noch heute im Gran Chaco antreffen kann, und denen der Andengebiete, die von älteren Forschern erwähnt werden. So kennen die Toba, Vilela und Matako den Mythos der »langen Nacht«, den schon Avila für die Provinz Huarochiri beschrieben hat; und die Chiriguano erzählen die Geschichte vom Aufstand des Hausrats gegen die Herren, der man übrigens in dem Popol Vuh und bei Montesinos wiederbegegnet. Der Autor, dem wir diese Beobachtungen verdanken, sagt noch, daß diese letztere Episode »auch auf einer Chimu-Vase dargestellt ist«.

Ein anderer von Métraux aufgefundener Mythos erklärt auf ganz erstaunliche Weise ein einzigartiges Motiv, von dem wir mindestens zwei präkolumbianische Beispiele kennen und für das eine etwas aufmerksamere Untersuchung der peruanischen Sammlungen zweifellos mehr Beispiele beibringen würde. Es handelt sich um die Legende der Schlange Lik, die »groß wie ein Tisch« ist, und die ein hilfreicher Eingeborener, der über ihr Erscheinen zuerst erschrocken war, zum Fluß trägt, aus dem sich das Tier unvorsichtigerweise entfernt hatte: »Die Schlange fragt: Willst du mich nicht tragen? – Wie könnte ich das? Du bist zu schwer! – Nein, ich bin leicht. – Aber du bist so groß! erwidert der Mann. – Ja, ich bin groß, aber leicht. – Aber du bist voller Fische. (Es stimmt, Lik ist voller Fische. Die Fische sind unter ihrem Schwanz, und wenn sie sich fortbewegt, schleppt sie sie mit sich.) Die Schlange fährt fort: Wenn du mich trägst, gebe ich dir alle Fische, die in mir sind.« Später erzählt der Mann sein Abenteuer und beschreibt das Fabeltier: »Es ist voller Fische, die in seinem Schwanz stecken.« [3]

1 Zuerst unter diesem Titel veröffentlicht in: *Actes du XXVIIIe Congrès des Américanistes*, Paris 1947 (Société des Américanistes, 1948), S. 633–636.
2 A. Métraux, *Myths of the Toba and Pilagá Indians of the Grand Chaco.* Memoirs of the American Folklore Society, Bd. 40, Philadelphia, 1946.
3 *a.a.O.*, S. 57.

In dem ausgezeichneten Kommentar, der dieser Erzählung folgt, fügt Métraux hinzu: »Ich habe über die mythische Lik folgende Informationen erhalten. Lik ist ein übernatürliches Tier, eine enorme Schlange, die in ihrem Schwanz Fische trägt. Vom Schicksal besonders begünstigte Personen können Lik begegnen, wenn sie im Winter erschöpft auf dem Festland liegt, weil das Wasser aus den meisten Lagunen und Hohlwegen zurückweicht. Lik bittet, sie an eine mit Wasser gefüllte Lagune zurückzubringen. Diejenigen, die vom Anblick der Schlange nicht restlos erschrocken sind, antworten dann im allgemeinen, sie sei zu schwer, als daß man sie tragen könne, aber jedesmal macht sich Lik dank ihrer Magie leicht. Wenn sie dann wieder im tiefen Wasser schwimmt, verspricht sie denen, die ihr geholfen, so viele Fische zu geben wie sie möchten, sooft sie darum bitten, unter einer Bedingung: niemals preiszugeben, wie sie dazu gekommen sind ...«[4]
Es liegt nahe, diesen Mythos angesichts der beiden hier abgebildeten bemalten Vasen zu zitieren. Die erste Vase, mit breitem Boden, ist aus Nazca (Abb. 22); der Körper, eine grob zylindrische Form, verjüngt sich zur Öffnung hin; diese hat einen Durchmesser von

Abb. 22: Ornament einer Vase aus Nazca

9 cm. Die Vase ist 17 cm hoch. Das Ornament verwendet fünf Farben auf weißem Grund: schwarz, violett, ein dunkles und ein helles Ocker und beige-grau. Es stellt ein Fabeltier mit menschlichem Körper dar, dessen mit Fühlern versehener Kopf in eine Kinnlade mit furchterregenden Zähnen ausläuft und das sich nach hinten in einem

4 *a.a.O.*, S. 59.

zuerst geraden, dann gekrümmten Schwanzende fortsetzt und am äußersten Ende einen zweiten, kleineren Kopf hat. Dieser gekrümmte Schwanz ist mit Stacheln bewehrt, zwischen denen sich Fische hin- und herbewegen. Der ganze gewundene Teil, der wie im Querschnitt dargestellt wird, ist gleichfalls voller Fische. Das Ungeheuer ist im Begriff, einen Menschen zu verschlingen, dessen verdrehten Körper es zwischen seinen Zähnen hält, während ein herausragendes Glied, Arm und Hand, gerade das Opfer mit einem Speer durchbohren will. Zwei kleine Fische betrachten das Schauspiel und scheinen ihren Anteil an dem Schmaus zu erwarten. Die ganze Szene beleuchtet, könnte man sagen, eine Episode, die Métraux bei seinen Informanten gehört hat: »Manchmal frißt Lik die Menschen. Wenn diese noch ihr Messer bei sich haben, können sie, sobald sie im Innern der Schlange angekommen sind, ihr das Herz öffnen und sich einen Ausgang bahnen; gleichzeitig bemächtigen sie sich aller Fische, die in ihrem Schwanz sind.« 5 Bei diesem frühen Zeugnis scheint indessen die Schlange im Vorteil zu sein.

Die zweite Vase (Abb. 23), deren Abbildung wir Bässler entneh-

Abb. 23: Vase aus Pacasmayo (nach Bässler)

5 *a.a.*O., S. 59.

men, stammt aus Pacasmayo. Auf ihr sieht man dasselbe Ungeheuer, halb Schlange, halb Mensch, und auch sein gewundener Schwanz ist voller Fische. Ein mit stilisierten Wellen verzierter Rand deutet an, daß das Tier in einem Fluß schwimmt, auf dem ein Mann in seinem Boot dahintreibt. Auch in diesem Fall erhält das archäologische Zeugnis eine Erklärung, die der heutigen Erzählung erstaunlich nahe kommt: »Der Onkel von *Kidos'k* sagt mir, wirklich gesehen habe er Lik einmal. Eines Tages, als er mit einem Boot fischte, vernahm er plötzlich ein starkes Geräusch, das, wie er erkannte, von Lik stammte. Sofort ruderte er ans Ufer.« [6]

Diese in ganz entfernten Gebieten bewahrten und Hunderte von Jahren auseinanderliegenden Entsprechungen wecken den Wunsch nach einer Gegenprobe: die hier reproduzierten Stücke mit den Illustrationen der Legenden, die die heutigen Eingeborenen anfertigen, zu vergleichen. Die Sache scheint nicht unmöglich zu sein, denn Métraux weist darauf hin, daß ein Toba-Künstler ihm eine Zeichnung von Lik mit ihrem Körper voller Fische angefertigt habe.

Vor allem aber scheint es sicher, daß in diesen Bereichen Südamerikas, wo hohe und niedrige Kulturen regelmäßige oder intermittierende Kontakte über eine lange Periode hinweg gehabt haben, der Ethnograph und der Archäologe einander behilflich sein können, um Licht in gemeinsame Probleme zu bringen. Die »Schlange mit dem Körper voller Fische« ist nur ein Thema unter hunderten, zu dem die peruanische Keramik im Norden und Süden fast unbegrenzt die Illustrationen geliefert hat. Warum sollte man zweifeln, daß der Schlüssel zur Interpretation so vieler noch hermetisch verschlossener Motive uns zur Verfügung steht und in den immer noch lebendigen Mythen und Märchen zugänglich ist? Man täte Unrecht, wollte man diese Methoden außer Acht lassen, wo die Gegenwart die Möglichkeit gibt, einen Zugang zur Vergangenheit zu finden. Jene allein sind geeignet, uns in einem Labyrinth von Ungeheuern und Göttern zu führen, wenn mangels schriftlicher Zeugnisse das plastische Dokument nicht über sich selbst hinauszuweisen vermag. Indem sie die Verbindungen zwischen weit auseinanderliegenden Gebieten, verschiedenen geschichtlichen Perioden und ungleich entwickelten Kulturen knüpfen, bezeugen und beleuchten sie – und erklären viel-

6 a.a.O., S. 69.

leicht eines Tages auch – diesen vielseitigen Zustand des Synkretismus, an dem sich der Amerikanist auf seiner Suche nach historischen Vorstufen für dieses oder jenes Sonderphänomen immer stoßen muß.7

7 In einem Artikel mit dem Titel: La Deidad primitiva de los Nasca, der in der *Revista del Museo nacional* (1932, Bd. II, Nr. 2) erschienen ist, hat Yacovleff bereits dasselbe Problem angeschnitten und die These formuliert, daß das dargestellte Tier möglicherweise ein furchtbarer Jäger der Meere sei, ein vier bis neun Meter langer Fisch, der Orca gladiator. Wenn diese Vermutung sich als begründet herausstellte, müßte man in der von Métraux gesammelten Pilagá-Legende das Echo eines maritimen Themas bei Landbevölkerungen sehen. Auf alle Fälle bliebe die Beziehung zwischen dem modernen Thema und den archäologischen Stücken verblüffend. (Vgl. vor allem Abb. 9, h, m, Seite 132 des Artikels von Yacovleff.)
Doch darf man nicht aus den Augen verlieren, daß derselbe Mythos mit seinem charakteristischen Leitmotiv: »Du bist schwer – Nein, ich bin leicht!« sich bis nach Nordamerika hin finden läßt, insbesondere bei den Sioux, daß aber das Seeungeheuer bei diesen Jägern nicht eine Mutter der Fische ist, sondern eine Mutter der Bisons. Seltsamerweise erscheint die Mutter der Fische bei den Irokesen wieder (die doch gar keine Fischer sind), mit einer zusätzlichen genauen Erklärung: »Mein Kamm ist voller Fische«, was wiederum die Fresken der Maya von Bonampak ins Gedächtnis ruft, wo wichtige Persönlichkeiten einen Kopfputz (oder eine Haarmähne) voller Fische tragen, und gewisse Mythen, besonders im Südosten der Vereinigten Staaten, wo der Held Fische vermehrt, indem er seine Haare im Fluß wäscht.

Probleme der Methode und des Unterrichts

15. Kapitel

Der Strukturbegriff in der Ethnologie[1]

> Man darf die Untersuchungen über diesen Gegenstand nicht für historische Wahrheiten nehmen, sondern nur für hypothetische und bedingte Überlegungen, die eher geeignet sind, die Natur der Dinge zu beleuchten, als ihren wirklichen Ursprung zu zeigen, und also denen ähneln, die unsere Physiker tagtäglich über die Beschaffenheit der Welt anstellen.
> Jean-Jacques Rousseau, *Abhandlung über den Ursprung der Ungleichheit unter den Menschen*

Der Begriff der sozialen Struktur wirft Probleme auf, die zu groß und zu unbestimmt sind, als daß man sie in einem Artikel behandeln könnte. Das Problem dieses Symposiums gibt das implizit zu: Themen, die an das unsere angrenzen, sind anderen Gesprächsteilnehmern zugeteilt worden. So stehen Untersuchungen etwa über den *Stil*, die *allgemeinen Kategorien der Kultur*, die *strukturale Linguistik* in einem engen Zusammenhang mit unserem Thema, und der Leser der vorliegenden Arbeit sollte auf sie zurückgreifen.

Wenn man von sozialer Struktur spricht, hält man sich vornehmlich an die formellen Aspekte der sozialen Phänomene, man verläßt das Feld der reinen Beschreibung, um Begriffe und Kategorien zu untersuchen, die nicht unmittelbar zur Ethnologie gehören, die sie aber verwenden möchte wie andere Fächer auch, die bereits seit langem einige ihrer Probleme so behandeln, wie wir es mit dem unseren gern täten. Zweifellos unterscheiden sich diese Probleme inhaltlich, aber wir haben, zu Recht oder zu Unrecht, das Gefühl, daß unsere Probleme einander nähergebracht werden könnten, wenn wir denselben Formalisierungstyp übernehmen würden. Das Interesse für strukturale Untersuchungen besteht genau genommen darin, daß sie uns hoffen lassen, daß uns unter diesem Gesichtspunkt weiter fortgeschrittene Wissenschaften Modelle und Methoden zur Lösung der Probleme liefern können.

1 Übersetzt und bearbeitet nach dem ursprünglich auf englisch gehaltenen Vortrag: Social Structure, *Wenner-Gren Foundation International Symposium on Anthropology*, New York, 1952; später veröffentl. in: A. L. Kroeber (Hrsg.), *Anthropology To-Day*, Univ. of Chicago Press, 1953, S. 524–553.

Was versteht man nun unter sozialer Struktur? Worin unterscheiden sich die entsprechenden Untersuchungen von allen anderen Beschreibungen, Analysen und Theorien, die auf soziale Begriffe im weitesten Sinne hinauswollen und sich sogar mit dem Gegenstand der Anthropologie vermischen? Die Autoren sind sich kaum über den Inhalt dieses Begriffs einig; manche, die zu seiner Einführung beigetragen haben, scheinen es heute zu bedauern. So Kroeber in der zweiten Auflage seiner *Anthropology*:

»Der Begriff der ›Struktur‹ ist vermutlich nichts weiter als ein Zugeständnis an die Mode: ein Begriff mit klar umrissenem Sinn übt plötzlich für ein Dutzend Jahre eine einzigartige Anziehungskraft aus – so wie das Wort ›Aerodynamik‹: man fängt an, es zu verwenden, ob es paßt oder nicht, nur weil es angenehm klingt. Ohne Zweifel kann eine typische Persönlichkeit unter dem Gesichtspunkt ihrer Struktur betrachtet werden. Aber man verwendet den Ausdruck auch für einen physiologischen Befund, für einen Organismus, für irgendeine beliebige Gesellschaft oder Kultur, für einen Kristall oder eine Maschine. Alles mögliche – sofern es nicht völlig amorph ist – besitzt eine Struktur. Daher scheint es, als füge der Begriff ›Struktur‹, wenn wir ihn verwenden, dem, was wir in unserer Vorstellung haben, absolut nichts hinzu, außer einem angenehmen Kitzel.« [2]

Dieser Text zielt direkt auf die sogenannte »Struktur der modalen Persönlichkeit« (*basic personality*); aber er enthält eine radikalere Kritik, die sogar die Verwendung des Begriffs Struktur in der Anthropologie mit einbezieht.

Eine Definition ist nicht nur wegen der herrschenden Unsicherheit im Gebrauch unerläßlich. Von einem strukturalistischen Standpunkt aus, den man hier einnehmen muß, und wäre es auch nur, damit das Problem überhaupt gestellt wird, hängt der Strukturbegriff nicht von einer induktiven Definition ab, die auf dem Vergleich und der Abstraktion von Elementen, wie sie allen heute geläufigen

2 Kroeber, 1948, S. 325. Dazu vergleiche man die anderen Formulierungen Kroebers: »...Der Ausdruck ›soziale Struktur‹ hat die Tendenz, den der ›sozialen Organisation‹ abzulösen, ohne, wie es scheint, dem Inhalt oder der Bedeutung etwas Neues hinzuzufügen.« (1943, S. 105).
Im Verlaufe dieses Kapitels, das viele bibliographische Hinweise enthält, haben wir es uns erspart, in den Anmerkungen die vollständigen Titel der zitierten Werke zu bringen. Der Leser findet sie mühelos nach dem Namen des Autors und dem Datum der Veröffentlichung in der allgemeinen Bibliographie am Schluß des Bandes.

Wortbedeutungen gemeinsam sind, beruht. Entweder hat der Begriff der sozialen Struktur keinen Sinn, oder dieser Sinn hat bereits eine Struktur. Die Struktur des Begriffs muß man zunächst erfassen, wenn man nicht von einer langweiligen Inhaltsangabe aller Bücher und Artikel, die sich mit sozialen Beziehungen befassen, überwältigt werden will: ihre Aufzählung allein würde den Rahmen dieses Kapitels sprengen. Eine zweite Etappe soll uns dann ermöglichen, unsere vorläufige Definition mit denen zu vergleichen, die andere Autoren explizit oder implizit für richtig zu halten scheinen. Wir wollen diese Überprüfung in dem der Verwandtschaft gewidmeten Teil vornehmen, weil dort der Strukturbegriff am häufigsten auftaucht. Tatsächlich haben sich ja die Ethnologen fast ausschließlich bei Verwandtschaftsproblemen mit der Struktur beschäftigt.

I. Definition und Methodenprobleme

Das Grundprinzip ist, daß der Begriff der sozialen Struktur sich nicht auf die empirische Wirklichkeit, sondern auf die nach jener Wirklichkeit konstruierten Modelle bezieht. Damit wird der Unterschied zwischen zwei Begriffen, die einander so nahe sind, daß man sie oft verwechselt hat, sichtbar, ich meine zwischen der *sozialen Struktur* und den *sozialen Beziehungen.* Die *sozialen Beziehungen* sind das Rohmaterial, das zum Bau der Modelle verwendet wird, die dann die *soziale Struktur* erkennen lassen. Auf keinen Fall darf diese auf die Gesamtheit der in einer gegebenen Gesellschaft beobachtbaren Beziehungen zurückgeführt werden. Die Strukturforschungen erfordern kein eigenes Gebiet innerhalb der Gesellschaftsphänomene; sie bilden eher eine Methode heraus, die sich zur Anwendung auf verschiedene ethnologische Probleme eignet, und sie verbinden sich gern mit Formen strukturaler Analyse, die in anderen Forschungsbereichen angewandt werden.
Es handelt sich nunmehr darum, zu erfahren, woraus diese Modelle bestehen, die das eigentliche Objekt der Strukturanalysen abgeben. Das Problem hängt nicht von der Ethnologie ab, sondern von der Erkenntnistheorie, denn die folgenden Definitionen entnehmen dem Rohmaterial unserer Arbeiten nichts. Wir glauben, daß Modelle, wenn sie den Namen Struktur verdienen sollen, vier Bedingungen unbedingt erfüllen müssen.

Erstens zeigt eine Struktur Systemcharakter. Sie besteht aus Elementen, die so angeordnet sind, daß die Veränderung eines von ihnen eine Veränderung aller übrigen nach sich zieht.
Zweitens gehört jedes Modell zu einer Gruppe von Umwandlungen, deren jede einem Modell derselben Familie entspricht, so daß das Ganze dieser Umwandlungen eine Gruppe von Modellen bildet.
Drittens erlauben die eben genannten Eigenschaften vorauszusagen, wie das Modell bei einer Veränderung eines seiner Elemente reagieren wird.
Und letztlich muß das Modell so gebaut sein, daß es allen festgestellten Tatsachen Rechnung tragen kann. 3

a) Beobachtung und Experiment

Diese beiden Ebenen müssen auseinandergehalten werden. Die Beobachtung der Phänomene und die Erarbeitung von Methoden, die ihre Anwendung auf die Konstruktion von Modellen gestatten, dürfen nie mit dem Experimentieren an den Modellen selbst verwechselt werden. Unter »Experimentieren an den Modellen« verstehe ich alle Verfahren, die die Möglichkeit bieten zu erfahren, wie ein gegebenes Modell auf Veränderungen reagiert oder wie Modelle gleichen oder unterschiedlichen Typs miteinander verglichen werden können. Diese Unterscheidung ist unerläßlich, um gewisse Mißverständnisse zu verhindern. Besteht nicht ein Widerspruch zwischen der stets konkreten und individualisierten ethnographischen Beobachtung und der strukturalen Untersuchung, der man oft deshalb einen abstrakten und formellen Charakter zuschreibt, um bestreiten zu können, daß man von der ersten zur zweiten über-

3 Vgl. v. Neumann: »Modelle (wie etwa die Spiele) sind theoretische Konstruktionen, die eine genaue, erschöpfende und nicht zu komplizierte Definition voraussetzen: sie müssen auch der Wirklichkeit in jeder Hinsicht, die für die im Gang befindliche Untersuchung wichtig ist, ähnlich sehen. Um es nochmals zu sagen: die Definition muß genau und erschöpfend sein, um eine mathematische Behandlung möglich zu machen. Die Konstruktion darf nicht unnötig kompliziert sein, damit die mathematische Behandlung über das Stadium der Formalisierung hinaus betrieben werden und zahlenmäßig vollständige Ergebnisse zeitigen kann. Die Ähnlichkeit mit der Wirklichkeit ist erforderlich, damit das Funktionieren des Modells bezeichnend ist. Aber diese Ähnlichkeit kann gewöhnlich auf einige für eine bestimmte Zeit für wesentlich gehaltene Aspekte eingeschränkt werden – sonst würden die oben aufgezählten Bedingungen unvereinbar werden.« (v. Neumann und Morgenstern, 1944).

wechseln kann? Der Widerspruch wird aufgelöst, sobald man begriffen hat, daß dieser antithetische Charakter mit den beiden verschiedenen Ebenen zusammenhängt, genau gesagt, zwei Stadien der Untersuchung entspricht. Auf der Ebene der Beobachtung lautet die Hauptregel – man möchte sogar sagen die einzige –, daß alle Tatsachen genau beobachtet und beschrieben werden müssen, ohne daß den theoretischen Vorurteilen gestattet wird, Natur und Bedeutung zu verändern. Diese Regel schließt als Folgerung eine zweite ein: die Tatsachen müssen für sich selbst untersucht werden (welche konkreten Prozesse haben zu ihrer Existenz beigetragen?) und auch in Beziehung zum Ganzen (d. h. daß jede an einem Punkt beobachtete Veränderung in Beziehung gesetzt werden muß zu den gesamten Umständen ihres Erscheinens).

Diese Regel und ihre Korollarien sind von K. Goldstein (1951, S. 18-25) klar und deutlich in psycho-physiologischen Begriffen formuliert worden; sie sind auch auf andere Formen der strukturalen Analyse anwendbar. Von unserem Gesichtspunkt aus machen sie es begreiflich, daß zwischen dem Interesse am konkreten Detail, das die ethnologische Beschreibung kennzeichnet, und der Gültigkeit und Allgemeinheit, die wir für das danach konstruierte Modell verlangen, kein Widerspruch, sondern engste Wechselbeziehung besteht. Es lassen sich tatsächlich viele verschiedene bequeme Modelle zu mancherlei Zwecken ausdenken, um eine Gruppe von Phänomenen zu beschreiben und zu erklären. Dennoch wird das beste immer das *wahre* Modell sein, dasjenige nämlich, das, obgleich es das einfachste ist, die doppelte Bedingung erfüllt, keine anderen Tatsachen zu benutzen als die beobachteten und von allen Rechenschaft zu geben. Die erste Aufgabe lautet also, zu erkennen, welches diese Tatsachen sind.

b) Bewußtsein und Unbewußtes

Die Modelle können bewußt oder unbewußt sein, je nach der Ebene, auf der sie ihre Funktion erfüllen. Boas, dem das Verdienst dieser Unterscheidung zukommt, hat gezeigt, daß eine Gruppe von Phänomenen sich für eine strukturale Analyse umso besser eignet, je weniger die Gesellschaft über ein bewußtes Modell verfügt, um sie zu interpretieren oder sie zu rechtfertigen (1911, S. 67). Man wundert sich vielleicht, daß wir Boas als einen der Meister des strukturalen Denkens anführen; mancher würde ihm wohl eher eine entgegengesetzte Auffassung zuschreiben. Ich habe an anderer Stelle[4] zu zeigen versucht, daß das Scheitern von Boas in strukturalistischer Hinsicht sich keineswegs aus Verständnislosigkeit oder Feindseligkeit erklärt. In der Geschichte des Strukturalismus ist Boas eher ein Vorläufer gewesen. Aber er wollte die strukturalen Untersuchungen allzu strengen Bedingungen unterwerfen. Einige davon konnten sich seine Nachfolger zu eigen machen, aber andere waren so schwer und unerfüllbar, daß sie den wissenschaftlichen Fortschritt auf allen Gebieten gehemmt hätten.

Ein Modell mag bewußt oder unbewußt sein, diese Tatsache berührt seine innerste Natur nicht. Man kann nur sagen, daß eine oberflächlich im Unbewußten verborgene Struktur die Existenz eines Modells, das diese Struktur dem kollektiven Bewußtsein verhüllt, wahrscheinlicher macht. Tatsächlich zählen ja die bewußten Modelle – die man allgemein »Normen« nennt – zu den armseligsten, die es gibt, wegen ihrer Funktion, die mehr darin besteht, den Glaubensinhalten und Bräuchen zur Dauer zu verhelfen, als ihre Quellgründe freizulegen. So trifft die strukturale Analyse auf eine paradoxe Situation, die der Sprachforscher bereits kennt: je genauer die erscheinende Struktur ist, desto schwieriger wird es, die tieferliegende Struktur, wegen der bewußten und deformierten Modelle, die sich wie Hindernisse zwischen den Beobachter und sein Objekt stellen, zu erfassen.

Der Ethnologe wird also immer zwischen zwei Situationen unterscheiden müssen, in die zu geraten er Gefahr läuft. Er kann ein Modell konstruieren müssen, das Phänomenen entspricht, deren Systemcharakter von der von ihm untersuchten Gesellschaft nicht wahrgenommen worden ist; das ist die einfachste Situation, von der Boas meinte, sie biete auch der ethnologischen Forschung das günstigste Gelände. In anderen Fällen jedoch hat es der Ethnologe nicht nur mit dem Rohmaterial zu tun, sondern auch mit Modellen, die von der betreffenden Kultur bereits als Interpretation mitgegeben werden. Ich habe schon darauf hingewiesen, daß solche Modelle sehr unvollkommen sein können, aber das trifft nicht immer zu. Viele sogenannte primitive Kulturen haben Modelle – zum Beispiel von ihren Heiratsregeln – erarbeitet, die besser als die von Berufsethno-

4 Kap. 1 dieses Bandes.

logen sind.[5] Es gibt also zwei Gründe, diese »hausgemachten Modelle« zu achten. Einmal können sie gut sein oder zumindest einen Zugang zur Struktur bieten. Jede Kultur hat ihre Theoretiker, deren Werk ebensoviel Aufmerksamkeit verdient, wie sie der Ethnologe den Kollegen zollt. Zum anderen: wenn diese Modelle auch einseitig und ungenau sind, so bilden die Tendenz und die Art der Irrtümer, die sie enthalten, doch einen Teil der Tatsachen, die es zu untersuchen gilt; und vielleicht zählen sie sogar zu den bezeichnendsten. Aber wenn der Ethnologe diesen Modellen, den Produkten der Eingeborenengesellschaft, auch seine ganze Aufmerksamkeit schenkt, so darf er nie vergessen, daß gesellschaftliche Normen nicht automatisch schon Strukturen sind. Es sind rohe Dokumente, teils theoretische Beiträge, die man denen gleichstellen kann, die der Ethnologe selbst beibringt.

Durkheim und Mauss haben recht gut begriffen, daß die bewußten Vorstellungen der Eingeborenen zu allen Zeiten mehr Interesse verdienen als die Theorien, die – gleichfalls als bewußte Vorstellungen – aus der Gesellschaft des Außenstehenden hervorgegangen sind. Selbst wenn sie nicht adäquat sind, bieten die ersteren einen besseren Zugang zu den (unbewußten) Kategorien des Eingeborenendenkens, soweit sie ihnen der Struktur nach nahestehen. Ohne die Bedeutung und den Neuheitscharakter dieses Vorgehens zu unterschätzen, muß man dennoch einschränkend sagen, daß Durkheim und Mauss nicht soweit gegangen sind, wie man es hätte wünschen können. Denn die bewußten Vorstellungen der Eingeborenen können, so interessant sie aus den angegebenen Gründen sein mögen, objektiv so weit von der unbewußten Wirklichkeit entfernt sein wie die anderen.[6]

c) Struktur und Maß

Man sagt zuweilen, der Begriff der Struktur erlaube die Einführung des Maßes in die Ethnologie. Diese Idee konnte sich aus der Verwendung mathematischer – oder scheinbar mathematischer – Formeln in neueren ethnologischen Werken ergeben. Zweifellos ist es

5 Vgl. hinsichtlich weiterer Beispiele und einer ausführlichen Diskussion: Lévi-Strauss, 1949 b, S. 558 ff.

6 Vgl. dazu die Kap. 7 und 8 dieses Bandes.

richtig, daß man in einigen Fällen dazu übergegangen ist, den Konstanten Zahlenwerte zuzuordnen; so sind etwa die Untersuchungen Kroebers über die Entwicklung der weiblichen Mode ein Markstein in der Geschichte der strukturalen Forschungen (Richardson und Kroeber, 1940), ebenso einige andere, von denen wir weiter unten sprechen werden.

Dennoch besteht keine notwendige Verbindung zwischen den Begriffen *Maß* und *Struktur*. Die strukturalen Forschungen sind in den Sozialwissenschaften als indirekte Folge bestimmter Entwicklungen der modernen Mathematik aufgetaucht, die dem qualitativen Gesichtspunkt eine wachsende Bedeutung haben zukommen lassen, da sie sich auf diese Weise von der quantitativen Perspektive der traditionellen Mathematik abhoben. Auf verschiedenen Gebieten, der mathematischen Logik, der Mengenlehre, der Gruppentheorie und der Topologie hat man bald gemerkt, daß Probleme, die keinerlei metrische Lösung zuließen, dennoch einer rigorosen Behandlung unterzogen werden konnten. Wir wollen hier nur an die für die Sozialwissenschaften wichtigen Werke erinnern: *Theory of Games and Economic Behavior* von J. v. Neumann und O. Morgenstern (1944), *Cybernetics, etc.* von N. Wiener (1948); *The Mathematical Theory of Communication*, von C. Shannon und W. Weaver (1950).

d) Mechanische und statistische Modelle

Neuerdings macht man einen Unterschied zwischen der Ebene des Modells und der der Phänomene. Ein Modell, dessen konstitutive Elemente auf der Ebene der Phänomene liegen, soll »mechanisches Modell« heißen, und »statistisches Modell« dasjenige, dessen Elemente auf einer anderen Ebene liegen. Nehmen wir als Beispiel die Heiratsgesetze. In den primitiven Gesellschaften können diese Gesetze in Form von Modellen dargestellt werden, die alle Individuen enthalten, welche in Wirklichkeit auf Verwandtschaftsklassen oder Clans verteilt sind. Solche Modelle sind mechanisch. In unserer Gesellschaft kann man unmöglich auf derartige Modelle zurückgreifen, denn die verschiedenen Heiratstypen hängen von weit allgemeineren Faktoren ab: von dem Umfang der primären und sekundären Gruppen, zu denen die möglichen Partner gehören;

von der sozialen Mobilität, dem Informationsumfang und so weiter. Wenn man die Konstanten unseres Heiratssystems bestimmen will (was noch nie versucht worden ist), müßte man erst einmal die Durchschnittswerte und die Schwellen errechnen; das dazugehörige Modell wäre statistischer Art.

Zwischen diesen beiden Formen liegen zweifellos Mittelformen. So verwenden einige Gesellschaften (die unsere zum Beispiel) ein mechanisches Modell, um die verbotenen Verwandtschaftsgrade zu definieren, und halten sich, was die möglichen (erlaubten) Heiraten betrifft, an ein statistisches Modell. Dieselben Phänomene können im übrigen zu zwei weiteren Typen von Modellen gehören, je nachdem, ob man sie miteinander oder mit anderen Phänomenen koppelt. Ein System, das die Heirat zwischen Kreuzvetter und -kusine fördert, in dem aber diese Idealformel nur einem bestimmten Verhältnis der gezählten Verbindungen entspricht, verlangt für eine befriedigende Erklärung zugleich ein mechanisches und ein statistisches Modell.

Die strukturalen Untersuchungen wären kaum von Interesse, wären die Strukturen nicht auf Modelle übertragbar, deren formelle Eigenschaften unabhängig von den Elementen, aus denen sie sich zusammensetzen, miteinander vergleichbar sind. Der Strukturalist hat die Aufgabe, jene Ebenen der Wirklichkeit zu erkennen und zu isolieren, die von seinem Standort aus einen strategischen Wert besitzen, anders ausgedrückt, die, wie immer sie aussehen mögen, in Form von Modellen dargestellt werden können.

Zuweilen lassen sich auch dieselben Gegebenheiten gleichzeitig erfassen, wenn man sich auf verschiedene Standpunkte stellt, die alle einen strategischen Wert haben, obwohl die jedem einzelnen entsprechenden Modelle bald mechanisch, bald statistisch sind. Die exakten und die Naturwissenschaften kennen dergleichen Situationen; so gehört die Theorie beweglicher Körper in die Mechanik, wenn die beobachteten physischen Körper nicht sehr zahlreich sind. Wächst diese Zahl nun über eine bestimmte Größenordnung hinaus, muß man auf die Thermodynamik zurückgreifen, das heißt, ein statistisches Modell an die Stelle des mechanischen setzen, obwohl die Art der Phänomene in beiden Fällen die gleiche bleibt.

In den Geistes- und Sozialwissenschaften ergeben sich oft ähnliche Situationen. Nehmen wir zum Beispiel den Selbstmord: Er läßt sich unter zwei verschiedenen Perspektiven betrachten. Die Analyse individueller Fälle erlaubt das zu konstruieren, was man mechanische Selbstmordmodelle nennen könnte, deren Elemente durch den Persönlichkeitstyp des Opfers, seine individuelle Geschichte, die Eigenschaften der primären und sekundären Gruppen, zu denen er gehörte, und so weiter gestellt werden; man kann aber auch anhand der Häufigkeit der Selbstmorde in einer gegebenen Periode, in einer oder mehreren Gesellschaften oder auch in primären oder sekundären Gruppen verschiedenen Typs usw. ein statistisches Modell konstruieren. Unter welcher Perspektive man die Dinge ansieht, immer wird man auf diese Weise Ebenen trennen müssen, auf denen die strukturale Untersuchung des Selbstmords sinnvoll durchgeführt werden kann, anders gesagt, die den Bau von Modellen gestatten, die miteinander verglichen werden können: 1. bei mehreren Selbstmordformen; 2. in verschiedenen Gesellschaften; 3. bei verschiedenen Typen sozialer Phänomene. Der wissenschaftliche Fortschritt besteht also nicht nur in der Entdeckung von Konstanten, die für jede Ebene charakteristisch sind, sondern auch in der Isolierung noch nicht gekennzeichneter Ebenen, wo die Untersuchung gegebener Phänomene einen strategischen Wert bekommt. Das geschah am Beginn der Psychoanalyse, die das Mittel entdeckte, Modelle zu schaffen, die einem neuen Untersuchungsfeld entsprachen: dem psychischen Leben des Patienten in seiner Totalität.

Diese Bemerkungen mögen helfen, die Dualität (man könnte fast sagen, den Widerspruch) zu verstehen, der für die strukturalen Untersuchungen charakteristisch ist. Zunächst will man bezeichnende Ebenen isolieren, was die Abgrenzung der Phänomene einschließt. Von diesem Gesichtspunkt aus strebt jede Art strukturaler Untersuchungen zur Autonomie, zur Unabhängigkeit in Bezug auf alle andern und auch in Bezug auf eine auf andere Methoden gegründete Erforschung derselben Tatsachen. Und doch haben unsere Forschungen nur ein Ziel, nämlich Modelle zu erstellen, deren formelle Eigenschaften vom Standpunkt des Vergleichens und Erklärens auf Eigenschaften anderer Modelle zurückgeführt werden können, die selbst zu anderen strategischen Ebenen gehören. So können wir hoffen, Trennwände zwischen benachbarten Disziplinen niederzulegen und eine wirkliche Zusammenarbeit zu fördern.

Ein Beispiel mag dies verdeutlichen. Das Problem des Verhältnisses von Ethnologie und Geschichte ist neuerdings Gegenstand zahlreicher Diskussionen geworden. Trotz der Kritik, die man an mir geübt hat[7], bin ich weiterhin der Auffassung, daß der Zeitbegriff nicht im Mittelpunkt der Debatte steht. Wenn es aber nicht die der Geschichte eigene Zeitperspektive ist, die die beiden Fächer unterscheidet, worin besteht dann ihr Unterschied? Um darauf zu antworten, muß man sich auf die Bemerkungen beziehen, die in dem vorhergehenden Abschnitt stehen, und die Geschichte und die Ethnologie wieder zu den anderen Sozialwissenschaften zählen.

Ethnographie und Geschichte unterscheiden sich zunächst von der Ethnologie und der Soziologie insofern, als die beiden ersteren auf dem Sammeln und Ordnen von Zeugnissen basieren, während die beiden andern mehr die Modelle untersuchen, die mit Hilfe dieser Dokumente gebaut worden sind.

Zweitens entsprechen Ethnographie und Ethnologie zwei Etappen ein und derselben Untersuchung, die letzten Endes zu mechanischen Modellen führt, während die Geschichte (und einige andere, allgemein als »Hilfswissenschaften« eingestufte Fächer) zu statistischen Modellen tendieren. Die Beziehungen zwischen unseren vier Fächern lassen sich also auf zwei Gegensätze zurückführen, einmal auf den Gegensatz zwischen empirischer Beobachtung und Modellbau (als Charakteristikum des Anfangsschrittes), und zweitens auf den zwischen statistischem oder mechanischem Charakter der Modelle, wie man sie am Ende sieht. Wenn man also ganz willkürlich das Vorzeichen + für den ersten, das Vorzeichen — für den zweiten Ausdruck jedes Gegensatzes verwendet, erhält man:

	Geschichte	Soziologie	Ethnographie	Ethnologie
Empirische Beobachtungen/ Modellbau	+	—	+	—
Mechanische Modelle/ statistische Modelle	—	—	+	+

7 Zu diesen Diskussionen vgl. C. Lévi-Strauss, *Geschichte und Ethnologie*, Kap. 1 dieses Buches, und *Race et histoire*, Paris 1952; diese Arbeiten haben Kritiken und Kommentare herausgefordert von: C. Lefort, L'Echange et la lutte des hommes, *Les Temps Modernes*, Febr. 1951; Société sans histoire et historicité, *Cahier Internationaux de Sociologie*, Bd. 12, 1952; Jean Pouillon, L'Oeuvre de Claude Lévi-Strauss, *Les Temps Modernes*, Juli 1956; Roger Bastide, Lévi-Strauss ou l'ethnographe »à la recherche du temps perdu«, *Présence Africaine*, Apr.–Mai 1956; G. Balandier, Grandeur et servitude de l'ethnologue, *Cahiers du Sud*, Nr. 337, 1956.

Man begreift so, wie es kommt, daß die Sozialwissenschaften, die alle eine Zeitperspektive brauchen, sich durch die Verwendung zweier Zeitkategorien unterscheiden.
Die Ethnologie arbeitet mit einer »mechanischen«, das heißt umkehrbaren und nicht-kumulativen Zeit: das Modell eines patrilinearen Verwandtschaftssystems enthält keinen Hinweis darauf, ob es immer patrilinear gewesen ist, oder ob ein matrilineares System oder eine ganze Reihe von Zwischenformen vorhergegangen sind. Dagegen ist die Zeit der Geschichte »statistisch«: sie ist nicht umkehrbar und enthält eine bestimmte Orientierung. Eine Entwicklung, die die heutige italienische Gesellschaft auf die altrömische Republik zurückführen würde, wäre ebenso undenkbar wie die Umkehrbarkeit der Prozesse nach dem zweiten thermodynamischen Gesetz.
Die vorangegangene Diskussion präzisiert die von Firth vorgeschlagene Unterscheidung des Begriffs der sozialen Struktur, wo die Zeit keine Rolle spielt, von dem Begriff der sozialen Organisation, wo sie einzugreifen hat (1951, S. 40). Das gleiche gilt für die noch laufende Debatte zwischen den Vertretern des Anti-Evolutionismus à la Boas auf der einen und Leslie White (1949) auf der anderen Seite. Boas und seine Schule haben sich vornehmlich mit mechanischen Modellen beschäftigt, wo der Entwicklungsbegriff keinen heuristischen Wert hat. Dieser Begriff bekommt seinen Sinn im Bereich der Geschichte und Soziologie, unter der Bedingung, daß die Elemente, auf die er Bezug nimmt, nicht in Begriffen einer »kulturalistischen« (kultursoziologischen) Typologie formuliert werden, die ausschließlich mechanische Modelle verwendet. Im Gegenteil, man müßte diese Elemente auf einer Ebene erfassen, die so tief reicht, daß man sicher sein kann, daß sie, in welchem kulturellen Rahmen sie auch auftreten mögen, gleichbleiben (wie die Gene, die identische Elemente und fähig sind, in verschiedenen Kombinationen in Erscheinung zu treten, aus denen sich dann die verschiedenen rassischen Typen ergeben, das heißt die statistischen Modelle). Schließlich muß man lange statistische Reihen aufstellen können. Boas und seine Schule haben also recht, wenn sie den Entwicklungsbegriff ablehnen: er ist auf der Ebene der mechanischen Modelle, die sie ausschließlich verwenden, nicht bezeichnend, und White meint zu Unrecht, er könne den Entwicklungsbegriff wieder aufnehmen, denn er bleibt dabei, dieselben Modelltypen wie seine Gegner zu verwenden.

Die Evolutionisten könnten ihre Position leichter wieder herstellen, wenn sie an die Stelle der mechanischen Modelle statistische setzten, das heißt solche, deren Elemente unabhängig von ihrer Kombination sind und über einen hinreichend großen Zeitraum hinweg identisch bleiben. 8

Die Unterscheidung zwischen mechanischem und statistischem Modell ist noch in anderer Hinsicht von Interesse: sie erlaubt, die Bedeutung der vergleichenden Methode in den strukturalen Untersuchungen zu erhellen. Radcliffe-Brown und Lowie neigten dazu, sie zu überschätzen. So schreibt der erstere (1952, S. 14):

»Im allgemeinen hält man die theoretische Soziologie für eine induktive Wissenschaft. Tatsächlich ist die Induktion das logische Verfahren, das die Möglichkeit gibt, aus der Anschauung spezieller Fälle allgemeine Schlüsse zu ziehen. Evans-Pritchard scheint bisweilen zu glauben, daß die logische Methode der Induktion, die den Vergleich, die Klassifizierung und die Generalisierung verwendet, nicht auf menschliche Phänomene und das soziale Leben anwendbar sei. Ich selbst stehe auf dem Standpunkt, daß die Ethnologie sich gerade auf die vergleichende systembildende Untersuchung einer großen Anzahl von Gesellschaften gründen läßt.«

In einer früheren Untersuchung hat Radcliffe-Brown über die Religion gesagt (1945, S. 1):

»Die experimentelle Methode, die auf die Religionssoziologie angewandt wird, ... lehrt, daß wir unsere Hypothesen an einer ausreichenden Zahl verschiedener Religionen oder besonderer religiöser Kulte überprüfen müssen, die jeweils den Gesellschaften, in denen sie auftreten, gegenübergestellt werden. Ein solches Unternehmen überschreitet die Möglichkeiten eines Einzelnen, es verlangt Zusammenarbeit.«

Im gleichen Sinne betont Lowie (1948 a, S. 38), daß »die ethnologische Literatur voller angeblicher Korrelationen steckt, die keinerlei Erfahrungsgrundlage haben«; und er beharrt auf der Notwendigkeit, »die induktive Grundlage unserer Verallgemeinerungen zu verbreitern« (*a.a.O.*, S. 68). So sind sich diese beiden Forscher darin einig, der Ethnologie eine induktive Grundlage zu schaffen; darin unterscheiden sie sich nicht nur von Durkheim: »Wenn ein Gesetz durch eine gut erhärtete Erfahrung bewiesen ist, hat die-

8 So entwickelt sich übrigens der heutige biologische Evolutionsbegriff in den Arbeiten von J. B. S. Haldane, G. G. Simpson usw.

ser Beweis universelle Gültigkeit« (1912, S. 593), sondern auch von Goldstein. Dieser hat, wie wir bereits sagten, auf die klarste Weise formuliert, was man »die Regeln der strukturalen Methode« nennen könnte, indem er einen hinreichend allgemeinen Standpunkt vertrat, um ihnen über das begrenzte Gebiet hinaus, für das er sie zunächst gedacht hatte, Geltung zu verschaffen. Goldstein vermerkt, daß die Notwendigkeit, eine detaillierte Untersuchung jedes einzelnen Falles durchzuführen, eine Einschränkung der Fälle, die man auf diese Weise untersuchen könne, zur Folge habe. Besteht nicht die Gefahr, daß man sich dann an Fälle hält, die zu speziell sind, als daß man auf einer so schmalen Grundlage Schlußfolgerungen ziehen könnte, die für alle andern gültig sind? Er antwortet darauf (1951, S. 25): »Dieser Einwand verkennt die wirkliche Situation vollkommen: zunächst dient die Anhäufung von noch so vielen Fakten zu nichts, wenn diese nicht ausreichend gesichert sind; sie führt nie zur Kenntnis der Dinge, wie sie sich heute abspielen ... Man muß die Fälle so auswählen, daß sie erlauben, klare Urteile zu fällen. Dann allerdings gilt das, was man für einen Fall sichergestellt hat, für alle weiteren mit.«

Diese Schlußfolgerung werden wenige Ethnologen annehmen. Doch wäre die strukturale Forschung nutzlos, würde man sich des Dilemmas von Goldstein nicht bewußt: entweder zahlreiche Fälle oberflächlich und ohne nennenswertes Ergebnis zu untersuchen; oder sich entschlossen auf die gründliche Analyse einer Anzahl zu beschränken und damit zu erhärten, daß letzten Endes eine gründliche Erfahrung sehr wohl den Wert eines Beweises haben könne.

Wie soll man die Tatsache, daß so viele Ethnologen an der vergleichenden Methode festhalten, erklären? Verwechseln sie nicht auch hier noch die Techniken für den Bau und die Untersuchung der mechanischen und der statistischen Modelle? Was die ersteren anlangt, so ist die Stellung Durkheims und Goldsteins unüberwindlich; dagegen ist es offensichtlich, daß man ein statistisches Modell nicht ohne Statistiken aufstellen kann, mit anderen Worten, nicht ohne eine große Menge Tatsachen gesammelt zu haben. Aber selbst in diesem Falle kann man nicht von einer vergleichenden Methode sprechen: die gesammelten Tatsachen hätten nur Wert, wenn sie alle zum gleichen Typ gehörten. Immer wieder steht man vor dieser Entscheidung, *einen Fall* gründlich zu untersuchen, und der einzige Unterschied besteht in dem Modus der Abgrenzung des »Falles«,

dessen konstitutive Elemente (je nach dem gewählten Modell) auf der Ebene des geplanten Modells oder auf einer anderen Ebene liegen.
Bisher haben wir versucht, einige Prinzipienfragen klarzustellen, die die Natur des sozialen Strukturbegriffs selbst betreffen. So wird es leichter, ein Inventar der hauptsächlichen Typen der Forschung aufzustellen und einige Ergebnisse zu diskutieren.

II. Soziale Morphologie oder Gruppenstrukturen

In diesem zweiten Abschnitt bedeutet der Ausdruck »Gruppe« nicht soziale Gruppe, sondern viel allgemeiner die Art und Weise, wie die einzelnen Phänomene gruppiert werden. Andererseits geht aus dem ersten Abschnitt dieser Arbeit hervor, daß die strukturalen Forschungen die Untersuchung der sozialen Beziehungen mit Hilfe von Modellen zum Gegenstand haben.
Es ist aber unmöglich, soziale Beziehungen außerhalb eines Milieus, das ihr Bezugssystem ist, zu erfassen. Die beiden Bezugssysteme, die die Möglichkeit bieten, die sozialen Beziehungen zusammen oder vereinzelt zu denken, sind Raum und Zeit. Diese Raum- und Zeitdimensionen dürfen nicht mit denen verwechselt werden, die andere Wissenschaften verwenden. Sie bestehen in einem »sozialen« Raum und in einer »sozialen« Zeit, was bedeutet, daß sie keine anderen Eigenschaften haben als die sie enthaltenden sozialen Phänomene. Je nach ihrer Struktur haben die Gesellschaften der Menschen diese Dimensionen anders aufgefaßt. Der Ethnologe darf also nicht zögern, wenn er vor die Aufgabe gestellt wird, ihm ungewohnte Typen zu verwenden und sogar neue zu erfinden, wenn der Augenblick es verlangt.
Wir haben schon bemerkt, daß das zeitliche Kontinuum umkehrbar oder in einer Richtung verlaufend erscheint, je nach der Ebene mit dem größten strategischen Wert, auf die man sich bei der laufenden Untersuchung stellen muß. Es können sich auch andere Möglichkeiten ergeben: eine Zeit, die unabhängig von der des Forschers und unbegrenzt ist; eine Zeit, die eine Funktion der (biologischen) Zeit des Forschers und begrenzt ist; eine Zeit, die in homologe oder spezifische Teile zerlegbar ist (oder nicht), und so weiter. Evans-Pritchard hat gezeigt, daß man auf formelle Eigenschaften dieses

Typus die qualitative Heterogenität zurückführen kann, die vom Beobachter oberflächlich zwischen seiner eigenen Zeit und den Zeiten, die zu anderen Kategorien gehören – Geschichte, Legende, Mythos –, wahrgenommen worden ist (1939, 1940). Diese durch die Untersuchung einer afrikanischen Gesellschaft inspirierte Analyse kann auf unsere eigene Gesellschaft ausgedehnt werden (Bernot und Blancard, 1953).

Was den Raum betrifft, so sind Durkheim und Mauss die ersten gewesen, die die variablen Eigenschaften beschrieben haben, welche man ihm zuerkennen muß, um die Struktur einer großen Anzahl sogenannter primitiver Gesellschaften interpretieren zu können (1901–1902). Aber von Cushing – den man heute zu mißachten pflegt – sind beide dabei beeinflußt worden. Das Werk von Frank Hamilton Cushing enthält einen soziologischen Scharfblick und einen Erfindungsreichtum, für die sein Schöpfer einen Platz zur Rechten Morgans unter den großen Vorläufern der strukturalen Analyse verdient. Die Lücken und Ungenauigkeiten in seinen Beschreibungen, sogar der Vorwurf, den man ihm machen konnte, daß er seine Beobachtungen »überinterpretiert« habe, all das kommt in ein richtiges Verhältnis, wenn man begreift, daß Cushing nicht so sehr die Zuñi-Gesellschaft konkret beschreiben als vielmehr ein Modell entwickeln wollte (die berühmte Unterteilung in sieben Teile), das ihm die Möglichkeit geben sollte, ihre Struktur und den Mechanismus ihres Funktionierens zu erklären.

Soziale Zeit und sozialer Raum müssen auch nach Stufen unterschieden werden. Der Ethnologe verwendet eine »Makro-Zeit« und eine »Mikro-Zeit«, einen »Makro-Raum« und einen »Mikro-Raum«. Ganz legitim entlehnen die strukturalen Untersuchungen ihre Kategorien ebensogut der Vorgeschichte, der Archäologie und der Diffusionstheorie wie der von K. Lewin begründeten psychologischen Topologie oder der Soziometrie Morenos. Denn Strukturen vom selben Typus können auf ganz verschiedene Zeit- und Raumebenen zurückverlegt werden, und es ist nicht ausgeschlossen, daß ein statistisches Modell (z. B. eins von jenen, die ihre Bearbeitung der Soziometrie verdanken) sich als nützlicher für den Bau eines analogen Modells, das auf die allgemeine Kulturgeschichte anwendbar ist, erweist als ein anderes, das direkt von den nur diesem Gebiet entnommenen Tatsachen beeinflußt ist.

Folglich liegt uns die Vorstellung fern, daß die historischen und geographischen Überlegungen für die strukturalen Untersuchungen wertlos seien, wie das noch immer diejenigen glauben, die sich »Funktionalisten« nennen. Ein Funktionalist kann das genaue Gegenteil von einem Strukturalisten sein, das Beispiel Malinowskis mag uns davon überzeugen. Andererseits beweisen das Werk Georges Dumézils 9 und das persönliche Beispiel Kroebers (der durchdrungen war vom Strukturalismus, obwohl er sich lange Zeit Untersuchungen rein räumlicher Verteilung gewidmet hat), daß die historische Methode keineswegs mit einer strukturalen Denkweise unvereinbar ist.

Die synchronischen Phänomene bieten jedoch eine relative Homogenität, die sie der Untersuchung leichter zugänglich macht als die diachronischen. So kann es nicht überraschen, daß die einleuchtendsten Forschungen auf dem Gebiet der Morphologie diejenigen sind, die sich mit den nicht meßbaren qualitativen Eigentümlichkeiten des sozialen Raumes befassen, das heißt mit der Art und Weise, wie die sozialen Phänomene sich auf der Landkarte verteilen, und mit den Konstanten, die in dieser Verteilung sichtbar werden. In dieser Hinsicht hat die sogenannte »Schule von Chicago« mit ihren Arbeiten über die Ökologie der Stadt große Erwartungen geweckt und enttäuscht. Die Probleme der Ökologie werden in einem anderen Kapitel dieses Symposiums diskutiert 10, ich kann mich also darauf beschränken, im Vorübergehen die Beziehungen darzustellen, die zwischen den Begriffen der Ökologie und denen der sozialen Struktur bestehen. Im einen wie im anderen Fall beschäftigt man sich mit der Verteilung sozialer Phänomene im Raum, aber die strukturalen Untersuchungen gehen ausschließlich auf den räumlichen Rahmen ein, dessen Merkmale soziologisch sind, das heißt nicht von natürlichen, z. B. geologischen, klimatologischen oder physiographischen Faktoren abhängen. Die Forschungen der sogenannten urbanen Ökologie bieten also für den Ethnologen ein außerordentliches Interesse: der Raum der Stadt ist (in jeder Hinsicht außer der sozialen) so eng und homogen, daß seine qualitativen Merkmale direkt internen Faktoren formeller und sozialer Herkunft zugeschrieben werden können.

9 Zusammenfassung des Autors in: G. Dumézil, 1949.
10 Es handelt sich um das Kapitel Human Ecology von Marston Bates, in *Anthropology Today*, a.a.O., S. 700–713.

Anstatt sich an komplexe Gemeinschaften zu wagen, bei denen es schwierig ist, die jeweiligen Einflüsse von außen und von innen genau abzuschätzen, wäre es vielleicht klüger gewesen, sich – wie es Marcel Mauss (1924–25) getan hatte – auf jene kleinen und relativ isolierten Gemeinschaften zu beschränken, die den Ethnologen am häufigsten beschäftigen. Einige Untersuchungen dieser Art sind bekannt, aber sie gehen selten über eine Beschreibung hinaus oder, wenn sie es tun, nur mit ausgesprochener Schüchternheit. Niemand hat noch ernsthaft untersucht, welche Wechselbeziehungen zwischen der räumlichen Anordnung der Gruppen und den formellen Eigenschaften, die von anderen Aspekten ihres sozialen Lebens abhängen, bestehen können.

Und doch bestätigen zahlreiche Dokumente, daß es solche Wechselbeziehungen gibt und daß sie wichtig sind, hauptsächlich im Hinblick einerseits auf die soziale Struktur, andererseits auf die räumliche Anordnung der menschlichen Niederlassungen wie Dörfer oder Lager. Ich möchte mich auf Amerika beschränken und daran erinnern, daß sich die Lagerform der Steppenindianer mit der sozialen Organisation jedes Stammes ändert. Das trifft auch für die kreisförmige Anordnung der Hütten in den Gé-Dörfern Zentral- und Ostbrasiliens zu. In beiden Fällen handelt es sich um Gebiete, die vom sprachlichen und kulturellen Gesichtspunkt aus relativ homogen sind und in denen man viele nebeneinander bestehende Variationen beobachten kann. Weitere Probleme ergeben sich, wenn man verschiedene Gebiete oder Typen von Niederlassungen vergleicht, die mit verschiedenen sozialen Strukturen einhergehen; so die Kreisanordnung der Gé-Dörfer einerseits und die parallelen Straßen der Pueblo-Städte andererseits. Im letzteren Falle kann man sogar dank der archäologischen Zeugnisse, die interessante Variationen aufweisen, eine diachronische Untersuchung durchführen. Besteht eine Beziehung zwischen dem Übergang von jenen frühen halbkreisförmigen Strukturen zu den heutigen parallelen Strukturen und der Verlegung der Dörfer aus den Talgründen auf die Hochebenen? Und wie ist der Wechsel in der Verteilung der Bewohner auf die verschiedenen Clans vor sich gegangen, den die Mythen als systematisch darstellen, während er heute das Ergebnis des Zufalls zu sein scheint?

Ich behaupte nicht, daß die Raumanordnung der Dörfer in jedem Falle die soziale Organisation wie ein Spiegel reflektiert, noch daß

sie sie ganz widerspiegelt. Das wäre bei einem großen Teil der Gesellschaften eine unbeweisbare Behauptung. Aber haben nicht alle diejenigen etwas gemeinsam, bei denen sich – so verschieden sie auch sind – eine (möglicherweise verborgene) Beziehung zwischen Raumanordnung und sozialer Struktur feststellen läßt? Und noch deutlicher jene, bei denen die Raumanordnung die soziale Struktur »repräsentiert«, wie ein auf der schwarzen Tafel gezeichnetes Diagramm es zeigen würde? In Wirklichkeit sind die Dinge selten so einfach wie es scheint. Ich habe an anderer Stelle [11] zu zeigen versucht, daß der Dorfplan der Bororo nicht die wirkliche soziale Struktur zum Ausdruck bringt, sondern ein Modell, das im Bewußtsein der Eingeborenen vorhanden ist, obwohl es illusorisch ist und den Tatsachen widerspricht.
Man besitzt auf diese Weise das Mittel, die sozialen und geistigen Phänomene auf der Grundlage ihrer objektiven Äußerungen, in einer nach außen gekehrten und – so könnte man sagen – kristallisierten Form zu untersuchen. Die Gelegenheit bietet sich aber nicht nur bei den festen räumlichen Ordnungen wie den Dorfplänen. Instabile, aber weit zurückreichende Anordnungen können auf dieselbe Weise analysiert und kritisch dargestellt werden. So etwa die, die man im Tanz, im Ritual [12] usw. beobachtet.

Man kommt dem mathematischen Ausdruck näher, wenn man die in Zahlen erfaßbaren Eigenschaften der Gruppen erörtert, die das herkömmliche Gebiet der Demographie bilden. Seit einigen Jahren indessen tendieren die Forscher ganz verschiedener Arbeitsgebiete – Demographen, Soziologen, Ethnologen – dahin, sich zusammenzutun, um die Grundlage einer neuen Demographie zu schaffen, die man qualitativ nennen könnte: weniger besorgt um ständige Variationen innerhalb menschlicher Gruppen, die aus empirischen Gründen willkürlich isoliert worden sind, als um bezeichnende Unstetigkeiten zwischen den Gruppen, die als ganze angesehen und aufgrund dieser Unstetigkeiten abgegrenzt werden. Diese »Sozialdemographie«, wie M. de Lestrange sagt [13], steht mit der Sozialanthropologie bereits auf einer Stufe. Es könnte eines Tages soweit

11 Kap. 7 und 8 dieses Buches.
12 Vgl. zum Beispiel die »Figuren« eines Rituals in den verschiedenen Stadien, wie sie in A. C. Fletcher, The Hako: a Pawnee Ceremony, 22nd *Annual Report, Bureau of American Ethnology*, II, 1904, graphisch dargestellt sind.
13 M. de Lestrange, 1951.

kommen, daß man sie zum allgemeinen verbindlichen Ausgangspunkt aller unserer Forschungen machte.

Die Ethnologen müssen sich mehr als bisher für die vom Strukturalismus inspirierten demographischen Forschungen interessieren: die von Livi [14] über die formellen Eigenschaften des kleinstmöglichen Isolates, das noch fortbestehen kann, oder die ihnen verwandten von Dahlberg. Der tatsächliche Bevölkerungsstand, über den wir arbeiten, kann sehr nahe bei Livis Minimum liegen, manchmal sogar darunter. Überdies gibt es eine bestimmte Beziehung zwischen der Art des Funktionierens und der Dauerhaftigkeit einer sozialen Struktur sowie dem Bevölkerungsstand. Sollte es keine formalen Gruppenmerkmale geben, die direkt und unmittelbar abhängig wären von der absoluten Bevölkerungszahl, ganz unabhängig von jeder anderen Überlegung? Wenn ja, dann müßte man damit anfangen, diese Merkmale zu bestimmen und ihnen einen Platz einzuräumen, bevor man nach weiteren Interpretationen sucht.

Dann wird man die numerischen Merkmale ins Auge fassen, die nicht zu den betreffenden Gruppen als Ganzen, sondern zu den Untergruppen der Gruppe und zu ihren Beziehungen untereinander gehören, soweit diese wie jene bezeichnende Unstetigkeiten aufweisen. In dieser Hinsicht sind zwei Wege der Forschung für den Ethnologen von besonderem Interesse.

I. – Derjenige, der mit dem berühmten Gesetz der Städtesoziologie, das man *rank-size* nennt, zusammenhängt, denn dieser bietet eine Möglichkeit, für eine abgegrenzte Gesamtheit eine Wechselbeziehung zwischen dem absoluten (nach der Bevölkerungszahl berechneten) Umfang der Städte und der Stellung jeder einzelnen in einer geordneten Gesamtheit aufzustellen, ja sogar, wie es scheint, eines der Elemente aus dem anderen abzuleiten. [15]

14 L. Livi, 1940–41 und 1949.

15 Ein Theaterfachmann erzählte mir unlängst, daß Louis Jouvet sich immer darüber gewundert habe, daß jeder Theatersaal jeden Abend ungefähr soviel Publikum enthalte, wie er aufnehmen könne: daß ein Saal mit 500 Plätzen auch ungefähr 500 Besucher habe und einer mit 2000 die entsprechende Menge, ohne daß man je viele Besucher in dem kleineren abweisen müßte, und ohne daß der größere zuweilen dreiviertel leer wäre. Diese prästabilierte Harmonie wäre in der Tat unerklärlich, wenn in jedem Saal alle Plätze gleichwertig wären. Aber da die weniger guten rasch unbeliebt werden, stellt sich ein regulierender Effekt ein, dadurch, daß die Liebhaber es vorziehen, sich einen anderen Tag oder ein anderes Theater auszusuchen, wenn nur noch schlechte Plätze da sind. Es wäre einer Untersuchung wert, ob das Phänomen nicht derselben Art ist wie das *rank-size law*. Ganz allgemein würde die Untersuchung des Theaterphänomens, von

II. – Die Arbeiten einiger französischer Demographen, die auf die Beweisführung Dahlbergs aufbauen, daß die absoluten Ausmaße eines Isolats nach der Häufigkeit von Heiraten unter Blutsverwandten berechnet werden können (Dahlberg, 1948). Sutter und Tabah (1951) ist es auf diese Weise gelungen, die Durchschnittsgröße der Isolate für alle französischen Departements zu berechnen und damit im selben Arbeitsgang dem Ethnologen das komplexe Heiratssystem einer modernen Gesellschaft zugänglich zu machen. Die »Durchschnittsgröße« des französischen Isolats variiert demnach zwischen weniger als 1000 und etwas über 2800 Personen. So sieht man, daß eine Gruppe von Individuen, die durch Verwandtschaftsbeziehungen aufgrund von Heirat definiert wird, sogar in einer modernen Gesellschaft viel weniger umfangreich ist, als man hätte annehmen können: kaum zehn mal so groß wie die Gruppen der kleinsten sogenannten primitiven Gesellschaften, das heißt, von derselben Größenordnung. Muß man daraus schließen, daß die Gruppen der durch Heirat Verwandten in allen Gesellschaften ungefähr konstant, von absolutem Umfang sind? Wenn ja, dann würde die komplexe Natur einer Gesellschaft weniger aus einer Erweiterung des ursprünglichen Isolates sich ergeben als vielmehr aus der Integration relativ fester Isolate in immer breitere, jedoch durch andere Typen sozialer Bindungen (ökonomische, politische, intellektuelle) charakterisierte Gesamtheiten.

Sutter und Tabah haben auch gezeigt, daß die kleinsten Isolate nicht ausschließlich in abgelegenen Gebieten, etwa in Bergregionen, angetroffen werden, sondern auch (und sogar häufiger) in den Riesenstädten oder ihrer Nachbarschaft: die Departements Rhône (mit Lyon), Gironde (mit Bordeaux) und Seine (mit Paris) stehen an letzter Stelle mit Isolaten von 740, 910 und 930 Personen. Im Departement Seine, das praktisch mit Groß-Paris zusammenfällt, ist der Anteil der Heiraten zwischen Blutsverwandten höher als in irgendeinem der umliegenden fünfzehn ländlichen Departements.

All das ist wesentlich, weil der Ethnologe dank dieser Arbeiten die Hoffnung hegen kann, in einer modernen und komplexen Gesellschaft kleinere Einheiten gleicher Natur anzutreffen wie diejenigen,

einem quantitativen Gesichtspunkt aus gesehen – Verhältnis der Anzahl der Säle und ihrer betreffenden Dimensionen zu der Größe der Städte und ihrer Steuerkurven u. s. w. – ein bequemes und bis heute nicht ausgenütztes Mittel bieten, fast wie im Laboratorium diachronisch und synchronisch einige grundlegende Probleme der sozialen Morphologie zu durchleuchten.

die er am häufigsten zu untersuchen hat. Dennoch muß die demographische Methode durch die Ethnologie vervollständigt werden. Der absolute Umfang der Isolate erschöpft das Problem nicht; man wird auch die Länge der Heiratszyklen bestimmen müssen. Bei gleichbleibenden Verhältnissen kann ein kleines Isolat aus einer Gruppe ausgedehnter Zyklen (von gleicher Größe wie das Isolat selbst) bestehen; und ein großes Isolat kann (gleichsam wie ein Panzerhemd) aus lauter kurzen Zyklen bestehen. [16] Aber dann wird es notwendig, Genealogien aufzustellen: der Demograph, auch wenn er struktural denkt, kann den Ethnologen nicht entbehren.

Diese Zusammenarbeit mag zur Klärung eines anderen, diesmal theoretischen Problems beitragen. Es geht um die Tragweite und die Gültigkeit des Kulturbegriffs, der im Laufe der letzten Jahre Anlaß zu lebhaften Diskussionen zwischen englischen und amerikanischen Ethnologen gegeben hat. Haben die Ethnologen jenseits des Atlantik nur – wie Radcliffe-Brown schreibt – »eine Abstraktion verdinglicht«, indem sie sich vornehmlich mit dem Studium der Kultur abgaben? Für den englischen Meister ist »die Idee einer europäischen Kultur genauso eine Abstraktion wie die einer Kultur dieses oder jenes afrikanischen Stammes«. Es existieren nur menschliche Wesen, die eine unbegrenzte Reihe sozialer Beziehungen aneinander bindet (Radcliffe-Brown, 1940 *b*). »Irriger Streit«, antwortet Lowie (1942, S. 520 ff.). Doch wohl nicht ganz so irrig, da die Debatte periodisch wieder auflebt.

Von diesem Gesichtspunkt aus hätte man allen Grund, den Kulturbegriff auf die Ebene des genetischen und demographischen Begriffs des Isolats zu heben. Wir nennen Kultur jede ethnographische Gesamtheit, die, vom Standpunkt der Untersuchung aus, gegenüber anderen bezeichnende Abweichungen aufweist. Wenn man bezeichnende Abweichungen zwischen Nordamerika und Europa zu bestimmen sucht, wird man sie als verschiedene Kulturen behandeln; angenommen aber, das Interesse richte sich auf bezeichnende Abweichungen zwischen, sagen wir, Paris und Marseille, dann können die beiden Stadteinheiten vorübergehend auch wie zwei kulturelle Einheiten behandelt werden. Da das letzte Ziel der strukturalen For-

16 Diese beiden Situationen entsprechen den Heiraten matrilateralen Typs (lange Zyklen) oder patrilateralen Typs (kurze Zyklen). Vgl. dazu *Les structures élémentaires de la parenté*, Kap. XXVII. Man sieht an diesem Beispiel, daß rein quantitative Überlegungen nicht ausreichen. Es muß die Untersuchung der Strukturen, die qualitativ verschieden sind, hinzukommen.

schungen die an solche Abweichungen gebundenen *Konstanten* sind, sieht man, daß der Begriff der Kultur einer objektiven Wirklichkeit entsprechen und dabei doch von dem Typ der betreffenden Untersuchung abhängig sein kann. Ein und dieselbe Menge von Individuen steht, vorausgesetzt, daß sie in Zeit und Raum objektiv gegeben ist, gleichzeitig in mehreren Kultursystemen: in einem universellen, einem kontinentalen, einem nationalen, einem provinziellen und lokalen, schließlich einem familiären, beruflichen, konfessionellen, politischen und so fort.

In der Praxis darf dieser Nominalismus jedoch nicht bis zum Extrem getrieben werden. Der Ausdruck Kultur wird tatsächlich verwendet, um eine *Gesamtheit* bezeichnender Abweichungen neu zu gruppieren, bei der die Erfahrung beweist, daß die Grenzen ungefähr zusammenfallen. Daß dieses Zusammenfallen niemals absolut ist und daß es sich nicht auf allen Ebenen gleichzeitig ereignet, darf uns nicht abhalten, den Begriff Kultur zu verwenden; er ist für die Ethnologie grundlegend und besitzt denselben heuristischen Wert wie der des Isolates in der Demographie. Logisch gehören die beiden Begriffe zum gleichen Typ. Im übrigen ermutigen uns selbst die Physiker dazu, den Kulturbegriff beizubehalten. Niels Bohr schreibt: »Die traditionellen Unterschiede [der menschlichen Kulturen] ähneln in mancher Hinsicht den verschiedenen aber gleichwertigen Arten, mit denen das physikalische Experiment beschrieben werden kann« (1939, S. 9).

III. Soziale Statik oder Tauschstrukturen

Eine Gesellschaft besteht aus Individuen und Gruppen, die miteinander in Tauschverkehr stehen. Doch kann das Vorhandensein oder Fehlen des Austausches nicht absolut definiert werden. Der Austausch hört nicht an den Grenzen der Gesellschaft auf. Es handelt sich weniger um starre Grenzen als um Schwellen, die durch eine Abnahme oder Verzerrung des Austausches gekennzeichnet sind, wo dieser ein äußerst niedriges Niveau erreicht, ohne zu verschwinden. Diese Situation ist so bezeichnend, daß die Bevölkerung (innen wie außen) sich dessen bewußt wird. Die Abgrenzung einer Gesellschaft muß jedoch nicht immer deutlich im Bewußtsein vorhanden sein, sie ist es nur in hinreichend präzisen und stabilen Fällen.

In jeder Gesellschaft geht der Austausch auf mindestens drei Ebenen vor sich: Austausch von Frauen; Austausch von Gütern und Dienstleistungen; Austausch von Mitteilungen. Infolgedessen bietet das Studium des Verwandtschafts-, das des Wirtschafts- und das des Sprachsystems gewisse Analogien. Alle drei sind ein und derselben Methode verpflichtet; sie unterscheiden sich nur durch das strategische Niveau, das jedes von ihnen innerhalb einer gemeinsamen Welt wählt. Man könnte sogar hinzufügen, daß die Verwandtschafts- und Heiratsregeln einen vierten Austauschtyp definieren: den der Gene unter den Phänotypen. Die Kultur besteht also nicht ausschließlich aus Tauschformen, die ihr eigen sind (wie die Sprache), sondern auch – und vielleicht vor allem – aus *Regeln,* die auf alle Arten von »Tauschspielen« anwendbar sind, ob diese nun im Bereich der Natur oder in dem der Kultur vor sich gehen.

Die Analogie, die zwischen der Soziologie der Verwandtschaft, Wirtschaftswissenschaft und Sprachwissenschaft aufgestellt wird, läßt einen Unterschied zwischen den drei entsprechenden Tauschmodi bestehen: diese stehen nicht auf derselben Stufe. Hinsichtlich der Tauschpreise bei einer gegebenen Gesellschaft unterscheiden sich die Heiraten innerhalb der Gesellschaft und der Austausch von Mitteilungen, was ihre ungefähre Größenordnung betrifft, so wie die Bewegungen der großen Moleküle zweier zäher Flüssigkeiten, die durch Osmose die schwer durchlässige Wand zwischen ihnen durchdringen, von denen der Elektronen, die von Kathodenröhren ausgesandt werden. Wenn man von der Heirat zur Sprache übergeht, geht man von einem Austausch mit langsamem Rhythmus zu einem mit sehr schnellem Rhythmus über. Leicht erklärlicher Unterschied: in der Heirat sind Objekt und Subjekt des Tausches (Frauen und Männer) fast gleicher Natur, während in der Sprache derjenige, der spricht, niemals mit seinen Worten verwechselt werden darf. Wir stehen also einem doppelten Gegensatz gegenüber: *Person* und *Symbol*; *Wert* und *Zeichen.* Man versteht auf diese Weise besser die Zwischenstellung des wirtschaftlichen Austausches in Bezug auf die beiden anderen Formen: die Güter und die Dienste sind keine Personen (wie die Frauen); aber im Unterschied zu den Phonemen sind sie noch Werte. Und doch hat man, obwohl sie integral weder Symbole noch Zeichen sind, die Symbole und Zeichen nötig, um sie auszutauschen, sobald das Wirtschaftssystem einen bestimmten Grad an Komplexität erreicht.

Dreierlei Überlegungen folgen aus unserer Art, den sozialen Austausch zu begreifen:

1. Die Beziehungen zwischen der Wirtschaftswissenschaft und den Untersuchungen der Sozialstruktur können besser definiert werden. Bisher zeigten die Ethnologen großes Mißtrauen gegenüber der Wirtschaftswissenschaft. Und dies trotz der engen Beziehungen, die zwischen den beiden Fächern immer dann auftraten, wenn sich eine Annäherung ergeben hatte. Von den bahnbrechenden Arbeiten von Mauss (1904–1905, 1923–1924) bis zu dem Buch Malinowskis, das er 1922 dem *Kula* gewidmet hat – seinem Hauptwerk –, haben alle Forschungen gezeigt, daß die ethnologische Theorie dank der Analyse wirtschaftlicher Tatsachen einige der schönsten Regelmäßigkeiten entdeckt hat.

Aber die Atmosphäre, in der sich die Wirtschaftswissenschaft entwickelte, mußte den Ethnologen abschrecken: sie war erfüllt vom scharfen Streit zwischen den Doktrinen, voll stolzer Zurückhaltung und Esoterik. Daher das Gefühl, daß die Wirtschaftswissenschaft vornehmlich von Abstraktionen lebe. Welche Beziehung konnte es zwischen der konkreten Existenz der wirklich beobachteten menschlichen Gruppierungen und Begriffen wie Wert, Nutzen und Gewinn geben?

Die neue Formulierung der wirtschaftlichen Probleme durch v. Neumann und Morgenstern (1944) mußte dagegen die Wirtschaftler und Ethnologen zur Zusammenarbeit reizen. Vor allem besteht der Gegenstand der Wirtschaftswissenschaft, trotz der Bestrebung dieser Autoren nach exaktem Ausdruck, jetzt nicht mehr aus abstrakten Begriffen, sondern aus Individuen und konkreten Gruppen, die sich in empirischen Beziehungen von Kooperation und Wettbewerb äußern. So unerwartet der Vergleich erscheinen mag, dieser Formalismus kommt bestimmten Aspekten des marxistischen Denkens nahe.[17]

Und aus demselben Grunde finden wir hier zum ersten Mal mechanische Modelle jenes Typus, den – wenn auch auf anderen Gebieten – Ethnologie und Logik verwenden, dazu geeignet, als Zwischenglied

17 Dieser Vergleich stand übrigens nicht in dem ursprünglichen Text dieses Vortrages, sondern ist im Laufe der darauf folgenden Diskussion gebracht worden. Wir haben ihn dann in einem Artikel: Les Mathematiques de l'Homme (Einführung der Sondernummer des *Bulletin international des Sciences sociales:* »Les mathematiques et les sciences sociales«, Bd. VI, Nr. 4 Paris 1955, Unesco) wieder aufgenommen.

zwischen den beiden zu dienen. Die Modelle von v. Neumann stammen aus der Spieltheorie, ähneln aber denen, die die Ethnologen für die Verwandtschaftssysteme verwenden. Kroeber hatte übrigens schon bestimmte soziale Einrichtungen mit »angewandten Kinderspielen« verglichen (1942, S. 215).

Genau genommen besteht ein großer Unterschied zwischen den Gesellschaftsspielen und den Verwandtschaftsregeln: die ersteren sind dazu bestimmt, es jedem Spieler zu ermöglichen, zu seinem Vorteil möglichst große differentielle Abstände auf der Grundlage einer ursprünglich gegebenen statistischen Regelmäßigkeit zu schaffen. Die Heiratsregeln wirken genau umgekehrt: sie sollen eine statistische Regelmäßigkeit erzielen trotz der differentiellen Werte, die sich zwischen den Individuen und den Generationen zeigen. Man könnte sagen, sie bilden »rückwärtsgehende Spiele«, was nicht hindert, sie mit denselben Methoden zu erklären.

Übrigens versucht jedes Individuum oder jede Gruppe in beiden Fällen, wenn einmal die Regeln aufgestellt sind, das Spiel auf die gleiche Weise zu spielen, das heißt seine eigenen Vorteile auf Kosten des anderen zu steigern. Auf der Ebene der Heirat erhält man z. B. mehrere Frauen oder eine beneidenswertere Frau aufgrund ästhetischer, sozialer oder wirtschaftlicher Kriterien. Denn die formale Soziologie bleibt nicht am »romantischen Tor« stehen; sie tritt ein, ohne Furcht, sich in dem Labyrinth der Gefühle und Verhaltensweisen zu verlieren. Hat nicht v. Neumann die mathematische Theorie einer Verhaltensweise entworfen, die ebenso subtil und vielleicht ebenso subjektiv ist wie der Bluff beim Pokern (v. Neumann und Morgenstern, 1944, S. 186–219)?

2. Wenn man hoffen darf, daß die Sozialanthropologie, die Wirtschaftswissenschaft und die Sprachwissenschaft sich eines Tages zusammentun werden, um eine gemeinsame Disziplin, die Wissenschaft vom Austausch zu begründen, müssen wir dennoch erkennen, daß diese Disziplin vor allem aus *Regeln* bestehen wird. Diese Regeln sind unabhängig von der Natur der Partner (Individuen oder Gruppen), deren Spiel sie bestimmen. v. Neumann sagt in dem angeführten Werk: »Das Spiel besteht in der Gesamtheit der Regeln, die es beschreiben.« Man wird andere Begriffe einführen können: Partie, Coup, Entscheidung und Strategie.[18] Von diesem Gesichts-

18 Wir haben es an anderer Stelle durchzuführen versucht. Vgl. *Race et Histoire*, Paris, 1952.

punkt aus ist die Natur der Spieler gleichgültig, da das, was zählt, darin besteht, zu wissen, wann ein Spieler sich entscheiden kann und wann er es nicht kann.

3. So sind in die Untersuchungen über die Verwandtschafts- und Heiratssysteme Auffassungen eingeführt worden, die aus der Theorie des Austausches stammen. Die »Information« eines Heiratssystems hängt von der Zahl der Alternativen ab, über die der Beobachter verfügt, um das Heiratsstatut zu definieren (das heißt das des möglichen, des verbotenen oder des vorherbestimmten Partners). In einem System mit exogamen Hälften ist diese Information gleich einer Einheit. In einer australischen Typologie nimmt sie mit dem Logarithmus der Zahl der Heiratsklassen zu. Ein theoretisches System der Panmixie (wo jeder jeden heiraten könnte) böte keinen »Überschuß«, da jede Heiratsentscheidung unabhängig von allen anderen gefällt würde. Dagegen konstituieren die Heiratsregeln den Überschuß des jeweiligen Systems. Man könnte auch den prozentualen Anteil der »freien« Entscheidungen (nicht absolut frei, aber im Vergleich zu bestimmten hypothetisch vorausgesetzten Bedingungen) berechnen, die in einer gegebenen matrimonialen Bevölkerung vorkommen, und ihrer »Entropie« einen relativen oder absoluten Zahlenwert zumessen.

Von hier aus eröffnet sich eine neue Möglichkeit: die Umwandlung der statistischen Modelle in mechanische und umgekehrt. Was darauf hinausläuft, daß der Graben zwischen Demographie und Ethnologie ausgefüllt wird, und daß man über eine theoretische Grundlage für Voraussage und Aktion verfügt. Nehmen wir als Beispiel unsere eigene Gesellschaft: die freie Wahl eines Partners ist hier durch drei Faktoren begrenzt: a) verbotene Verwandtschaftsgrade; b) Dimension des Isolats; c) anerkannte Verhaltensregeln, die die relative Häufigkeit bestimmter Wahlen innerhalb des Isolats einengen. Mit diesen Gegebenheiten kann man die Information des Systems berechnen, das heißt, ein schwach organisiertes und im wesentlichen auf Durchschnittswerte begründetes Modell in ein mechanisches verkehren, das mit der ganzen Reihe mechanischer Modelle von Heiratsregeln in den Gesellschaften, die einfacher gebaut sind als die unsere, vergleichbar ist.

Ebenso würde, wenn wir uns spezieller auf diese letzteren beziehen, die statistische Untersuchung der Heiratsentscheidungen einer ausreichend großen Zahl von Individuen erlauben, strittige Probleme zu entscheiden, wie die Zahl der matrimonialen Klassen des fälschlicherweise Murngin genannten australischen Stammes, die von verschiedenen Forschern auf 32, 7, weniger als 7, 4 und 3 geschätzt worden ist, bevor neuere Untersuchungen sich zugunsten der letzten Ziffer entschieden haben.[19]

Bisher habe ich mich bemüht, den möglichen Beitrag einiger Typen der mathematischen Forschungen zur Ethnologie abzuschätzen. Der hauptsächliche Vorteil, den wir davon erwarten können, besteht, wie wir gesehen haben, in dem Angebot eines vereinheitlichenden Begriffs – dem des Austausches –, dank dessen man sehr verschiedene Forschungen in einer einzigen Disziplin begründen und bestimmte für den Fortschritt wichtige theoretische und methodologisch unerläßliche Werkzeuge gewinnen könnte. Ich schneide nun ein weiteres Problem an: ist die Sozialanthropologie imstande, diese Instrumente zu verwenden, und wie?

Im Laufe der letzten Jahre hat sich die Sozialanthropologie vornehmlich für die Tatsachen der Verwandtschaft interessiert. Sie hat sich somit dem Werk von Lewis Morgan verpflichtet gefühlt, dessen *Systems of Consanguinity and Affinity of the Human Family* (1871) gleichzeitig die Sozialanthropologie und die Verwandtschaftsuntersuchungen begründet und dabei auseinandergesetzt haben, warum die erstere den letzteren soviel Bedeutung zumessen muß. Von allen sozialen Tatsachen zeigen diejenigen, die die Verwandtschaft und die Heirat betreffen, im höchsten Maße jene dauerhaften, systematischen und kontinuierlichen Merkmale, die eine wissenschaftliche Analyse ermöglichen. Zu diesen Überlegungen Morgans wollen wir hinzufügen, daß innerhalb des großen Bereichs des Austausches das Gebiet der Verwandtschaft dasjenige ist, das dem Ethnologen am angemessensten ist.

Trotz der Entwicklung der Verwandtschaftsuntersuchungen darf man sich nicht verhehlen, daß unsere Dokumentation recht mager ist. Wenn man die Geschichte aus dem Spiel läßt und ausschließlich die Gegenwart betrachtet, zählt die Menschenwelt zweifellos noch heute drei bis viertausend verschiedene Gesellschaften; aber Murdock ist der Ansicht, daß wir nur 250 beurteilen können, eine Zahl, die nach meiner Ansicht noch zu hoch veranschlagt ist. Hat man also nicht genug gearbeitet? Oder ist das nicht im Gegenteil eine Folge

19 Vgl. unten S. 332.

dieser induktiven, schon oben beklagten Illusion? Man hat sich auf zu viele Kulturen verzettelt, man hat versucht, zahlreiche und oberflächliche Informationen anzuhäufen, und hat schließlich bemerkt, daß viele nicht verwendbar sind. In dieser Situation darf man sich nicht wundern, daß die Spezialisten je nach Temperament reagieren. Einige ziehen es vor, nur wenige Gebiete zu untersuchen, in denen die Information ausreichend dicht ist. Andere erweitern das Spektrum; wieder andere suchen eine Zwischenlösung zu finden.

Der Fall der Pueblo ist erstaunlich: für wenige Gebiete der Welt würde man eine solche Überfülle an Dokumenten von so zweifelhafter Qualität finden. Manchmal ist man angesichts des enormen, von Voth, Fewkes, Dorsey, Parsons und, bis zu einem gewissen Grade, Stevenson gesammelten Materials verzweifelt: es ist kaum verwendbar, so fieberhaft diese Autoren sich auch bemüht haben, die Informationen zu häufen, ohne sich zu fragen, was sie bedeuteten, besonders, da sie sich Hypothesen versagten, die allein hätten erlauben können, jene zu kontrollieren. Mit Lowie und Kroeber hat sich die Situation Gott sei Dank geändert; aber einige Lücken sind nicht auszufüllen. So fehlen statistische Unterlagen über die Heiraten, die seit einem halben Jahrhundert hätten gesammelt werden müssen. Und doch zeigt ein neueres Werk von Fred Eggan (1950) sehr gut, was man von intensiven und erschöpfenden Untersuchungen erwarten kann, wenn sie sich auf ein begrenztes Gebiet beschränken. Er analysiert nebeneinanderliegende Formen, die eine strukturale Regelmäßigkeit aufweisen, obgleich sie alle im Vergleich Unstetigkeiten zeigen, die bezeichnend werden, wenn man sie mit homologen Unstetigkeiten vergleicht, die zu anderen Gebieten gehören: der Organisation der Clans, den Heiratsregeln, dem Ritual, den religiösen Glaubensformen usw.

Diese wahrhaft »galileische«[20] Methode läßt hoffen, daß wir eines Tages ein analytisches Niveau erreichen, wo die soziale Struktur auf gleicher Ebene steht wie andere Strukturtypen: der geistigen und besonders der sprachlichen. Um uns auf ein Beispiel zu beschränken: das Verwandtschaftssystem der Hopi beruft sich auf drei verschiedene Zeitmodelle: 1. eine »leere«, statische und umkehrbare

20 Das heißt eine Methode, die das Gesetz der konkomitanten Variationen zu bestimmen sucht, anstatt sich auf aristotelische Weise an die einfachen induktiven Korrelationen zu halten.

Dimension, die dargestellt wird durch die Linien der Mutter des Vaters und des Vaters der Mutter, wo identische Ausdrücke sich durch die Generationen hin mechanisch wiederholen; 2. eine nicht umkehrbare progressive Zeit in der (weiblichen) Ego-Linie mit Abfolgen des Typus: Großmutter > Mutter > Schwester > Kind > Enkel; 3. eine umkehrbare, zyklische, wellenförmige Zeit in der (männlichen) Ego-Linie, die durch einen beständigen Wechsel zwischen zwei Ausdrücken definiert wird: »Schwester« und »Kind und Schwester«.

Diese drei Dimensionen sind gradlinig. Alle zusammen stehen sie im Gegensatz zu der Kreisstruktur der (weiblichen) Ego-Linie bei den Zuñi, wo drei Ausdrücke, Mutter der Mutter (oder Tochter der Tochter), Mutter und Tochter in einem geschlossenen Ring angeordnet sind. Dieser »Geschlossenheit« des Systems entspricht bei den Zuñi für die anderen Linien eine große Dürftigkeit der Terminologie, sowohl was den Familienkreis als was die in ihm durchgeführten Unterscheidungen betrifft. Da die Untersuchung der Zeitaspekte auch von der Sprachwissenschaft abhängt, ist die Frage des Verhältnisses zwischen ihren sprachlichen und genealogischen Formen unmittelbar gegeben.[21]

Die Anthropologie wäre weiter fortgeschritten, wenn ihre Vertreter es fertig gebracht hätten, sich über den Sinn des Strukturbegriffs zu einigen, über den Gebrauch, den man davon machen kann, und die Methode, die er einschließt. Das ist leider nicht der Fall, aber man kann Trost und Ermutigung für die Zukunft finden in der Feststellung, daß es wenigstens möglich ist, die Unterschiede zu begreifen und ihre Tragweite zu präzisieren. Versuchen wir also, rasch die gebräuchlichsten Auffassungen zu skizzieren, indem wir sie mit der vergleichen, die wir zu Beginn vorgeschlagen haben.

Bei dem Ausdruck »soziale Struktur« denken wir unmittelbar an A. R. Radcliffe-Brown.[22] Sein Werk beschränkt sich nicht auf die Untersuchung der Verwandtschaftssysteme. Aber er hat dieses Gebiet gewählt, um seine methodologischen Auffassungen in Begriffen zu formulieren, denen jeder Ethnologe zustimmen könnte. Bei der Untersuchung der Verwandtschaftssysteme, sagt Radcliffe-Brown,

21 Vgl. in diesem Band die Kapitel 3 und 4, wo dieses Problem ausführlicher behandelt wird.

22 1955 gestorben.

haben wir folgende Absichten: 1. eine systematische Klassifizierung aufzustellen; 2. die jedem System eigentümlichen Merkmale zu begreifen, indem wir entweder (a) jedes Merkmal mit einer organisierten Gesamtheit in Verbindung bringen oder (b) ein besonderes Beispiel einer bereits identifizierten Klasse von Phänomenen darin erkennen; 3. schließlich, zu gültigen Verallgemeinerungen über die Natur der menschlichen Gesellschaften zu gelangen. Und er kommt zu dem Schluß: »Die Analyse sucht die Verschiedenheit [von zwei- oder dreihundert Verwandtschaftssystemen] auf eine Ordnung zurückzuführen, wie diese auch beschaffen sein mag. Hinter der Verschiedenheit kann man tatsächlich allgemeine Prinzipien in begrenzter Zahl erkennen, die auf unterschiedliche Weise angewandt und kombiniert werden« (1941, S. 17).

Diesem absolut klaren Programm ist nichts hinzuzufügen, es sei denn, man betont, daß Radcliffe-Brown es auf seine Untersuchung der australischen Systeme genau angewandt hat: durch Sammlung einer Fülle von Informationen, durch Einführung einer Ordnung dort, wo es nur Chaos gab, und durch Definition der wesentlichen Begriffe wie z. B. Zyklus und Paar. Seine Entdeckung des Systems »Kariera« in dem genau abgegrenzten Gebiet und mit allen Merkmalen, die er vorausgesetzt hatte, bevor er sich nach Australien begab, wird in der Geschichte des strukturalen Denkens immer ein Denkstein des deduktiven Erfolges bleiben (1930–1931). Die Einleitung Radcliffe-Browns zu den *African Systems of Kinship and Marriage* hat andere Verdienste: dieses wirkliche »Handbuch der Verwandtschaftssysteme« im Kleinformat unternimmt es, die (in ihren ältesten Formen untersuchten) westlichen Systeme in eine allgemeine Theorie einzugliedern. Andere Ideen Radcliffe-Browns (vornehmlich die, welche die Homologie von Terminologie und Verhaltensweisen betreffen) werden später noch zur Sprache kommen.

Nachdem ich Radcliffe-Browns Ruhmestitel erwähnt habe, muß ich betonen, daß er sich von den sozialen Strukturen eine Auffassung macht, die der im vorliegenden Band entwickelten entgegensteht. Der Begriff der Struktur erscheint ihm als ein Begriff, der zwischen denen der Sozialanthropologie und der Biologie steht: »Es gibt eine wirkliche und bezeichnende Analogie zwischen organischer Struktur und sozialer Struktur« (1940 *b*, S. 6). Weit davon entfernt, das Niveau der Verwandtschaftsforschungen bis zur Theorie des Tausches zu heben, wie ich es vorgeschlagen habe, beschränkt Radcliffe-Brown es auf das der Morphologie und der beschreibenden Physiologie (1940 *b*, S. 10). So bleibt er dem naturalistischen Denken der englischen Schule treu. In dem Augenblick, da Kroeber und Lowie bereits den künstlichen Charakter der Verwandtschafts- und Heiratsregeln betonten, beharrte Radcliffe-Brown auf der Überzeugung (die er mit Malinowski teilte), daß die biologischen Bindungen der Ursprung und zugleich das Modell aller Typen von Familienbindungen seien.

Dieser prinzipiellen Haltung entspringen zwei Folgen. Die empiristische Position Radcliffe-Browns läßt sich aus seiner Abneigung, klar zwischen *sozialer Struktur und sozialen Beziehungen* zu unterscheiden, erklären. Tatsächlich reduziert sein ganzes Werk die soziale Struktur auf die Gesamtheit der in einer gegebenen Gesellschaft bestehenden sozialen Bindungen. Ohne Zweifel hat er einen Unterschied zwischen *Struktur* und *strukturaler Form* skizziert. Aber die Rolle, die er diesem letzteren Begriff zuweist, ist rein diachronisch, und ihre Wirkung innerhalb des theoretischen Denkens von Radcliffe-Brown ist äußerst schwach (1940 *b*, S. 4). Die Unterscheidung selbst hat Fortes zum Gegenstand einer Kritik gemacht, die überhaupt viel dazu beigetragen hat, einen anderen Gegensatz in unsere Untersuchungen einzuführen, der dem Denken Radcliffe-Browns fremd war und dem ich selbst bekanntlich große Bedeutung beigemessen habe, den zwischen *Modell* und *Wirklichkeit:* »Die Struktur kann nicht direkt aus der ›konkreten Wirklichkeit‹ herausgeholt werden. Wenn man sich bemüht, eine Struktur zu definieren, stellt man sich sozusagen auf das Niveau der Grammatik und der Syntax und nicht auf das der gesprochenen Sprache« (Fortes, 1949, S. 56).

Überdies reizt die von Radcliffe-Brown vorgeschlagene Angleichung der sozialen Struktur an die sozialen Beziehungen dazu, die erstere in Elemente aufzulösen, die der einfachsten Form der Beziehung, die man sich denken kann, nämlich der zwischen zwei Personen, nachgebildet sind: »Die Verwandtschaftsstruktur einer beliebigen Gesellschaft besteht in einer unbestimmten Anzahl dyadischer Beziehungen ... In einem australischen Stamm reduziert sich die ganze Sozialstruktur auf ein Netz von Beziehungen dieses Typs, der jeweils eine Person mit einer anderen vereinigt ...« (1940 *b*, S. 3). Bilden diese dyadischen Beziehungen wirklich den Rohstoff

der sozialen Struktur? Sind sie nicht vielmehr das – durch ideale Analyse gewonnene – Residuum einer vorher bestehenden Struktur, deren Natur weit komplexer ist?
Über dieses methodologische Problem könnte uns die strukturale Sprachwissenschaft vieles lehren. Bateson und Mead haben in der von Radcliffe-Brown gewiesenen Richtung weiter gearbeitet. Aber bereits in *Naven* (1936) überschritt Bateson das Niveau der reinen dyadischen Beziehungen, da er sich daran hielt, sie in Kategorien zu klassifizieren und damit zugab, daß es etwas anderes und größeres in der sozialen Struktur gibt als die Beziehungen selbst: was wohl, wenn nicht die Struktur, die den Beziehungen im voraus gegeben ist?
Schließlich und endlich bilden die dyadischen Beziehungen, wie sie Radcliffe-Brown begreift, eine Kette, die unendlich verlängert werden kann durch Hinzufügung neuer Beziehungen. Daher die Abneigung unseres Autors, die soziale Struktur als ein System zu behandeln. An diesem Hauptpunkt trennt er sich also von Malinowski. Seine Philosophie beruht auf dem Begriff der Kontinuität; die Idee der Diskontinuität ist ihm immer fremd geblieben. Man begreift so besser seine Feindschaft gegen einen Begriff der Kultur, die wir schon erwähnt haben, und seine Gleichgültigkeit gegenüber den Lehren der Sprachwissenschaft.
Der unvergleichliche Beobachter, Analytiker und Klassifizierer Radcliffe-Brown enttäuscht oft, wenn er sich als Theoretiker ausgibt. Er begnügt sich mit undeutlichen Formulierungen, die nur schlecht die fehlerhafte Beweisführung verdecken. Hat man wahrhaftig die Heiratsverbote erklärt, wenn man zeigt, daß sie den entsprechenden Verwandtschaftssystemen helfen, ohne Unterbrechung fortzudauern (Radcliffe-Brown, 1949 *b*)? Können die hervorstechenden Merkmale der sogenannten Crow-Omaha-Systeme völlig interpretiert werden aufgrund des Begriffs der Geschlechterfolge (a.a.O., 1941)? Ich werde Gelegenheit haben, noch andere Zweifel zum Ausdruck zu bringen. Aber bereits diese Fragezeichen erklären, weshalb das Werk Radcliffe-Browns so herb kritisiert werden konnte.
Für Murdock reduzieren sich die Interpretationen Radcliffe-Browns auf »leere Abstraktionen, die als erste Ursachen aufgestellt worden sind« (1949, S. 121). Lowie drückt sich ungefähr in der gleichen Weise aus (1937, S. 224–225). Die jüngste Kontroverse zwischen Radcliffe-Brown (1951) einerseits, Lawrence und Murdock ande-

rerseits (1949) ist höchstens noch von historischem Interesse, beleuchtet aber immerhin die methodologischen Positionen dieser beiden Autoren. Ungefähr um 1949 verfügte man über eine gute Beschreibung des australischen Verwandtschaftssystems, damals noch Murngin genannt[23], durch Lloyd Warner (1930–1931, 1937 *a*); doch bestehen noch einige Unsicherheiten, vor allem hinsichtlich der »Geschlossenheit« des Systems, die hypothetisch vorausgesetzt wird (wobei das System als intransitiv beschrieben wird), aber praktisch nicht verifizierbar ist.

Es ist verblüffend festzustellen, daß für Radcliffe-Brown dieses Problem nicht besteht. Wenn jede soziale Organisation sich auf ein Konglomerat von Beziehungen von Person zu Person zurückführen läßt, ist das System unendlich dehnbar: für jedes männliche Individuum gibt es, wenigstens theoretisch, eine Frau, die zu ihm in der Beziehung der Tochter des Bruders der Mutter (Typus des Partners, wie er in der betreffenden Gesellschaft vorgeschrieben ist) steht. Und doch stellt sich das Problem auf einer anderen Ebene: denn die Eingeborenen haben sich dazu entschlossen, die zwischenpersönlichen Beziehungen mittels eines Klassensystems auszudrücken, und Warners Beschreibung erlaubt nicht (wie er selbst zugegeben hat), zu verstehen, wie wenigstens in einigen Fällen ein gegebenes Individuum zugleich den Forderungen des Systems der Klassen und denen des Systems der Beziehungen genügen kann. Mit anderen Worten, wenn er den geforderten Verwandtschaftsgrad präsentiert, fällt dieser nicht in die entsprechende Klasse, und umgekehrt.

Lawrence und Murdock haben zur Überwindung dieser Schwierigkeit ein System erfunden, das zusammenfiel zugleich mit der Regel der Vorzugsheirat und – dank einiger Umwandlungen – mit dem System der Klassen, wie es Warner beschrieben hat. Aber es handelt sich da um ein müßiges Spiel, bei dem man schnell feststellt, daß es mehr neue Schwierigkeiten aufwirft als alte behebt. Schon das von Warner hergestellte System stieß sich an einem sehr ernsten Hindernis: es implizierte, daß die Eingeborenen eine klare Vorstellung der Verwandtschaftsbeziehungen hätten, die soweit entfernt sind, daß die Hypothese selbst dabei psychologisch unwahrscheinlich wird. Die Lösung von Lawrence und Murdock würde noch weit mehr erfordern. Unter diesen Bedingungen kann man sich fragen,

23 Für den letzten Stand dieser Frage nach der ersten Veröffentlichung dieses Artikels vgl. R. M. Berndt, 1955.

ob das verborgene oder unbekannte System, das geeignet ist, von dem unbewußten, aber ungeschickten Modell Rechenschaft zu geben, das die Murngin neuerdings Nachbarstämmen entlehnten, die ganz andere Regeln haben, nicht viel einfacher sein muß als dieses letztere anstatt komplizierter.[24]
Die systematische und formalistische Haltung Murdocks bildet einen Gegensatz zu der empiristischen und naturalistischen Radcliffe-Browns. Dennoch bleibt Murdock fast ebenso sehr wie sein Gegenspieler erfüllt vom Geist der Psychologie und sogar der Biologie, der ihn in Randgebiete drängt wie die Psychoanalyse und die Verhaltenspsychologie. Gelingt es ihm denn, sich von dem Empirismus frei zu machen, der so schwer auf den Interpretationen Radcliffe-Browns lastet? Man kann daran zweifeln, da dieser äußere Rückzug ihn dazu zwingt, seine eigenen Hypothesen unvollendet zu lassen oder sie mit Hilfe von Entlehnungen zu vollenden, die ihnen einen hybriden Charakter geben und zuweilen sogar dem in ethnologischen Begriffen formulierten Ausgangsziel widersprechen. Anstatt die Verwandtschaftssysteme als soziale Mittel zu untersuchen, die dazu bestimmt sind, eine soziale Funktion zu erfüllen, kommt Murdock am Ende dahin, sie als soziale Folgen von Prämissen zu behandeln, die in Ausdrücken der Biologie und der Psychologie formuliert werden.
Der Beitrag Murdocks zu den strukturalen Untersuchungen kann unter zwei Aspekten betrachtet werden. Erstens hat er die statistische Methode verjüngen wollen. Tylor hatte sie bereits verwendet, um vermutete Korrelationen nachzuprüfen und neue zu entdecken.

24 Warner setzte ein System mit sieben Geschlechterfolgen voraus, das sieben Klassen entsprach; Lawrence und Murdock setzten an dessen Stelle ein System mit acht Geschlechterfolgen und 32 Klassen; in derselben Zeit machte ich den Vorschlag (in *Les Structures élémentaires de la parenté*, 1949, Kap. XII), das Schema Warners auf vier Geschlechterfolgen zu reduzieren, von denen eine doppeldeutig ist. 1951 griff ein englischer Ethnologe, E. R. Leach, meine Auffassung auf, die er gegen mich selbst verteidigte, wobei er mir eine andere, von ihm improvisierte, unterschob (1951). In dem Artikel, der in der vorhergehenden Anmerkung angeführt wird, beschränkt sich Berndt auf die Zahl von drei Geschlechterfolgen. Angesteckt von Leach in dem Augenblick, in dem er seinen Artikel schrieb, mußte er in der Folge zugeben, daß ich auf einer rein deduktiven Grundlage zu der Lösung gekommen war, die von allen bisher erwähnten der am nächsten kam, die er selbst später im Gelände auf ihre Wahrheit prüfte. Meine Interpretation des Murngin-Systems war Gegenstand einer außerordentlich klaren und eindringlichen Analyse von J. P. B. de Josselin de Jong, *Lévi-Strauss's Theory on Kinship and Marriage*, 1952.

Die Verwendung moderner Techniken hat Murdock die Möglichkeit gegeben, zuverlässige Fortschritte in dieser Richtung zu erzielen.

Man hat oft auf die Schwierigkeiten hingewiesen, auf welche die statistische Methode in der Ethnologie stößt (Lowie 1948 *a*, Kap. III). Da Murdock sie nicht weniger kennt als jeder andere auch, werde ich mich damit begnügen, an die Gefahr des *circulus vitiosus* zu erinnern: die Gültigkeit einer Korrelation hängt, selbst wenn sie auf eine statistisch eindrucksvolle Häufigkeit begründet wird, letzten Endes von der Gültigkeit der Zergliederung ab, die man vornimmt, um die in eine Korrelation gesetzten Phänomene zu definieren. Dagegen bleibt die Methode immer wirkungsvoll, wenn man nachweisen will, daß Korrelationen fälschlich angenommen worden sind. Von diesem negativen und kritischen Gesichtspunkt aus kann man einige Schlußfolgerungen Murdocks als gesichert ansehen.

Murdock hat gleichermaßen die Rekonstruktion der historischen Entwicklung der Verwandtschaftssysteme in Angriff genommen oder zumindest einige mögliche oder wahrscheinliche Entwicklungslinien unter Ausschluß einiger anderer zu definieren versucht. Er gelangt so zu einem überraschenden Ergebnis: öfter als man glaubt (seit Lowie sich an die gleichartige Hypothese von Lewis Morgan herangewagt hatte, 1920, Kap. III) stellt das Verwandtschaftssystem des »hawaiischen« Typus eine Primitivform dar. Doch müssen wir bedenken, daß Murdock nicht über wirkliche, in ihrem historischen und geographischen Rahmen untersuchte Gesellschaften spricht, sondern über Abstraktionen und sogar – wenn man so sagen darf – über Abstraktionen zweiten Grades: er beginnt mit der Isolierung der sozialen Organisation von den anderen Aspekten der Kultur und zuweilen der Verwandtschaftssysteme von der sozialen Organisation; danach zergliedert er willkürlich die soziale Organisation (oder das Verwandtschaftssystem) in große und kleine Stücke nach den Prinzipien, die mehr von den traditionellen Kategorien der ethnologischen Theorie beeinflußt sind als von einer wirklichen Analyse jeder Gruppe. Unter diesen Bedingungen bleibt seine historische Rekonstruktion ideologisch: sie besteht darin, die jedem Stadium gemeinsamen Elemente zu abstrahieren, um das unmittelbar vorhergehende Stadium zu definieren usw. Es ist klar, daß eine solche Methode nur zu einem einzigen Ergebnis führen kann: die am

wenigsten differenzierten Formen erscheinen als die frühesten, und die komplexen Formen werden im Verhältnis ihrer Komplexität immer neuzeitlicheren Positionen zugewiesen. Etwa so, als ob man das Pferd von heute auf die Ordnung der Wirbeltiere zurückführen wollte anstatt auf die Spezies *Hipparion*.
Die vorangehenden Einschränkungen wollen die Verdienste Murdocks nicht schmälern: er hat eine Überfülle von oft ganz vernachlässigten Dokumenten gesammelt; er hat Probleme gestellt. Aber seine Technik scheint genau genommen geeigneter, die Probleme zu entdecken und zu identifizieren, als sie zu lösen. Seine Methode ist noch erfüllt von aristotelischem Geist; vielleicht muß jede Wissenschaft durch diesen Engpaß hindurch. Jedenfalls zeigt er sich als guter Schüler des Aristoteles, wenn er behauptet, daß »die Kulturformen auf der Ebene der sozialen Organisation einen Grad von Regelmäßigkeit und eine Unterwerfung unter die Forderungen des wissenschaftlichen Denkens zeigen, der sich nicht bemerkenswert von dem unterscheidet, an den die sogenannten Naturwissenschaften uns gewöhnt haben« (1949, S. 259).
Der Leser, der sich auf die am Anfang dieses Artikels vorgeschlagenen Unterscheidungen bezieht, wird feststellen, daß Radcliffe-Brown dazu neigt, *observation* und *experimentation*, Beobachtung und Experimentieren, zu verwechseln, während Murdock nicht hinreichend zwischen *statistischen* und *mechanischen* Modellen unterscheidet: er sucht mechanische Modelle mit Hilfe einer statistischen Methode zu konstruieren, eine unmögliche Aufgabe, wenigstens dann, wenn man sie so direkt angeht wie er.
Gleichzeitig könnte man das Werk Lowies charakterisieren als die unendliche Bemühung, eine einzige Frage zu beantworten: *was sind die Tatsachen?* Wir haben gesagt, daß diese Frage sogar für den Strukturalisten die erste ist, auf die er antworten muß, und daß sie alle weiteren bestimmt. Die Untersuchungen im Gelände und die theoretische Reflexion von Lowie begannen zu einem Zeitpunkt, als die Ethnologie gleichsam gespickt war mit philosophischen Vorurteilen und vergoldet von soziologischem Mystizismus. Man hat ihm gelegentlich vorgeworfen, auf diese Situation rein negativ reagiert zu haben (Kroeber 1920): er mußte so reagieren. In diesem Augenblick bestand die erste Aufgabe darin, nachzuweisen, was die Tatsachen *nicht waren*. Lowie hat also mutig gewagt, die willkürlichen Systeme und die angeblichen Korrelationen von einander zu tren-

nen. Er hat damit – wenn man so sagen darf – eine intellektuelle Energie freigesetzt, von der wir noch immer zehren. Vielleicht ist es weniger einfach, seine positiven Beiträge zu erkennen, wegen der äußersten Diskretion, mit der er seine Gedanken formuliert, und wegen seiner Abneigung gegen theoretische Konstruktionen. Beschreibt er sich nicht einmal selbst als einen »aktiven Skeptiker«? Und doch hat er seit 1915 die Verwandtschaftsforschungen sehr modern gerechtfertigt: »die Substanz des sozialen Lebens selbst kann zuweilen ganz streng aufgrund des Klassifizierungsmodus der engeren und weiteren Verwandtschaft analysiert werden« (1915, 1929 c). In demselben Artikel stülpte er die streng historische Perspektive um, die den ethnologischen Horizont verstellte und nicht erlaubte, die universell wirkenden strukturalen Faktoren zu bemerken; er definierte die Exogamie bereits in genetischen Begriffen als ein institutionelles Schema, das überall, wo es vorhanden ist, dieselben Wirkungen erzeugt, ohne daß man notwenigerweise auf historisch-biographische Überlegungen zurückgreifen muß, um die Analogien zwischen weit auseinanderliegenden Gesellschaften zu verstehen.

Einige Jahre später zerstörte Lowie den »matrilinearen Komplex« (1919), indem er eine Methode anwandte, die ihn auf zwei für den Strukturalisten wesentliche Ergebnisse bringen mußte. Indem er leugnete, daß jedes dem Anschein nach matrilineare Merkmal als ein Weiterleben oder als Rest des »Komplexes« interpretiert werden müßte, ermöglichte er seine Zerlegung in Variable. Zweitens wurden die auf diese Weise freigewordenen Elemente verfügbar, so daß man Tabellen der Permutationen zwischen den differentiellen Merkmalen der Verwandtschaftssysteme aufstellen konnte (1929 *a*). Von zwei gleicherweise originellen Punkten aus öffnete er so den strukturalen Forschungen das Tor: hinsichtlich des Systems der Benennungen und hinsichtlich des Vergleichs zwischen diesem und dem System der Haltungen. Diese letztere Richtung sollte dann von anderen weiterverfolgt werden (Radcliffe-Brown, 1924; Lévi-Strauss, 1945).[25]

Noch weitere Entdeckungen verdanken wir Lowie. Er hat zweifellos als erster den bilinearen Charakter mehrerer angeblich unilinearer Systeme dargestellt (1920, 1929 *b*); er hat den Einfluß der Wohnweise auf den Typ der Abstammung nachgewiesen (1920); er

25 Vgl. Kapitel 2 dieses Bandes.

hat die Verhaltensweisen der Zurückhaltung und der Achtung in den Familien und das Inzestverbot getrennt (1920, S. 104-105). Immer bemüht, die sozialen Organisationen von einem doppelten Gesichtspunkt aus zu betrachten: einerseits als institutionelle Regeln, andererseits aber auch als durchschnittliche Äußerungen individueller psychologischer Reaktionen (in einem Sinne, der den Regeln zuweilen widerspricht, sie aber immer beugt), hat uns derselbe Lowie, der wegen seiner allzuberühmt gewordenen Definition der Kultur so heftig kritisiert wurde, Monographien hinterlassen, die zu den eindringlichsten und ausgewogensten der ganzen ethnologischen Literatur zählen (1935, 1948 *a*, Kap. XV, XVI, XVII). Und schließlich ist die Rolle bekannt, die Lowie in der Entwicklung der südamerikanischen Forschungen gespielt hat. Direkt oder indirekt hat er mit seinen Ratschlägen und Ermutigungen dazu beigetragen, der Ethnologie ein schwieriges und ganz vernachlässigtes Gebiet zu öffnen.

IV. Soziale Dynamik: Unterordnungsstrukturen

a) Ordnung der Elemente (Individuen und Gruppen) in der sozialen Struktur

Unsere persönliche Stellungnahme zu den vorhergehenden Problemen braucht hier nicht dargelegt zu werden. Trotz unserer Bemühungen um Objektivität wird sie im Laufe dieses Kapitels deutlich werden. Für den Autor dieser Zeilen bilden die Verwandtschaftssysteme, die Heirats- und die Abstammungsregeln eine koordinierte Gesamtheit, deren Funktion es ist, die Dauer der sozialen Gruppe zu sichern und in gegenseitiger Durchdringung nach Art eines Gewebes die Blutsverwandtschafts- und die Bündnisbeziehungen zu garantieren. Wir hoffen, damit einen Beitrag geleistet zu haben zur Klärung dessen, wie der soziale Apparat funktioniert, der laufend die Frauen aus ihren Familien zieht, um sie in ebenso vielen häuslichen Gruppen neu zu verteilen, die sich ihrerseits in blutsverwandte Familien umwandeln, und so fort. [26]

Dieser Apparat würde ohne die Einwirkung äußerer Einflüsse un-

26 Vgl. dazu C. Lévi-Strauss, The Family, in: H. L. Shapiro, Hrsg., *Man, Culture and Society*, Oxford, 1956, Kap. XII.

endlich lange funktionieren, und die Sozialstruktur behielte einen statischen Charakter. Doch dies ist nicht der Fall. Man muß also in das theoretische Modell neue Elemente einführen, deren Eingreifen die diachronischen Umwandlungen der Strukturen erklären kann, und gleichzeitig müßte sie verständlich machen, aus welchen Gründen eine Sozialstruktur sich niemals auf ein Verwandtschaftssystem reduzieren läßt. Es gibt drei verschiedene Arten, auf diese doppelte Frage zu antworten.

Selbstverständlich wird man sich zunächst fragen, welches die Tatsachen sind. Jahre sind vergangen, seit Lowie das Ausbleiben anthropologischer Arbeiten auf dem Gebiet der politischen Organisation beklagte. In dieser Hinsicht kann man einige Fortschritte verzeichnen, die wir Lowie selbst in seinen neueren Arbeiten, wenigstens was Nordamerika betrifft (1927, 1948 *a*, Kap. VI, VII, XII–XIV, 1948 *b*), und gleichfalls dem von Fortes und Evans-Pritchard (1940) geleiteten großen Werk über Afrika verdanken. Lowie hat einige grundlegende Kategorien, etwa soziale Klassen, »Solidaritäten«, Staat, sinnvoll präzisiert.

Die zweite Methode würde darin bestehen, die von dem bereits isolierten Niveau abhängenden Phänomene, das heißt die Verwandtschaftsphänomene, mit denen des unmittelbar darüber liegenden Niveaus in eine Korrelation zu bringen, soweit man sie miteinander verbinden kann. Zwei Probleme stellen sich dann: 1. können die auf die Verwandtschaft begründeten Strukturen dynamische Eigenschaften zeigen? 2. wie reagieren die *Strukturen des Austausches* und die *Strukturen der Unterordnung* aufeinander? Das erste Problem ist das der Erziehung: in einem bestimmten Moment hat in der Tat jede Generation eine Beziehung der Unterordnung oder der Überordnung gegenüber der, die ihr vorangeht, oder der, die ihr folgt. So haben Margaret Mead und andere das Problem gestellt.

Es gibt auch eine etwas theoretischere Art des Vorgehens, die darin besteht, die Korrelationen zwischen gewissen (statischen) Positionen in der (auf ihre Terminologie reduzierten) Verwandtschaftsstruktur und den entsprechenden (dynamischen) Verhaltensweisen zu untersuchen, so wie sie in den Rechten, Pflichten und Obligationen einerseits und in den Vorrechten, Verboten usw. andererseits zum Ausdruck kommen.

Für Radcliffe-Brown läßt sich eine wortwörtliche Entsprechung zwischen dem, was man als das *System der Haltungen* und das *System der Benennungen* bezeichnen könnte, nachweisen. Danach entspricht jede Verwandtschaftsbezeichnung einer vorgeschriebenen positiven oder negativen Verhaltensweise, und jede abweichende Verhaltensweise wird durch einen eigenen Ausdruck bezeichnet. Andere haben die Auffassung vertreten, daß sich eine solche Entsprechung in der Praxis nicht nachweisen läßt oder daß sie niemals das Niveau einer reichlich groben Annäherung überschreitet.

Ich selbst habe eine unterschiedliche Interpretation vorgeschlagen, die auf einer dialektischen Beziehung zwischen Haltungen und Benennungen beruht. Die abweichenden Verhaltensweisen unter Verwandten neigen dazu, sich nach demselben Modell zu organisieren wie die Terminologie, aber sie bilden auch ein Mittel, die Schwierigkeiten aufzulösen und die dieser Terminologie innewohnenden Widersprüche zu überwinden. Danach stellten die Verhaltensregeln zwischen Verwandten in einer beliebigen Gesellschaft einen Versuch dar, die Widersprüche, die aus dem terminologischen System und dem der Heiratsregeln entspringen, aufzulösen. In dem Maß, wie die ersten Widersprüche dazu neigen, sich als System zu konstituieren, erscheinen neue, die eine Neuorganisation der Terminologie hervorrufen, die auf die Haltungen usw. zurückwirkt, außer während seltener und rasch wieder bedrohter Gleichgewichtsperioden.[27]

27 In einem kleinen Buch, das gegen die *Structures élémentaires de la parenté* geschrieben wurde, versuchen Homans und Schneider, die Regeln der Vorzugsheirat auf das System der Haltungen zurückzuführen. Sie lehnen sich gegen das in den *Structures* aufgestellte Prinzip auf, daß keine notwendige Verbindung zwischen der matrilateralen oder patrilateralen Heirat einerseits und dem Modus der patrilinearen oder matrilinearen Filiation andererseits besteht. Zur Stützung ihrer eigenen These, gemäß der die matrilaterale Heirat von der patrilinearen Filiation abhängig wäre, weisen sie auf die statistischen Korrelationen hin, die nicht gerade viel beweisen. Tatsächlich sind die Gesellschaften mit patrilinearer Filiation viel häufiger als die mit matrilinearer; außerdem ist die matrilaterale Heirat selbst weit häufiger als die patrilaterale. Wenn also die Verteilung zufällig geschähe, könnte man bereits erwarten, daß die Zahl der durch die Verbindung patrilinearer Filiation mit matrilateraler Heirat charakterisierten Gesellschaften höher wäre als die der anderen und daß die von meinen Kritikern erwähnte Wechselbeziehung bedeutungslos wäre. Als Murdock die Untersuchung dieser angenommenen Wechselbeziehung anhand einer viel bedeutenderen Korrelation (564 Gesellschaften) wieder aufnahm, zog er den Schluß: »Die Verteilung dieser Stichprobe in der ganzen Welt ist so locker, daß sie dazu zwingt, die vorgeschlagene theoretische Interpretation in Zweifel zu ziehen« (G. P. Murdock, 1957, S. 687).

Ich bleibe dabei, und zwar mit den Ausdrücken, die ich zuerst verwendete, daß es

Ein anderes Problem stellt sich, wenn man Gesellschaften untersucht, bei denen das Verwandtschaftssystem matrimoniale Verbindungen nicht gleich behandelt. Was geht tatsächlich vor, wenn die Partner des matrimonialen Austausches de jure oder de facto vom politischen oder wirtschaftlichen Standpunkt aus hierarchisch geordnete Gruppen sind? Auf diese Weise sind wir vor die Notwendigkeit gestellt, verschiedene Institutionen zu prüfen: erstens die Polygamie, von der ich gezeigt habe, daß sie zuweilen auf der Integration zweier Garantieformen beruht: einer kollektiven und politischen, und einer individuellen und ökonomischen[28]; zweitens die Hypergamie (oder Hypogamie). Dieses bis heute stark vernachlässigte Problem würde eine aufmerksame Untersuchung verdienen, aus der dann eine zusammenhängende Theorie des Kastensystems und – indirekt – aller auf Unterscheidungen des Status beruhenden sozialen Strukturen entstehen könnte.

Die dritte und letzte Methode hat einen etwas formelleren Charakter als die vorhergehenden. Sie würde in einer *a priori*-Untersuchung aller denkbaren Strukturtypen, die sich aus zufällig sichtbaren Abhängigkeits- und Herrschaftsverhältnissen ergeben, bestehen. Die mathematische Behandlung der zyklischen Herrschaftsformen bei

keine notwendige Verbindung zwischen der Heirat mit der unilateralen Kreuzkusine und dem Modus der Filiation gibt, das heißt, daß keine der denkbaren Kombinationen einen Widerspruch einschließt. Doch ist es möglich und sogar wahrscheinlich, daß die beiden Heiratstypen auf der Erfahrungsebene häufiger mit dem einen oder anderen Modus der Filiation zusammentreffen. Wenn das der Fall wäre, dann verlangte diese *statistische Korrelation* (nicht zu verwechseln mit einem *logischen Konnex*) eine Erklärung. Ich wäre geneigt, diese in der den matrilinearen Gesellschaften eigenen Instabilität (ein Thema, das bereits in den *Structures* entwickelt wurde) zu suchen, die ihnen die Annahme langer Zyklen der Gegenseitigkeit erschweren würde, während die außerordentlich kurzen Zyklen der patrilateralen Heirat besser zu den Reibereien passen würden, deren Schauplatz die matrilinearen Gesellschaften stets sind. Die theoretische Interpretation von Homans und Schneider erscheint mir gänzlich unannehmbar: sie erklären die Vorliebe der patrilinearen Gesellschaften für die matrilaterale Heirat mit psychologischen Überlegungen wie der Übertragung der gefühlsmäßigen Bindungen eines Heranwachsenden auf die Sippe des Onkels mütterlicherseits. Wenn das der Fall wäre, wäre die matrilaterale Heirat tatsächlich häufiger; sie brauchte dann nicht *vorgeschrieben* zu werden. An einem Sonderfall kommen Homans und Schneider ganz schlicht auf die von Westermarck vertretene psychologische Theorie zurück, um über das Inzestverbot Auskunft zu geben. Man sähe es lieber, wenn die Ethnologie endgültig aus diesen alten Irrtümern herauskäme. (Vgl. G. C. Homans und D. M. Schneider, 1955.)

28 C. Lévi-Strauss, *Traurige Tropen*, S. 279 ff.. nimmt die Themen einer früheren Untersuchung wieder auf: 1944 b.

den Hühnern durch Rapoport (1949) eröffnet in dieser Hinsicht interessante Perspektiven. Zweifellos scheinen diese zyklischen und intransitiven Ketten wenig Beziehung zu haben zu den sozialen Strukturen, die man mit ihnen zu vergleichen versucht wäre. Diese letzteren (so der »Kava-Kreis« in Polynesien) sind immer transitiv und nicht-zyklisch: wer am unteren Ende steht, ist per definitionem vom oberen Ende ausgeschlossen.[29] Dagegen zeigt die Untersuchung der Verwandtschaftssysteme, daß unter bestimmten Bedingungen die Verwandlung einer transitiven und nicht-zyklischen Ordnung in eine intransitive und zyklische gut denkbar ist. Man kann das in einer hypogamen Gesellschaft mit Vorzugsheirat eines Mannes mit der Tochter des Bruders der Mutter beobachten. Ein solches System besteht in einer Kette, an deren einem Ende ein Mädchen aus dem höchsten Rang steht und also nicht in der Lage ist, einen Mann zu finden, der ihr nicht unterlegen ist, und am anderen ein Bursche, der immer ohne Frau bleiben muß, da alle Mädchen der Gruppe mit Ausnahme seiner Schwester einen höheren Rang haben als er. Infolgedessen geht entweder die betreffende Gesellschaft an ihren Widersprüchen zugrunde, oder ihr transitives und nicht-zyklisches System muß sich zeitweilig oder lokal in ein intransitives und zyklisches System umwandeln.[30]

So geraten in unsere Untersuchungen Begriffe wie die der Transitivität, der Ordnung und des Zyklus, die sich für eine formelle Be-

29 Dieser Vorbehalt erscheint mir heute (1957) überflüssig. Es gibt Gesellschaften, bei denen man hierarchische und intransitive Zyklen beobachtet, die ganz und gar mit der *pecking-order* vergleichbar sind. So auf den Fidschi-Inseln, deren Gesellschaft bis zum Beginn des 20. Jahrhunderts in Herrschaften organisiert war, die untereinander durch Beziehungen der Vasallenschaft verbunden waren und zwar in einigen Fällen so, daß eine Herrschaft A Vasall einer Herrschaft B, B von C, C von D und D von A war. Hocart hat diese auf den ersten Blick unverständliche Struktur beschrieben und dazu erklärend angemerkt, daß es auf den Fidschi-Inseln zwei Formen von Vasallenschaft gebe: die Vasallenschaft durch Gewohnheitsrecht und die Vasallenschaft durch Eroberung. Die Herrschaft A kann also herkömmlicherweise Vasall von B sein, B von C, C von D, während die Herrschaft D neuerdings infolge eines verlorenen Krieges unter die Vasallenschaft von A fällt. Nicht nur ist die so verwirklichte Struktur die gleiche wie die der *pecking-order*, sondern die ethnologische Theorie hat – ohne daß man es bemerkt hätte – der mathematischen Interpretation um mehrere Jahre vorgegriffen, da diese sich auf die Unterscheidung zweier Variablen gründet, die mit einer gewissen Verschiebung wirken, was genau der Beschreibung Hocarts entspricht (vgl. A. M. Hocart, 1952 a).

30 Für ein bemerkenswertes Beispiel der lokalen Umwandlung des Zyklus in einen anderen vgl. K. Gough, 1955.

handlung eignen und die Analyse verallgemeinerter Typen von Sozialstrukturen ermöglichen, in die die Ebenen des Austausches und der Unterordnung integriert werden können. Kann man noch weiter gehen, bis zur Integration heutiger und möglicher Ordnungen? In den meisten menschlichen Gesellschaften hängt das, was man »Sozialordnung« nennt, von einem transitiven und nicht-zyklischen Typus ab: wenn A höher steht als B und B höher als C, muß A höher als C stehen und C kann nicht höher als A sein. Und doch entwerfen dieselben Gesellschaften, die praktisch diesen Regeln gehorchen, andere Ordnungstypen, die man »mögliche« oder »ideelle« nennen könnte, sei es auf der Ebene der Politik, des Mythos oder der Religion, und diese Ordnungen sind zuweilen intransitiv und zyklisch. So die Märchen von Königen, die Hirtinnen heiraten, so die Kritik Stendhals an der amerikanischen Demokratie als einem System, bei dem ein Adliger seinem Kaufmann dient.

b) Ordnung der Ordnungen

Für den Ethnologen enthält die Gesellschaft eine Gesamtheit von Strukturen, die verschiedenen Ordnungstypen entsprechen. Das Verwandtschaftssystem bietet ein Mittel, die Individuen nach bestimmten Regeln zu ordnen; die soziale Organisation liefert ein weiteres; die sozialen oder wirtschaftlichen Schichtungen ein drittes. Alle diese Ordnungsstrukturen können selbst geordnet werden, vorausgesetzt, daß sie verraten, welche Beziehungen sie vereinigen und auf welche Art sie vom synchronischen Gesichtspunkt aus aufeinander reagieren. So hat Meyer Fortes (1949) nicht ohne Erfolg versucht, allgemeine Modelle zu bauen, die die Eigenschaften verschiedener spezieller Modelle integrieren (Verwandtschaft, soziale Organisation, Wirtschaftsbeziehungen und so weiter).

Diese Versuche, ein totales Modell einer gegebenen Gesellschaft in Formeln zu fassen, konfrontieren den Ethnologen mit einer bereits zu Beginn dieses Kapitels erwähnten Schwierigkeit: bis zu welchem Grade entspricht die Art, wie eine Gesellschaft ihre verschiedenen Ordnungsstrukturen und die sie einenden Beziehungen begreift, der Wirklichkeit? Ich habe bereits darauf hingewiesen, daß aufgrund der eingesehenen Dokumente mehrere Antworten möglich wären. Aber bis heute haben wir nur »gelebte« Ordnungen ins Auge gefaßt, das heißt Ordnungen, die ihrerseits von einer objektiven Wirklichkeit abhängen, die man von außen, unabhängig von der Vorstellung, die die Menschen sich von ihr machen, betrachten kann. Man wird jetzt beobachten, daß solche »gelebten« Ordnungen immer andere voraussetzen, über die Rechenschaft zu geben unerläßlich ist, will man nicht nur die Vorgänge begreifen, sondern auch die Art und Weise, wie jede Gesellschaft versucht, sie alle in eine geordnete Ganzheit zu integrieren. Diese »gedachten« und nicht »gelebten« Ordnungsstrukturen entsprechen unmittelbar keiner objektiven Wirklichkeit; im Unterschied zu den ersteren sind sie einer experimentellen Kontrolle nicht zugänglich, da sie sich sogar auf eine spezifische Erfahrung berufen, mit der sie sich dann zuweilen verwechseln lassen. Wir können sie also, um sie zu analysieren, nur einer Prüfung anhand der Ordnungen des ersten Typus oder der »gelebten« Ordnungen unterziehen. Die »gedachten« Ordnungen entsprechen dem Gebiet des Mythos oder der Religion. Man mag sich fragen, ob die politische Ideologie der modernen Gesellschaften nicht auch zu dieser Kategorie gehört. 31

Nach Durkheim hat Radcliffe-Brown gezeigt, daß die religiösen Tatsachen als integrierender Teil der Sozialstruktur untersucht werden müßten. Für ihn besteht die Rolle des Ethnologen darin, Wechselbeziehungen zwischen verschiedenen Typen von Religionen und verschiedenen Typen sozialer Organisationen aufzudecken (1945). Wenn sich seine Religionssoziologie letzten Endes als ein Fehlschlag erweist, so anscheinend aus zwei Gründen. Erstens hat er die Glaubensinhalte und das Ritual direkt an die affektiven Zustände gebunden, und zweitens hat er vorschnell einen allgemeinen Ausdruck der Beziehung zwischen Gesellschaft und Religion finden wollen, während wir vornehmlich konkrete Untersuchungen brauchen, die die Möglichkeit bieten, regelmäßige Reihen von mitwirkenden Variationen zu konstruieren. Daraus entstand eine Art Mißkredit, der schwer auf der Religionsethnologie lastet. Und doch bilden die Mythen, das Ritual und der religiöse Glaube einen für die strukturalen

31 Der französische Leser möge beachten, daß dieser Abschnitt in einer Sprache, die den angelsächsischen Anthropologen vertrauter ist, die marxistische Unterscheidung zwischen Unterbau und Überbau zu formulieren sucht; was nebenbei gesagt die schmale Grundlage der Kritik zeigt, die G. Gurvitch an mir übt (*Cahiers internationaux de Sociologie*, Bd. 19, 1955), wenn er mir anläßlich dieser Stelle vorwirft, ich wolle in die Soziologie wieder eine autoritäre Auffassung der Sozialordnung einführten. Vgl. dazu meine Antwort an Gurvitch in Kap. 16.

Untersuchungen vielversprechenden Bereich, und die neueren Forschungen scheinen, so selten sie sind, besonders ergiebig zu sein.
Mehrere Forscher haben neuerdings begonnen, religiöse Systeme als strukturierte Gesamtheiten zu untersuchen. Monographien wie *The Road of Life and Death* von P. Radin (1945) und *Kunapipi* von R. M. Berndt (1951) sind von dieser Auffassung inspiriert. Der Weg ist so für systematische Forschungen frei, für die G. A. Reichards *Navaho Religion* (1950) ein gutes Beispiel bietet. Aber man darf dennoch die Einzelanalysen nicht vernachlässigen, die sich auf die stetigen und nichtstetigen Elemente der religiösen Vorstellung einer gegebenen Bevölkerung in einer relativ kurzen Zeitperiode richten, wie Lowie sie entworfen hat.
Vielleicht gelangen wir dann dahin, in der Religionsethnologie jene »Modelle im Kleinformat« zu konstruieren, »die für die Vergleiche in der Analyse bestimmt sind ..., wie sie in jeder Untersuchung naheliegen, die auf die Erklärung sozialer Tatsachen hinaus will« (Nadel, 1952). Diese Methode wird allerdings nur langsame Fortschritte gestatten; aber sie wird die am besten begründeten und überzeugendsten Schlußfolgerungen auf dem Gebiet der sozialen Organisation liefern. Nadel hat bereits nachgewiesen, daß zwischen der Institution des Schamanen und gewissen charakteristischen psychologischen Verhaltensweisen der entsprechenden Gesellschaften eine Beziehung besteht (1946). Georges Dumézil hat durch einen Vergleich von indoeuropäischen Dokumenten aus Island, Irland und dem Kaukasus die Interpretation einer mythologischen Gestalt, die bis dahin rätselhaft war, geliefert und hat ihre Rolle und ihre Äußerungen in Beziehung gesetzt zu gewissen spezifischen Merkmalen der sozialen Organisation der untersuchten Völker (1948); Wittfogel und Goldfrank haben bezeichnende Variationen einiger mythologischer Themen bei den Pueblo-Indianern freigelegt und sie auf die sozioökonomische Infrastruktur jeder Gruppe bezogen (1943). Monica Hunter konnte nachweisen, daß die magischen Glaubensinhalte eine direkte Funktion der Struktur der sozialen Gruppe sind (Hunter-Wilson, 1951). Alle diese Ergebnisse – und andere, die hier aus Platzmangel nicht kommentiert werden können – lassen hoffen, daß wir eines Tages in der Lage sein werden, weniger die Funktion der Glaubensinhalte im sozialen Leben (das ist bereits seit Lukrez geschehen), als vielmehr die Mechanismen zu begreifen, die es jenen ermöglichen, diese Funktion zu erfüllen.

Abschließend noch ein paar Worte. Unsere Untersuchung begann mit einer Analyse des Modellbegriffs, und dieser erscheint am Ende wieder. Die Sozialanthropologie ist eine junge Wissenschaft; es ist nur natürlich, daß sie die einfachsten Modelle nachahmt, die ihr fortgeschrittenere Wissenschaften vorstellen. So läßt sich die Anziehungskraft der klassischen Mechanik erklären. Aber sind wir in dieser Hinsicht nicht Opfer einer Illusion geworden? Wie v. Neumann bereits gesagt hat (v. Neumann und Morgenstern 1944, S. 14): »Es ist weit einfacher, die fast exakte Theorie eines Gases zu erarbeiten, das ungefähr 10^{25} freie Partikel enthält, als die des Sonnensystems, das nur neun große Körper umfaßt.« Der Anthropologe, der Modelle sucht, steht vor einem Fall, der zwischen beiden liegt: die Objekte, mit denen wir uns beschäftigen – in eine bestimmte Gesellschaft integrierte soziale und individuelle Rollen – sind weit zahlreicher als die der Newtonschen Mechanik und doch nicht zahlreich genug, um der Statistik und der Wahrscheinlichkeitsrechnung zu unterliegen. Wie stehen also auf angemaßtem und unsicherem Boden; unsere Tatsachen sind zu kompliziert, um auf die eine Art behandelt zu werden, und nicht zahlreich genug für die andere.

Die neuen, durch die Theorie des Austausches eröffneten Perspektiven ergeben sich genau genommen aus originellen Methoden, die man herausarbeiten muß, um Objekte – die Zeichen – zu behandeln, die man nunmehr einer strengen Analyse unterwerfen kann, obwohl ihre Zahl für die klassische Mechanik zu groß ist, aber zu klein, als daß die Prinzipien der Thermodynamik auf sie anwendbar wären. Die Sprache besteht aus Morphemen – etwa einigen Tausend – und begrenzte Berechnungen genügen, um in der Häufigkeit der Phoneme bezeichnende Regelmäßigkeiten zu finden. Auf einem solchen Gebiet sinkt die Schwelle für die Anwendung statistischer Gesetze, und gleichzeitig steigt die, von der aus es möglich wird, mechanische Modelle zu verwenden. Gleichzeitig nähert sich die Größenordnung der Phänomene der, die dem Anthropologen vertraut ist.

Der augenblickliche Stand der strukturalen Forschungen in der Anthropologie ist also folgender: es ist gelungen, Phänomene zu isolieren, die zu demselben Typus gehören wie diejenigen, deren strenge Untersuchung die Spieltheorie und die Informationstheorie bereits gestatten. Die anthropologischen Tatsachen stehen auf einer Stufe, die der der anderen Phänomene nahe genug liegt, daß man auf eine analoge Behandlung hoffen darf. Ist es nicht überraschend, daß gerade in dem Augenblick, in dem die Anthropologie sich zu einer wirklichen Wissenschaft zu entwickeln anschickt, der Boden da, wo man ihn für solide hielt, nachgibt? Die Tatsachen selbst entschwinden dem Blick: ihre Zahl ist zu klein oder sie sind unter Bedingungen gesammelt, die keine Möglichkeit bieten, sie mit einiger Sicherheit zu vergleichen. Wir entdecken, daß wir uns, ohne daß wir etwas dafür konnten, wie Amateurbotaniker aufgeführt haben, die auf gut Glück einzelne Proben aufgelesen, sie malträtiert und verstümmelt haben, um sie den Herbarien einzuverleiben. Und nun werden wir plötzlich aufgefordert, ganze Sammlungen zu ordnen, die ursprünglichen Nuancen zu definieren, kleinste Teile zu messen, die wir verstümmelt, wenn nicht gar zerstört vorfinden.

Denkt der Anthropologe an die Aufgaben, die ihn erwarten, und an all das, was zu erfüllen er in der Lage sein sollte, so überkommt ihn Mutlosigkeit: wie soll er es mit den ihm zur Verfügung stehenden Dokumenten schaffen? Es ist ein wenig, als ob die Makrophysik sich mit Hilfe der Beobachtungen babylonischer Astrologen konstituieren sollte. Die Himmelskörper indes sind immer da, während die Kulturen der Eingeborenen, die uns unsere Dokumente liefern, sehr schnell verschwinden oder sich in Objekte ganz neuer Art verwandeln, von denen wir keine Informationen gleicher Art erwarten können. Die Beobachtungstechniken einem theoretischen Rahmen anpassen zu müssen, der ihnen weit voraus ist, das ist eine paradoxe Situation, wie sie die Geschichte der Wissenschaften selten bietet. An der modernen Anthropologie liegt es, diese Herausforderung anzunehmen.

16. Kapitel

Nachtrag zu Kapitel 15[1]

Gurvitch, den ich, wie ich zugeben muß, bei jedem Lesen weniger verstehe[2], greift meine Analyse des Begriffs der Sozialstruktur an[3], aber seine Argumente beschränken sich häufig auf Ausrufungszeichen, die er hinter einige tendenziöse Paraphrasen meines Textes setzt. Versuchen wir dennoch, dem Streit auf den Grund zu kommen.

Gurvitch bietet die erste Lese dessen, was er für eine Entdeckung zu halten scheint: »Es gibt zwischen der Gestaltpsychologie und dem Strukturalismus in der Soziologie eine verblüffende Affinität, auf die unseres Wissens bisher noch niemals hingewiesen worden ist« (*a.a.*O., S. 11). Gurvitch irrt. Alle Ethnologen, Soziologen und Linguisten, die sich auf den Strukturalismus berufen, sind sich der Bindungen bewußt, die sie mit der Gestaltpsychologie verknüpfen. Schon 1934 stellte Ruth Benedict Vergleiche an und zitierte dabei Köhler und Koffka.[4]

1 Unveröffentlicht (1956).

2 Ich habe es früher immerhin – und nicht ohne Sympathie – versucht. Vgl. Lévi-Strauss, French Sociology, in: *Twentieth Century Sociology*, hrsg. von G. Gurvitch und W. E. Moore, New York 1945, Kap. XVII; frz. Übers.: *La Sociologie au XXe siècle*, 2 Bd., Paris 1947.

3 G. Gurvitch, Le Concept de Structure sociale, *Cahiers internationaux de Sociologie*, Bd. 19, 1955. – Gurvitch soll diese Untersuchung mit einigen Abänderungen in der 2. Aufl. der *Vocation actuelle de la Sociologie* veröffentlicht haben. Das vorliegende Kapitel, 1956 geschrieben, bezieht sich auf den ursprünglichen Text.

4 Ruth Benedict, *Patterns of Culture*, Cambridge, 1934, S. 51–52 und 279. – Neuerdings hat Gurvitch eine weitere »Entdeckung« gemacht, die er »unverzüglich dem Leser der *Cahiers* in Form eines Nachwortes zu unserer [seiner] Untersuchung über *Le Concept de structure sociale* mitteilen möchte«: die nämlich, Spencer sei die »vergessene Quelle der Begriffe ›Sozialstruktur‹, ›soziale Funktion‹ und ›Institution‹« (*Cahiers intern. de Soc.*, Bd. 23, 1957, S. 111–121). Aber mit Ausnahme von Gurvitch selbst sieht niemand, wer Spencer und die ihm zukommende Vaterschaft für diese Begriffe »vergesesn« haben sollte; jedenfalls nicht die heutigen Verwender des Strukturbegriffs, die das Gedächtnis nie soweit verloren haben. Vgl. D. Bidney, *Theoretical Anthropology*, New York 1953, Kap. II u. IV; für England E. E. Evans-Pritchard, *Social Anthropology*, Glencoe, 1951, S. 17, und besonders die Einführung von A. R. Radcliffe-Brown zu seiner Aufsatzsammlung *Structure and Function in Primitive Society*, Glencoe, 1952, wo er nach mehrfacher Bezugnahme auf Spencer, schließt: »*The theory* (von R.-B.)

Ich selbst habe so großen Wert darauf gelegt, diese Affinität ins Licht zu rücken, daß die Vorrede – von 1947 – zu den *Structures élémentaires de la parenté* mit einer Huldigung an die Gestaltpsychologie schließt: »Vor nahezu zwanzig Jahren hat Köhler Eddingtons Satz ›Die Physik wird zur Untersuchung der Organisationen‹ zitiert und gesagt: ›Auf diesem Wege wird er die Biologie und die Psychologie treffen‹. Diese Arbeit hat ihre Aufgabe erfüllt, wenn der Leser sich nach der Lektüre geneigt fühlt, hinzuzufügen: ... und die Soziologie.« 5

Ebenso Kroeber in seiner *Anthropology*: »Ein System (oder eine Gestalt) ist seiner Natur nach immer etwas anderes und mehr als die Summe der Teile; es schließt auch die Beziehungen zwischen den Teilen ein: ein Netz von Beziehungen, das ein zusätzliches signifikatives Element hinzufügt. In der Gestaltpsychologie ist das bekannt. Die ›Gestalt‹ einer Kultur kann also definiert werden als das System *(pattern)* der Beziehungen seiner konstitutiven Teile zueinander.« 6

Noch tiefer versucht schließlich Sverre Holm, ein norwegischer Soziologe, den Strukturalismus im Anschluß an die Bemerkung, »daß die Kulturwissenschaft seit langem von der Gestaltpsychologie beeinflußt ist«, direkt an eine frühe Quelle gestaltpsychologischen Denkens, an Goethes Naturphilosophie, anzuschließen. 7

Was die strukturalistischen Linguisten anlangt, so haben Trubetzkoi und Jakobson oft gesagt, was sie der Gestaltpsychologie und insbesondere den Arbeiten K. Bühlers verdanken.

So weit auch Gurvitchs und meine eigenen Vorstellungen voneinander entfernt sind, geschieht es doch zuweilen, daß sie einander treffen. Zum Beweis die folgende Stelle in Gurvitchs Artikel: »Wenn man die Typen der Totalgesellschaften (im Unterschied zu den mikrosoziologischen Typen oder Formen der Soziabilität und zu den Typen von Sondergruppierungen) untersuchen will, ist die Aufstellung dieser Typologie nur möglich, wenn man von ihren Strukturen

can be stated by means of the three fundamental and connected concepts of ›process‹, ›structure‹ and ›function‹. It is derived from such earlier writers as Montesquieu, Comte, Spencer, Durkheim and thus belongs to a cultural tradition of two hundred years.« (S. 14)

5 *a.a.O.*, S. XIV.

6 A. L. Kroeber, *Anthropology*, 2. Aufl., New York, 1948, S. 293.

7 Sverre Holm, Studies towards a Theory of Sociological Transformations, *Studia Norvegica*, Nr. 7, Oslo, 1951, S. 40 et passim.

ausgeht. Im Gegensatz zu den Sondergruppierungen (ohne von den Formen der Soziabilität zu reden, die astruktural sind) besitzt jede Gesamtgesellschaft *ausnahmslos* [vom Autor hervorgehoben] eine Struktur, und die Untersuchung dieser Struktur ist das einzige Mittel, die Typen der sozialen Gesamtphänomene zu rekonstruieren. Wir sind in *Déterminismes sociaux et liberté humaine* soweit gegangen, zu sagen, daß die Gesamtgesellschaften und die sozialen Gesamtstrukturen identisch sind. Das trifft zu, wenn man von den Typen der Gesamtgesellschaften spricht, verlangt aber ganz ernsthafte Vorbehalte, wenn es sich um eine konkrete Gesamtgesellschaft handelt, die ganz offensichtlich unvergleichlich reicher ist als ihre Struktur, so komplex diese auch sein mag, die immer nur ein Aspekt ist, ein Sektor und ein ganz partieller Ausdruck des totalen sozialen Phänomens. Um dieses letztere aber in der ganzen Fülle erfassen zu können, wenn es global ist, haben wir keine andere Lösung gefunden, als von einem konstruierten Typus auszugehen, der in diesem Falle nur ein Sondertypus der sozialen Gesamtstruktur sein kann ...«[8]

Beachtet man, daß Gurvitch unter Gesamtgesellschaften solche versteht, die die Ethnologen zu ihrem Gegenstand machen, und daß sein »konstruierter Typus« verblüffend dem ähnelt, was ich selbst als Modell bezeichne, ist überhaupt nicht einzusehen, was er mir vorzuwerfen hat. Denn in diesem Punkt bin ich im Vergleich zu seinem Standpunkt weit davon entfernt zu glauben, daß »die Gesamtgesellschaften und die Sozialstrukturen identisch sind«. Ich denke nur, daß diese helfen können, jene zu erkennen und zu klassifizieren.

Gurvitch sagt aber in dem zitierten Text, was für die Typen gelte, stimme nicht für eine konkrete Gesellschaft. Mit welchem Recht erhebt sich Gurvitch hier zu unserem Zensor? Und was weiß er von konkreten Gesellschaften, er, dessen ganze Philosophie sich auf einen Götzendienst des Konkreten beschränkt (seinen Reichtum, seine Komplexität, seine flüssigen, ja flüchtigen Zustände, seinen auf immer unauslöschlichen Charakter und seine schöpferische Spontaneität verherrlichend), der aber so erfüllt ist von einem Gefühl heiliger Ergebenheit ihm gegenüber, daß er niemals die Beschreibung oder Analyse auch nur einer einzigen konkreten Gesellschaft gewagt hat?

8 *a.a.O.*, S. 11-12.

Die Ethnologen, die Jahre ihres Lebens damit verbracht haben, die konkrete Existenz besonderer Gesellschaften zu untersuchen, können in aller Ruhe abwarten, daß Gurvitch bei ihnen eine Gleichgültigkeit gegenüber dem Konkreten aufdeckt, die vergleichbar ist mit der, die er an den Tag legt, indem er die Verschiedenartigkeit und Spezifizität tausender von Gesellschaften auf vier (!) Typen reduziert, in denen alle südamerikanischen Stämme mit der Gesamtheit der australischen Gesellschaften, Melanesien mit Polynesien vermengt sind, wo Nordamerika einerseits, Afrika andererseits nur noch zwei große homogene Blöcke bilden. 9

Weil er ein reiner Theoretiker ist, interessiert er sich nur für den theoretischen Teil unserer Arbeiten. Und weil unsere Arbeiten ihm nicht gefallen, da sie den seinen widersprechen, schlägt er uns vor, wir sollten uns der beschreibenden Ethnographie widmen. Aus dieser Rollenverteilung zöge er den doppelten Gewinn, in der Theorie allein zu herrschen und sich ungestraft den Luxus gönnen zu können, zur Stützung seiner Spekulationen eine große Anzahl beschreibender Arbeiten wahllos heranzuziehen, deren willkürliche Verwendung zeigt, daß er sich nicht oft die Mühe macht, sie zu lesen.

Ohne Gurvitchs Rat abzuwarten, haben die von ihm kritisierten Ethnologen den größten Teil ihres Lebens darauf verwendet, die »Formen der Soziabilität«, die »Gruppen« und die geringsten Nuancen des Kollektivlebens, die zusammen mit den Strukturen das individuelle und unverwechselbare Sein der Gesellschaften formen, in denen sie gelebt haben, mit einer geradezu abschreckenden Gewissenhaftigkeit zu beobachten, zu beschreiben und zu analysieren. Keiner von uns hat je daran gedacht, diese pulsierende Wirklichkeit durch einen Typus oder eine starre Struktur zu ersetzen. Die Erforschung der Strukturen tritt erst in einem zweiten Stadium ein, wenn wir nach Betrachtung dessen, was existiert, versuchen, die einzig festen – und immer partiellen – Elemente freizulegen, die einen Vergleich und eine Klassifizierung zulassen. Im Unterschied zu Gurvitch gehen wir allerdings nicht von einer apriorischen Definition dessen aus, was strukturierbar ist und was nicht. Allzu bewußt sind wir uns der Unmöglichkeit, von vornherein zu wissen, wo und auf welchem Niveau der Beobachtung die Strukturalanalyse Erfolg hat. Unsere Erfahrung mit dem Konkreten hat uns gelehrt, daß sehr häufig die flüchtigsten Aspekte der Kultur Zugang zu einer Struk-

9 *Déterminismes sociaux et liberté humaine*, Kap. II, S. 200–222.

tur gewähren; daher unsere passionierte und fast manische Aufmerksamkeit für die Details. Wir haben das Beispiel der Naturwissenschaft vor Augen, deren Fortschreiten von einer Struktur zu einer anderen (die viel umfassender ist und sich besser erklären läßt) immer darin bestanden hat, eine noch bessere Strukturierung mittels kleinster Fakten zu entdecken, die die vorherigen Hypothesen als »astruktural« beiseitegelassen hatten. So die »astrukturalen« Anomalien der Sonnennähe des Merkur im Newtonschen System, die dann als Grundlage der Entdeckung einer besseren Struktur durch die Relativitätstheorie dienen sollten. Die Ethnologie, die »residuelle« Wissenschaft par excellence, kann, da diese »Residuen« von Gesellschaften ihr Los sind, mit denen sich zu beschäftigen die traditionellen Kulturwissenschaften verschmäht hatten (gerade weil sie jene für »astruktural« ansahen), aus eigener Berufung keine andere Methode verwenden als die der Residuen.
Aber wir wissen, daß eine konkrete Gesellschaft sich niemals auf ihre Struktur oder vielmehr auf ihre Strukturen (denn es gibt deren viele, auf verschiedenen Ebenen, die selbst wieder, wenigstens teilweise, »strukturiert« sind) reduzieren läßt. Ich habe 1949 in einer Kritik an dieser primären Form des Strukturalismus, den man Funktionalismus nennnt, geschrieben: »Zu sagen, eine Gesellschaft funktioniere, ist eine Banalität; aber zu sagen, alles in einer Gesellschaft funktioniere, ist eine Absurdität.« [10]
Der Irrtum von Gurvitch wie der meisten Gegner der Ethnologie – es gibt sie [11] – rührt daher, daß sie sich einbilden, das Ziel unseres Faches sei es, eine vollständige Kenntnis der Gesellschaften, die wir untersuchen, zu erlangen. [12] Zwischen einem solchen Anspruch und den Mitteln, die wir anwenden, wäre das Mißverhältnis so groß, daß man uns mit gutem Recht als Scharlatane bezeichnen könnte. Wie kann man an die Quellen einer Gesellschaft, die uns fremd ist, im Laufe eines Aufenthaltes von einigen Monaten bei völliger Unkenntnis ihrer Geschichte und mit einer meist rudimentären Kenntnis ihrer Sprache herankommen? Die Unruhe wächst, wenn man uns so bemüht sieht, diese Wirklichkeit, die uns entgeht, durch Schemata zu ersetzen. Aber in Wirklichkeit ist unser letztes Ziel nicht

10 S. 25 dieses Buches.
11 Vgl. Brice-Parain, Les Sorciers, *Le Monde Nouveau*, Mai 1956.
12 In der Sprache von Gurvitch, der übrigens einen Widersinn über das Denken von Mauss äußert, dem wir den Terminus verdanken: das totale soziale Phänomen verstehen.

so sehr zu erfahren, was die Gesellschaften, jede für sich genommen, sind, denen unsere Untersuchungen gelten, als vielmehr zu entdecken, wie sie sich voneinander unterscheiden. Wie in der Sprachwissenschaft bilden diese *differientiellen Abweichungen* den Gegenstand der Ethnologie. Denen, die einwenden, man könne die Beziehungen zwischen Wesenheiten, deren Natur nicht völlig bekannt ist, bestimmen, möchte ich die Bemerkung eines Naturforschers entgegenstellen: »In der Morphologie kommt es häufig vor, daß die wesentliche Aufgabe eher darin besteht, benachbarte Formen zu vergleichen, als jede für sich genau zu definieren; und die *Deformationen* einer komplizierten Gestalt können ein leicht begreifliches Phänomen sein, auch wenn die Gestalt selbst unanalysiert und undefiniert bleiben muß.« [13]

Aber der Autor fügt sogleich hinzu – und liefert uns zum großen Kummer von Gurvitch eine Antwort: »Diese Arbeit des Vergleichens, die darin besteht, in einer gegebenen Form eine abgeschlossene Permutation oder *Deformation* einer anderen Form zu erkennen, unabhängig von aller genauen und adäquaten Kenntnis des Ausgangstypus oder des Vergleichsmaßstabs, hängt direkt mit dem Gebiet der Mathematik zusammen und erhält eine Lösung durch den elementaren Gebrauch einer bestimmten mathematischen Methode. Diese Methode ist die des Koordinatensystems, die die Darstellungstheorie begründet« [14], die ihrerseits wieder ein Teilgebiet der Gruppentheorie ist.

So komme ich zu den Einzelheiten der Kritik von Gurvitch, die sich hauptsächlich auf die Rolle beziehen, die ich bestimmten mathematischen Methoden in der ethnologischen Theorie einräume.

Nach Ansicht unseres Autors habe ich in dem Artikel, den er zur Zielscheibe nimmt, versucht, »die Synthese aller Interpretationen herzustellen, die die soziale Struktur und die Mathematik miteinander verbinden« [15], und komme so dazu, »ein wahres Brevier der häufigsten oder nur vorstellbaren Irrtümer über den umstrittenen Begriff« zusammenzustellen, indem ich »aus allen vier Quellen der Abweichung oder des Mißbrauchs«, die Gurvitch nachgewiesen hat, schöpfe. Und er fährt, immer noch in Bezug auf mich, fort: »Er

13 D'Arcy Wentworth Thompson, *On Growth and Form*, Cambridge University Press, Bd. II, S. 1032.

14 *a.a.*O.

15 G. Gurvitch, Le Concept de structure sociale, *a.a.*O., S. 14–15.

macht sie sich nicht nur zu eigen, sondern sublimiert sie sozusagen und schreibt ihre Apologie, indem er sie in seine eigene Theorie der Strukturen einbaut ...« [16]

Wenn man vorgibt, die betreffende Untersuchung sei der Versuch einer Synthese, hat man sie entweder nicht gelesen oder nicht verstanden. Der Leser wird leicht die Wahrheit herausfinden, daß ich da die größte Sorgfalt verwende, um meine Auffassung von der Radcliffe-Browns und Murdocks abzuheben. [17] Daher fühle ich mich keineswegs durch die Kritik betroffen, die Gurvitch an diesen letzteren übt, besonders nicht hinsichtlich der statistischen Methode, die ich niemals verwendet und deren Gefahren ich ausdrücklich betont habe, jedenfalls in der Art, wie Murdock sie zuweilen verwenden zu können glaubt.

Andererseits möchte ich, ohne mich zum Vater der strukturalen Anthropologie aufschwingen zu wollen, daran erinnern, daß meine Auffassung der sozialen Strukturen schon in meinem ersten Buch über die Verwandtschaft, das ich Anfang 1947 abgeschlossen habe, entwickelt worden ist, das heißt vor oder gleichzeitig mit Fortes, Murdock und anderen, deren Kommentator und Apologeten Gurvitch aus mir machen möchte. Es scheint mir eher verblüffend, daß sich während der Kriegsjahre, als die Umstände uns zu einer gewissen Isolierung verurteilten, einige Ethnologen unabhängig voneinander mit dem Strukturbegriff beschäftigt haben. Diese Konvergenz zeigt, bis zu welchem Grade dieser Begriff für die Lösung von Problemen unerläßlich war, die unsere Vorgänger angestrebt hatten. Sie sind ein Indiz für die Gültigkeit unseres gemeinsamen Vorgehens ungeachtet der Unterschiede, die uns voneinander trennen.

Worin bestehen die Abweichungen und Mißbräuche, deren Ergebnisse ich nach Ansicht von Gurvitch gesammelt habe?

Sie stammen angeblich zunächst aus der künstlichen Verbindung, die ich »zwischen der Anwendung von Maßen ... und dem Problem der sozialen Struktur« [18] herstellen möchte, anders gesagt, aus meiner Tendenz, »den Begriff der sozialen Struktur mit der mathematischen Messung zu verbinden« [19]. Liest Gurvitch schlecht

16 *a.a.O.*, S. 19.
17 S. 311 f., 329–336 und 343 f. dieses Buches.
18 *a.a.O.*, S. 14.
19 *a.a.O.*, S. 17, in denselben Worten S. 19.

oder zu genau, da er in den Texten immer das findet, dem er zu widersprechen wünscht? Ich habe mich nicht nur niemals in dieser Weise ausgedrückt, ich habe sogar oft das Gegenteil gesagt. Ich verweise auf den Abschnitt »Struktur und Maß« der zitierten Studie: »Man sagt zuweilen, der Begriff der Struktur erlaube die Einführung des Maßes in die Ethnologie... Dennoch besteht keine notwendige Verbindung zwischen den Begriffen Maß und Struktur... Probleme, die keinerlei metrische Lösung zuließen, (konnten) dennoch einer rigorosen Behandlung unterzogen werden.«[20] Und in einem Artikel, den zur Stützung seiner Behauptungen anzuführen Gurvitch sich nicht scheut: »Zweifellos gibt es in unseren Fächern mancherlei Dinge, die man messen kann...,
aber es ist keineswegs gewiß, daß das die wichtigsten sind... Man hat festgestellt, daß die Quantifizierung der (sozialen) Phönomene keineswegs mit der Entdeckung ihrer Bedeutung zusammenfällt...«
In unserer allzu ausschließlichen Beschäftigung mit dem Maß hätten wir nicht gemerkt, daß »die neue Mathematik die Unabhängigkeit des Begriffs der Strenge von dem des Maßes einführt. Mit dieser neuen Mathematik erfahren wir, daß die Herrschaft der Notwendigkeit sich nicht unvermeidlich mit derjenigen der Quantität deckt.«[21]

Wenn man sieht, welchen Gebrauch Gurvitch von den Begriffen Maß, Messung und Quantifizierung macht (die er übrigens verwendet, als wären sie austauschbar), zweifelt man, ob er eine Vorstellung von den Problemen hat, an denen wir arbeiten. Schließlich ist die Verwendung bestimmter mathematischer Methoden in der Ethnologie überhaupt kein Thema akademischer Diskussionen. Mit Hilfe eines Mathematikers habe ich diese Methoden auf ein genau umrissenes Problem angewandt.[22] Andere Probleme werde ich ebenso behandeln. Als einziges stellt sich die Frage, ob die Probleme dadurch ihrer Lösung nahe gebracht werden können oder nicht.

Mit mehr Achtung vor der strukturalen Sprachwissenschaft als vor der strukturalen Ethnologie bemüht sich Gurvitch, auch ihre theoretische Bedeutung zu schmälern. Aber im Gegensatz zu dem, was er glaubt, ist die mathematische Statistik (deren Rolle hier ganz

20 S. 305 f. dieses Buches.

21 Les Mathematiques de L'homme, *Bulletin international des Sciences sociales* (Unesco), Bd. 6, Nr. 4, deutsch (Die Mathematik vom Menschen) in *Kursbuch* 8, 1967.

22 *Les Structures Elémentaires...*, Kap. XIV.

legitim ist) keineswegs auf die Untersuchung der Phoneme begrenzt; sie wird auf das Wort und auf die Rede angewandt, wie die – in der Entwicklung befindliche – Theorie der Übersetzungsmaschinen zeigt, und sie hat ihre Bedeutung schon auf dem Gebiet der Stilistik und der Textkritik bewiesen. Und zu behaupten, daß der Strukturalismus seinen Platz nur in der Phonologie habe und auf der Sprachebene allen Sinn verliere, heißt die Erfolge verkennen, die das strukturalistische Werk auf dem Gebiet der Grammatik, der Syntax und sogar des Vokabulars erzielt hat, in den reichen Formen, die ihm Meister wie Benveniste, Hjelmslev und Jakobson gegeben haben, der in seinem letzten Werk sich an ein von der Phonologie so weit entferntes Problem wie das der Tropen gemacht hat.[23] Überdies sind die Theoretiker der Übersetzungsmaschinen im Begriff, die Grundlagen für eine grammatikalische und lexikalische Analyse zu legen, die mit der Mathematik und zugleich mit dem Strukturalismus zusammenhängt.[24]

Gurvitch wirft mir »die bedauerliche Verwechslung zwischen dem, was man mit Struktur bezeichnet, und der äußerlich wahrnehmbaren und handgreiflichen Oberfläche der sozialen Wirklichkeit vor, die in begrifflich gefaßten Ausdehnungen in morphologischen Räumen liegt«.[25] Der Leser wird vielleicht nicht unmittelbar verstehen (was man ihm nicht zum Vorwurf machen kann), daß hiermit die Phänomene der räumlichen Verteilung und die qualitative Vorstellung, die die Menschen sich vom Raum machen, gemeint sind. Nun, diese »bedauerliche Verwechslung«, die wirklich nicht nur der amerikanischen Schule widerfährt, wie unser Autor wahrhaben möchte, ist eine der hauptsächlichen Entdeckungen der französischen soziologischen Schule, der wir noch mehr verdanken als »rasch überholte Anspielungen«.[26] Das ist der Mittelpunkt der denkwürdigen Untersuchung von Durkheim und Mauss: *De quelques formes primitives de classification*, und von Mauss: *Les Variations saisonnières dans les sociétés eskimo.*[27] Es genügt, das Werk von

23 R. Jakobson und M. Halle, *Fundamentals of Language*, 'S-Gravenhage, 1956.
24 V. H. Yngve, Syntax and the Problem of Multiple Meaning, in *Machine Translation of Languages*, hrsg. v. W. N. Locke und A. D. Booth, New York, 1955. – Sentence for Sentence Translation, *Mechanical Translation*, Bd. 2, Nr. 2, 1955. – The Translation of Languages by Machine, *Information theory, Third London Symposium*, o. J.
25 *a.a.O.*, S. 17.
26 *a.a.O.*, S. 17.
27 *Année sociologique*, VI, 1901–1902, und IX, 1904–1905.

Jacques Soustelle, *La Pensée cosmologique des anciens Mexicains*[28] zu lesen, um sich zu überzeugen, daß diese Methode mehr als ein halbes Jahrhundert später nichts von ihrer Ergiebigkeit eingebüßt hat.

Aber niemand in Frankreich oder in den Vereinigten Staaten hat jemals geglaubt, was Gurvitch uns unterschiebt, daß diese Stufe von anderen isoliert werden und daß man räumliche und soziale Strukturen gleichsetzen müsse. Wir gehen nur von zwei Beobachtungen aus:

1. Eine große Anzahl von Eingeborenen-Gesellschaften hat sich bewußt dafür entschieden, ein Schema ihrer Institutionen in den Raum zu projizieren; daher die kreisförmige Verteilung der Sioux-Lager und der Gé-Dörfer Mittelbrasiliens, oder auch der Plan der Städte, der Verlauf der Straßen und der Bauplatz für die Tempel und Altäre im alten Peru. Die Untersuchung dieser Tatsachen der Verteilung schafft den Zugang zu der Vorstellung, die die Eingeborenen sich von ihrer sozialen Struktur machen, und, durch die Prüfung der Lücken und Widersprüche, den Zugang zur wirklichen Struktur, die von jener oft ganz verschieden ist. Das Kapitel *Gibt es dualistische Organisationen?* dieses Buches ist ein Beispiel für diese Methode.

2. Selbst wenn die Gesellschaft gegen den Raum oder gegen einen bestimmten Typus von Raum (so den städtischen, wenn er nicht geplant worden ist) indifferent ist, geht alles so vor sich, als ob die unbewußten Strukturen aus dieser Indifferenz sozusagen Vorteil zögen, um in das leerstehende Gebiet einzufallen und sich darin symbolisch oder wirklich zu behaupten, etwa so wie die unbewußten Beschäftigungen, die die »Leere« des Schlafes verwenden, um sich, wie Freud gesagt hat, in Form von Träumen auszudrücken. Diese zweite Feststellung gilt ebenso für die sogenannten primitiven Gesellschaften, die anscheinend gleichgültig gegen den räumlichen Ausdruck sind, wie für die komplexeren Gesellschaften, die dieselbe Haltung einnehmen: so die heutigen Städte, von denen die meisten Raumstrukturen zeigen, die auf nur wenige Typen zurückgeführt werden können und gewisse Hinweise auf die darunterliegende soziale Struktur liefern.

Soll ich nun auf den Einwand von Gurvitch antworten, daß bei mir »nichts mehr von einer Wirklichkeit *sui generis* der ›totalen sozialen

28 Paris, 1940.

Phänomene‹, der makrosoziologischen kollektiven Einheiten übrigbleibt«?[29] Ich habe die besten Jahre meines Lebens mit der Untersuchung einiger »makrosoziologischer kollektiver Einheiten« verbracht. Aber um von ihnen zu reden, bedarf es für mich nicht jenes barbarischen Terminus, der die Ohren und die Menschheit beleidigt; denn meine Erinnerung bezeichnet sie mit ihren Namen, die Caduveo, Bororo, Nambikwara, Mundé, Tupi-Kawahip, Mogh und Kuki heißen, und jeder erinnert mich an einen Punkt der Erde, an einen Augenblick meiner Geschichte und die der Welt. Alle zusammen bringen mich den Männern und Frauen nahe, die ich geliebt oder gefürchtet habe und deren Gesichter in meinem Gedächtnis geistern; sie vergegenwärtigen mir Mühen und Freuden, Leiden, zuweilen auch Gefahren. Das sind meine Zeugen; sie genügen, um das Band zu zeigen, das meine theoretischen Gesichtspunkte an die Wirklichkeit bindet, und um Gurvitch zu widerlegen.

Was schließlich den Vorwurf anlangt, ich käme »in kaum verhohlener Form nach so viel Bemühungen auf den traditionellen Begriff der Sozialordnung«[30] zurück, würde ich mich nicht damit aufhalten, wenn sich nicht andere Autoren an dem Begriff *Ordnung der Ordnungen* gestoßen hätten, den ich am Ende meines Artikels über die Struktur in die Ethnologie eingeführt habe.[31]

29 *a.a.*O., S. 19.
30 *a.a.*O., S. 21.
31 Vgl. S. 342 ff. dieses Buches. Ich denke besonders an M. Rodinson in seinen beiden Artikeln: Racisme et civilisation, *la Nouvelle Critique*, Nr. 66, Juni 1955, und Ethnographie et Relativisme, ebd., Nr. 69, Nov. 1955. Als *la Nouvelle Critique* den zweiten dieser Artikel veröffentlichte, sicherte mir die Redaktion gleichzeitig in mehreren Briefen zu, »daß mir die Seiten der Zeitschrift offen stünden«. Ich antwortete also mit folgendem Brief:

25. November 1955

Sehr geehrter Herr Chefredakteur,
Zum zweiten Male innerhalb weniger Monate veröffentlicht Herr Maxime Rodinson in *la Nouvelle Critique* einen Artikel, der sich hauptsächlich mit mir beschäftigt. Da der Autor sich eher bemüht, einen Graben zwischen uns zu ziehen, als die Punkte zu unterstreichen, die uns einander näher bringen, werde ich ihn zweifellos enttäuschen, wenn ich sage, daß mir seine Artikel kraftvoll und gut gebaut erscheinen und daß ich mich im großen Ganzen mit ihm einig weiß. Höchstens würde ich ein Bedauern zum Ausdruck bringen: da man mir soviel Aufmerksamkeit gewidmet hat, wäre es fruchtbarer gewesen, zu untersuchen, wie ich die ethnologischen Ergebnisse der letzten fünfzig Jahre in den marxistischen Strom einzureihen versucht habe. Herr Rodinson scheint entschlossen zu sein, sie *en bloc* zu verwerfen. Wäre es nicht besser, zwischen den wissenschaftlichen Resultaten im eigentlichen Sinne und dem politischen und ideologischen Brauch, den man häufig in den Vereinigten Staaten und anderswo davon macht, zu unterscheiden? Die Haltung

Meine Kritiker glauben tatsächlich, daß die *Ordnung der Ordnungen*, wie ich sie begreife, entweder in einer totalen Wiederherstellung der konkreten Gesellschaft bestehe, die ich zunächst in Strukturen aufzulösen bemüht gewesen sei (daß sie also diesen Schritt rückgängig mache), oder in der Behauptung, daß für eine gegebene

von Herrn Rodinson entspricht sicher einer Orthodoxie, die sich gegen die Sprachwissenschaft, die Physik, die Biologie und die Kybernetik mit Bravour durchgesetzt hatte. Das alles hat sich seit kurzem geändert, und Herr Rodinson wird zweifellos in Bälde spüren, daß er zurückgeblieben ist. Ich bemerke übrigens, daß *la Nouvelle Critique* in einer Frage, die in gewisser Hinsicht der ähnelt, die er behandelt – ich meine die augenblicklichen Tendenzen der Quantenmechanik – in der letzten Nummer eine Haltung einnimmt, die unendlich viel vorsichtiger und nuancierter ist, und die man vorteilhaft auf die theoretischen Probleme der Ethnologie ausdehnen könnte.

Herr Rodinson wirft mir eine Verkennung des Strukturbegriffs vor, den ich glaubte, Marx und Engels – unter anderen – entlehnt zu haben, um ihm eine wesentliche Rolle zu geben, was man mir im allgemeinen übelnimmt. Was seine Kritik des Kulturbegriffs betrifft, oder vielmehr einiger seiner Bedeutungen, bin ich mit ihm einig. Die Verdienste Kroebers, die ich immer anerkannt habe, liegen in anderen Werken (insbesondere dem bewundernswerten *Handbook of the Indiens of California)* als in diesem unglücklichen Versuch einer Kulturstatistik, an der Herr Rodinson eine im Grunde gerechte Kritik übt, auch wenn sie die eigentliche Frage verfehlt. Ein scheinbar absurdes Unternehmen hatte immerhin in einem ganz spezifischen geographischen und in vieler Hinsicht bevorrechtigten Rahmen, wie ihn Californien bietet, ein gewisses Interesse. Die Verschiedenheit und ethnographische Dichte waren hier derart, daß man versuchen konnte, festzustellen, ob die bezeichnenden Elemente sich nicht spontan ordnen würden: ein Versuch, der seither auf psychologischem Gebiet nicht ohne Erfolg von L. Guttman wieder aufgenommen worden ist.

Am Ende rät mir Herr Rodinson, den Begriff »Kultur« zugunsten dessen der »Gesellschaft« aufzugeben. Ich habe, ohne auf den ersteren zu verzichten, nicht auf Rodinson gewartet mit dem Versuch, beide in einer Perspektive zu plazieren, die mit den Prinzipien des Marxismus vereinbar ist. Hätte er mein Buch gelesen, anstatt sich mit Auszügen zu begnügen, die vor einigen Monaten veröffentlicht worden sind, so hätte er außer einer marxistischen Hypothese über den Ursprung der Schrift zwei Untersuchungen gefunden, die brasilianischen Stämmen – den Caduveo und Bororo – gewidmet sind, zwei Versuche zur Interpretation der Superstrukturen der Eingeborenen, die auf dem dialektischen Materialismus begründet sind und deren Neuheit in der westlichen ethnographischen Literatur vielleicht etwas mehr Sorgfalt und Sympathie verdiente.

Unter den heutigen Kritikern ist Herr Rodinson sicherlich nicht der einzige, der es für normal hält, einen Autor aufgrund einiger Fragmente abzulehnen. Andere Freiheiten sind seltener; insbesondere die, falsche Zitate zu verwenden. Gerade das tut Herr Rodinson in seinem letzten Artikel (Seite 61), wo er drei Zeilen, die er mir zuschreibt und für die er in der Anmerkung *Race et Histoire*, Seite 40, als Quelle angibt, in Anführungsstriche setzt. Man möge dort nachsehen: sie finden sich nicht, und ich erinnere mich auch nicht, sie je geschrieben zu haben.

(*La Nouvelle Critique* berichtigte das falsche Zitat in ihrer nächsten Nummer. Der Brief selbst wurde niemals veröffentlicht.)

Gesellschaft alle Strukturen homolog seien, was darauf hinaus liefe, daß jede Gesellschaft eine Art Monade bildete, die zugleich vollkommen kohärent und vollständig in sich geschlossen ist. Beide Hypothesen sind meinem Denken so fern wie nur möglich.

Die Ordnung der Ordnungen ist keine Rekapitulation der der Analyse unterworfenen Phänomene. Sie ist der abstrakteste Ausdruck für die Beziehungen der Ebenen zueinander, auf die die Strukturalanalyse angewendet werden kann, so daß die Formulierungen zuweilen für historisch und geographisch weit auseinanderliegende Gesellschaften dieselben sein können, etwa so – wenn man mir diesen Vergleich gestattet – wie Moleküle verschiedener chemischer Zusammensetzung, die einen einfach, die anderen komplex, die dennoch eine »rechte« oder eine »linke« Struktur haben können. Ich verstehe also unter Ordnung der Ordnungen die formalen Merkmale der Gesamtheit, die sich aus Unterabteilungen zusammensetzt, die jeweils einer gegebenen strukturellen Ebene entsprechen.

Wie Jean Pouillon, der meinen Gedanken in Ausdrücken wiedergibt, denen ich voll und ganz zustimme, sagt, handelt es sich darum, ob man »ein System von Unterschieden herausarbeiten kann, das weder zur einfachen Nebeneinanderstellung noch zur künstlichen Verwischung führt«.[32] Ich postuliere keine prästabilierte Harmonie zwischen den verschiedenen Strukturebenen. Sie können – und tun es oft – vollständig im Gegensatz zueinander stehen, aber die Modalitäten, nach denen sie einander widersprechen, gehören alle derselben Gruppe an. Das lehrt übrigens der historische Materialismus, wenn er behauptet, daß es immer möglich ist, durch Umwandlung von der ökonomischen Struktur oder der der sozialen Beziehungen zur Struktur des Rechts, der Kunst oder der Religion überzugehen. Niemals aber hat Marx gesagt, diese Umwandlungen gehörten zu einem einzigen Typus, als könne zum Beispiel die Ideologie nur die sozialen Beziehungen widerspiegeln. Er hält diese Umwandlungen für dialektisch, und in gewissen Fällen gibt er sich viel Mühe, um die unerläßliche Umwandlung zu ermitteln, die der Analyse anfangs Widerstand zu leisten schien.[33]

32 J. Pouillon, *a.a.O.*, S. 155.

33 Z. B. in der berühmten Stelle über die griechische Kunst in der posthum veröffentlichten Einleitung zur *Kritik der politischen Ökonomie* und auch, von einem anderen Gesichtspunkt aus, in *Der achtzehnte Brumaire des Louis Bonaparte*.

Wenn man – in der Richtung des Denkens von Marx selbst – zugibt, daß Unterbau und Überbau vielfältige Ebenen umfassen, und daß verschiedene Umwandlungstypen möglich sind, um von einer Ebene auf die andere überzugehen, wird man auch begreifen, daß es möglich ist, letzten Endes und abgesehen von allen Inhalten verschiedene Gesellschaftstypen durch Umwandlungsgesetze zu charakterisieren: Formeln, die die Zahl, die Macht, den Sinn und die Ordnung der Verschlingungen anzeigen, die man – wenn man so sagen darf – annulieren müßte, um eine Beziehung idealer Homologie (logisch, nicht moralisch) zwischen den verschiedenen strukturierten Ebenen zu erkennen.

Denn diese Reduktion ist gleichzeitig eine Kritik. Wenn der Anthropologe an die Stelle eines komplexen Modells ein einfaches Modell mit einem besseren logischen Effekt setzt, entschleiert er die – bewußten und unbewußten – Umwege und Künstlichkeiten, zu denen jede Gesellschaft greift, um zu versuchen, die ihr innewohnenden Widersprüche zu lösen oder jedenfalls zu verschleiern.

Setzt mich diese Erklärung, die bereits in meinen früheren Arbeiten [34] zu finden ist und die Gurvitch hätte berücksichtigen müssen, nicht einer weiteren Kritik aus? Wenn jede Gesellschaft mit dem gleichen Fehler behaftet ist, der sich unter dem doppelten Aspekt einer logischen Disharmonie und einer sozialen Ungerechtigkeit bekundet, weshalb sollten sich ihre hellsichtigsten Mitglieder so große Mühe geben, ihn zu ändern? Die Änderung hätte das Ergebnis, eine soziale Form durch eine andere zu ersetzen; wenn sich aber alle gleich sind, wozu dann?

Maxime Rodinson zitiert zur Stützung dieses Arguments [35] eine Stelle aus *Tristes Tropiques*: »Keine Gesellschaft ist grundlegend gut oder absolut schlecht; jede bietet ihren Mitgliedern gewisse Vorteile, und in jeder gibt es gewisse Rückstände an Ungerechtigkeit, deren Bedeutung ungefähr konstant erscheint ...« [36] Aber das hieße, ein gedankliches Stadium tendenziös isolieren, in dem ich mich bemüht habe, die scheinbare Antinomie zwischen Denken und Handeln aufzulösen. Denn:

1. In der von Rodinson kritisierten Stelle wird das relativistische Argument nur einem Unternehmen entgegengesetzt, das sehr weit

34 Vgl. Kap. 1 und 7 dieses Buches.
35 M. Rodinson, *a.a.O.*, S. 50–52 et passim.
36 *Traurige Tropen, a.a.O.*, S. 355.

vom Beobachter entfernte Gesellschaften *im Vergleich miteinander* klassifizieren wollte, also z. B., von uns aus gesehen, eine melanesische Bevölkerung und einen nordamerikanischen Stamm. Ich behaupte noch immer, daß wir über kein Bezugssystem verfügen, das legitim auf Gesellschaften anwendbar ist, die am Rande unseres soziologischen Universums stehen und in ihrer gegenseitigen Beziehung ins Auge gefaßt werden.

2. Dagegen unterschied ich diesen ersten Fall sorgsam von einem anderen, der nicht zwei uns ferne Gesellschaften miteinander vergleichen und klassifizieren, sondern zwei historisch aufeinander folgende Zustände der Entwicklung unserer eigenen Gesellschaft (oder allgemeiner, der Gesellschaft des Beobachters) nebeneinander stellen soll. Wenn das Bezugssystem auf diese Weise »verinnerlicht« wird, ändert sich alles. Diese zweite Etappe gestattet tatsächlich, ohne von irgendeiner Gesellschaft etwas zurückzubehalten, »sie alle zur Herausbildung jener Prinzipien des sozialen Lebens zu verwenden, die uns erlauben, unsere eigenen Sitten und Gebräuche und nicht die fremder Gesellschaften zu reformieren. Es ist nämlich ausschließlich unsere Gesellschaft, die wir verändern können, ohne dabei Gefahr zu laufen, sie zu zerstören; denn die Veränderungen, die wir einführen, sind immer in ihr selbst bereits gegeben.[37a]

Weit entfernt also, mich mit einem statistischen Relativismus zufrieden zu geben wie einige amerikanische Anthropologen, die Rodinson mit Recht kritisiert, aber mit denen mich zu verwechseln er Unrecht hat, weise ich auf dessen Gefahr hin, auf den »Abgrund«, in den der Ethnologe zu stürzen stets Gefahr läuft. Meine Lösung ist konstruktiv, da sie, auf denselben Grundsätzen fußend, zwei anscheinend widersprüchlichen Haltungen die Grundlage liefert: der Achtung vor Gesellschaften, die sich von der unseren sehr unterscheiden, und der aktiven Teilnahme an den Bemühungen, unsere eigene Gesellschaft zu verwandeln.

Ist das ein Grund, wie Rodinson sagt, »Billancourt[37b] in Verzweiflung zu stürzen«? Billancourt verdiente wenig Interesse, wenn es meinte, als ein Kannibale auf seine Art (und schlimmer als die Menschenfresser, denn es wäre ein Kannibale *im Geiste*), für seine intellektuelle und moralische Sicherheit sei es notwendig, daß die Papua nur dazu taugten, Proletarier abzugeben. Glücklicherweise

37a *a.a.O.*, S. 363.
37b A. d. Ü.: kommunistisches Viertel von Boulogne.

spielt die ethnologische Theorie keine so wichtige Rolle in den Forderungen der Gewerkschaften. Dagegen bin ich erstaunt, aus der Feder eines Gelehrten mit fortschrittlichen Ideen ein Argument zu lesen, das man bereits bei Denkern einer ganz anderen Richtung gefunden hat.

Ich habe weder in *Race et Histoire* noch in *Tristes Tropiques* die Fortschrittsidee zu zerstören gesucht, sie vielmehr aus dem Rang einer universellen Kategorie der menschlichen Entwicklung in einen besonderen Existenzmodus verwandeln wollen, der unserer Gesellschaft (und vielleicht noch einigen anderen Gesellschaften) eigen ist, wenn sie versucht, sich selbst zu denken.

Zu meinen, daß eine solche, in jeder Gesellschaft vorhandene und ihrer Transzendenz beraubte Auffassung des Fortschritts die Gefahr in sich berge, die Menschen der Mutlosigkeit auszuliefern, erscheint mir wie die Übertragung des metaphysischen Arguments, nach dem jede Sittlichkeit gefährdet wäre, wenn das Individuum nicht mehr glaubte, es besäße eine unsterbliche Seele, in die Sprache der Geschichte und auf die Ebene des kollektiven Lebens. Viele Jahrhunderte lang hat sich der Atheismus diesem Argument Rodinsons konfrontiert gesehen; auch er »stürzte die Menschen in Verzweiflung«, ganz besonders die arbeitenden Klassen, bei denen man befürchtete, sie würden ohne Aussicht auf Belohnung im Jenseits ihre Arbeitsfreude verlieren.

Und doch sind die Menschen zahlreich (besonders in Billancourt), die die Idee einer persönlichen, auf ihr irdisches Leben begrenzten Dauer akzeptieren; sie haben deshalb keineswegs ihren moralischen Sinn und ihren Willen verloren, an der Verbesserung ihres Geschicks und des Geschicks ihrer Nachfahren zu arbeiten.

Was für Individuen gilt, sollte nicht auch für Gruppen gelten? Eine Gesellschaft kann leben, handeln, sich wandeln, ohne sich von der Überzeugung trunken machen zu lassen, daß die, die ihr um gut zehntausend Jahre vorausgegangen sind, nichts anderes getan haben, als ihr den Boden zu bereiten, daß alle ihre Zeitgenossen – und seien es auch die Antipoden – fleißig arbeiten, um sie einzuholen, und daß die, die ihr bis ans Ende der Zeiten folgen, nur darauf bedacht sind, sich in ihrer Richtung weiterzuentwickeln.

Das hieße, einem Anthropozentrismus huldigen, der ebenso naiv wäre wie jener, der einst die Erde in den Mittelpunkt des Universums stellte und den Menschen auf den Gipfel der Schöpfung. Ein solcher Anthropozentrismus aber, zum alleinigen Vorteil unserer eigenen Gesellschaft gelehrt, wäre heute widerwärtig.

Mehr noch. Denn Rodinson greift mich im Namen des Marxismus an, obgleich mein Denken dem von Marx unendlich viel näher steht als das seine. Ich möchte zunächst daran erinnern, daß die in *Race et Histoire* entwickelte Unterscheidung zwischen stationärer, fluktuierender und kumulativer Geschichte sich auf einige Texte von Marx berufen kann: »Der einfache produktive Organismus dieser selbstgenügenden Gemeinwesen, die sich beständig in derselben Form reproduzieren und, wenn zufällig zerstört, an demselben Ort, mit denselben Namen, wieder aufbauen, liefert den Schlüssel zum Geheimnis der *Unveränderlichkeit* asiatischer *Gesellschaften*, so auffallend kontrastiert durch die beständige Auflösung und Neubildung asiatischer *Staaten* und rastlosen Dynastenwechsel.« 38 Es ist eine bei Marx und Engels häufig ausgedrückte Idee, daß die primitiven oder für primitiv gehaltenen Gesellschaften durch Blutsbande beherrscht werden (was wir heute Verwandtschaftsstrukturen nennen) und nicht durch Produktionsbeziehungen. Wenn diese Gesellschaften nicht von außen zerstört würden, könnten sie unendlich lange fortdauern. Die Kategorie der Zeit, die auf sie anwendbar ist, hat nichts zu tun mit der, die wir verwenden, um unsere eigene Entwicklung zu verstehen. 39

Diese Auffassung steht nicht im Gegensatz zu der berühmten Formulierung des *Kommunistischen Manifests*: »Die Geschichte aller bisherigen Gesellschaft ist die Geschichte von Klassenkämpfen.« In der Linie der Hegelschen Staatsphilosophie bedeutet diese Formulierung nicht, daß der Klassenkampf auf die ganze Menschheit ausgedehnt ist, sondern daß die Begriffe Geschichte und Gesellschaft in dem vollen Sinne, den Marx ihnen gibt, erst von dem Augenblick an verwendet werden können, an dem der Klassenkampf auftritt: »Was ich neu tat,« schreibt Marx, »war ... nachzuweisen, daß die *Existenz der Klassen* bloß an *bestimmte historische Entwicklungsphasen der Produktion* gebunden ist ...« 40

38 *Das Kapital*, Berlin 1951, I. Buch, IV. Abschnitt, 12. Kap., 4, S. 376.

39 Diese Themen werden im *Kapital* im Bezug auf Indien und die altgermanischen Gesellschaften, die primitivsten, von denen Marx Kenntnis hatte, immer wieder erörtert. Engels hat sie im *Anti-Dühring* und in *Der Ursprung der Familie, des Privateigentums und des Staats* verallgemeinert.

40 Karl Marx und Friedrich Engels, *Ausgewählte Schriften*, Berlin 1955, Bd. II, S. 425.

Rodinson mag also über die Reflexion von Marx in der posthum veröffentlichten *Einleitung zur Kritik der politischen Ökonomie* meditieren: »Die sogenannte historische Entwicklung beruht überhaupt darauf, daß die letzte Form die vergangenen als Stufen zu sich selbst betrachtet und, da sie selten und nur unter ganz bestimmten Bedingungen fähig ist, sich selbst zu kritisieren – es ist hier natürlich nicht von solchen historischen Perioden die Rede, die sich selbst als Verfallzeit vorkommen –, sie immer einseitig auffaßt...«[41]

Dieses Kapitel war abgeschlossen, als das an vielen Stellen ungerechte, aber schwungvolle und begabte Pamphlet von Jean-François Revel[42] erschien. Das Kapitel VIII beschäftigt sich zum Teil mit mir, und ich möchte darauf kurz antworten.

Revel greift mich an, wenn auch nicht ohne Beschwernis. Denn wenn er mich als den betrachten würde, der ich bin: ein Ethnologe, der im Gelände gearbeitet und, nachdem er die Resultate seiner Beobachtungen vorgelegt, versucht hat, mit Hilfe dieser seiner Beobachtungen und derer seiner Kollegen zu den Prinzipien seiner Wissenschaft vorzudringen, müßte sich Revel verbieten, mich zu diskutieren. Daher beginnt er damit, mich in einen Soziologen zu verwandeln, wonach er einfließen läßt, daß meine Soziologie aufgrund meiner philosophischen Ausbildung eine verkleidete Philosophie sei. Nun sind wir Kollegen, und Revel kann meine Beete munter zertrampeln, ohne sich klar zu machen, daß er gegenüber der Ethnologie genau so verfährt, wie es die Philosophie, seinem Buch zufolge, gegenüber anderen positiven Kenntnissen tut.

Aber ich bin kein Soziologe, und ich interessiere mich für unsere Gesellschaft nur nebenbei. Was ich zunächst zu begreifen suche, sind jene sogenannten primitiven Gesellschaften, mit denen sich die Ethnologen beschäftigen. Wenn ich zum großen Mißvergnügen Revels den Weintausch in den Restaurants Südfrankreichs in Ausdrücken sozialer Schenkungen interpretiere, so ist mein erstes Ziel nicht, heutige Bräuche mit Hilfe archaischer Institutionen zu erklären, sondern dem Leser als Mitglied einer heutigen Gesellschaft zu helfen, in seiner eigenen Erfahrung und aufgrund der Gewohnheiten, die tatsächlich Restbestände oder auch keimhafte Anfänge sind, Institutionen wiederzufinden, die ihm sonst unbegreiflich blei-

41 Karl Marx, *Zur Kritik der politischen Ökonomie*, Berlin 1963, S. 253.
42 J. F. Revel, *Pourquoi des philosophes?*, Paris, 1957.

ben könnten. Die Frage lautet also nicht, ob der Weintausch ein Weiterleben des *potlach* ist, sondern ob man dank dieses Vergleiches dahin gelangt, die Gefühle, Absichten und Haltungen des in einen Kreis von Schenkungen verwickelten Eingeborenen näher einzukreisen. Der Ethnograph, der unter den Eingeborenen gelebt und als Zuschauer oder Beteiligter ähnliche Zeremonien erlebt hat, kann darüber eine Meinung haben, Revel nicht.

In sonderbarem Widerspruch legt übrigens Revel, der es ablehnt zuzugeben, daß die Kategorien der primitiven Gesellschaften auf unsere eigene Gesellschaft angewandt werden können, großen Wert darauf, unsere Kategorien auf die Untersuchung der primitiven Gesellschaften anzuwenden: »Es ist absolut sicher«, sagte er, daß die Schenkungen, »in die sich letzten Endes alle Reichtümer einer Gesellschaft verlieren . . ., den bestimmten Bedingungen eines Produktionsmodus und einer sozialen Struktur entsprechen.« Und er fährt fort: »Es ist sogar wahrscheinlich – sofern es keine einzigartige Ausnahme in der Geschichte gibt, aber dann müßte man davon Rechenschaft ablegen –, daß sie eine wirtschaftliche Ausbeutung eines Teils der Mitglieder jeder derartigen Gesellschaft durch einen anderen verdecken.« [43]

Wie kann Revel »absolut sicher« sein? Und wie weiß er, daß die Ausnahme »einzigartig in der Geschichte« wäre? Hat er an Ort und Stelle die melanesischen und amerikanischen Institutionen untersucht? Hat er auch nur die zahlreichen Werke über den *kula* und seine Entwicklung von 1910 bis 1950, über den *potlach* seit Beginn des neunzehnten Jahrhunderts bis ins zwanzigste hinein durchgearbeitet? Hätte er es getan, wüßte er zunächst, daß es absurd ist zu glauben, alle Reichtümer einer Gesellschaft verlören sich in diese Tauschgeschäfte; er würde dann – für einige Fälle und bestimmte Perioden – präzisere Ideen über das Verhältnis und die Art der implizierten Reichtümer haben; und schließlich und ganz besonders würde er bemerken, daß sogar von dem Gesichtspunkt aus, der ihn interessiert – die wirtschaftliche Ausbeutung des Menschen durch den Menschen –, die beiden Kulturen, an die er denkt, nicht verglichen werden können. In einer der beiden zeigt sich diese Ausbeutung mit Merkmalen, die man strenggenommen vorkapitalistisch nennen könnte. Selbst in Alaska und Britisch-Kolumbien wirkt jedoch diese Ausbeutung wie ein äußerer Faktor: sie gibt Institutionen, die ohne

43 *a.a.O.*, S. 138.

sie existieren können und deren allgemeines Wesen in anderen Begriffen definiert werden muß, nur eine größere Breite.

Revel braucht sich mit seinem Protest nicht zu eilen: ich paraphrasiere hier nur Engels, der sich glücklicherweise über dieses Problem und in Bezug auf die Gesellschaften geäußert hat, die Revel meint. Engels schreibt: »Um endlich mit der Parallele zwischen Tacitus' Germanen und amerikanischen Rothäuten ins reine zu kommen, habe ich mir den ersten Band von Deinem Bancroft gelind exzerpiert. Die Ähnlichkeit ist in der Tat um so überraschender, als die Produktionsweise so grundverschieden – hier Fischer und Jäger ohne Viehzucht und Ackerbau, dort Wanderviehzucht übergehend in Ackerbau. Es beweist eben, wie auf dieser Stufe die Art der Produktion weniger entscheidend ist als der Grad der Auflösung der alten Blutbande und der alten gegenseitigen Gemeinschaft der Geschlechter (sexus) im Stamm. Sonst könnten die Thlinkeets im ehemaligen russischen Amerika nicht das reine Gegenbild der Germanen sein –«. 44

Es sollte Marcel Mauss in seinem *Essai sur le Don,* den Revel bei dieser Gelegenheit heftig kritisiert, vorbehalten bleiben, diese Intuition von Engels, daß eine erstaunliche Parallele zwischen gewissen germanischen und keltischen Institutionen und denen der *Potlach*-Gesellschaften besteht, zu rechtfertigen und zu entwickeln. Und dies, ohne sich darum zu kümmern, ob dahinter »bestimmte Bedingungen einer Produktionsweise« zu finden sind; Engels hatte bereits begriffen, daß deren Suche illusorisch ist. Denn Marx und Engels wußten vor fast einem Jahrhundert unvergleichlich mehr von Ethnologie als Revel heute.

Ich stimme aber mit Revel ganz überein, wenn er schreibt: »Der schwerwiegendste Mangel, den die Philosophie der Soziologie vererbt hat, ist vielleicht die Besessenheit, von vornherein integrale Erklärungen beibringen zu wollen« 45 – denn damit macht er sich selbst den Prozeß. Er nämlich wirft mir vor, keine Erklärung zu geben und so zu tun, als glaubte ich, »es gäbe letzten Endes keinen Grund, weshalb eine bestimmte Gesellschaft diese oder jene Institutionen, und eine andere Gesellschaft wieder andere Institutionen hat«. Er fordert von den Ethnologen Antwort auf Fragen wie diese: Weshalb strukturieren sich die Gesellschaften auf unterschiedliche

44 Brief an Marx vom 8. Dezember 1882.
45 *a.a.O.*, S. 147.

Weise? *Weshalb gibt es Unterschiede* zwischen den Institutionen und den Gesellschaften, und welche Antworten auf welche Bedingungen setzen diese Unterschiede voraus.[46] Diese Fragen sind sehr treffend, und wir gäben liebend gern darauf Antwort. Bei dem augenblicklichen Stand unserer Kenntnisse glauben wir es nur in genau begrenzten Fällen tun zu können; und selbst da bleiben unsere Interpretationen Stückwerk und isoliert. Es steht Revel frei, die Sache für einfach zu halten, da es nach seiner Ansicht »absolut sicher« ist, daß, seit vor ungefähr fünftausend Jahren die soziale Entwicklung des Menschen begonnen hat, die wirtschaftliche Ausbeutung alles erklärt.

Das war, wie wir gesehen haben, durchaus nicht die Ansicht von Marx und Engels. Sie meinten, daß in den nicht- und vorkapitalistischen Gesellschaften die Blutsbande eine größere Rolle spielten als die Klassenbeziehungen. Ich glaube also nicht, mich ihrer Lehre gegenüber als untreu erwiesen zu haben, wenn ich versuchte, siebzig Jahre nach Lewis H. Morgan, den die beiden so sehr bewunderten, dessen Forschungen wieder aufzunehmen, das heißt eine neue Typologie der Verwandtschaftssysteme im Lichte der seither von mir und anderen im Gelände selbst gewonnenen Erkenntnisse zu erarbeiten.[47]

Aber nach dieser Typologie möchte ich beurteilt werden, nicht nach psychologischen oder soziologischen Hypothesen, die sich Revel zu eigen macht, als wären sie etwas anderes als Gerüste, die im Augenblick für den Ethnologen nützlich sind, um seine Beobachtungen, Klassifizierungen und Typen zu ordnen. Wenn einer meiner Kolle-

46 *a.a.O.*, S. 141.

47 In der Geschichte des Marxismus ist die Abweichung Revels nicht neu, so wenig wie die Rodinsons. Sie geht auf Kautsky zurück, und seit 1883 hatte sich Engels gezwungen gesehen, auf sie hinzuweisen. Wie Revel und Rodinson wollte Kautsky die primitiven Gesellschaften nach dem historischen Materialismus interpretieren, durch ausschließliche Verwendung ökonomischer Begriffe wie den der *Wildheit,* die von Engels im Anschluß an Morgan definiert wurde als Periode der Viehzucht, des Ackerbaus, der Erlernung von Methoden zur gesteigerten Produktion von Naturerzeugnissen (vgl. Engels, *Der Ursprung der Familie ...*, in: Marx/Engels, *Ausgewählte Schriften,* a.a.O., Bd. II, S. 178). Worauf Engels antwortet (Brief an Kautsky vom 10. Februar 1883); »Nicht die Roheit beweist Ursprünglichkeit, sondern der Grad der Integrität der alten Stammes-Blutbande. Diese sind also in jedem einzelnen Fall festzustellen, ehe man aus einzelnen Erscheinungen bei diesem oder jenem Stamme Schlüsse machen darf.« Was habe ich, als ich die *Structures* schrieb, anderes getan, als »in jedem einzelnen Fall festzustellen«, worin »bei diesem oder jedem Stamme« die »alten Blutbande« bestehen?

gen mir sagt, daß meine theoretische Analyse der Verwandtschaftssysteme der Murngin oder Giljak durch seine Beobachtungen widerlegt wird, oder daß ich, als ich mich unter Indianer-Stämmen aufhielt, die Stellung des Häuptlings bei den Nambikwara, den Platz der Kunst in der Caduveo-Gesellschaft, die soziale Struktur der Bororo oder das Wesen des Clans bei den Tupi-Kawahib schlecht interpretiert habe, werde ich ergeben und aufmerksam zuhören. Wenn aber Revel, der sich überhaupt nicht um patrilineare Filiation, bilaterale Heirat, dualistische Organisation oder disharmonische Regimes kümmert, mir vorwirft (ohne zu verstehen, daß ich nur gewisse Aspekte der objektiven Welt zu beschreiben und zu analysieren suche), ich »verflache die soziale Wirklichkeit«, weil für ihn alles flach ist, was sich nicht augenblicklich in eine Sprache umsetzen läßt, der sich zu bedienen er vielleicht Recht hat, wenn er von der abendländischen Zivilisation redet, für die ihre Schöpfer allerdings ausdrücklich jeden anderen Gebrauch abgelehnt haben, – ist es an mir zu sagen: Ja wirklich, *pourquoi des philosophes*?

Argumentieren wie Revel und Rodinson hieße, die Kulturwissenschaften dem Obskurantismus ausliefern. Was würde man von Unternehmern und Architekten sagen, die die Physik des Kosmos verurteilten im Namen der Gesetze der Schwerkraft und unter dem Vorwand, daß eine auf die Berücksichtigung verschieden gekrümmter Räume gegründete Geometrie die traditionellen Techniken, Häuser zu bauen und einzureißen, überflüssig machte? Der Zerstörer und der Erbauer glauben mit Recht nur an die Euklidische Geometrie, aber sie erheben nicht den Anspruch, sie dem Astronomen aufdrängen zu wollen. Und wenn dessen Mitarbeit verlangt wird beim Umbau des Hauses, das er bewohnt, machen ihn die Kategorien, die er verwendet, um das Universum zu begreifen, nicht automatisch unfähig, Spitzhacke und Senkblei zu handhaben.

17. Kapitel

Die Stellung der Anthropologie in den Sozialwissenschaften und die daraus resultierenden Unterrichtsprobleme [1]

Gegenstand dieser Untersuchung

Die Organisation des Anthropologiestudiums heute ist an sich bereits eine Art Herausforderung an die Autoren dieses Unesco-Bandes. Logischerweise hätten sie einen allgemeinen Bericht über den Unterricht der Sozialanthropologie vorsehen müssen, da der Titel dieses Faches es unter die Sozialwissenschaften einreiht und es einen eigenen Stoff zu haben scheint. Aber sofort beginnen die Schwierigkeiten: wo wird, außer in Großbritannien, Sozialanthropologie als selbständiges, organisches Fach gelehrt, und wo hat es eigene Lehrstühle? Alle anderen Länder (und in Großbritannien auch verschiedene Institutionen) sprechen von Anthropologie schlechthin oder von Kulturanthropologie, Ethnologie, Ethnographie, Völkerkunde oder ähnlichem. Diese Fächer umfassen zwar alle die Sozialanthropologie (oder die unter diesem Titel anderswo gruppierten Sachgebiete), aber sie umfassen gleichzeitig sehr viele andere Dinge: können denn Technologie, Vorgeschichte, Archäologie, einige Sparten der Sprachwissenschaft und die physische Anthropologie als Sozialwissenschaften angesprochen werden? Es scheint, daß man aus dem Problem heraustritt, wenn man sich gerade mit ihm abgeben will.
Aber die Situation ist noch viel komplexer: wenn die Sozialanthropologie dazu neigt, sich mit einem großen Forschungsganzen zu identifizieren, dessen Zugehörigkeit zu den Sozialwissenschaften nicht einmal sehr überzeugend ist, werden durch ein immerhin einzigartiges Paradox diese Forschungen häufig auf einer anderen Ebene mit den Sozialwissenschaften verbunden: Viele Universitätsfakultäten, zumal in den Vereinigten Staaten, heißen »Anthropologie und Soziologie«, »Anthropologie und Sozialwissenschaften« oder noch anders. In dem Augenblick, in dem man die Beziehung zwischen der Anthropologie und der Sozialwissenschaft fassen zu

[1] Unter diesem Titel veröffentlicht in: *Les Sciences sociales dans l'enseignement supérieur,* herausgegeben von der Unesco, 1954; hier leicht verändert abgedruckt.

können meint, verliert man sie; und kaum hat man sie verloren, findet man sie auf einer anderen Ebene wieder.
Alles spielt sich ab, als ob die Sozial- und Kulturanthropologie, weit davon entfernt, auf der Bühne der wissenschaftlichen Entwicklung als ein autonomer Körper zu erscheinen, der seinen Platz inmitten der anderen Fächer fordert, ähnlich einem Nebelfleck Form gewänne, sich nach und nach mit einer bis dahin diffusen oder anders verteilten Materie auffüllte und durch diese Konzentration selbst eine allgemeine Neuverteilung der Forschungsgegenstände auf alle Kultur- und Sozialwissenschaften vornähme.
Es ist wichtig, sich von Anfang an von dieser Wahrheit durchdringen zu lassen: die Anthropologie unterscheidet sich von den anderen Kultur- und Sozialwissenschaften nicht durch ein eigenes Studienobjekt. Die Geschichtswissenschaft wollte, daß sie begänne, sich für die sogenannten wilden oder primitiven Gesellschaften zu interessieren, und wir werden später noch Gelegenheit haben, die Gründe dafür zu untersuchen. Aber dieses Interesse wird in wachsendem Maße von anderen Fächern, insbesondere der Demographie, der Sozialpsychologie, der politischen Wissenschaft und dem Recht, geteilt. Andererseits erlebt man das seltsame Phänomen, daß die Anthropologie sich in dem Augenblick entwickelt, da diese Gesellschaften zu verschwinden oder zumindest ihre typischen Merkmale zu verlieren scheinen. Denn die Anthropologie ist nicht identisch mit Steinäxten, Totemismus und Polygamie. Das hat sie übrigens im Laufe der letzten Jahre sehr wohl bewiesen, denn da hat man gesehen, daß sich die Anthropologen der Untersuchung der sogenannten zivilisierten Gesellschaften zuwandten. Was also ist die Anthropologie? Beschränken wir uns im Augenblick auf die Erklärung, daß sie mit einer bestimmten Weltansicht oder mit einer originellen Art, die Probleme zu stellen, zusammenhängt, die beide *anläßlich* der Untersuchung sozialer Phänomene zum Vorschein kamen, die nicht (wie man so oft zu sagen geneigt ist) notwendig einfacher sind als jene, deren Schauplatz die Gesellschaft des Beobachters ist, die aber – wegen der großen Unterschiede, die sie im Vergleich zu diesen letzteren bieten – bestimmte *allgemeine Merkmale* des gesellschaftlichen Lebens, die der Anthropologe zum Gegenstand hat, zum Vorschein bringen.
Zu dieser Feststellung konnte man auf sehr verschiedenen Wegen gelangen. In einigen Fällen ergab sie sich aus der ethnographischen

Untersuchung; in anderen aus einer sprachwissenschaftlichen Analyse; oder auch aus Versuchen, die Ergebnisse einer archäologischen Ausgrabung zu interpretieren. Die Anthropologie ist eine zu junge Wissenschaft, als daß ihr Unterricht nicht die lokalen oder historischen Umstände widerspiegeln müßte, die am Ausgangspunkt jeder Sonderentwicklung stehen. So vereinigt eine Universität die Kulturanthropologie mit der Sprachwissenschaft in einem Lehrbetrieb, weil die Sprachforschungen dort sehr zeitig eine anthropologische Note bekommen haben, während eine andere aus ähnlichen Gründen eine andere Gruppierung vornimmt.
Unter diesen Bedingungen konnten die Autoren des Unesco-Bandes sich mit Recht fragen, ob es möglich oder gar wünschenswert sei, verschiedenen Situationen, die eine Sondererklärung verlangen, ein falsches systematisches Aussehen zu geben: ein allgemeiner Bericht über den Unterricht der Anthropologie würde unvermeidlich entweder die Tatsachen deformieren, indem er sie in willkürliche Rahmen spannte, oder sich in historischen Exposés verlieren, die für jedes Land, ja zuweilen sogar für jede Universität verschieden ausfallen müßten. Da die Anthropologie eine Wissenschaft im Werden ist, deren Autonomie noch nicht allgemein anerkannt wird, schien es notwendig, anders vorzugehen. Die Darlegung der Fakten muß von der wirklichen Situation ausgehen; und da in den allermeisten Fällen die Sozialanthropologie mit anderen Fächern gekoppelt wird und man sie unter den Sozialwissenschaften am häufigsten zusammen mit der Soziologie antrifft, hat man sich damit begnügt, sie beide in demselben allgemeinen Bericht unterzubringen. Aber andererseits handelt es sich da um eine provisorische Situation, die nicht aus einem durchdachten Plan, sondern zufällig und improvisiert entstanden ist. Es genügt also nicht, das Ganze zu definieren, in dessen Mitte sich der Unterricht der Anthropologie allmählich abzeichnet; man muß auch versuchen, ihre gegenwärtige Richtung und die großen Linien einer Entwicklung zu erfassen, die hier und da sichtbar sind. Der allgemeine Bericht über den Unterricht der Soziologie und der Anthropologie entspricht der ersten Beschäftigung; die vorliegende Arbeit der zweiten.

Ein Blick auf die augenblickliche Situation

Einige Feststellungen lassen sich aus der Untersuchung der in dem allgemeinen Bericht vorgebrachten Tatsachen ableiten.
Ungeachtet der Unterschiede und lokalen Färbungen kann man drei große Modalitäten des anthropologischen Unterrichts unterscheiden. Dieser wird dargeboten entweder durch einzeln existierende Lehrstühle (sei es, daß in der betreffenden Universität nur einer dafür besteht, oder sei es, daß es mehrere gibt, die aber an verschiedene Fakultäten oder an verschiedene Einrichtungen angeschlossen sind), oder durch Fakultäten (die rein anthropologisch sein oder die Anthropologie mit anderen Fächern verbinden können), oder schließlich durch Institute oder Schulen, die ihrem Charakter nach innerhalb oder außerhalb der Fakultät stehen, die also einen Unterricht, der in verschiedenen Fakultäten in anderer Absicht gegeben wird, zusammenlegen oder denjenigen organisieren, der ihnen entspricht, wobei übrigens beide Formulierungen kombiniert werden können.

Verstreute Lehrstühle

Diese Art ist sehr verbreitet, aber es scheint nicht, daß sie je mit Vorbedacht eingeführt worden ist. Eine Behörde oder Universität, die beschließt, einen anthropologischen Unterricht aufzubauen, beginnt im allgemeinen mit der Schaffung eines Lehrstuhls und geht darüber nicht hinaus, wenn die Entwicklung der Studien unter Ausbleiben von Studenten oder wegen fehlender Entfaltungsmöglichkeiten leidet (und eines erklärt sich im allgemeinen aus dem anderen). Wenn die Situation günstiger ist, werden weitere Lehrstühle dem ersten angeschlossen, und sie neigen dann dazu, sich als Institut oder Fakultät zu organisieren. Diese Entwicklung ist in den Vereinigten Staaten deutlich sichtbar, wo man bei der Betrachtung der Lehreinrichtungen von den kleinsten bis zu den größten alle Stadien wiedererkennt, die von der einfachen Vorlesung, die man von einem Professor eines Nachbarfaches über Anthropologie halten läßt, bis hin zur Fakultät der Anthropologie reichen, die eine Gruppe von Professoren umfaßt und den Doktorgrad verleiht; der Weg führt über den einzigen Lehrstuhl, der einer anderen Fakultät angeschlossen oder unterstellt ist, über die gemischte Fakultät oder schließlich über die anthropologischen Fakultäten, die den Studierenden nicht über den B. A. oder den M. A. hinausbringen. Aber die Schaffung einer eigenen Fakultät bleibt immer das erwünschte Ziel.

Eine Entwicklung ganz anderer Art kann auch zur Zerstreuung der Lehrstühle führen. Das trifft für jene Lehrstühle zu, deren ursprünglicher Charakter weit von der Anthropologie entfernt war und die sich ihr nun aufgrund einer wissenschaftlichen Entwicklung nähern, die zur Zeit ihrer Gründung nicht vorauszusehen war. Frankreich bietet dafür zwei erstaunliche Beispiele: Die *Ecole nationale des langues orientales vivantes* hat sich in einer Zeit gebildet, da man nicht glauben konnte, daß das Studium aller Weltsprachen sich in Formen entwickeln würde, die denen der klassischen Philologie gemäß sind; nun, die Erfahrung hat bewiesen, daß die Kenntnis einiger schriftloser Sprachen von der Verwendung heterodoxer Methoden abhing, die der Anthropologie mehr verdanken als der traditionellen Sprachwissenschaft. Und ebenso ist es mit der *Ecole pratiques des hautes études,* wo es Lehrstühle für Religionen von Völkern ohne schriftliche Überlieferung oder zureichende Schrifttradition gibt, die nun dazu neigen, eine andere Richtung einzuschlagen und einen anthropologischeren Charakter anzunehmen. In diesen Fällen steckt die Anthropologie, wenn man so sagen darf, sporadisch fremde Fächer an und stellt Verwaltung und Lehrstuhlinhaber vor unvorhergesehene Probleme, bei denen es sehr schwierig wird, eine Lösung zu finden, die die traditionellen Gruppierungen respektiert.

Schließlich sollte man den Sonderfall einer Mischung zitieren, für den es in Großbritannien ein gutes Beispiel gibt: in der Zeit, in der die orientalischen Untersuchungen sich allmählich anthropologisch färbten, machte die schnelle Entwicklung der afrikanischen Studien die Einführung philologischer, historischer und archäologischer Gesichtspunkte in dieses Gebiet notwendig. Daher die Möglichkeit einer Neugruppierung, die vor einigen Jahre durch die Umwandlung der *School of Oriental Studies* in *School of Oriental and African Studies* sanktioniert wurde, wo die Anthropologie eng mit den Sozialwissenschaften, aber auch mit den Kulturwissenschaften verbunden ist, was in keiner regelrecht akademischen Struktur für die betreffenden Gebiete möglich gewesen wäre.

Theoretisch könnte die Fakultät als ideale Lösung erscheinen. Zu ihr tendieren, wie wir gesehen haben, die amerikanischen Universitäten; und in anderen Ländern, wo das Studium der Anthropologie in voller Entwicklung ist, wie in Großbritannien, Australien und Indien, werden anthropologische Fakultäten geschaffen oder vergrößert. Tatsächlich genügt die anthropologische Fakultät zwei Anforderungen des Studiums: sie bietet einerseits streng gegliederte Vorlesungen, die den verschiedenen Kapiteln oder Aspekten der Forschung entsprechen; andererseits die Vorbereitung auf die Diplome, von den elementarsten Prüfungen bis zum Doktorat. Aber sie enthält auch Schwierigkeiten: in den Ländern mit starrer und traditioneller Struktur, wie denen, die die »Naturwissenschaften« von den »Geisteswissenschaften« streng unterscheiden, macht die anthropologische Fakultät eine Wahl zwischen den beiden Fakultätstypen notwendig: man ist also gezwungen, zwei Fakultäten zu planen, eine für die Sozial- oder Kulturanthropologie, und eine für die physische Anthropologie. Gewiß haben diese beiden Zweige alles Interesse, sich zu spezialisieren; und doch kann ein Anthropologe, gleich welcher Richtung, nicht von Grundkenntnissen in der physischen Anthropologie dispensiert werden; die physische Anthropologie aber ist verloren, wenn sie sich nicht ständig den soziologischen Ursprung der Determinismen vor Augen hält, deren somatische Wirkungen sie studiert; darauf kommen wir noch zu sprechen.

Als Beispiel der anomalen Situation, die sich für das Studium der Anthropologie aus der starren Trennung von naturwissenschaftlicher und geisteswissenschaftlicher Fakultät ergibt, kann man Frankreich zitieren: die Universität in Paris vergibt drei anthropologische Zeugnisse – das *Certificat d'ethnologie (option lettres)*, das die *Faculté des lettres* erteilt; dasselbe Zeugnis mit *option science*, das beide Fakultäten verleihen; und das *Certificat d'anthropologie (physique)*, das einzig und allein die Naturwissenschaftliche Fakultät verleiht. Die Studenten sind gewiß nicht zahlreich, vor allem nicht spezialisiert genug (da diese Zeugnisse nur ein Studienjahr verlangen), als daß eine solche Komplexität gerechtfertigt wäre.

Andererseits machen sich die Unannehmlichkeiten der Fakultätsform bis in jene Länder hinein fühlbar, die am meisten an ihr interessiert sind. Sogar in England hat die Universität Oxford die Institutsform vorgezogen *(Institute of Social Anthropology)*, und in Amerika macht sich ein wachsendes Zögern bemerkbar, denn die Fakultätsform hat oft eine zu hastige Spezialisierung bei ungenügender Allgemeinbildung zur Folge. In dieser Hinsicht ist das Beispiel von Chicago sehr charakteristisch: um den erwähnten Grundübeln abzuhelfen, wurde die Fakultät der Anthropologie zunächst einer Abteilung der Sozialwissenschaften eingegliedert; aber kaum war diese Reform durchgeführt, begannen hervorragende Köpfe, das Bedürfnis nach Kontakten gleicher Art zu den Kulturwissenschaften zu verspüren. So erklärt sich die Entwicklung einer dritten Form: die der Schulen oder Institute.

Schulen und Institute

Die bekanntesten sind die *Escuela Nacional de Anthropologia de Mexico* und das *Institut d'Ethnologie de l'Université de Paris*; die erstere bietet eine berufliche und synthetische Ausbildung, die die vorangegangene Universitätsausbildung krönt und spezialisiert; das letztere reorganisiert und vervollständigt vor allem bestehende Universitätsfächer. Das *Institut d'Ethnologie* hängt in der Tat von drei Fakultäten ab: Rechts-, Geistes- und Naturwissenschaften. Um eine Universitätsprüfung vorzubereiten – das *Certificat d'ethnologie de licence ès lettres* oder *ès sciences* – zwingt die Studenten zu Vorlesungen, die in den drei Fakultäten gehalten werden, und fügt noch weitere hinzu, die es in eigener Verantwortung organisiert, zu denen die Universität aber ihre Genehmigung gibt. Derselbe »interfakultäre« Geist zeigt sich in dem Programm für die *Licence d'études des populations d'outre-mer*, das Zeugnisse der juristischen Fakultät und der Geisteswissenschaften und eventuell auch der Naturwissenschaften umfaßt.

Wir werden später erklären, weshalb uns diese Form am befriedigendsten erscheint, und stellen hier nur fest, daß auch sie Probleme aufwirft: die Autonomie des Instituts wird allzuhäufig mit einem Abbau ihres Status erkauft im Vergleich zum Unterricht, der auf traditionelle Art vor sich geht. Es ist ein wenig Schmuggelei dabei: daher die Schwierigkeit, das Studium so zu verlängern, daß anerkannte Diplome wie an anderen Fakultäten erteilt werden können. In Paris ist es mit der Schaffung einer weiteren Einrichtung, dem *Centre de formation aux études ethnologiques* für spezialisierte Kurse und praktische Arbeit, teilweise gelungen, die Studiendauer für die besten Studenten um zwei Jahre zu verlängern; aber auch hier handelt es sich um eine zweideutige Lösung, die den anthropologischen Unterricht von der traditionellen Spur fernhält, anstatt zu ihr zu führen, und die das Studium strenger gestaltet, ohne aber den Vorteil der traditionellen Anerkennung in Form von Titeln zu gewährleisten.

Diese wenigen Beispiele zeigen die Schwierigkeit der Frage, wie man das Studium der Anthropologie auf der Grundlage bisheriger Erfahrungen organisieren solle. Die Bezeichnung paßt wirklich auf keine von ihnen: überall handelt es sich um Experimente, deren Sinn und Ergebnisse noch nicht sichtbar sind. Wäre es also nicht besser, die Frage anders zu formulieren? Mangels induktiv analysierter Tatsachen, denen man Konstanten entnehmen könnte, wenden wir uns an die Anthropologie selbst. Fragen wir also nicht mehr, wo sie jetzt steht, sondern, wohin sie will. Diese dynamische Perspektive erlaubt uns möglicherweise, die Prinzipien zu finden, die ihren Unterricht leiten müssen, jedenfalls mit größerer Wahrscheinlichkeit als das statische Durchdenken einer konfusen Situation, der man Unrecht täte, wenn man sie nicht als Zeichen für ein glühendes Leben und hochgespannte Erwartungen ansähe.

Die physische Anthropologie

Zunächst stellt sich eine Kompetenzfrage. Gehört die Anthropologie, deren Bildung die Sozialwissenschaften so tiefgehend beeinflußt hat, überhaupt zu den Sozialwissenschaften? Zweifellos, da sie sich mit menschlichen Gruppierungen beschäftigt. Da sie aber – ihrer Definition nach – eine »Wissenschaft vom Menschen« ist, ist sie nicht dasselbe wie die sogenannten Kulturwissenschaften? Und gehört sie nicht durch die Zweige, die beinahe überall unter dem Namen physische Anthropologie (in verschiedenen europäischen Ländern einfach unter der Bezeichnung Anthropologie) bekannt geworden sind, zu den Naturwissenschaften? Niemand wird bestreiten, daß die Anthropologie diese drei Aspekte hat. Und in den Vereinigten

Staaten, wo die Dreiteilung der Wissenschaften besonders entwickelt ist, ist den anthropologischen Gesellschaften das Recht zuerkannt worden, sich den drei großen Wissenschaftsgruppen anzuschließen, die je eines der Gebiete beherrschen, die wir soeben unterschieden haben. Aber man kann, so scheint es, die Natur dieser dreifachen Beziehung noch genauer beschreiben.

Betrachten wir zunächst die physische Anthropologie: sie beschäftigt sich mit Problemen wie der Entwicklung des Menschen aus den Tierformen; mit seiner augenblicklichen, durch anatomische oder physiologische Merkmale gekennzeichneten Aufteilung in Rassen. Kann man sie deshalb als eine »Naturforschung« vom Menschen bezeichnen? Das hieße vergessen, daß zumindest die letzten Phasen der menschlichen Entwicklung – diejenigen, in denen sich die Rassen des *homo sapiens* differenziert haben, vielleicht sogar die Etappen, die dahin geführt haben – unter Bedingungen abgelaufen sind, die sich von denen stark unterschieden, die die Entwicklung der anderen lebenden Arten regiert haben: seit der Mensch im Besitz der Sprache ist (und die sehr komplexen Techniken, die große Regelmäßigkeit der Formen, die die prähistorischen Tätigkeiten charakterisieren, schließen ein, daß die Sprache ihm bereits geläufig war, die ihm die Lehre und Übermittlung jener erlaubte), hat er selbst die Modalitäten seiner biologischen Entwicklung bestimmt, ohne davon notwendigerweise ein Bewußtsein zu haben. Jede menschliche Gesellschaft hat tatsächlich die Bedingungen ihres physischen Weiterlebens verändert durch ein komplexes Ganzes von Regeln, wie etwa Inzestverbot, Endogamie, Exogamie, Vorzugsheirat zwischen gewissen Verwandtschaftstypen, Polygamie oder Monogamie, oder ganz einfach durch die mehr oder weniger systematische Anwendung moralischer, sozialer, wirtschaftlicher und ästhetischer Normen. Und durch die Anpassung an Regeln begünstigt eine Gesellschaft bestimmte Typen von Verbindungen und schließt andere aus. Der Anthropologe, der versuchen würde, die Entwicklung der Rassen oder der Untergruppen menschlicher Rassen zu interpretieren, als wären diese nur das Ergebnis natürlicher Bedingungen, geriete in dieselbe Sackgasse wie der Zoologe, der die heutige Differenzierung von Hunden durch rein biologische oder ökologische Überlegungen erklären möchte, ohne von der Rolle des Menschen zu sprechen: zweifellos käme er zu ganz phantastischen Hypothesen oder wahrscheinlicher sogar zu einem Chaos. Die Menschen haben sich aber ebensowenig selbst *gemacht*, wie sie die Rassen ihrer Haustiere gemacht haben, nur mit dem Unterschied, daß der Prozeß im ersten Fall weniger bewußt und freiwillig war als im zweiten. Infolgedessen unterhält die physische Anthropologie – obwohl sie aus den Naturwissenschaften abgeleitete Kenntnisse und Methoden verwendet – besonders enge Beziehungen zu den Sozialwissenschaften. In sehr großem Ausmaß läßt sie sich auf die Untersuchung der anatomischen und physiologischen Umwandlungen zurückführen, die sich bei einer gewissen lebenden Rasse aus der Entwicklung des sozialen Lebens, der Sprache, eines Systems von Werten oder, noch allgemeiner, der *Kultur* ergeben.

Ethnographie, Ethnologie, Anthropologie

Wir sind also sehr weit von der Zeit entfernt, in der die verschiedenen Aspekte der menschlichen Kulturen (Werkzeug, Kleidung, Institutionen, Glaubensinhalte) wie verschiedene Arten von Verlängerungen oder Abhängigkeiten somatischer Merkmale, die verschiedene Menschengruppen charakterisieren, behandelt wurden. Die umgekehrte Beziehung käme der Wahrheit näher. Der Ausdruck »Ethnologie« überlebt noch in der archaischen Bedeutung, vornehmlich in Indien, wo das Kastensystem, das zugleich endogam und technisch spezialisiert ist, zögernd und oberflächlich dieser Verbindung einigen Bestand gegeben hat, und in Frankreich, wo eine sehr starre akademische Struktur dazu neigt, eine traditionelle Terminologie zu verewigen (so der Lehrstuhl für *Ethnologie des hommes actuels et des hommes fossiles* am *Muséum national d'histoire naturelle*: als ob eine bezeichnende Beziehung zwischen der anatomischen Struktur der fossilen Menschen und ihrem Werkzeug bestünde, und als ob die Ethnologie der heutigen Menschen ihre anatomische Struktur beträfe). Aber wenn diese Verwechslungen einmal beseitigt sind, ist man nach der Lektüre des allgemeinen Berichts noch immer verwirrt von einer störenden Vielfalt der Ausdrücke, die es zu definieren und zu begrenzen gilt. Welche Beziehungen und welche Unterschiede bestehen zwischen Ethnographie, Ethnologie und Anthropologie? Was versteht man unter dem Unterschied zwischen sozialer und kultureller Anthropologie? Und schließlich, welche Beziehungen unterhält die Anthropologie zu den Fächern, die häufig in einem Lehrfach mit ihr vereinigt werden: Soziologie, Sozialwissenschaft, Geographie und zuweilen sogar Archäologie und Sprachwissenschaft?

Die Antwort auf die erste Frage ist relativ einfach. Alle Länder, so scheint es, begreifen die Ethnographie auf dieselbe Weise. Sie entspricht den ersten Stadien der Forschung: Beobachtung und Beschreibung, Arbeit im Gelände *(field-work).* Eine Monographie über eine Gruppe, die so klein ist, daß der Autor den größten Teil seiner Informationen persönlich sammeln kann, bildet den eigentlichen Typ der ethnographischen Untersuchung. Man muß nur noch hinzufügen, daß die Ethnographie auch die Methoden und Techniken für die Arbeit im Gelände, die Klassifizierung, die Beschreibung und Analyse besonderer kultureller Phänomene (ob es sich dabei um Waffen oder um Werkzeuge, um Glaubensinhalte oder um Institutionen handelt) umfaßt. An den materiellen Objekten wird im allgemeinen im Museum weitergearbeitet, das unter diesem Gesichtspunkt als Verlängerung des Geländes angesehen werden kann (ein wichtiger Punkt, auf den wir noch zu sprechen kommen).

Im Vergleich zur Ethnographie ist die Ethnologie ein erster Schritt zur Synthese. Ohne die direkte Beobachtung auszuschließen, neigt sie zu so allgemeinen Schlußfolgerungen, daß es schwierig ist, diese ausschließlich auf Kenntnisse aus erster Hand zu gründen. Diese Synthese kann in drei Richtungen vor sich gehen: geographisch, wenn man Kenntnisse über Nachbargruppen erfassen will; historisch, wenn man die Vergangenheit eines Volkes oder mehrerer Völker rekonstruieren will; und schließlich systematisch, wenn man diesen oder jenen Typus der Technik, des Brauches oder der Institutionen isoliert, um ihm eine besondere Bedeutung zu geben. In diesem Sinne läßt sich zum Beispiel der Ausdruck Ethnologie anwenden auf das *Bureau of American Ethnology* der *Smithsonian Institution,* auf die *Zeitschrift für Ethnologie* oder auf das *Institut d'Ethnologie de l'Université de Paris.* In allen Fällen umfaßt die Ethnologie die Ethnographie als Anfangsschritt und bildet deren Fortführung.

Lange Zeit hat man zumindest in einigen Ländern die Auffassung vertreten, daß diese Dualität sich selbst genüge. Das war besonders überall dort der Fall, wo die Untersuchungen hauptsächlich historisch-geographischer Natur waren und wo man nicht glaubte, die Synthese könne weiter gehen als bis zu der Bestimmung der Ur-

sprünge und Verbreitungszentren. Andere Länder – zum Beispiel Frankreich – haben sich gleichfalls nur bis dahin gewagt, wenn auch aus anderen Gründen: das letzte Stadium der Synthese wurde anderen Fächern überlassen: der Soziologe (in der französischen Wortbedeutung), der Kulturgeographie, der Geschichte und zuweilen sogar der Philosophie. Das sind, so scheint es, die Gründe, weshalb in mehreren europäischen Ländern unter Anthropologie immer nur die physische Anthropologie verstanden wurde.
Dagegen sind die Ausdrücke Sozial- oder Kulturanthropologie überall dort, wo wir sie treffen, an ein zweites und letztes Stadium der Synthese gebunden, die von den Folgerungen der Ethnographie und Ethnologie ausgeht. In den angelsächsischen Ländern zielt die Anthropologie auf eine umfassende Kenntnis vom Menschen ab, die ihren Gegenstand in seiner ganzen historischen und geographischen Ausdehnung umfaßt; sie versucht eine Kenntnis zu erlangen, die auf die ganze menschliche Entwicklung von den Menschenaffen bis zu den modernen Rassen anwendbar ist und zu positiven oder negativen, aber für alle menschlichen Gesellschaften gültigen Schlußfolgerungen neigt, angefangen bei der modernen Großstadt bis zum kleinsten melanesischen Stamm. Man kann also in diesem Sinne sagen, daß zwischen der Anthropologie und der Ethnologie dasselbe Verhältnis besteht, wie wir es weiter oben für die Ethnologie und die Ethnographie definiert haben. Ethnographie, Ethnologie und Anthropologie bilden nicht drei verschiedene Fächer oder drei verschiedene Auffassungen derselben Untersuchungen. Es sind tatsächlich drei Etappen oder drei Momente ein und derselben Untersuchung, und die Vorliebe für diesen oder jenen Ausdruck spiegelt nur das vorherrschende Interesse für einen Typ der Forschung, der aber niemals die anderen beiden ausschließen darf.

Sozial- und Kulturanthropologie

Wenn die Ausdrücke Sozial- oder Kulturanthropologie nur dazu dienten, bestimmte Untersuchungsgebiete von denen der physischen Anthropologie zu unterscheiden, gäbe es keine Probleme. Aber Großbritannien bevorzugt den ersten Ausdruck und die Vereinigten Staaten den zweiten, und die Klärung dieser Divergenz, die sich im Laufe eines neueren Streites zwischen dem Amerikaner G. P. Murdock und dem Engländer R. Firth[2] ergeben hat, zeigt, daß die Übernahme der jeweiligen Begriffe genau umgrenzten theoretischen Beschäftigungen entspricht. Zweifellos ist in vielen Fällen die Wahl dieser oder jener Bezeichnung (insbesondere für einen Universitätslehrstuhl) das Spiel des Zufalls gewesen. Es scheint sogar, daß der Ausdruck »Social Anthropology« sich in England eingebürgert hat, weil es nötig war, einen Titel zu finden, um einen neuen Lehrstuhl von anderen zu unterscheiden, die die traditionelle Terminologie erschöpft hatten. Will man sich an den Sinn der Wörter »cultural« und »social« selbst halten, ist der Unterschied nicht sehr groß. Der Begriff »culture« ist englischen Ursprungs, da man seine Definition Tylor verdankt: »That complex whole which includes knowledge, belief, art, morals, law, custom, and any other capabilities and habits acquired by man as a member of society.«[3] Er bezieht sich also auf charakteristische Unterschiede, die zwischen Mensch und Tier bestehen und so dem seither klassisch gebliebenen Gegensatz zwischen *nature* und *culture* zur Entstehung verhalfen. Unter diesem Blickwinkel figuriert der Mensch im wesentlichen als *homo faber* oder, wie die Angelsachsen sagen, als *tool-maker.* Bräuche, Glaubensinhalte und Institutionen erscheinen dann wie Techniken unter anderen, nur intellektueller Art: Techniken, die im Dienste des sozialen Lebens stehen und es ermöglichen, wie die Ackerbautechniken die Befriedigung der Nahrungsbedürfnisse oder die Bekleidungstechniken den Schutz gegen die Unbilden der Witterung. Die Sozialanthropologie reduziert sich auf die Untersuchung der sozialen Organisation, ein wesentliches Kapitel, aber immerhin nur ein Kapitel unter all denen, die die Kulturanthropologie ausmachen. Diese Art der Problemstellung scheint für die amerikanische Wissenschaft, jedenfalls in den ersten Phasen ihrer Entwicklung, charakteristisch zu sein.

Nicht zufällig ist der Ausdruck Sozialanthropologie in England aufgetaucht, um dem ersten Lehrstuhl für Sir J. G. Frazer seinen Namen zu geben, der sich sehr wenig für die Techniken, um so mehr für die Glaubensinhalte, Bräuche und Institutionen interessierte. Aber erst A. R. Radcliffe-Brown hat die tiefere Bedeutung dieses Ausdrucks geklärt, als er den Gegenstand seiner eigenen Forschungen als *soziale Beziehungen* und *Sozialstruktur* definierte. Nicht mehr

2 *American Anthropologist,* Bd. 53, Nr. 4, Teil I, 1951, S. 465–489.
3 E. B. Taylor, *Primitive Culture,* London, 1871, Bd. 1, S. 1.

der *homo faber* steht im Vordergrund, sondern die Gruppe, und zwar die als Gruppe untersuchte Gruppe, das heißt die Gesamtheit der Austauschformen, die das soziale Leben begründen. Es gibt wohlgemerkt keinen Widerspruch und nicht einmal einen Gegensatz zwischen den beiden Perspektiven. Der beste Beweis dafür ist in der Entwicklung des französischen soziologischen Denkens zu sehen, wo kaum einige Jahre, nachdem Durkheim gezeigt hatte, daß man die sozialen Tatsachen *als Dinge* untersuchen muß (was in einer anderen Sprache die Aufgabe der Kulturanthropologie ist), sein Neffe und Schüler Marcel Mauss zur gleichen Zeit wie Malinowski den komplementären Standpunkt vertrat, daß die Dinge (hergestellte Gegenstände, Waffen, Werkzeuge, rituelle Objekte) selbst *soziale Tatsachen* seien (was der Perspektive der Sozialanthropologie entspricht). Man könnte also sagen, die Kulturanthropologie und die Sozialanthropologie deckten genau das gleiche Programm, die eine, indem sie von den Techniken und den Objekten ausgeht, um bei jener »Supertechnik« anzukommen, wie die soziale und politische Tätigkeit sie darstellt, die das Leben in der Gesellschaft möglich macht und bedingt; die andere, indem sie vom sozialen Leben ausgeht und bis zu den Dingen heruntersteigt, auf die sie ihr Zeichen drückt, und bis zu den Tätigkeiten, in denen es sich äußert. Beide umfassen die gleichen Kapitel, vielleicht in einer anderen Reihenfolge und mit anderen Schwerpunkten.

Und doch lösen sich, selbst wenn man sich an diese Parallele hält, gewisse subtilere Unterschiede heraus. Die Sozialanthropologie ist aus der Entdeckung entstanden, daß alle Aspekte des sozialen Lebens – der ökonomische, technische, politische, juristische, ästhetische und religiöse – ein Zeichensystem ausmachen, und daß es unmöglich ist, einen dieser Aspekte zu begreifen, wenn man nicht die anderen einbezieht. Sie zeigt also die Tendenz, vom Ganzen zu den Teilen zu gehen, oder zumindest dem ersteren vor den letzteren eine logische Priorität zu geben. Eine Technik hat nicht nur einen *Nützlichkeitswert*; sie erfüllt auch eine *Funktion*, und diese setzt, um begriffen werden zu können, soziologische, nicht nur historische, geographische, mechanische oder physikalisch-chemische Überlegungen voraus. Die Gesamtheit der Funktionen ruft ihrerseits nach einem neuen Begriff, dem der *Struktur*, und die Bedeutung, die die Idee der Sozialstruktur in den heutigen anthropologischen Untersuchungen bekommen hat, ist bekannt.

Tatsächlich mußte die Kulturanthropologie, wenn auch auf anderen Wegen, fast gleichzeitig zu einer analogen Auffassung gelangen. An Stelle der statischen Perspektive, die die Gesamtheit der sozialen Gruppe als eine Art System oder Konstellation darstellt, führte eine dynamische Einstellung – wie überträgt sich die Kultur über die Generationen hinweg? – zu einer identischen Schlußfolgerung: daß nämlich das Beziehungssystem, das die Aspekte des sozialen Lebens miteinander verbindet, in der Übertragung der Kultur eine wichtigere Rolle spielt als jeder dieser Aspekte für sich genommen. So mußten die Untersuchungen über »Kultur und Persönlichkeit« (deren Ursprung man in der Tradition der Kulturanthropologie bis zu der Lehre von Franz Boas nachzeichnen kann) auf diesem unvorhergesehenen Umweg mit den von Radcliffe-Brown inaugurierten Untersuchungen der »sozialen Struktur« zusammentreffen, und durch sie hindurch mit denen Durkheims. Ob die Anthropologie sich als »sozial« oder »kulturell« ausgibt, immer strebt sie danach, den *totalen Menschen* kennenzulernen, der im einen Falle auf Grund seiner *Produktionen*, im anderen Falle auf Grund seiner *Vorstellungen* gesehen wird. Man begreift daher, daß eine »kulturalistische« Orientierung die Anthropologie an die Geographie, Technologie und Vorgeschichte heranrückt, während die »soziologische« Orientierung ihr die größere Nähe zur Archäologie, Geschichte und Psychologie verschafft. In beiden Fällen besteht eine besonders enge Verbindung zur Sprachwissenschaft, denn die Sprache ist zugleich die *kulturelle Tatsache* par excellence (die den Menschen vom Tier unterscheidet) und die, durch deren Vermittlung alle Formen des sozialen Lebens sich festigen und weiterbestehen. Es ist also logisch, daß die durch den allgemeinen Bericht analysierten akademischen Strukturen sehr häufig die Isolierung der Anthropologie ablehnen und sie lieber in eine Konstellation eines oder mehrerer der folgenden Fächer eingliedern:

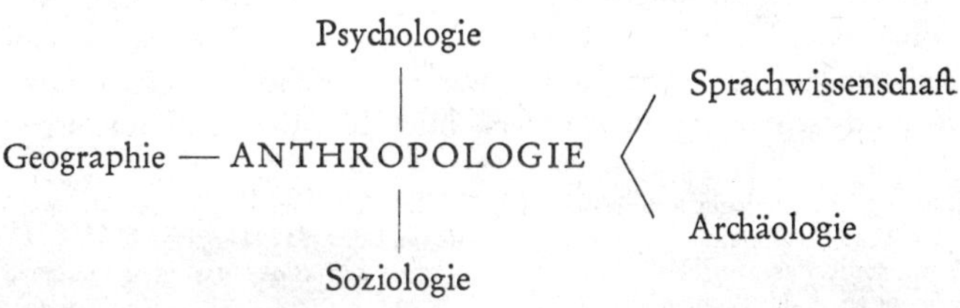

In diesem Schema entsprechen die »horizontalen« Beziehungen vor allem der Perspektive der Kulturanthropologie, die »vertikalen« derjenigen der Sozialanthropologie, und die »schrägen« allen beiden gleichzeitig. Aber abgesehen davon, daß sich bei den modernen Forschern diese Perspektiven vermischen, darf man nicht vergessen, daß es sich selbst in diesen extremen Fällen nur um einen Unterschied des Blickwinkels, nicht des Objektes handelt. Unter diesen Bedingungen verliert die Frage der Vereinheitlichung der Begriffe viel von ihrer Bedeutung. Es scheint heute in der Welt fast einmütige Übereinstimmung zu herrschen, den Terminus »Anthropologie« an Stelle von Ethnographie und Ethnologie zu verwenden als eine Bezeichnung, die der Gesamtheit dieser drei Forschungsmomente am besten gerecht wird. Eine neuere internationale Untersuchung bestätigt das.[4] Man kann also ohne Zögern die Annahme des Begriffs Anthropologie für die Namen der Fakultäten, Institute oder Schulen, die sich den entsprechenden Untersuchungen und dem Unterricht widmen, empfehlen. Aber es gibt keinen Anlaß, weiter zu gehen: die stets ergiebigen Temperaments- und Interessenunterschiede der Lehrer, die unterrichten und die Forschungen leiten, werden in den Bezeichnungen *sozial* und *kulturell* das Mittel finden, ihre Nuancen auszudrücken.

Anthropologie und Folklore

Noch ein Wort über die Folklore. Ich will hier nicht die Geschichte dieses Ausdrucks bringen, der sehr komplex ist; man weiß, daß er im großen und ganzen die Untersuchungen bezeichnet, die, obwohl sie die Gesellschaft des Beobachters betreffen, Forschungsmethoden und Beobachtungstechniken anwenden, die demselben Typ angehören wie jene, zu denen man greift, um sehr entfernte Gesellschaften zu untersuchen. Die Gründe für diesen Stand der Dinge brauchen hier nicht erörtert zu werden. Aber sei es, daß man ihn aus der archaischen Natur der (zeitlich, wenn nicht gar räumlich sehr entfernten) untersuchten Tatsachen erklärt[5], sei es

4 Sergi, Terminologia e divisione delle Scienze dell'Uomo; i resultati di un'inchiesta internazionale, *Rivista di Anthropologia,* Bd. 35, 1944–1947.

5 So stellt das *Institut international d'archéocivilisation,* das von Varagnac geleitet wird, das Problem.

durch den kollektiven und unbewußten Charakter einiger Formen sozialer und geistiger Tätigkeit in jeder Gesellschaft einschließlich der unseren[6], die folkloristischen Studien gehören sicherlich entweder durch ihr Objekt oder durch ihre Methode (wahrscheinlich durch alle beide) zur Anthropologie. Wenn sie in einigen Ländern, insbesondere in den skandinavischen, eine partielle Isolierung vorzuziehen scheinen, so deshalb, weil diese Länder sich relativ spät mit anthropologischen Problemen abgegeben haben, während sie sich sehr frühzeitig Probleme vorlegten, die ihre besondere Tradition angingen: sie haben sich so vom Besonderen zum Allgemeinen entwickelt, während zum Beispiel in Frankreich die Situation umgekehrt ist: man hat mit theoretischen Überlegungen über die Natur des Menschen angefangen und hat erst dann die Tatsachen befragt, um die Spekulationen zu unterbauen oder einzuschränken. Die günstigste Situation ist sicher die, wo beide Gesichtspunkte gleichzeitig aufgetaucht sind und sich entwickelt haben, wie in Deutschland und in den angelsächsischen Ländern (wenn auch aus verschiedenen Gründen); sie erklärt auch den historischen Vorsprung, aus dem die anthropologischen Untersuchungen in diesen Ländern Nutzen gezogen haben.

Anthropologie und Sozialwissenschaften

Aus diesen durchaus nicht rein theoretischen Überlegungen läßt sich ein erster Schluß ziehen: daß es die Anthropologie in gar keinem Falle zulassen darf, von den exakten und den Naturwissenschaften (an die sie die physische Anthropologie bindet) oder von den Kulturwissenschaften (die sie eng an Geographie, Archäologie und Sprachwissenschaft bindet) abgetrennt zu werden. Wenn sie zwangsläufig einen Ausweg suchen müßte, so sollte sie sich Sozialwissenschaft nennen, aber nicht, um mit dieser Bezeichnung eine getrennte Domäne zu definieren, sondern im Gegenteil, um ein Merkmal zu betonen, das allen Fächern gemeinsam zu sein scheint: sogar der Biologe und der Physiker sind sich heute mehr und mehr der sozialen Implikationen ihrer Entdeckungen bewußt, genauer gesagt, ihrer *anthropologischen Bedeutung*. Der Mensch begnügt sich

6 Wie es das *Laboratoire d'ethnographie française* und das *Musée national français des Arts et Traditions populaires* sehen.

nicht mehr damit, zu erkennen; je mehr er erkennt, desto mehr sieht er sich selbst als Erkennenden, und der wahre Gegenstand seiner Forschung wird von Tag zu Tag mehr dieses untrennbare Paar, das aus einer Menschheit gebildet ist, die die Welt umwandelt und sich selbst umwandelt im Laufe ihres Wirkens.

Wenn also die Sozialwissenschaften die Neuordnung ihrer Universitätsstrukturen fordern, schließt sich die Anthropologie gern an, wenn auch nicht ohne Hintergedanken: sie weiß, daß diese Unabhängigkeit dem Fortschritt der Sozialpsychologie, der politischen Wissenschaften und der Soziologie dienlich wäre, ebenso einer Veränderung der Gesichtspunkte, die von der juristischen und der Wirtschaftswissenschaft oft für traditionell gehalten worden sind. Dennoch würde die Schaffung von sozialwissenschaftlichen Fakultäten dort, wo sie noch nicht existieren, die Probleme der Anthropologie nicht lösen; denn wenn die Anthropologie in solche Fakultäten eingebaut werden müßte, wäre sie ebenso schlecht daran wie in den natur- oder geisteswissenschaftlichen Fakultäten. Tatsächlich gehört sie zu den drei Ordnungen zugleich; sie möchte die drei Ordungen im Unterrichtswesen gleich stark vertreten sehen, um nicht selbst unter der Unausgeglichenheit zu leiden, die sich für sie aus der Unmöglichkeit ergäbe, ihre dreifache Zugehörigkeit zur Geltung zu bringen. Für die Anthropologie liefert die Instituts- oder Schulform, die diejenigen Fächer, die aus den drei Fakultäten stammen, in einer originellen Synthese zu einem eigenen Unterrichtsfach zusammenfaßt, die einzig befriedigende Lösung.

Es ist das Schicksal der jungen Wissenschaften, daß sie sich schwer in den bestehenden Rahmen einfügen; man kann nicht genug betonen, daß die Anthropologie im Vergleich zu anderen jungen Wissenschaften, wie die Sozialwissenschaften sie darstellen, bei weitem die jüngste ist, und daß die Lösungen, die zu den älteren Wissenschaften passen, für sie schon einen traditionellen Charakter haben. Sie steht, wenn man so sagen darf, auf den Naturwissenschaften; sie lehnt sich an die Kulturwissenschaften; und sie schaut auf die Sozialwissenschaften. Und da dieses Buch sich besonders mit den letzteren beschäftigt und vor allem die Beziehung zwischen Anthropologie und Sozialwissenschaft vertiefen will, um daraus unerläßliche praktische Schlüsse zu ziehen, wird man es uns verzeihen, wenn wir sie etwas näher betrachten.

Die Ambivalenz, die in den Beziehungen zwischen Anthropologie und Soziologie herrscht und welche die hier angeführten Arbeiten erwähnen, liegt zunächst an der Ambivalenz, die den augenblicklichen Stand der Soziologie charakterisiert. Ihr Name bezeichnet sie als Wissenschaft von der Gesellschaft, die alle anderen sozialen Wissenschaften krönt oder zusammenfaßt. Aber seit dem Scheitern der großen Pläne der Durkheimschen Schule ist sie das keineswegs mehr. In einigen Ländern, besonders auf dem Festland Europas, und hier und da auch in Lateinamerika, steht die Soziologie in der Tradition einer Sozialphilosophie, wo nur die Kenntnis (aus zweiter und dritter Hand) von konkreten Untersuchungen, die andere durchgeführt haben, die Spekulation unterbaut. Dagegen ist in den angelsächsischen Ländern (deren Einstellung allmählich auf Lateinamerika und die asiatischen Länder übergreift) die Soziologie ein einzelnes, auf derselben Ebene wie die anderen Sozialwissenschaften liegendes Fach: sie untersucht die sozialen Beziehungen in den heutigen Gruppen auf experimenteller Grundlage und unterscheidet sich scheinbar von der Anthropologie weder in ihren Methoden noch in ihrem Gegenstand; vielleicht, daß dieser letztere (Stadtsiedlungen, landwirtschaftliche Organisationen, Nationalstaaten und Gemeinschaften, aus denen sie bestehen, ja sogar die internationale Gesellschaft) von einer anderen Größenordnung und von größerer Komplexität ist als die sogenannten primitiven Gesellschaften. Da aber die Anthropologie immer mehr dazu neigt, sich für diese komplexen Formen zu interessieren, sieht man nicht recht, welcher wirkliche Unterschied zwischen beiden bestehen sollte.

Und doch stimmt es, daß die Soziologie eng an den Beobachter gebunden ist. Das wird an unserem letzten Beispiel klar, denn die Soziologie von Stadt und Land, die Religionssoziologie und die der Berufe nimmt die Gesellschaft des Beobachters oder eine Gesellschaft gleichen Typs zum Gegenstand. Aber diese Haltung gilt ebenso für das andere Beispiel, die Soziologie der Synthese oder diejenige mit einer philosophischen Tendenz. Dort dehnt der Gelehrte zweifellos seine Forschung auf größere Bereiche der menschlichen Erfahrung aus; er kann diese sogar in ihrer Gesamtheit interpretieren. Sein Gegenstand ist nicht mehr auf den Beobachter beschränkt, aber immer unternimmt er es, ihn vom *Gesichtspunkt des Beobachters* aus zu erweitern. In seinem Bemühen, Interpretationen und Bedeutungen zu finden, zielt er zunächst darauf ab, *seine eigene Gesellschaft* zu erklären; er wendet seine eigenen logischen Kategorien und seine eigenen historischen Perspektiven auf das Ganze an. Wenn ein französischer Soziologe des 20. Jahrhunderts eine allgemeine Theorie des Lebens in der Gesellschaft entwirft, erscheint sie immer und ganz legitim (denn dieser Versuch der Unterscheidung schließt keine Kritik unsererseits ein) als das Werk eines französischen Soziologen des 20. Jahrhunderts. Während der vor derselben Aufgabe stehende Anthropologe sich freiwillig und auch bewußt (und keineswegs sicher, ob ihm das gelingt) bemühen wird, ein sowohl für den entferntesten Eingeborenen wie für seine eigenen Mitmenschen oder Zeitgenossen annehmbares System zu formulieren.

Während die Soziologie sich bemüht, Sozialwissenschaft des Beobachters zu betreiben, sucht die Anthropologie ihrerseits die Sozialwissenschaft des Beobachteten herauszuarbeiten: sei es, daß sie in ihrer Beschreibung fremdartiger und weit entfernter Gesellschaften den Standpunkt des Eingeborenen selber zu finden sucht, sei es, daß sie ihren Gegenstand erweitert, bis er die Gesellschaft des Beobachters mit umfaßt, und dann versucht, ein Bezugssystem abzuleiten, das sich auf die ethnographische Erfahrung gründet und gleichzeitig unabhängig ist vom Beobachter und von seinem Objekt.

Man begreift also, warum die Soziologie (stets und zurecht) entweder als ein Sonderfall der Anthropologie (wie in den Vereinigten Staaten) oder als in der Hierarchie der sozialwissenschaftlichen Disziplin obenan stehend betrachtet werden kann: denn sie ist sicher auch aus dem in der Geschichte der Geometrie bekannten Grunde ein *bevorrechtigter Fall*, daß die Einnahme des Beobachterstandpunktes strengere Eigenschaften zu entwickeln gestattet, die jedenfalls bequemer angewendet werden können als diejenigen, die eine Erweiterung der Perspektive auf andere Beobachter einschließen. So kann die euklidische Geometrie als ein bevorrechtigter Fall einer Meta-Geometrie angesehen werden, die auch die Betrachtung anders strukturierter Räume mit umfaßt.

Besondere Aufgaben der Anthropologie

Unterbrechen wir noch einmal diese Überlegungen, um uns zu fragen, wie in diesem Stadium der Analyse die eigentliche Botschaft der Anthropologie aufgefaßt werden muß, die nämlich, die auf die beste Weise zu übermitteln ihr die Organisation des Unterrichts erlauben sollte.

Objektivität

Das oberste Ziel der Anthropologie ist es, Objektivität zu erreichen, dafür den Sinn zu schärfen und die Methoden zu lehren. Dieser Begriff der Objektivität muß indessen klar herausgearbeitet werden; es handelt sich nicht nur um eine Objektivität, die demjenigen, der sie praktiziert, von seinen Anschauungen, Vorlieben und Vorurteilen abzusehen erlaubt; denn eine solche Objektivität ist für alle Sozialwissenschaften charakteristisch, sonst könnten sie nicht den Anspruch einer Wissenschaft erheben. Was wir in den vorhergehenden Abschnitten aufgezeigt haben, beweist, daß die Art von Objektivität, auf die die Anthropologie Anspruch macht, weiter reicht: es handelt sich nicht nur darum, sich über die der Gesellschaft oder der Gruppe des Beobachters eigenen Werte, sondern darum, sich über die eigenen *Denkmethoden* zu erheben; eine Formulierung zu erzielen, die nicht nur für einen redlichen und objektiven Beobachter, sondern für alle denkbaren Beobachter stimmt. Der Anthropologe verschweigt also nicht nur seine Gefühle: er formt neue Denkkategorien, trägt dazu bei, Begriffe von Raum und Zeit, von Gegensatz und Widerspruch, die dem traditionellen Denken so fern stehen wie die, die man heute in einigen Zweigen der Naturwissenschaften trifft, einzuführen. Diese Beziehung zwischen der Art und Weise, wie sich dieselben Probleme in anscheinend ganz entfernten Fächern stellen, ist in bewundernswerter Weise von dem bedeutenden Physiker Niels Bohr bemerkt worden: »The traditional differences of [*human cultures*] ... in many ways resemble the different equivalent modes in which physical experience can be described.« [7]

Und doch kann diese unerbittliche Suche nach einer totalen Objektivität nur auf einem Niveau vor sich gehen, wo die Phänomene eine menschliche Bedeutung behalten und – intellektuell und gefühlsmäßig – für ein individuelles Bewußtsein verständlich bleiben. Dieser Punkt ist sehr wichtig, denn er erlaubt, den Typ von Objektivität, zu dem die Anthropologie strebt, von dem zu unterscheiden,

7 Niels Bohr, Natural Philosophy and Human Culture, *Nature*, Bd. 143, 1939.

der andere Sozialwissenschaften interessiert und von dem man zu Recht sagen kann, daß er nicht weniger streng ist als der ihre, obwohl er auf einer anderen Ebene liegt. Die Realitäten, die die Wirtschaftswissenschaften und die Demographie anstreben, sind nicht weniger objektiv, aber man verlangt von ihnen nicht, daß sie auf der Erfahrungsebene des Subjekts, das niemals in seinem historischen Werden auf Objekte trifft wie Wert, Rentabilität, Grenznutzen oder maximale Bevölkerung, einen Sinn haben. Die Verwendung dieser abstrakten Begriffe in den Sozialwissenschaften erlaubt auch einen Vergleich mit den exakten und den Naturwissenschaften, wenn auch auf andere Art und Weise; unter diesem Gesichtspunkt nähert sich die Anthropologie nämlich eher den Kulturwissenschaften. Sie erhebt den Anspruch einer *semiologischen Wissenschaft*, sie liegt bewußt auf der Bedeutungsebene. Das ist für die Anthropologie (neben vielen anderen Gründen) ein Grund mehr, einen engen Kontakt mit der Sprachwissenschaft aufrechtzuerhalten, wo man hinsichtlich jenes sozialen Faktums Sprache die gleiche Sorge findet, nicht die objektiven Grundlagen von ihr abzutrennen, das heißt den Aspekt *Laut* von seiner bezeichnenden Funktion, dem Aspekt *Sinn*.[8]

Totalität

Das zweite Ziel der Anthropologie ist die *Totalität*. Sie sieht im sozialen Leben ein System, in dem alle Aspekte organisch verbunden sind. Sie erkennt gern an, daß es zur Vertiefung der Kenntnis einiger Arten von Phänomenen unerläßlich ist, eine Einheit zu zerstückeln, wie es der Sozialpsychologe, der Jurist, der Wirtschaftswissenschaftler und der Politologe tun. Aber sie interessiert sich viel zu sehr für die Methode der Modelle (die sie selbst auf einigen Gebieten, wie zum Beispiel der Verwandtschaft, anwendet), als daß sie nicht die Legitimität dieser Sondermodelle zugäbe.

Versucht der Anthropologe, Modelle zu bauen, so tut er das immer im Hinblick auf und im Gedanken an eine *allgemeine Form*, die er

8 Diese Zeilen waren gerade geschrieben, als wir auf ganz ähnliche Gesichtspunkte bei einem Philosophen von heute stießen. Eine veraltete Soziologie kritisierend, erklärte Jean Paul Sartre: »... die Soziologie der Primitiven fällt niemals unter diese Vorwürfe. Man untersucht da wirkliche *Signifikateinheiten*« (*Les Temps Modernes*, Okt.–Nov. 1952, S. 729, Anm. 1).

für die verschiedenen Äußerungen des sozialen Lebens zu finden hofft. Diese Tendenz findet man sowohl in dem von Marcel Mauss eingeführten Begriff des *fait social total* wie in dem des *pattern*, dessen Bedeutung in der angelsächsischen Anthropologie im Laufe der letzten Jahre immer größer geworden ist.

Bezeichnung

Die dritte Neuheit der anthropologischen Forschung ist weit schwerer zu definieren und zweifellos noch wichtiger als die beiden anderen. Man hat sich so sehr daran gewöhnt, die Gesellschaften, mit denen sich der Ethnologe beschäftigt, durch negative Merkmale zu unterscheiden, daß es schwer fällt zu sehen, daß ihre Vorliebe positive Gründe hat. Das Gebiet der Anthropologie, sagt man gern (und Lehrstuhlbezeichnungen bestätigen das), besteht aus Gesellschaften, die *nicht* zivilisiert, *ohne* Schrift, *vor-* oder *nicht*industriell sind. Aber alle diese Bezeichnungen verschleiern eine positive Wirklichkeit: diese Gesellschaften sind auf Beziehungen von Menschen gegründet, auf konkrete Beziehungen zwischen Individuen, die wichtiger sind als die anderen. Dieser Punkt würde eine ausführliche Begründung erfordern; aber ohne hier auf Einzelheiten einzugehen, wollen wir betonen, daß der geringe Umfang der sogenannten »primitiven« Gesellschaften (ein weiteres negatives Kriterium) im allgemeinen solche Beziehungen zuläßt, und daß sogar in dem Fall, in dem die Gesellschaften dieses Typus sehr ausgedehnt oder verstreut sind, die Beziehungen zwischen den entferntesten Individuen noch nach dem Typus der unmittelbarsten Beziehungen konstruiert sind, für die die Verwandtschaft im allgemeinen das Modell abgibt. Radcliffe-Brown hat für Australien Beispiele dieser Ausdehnungen gegeben, die heute als klassisch gelten.

Das Kriterium der Authentizität

In dieser Hinsicht müßten eher die Gesellschaften des modernen Menschen durch ein negatives Merkmal definiert werden. Unsere Beziehungen zu anderen Menschen sind nur noch sporadisch und fragmentarisch auf diese umfassende Erfahrung, auf das konkrete

Verständnis eines Subjekts für ein anderes gegründet. Sie ergeben sich zum großen Teil aus indirekten Rekonstruktionen nach geschriebenen Dokumenten. Wir sind an unsere Vergangenheit nicht mehr durch eine mündliche Tradition gebunden, die einen lebendigen Kontakt mit Personen – Märchenerzählern, Priestern, Weisen oder Alten – einschließt, sondern durch Bücher, die in unseren Bibliotheken lagern und durch die hindurch die Kritik – unter großen Schwierigkeiten – das Gesicht ihrer Autoren wiederherzustellen sich bemüht. Und in der Gegenwart haben wir mit der großen Mehrheit unserer Zeitgenossen durch alle möglichen Zwischenstufen – geschriebene Dokumente oder Verwaltungsmechanismen – Verbindungen, die unsere Kontakte zweifellos unendlich erweitern, ihnen aber gleichzeitig einen nicht-authentischen Charakter geben. Dieser ist sogar das typische Zeichen für die Beziehungen zwischen dem Bürger und den politischen Mächten geworden.

Wir haben nicht die Absicht, uns dem Paradox auszuliefern und die ungeheure Revolution, die durch die Erfindung der Schrift eingeleitet worden ist, negativ zu beurteilen. Aber es ist unerläßlich, sich darüber klar zu werden, daß sie der Menschheit etwas Wesentliches entzogen hat in der gleichen Zeit, in der sie ihr so viele Wohltaten brachte.[9] Eine richtige Einschätzung des Verlustes der Autonomie, der sich aus der Ausdehnung der indirekten Nachrichtenformen ergeben hat (Buch, Fotografie, Presse, Radio und so weiter), fehlt bis heute den internationalen Organisationen und besonders der Unesco; ihr aber gilt das Hauptinteresse der Theoretiker der modernsten aller Sozialwissenschaften: der Kommunikationstheorie, wie folgender Abschnitt aus *Cybernetics* von Wiener zeigt: »It is no wonder that the larger communities ... contain far less available information than the smaller communities, to say nothing of the human elements of which all communities are built up.«[10] Begeben wir uns auf ein den Sozialwissenschaften vertrauteres Gelände: die von der französischen politischen Wissenschaft her bekannten Debatten zwischen Anhängern des Listenwahlrechts und des Personenwahlrechts betonen in etwas verworrener Sprache, die zu präzisieren die Kommunikationstheorie recht gut mithelfen könnte, diesen Verlust an Information, der sich für die Gruppe aus

9 Vgl. dazu *Traurige Tropen*, S. 261 ff.

10 S. 188–189; ganz allgemein verdienten die Seiten 181–189, in die Charta der Unesco aufgenommen zu werden.

der Einsetzung abstrakter Werte an die Stelle des persönlichen Kontakts zwischen den Wählern und ihren Abgeordneten ergibt.
Gewiß sind die Gesellschaften von heute nicht ganz ohne Authentizität. Betrachtet man die einzelnen Punkte der anthropologischen Forschung eingehend, stellt man im Gegenteil fest, daß die Anthropologie, die sich mehr und mehr der Untersuchung der modernen Gesellschaften widmet, *Ebenen* der Authentizität zu erkennen und zu isolieren bemüht ist. Der Ethnologe ist auf vertrautem Gelände, wenn er ein Dorf, ein Unternehmen oder die »Nachbarschaft« einer großen Stadt (die *neighbourhood* der Angelsachsen) untersucht, weil dort beinahe jeder jeden kennt. Und ebenso geben die Demographen, die in einer heutigen Gesellschaft das Vorhandensein von Isolaten derselben Größenordnung, wie sie für primitive Gesellschaften charakteristisch ist [11], erkennen, den Anthropologen die Hand, die auf diese Weise einen neuen Gegenstand für sich entdecken. Die in Frankreich unter dem Patronat der Unesco durchgeführten Untersuchungen über die Gemeinwesen sind in dieser Hinsicht sehr aufschlußreich gewesen: so kamen die Forscher (zum Teil Anthropologen) in einem Dorf von 500 Einwohnern, dessen Untersuchung keinerlei Modifizierung ihrer klassischen Methoden verlangte, ebenso auf ihre Rechnung wie in einer mittelgroßen Stadt, wo sie das Gefühl hatten, ein unreduzierbares Objekt anzutreffen. Warum? Weil dreißigtausend Personen nicht in derselben Weise eine Gesellschaft bilden können wie fünfhundert. Im ersten Falle ist die Verbindung zwischen den Personen nicht grundsätzlich oder nach der Art der zwischenmenschlichen Mitteilung hergestellt; die soziale Wirklichkeit der »Sender und Empfänger« (um mit den Kommunikationstheoretikern zu sprechen) verschwindet hinter der Komplexität der »Codes« und der »Relais«. [12]
Die Nachwelt wird zweifellos sagen, daß der bedeutendste Beitrag der Anthropologie zu den Sozialwissenschaften die (übrigens unbewußte) Einführung der Hauptunterscheidung zwischen zwei Modalitäten der sozialen Existenz gewesen ist: eine Lebensweise, die ursprünglich als traditionell und archaisch wahrgenommen wurde und die vor allem zu den authentischen Gesellschaften gehört; und Formen neueren Datums, wo der erste Typ sicherlich vorhanden ist, wo

11 J. Sutter und L. Tabah, Les Notions d'isolat et de population minimum, *Population*, Bd. VI, Nr. 3, Paris, 1951.
12 Vgl. dazu: N. Wiener, *The human use of human beings*, Boston, 1950.

aber unvollkommene und unvollständige authentische Gruppen innerhalb eines viel weiteren Systems, auf dem das Siegel der Nichtauthentizität liegt, organisiert sind.
So wie diese Unterscheidung das wachsende Interesse der Anthropologie für die Arten authentischer Beziehungen, die in heutigen Gesellschaften bestehen oder neu auftauchen, erklärt und begründet, so zeigt sie auch die Grenzen ihrer Arbeit. Denn wenn es stimmt, daß ein melanesischer Volksstamm und ein französisches Dorf *grosso modo* soziale Ganzheiten gleichen Typs sind, so stimmt das nicht mehr, wenn man zugunsten größerer Einheiten extrapoliert. Daher der Irrtum der Anhänger von Untersuchungen des Nationalcharakters, die nur anthropologisch arbeiten wollen; indem sie unbewußt unreduzierbare Formen des sozialen Lebens verschmelzen, können sie nur zu zwei Ergebnissen kommen: entweder zur Bestätigung schlimmster Vorurteile oder zur Aufstellung leerer Abstraktionen.

Die Organisation des Anthropologiestudiums

Man sieht also den bizarren Scheideweg der Fächer, an dem die Anthropologie heute steht. Um das Problem der Objektivität lösen zu können, das ihr durch die Notwendigkeit einer gemeinsamen Sprache zur Übersetzung heterogener sozialer Erfahrungen auferlegt ist, beginnt die Anthropologie, sich der Mathematik und der symbolischen Logik zuzuwenden. Unser gewohntes Vokabular, das Produkt unserer eigenen sozialen Kategorien, ist in der Tat unzulänglich, um ganz andere soziologische Erfahrungen zu formulieren. Man muß Symbole verwenden wie der Physiker, wenn er ermitteln will, was zum Beispiel die Korpuskulartheorie und die Wellentheorie des Lichts gemeinsam haben: in der Sprache des Mannes von der Straße sind die beiden Auffassungen widersprüchlich; da sie aber für die Wissenschaft beide gleich »wirklich« sind, muß man Zeichensysteme eines neuen Typs verwenden, um von einer zur anderen übergehen zu können. [13]
Und da sie, an zweiter Stelle, auch »semiologische« Wissenschaft ist, wendet sie sich aus zwei Gründen der Sprachwissenschaft zu: erstens,

13 Der Leser, der diese unerwarteten Analogien zwischen den Sozialwissenschaften und den exakten Naturwissenschaften vertiefen möchte, mag sich an das schöne Buch von Pierre Auger, *L'Homme microscopique*, Paris, 1952, halten.

weil nur die Kenntnis der Sprache die Möglichkeit bietet, ein dem Beobachter fremdes System logischer Kategorien und moralischer Werte zu durchdringen, zweitens, weil die Sprachwissenschaft am ehesten lehren kann, wie man von der Betrachtung der Elemente, die in sich ohne Bedeutung sind, zu einem semantischen System kommt, und zeigen kann, wie sich das letztere aus den ersteren aufbauen läßt: was vielleicht anfangs ein Sprachproblem ist, aber dahinter und darüberhinaus das Problem der Kultur überhaupt.

Da sie drittens für die Beziehungen zwischen den verschiedenen Typen sozialer Phänomene empfänglich ist, muß sie gleichzeitig die wirtschaftlichen, juristischen, politischen, moralischen, ästhetischen und religiösen Aspekte untersuchen; sie verfolgt also aufmerksam die Entwicklung der anderen Sozialwissenschaften, insbesondere derjenigen, die mit ihr diesen ganzheitlichen Gesichtspunkt teilen, das heißt der Kulturgeographie, der Sozial- und Wirtschaftsgeschichte und der Soziologie.

Und schließlich, da sie sich im wesentlichen an jene Formen des sozialen Lebens hält (von denen die sogenannten primitiven Gesellschaften nur die am einfachsten zu isolierenden und die am weitesten entwickelten Beispiele bilden), die durch Authentizität definiert sind, welche sich an der Ausdehnung und dem Reichtum der konkreten Beziehungen zwischen den Individuen ermessen läßt, unterhält die Anthropologie unter diesem Gesichtspunkt den engsten Kontakt zur (allgemeinen und sozialen) Psychologie.

Es kann nicht die Rede davon sein, die Studenten mit der ungeheuren Menge von Kenntnissen zu erdrücken, die die völlige Befriedigung aller dieser Forderungen verlangen würde. Aber eine gewisse Anzahl praktischer Konsequenzen ergeben sich zumindest aus dem Bewußtsein dieser Komplexität.

1. Die Anthropologie ist eine zu weit verzweigte und zu technische Disziplin geworden, als daß man empfehlen könnte, sie auf den Unterricht eines Jahres zu begrenzen, der allgemein »Einführung in die Anthropologie« (oder so ähnlich) heißt und gewöhnlich aus vagen Kommentaren über die Organisation von Clans, Polygamie und Totemismus besteht. Es wäre besonders gefährlich, sich einzubilden, daß man mit solchen oberflächlichen Begriffen auf irgendeine Weise junge Leute – Missionare, Verwaltungsbeamte, Diplomaten, Militärs und so weiter –, die dazu bestimmt sind, im engen Kontakt mit sehr verschiedenen Völkern zu leben, auf ihre Aufgabe vorbereitet.

Eine Einführung in die Anthropologie macht ebensowenig einen Anthropologen, nicht einmal einen Amateur-Anthropologen, wie eine Einführung in die Physik einen Physiker oder auch nur die Hilfskraft eines Physikers macht.
Die Anthropologen tragen in dieser Hinsicht eine schwere Verantwortung. Lange Zeit vergessen und verachtet, fühlen sie sich häufig geschmeichelt, wenn man sich bei ihnen als Abschluß einer technischen Ausbildung einen Hauch Anthropologie holt. Sie müssen dieser Versuchung aufs energischste widerstehen. Es kann überhaupt nicht die Rede davon sein – besonders nach dem, was gesagt worden ist –, aus allen Menschen Anthropologen zu machen. Aber wenn ein Mediziner, ein Jurist oder ein Missionar einige Begriffe der Anthropologie beherrschen muß, dann unter dem Aspekt einer sehr technischen und sehr fortschrittlichen Ausbildung in jenen wenigen Kapiteln anthropologischer Forschung, die sich direkt auf die Ausübung seines Berufes und auf das Gebiet der Welt, wo er ihn ausüben will, beziehen.
2. Wie groß auch die Zahl der geplanten Kurse ist, Anthropologen kann man nicht in einem Jahr ausbilden. Für einen umfassenden Unterricht, der die Zeit des Studenten vollständig absorbiert, ist das Minimum drei Jahre, und dieses Minimum sollte bei bestimmten beruflichen Qualifikationen auf vier oder fünf Jahre verlängert werden. Es scheint also unerläßlich, daß in allen Universitäten die Anthropologie nicht mehr, wie es häufig (insbesondere in Frankreich) der Fall ist, auf die Stufe einer ergänzenden Wissenschaft heruntergedrückt wird. Zeugnisse der Anthropologie müssen bis zu den höchsten Universitätsgraden hinauf Studien bestätigen, die ausschließlich und gänzlich anthropologisch sind.
3. Aber so verstanden ist der ganze unter dem Oberbegriff Anthropologie zusammengefaßte Stoff zu komplex, als daß er nicht eine Spezialisierung erforderlich machte. Es muß natürlich für alle Anthropologen im Laufe des ersten Studienjahres eine gemeinsame Ausbildung geben, die ihnen gestattet, ihre spätere Spezialisierung zu wählen, wenn sie größeren Überblick haben. Auch wenn man kein strenges Programm vorschlägt, müssen folgende Gebiete behandelt werden: Elemente der physischen Anthropologie, der Sozial- und Kulturanthropologie; Vorgeschichte, Geschichte der ethnologischen Theorie und allgemeine Sprachwissenschaft.
Vom zweiten Jahre an sollte eine Spezialisierung nach Stoffen be-

ginnen: a) physische Anthropologie zusammen mit vergleichender Anatomie, Biologie und Physiologie; b) Sozialanthropologie mit Wirtschafts- und Sozialgeschichte, Sozialpsychologie, Sprachwissenschaft; c) Kulturanthropologie mit Technologie, Geographie und Vorgeschichte.

Im dritten Jahre (vielleicht schon vom zweiten an) müßte mit dieser systematischen Spezialisierung eine regionale einhergehen, die außer der Vorgeschichte, der Archäologie und der Geographie die Lehre einer oder mehrerer Sprachen des Teiles der Welt umfassen sollte, den der Forscher auswählt.

4. Das Studium der allgemeinen oder regionalen Anthropologie schließt immer ausgedehnte Lektüre ein. Wir denken nicht so sehr an die Handbücher (die den gesprochenen Unterricht ergänzen, aber niemals ersetzen können) und die theoretischen Werke (die man erst in den letzten Ausbildungsjahren heranziehen sollte), als vielmehr an die Monographien, das heißt an die Bücher, durch die hindurch der Student dahin geführt wird, eine im Gelände erlebte Erfahrung zu wiederholen, und durch die er dazu kommt, diejenigen Kenntnisse zu sammeln, die ihm allein das erforderliche intellektuelle Gepäck geben und ihn vor voreiligen Verallgemeinerungen und Vereinfachungen bewahren können.

Während der ganzen Dauer des Studiums müssen folglich die praktischen Kurse und Arbeiten durch Pflichtlektüre vervollständigt werden, das heißt, durch einige tausend Seiten jährlich, die durch verschiedene pädagogische Verfahren (schriftlicher und mündlicher Art) im einzelnen kontrolliert werden, was wir hier nicht näher erörtern können. Daraus ergibt sich: a) daß jedes Institut oder jede Schule für Anthropologie eine umfangreiche Bibliothek besitzen muß, in der viele Werke in zwei oder drei Exemplaren vorhanden sein müssen; b) daß in der heutigen Zeit der Student von Anfang an mindestens eine Fremdsprache hinreichend beherrschen muß, die er unter denen auswählen sollte, die in der anthropologischen Literatur dieser letzten Jahre am häufigsten vorkommen.

Wir zögern allerdings, auf diesem Gebiet eine Politik der systematischen Übersetzungen zu empfehlen: das technische Vokabular der Anthropologie ist heute in einem Zustand vollständiger Anarchie. Jeder Autor neigt dazu, eine ihm eigene Terminologie zu verwenden; die Bedeutung der wichtigsten Ausdrücke ist nicht festgelegt. Man kann also wetten, daß ein Land ohne nennenswerte anthropologische Produktion in seiner eigenen Sprache auch keine spezialisierten Übersetzer besitzt, die den genauen Sinn der Ausdrücke und die Nuancen der Ideen eines ausländischen Autors wiederzugeben vermögen. In dieser Hinsicht kann man die Unesco nicht genug drängen, ihr Projekt, ein internationales wissenschaftliches Vokabular zu schaffen, das vielleicht größere Übereinstimmung ermöglichen würde, zu verwirklichen.

Schließlich ist es sehr wünschenswert, daß im Unterricht Verbreitungsmittel wie Projektionen, Dokumentarfilme, Sprech- oder Musikplatten verwendet werden. Verschiedene neuere Einrichtungen, insbesondere die des *Centre international du film documentaire éthnographique*, das auf dem vorletzten Kongreß der Internationalen Union der anthropologischen Wissenschaften (Wien 1952) beschlossen worden ist, lassen für die Zukunft einiges erhoffen.

5. Es wäre gut, wenn diesen drei Jahren theoretischer Ausbildung ein oder zwei Jahre praktischer Arbeit folgten, zumindest für diejenigen, die sich für einen anthropologischen Beruf (Lehrfach oder Forschung) entschließen. Aber hier stellen sich tatsächlich Probleme größter Komplexität.

Lehre und Forschung

Ausbildung der Lehrer

Wir wollen zunächst den Fall der zukünftigen Lehrer für Anthropogie betrachten. Welches auch die Bedingungen für das Lehrfach sind (im allgemeinen das Doktordiplom oder Arbeiten von gleichem Niveau), so sollte niemand den Anspruch erheben dürfen, Anthropologie zu unterrichten, der nicht mindestens eine wichtige Untersuchung im Gelände durchgeführt hat. Wir werden später die theoretische Rechtfertigung dieser Forderung geben, die zu Unrecht als übertrieben erscheint. Man muß ein für allemal mit der Illusion Schluß machen, daß man die Anthropologie im geschlossenen Raum mit Hilfe einer vollständigen (oder sehr oft einer gekürzten) Ausgabe des *Golden bough* und anderer Kompilationen, welches auch ihreVorzüge sein mögen, lehren kann. Denen, die gegen diese Einwände den Fall berühmter Gelehrter zitieren, die niemals ins Gelände gegangen sind (Sir James Frazer antwortete jenen, die ihm diese Frage vorlegten: »Gott behüte!«), kann man sagen, daß Lévy-

Bruhl zum Beispiel niemals einen Lehrstuhl für Anthropologie noch einen mit entsprechendem Titel innegehabt hat (zu seinen Lebzeiten gab es in den französischen Universitäten keinen), sondern einen philosophischen: es wird in Zukunft nicht zu umgehen sein, reinen Theoretikern Lehrstühle zu geben, die Nachbarfächer der Anthropologie sind: Religionsgeschichte, Vergleichende Soziologie oder andere. Der Unterricht der Anthropologie muß den *Augenzeugen* vorbehalten bleiben. Diese Haltung hat nichts übertriebenes, sie ist *de facto* (wenn auch nicht immer *de iure*) in allen Ländern eingehalten worden, wo die Anthropologie eine gute Entwicklung genommen hat.

Ausbildung der Forscher

Das Problem wird heikler, wenn es sich um zukünftige Mitglieder des anthropologischen Berufes handelt, also um Forscher. [14] Gerät man nicht in einen circulus vitiosus, wenn man von ihnen verlangt, sie müßten Untersuchungen durchgeführt haben, bevor sie von der Universität qualifiziert werden, sie zu unternehmen? Hier können wir uns praktisch auf die Überlegungen der vorhergehenden Seiten beziehen, um zu versuchen, die ganz besondere Situation aufzuhellen, in der sich die Anthropologie befindet.

Wir haben weiter oben als ihren besonderen Charakter und ihr Hauptverdienst die Tatsache beschrieben, daß sie in allen Formen des sozialen Lebens zu isolieren sucht, was wir die *Ebenen der Authentizität* genannt haben: entweder vollständige Gesellschaften (die sich sehr häufig unter den sogenannten »primitiven« finden); oder Modi sozialer Tätigkeit (die sogar innerhalb der heutigen oder »zivilisierten« Gesellschaften isolierbar sind), die sich aber in allen Fällen durch eine besondere psychologische Dichte definieren lassen und in denen die Beziehungen zwischen den Menschen und das System der sozialen Beziehungen integriert sind und ein Ganzes bilden. Aus diesen deutlich unterschiedenen Merkmalen ergibt sich unmittelbar eine Folgerung: solche Formen sozialen Lebens lassen

14 Der Leser mag sich hinsichtlich dieser Fragen auf die Sondernummer des *American Anthropologist* beziehen, die einem Symposium gewidmet ist: The Training of the Professional Anthropologist (Bd. 54, Nr. 3, 1952). Die hier von uns angeschnittenen Probleme werden dort unter dem Gesichtswinkel der nordamerikanischen Situation diskutiert.

sich niemals nur von außen erkennen. Um sie erfassen zu können, muß es dem Forscher gelingen, für sich die Synthese zu rekonstituieren, die jene charakterisiert, das heißt, er darf sich nicht damit begnügen, sie in Elemente zu zerlegen, sondern muß sie sich in ihrer Totalität in Form seiner eigenen Erfahrung aneignen.

Man sieht also, daß der Anthropologe aus einem sehr tiefen Grunde, der mit der Natur seines Faches selbst und mit dem ausgesprochenen Charakter seines Objekts zusammenhängt, die Erfahrung im Gelände braucht. Für ihn ist sie kein Berufsziel, keine Ergänzung seiner Kultur, keine technische Lehrzeit. Sie stellt ein entscheidendes Moment seiner Erziehung dar: vorher kann er unzusammenhängende Kenntnisse besitzen, die niemals ein Ganzes bilden; erst nachher lassen diese Kenntnisse sich als ein organisches Ganzes begreifen und bekommen plötzlich einen Sinn, der ihnen vorher fehlte. Diese Situation ähnelt derjenigen der Psychoanalyse sehr: es wird heute allgemein anerkannt, daß die Praxis des Analytikerberufes eine spezifische und unersetzliche Erfahrung verlangt, die in der Analyse selbst liegt; deshalb verlangen alle Berufsvorschriften von dem zukünftigen Analytiker, sich selbst einer Analyse zu unterziehen. Für den Anthropologen bildet die Praxis im Gelände das Äquivalent zu dieser einzigartigen Erfahrung; wie beim Psychoanalytiker kann das Experiment gelingen oder scheitern, und keinerlei Prüfung, sondern nur das Urteil erfahrener Mitglieder des Berufes, deren Werk bestätigt, daß sie selbst dieses Kap erfolgreich umsegelt haben, kann darüber entscheiden, ob und wann der Kandidat für den anthropologischen Beruf bei der Arbeit im Gelände jene innere Umwälzung vollzogen hat, die aus ihm wahrhaftig einen neuen Menschen macht.

Aus diesen Überlegungen ergeben sich mehrere Folgerungen.

Die Rolle der anthropologischen Museen

Erstens erfordert die Praxis des anthropologischen Berufes, der voller Gefahren steckt, da er die Einführung eines Fremdkörpers – des Forschers – in ein Milieu einschließt, das seine innere Konstitution und seine Situation in der Welt besonders labil und zerbrechlich machen, eine vorherige Qualifikation, und diese kann nur im Gelände erlangt werden.

Zweitens entspricht diese theoretisch widerspruchsvolle Situation zwei bestehenden Modellen: dem der Psychoanalyse, wie wir eben festgestellt haben, und dem des Medizinstudiums im allgemeinen, wo das Externat und das Internat gerade durch die Praxis der Diagnostik in diese Lehre der Diagnostik selbst einführen.
Drittens zeigen die beiden soeben erwähnten Modelle, daß der Erfolg nur in persönlichem Kontakt mit dem Lehrer erzielt werden kann, einem möglichst engen und langen Kontakt, um in den Ablauf der Studien ein notwendiges Schiedsrichterelement hineinzubringen: den »Chef« im Medizinstudium; den Kontrollanalytiker in den psychoanalytischen Studien. Dieses Kontrollelement mag durch verschiedene Verfahren, die unmöglich hier untersucht werden können, eingeengt werden, aber es ist nicht ersichtlich, wie es in der Anthropologie vollständig auszuschalten wäre. Auch dort muß ein Älterer eine persönliche Verantwortung für die Ausbildung des jungen Forschers übernehmen. Der Kontakt mit einer Person, die schon für sich selbst eine psychologische Verwandlung durchgemacht hat, ist zugleich ein Mittel für den Schüler, sie schneller zu erreichen, und für den Lehrer, festzustellen, ob und in welchem Augenblick sein Schüler ebenso weit ist.
Fragen wir uns nunmehr, welches die praktischen Mittel sind, dem zukünftigen Forscher eine Erfahrung des Geländes »unter Kontrolle« zu verschaffen. Es gibt, so scheint es, drei:

Die praktischen Arbeiten

Wir denken an praktische Arbeiten unter der Leitung von Professoren oder Assistenten, die in den letzten Studienjahren unterrichten. Diese Lösung hat nur einen Annäherungswert. Ohne den jungen Institutionen oder Ländern, die über keine geeigneten Strukturen verfügen, abraten zu wollen, muß man den provisorischen Charakter betonen. Die praktischen Arbeiten, die zum Unterricht hinzukommen, erscheinen oft als Last oder Vorwand. Drei unglückliche Wochen in einem Dorf oder einem Unternehmen können diese psychologische Umwälzung, die die entscheidende Wendung in der Ausbildung des Anthropologen bezeichnet, nicht herbeiführen, nicht einmal dem Studenten einen schwachen Abglanz davon bieten. Diese hastigen praktischen Aufenthalte sind zuweilen unheilvoll, da sie nur die oberflächlichsten und summarischsten Untersuchungsverfahren erlauben; sie bilden auf diese Weise oft eine *Gegenausbildung*; so nützlich das Pfadfinderwesen für die Erziehung des Jungen sein kann, man darf die berufliche Ausbildung auf dem Niveau der Universität nicht mit Formen eines kontrollierten Spiels verwechseln.

Die praktischen Arbeiten draußen

Man könnte aber praktische Arbeiten von längerer Dauer in Instituten, Institutionen oder Einrichtungen vorsehen, die, ohne einen spezifisch anthropologischen Charakter zu haben, auf der Ebene dieser zwischenmenschlichen Beziehungen und umfassenden Situationen funktionieren, die wir als Wahlgebiete der Anthropologie genannt haben: zum Beispiel städtische Verwaltungen, soziale Dienste, Berufsämter usw. Diese Lösung würde im Vergleich zu der vorhergehenden den großen Vorteil haben, nicht auf eingebildete Erfahrungen zu spekulieren. Sie bietet dagegen die Unannehmlichkeit, die Studenten unter die Kontrolle und Verantwortung von diensthabenden Chefs zu bringen, die keine anthropologische Ausbildung haben, das heißt unfähig sind, die theoretische Tragweite der täglichen Erfahrungen abzuschätzen. Es handelt sich also eher um eine Zukunftslösung, die ihren Wert erst in dem Augenblick bekommt, in dem eine nennenswerte Anzahl von Anthropologen in den Einrichtungen oder Diensten dieses Typus zu finden sein wird.

Die Museen für Anthropologie

Zu Anfang dieser Untersuchung haben wir schon auf die Rolle des Museums als Verlängerung des Geländes angespielt. Und tatsächlich stellt der Kontakt mit den Objekten, die Bescheidenheit, die dem Museumspraktikanten durch die niedrigen Arbeiten, die mit seinem Beruf zusammenhängen, wie Auspacken, Reinigen, Warten, anerzogen wird, der scharfe Sinn für das Konkrete, den die Arbeit der Identifizierung, Klassifizierung und Analyse der Sammlungsstücke entwickelt, die ständige Verbindung mit dem Milieu des Eingeborenen, die sich indirekt durch die Zwischenschaltung von Instrumenten herstellt, die man handhaben können muß, um sie zu kennen, und die im übrigen eine Textur, eine Form, zuweilen sogar einen Geruch haben, dessen Aufnahme durch das Organ, abertausendmal wiederholt, eine unbewußte Vertrautheit mit den Lebensweisen und fernen Tätigkeiten schafft, schließlich die Achtung vor der Verschiedenartigkeit der Äußerungen des menschlichen Geistes, die sich als Ergebnis so vieler unaufhörlicher Beweise für den Geschmack, die Intelligenz und das Wissen einstellt, denen die oft ganz unbedeutenden Objekte jeden Tag den Museumspraktikanten unterwerfen, all das stellt eine Erfahrung von einem Reichtum und einer Dichte dar, die man nicht unterschätzen sollte.

Diese Überlegungen erklären, weshalb das *Institut d'ethnologie de l'Université de Paris* so viel Wert auf die Gastfreundschaft legt, die ihm vom *Musée de l'homme* zuteil wird; weshalb auch der amerikanische Bericht empfiehlt, gleichsam als Normalsituation, die sich in den Vereinigten Staaten tagtäglich mehr verallgemeinert, daß jede anthropologische Fakultät innerhalb der Universität über ein Museum mittlerer Dimensionen verfügen soll. Aber man kann meiner Meinung nach in dieser Richtung noch viel mehr tun.

Lange Zeit hindurch sind die Museen für Anthropologie nach anderen Einrichtungen gleicher Art entworfen worden, das heißt als Galerien, wo Objekte aufbewahrt werden: Dinge, tote und gewissermaßen fossile Dokumente hinter Schaufenstern, vollständig abgetrennt von den Gesellschaften, die sie hervorgebracht haben, wobei das einzige Band zwischen diesen und jenen durch die vermittelnden Missionen hergestellt wird, die ins Gelände geschickt werden, um Sammlungen zusammenzustellen, stumme Zeugen von Lebensweiweisen, die dem Besucher fremd und unzugänglich sind.

Die Entwicklung der Anthropologie als Wissenschaft und die Umwandlungen der modernen Welt treiben nun in doppelter Weise dazu an, diese Auffassung zu modifizieren. Wie wir oben gezeigt haben, wird sich die Anthropologie immer mehr ihres wirklichen Gegenstandes bewußt, der durch einige Modalitäten der sozialen Existenz des Menschen gebildet wird und vielleicht leichter erkennbar und schneller isolierbar ist in Gesellschaften, die sich von denen des Beobachters sehr unterscheiden, die aber dennoch auch in dieser existieren. Je mehr die Anthropologie ihre Reflexion auf ihr Objekt vertieft, und je mehr sie ihre Methoden verfeinert, desto mehr fühlt sie sich fortlaufend *going back home*, wie die Angelsachsen sagen würden. Obwohl die amerikanische Anthropologie für sehr verschiedene und schlecht identifizierbare Formen Vorliebe hat, täte man Unrecht, in dieser Tendenz ein besonderes Merkmal der amerikanischen Anthropologie zu sehen. In Frankreich und in Indien sind die mit Hilfe der Unesco durchgeführten Untersuchungen über Gemeinwesen durch das *Musée de l'homme* in Paris und das *Anthropological Museum* in Kalkutta geleitet worden. Das *Musée des arts et traditions populaires* steht neben einem französischen Laboratorium für Ethnographie; und im Schutze des *Musée de l'homme* steht das Laboratorium für soziale Ethnographie, das trotz seines Namens und seines Wohnsitzes nicht der melanesischen oder afrikanischen Soziologie gewidmet ist, sondern der des Pariser Gebietes. In allen diesen Fällen kann es sich nun nicht ausschließlich darum handeln, Objekte zu sammeln, sondern auch und besonders, Menschen zu verstehen; weniger darum, trockene Reste zu archivieren, wie man das in Herbarien macht, als Existenzformen zu beschreiben und zu analysieren, an denen der Beobachter unmittelbar teilnimmt.

Dieselbe Tendenz zeigt sich in der physischen Anthropologie, die sich nicht mehr wie in der Vergangenheit damit begnügt, Messungen und Knochenreste anzusammeln, sondern die rassischen Phänomene der lebenden Individuen untersucht, wobei sie die Weichteile genau so beachtet wie das Skelett und die physiologische Tätigkeit ebenso und mehr noch als die einfache anatomische Struktur. Sie beschäftigt sich also vornehmlich mit den heutigen Prozessen der Differenzierung bei allen Repräsentanten der menschlichen Art, anstatt sich darauf zu beschränken, deren verknöcherte Ergebnisse zu sammeln, im wörtlichen wie im metaphorischen Sinne, und zwar bei Arten, die am leichtesten von der des Beobachters unterschieden werden können. Andererseits haben die Ausdehnung der westlichen Zivilisation, die Entwicklung der Kommunikationsmittel, die Häufigkeit der Umsiedlungen, die für die heutige Welt charakteristisch sind, das Menschengeschlecht in Bewegung gesetzt. Es gibt heute praktisch keine isolierten Kulturen mehr; um irgendeine oder wenigstens einige ihrer Produkte zu untersuchen, muß man (von wenigen Ausnahmen abgesehen) nicht mehr unbedingt um den halben Erdball reisen und Entdecker spielen. Große Städte wie New York, London, Paris, Kalkutta oder Melbourne zählen in ihrer Bevölkerung Vertreter der verschiedensten Kulturen; die Sprachforscher, die mit Erstaunen entdecken, daß sie Informanten hoher

Qualität für ferne Sprachen vor sich haben, die zuweilen als ausgestorben galten, wissen das genau.
Die Museen für Anthropologie sandten früher Menschen aus, die in einer einzigen Richtung reisten, um Objekte zu holen, die in umgekehrter Richtung reisten. Aber heute reisen die Menschen nach allen Richtungen; und da diese Vermehrung der Kontakte eine Homogenisierung der materiellen Kultur (die sich für die primitiven Gesellschaften sehr häufig als Ausrottung erwies) herbeiführt, kann man sagen, daß die Menschen gewissermaßen dazu neigen, die Objekte zu ersetzen. Die Museen für Anthropologie müssen dieser ungeheueren Wandlung erhöhte Aufmerksamkeit schenken. Ihre Aufgabe als Aufbewahrungsort von Objekten wird fortbestehen, nicht aber sich entwickeln oder gar erneuern. Wenn es auch immer schwieriger wird, Bogen und Pfeile, Trommeln und Halsbänder, Körbe und Götterstatuen zu sammeln, so wird es dafür immer leichter, systematisch Sprachen, Glaubensinhalte, Verhaltensweisen und Persönlichkeiten zu untersuchen. Wie viele Gemeinwesen in Südostasien, im schwarzen und weißen Afrika und im vorderen Orient sind nicht in Paris durch durchreisende Individuen oder dort wohnende Familien oder sogar kleine Kollektive vertreten?

Theoretische und angewandte Anthropologie

Von diesem Gesichtspunkt aus eröffnen sich also nicht nur neue Forschungsmöglichkeiten für die anthropologischen Museen (die sich auf diese Weise weitgehend in Laboratorien verwandeln[15]), sondern auch neue Aufgaben von praktischer Tragweite. Denn die Vertreter von Randkulturen, die nicht oder schlecht integriert sind, haben der Ethnologie viel zu geben: Sprache, mündliche Überlieferungen, Glaubensinhalte, Weltanschauungen, Einstellungen zu Menschen und Dingen. Aber sie sind auch sehr oft mit realen und beängstigenden Problemen beschäftigt: Isolierung, Heimatlosigkeit, Ar-

15 Man wird in dieser Hinsicht bemerken, daß seit 1937 die Gebäude, die in Paris immer das *Musée de l'homme* beherbergt haben, zu zwei Dritteln der Laboratoriumsarbeit vorbehalten sind und nur zu einem Drittel den Ausstellungen. Diese Auffassung – in der revolutionären Epoche – hat die enge Verbindung zwischen der Praktikantenarbeit und dem Unterricht ermöglicht. Daß das *Musée de l'homme* und das *Institut d'Ethnologie* unter einem Dach vereint sind, ist schon weiter oben erwähnt worden.

beitslosigkeit, Verständnislosigkeit des Milieus, in das sie vorübergehend oder dauernd geraten sind, sehr oft gegen ihren Willen oder ohne genaue Kenntnis dessen, was sie erwartete. Wer wäre also besser geeignet als der Ethnologe, ihnen in diesen Schwierigkeiten beizustehen, und das aus zwei Gründen, in denen sich die Synthese der vorher dargelegten Gesichtspunkte vollendet? Erstens, weil der Ethnograph das Milieu kennt, aus dem sie kommen; er hat im Gelände ihre Sprache und ihre Kultur untersucht und sympathisiert mit ihnen; und zweitens, weil die der Anthropologie eigentümliche Methode sich definieren läßt durch diese »Distanzierung«, die den Kontakt zwischen Vertretern sehr verschiedener Kulturen charakterisiert. *Der Anthropologe ist der Astronom der Sozialwissenschaften*: er ist beauftragt, den Sinn von Konfigurationen, die sich nach Größe und Entfernung von denen, in denen der Beobachter lebt, sehr unterscheiden, herauszuarbeiten. Es gibt also keinen Grund, die Einmischung des Anthropologen in die Analyse und Reduktion dieser äußeren Entfernungen einzuschränken; er kann auch (zusammen mit Spezialisten anderer Fächer) zur Untersuchung innerer Erscheinungen seinen Beitrag liefern, dieses Mal als Untersuchung von Phänomenen seiner eigenen Gesellschaft, die das gleiche Merkmal der »Distanzierung« tragen: entweder, weil sie nur einen Teil der Gruppe und nicht die Gesamtheit interessieren, oder auch weil sie einen Ganzheitscharakter haben und ihre Wurzeln daher tief im Unbewußten liegen. Zum Beispiel einerseits Prostitution oder Jugendkriminalität, andererseits Widerstand gegen Nahrungs- oder Hygieneänderungen.

Wenn der Platz der Anthropologie innerhalb der Sozialwissenschaften so immer genauer erkannt würde, und wenn ihre praktische Funktion dahin gelangte, sich vollständiger, als es heute der Fall ist, herauszuschälen, dann sähe man, daß wesentliche Probleme sich auf dem Wege zu einer Lösung befinden:

1. Von einem praktischen Gesichtspunkt aus wäre eine soziale Funktion, die heute nur sehr unvollkommen erfüllt wird, gesichert: es genügt in dieser Hinsicht, an die Probleme zu denken, die durch die Einwanderung der Portorikaner nach New York oder die der Nordafrikaner nach Paris entstanden sind, Probleme, die oft unqualifizierte Verwaltungen sich sinnlos gegenseitig zuschieben.

2. Für den Anthropologen würde sich ein weites Arbeitsfeld ergeben. Wir haben dieses Problem noch nicht ins Auge gefaßt, dessen Lösung

offensichtlich in allen neueren Entwicklungen steckt. Um eine passende Antwort darauf zu finden, genügt es nicht, an jenes Selbstverständliche zu erinnern: daß jede Person, die in einer Gesellschaft leben muß, die sich von ihrer eigenen sehr unterscheidet – Verwalter, Militär, Missionar, Diplomat usw. –, eine anthropologische Ausbildung haben muß, wenn schon keine allgemeine, so wenigstens eine spezialisierte. Auch muß man sich darüber im klaren sein, daß einige wesentliche Funktionen der heutigen Gesellschaften, die mit dieser wachsenden Mobilität der Weltbevölkerung zusammenhängen, heute nicht oder nur schlecht erfüllt sind; daß daraus Schwierigkeiten erwachsen, die zuweilen Krisencharakter annehmen und die Unverständnis und Vorurteile erzeugen; daß die Anthropologie heute die einzige Wissenschaft der sozialen »Distanzierung« ist; daß sie über einen ungeheuren theoretischen und praktischen Apparat verfügt, der ihr gestattet, Praktiker auszubilden; und besonders, daß sie verfügbar und bereit ist, bei Aufgaben zu helfen, die sich überall der Aufmerksamkeit der Menschen aufdrängen. [16]

3. Und schließlich sieht man auf der kleinen Ebene unserer Untersuchung, wie die Entfaltung der Museen für Anthropologie zu

16 Vorschläge dieser Art sind oft kritisiert worden, weil sie die Gefahr mit sich bringen, aus dem Anthropologen eine Hilfskraft für die Sozialordnung zu machen. Selbst wenn diese Gefahr besteht, ist es meiner Auffassung nach besser, sich ihr zu stellen, als sich ihr zu entziehen, weil die Teilnahme des Anthropologen wenigstens ermöglicht, die Tatsachen zu kennen, und weil die Wahrheit eine eigene Kraft besitzt. Ich möchte nicht, daß man die vorangegangenen Seiten mißverstehe: persönlich habe ich keinerlei Gefallen an der angewandten Anthropologie, und ich zweifle an ihrer wissenschaftlichen Tragweite. Aber diejenigen, die sie in ihrem Prinzip kritisieren, sollten sich daran erinnern, daß das erste Buch des *Kapital* teilweise nach den Berichten englischer Fabrikinspektoren geschrieben worden ist, denen Marx in seiner Vorrede eine betonte Huldigung darbringt: »Wir würden *vor unsren eignen Zuständen erschrecken,* wenn unsre Regierungen und Parlamente, wie in England, periodische Untersuchungskommissionen über die ökonomischen Verhältnisse bestallten, wenn diese Kommissionen mit derselben Machtvollkommenheit, wie in England, zur Erforschung der Wahrheit ausgerüstet würden, wenn es gelänge, zu diesem Behuf ebenso sachverständige, unparteiische und rücksichtslose Männer zu finden, wie die Fabrikinspektoren Englands sind, seine ärztlichen Berichterstatter über ›Public Health‹ (Öffentliche Gesundheit), seine Untersuchungskommissäre über die Exploitation der Weiber und Kinder, über Wohnungs- und Nahrungszustände und so weiter. Perseus brauchte eine Nebelkappe zur Verfolgung von Ungeheuern. Wir ziehen die Nebelkappe tief über Aug' und Ohr, um die Existenz der Ungeheuer wegleugnen zu können.« (Marx, *Das Kapital,* 1. Band, Berlin 1953, S. 7.)
Man sieht, daß Marx nicht daran dachte, diesen *applied anthropologists* jener Zeit vorzuwerfen, sie seien Diener der bestehenden Ordnung; sie waren es, aber wie wichtige, angesichts der Tatsachen, die sie beibrachten. (Anmerkung 1957)

Laboratorien, die der Untersuchung der am schwierigsten reduzierbaren sozialen Phänomene gewidmet sind oder, mit den Mathematikern zu reden, der Untersuchung der »Grenz«-Formen der sozialen Beziehungen, die geeignetste Lösung des Problems der beruflichen Ausbildung der Anthropologen liefern könnte. Die neuen Laboratorien würden die Möglichkeit bieten, daß die letzten Studienjahre in Form wirklicher Externate und Internate unter der Leitung von Professoren vor sich gingen, die gleichzeitig Chefs der Klinik wären, wie beim Medizinstudium. Der theoretische und praktische Aspekt der Studien fände seine Rechtfertigung und seine Grundlage in dem Aufstieg des Berufes zu neuen Aufgaben. Denn die Anthropologie würde vergeblich eine Anerkennung heischen, die man schon ihren theoretischen Eroberungen schuldig wäre, wenn sie in der kranken und ängstlichen Welt, in der wir leben, nicht darauf bedacht wäre zu beweisen, *wozu sie dient*.

Anhang

Bibliographie

Adam, L.

1931 Das Problem der Asiatisch-Altamerikanischen Kulturbeziehungen mit besonderer Berücksichtigung der Kunst, *Wiener Beiträge zur Kunst- und Kulturgeschichte Asiens*, Bd. 5.

1936 Northwest American Indian Art and its Early Chinese Parallels, *Man*, Bd. 36, Nr. 3.

1939 Bericht über: C. Hentze, Frühchinesische Bronzen und Kulturdarstellungen, *Man*, Bd. 39, Nr. 60.

Albisetti, Padre C.

1948 Estudos complementares sôbre os Bororos orientais, *Contribuções missionarias, publicações da Sociedade Brasileira de Antropologia e Etnologia* (Rio de Janeiro), Nr. 2–3.

Arcy Wentworth Thompson, d'

1952 *On Growth and Form*, Cambridge, Mass., 2. Aufl., 2. Bd.

Auger, P.

1952 *L'Homme microscopique*, Paris. 2. Auflage Paris 1966

Balandier, G.

1956 Grandeur et servitude de l'ethnologie, *Cahiers du Sud*, 43. Jg., Nr. 337.

Baldus, H.

1944–46 Os Tapirapé, *Revista do Arquivo Municipal*, São Paulo.

Bastide, R.

1956 Lévi-Strauss ou l'ethnographe »à la recherche du temps perdu«, *Présence africaine*, April–Mai.

Bateson, G.

1936 *Naven*, Cambridge.

Benedict, P. K.

1942 Tibetan and Chinese Kinship Terms, *Harvard Journ. of Asiatic Studies, 6.*

1943 Studies in Thai Kinship Terminology, *Journ. Amer. Oriental Soc.*, 63.

Benedict, R.

1934 a) *Patterns of Culture*, Cambridge, Mass. (dt. *Urformen der Kultur*, rde. Hamburg).

1934 b) Zuni Mythology, *Columbia Univ. Contrib. to Anthropology*, Nr. 21, New York, 2 Bde.

1943 Franz Boas as an Ethnologist, in: *Franz Boas*, 1858–1942, *Mem. of the Anthropol. Amer. Assoc.*, Nr. 61.

Benveniste, E.

1939 Nature du Signe linguistique, *Acta Linguistica*, I, 1.

Berndt, R. M.

1951 *Kunapipi*, Melbourne

1955 »Murngin« (Wulamba) Social Organization, *Amer. Anthrop.*, N. S. Bd. 57.

Bernot, L. und Blancard, R.

1953 *Nouville, un Village français*, Travaux et Mémoires de l'Institut d'Ethnologie, 57, Paris.

Bidney, D.

1950 Rezension von L. A. White, The Science of Culture, *American Anthropol.*, N. S. Bd. 52, 4, Teil I.

1953 *Theoretical Anthropology*, New York, Columbia U. P.
Boas, F.
1895 *The Social Organization and the Secret Societies of the Kwakiutl Indians*, Washington.
1898 Einführung zu: Teit, J., Traditions of the Thompson River Indians of British Columbia, *Mem. of the Amer. Anthropol. Assoc.*, Bd. 6.
1911 Hrsg., Handbook of American Indian Languages, *Bureau of American Ethnology*, Bull. 40 (1908), Teil I.
1920 The Methods of Ethnology, *Amer. Anthropol.*, N. S. Bd. 22.
1924 Evolution or Diffusion? *Amer. Anthropol.*, N. S. Bd. 26.
1927 *Primitive Art*, Instituttet for Sammenlignende Kulturforskning, Serie B, Bd. 8, Oslo.
1930 a) *The Religion of the Kwakiutl Indians*, Columbia Univ. Contribution to Anthropol., Nr. 10, New York, 2 Bde.
1930 b) Some Problems of Methodology in The Social Sciences, in: *The New Social Science*, Chicago.
1936 History and Science in Anthropology: a Reply, *Amer. Anthropol.*, N. S. Bd. 38.
1940 The Limitations of the Comparative Method of Anthropology (1896), in: *Race, Language and Culture*, New York.
Bohr, N.
1939 Natural Philosophy and Human Culture, *Nature*, Bd. 143.
Bonaparte, M.
1945 Notes on the Analytical Discovery of a Primal Scene, in: *The Psychoanalytical Study of the Child*, Bd. 1, New York.
Brand, C. S.
1948 On Joking Relationships, *American Anthropologist*, N. S. Bd. 50.
Brice-Parain
1956 Les Sorciers, *le Monde nouveau*, Mai.
Brunschvicg, L.
1927 *Le Progrès de la Conscience dans la Philosophie occidentale*, 2 Bde., Paris.
Bunzel, R. L.
1930 Introduction to Zuni Ceremonialism, *Bureau of Amer. Ethnology*, 47th *Annual Report*, Washington.
Cannon, W. B.
1942 »Voodoo« Death, *Amer. Anthropol.*, N. S. Bd. 44.
Colbacchini, Padre A. A.
1925 *I Bororos Orientali*, Turin.
1942 (Colbacchini, P. A. A. und Albisetti, P. C.) *Os Bororos orientais*, São Paulo.
Cook, W. A.
1908 The Bororo Indians of Matto Grosso, *Smithsonian Miscellaneous Coll.*, Bd. 50, Washington.
Cooper, J. M.
1940 The South American Marginal Cultures, *Proc. of the 8th Amer. Scientific Congress*, Washington.
Creel, H. G.
1935 On the Origin of the Manufacture and Decoration of Bronze in the Shang Period, *Monumenta Serica*, Bd. 1, Fasc. 1.
1936 Notes on Shang Bronzes in the Burlington House Exhibition, *Revue des Arts asiatiques*, 10.

Cushing, F. H.
1883 Zuni Fetiches, *Bureau of Amer. Ethnology, 2nd Annual Report*, Washington (1880–1881).
1896 Outlines of Zuni Creation Myths, *Bureau of American Ethnology, 13th Annual Report.*
1920 Zuni Breadstuffs, *Indian Notes and Monographs, Museum of the American Indian, Heyes Foundation*, 8.
Dahlberg, G.
1948 *Mathematical Methods for Population Genetics*, London – New York.
Davis, K.
1935 (Davis, K. und Warner, W. L.) Structural Analysis of Kinship, *Amer. Anthropol.*, N. S. Bd. 37.
1941 Intermarriage in Caste Societies, *Amer. Anthropol.*, N. S. Bd. 43.
1947 The Development of the City in Society; 1st Conference on Long Term Social Trends, *Social Science Research Council.*
Delcourt, M.
1944 *Œdipe ou la Légende du Conquéreant*, Liège.
Dobrizhoffer, M.
1822 *An Account of the Abipones*, Transl. from the Latin, 3 Bde., London.
Dorsey, G. A.
1906 *The Pawnee: Mythology*, Washington.
Dumézil, G.
1948 *Loki*, Paris, dt. Darmstadt 1959.
1949 *L'Héritage indo-européen à Rome*, Paris.
Durkheim, E.
1901–02 (E. Durkheim und M. Mauss), De quelques Formes primitives de classification, *Année sociologique*, 6.
1912 *Les Formes élémentaires de la Vie religieuse*, Paris.
Eggan, F.
1937 a) Historical Changes in the Choctaw Kinship System, *American Anthropologist*, N. S. Bd. 39.
1937 b) Hrsg., *Social Anthropology of North American Tribes*, Chicago.
1950 *Social Organization of the Western Pueblos*, Chicago.
Elwin, V.
1947 *The Muria and their Ghotul*, Oxford.
Engels, F.
1884 *Der Ursprung der Familie, des Privateigentums und des Staats.*
Evans-Pritchard, E. E.
1939 Nuer Time Reckoning, *Africa*, 12.
1940 a) *The Nuer*, Oxford.
1940 b) (M. Fortes und E. Evans-Pritchard) *African Political Systems*, Oxford.
1951 *Social Anthropology*, Glencoe, Ill.
Farnsworth, W. O.
1913 *Uncle and Nephew in the Old French Chanson de Geste*, New York.
Febvre, L.
1946 *Le Problème de l'Incroyance au XVIe siècle*, 2. Aufl., Paris.
Field, H.
1942 (Field, H. und Prostov, E.) Results of Soviet Investigation in Siberia, *Amer. Anthropol.*, N. S. Bd. 44.
Firth, R.
1936 *We, The Tikopia*, London–New York.

1946 *Malay Fishermen*, London.
1951 *Elements of Social Organization*, London.

Fletcher, A. C.
1904 The Hako: A Pawnee Ceremony, *Bureau of Amer. Ethnology, 22nd Annual Report*, Washington (1900–1901).

Ford, C. S.
1951 (Ford, C. S. und Beach, F. A.) *Patterns of Sexual Behavior*, New York.

Ford, J. A.
1955 The Puzzle of Poverty Point, *Natural History*, Bd. 65, Nr. 9.

Forde, D.
1941 Marriage and the Family among the Yako, *Monographs in Social Anthropology*, Nr. 5, London.
1950 a) Double-Descent among the Yako, *in* 1950 b)
b) (Radcliffe-Brown, A. R. und Forde, D., Hrsg.) *African Systems of Kinship and Marriage*, Oxford.

Fortes, M.
1940 Vgl. Evans-Pritchard, 1940 b)
1949 Hrsg., *Social Structure*, Studies presented to A. R. Radcliffe-Brown, Oxford.

Fortune, R. F.
1932 *The Sorceres of Dobu*, New York.
1939 Arapesh Warfare, *Amer. Anthropol.*, N. S. Bd. 41.

Frič, V.
1906 (Frič, V. und Radin, P.) Contributions to the Study of the Bororo Indians, *Journal of the Royal Anthropological Institute*, Bd. 36.

Gautier, L.
1890 *La Chevalerie*, Paris.

Geise, N. J. C.
1952 *Badujs en Moslims*, Leiden.

Gifford, E. W.
1916 Miwok Moieties, *Univ. of Calif. Public. in Amer. Archaeol. and Ethnol.*, Bd. 12, Nr. 4.
1929 Tonga Society, *B. P. Bishop Museum Bull.*, 61.

Goldstein, K.
1934 *Der Aufbau des Organismus*, Den Haag.

Gough, E. K.
1955 Female Initiation Rites on the Malabar Coast, *Journ. of the Roy. Anthropol. Inst.*, Bd. 85.

Granai, G.
vgl. Haudricourt.

Griaule, M.
1938 *Masques Dogons*, Trav. et Mém. Institut d'ethnologie, 33.
1947 Mythe de l'Organisation du monde chez les Dogons, *Psyché*, Bd. 2.

Gummere, F. B.
1901 The Sister's Son, in: *An English Miscellany Presented to Dr. Furnivall*, London.

Gurvitch, G.
1955 a) *Déterminismes sociaux et Liberté humaine*, P. U. F. Paris.
1955 b) Le Concept de structure sociale, *Cahiers internationaux de Sociologie*, Bd. 19, N. S. 2. Jg.

Halle, M. vgl. Jakobson.

Halpern, A. M.
1942 Yuma Kinship Terms, *Amer. Anthropol.*, N. S. Bd. 44.
Hartland, S.
1917 Matrilineal Kinship and the Question of its Priority, *Mem. Amer. Anthropol. Assoc.*, Bd. 4.
Haudricourt, A. G.
1955 (Haudricourt, A. G. und Granai, G.) Linguistique et Sociologie, *Cahiers internationaux de Sociologie*, Bd. 19, N. S. 2. Jg.
Hauser, H.
1903 *L'Enseignement des sciences sociales*, Paris.
Henry, J.
1940 Bericht über: Nimuendajù, The Apinayé, *Amer. Anthropol.*, N. S. Bd 42.
Hentze, C.
1936 *Objets rituels, croyances et dieux de la Chine antique et de l'Amérique*, Antwerpen.
1937 *Frühchinesische Bronzen*, Antwerpen.
Herskovits, M. J.
1940 *The Economic Life of Primitive People*, New York.
Hocart, A. M.
1915 Chieftainship and the Sister's Son in the Pacific, *Amer. Anthropol.*, N. S. Bd. 17.
1923 The Uterine Nephew, *Man*, Bd. 23, Nr. 4.
1925 The Cousin in Vedic Ritual, *Indian Antiquary*, Bd. 54.
1938 *Les Castes*, Paris.
1952 a) The Northern States of Fiji, *Occasional Publ.*, Nr. 11, *Royal Anthropol. Institute*, London.
1952 b) *The Live-Giving Myth*, London.
1954 *Social Origins*, London.
Holm, S.
1951 Studies towards a Theory of Sociological Transformations, *Studia Norvegica*, Nr. 7, Oslo.
Holmer, N. M.
1947 (Holmer, N. M. und Wassen, H.) *Mu-Igala or the Way of Muu, a Medecine Song from the Cuna of Panama*, Göteborg.
Homans, G. C.
1955 (Homans, G. C. und Schneider, D. M.) *Marriage, Authority and Final Causes, a Study of Unilateral Cross-Cousin Marriage*, Glencoe, Illinois.
Howard, G. E.
1904 *A History of Matrimonial Institutions*, 3 Bde., Chicago.
Hunter-Wilson, M.
1951 Witch Beliefs and Social Structure, *American Journal of Sociology*, 56, 4.
Jakobson, R.
1929 Remarques sur l'évolution phonologique du russe, *Travaux du Cercle linguistique de Prague*, Bd. 2.
1931 Prinzipien der historischen Phonologie, *Travaux du Cercle linguistique de Prague*, Bd. 4.
1938 Observations sur le classement phonologique des consonnes, *Proc. of the Third Intern. Congress of Phonetic Sciences*, Gent.
1941 *Kindersprache, Aphasie und Allgemeine Lautgesetze*, Uppsala.

1948 The Phonetic and Grammatical Aspects of Language in their Interrelations, *Actes du 6e Congrès international des linguistes*, Paris.
1949 vgl. Reichard, G. A.
1956 (Jakobson, R. und Halle, M.), *Fundamentals of Language*, 'S-Gravenhage, dt. *Grundlagen der Sprache*, Berlin 60.

Josselin de Jong, J. P. B. de
1952 Lévi-Strauss's Theory on Kinship and Marriage, *Mededelingen van het Rijksmuseum voor Volkenkunde*, Leiden, Nr. 10.

Josselin de Jong, P. E. de
1951 *Minangkabau and Negri–Sembilan Socio–Political Structure in Indonesia*, Leiden.

Karlgren, B.
1937 New Studies on Chinese Bronzes, *The Museum of Far Eastern Antiquities*, Bull. 9, Stockholm.
1941 Huai and Han, *The Museum of Far Eastern Antiquities*, Bull. 13, Stockholm.

Kelemen, P.
1943 *Medieval American Art*, 2 Bd., New York.

Kovalevski, M.
1893 La Famille matriarcale au Caucase, *L'Anthropologie*, Bd. 4.

Kris, E.
1947 The Nature of Psychoanalytic Propositions and their Validation, in: *Freedom and Experience, Essays presented to H. M. Kallen*, Cornell Univ. Press.

Kroeber, A. L.
1909 Classificatory Systems of Relationship, *Journ. Royal Anthr. Inst.*, Bd. 39.
1920 Rezension von: Lowie, Primitive Society, *American Anthrop.*, N. S. Bd. 22.
1925 Handbook of the Indians of California, *Bureau of American Ethnology*, Bull. 78, Washington.
1935 History and Science in Anthropology, *Amer. Anthropol.*, N. S. Bd. 37.
1938 Basic and Secondary Patterns of Social Structure, *Journal of the Royal Anthropological Institute*, Bd. 68.
1940 (Kroeber, A. L. und Richardson, J.) Three Centuries of Women's Dress Fashions: A Quantitative Analysis, *Anthropological Records*, 5, 2, Berkeley.
1941 Salt, Dogs, Tobacco, *Anthropological Records*, Bd. 6, Berkeley.
1942 The Societies of Primitive Man, *Biological Symposia*, 8, Lancaster, Pa.
1943 Structure, Function and Pattern in Biology and Anthropology, *The Scientific Monthly*, Bd. 56.
1948 *Anthropology*, 2. Aufl., New York.

Kroef, J. M. van der
1954 Dualism and Symbolic Antithesis in Indonesian Society, *American*
1787 *Histoire des Incas*, 2 Bde., Paris.
Anthropologist, N. S. Bd. 56.

La Vega, Garcilasso De

Lawrence, W. E.
1949 vgl. Murdock, 1949 b)

Leach, E. R.
1945 Jinghpaw Kinship Terminology, *Journ. Royal Anthr. Inst.*, Bd. 75.

1951 The Structural Implications of Matrilateral Cross Cousin Marriage, *Journ. of the Royal Anthropological Institute.*, Bd. 81.

Lee, D. D.

1941 Some Indian Texts Dealing with the Supernatural, *The Review of Religion,* Mai.

Lefort, C.

1951 L'Echange et la lutte des hommes, *Les Temps modernes,* Febr.

1952 Sociétés sans histoire et historicité, *Cahiers internationaux de Sociologie,* Bd. 12, 7. Jg.

Leiris, M.

1948 *Biffures, la Règle du Jeu,* I, Paris.

1955 *Fourbis, la Règle du Jeu,* II, Paris.

Leroi-Gourhan, A.

1935 L'Art animalier dans les bronzes chinois, *Revue des Arts asiatiques,* Paris.

Lestrange, M. de

1951 Pour une méthode socio-démographique, *Journal de la Société des africanistes,* Bd. 21.

Lévi-Strauss, C.

1936 Contribution à l'étude de l'Organisation sociale des Indiens Bororo, *Journal de la Société des américanistes,* N. S. Bd. 28.

1942 Indian Cosmetics, *VVV,* Nr. 1, New York.

1943 The Art of the Northwest Coast, *Gazette des Beaux-Arts,* New York.

1944 a) Reciprocity and Hierarchy, *Americ. Anthropol.*, N. S. Bd. 46.

1944 b) The Social and Psychological Aspects of Chieftainship in a Primitive Tribe: The Nambikuara, *Transactions of the New York Academy of Sciences,* 2, 7, Nr. 1.

1945 a) On Dual Organization in South America, *America Indigena,* 4, Nr. 1, Mexiko.

1945 b) L'Analyse structurale en linguistique et en anthropologie, *Word,* Bd. I, Nr. 2.

1947 a) French Sociology, in: *Twentieth Century Sociology,* hgg. von G. Gurvitch und W. E. Moore, New York 1945; französisch: *La Sociologie au XX*[e] *siècle,* 2 Bde., Paris 1947.

1947 b) Sur certaines similarités morphologiques entre les langues Chibcha et Nambikwara, *Actes du 28*[e] *Congrès international des américanistes,* Paris.

1948 *La Vie familiale et sociale des Indiens Nambikwara,* Société des américanistes, Paris.

1949 a) Histoire et ethnologie, *Revue de Métaphysique et de Morale,* 54, Nr. 3–4 (vgl. das 1. Kapitel dieses Buches).

1949 b) *Les Structures élémentaires de la parenté,* PUF, Paris.

1950 Introduction à l'œuvre de Marcel Mauss, in: Mauss, M.: *Sociologie et Anthropologie,* a.a.O.

1951 Language and the Analysis of Social Laws, *American Anthropologist,* N. S. Bd. 53, Nr. 2 (vgl. das 3. Kapitel dieses Buches).

1952 a) Les Structures sociales dans le Brésil central et oriental, in: *Proceedings of the 29*[th] *Congress of Americanists,* New York (vgl. das 7. Kapitel dieses Buches).

1952 b) *Race et histoire,* Unesco, Paris.

1955 a) *Tristes Tropiques,* Paris, dt. *Traurige Tropen,* Köln 1960.

1955 b) Les Mathématiques de l'Homme, in: *Bulletin international des Sciences sociales*, Bd. 6, Nr. 4 (auch in *Esprit*, 24. Jg., Nr. 10, 1956).
1956 The Family, in: H. L. Shapiro, Hrsg., *Man, Culture and Society*, Oxford Univ. Press.
1957 Le Symbolisme cosmique dans la structure sociale et l'organisation cérémonielle de plusieurs populations nord et sud-américaines, in: Le Symbolisme cosmique des monuments religieux, *Serie Orientale Roma*, Bd. 14, Rom 1957.
1958 On Four Winnebago Myths, in: *Festschrift for Paul Radin's Seventy-fifth birthday.*

Lewin, K.
1935 *A Dynamic Theory of Personality*, New York.

Ling Shun-sheng
1956 Human Figures with Protruding Tongue found in the Taitung Prefecture, Formosa, and Their Affinities found in Other Pacific Areas, *Bulletin of the Institute of Ethnology, Academia Sinica*, Nankang, Taipei, Taiwan.

Linton, R.
1936 *The Study of Man*, New York.

Livi, L.
1940–41 *Trattato di Demografia*, Padua.
1949 Considérations théoriques et pratiques sur le Concept de »Minimum de population«, *Population*, 4, Paris.

Lowie, R. H.
1913 Societies of the Hidatsa and Mandan Indians, *American Museum of Natural History, Anthropological Papers*, Bd. 11.
1915 Exogamy and the Classificatory Systems of Relationship, *American Anthropologist*, N. S. Bd. 17.
1916 Plains Indian Age-Societies: Historical and Comparative Summary, *American Museum of Natural History, Anthropol. Pap.*, Bd. 11.
1919 The Matrilineal Complex, *University of California Public. in American Archaelogy and Ethnology*, 16.
1920 *Primitive Society*, New York.
1927 *The Origin of the State*, New York.
1929 a) Notes on Hopi Clans, *American Museum of Natural History, Anthropol. Papers*, Bd. 30.
1929 b) Hopi Kinship, *Amer. Mus. of Nat. History, Anthrop. Papers*, Bd. 30.
1929 c) *Art.* Relationship Terms, in: *Encyclopaedia Britannica, 14th ed.*
1935 *The Crow Indians*, New York.
1937 *The History of Ethnological Theory*, New York.
1940 American Culture History, *Amer. Anthropol.*, N. S. Bd. 42.
1941 A Note on the Nothern Gé of Brazil, *Amer. Anthropol.*, N. S. Bd. 43.
1942 A Marginal Note to Professor Radcliffe-Brown's Paper on »Social Structure«, *American Anthropologist*, N. S. Bd. 44, 3.
1948 a) *Social Organization*, New York.
1948 b) Some Aspects of Political Organization among American Aborigenes, *Huxley Memorial Lecture.*

Malinowski, B.
1922 *Argonauts of the Western Pacific*, London.
1927 *Sex and Repression in Savage Society*, London-New York.

1929 *The Sexual Life of Savages in North-Western Melanesia*, 2 Bde., London–New York.
1934 Vorwort zu: H. Ian Hogbin, *Law and Order in Polynesia*, London.
1935 a) *Coral Gardens and their Magic*, 2 Bde., London.
1935 b) *Art*. Culture, in: *The Encylopaedia of the Social Sciences*, New York.
1937 Culture as a Determinant of Behavior, in: *Factors Determining Human Behavior*, Harvard Tercentenary Publications, Cambridge, Mass.
1939 The Present State of Studies in Culture Contact, *Africa*, Bd. 12.

Martius, C. F. P. von
1867 *Beiträge zur Ethnographie und Sprachenkunde Amerikas, zumal Brasiliens*, Leipzig.

Marx, K.
1953 a) *Der achtzehnte Brumaire des Louis Bonaparte*, Berlin.
1953 b) *Grundrisse der Kritik der politischen Ökonomie*, Berlin.
1955 a) *Das Kapital*, 3 Bd., Berlin.
1955 b) *Ausgewählte Schriften*, 2 Bde., Berlin.
1963 *Zur Kritik der politischen Ökonomie*, Berlin.

Mason, D. I.
1952 Synesthesia and Sound Spectra, *Word*, Bd. 8, Nr. 1, New York.

Maspero, H.
1927 *La Chine antique*, Paris.

Mauss, M.
1901–02 vgl. Durkheim
1904–05 Essai sur les Variations saisonnières dans les sociétés eskimo, *Année sociologique, Paris.*
1924 Essai sur le Don, forme archaïque de l'Echange, *Année sociologique*, N. S.
1924–25 Division et proportion des divisions de la sociologie, *Année sociologique*, N. S.
1947 *Manuel d'ethnographie*, Paris.
1950 *Sociologie et anthropologie*, Paris.

McCarthy, D.
1938 *Australian Aboriginal Decorative Art*, Sydney.

Mead, M.
1935 *Sex and Temperament in Three Primitive Societies*, New York, dt. *Geschlecht und Temperament in primitiven Gesellschaften*.
1937 Hrsg., *Competition and Cooperation among Primitive Peoples*, London – New York.
1949 Character Formation and Diachronic Theory, in: *Social Structure*, hrsg. von M. Fortes, Oxford.

Merleau-Ponty, M.
1955 *Les Aventures de la dialectique*, Paris.

Métraux, A.
1946 Myths of the Toba and Pilaga Indians of the Gran Chaco, *Mem. of the Amer. Folklore Society*, Bd. 40, Philadelphia.
1947 Social Organization of the Kaingang and Aweikoma, *American Anthropologist*, N. S. Bd. 49.

Morgan, L. H.
1871 *Systems of Consanguinity and Affinity of the Human Family*.

Morgenstern, O.
1944 vgl. von Neumann.

Morley, A.
1956 Doctors Save Man »Sung to Death«, *Sunday Times*, London, 22. April, S. 11.
Murdock, G. P.
1949 a) *Social Structure*, New York.
1949 b) (Lawrence, W. E. und Murdock, G. P.) Murngin Social Organization, *American Anthropologist*, N. S. Bd. 51, 1.
1957 World Ethnographic Sample, *Amer. Anthrop.*, N. S. Bd. 59.
Murie, J. R.
1916 Pawnee Societies, *Amer. Museum of Nat. History, Anthrop. Pap.*, Bd. 11.
Nadel, S. F.
1946 Shamanism in the Nuba Mountains, *Journal of the Royal Anthrop. Institute*, Bd. 76.
1947 *The Nuba*, Oxford.
1952 Witchcraft in Four African Societies: An Essay in Comparison, *American Anthropologist*, N. S. Bd. 54, Nr. 1.
Neumann, J. von
1944 (Neumann, J. von und Morgenstern, O.) *Theory of Games and Economic Behavior*, Princeton; dt. *Theorie der Spiele*, Würzburg 1962.
Nimuendaju, C.
1927 (Nimuendaju, C. und Lowie, R. H.) The Dual Organization of the Ramkokamekran (Canella) of Southern Brazil, *American Anthrop.*, N. S. Bd. 29.
1939 The Apinayé, *The Catholic Univ. of America, Anthropol. Series*, Nr. 8, Washington.
1942 The Šerenté, *Publ. of the F. W. Hodge Anniversary Publ. Fund*, Bd. 4, Los Angeles.
1946 The Eastern Timbira, *Univ. of California Public. in American Archaeol. and Ethnol*, Bd. 41, Berkeley.
Nordenskjöld, E.
1938 An Historical and Ethnological Survey of the Cuna Indians, hrsg. von H. Wassen, *Comparative Ethnographical Studies*, 10, Göteborg.
Oliver, D. L.
1955 *A Solomon Island Society: Kinship and Leadership among the Sinai of Bougainville*, Cambridge, Mass.
Opler, M. E.
1937 Apache Data Concerning the Relation of Kinship Terminology to Social Classification, *American Anthropologist*, N. S. Bd. 39.
1947 Rule and Practice in the Behavior Pattern between Jicarilla Apache Affinal Relatives, *American Anthropologist*, N. S. Bd. 49.
Paget, Sir R. A.
1953 The Origin of Language ..., *Journ. of World History*, I, 2, Unesco, Paris.
Parsons, E. C.
1923 The Origin Myth of Zuni, *Journ. of American Folklore*, Bd. 36.
Pottier, E.
– Histoire d'une Bête, in: *Recueil E. Pottier*, Biblioth. des Ecoles d'Athènes et de Rome, Fasc. 142.
Pouillon, J.
1956 L'œuvre de Claude Lévi-Strauss, *Les Temps modernes*, 12. Jg., Nr. 126.

Queiroz, M. I. Pereira de
1953 A noção de arcaismo em etnologia e a organização social dos Xerenté. *Revista de Antropologia,* Bd. I, Nr. 2, São Paulo.
Radcliffe-Brown, A. R.
1924 The Mother's Brother in South Africa, *South African Journal of Science,* 21.
1926 Father, Mother and Child, *Man,* Bd. 26, Nr. 103.
1931 The Social Organization of Australian Tribes, *Oceania,* 1.
1935 Kinship Terminology in California, *American Anthropologist,* N. S. Bd. 37.
1940 a) On Joking Relationships, *Africa,* 13.
1940 b) On Social Structure, *Journal of the Royal Anthrop. Institute,* Bd. 70.
1941 The Study of Kinship Systems, *Journal of the Royal Anthrop. Institute,* Bd. 71.
1945 Religion and Society, *Henry Myers Lecture.*
1949 a) A Further Note on Joking Relationships, *Africa,* 19.
1949 b) White's View of a Science of Culture, *American Anthropologist,* N. S. Bd. 51, Nr. 3.
1950 (A. R. Radcliffe-Brown und D. Forde, Hrsg.) *African Systems of Kinship and Marriage,* Oxford.
1951 Murngin Social Organization, *Amer. Anthrop.,* N. S. Bd. 53.
1952 a) Social Anthropology, Past and Present, *Man,* Bd. 52, Nr. 14.
1952 b) *Structure and Function in Primitive Society,* Glencoe, Ill.
Radin, P.
1906 vgl. Frič, V.
1923 The Winnebago Tribe, *Bureau of American Ethnology,* 37th Annual Report (1915–1916), Washington.
1945 *The Road of Life and Death,* New York.
1949 The Culture of the Winnebago: as Described by Themselves, *Special Publ. of the Bollingen Foundation,* Nr. 1.
Rapoport, A.
1949 Outline of Probability Approach to Animal Societies, *Bull. of Mathematical Biophysics,* 11.
Reichard, G. A.
1933 Melanesian Design. A Study of Style in Wood and Tortoiseshell Carving, *Columbia Univ. Contrib. to Anthropol.,* Nr. 18, 2 Bde.
1949 (Reichard, G. A., Jakobson, R. und Werth, E.) Language and Synesthesia, *Word,* Bd. 5, Nr. 2.
1950 *Navaho Religion, A Study in Symbolism,* 2 Bde., New York.
Revel, J. F.
1957 *Pourquoi des philosophes?,* Paris.
Richards, A. I.
1932 *Hunger and Work in an Savage Tribe,* London.
1936 A Dietary Study in North-Eastern Rhodesia, *Africa,* 9.
1939 *Land, Labour and Diet in Northern Rhodesia,* Oxford.
Rivers, W. H. R.
1907 The Marriage of Cousins in India, *Journ. Roy. Asiatic Soc.,* Juli.
1914 *The History of Melanesian Society,* 2 Bde., London.
1924 *Social Organization,* London.
Rodinson, M.
1955 a) Racisme et civilisation, *La Nouvelle Critique,* Nr. 66, Juni.

1955 b) Ethnographie et relativisme, *La Nouvelle Critique*, Nr. 69, November.

Roes, A.
1936–37 Tierwirbel, *Ipek*.

Rose, H. J.
1911 On the Alleged Evidence for Mother-Right in Early Greece, *Folklore*, 22.

Rout, E. A.
1926 *Maori Symbolism*, London.

Sapir, E.
1949 *Selected writings of – in Language, Culture and Personality*, hrsg. von D. Mandelbaum, Univ. of California, Berkeley.

Sartre, J. P.
1952 Les communistes et la paix (II), *Les Temps modernes*, 8. Jg., Nr. 84–85.

Saussure, F. de
1916 *Cours de linguistique générale*, Paris; dt. *Grundfragen der allg. Sprachwissenschaft*, Berlin/Leipzig 1931.

Schneider, D. M.
1955 vgl. Homans.

Schrader, O.
1890 *Prehistoric Antiquities of the Aryan People*, Übers. F. B. Jevons, London.

Sechehaye, M. A.
1947 La Réalisation symbolique, Suppl. Nr. 12, *Revue suisse de Psychologie et de Psychologie appliquée*, Berne.

Seligman, C. G.
1910 *The Melanesians of British New Guinea*, London.

Shannon, C.
1950 (Shannon, C. und Weaver, W.), *The Mathematical Theory of Communication*, Urbana.

Simiand, E.
1903 Méthode historique et Science sociale, *Revue de synthèse*.

Soustelle, J.
1940 *La pensée cosmologique des anciens Mexicains*, Paris.

Speck, F. G.
1915 Family Hunting Territories and Social Life of Various Algonkian Bands of the Ottawa Valley, *Canada Department of Mines, Geological Survey*, Mem. 70.

Spier, L.
1921 The Sun-Dance of the Plains Indians, *American Mus. of Natural History, Anthropol. Pap.*, Bd. 16.

Spoehr, A.
1924 Kinship System of the Seminole, *Field Museum of Natural History, Anthropol. Series*, Bd. 33, Nr. 2.
1947 Changing Kinship Systems, *a.a.O.*, Bd. 33, Nr. 4.
1950 Observations on the Study of Kinship, *American Anthropologist*, N. S. Bd. 52, Nr. 1.

Stanner, W. E. H.
1936–37 Murinbata Kinship and Totemism, *Oceania*, Bd. 7.

Steinen, K. von den
1894 *Unter den Naturvölkern Zentral-Brasiliens*, Berlin.

Stevenson, M. C.
1905 The Zuni Indians, *Bureau of American Ethnology, 23rd Annual Report,* Washington.

Steward, J. H.
1938 Basin-Plateau Aboriginal Sociopolitical Groups, *Bureau of American Ethnology, Smithsonian Institution,* Bull. 120.

Stewart, J. Q.
1947 Empirical Mathematical Rules Concerning the Distribution and Equilibrium of Population, *The Geographical Review,* Bd. 37, Nr. 3.

Sutter, J.
1951 (Sutter, J. und Tabah, L.) Les Notions d'Isolat et de Population minimum, *Population,* 6, 3, Paris.

Swanton, J. R.
1908 Social Condition, Beliefs and Linguistic Relationship of the Tlingit Indians, *Bureau of American Ethnology,* 26th Annual Report, Washington.
1909 Tlingit Myths and Texts, *Bureau of American Ethnology,* Bull. 59.

Tabah, L. vgl. Sutter, J.

Teissier, G.
1936 La Description mathématique des faits biologiques, *Revue de Métaphysique et de Morale,* Januar.

Thompson, L.
1950 *Culture in Crisis, a Study of the Hopi Indians,* New York.

Thomson, D. F.
1935 The Joking Relationship and Organized Obscenity in North Queensland, *American Anthropologist,* N. S. Bd. 37.

Trubetzkoi, N.
1933 La Phonologie actuelle, in: *Psychologie du langage,* Paris.
1949 *Principes de phonologie,* Paris; dt. *Grundzüge der Phonologie,* Göttingen 1958.

Tylor, E. B.
1865 *Researches into the Early History of Mankind and the Development of Civilisation,* London.
1871 *Primitive Culture,* 2 Bd., London.

Voth, H. R.
1903 The Oraibi Summer Snake Ceremony, *Field Columbian Museum publ. No 83, Anthropological Series,* Bd. 3, Nr. 4, Chicago.

Wagley, C.
1940 The Effects of Depopulation upon Social Organization as Illustrated by the Tapirapé Indians, *Transactions of the New York Academy of Sciences,* 3, Nr. 1.
1948 (Wagley, C. und Galvao, E.). The Tapirapé, *in:* Steward, Hrsg., Handbook of South-American Indians, Bd. 3, *Bureau of American Ethnology,* Bull. Nr. 143, Washington.

Warner, W. L.
1930–31 Morphology and Functions of the Australian Murngin Type of Kinship System, *American Anthropologist,* N. S. Bd. 32 und 33.
1937 a) The Family and Principles of Kinship Structure in Australia, *American Sociological Review,* Bd. 2.
1937 b) *A Black Civilisation,* New York.

Wassen, H.
1947 Vgl. Holmer, N. M.

Waterbury, F.
1942 *Early Chinese Symbols and Literature: Vestiges and Speculations*, New York.
White, L. A.
1943 Energy and the Evolution of Culture, *American Anthropologist*, N. S., Bd. 45.
1945 History, Evolutionism and Functionalism ..., *Southwestern Journal of Anthropology*, Bd. I.
1947 Evolutionary Stages, Progress and the Evaluation of Culture, *Southwestern Journal of Anthropology*, Bd. 3.
1949 *The Science of Culture*, New York.
Whorf, B. L.
1952 *Collected Papers on Metalinguistics*, Washington D. C., Dept. of State, Foreign Service Institute.
1956 *Language, Thought and Reality*, Hrsg. John B. Carroll, New York; dt. *Sprache, Denken, Wirklichkeit*, rde, 1963.
Wiener, N.
1948 *Cybernetics, or Control and Communication in the Animal and the Machine*, Paris, Cambridge, New York.
1950 *The Human Use of Human Beings*, Boston.
Williams, F. E.
1932 Sex Affiliation and its Implications, *Journ. of the Royal Anthropological Institute*, Bd. 62.
1940–41 und 1941–42 Natives of Lake Kutubu, Papua, *Oceania*, Bd. 11 und Bd. 12.
1941 Group Sentiment and Primitive Justice, *American Anthropologist*, N. S. Bd. 43.
Wittfogel, K. A.
1943 (Wittfogel, K. A. und Goldfrank, E. S.) Some Aspects of Pueblo Mythology and Society, *Journal of American Folklore*, Bd. 56.
Yacovleff
1932 La deidad primitiva de los Nasca, *Revista del Museo Nacional*, II, 2.
Yetts, W. P.
1929 *The George Eumorphopoulos Collection Catalogue*, 3 Bde.
1939 *The Cull Chinese Bronzes*, London.
1942 An-Yang: A Retrospect, *China Society Occasional Papers*, N. S. Nr. 2, London.
Yngve, V. H.
1955 a) Syntax and the Problem of Multiple Meaning, in: W. N. Locke und A. D. Booth, Hrsg., *Machine Translation of Languages*, New York.
1955 b) Sentence for Sentence Translation, *Mechanical Translation*, Cambridge, Mass., Bd. 2, Nr. 2.
o. J. The Translation of Language by Machine, *Information Theory* (Third London Symposium).
Zipf, G. K.
1949 *Human Behavior and the Principle of Least Effort*, Cambridge, Mass.

Personenregister

Adam, Leonhard 268, 269, 288, 409
Albisetti, P. C. 142, 143, 151, 158, 159, 160, 409, 410
Arcy Wentworth Thompson, D'. 352, 409
Auger, Pierre 394, 409
Avila, F. de 292

Balandier, G. 309, 409
Baldus, H. 122, 409
Bancroft, H. H. 366
Bandelier, A. 120
Bässler, A. 294
Bastide, R. 309, 409
Bates, M. 315
Bateson, G. 331, 409
Beach, F. A. 412
Benedict, Paul K. 44, 409
Benedict, Ruth 20, 241, 347, 409
Benveniste, Emile 103, 105, 229, 355, 409
Berndt, R. M. 332, 333, 344, 409
Bernot, L. 314, 409
Berr, H. 30
Bidney, D. 347, 409, 410
Blancard, R. 314, 409
Blancard, R. 314, 409
Boas, Franz 17–25, 28, 33, 34, 35, 192, 226, 271–273, 276–278, 283, 286, 288, 303, 304, 310, 383, 409, 410
Bohr, Niels 321, 389, 410
Bonaparte, Marie 222, 410
Bonfante, Julien 44
Brand, C. S. 410
Brice-Parain 351, 410
Brunschvicg, L. 45, 410
Bühler, K. 348
Bunzel, R. L. 241, 244, 245, 246, 410

Cannon, W. B. 183–184, 410
Caspersson 221
Colbacchini, P. A. 135, 151, 159, 410
Comte, A. 348
Cook, W. A. 123, 124, 410
Cooper, J. M. 117, 119, 125, 410
Creel, H. G. 273, 281, 287, 290, 291, 410
Cushing, Frank Hamilton 241, 242, 244–246, 250, 314, 411

Dahlberg, G. 319, 411
Davis, K. 48, 49, 411
Delcourt, Marie 236, 237, 411
Desoille, R. 219
Dobrizhoffer, M. 280, 411
Dorsey, G. A. 256, 257, 259, 327, 411
Dumézil, G. 227, 315, 344, 411
Durkheim, E. 7, 12, 16, 24, 226, 255, 305, 311, 312–314, 343, 348, 355, 382, 383, 387, 411

Eddington, A. S. 348
Eggan, Fred 327, 411
Elwin, V. 411
Engels, F. 358, 363, 366–367, 411
Evans-Pritchard, E. E. 311, 312, 338, 411, 412

Farnsworth, W. O. 60, 411
Febvre, Lucien 30, 38, 39, 411
Fewkes, J. W. 327
Field, Henry 269, 411
Firth, R. 310, 381, 411, 412
Fletcher, A. C. 261, 317, 412
Ford, C. S. 412
Ford, James A. 159, 412
Forde, D. 412
Fortes, Meyer 330, 338, 342, 353, 411, 412
Fortune, Reo F. 29, 59, 412
Frazer, Sir James G. 226, 381, 398
Freud, Sigmund 221, 222, 239, 241
Frič, V. 124, 412
Fürer-Haimendorf, Ch. von 37

Galvao, E. 421
Gautier, Léon 60, 412
Geise, N. J. C. 154, 412

Gifford, E. W. 57, 175, 412
Goethe, J. W. 348
Goldfrank, E. 344
Goldstein, K. 303, 312, 412
Goodenough, W. H. 49
Gough, E. K. 341, 412
Granai, G. 95, 96, 97, 98, 99, 102, 103, 104, 106, 412, 413
Grégoire, H. 227
Griaule, M. 28, 412
Grimm, Jacob 111
Gummere, F. B. 60, 412
Gurvitch, G. 95–97, 343, 347–357, 360, 412
Guttman, L. 358

Haas, Mary 84
Haldane, J. B. S. 311
Halle, M. 97, 355, 412, 414
Halpern, A. M. 51, 413
Hartland, Sydney 53, 413
Haudricourt, A. G. 95–106, 110, 412, 413
Hauser, H. 11, 29–30, 413
Haya, Guillermo 204
Hegel, G. W. F. 363
Heine-Geldern, H. 269
Henry, J. 413
Hentze, Carl 268, 269, 287, 409, 413
Herskovits, M. J. 413
Heusch, Luc de 60
Hjelmslev, L. 355
Hocart, A. M. 44, 226, 227, 261, 341, 413
Hogbin, H. Jan 26, 417
Holm, Sverre 348, 413
Holmer, Nils M. 204, 206, 207, 209, 211, 213, 413, 422
Homans, G. C. 339, 340, 413, 420
Howard, G. E. 60, 413
Hunter-Wilson, Monica 344, 413
Hyden 221

Jakobson, Roman 35, 36, 47, 48, 54, 71, 93, 97, 103–107, 255–256, 263, 348, 355, 412, 413, 414
Joos, Martin 107, 108
Josselin de Jong, J. P. B. de 148, 157, 333, 414
Josselin de Jong, P. E. de 154, 155, 414
Jouvet, Louis 318
Jung, C. G. 228

Kallen, H. M. 221, 414
Karlgren, Bernhard 287, 290, 414
Kautsky, K. 367
Kelemen, Pal 270, 414
Koffka, K. 347
Köhler, W. 347, 348
Kovalevski, M. 56, 414
Kris, E. 221, 414
Kroeber, A. L. 16, 21, 49, 72, 93, 300, 306, 315, 324, 327, 330, 335, 348, 358, 414
Kroef, Justus M. van der 154, 164, 414

Labrador, Sanchez 281
Lang, A. 255
La Vega, Garcilasso de 120, 414
Lawrence, W. E. 331 332, 333, 414, 418
Leach, E. R. 333, 414, 415
Lee, D. Demetracopoulou 197, 415
Leeuw, G. van der 255
Lefort, C. 309, 415
Leiris, Michel 109, 200, 415
Leroi-Gourhan, A. 290, 415
Lestrange, M. de 317, 415
Lévy-Bruhl, L. 255, 399
Lewin, K. 314, 416
Ling Shun-sheng 219, 416
Linton, L. 416
Livi, L. 318, 416
Lounsbury, F. G. 49, 85
Lowie, R. H. 16, 23, 53, 54, 55, 117, 119, 120, 135, 259, 311, 320, 327, 334, 335, 336, 338, 344, 414, 416, 418

Malinowski, B. 21, 23–30, 34, 35, 56, 152, 153, 179, 180, 255, 315, 330, 331, 416, 417
Mallarmé, S. 108
Martius, C. F. Ph. von 118, 119, 417

Marx, Karl 38, 110, 111, 358, 359, 360, 363, 364, 365, 367, 407, 417
Mason, David I. 107, 108, 417
Maspero, H. 120, 417
Mauss, Marcel 16, 24, 43, 45, 117, 177, 179, 180, 200, 305, 314, 316, 323, 355, 366, 382, 391, 411, 415, 417
McCarthy, F. D. 269, 417
McDermott, M. 108
Mead, Margaret 29, 56, 331, 338, 417
Meillet, Antoine 45, 263
Mendelejew, D. I. 71
Merleau Ponty, Maurice 230, 417
Métraux, Alfred 147, 292–296, 417
Michelet, J. 30, 230
Monpereux, Dubois de 56
Montesinos, F. 292
Montesquieu 348
Moreno, J. 314
Morgan, Lewis H. 50, 314, 326, 334, 367, 417
Morgenstern, O. 302, 306, 323, 324, 345, 417, 418
Morley, Arthur 183, 418
Murdock, G. P. 78, 331–339, 353, 381, 414, 418
Murie, J. R. 258, 261, 418

Nadel, S. F. 344, 418
Neumann, J. von 302, 306, 323, 324, 345, 417, 418
Nimuendaju, Curt 119, 120, 131, 135, 136, 144, 145, 151, 166, 167, 413, 418
Nordenskjöld, Erland 204, 206, 207, 209, 418

Oliver, Douglas, L. 58, 418
Opler, M. E. 51, 418
Orellana, F. de 121, 122
Osgood, Ch. E. 84

Paget, Sir R. A. 228, 418
Parsons, E. C. 241, 242, 244, 248, 418
Pirenne, H. 30
Pottier, E. 288, 418
Pouillon, Jean 9, 309, 359, 418
Prostov, E. 269, 411

Queiroz, Maria Isaura Pereira de 127, 419

Radcliffe-Brown, A. R. 51, 52, 54–56, 65–66, 179–180, 311, 320, 328, 329 bis 333, 335, 336, 338, 343, 347, 353, 381, 383, 391, 412, 416, 419
Radin, Paul 124, 149, 150, 151, 153, 246, 344, 412, 416, 419
Rapoport, A. 341, 419
Ratzel, F. 19
Reichard, Gladys A. 107, 289, 344, 419
Revel, Jean-François 364–368, 419
Richards, A. J. 419
Richardson, J. 72, 306, 414
Rimbaud, A. 222
Rivers, W. H. R. 20, 47, 53, 63, 180, 419
Rivet, Paul 20
Rodinson, Maxime 357, 358, 360, 362, 363, 364, 367, 368, 419, 420
Roes, Anna 288, 420
Rose, H. J. 43, 420
Rousseau, Jean-Jacques 299
Rout, E. A. 285, 420

Sapir, E. 99, 420
Sartre, Jean-Paul 390, 420
Saussure, Ferdinand de 34, 45, 103, 106, 108, 204, 229, 420
Saussure, Raymond de 204
Schneider, D. M. 339, 340, 413, 420
Schrader, O. 43, 420
Sechehaye, M. A. 219, 220, 420
Seligman, C. G. 36, 116, 420
Sergi, S. 384
Shannon, C. 306
Simiand, F. 11, 12, 420
Simpson, G. G. 311
Sophokles 239
Soustelle, Jacques 356, 420
Speck, F. G. 420
Spencer, H. 347, 348
Spier, L. 16, 420
Spoehr, A. 420
Stanner, W. E. H. 116, 117, 420
Steinen, K. von den 123, 127, 420

Stevenson, M. C. 188, 241, 244, 245, 327, 421
Steward, J. H. 421
Stewart, J. Q. 421
Sutter, J. 319, 393, 421
Swanton, John R. 278, 285, 421
Swellengrebel, J. L. 164

Tabah, L. 319, 393, 421
Taine, H. 30
Tax, Sol 47
Teissier, G. 72, 410
Teit, James 226, 410
Thompson, L. 421
Thomson, D. F. 52
Thomson, G. 43
Trubetzkoi, N. 34, 45, 46, 47, 263, 348
Tylor, E. B. 14, 15, 32, 81, 226, 333, 381

Varagnac, A. 384
Voth, H. R. 237, 327

Wagley, C. 421
Warner, W. Lloyd 48, 49, 51, 332, 333, 410, 421
Wassen, Henry 204, 206, 209, 211, 213, 413, 422
Waterbury, Florance 286, 422
Weaver, W. 306
Werth, Elizabeth 107
Westermarck, E. 340
White, Leslie A. 14, 310, 409, 422
Whorf, Benjamin L. 86, 99, 422
Wiener, N. 68, 69, 306, 392, 393, 422
Williams, F. E. 58, 137, 422
Wilson, s. Hunter-Wilson
Wittfogel, K. A. 344, 422
Wouden, F. A. E. von 156

Yacovleff 296, 422
Yetts, W. Perceval 275, 290, 422
Yngve, V. H. 355, 422

Zipf, G. K. 422

Sachregister

Aasfresser 247–248
Abipon 280
Abreaktion 199–201, 218–221
Ackerbau s. u. Sammlertätigkeit
Acoma 88, 89
Afrika 40, 55, 58, 77–78, 133, 209, 329 338
Alaska 18, 209, 286
Algebra 258
Altersklassen 258, 259
Ambrym 143
Amerika, Nord- 15, 21, 34, 78, 116, 160
–, Mittel- und Süd- 124, 204
–, tropisches 125, 127, 129, 209
Anthropologie, angewandte 405–408
–, physische 369, 376, 378, 380, 385, 397, 404
–, Sozial- und Kultur- 12, 93, 111, 317, 369, 378–384, 396, 397
Apinaya 119, 131, 135, 144–146, 160
Arapesch 29
Araukaner 209
Aruak 118, 122
Archaismus 19, 115–134
Archäologie 14, 20, 117, 120, 122, 127 bis 134, 160, 232, 233, 267–273, 287 bis 290, 292–296, 314, 373, 383, 385, 397
Archetyp 228
Arikara 259
Aschenbrödel 249
Assam 37
Astronomie 109, 175, 368, 406
Auëto 126
Austausch, eingeschränkter und verallgemeinerter 23, 73–78, 91–93, 136, 137, 138, 141, 156–180, 251
Austauschsysteme (Kommunikationssysteme) 74–75, 96–98, 321–326, 345
Australien 66, 116, 117, 131, 146, 209, 269, 325, 330, 332, 350
Authentizität 391–394, 399
Autochthonie 236–239
Avunkulat s. u. matrilinearer Onkel
Aweikoma 147
Azteken 121

Baduj 153, 154
Bakairi 126
Bakororo 162
Bank 143
Benennungen, System der 51–52, 136 bis 138, 142–144, 329–330, 338–342
Bewußtsein, Kollektiv- 79
Beziehungen, soziale 299–302, 313, 320, 330, 381, 408
Biologie 315, 329, 333, 397
Bororo 119, 120, 123–124, 126, 128, 129, 135, 142–145, 157–164, 170, 172, 176–178, 317, 357, 358, 368
Brasilien 135, 146, 273, 279
Bratsvo, Sippengemeinschaften der 77
Britisch-Kolumbien 18, 288, 365
Bronze von An-Yang 275, 281, 287 bis 291

Caduveo 273, 276–281, 287, 357, 358, 368
Canella 119, 120, 135, 146
Cera 163, 164, 170
Chaco, Gran 121, 292
Cherentes 119, 127, 135, 139, 142–146, 160
Chikago, Schule von 315
Chiriguano 292
Chthonisch 236–237
Clan 18, 22, 27, 37, 92–93, 117, 135 bis 136, 141–146, 159–165, 170, 173, 175–178, 368
Crow-Omaha 78, 87, 261, 331
Cuña 204, 205, 207, 211
Curare 129, 130, 132
Cuzco 120, 151

Demographie 317–321, 325, 390
Determinismus, historischer 263
Diachronie und Synchronie 21, 25, 47,

60, 62, 103–104, 171, 230–253, 315, 330, 338
Dialektik 100, 157, 171, 228, 245, 255 bis 264, 339
Diffusionstheorie 13–17, 22, 270, 282
Dioskuren 239–251
Dobu 58, 59
Dogon 28
Dokumente, schriftliche 23, 30, 39
Dreiteilige Organisation s. u. Organisation
Dualistische Organisation s. u. Organisation
Dyadische Beziehungen 330, 331

Endogamie und Exogamie 143–147, 149, 325, 336, 377, 396
Entropie 325
Erlöser 246, 250
Eskimo 13, 26, 286, 355
Ethnographie und Ethnologie 11–13, 30, 31, 133–134, 308–310, 350, 351, 365–368, 378–380, 384
Evolutionstheorie 13, 16, 22, 116, 310, 311, 360–368

Fahu 57
Familie 27, 56–61, 65–67
Farben 107, 108, 109, 110
Feudalgesellschaft 290
Feuerländer 117
Fidschi 64, 341
Filiation, matrilineare 18–19, 44, 53, 55–64, 85, 122, 135–147, 158, 164, 165, 310, 336, 339
–, patrilineare 18, 19, 53, 55–64, 122, 135–147, 165, 310, 339, 368
Fisch 273, 277, 292–296
Fleischfresser 247–249, 258
Folklore 248, 249, 256, 384–385
Formalismus 104
Fortschritt 254, 360–368
Funktionalismus 23–30, 50–53, 315, 351, 382

Gartenbau 25, 28
Gé 119, 122, 136, 151, 160, 179, 316, 356
Geburt 204–255, 256–259, 261, 262
Gene 252, 310, 322
Geographie 359, 379, 383, 385, 395, 397
Geometrie 168, 169, 287, 368, 388
Gesellschaften, Global- 99, 348–356
Geschichte 11–40, 47, 103–106, 117, 133, 179, 230–233, 253, 267–291, 295, 308–310, 314, 334, 336, 351, 357, 363–367, 395
Gesprochene, das 229–232, 253
Gestaltpsychologie 347–348
Giljak 368
Guaikuru 273, 279, 280, 282, 285, 286 bis 287, 290
Guayaki 124

Hälften s. u. dualistische Organisation
Haida 271, 272–274, 276
Haltungen, System der 51–59, 85, 86, 329, 336, 338–342
Hawaiisch 334
Heirat 26–28, 90–93, 116, 136, 137, 138, 143–145, 153, 154, 156, 157, 160–180, 187, 304, 306, 319–320, 322, 324–337
–, asymmetrische 154, 157, 172–175, 177, 179
–, bilaterale 156, 368
–, gleichzeitige 138
–, matrilaterale 137–139, 340
–, patrilaterale 137–139, 340
– Präferenz- 77, 91, 92, 136, 172, 339, 341
–, symmetrische 178
–, unilaterale 156
Hidatsa 259–261, 263
Hopi 87–89, 117, 237, 250, 327
Hypergamie (Hypogamie) 340, 341

Indien 64, 91, 92
Indianer, Steppen- 63, 242, 247, 259, 260, 316
Indoeuropäisch 34, 70, 76, 90–93
Indogermanisch 111
Indonesien 148, 153–154, 156, 164, 172–175, 178, 179

Induktion 311, 327
Informanten 149, 204
Information 307, 325, 327, 392
Inka 120, 121
Inzestverbot 61–67, 73, 74, 85, 234 bis 240, 307, 337, 340, 377
Irokesen 85, 296
Isolat 317–320, 325, 393
Ituboré 162

Jagd s. u. Sammlertätigkeit

Kamayura 126
Karaiben 118
Kariera 329
Kaste 289, 340, 378
Kayapo 119
Keres 88, 251
Kipsigi 58
Klassen 289, 362, 363–367
Koita 36
Kommunikationstheorie 74, 75, 81–83, 96–99, 306, 321–326, 329, 345, 382, 392–394
Konkret 302, 303, 314, 323, 343, 349 bis 358, 391, 402
Kornrade 248
Koskimo 193–195, 237
Kristall 253, 300
Küche 100, 101, 152–153, 167
Kuki 357
Kula 323, 365
Kultur 80–82, 84, 93, 97, 98–99, 102, 299, 310, 320–346, 358, 378, 380–384, 395
Kunst 79, 98, 267–296, 359, 367
– Altchinas 267, 268, 269, 270, 271, 273–275, 284–291
– der amerikanischen Nordwestküste 267, 268, 269–273, 276–284
– der *Caduveo* 273, 276–281, 287
– der *Guaikuru* 282, 284, 285, 286, 287, 290
– Kanadas und Alaskas 279, 288
– der *Maori* 269, 280–286, 289, 291
– Melanesiens 289
–, neolitische des Amurgebietes 269
– Neu-Guineas 289
– der *Pueblo* 289
– der sibirischen Steppe 273, 288
Kutubu-See 58
Kwakiutl 18, 192, 237, 276, 277, 286
Kyanakwe 243–244
Kybernetik 68–70, 306, 358, 392

Labrador 281
Laguna 88
Ling Shun-sheng 291
Linguistik s. u. Sprachwissenschaft
Logik 38, 97–99, 227, 254, 271, 306, 311, 321, 323, 340, 360, 394, 395

Magie 28, 129, 130, 163, 183–264, 286–291, 344
Makrogeschichte 20
Mana 177
Mandan 259–260, 263
Maniok 129, 131
Maori 269, 279–286, 291
Marxismus 323, 343, 361–367
Masai 26
Masauwû 237, 250, 251
Masken 275, 285–291
Maß 305, 306, 353–356
Matako 292
Materialismus, dialektischer 358
–, historischer 359, 367
Mathematik 68–73, 240–241, 302, 305 bis 306, 317, 323–325, 340, 352–355, 394, 408
Matrilinear s. u. Filiation
Maya 122, 296
Mekeo 36
Melanesien 28, 116, 137, 151, 153, 164, 167, 171, 289, 350, 365, 380
Metalinguistik 86, 99
Metapher 219, 222
Methode, vergleichende 17, 23–24, 35, 36, 148, 241, 242, 267–291, 300, 311 bis 313, 327, 344, 345
–, statistische 306, 309–313, 314, 324, 325, 327, 333–335, 339, 353, 354, 358
Mikrogeschichte 20
Minangkabau 154, 155

Mittelalter 25, 60, 64
Mittelamerika s. u. Amerika
Miwok 78, 142, 175
Mode 72, 306
Modelle, theoretische 98, 252, 253, 299 bis 313, 314, 317. 323–324, 325, 330 bis 335, 338–346, 349, 360, 390, 391
–, mechanische und statistische 306 bis 313, 323, 324, 325, 335, 345
Mogh 357
Mojo 122
Mono 37
Morphologie 152, 313–321, 330, 355 bis 357
Motu 36
Mundé 357
Mundugomor 56
Munduruku 122
Murngin 328, 332–333, 368
Museen 400–405
Mutter der Tiere 237, 248, 292–296
Muyingwû 237, 250–251
Mythem 231–235
Mythos 89, 96, 98, 127, 128, 140, 175, 201–202, 206–225, 262, 289, 292–296, 314, 316, 317, 343–344
– der *Hopi* 250
– der *Kwakiutl* 237
– der langen Nacht 292
–, nordamerikanischer 237, 242, 247, 249
– Ödipus- 234–242
– *Pawnee*- 256, 258–260, 261, 262, 263
– der *Pueblo*-Indianer 245, 246, 247
– von der Schlange Lik 292–296
– vom schwangeren Jungen 256–259, 261, 262
– der *Schwarzfuß*-Indianer 262
–, slawischer 256
– der Steppenindianer 242, 247–248, 259
– im Südosten der Vereinigten Staaten 296
– der *Winnebago* 246
– der *Zuñi* 241, 242, 246, 249

Nambikwara 119, 124, 128–132, 185 bis 186, 357, 368
Narkwabeziehung 139
Nationalcharakter 394
Natur 65–67, 97, 110, 126, 322, 330, 333, 348, 381
Navajo 210
Negri-Sembilan 155
Neopositivismus 104
Newekwe 243
Neu-Guinea 29, 36, 56, 58, 116, 289
Neurose 252
Nhlampsa 64
Nominalismus 22
Normen 304, 305

Ökologie 155, 315, 377
Ökonomie 97, 110, 111, 322–323, 324, 342, 344, 362–364, 382, 390, 395
Omaha s. u. *Crow-Omaha*
Oneida 85
Onkel mütterlicherseits 44, 53–58, 139, 140, 340
Ordnung, Begriff der 337, 342–346, 357, 407
Organisation, dreiteilige 139, 140, 141, 147, 148–180
–, dualistische 21–23, 36, 37, 73, 120, 121, 122, 123, 128, 135–147, 148 bis 180, 362, 368
–, soziale 93, 113–180, 279, 291, 300, 310, 334, 342–344, 381

Palikur 122
Papua 361
Paraguay 279–281
Parintintin 122
Pathologie 183–225
patrilineare Filiation s. u. Filiation
Pawnee 171, 256–260, 262, 263
pecking order 251, 341
Pentecôte 143
Permutation s. u. Umwandlungen
Pfeife 256, 260
Pflanzenfresser 247–248, 258
Phallische Mutter 237, 249
Phänomenologie, Religions- 227

Phonem 107, 231
Phonetik 35, 106–108
Phonologie 34, 35, 45–51
Pilagá 292, 296
Poesie 108, 109, 230
Politisch 100, 230, 338, 340, 343, 382, 386, 392, 395
Polygamie 340
Polygynie 138
Polynesien 31, 57, 64, 78, 350
Posheiyanki, Poshaiyanne 246, 248, 251
Potlatsch 365–366
Poverty Point 159
Pragmatismus 104
Primitiv 35, 102, 115–134, 253, 267, 270, 306, 356, 363, 365, 367, 370, 387, 391, 399, 405
Pschav 56
Psychoanalyse 198–203, 217, 221, 225, 227, 308, 333, 400, 401
Psychologie 79, 84, 93, 107, 180, 183 bis 225, 271, 314, 337, 358, 367, 386, 395, 397, 399
Psychosomatische Störungen 197–198
Pueblo 18, 88, 237, 242, 245, 246, 247, 248, 289, 316, 327, 344
Pygmäen 117

Quesalid 192–198

Rabe 247
Ramkokamekran 199
Rank-size 318
Raubtiere 247
Raum 70, 148–180, 250, 283, 313–321, 355–356, 368, 384, 388, 389
Redundanz 255
Regeln 37, 321–326
Relativismus 360–368
Religion 152, 153, 158, 163, 183–264, 286–291, 311, 327, 343, 344, 359, 399
Riten der *Hako* 261–263
– der *Hidatsa* 259, 260, 261, 263
– der *Mandan* 259, 261, 263
– der *Pawnee* 171, 258, 260, 262, 263
– der *Pueblo*-Indianer 247
– der Schwarzfuß-Indianer 259, 260, 262
– der *Shalako* 250, 251
Ritual 183, 204–225, 246, 255–264, 317, 327
Roh und gekocht 152–153, 167, 171
Rosée 243
Ruß 248, 249

Sammlertätigkeit, Ackerbau, Jagd: Beziehungen zwischen,
unter ökonomischem Aspekt 118–134, 366, 367
unter mythologischem Aspekt 242 bis 248
Savanne s. u. Urwald
Schamane 192–225, 258, 344
Schenkungen, soziale 364–366
Schizophrenie 220
Schrift 39, 115, 233, 359, 373, 391, 392
Schwarzfuß-Indianer 259, 260, 262
Seele 205–225, 368
Selbstmord 307–308
Semantem 231
Semantik 104–111, 200, 260, 390, 395
Shang 273, 274, 281, 287, 291
Shumaikoli 237
Signifikat und Signifikant 104–111, 199–203, 220, 229–254, 390, 391
Sinotibetanisch 70, 77, 90, 92, 93
Sioux-Indianer 151, 160, 296, 356
Siriono 124
Siuai 58
Skalp 248
Skidi-Pawnee 259
Slawen 92
Sozialwissenschaften 309, 310, 323, 369–371, 373, 375, 378, 379, 385–388, 406
Soziologie 11–13, 63, 309–311, 364, 366, 367, 369–371, 380, 382, 383, 385–388, 394, 395, 399
Soziometrie 314
Spaßmacher, zeremonieller 245, 246
Sphinx 235–237
Spiele, Theorie der 324
Split representation 268, 283, 284, 286

Sprache (langage) 35, 63, 74, 75, 80, 81, 99, 102, 103, 203, 217, 224, 228 bis 254, 322, 377, 383, 395, 397
Sprachen, *afrikanische* 77
–, *amerikanische* 34, 78
–, *indoeuropäische* 90, 91, 92, 93
–, *indogermanische* 111
–, *sinotibetanische* 90, 92, 93
Sprachwissenschaft 34–35, 43–111, 199, 204, 228–254, 256, 264, 299, 321–328, 331, 347–349, 354, 358, 371, 373, 383, 385, 390, 394–395, 396–397, 405
–, *amerikanische* 34
–, *Gé-* 119, 136
–, *indoeuropäische* 34, 70
–, *Keres-* 88, 251
–, *semitische* 70
–, *sinotibetanische* 70
Sprachverwandtschaften 264
Star-husband 248, 260
Statistisch s. u. Methode
Steppenwolf 247–248
Störungen, homöostatische 183–185
Struktur 30, 37, 47–50, 61, 63, 70, 71, 72–79, 85–86, 90–94, 99, 100–103, 116, 118, 135–147, 148–180, 200, 223–225, 255–264, 267–291, 299–346, 347–367, 381, 382
Strukturalismus s. u. Struktur
Südamerika s. u. Amerika
Südasien 44
Symbole 35, 67, 104, 109, 111, 164, 170, 171, 178, 199, 201–203, 204–225, 228–254, 259–264, 268–291, 322, 394
Sympaticus, nervus 183–185
Synästhesie 106, 107
Synkretismus 122, 296
System, Begriff des 202, 302

Tabu 152
Tapirapes 122, 145
Tapu 57
Tapuya 119, 126
Tatauierung 273, 280–283, 285
Tau 248, 249
Tausch, eingeschränkter, verallgemeinerter s. u. Austausch
Tauschvorgänge 246, 251
Tembé 122
Tereno 122
Tewa 248
Thermodynamik 307, 310, 345
Tiahuanaco 120, 151
Tiamoni 251
Timbira 145, 160, 164, 166, 172
Tirawa 261
Tlingit 366
Toba 292, 295
Tonga 57
Tonsprache 77
Topologie 107, 306, 314
Totemismus 16, 276, 286, 288
Traumatismen 252
Trickster 247–250
Trobriand 27, 28, 56–60, 152, 153
Tropisches Amerika s. u. Amerika
Tscherkessen 56–59
Tschu 120
Tsiakish 237
Tsimshian 272
Tugaré 163, 164, 170
Tukuna 122
Tupi 118, 120, 126, 132
Tupi-Kawahib 122, 127, 357, 368
Typen 348, 349

Übersetzungsmaschinen 355
Ufuapiebeziehung 37
Umwandlungen 100, 255–264, 302, 352, 358–359
Unbewußte, das 17, 32–40, 76, 79, 102, 218–225, 303–305, 356, 360, 403, 406
Unterbewußtsein, das 223–224
Urwald-Savanne, Gegensatz zwischen 118–134, 185, 186

Verhaltensweisen, System der s. u. Haltungen
Verhexung 183–185
Vermittler 245–250
Verwandtschaftssysteme 46–94, 96, 116, 154, 261, 301, 319, 322, 363, 366–368, 391

Vilela 292
Vogelmythos 120, 247, 258, 262, 269
Volkskundler 115

Wiederholung 253
Wik Monkan 52
Wildheit 367
Wildwurzel 260, 262
Winnebago 149–155, 162, 171–173, 178, 246
Wintu 197
Wirtschaft s. u. Ökonomie

Xingu 120, 126

Yokut 37

Zauberer 183–203, 257–260
Zeit 30, 87–90, 225, 229–233, 250, 254, 281, 309–311, 313–321, 328, 344, 362, 364, 385, 389
Zia 246
Zulu 40
Zuñi 87, 188, 241–250, 314, 328
Zweiteilung der Darstellung 267–291

Verzeichnis der Abbildungen im Text

1 59
2 65
3 88
4 141
5 144
6 Grundriß eines Winnebago-Dorfes nach den Informanten der Hälfte »von oben« (nach Paul Radin, *The Winnebago tribe,* a.a.O., Abb. 33) . . 150
7 Grundriß eines Winnebago-Dorfes nach den Informanten der Hälfte »von unten« (nach Paul Radin, *The Winnebago tribe,* a.a.O., Abb. 34) . . 150
8 Grundriß des Dorfes Omarakana (nach B. Malinowski, *The sexual life of savages,* a.a.O., Abb. I) . . . . /. 152
9 Grundriß eines Bororo-Dorfes (nach P. C. Albisetti, *a.a.*O., Abb. I) 158
10 Übergang von einer konzentrischen zu einer diametralen Struktur 162
11 Grundriß eine Timbira-Dorfes (nach C. Nimuendaju, *a.a.O.,* Abb. I) . . 166
12 Darstellung einer diametralen (links) und einer konzentrischen Struktur (rechts) auf einer Geraden 168
13 Schema der Sozialstruktur der Winnebago 173
14 Schema einer Sozialstruktur indonesischen Typs 174
15 Schema der Sozialstruktur der Bororo 176
16 240
17 Haida. Malerei, die einen Bären darstellt (nach Franz Boas, *Primitive Art,* a.a.O.) 271
18a Tsimshian. Malerei an der Fassade eines Hauses, die einen Bären darstellt 272
18b Haida. Hut aus Holz, bemalt mit einem Motiv, das einen Fisch darstellt (Leierfisch) (nach Franz Boas, *Primitive Art*) 272
19 Eine nahe bei An-Yang (China) entdeckte Bronze (nach W. Perceval Yetts, *An-Yang: A Retrospect)* 275
20 Kwakiutl. Malerei auf einer Hauswand, einen Schwertwal darstellend (nach Franz Boas, *Primitive Art)* 277
21 Caduveo. Beispiel einer Gesichtsbemalung, von einer Eingeborenen auf ein Blatt Papier gezeichnet. (Sammlung des Verfassers) 278
22 Ornament einer Vase aus Nazca (Sammlung Jacques Lacan). 293
23 Vase aus Pacasmayo (nach Bässler, *Alte Peruanische Kunst,* Bd 2, Abb. 271. Die Vase findet sich auch bei Max Schmidt, *Kunst und Kultur von Peru,* S. 217) 294

Tafelteil

I. Shangbronze, 2. Jahrtausend

II. Dose, einen Frosch darstellend; Nordwestküste, 19. Jahrhundert (unten)

III. Malerei, einen Haifisch darstellend, dessen Kopf von vorn gezeigt wird, damit man die charakteristischen Symbole des Haifisches sehen kann; sein Körper ist der Länge nach gespalten, wobei beide Hälften nach rechts und links auf die Ebene des Kopfes geklappt sind (rechts).

IV.–V. Caduveo-Frauen mit bemaltem Gesicht, 1935 (folgende Seiten links und rechts)

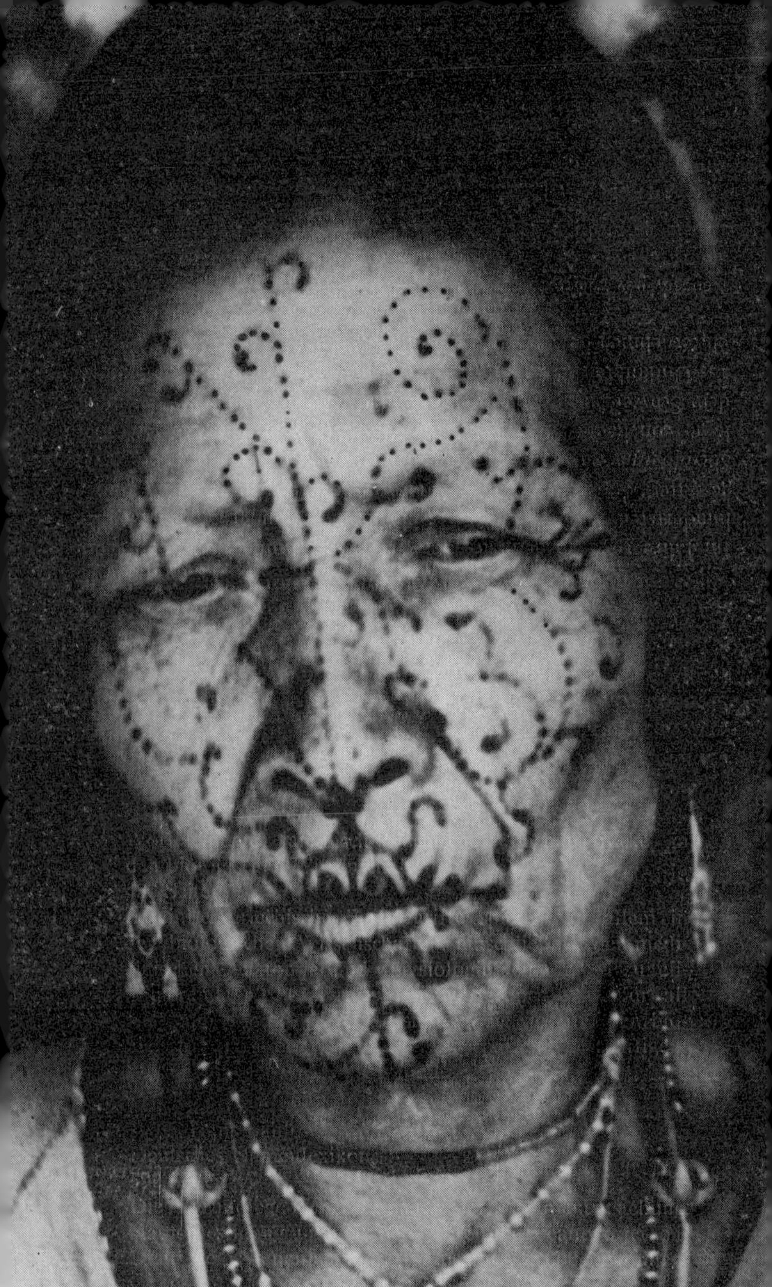

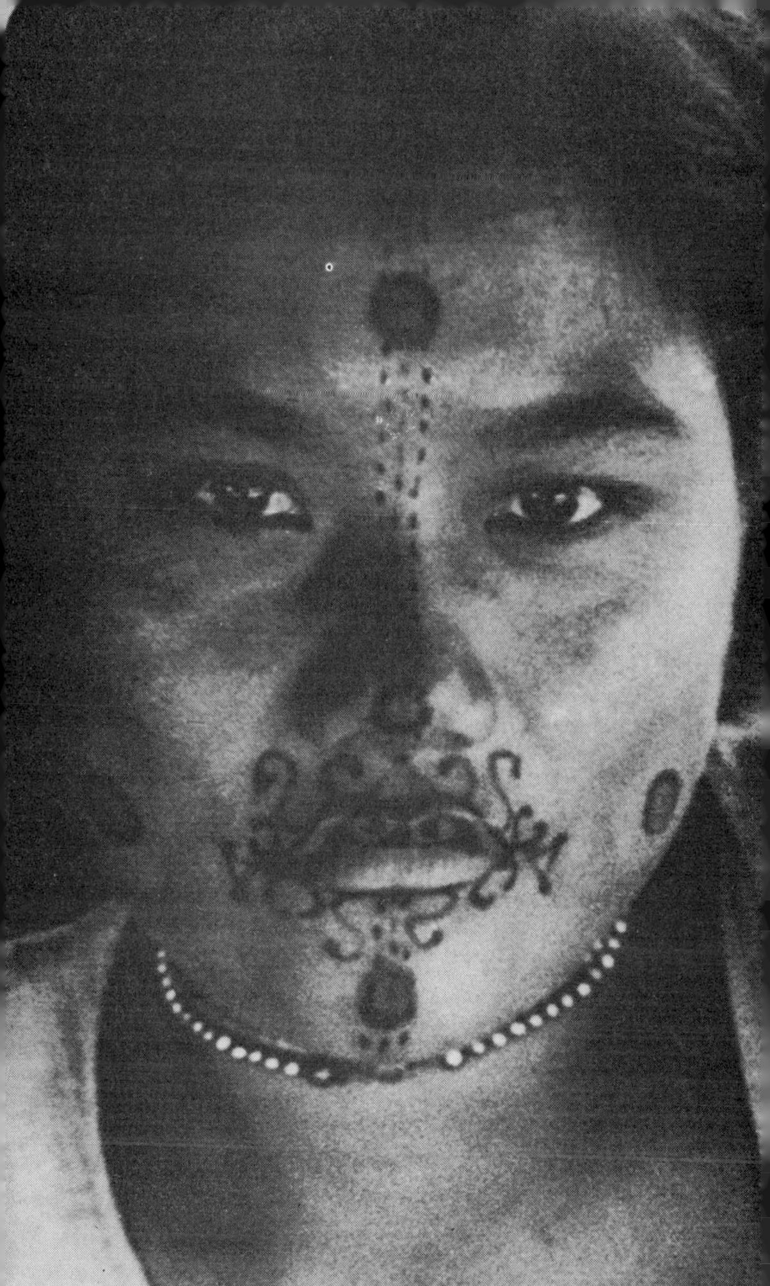

Malicche
Marzo 17/92

VI. Caduveo-Frau mit bemaltem Körper (links)
VII. Zeichnung eines Maori-Häuptlings,
19. Jahrhundert (unten)

VIII. Zeichnung,
von einer Caduveo-Frau angefertigt, 1935 (unten)

IX. Tiki aus Jade, auf der man dieselbe Dreiteilung des Gesichtes wiederfindet (rechts)

X. Holzplastik der Maori, 18. Jahrhundert (?) (folgende Seiten links)

XI. Haarschmuck (Holz), Nordwestküste, 19. Jahrhundert (folgende Seiten rechts). Man sieht die beiden kleinen Menschenköpfe, die den plexus solaris, den Bauch und die beiden Brustbeinseiten schmücken.

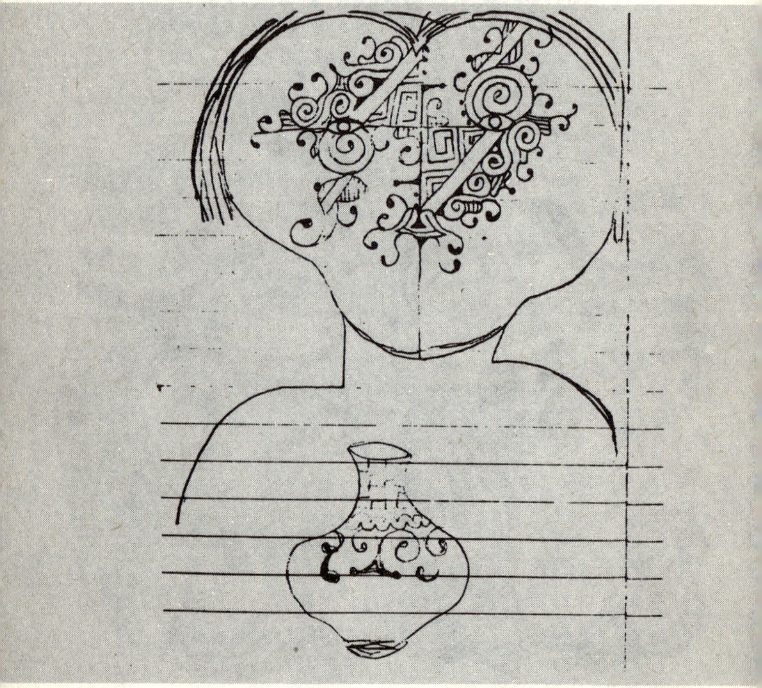

XII. Eingeborenentatauierungen, holzgeschnitzt,
Ende des 19. Jahrhunderts (links)
Obere Reihe: zwei Männergesichter, untere Reihe: ein Frauengesicht.
XIII. Holzschnitzerei, Maori, 18. oder 19. Jahrhundert (unten)

Verzeichnis der Abbildungen auf den Tafeln

I. Shangbronze, China, 1766–1122 v. C. Nach W. Perceval Yetts, *The George Eumorphopoulos Collection Catalogue*

II. Dose, einen Frosch darstellend. Nordwestküste des Pazifik, 19. Jahrhundert. Sammlung Jacques Lacan

III. Haida. Malerei, einen Haifisch darstellend, dessen Kopf von vorn gezeigt wird, damit man die charakteristischen Symbole des Haifisches sehen kann, dessen Körper der Länge nach gespalten ist, wobei beide Hälften nach rechts und links auf die Ebene des Kopfes geklappt sind. Nach *Tenth Annual Report,* Bureau of American Ethnology, Pl. XXV

IV.–V. Zwei Caduveo-Frauen mit bemaltem Gesicht, vom Autor 1935 fotografiert

VI. Caduveo-Frau mit bemaltem Körper. Zeichnung des italienischen Malers Boggiani, der die Caduveo 1892 besuchte. Nach G. Boggiani, *Viaggi d'un artista nell' America Meridionale*

VII. Zeichnung eines Maori-Häuptlings, sein tätowiertes Gesicht darstellend. Nach H. G. Robley, *Moko or Maori Tattoing*

VIII. Zeichnung, von einer Caduveo-Frau angefertigt, eine Person mit bemaltem Gesicht darstellend. Sammlung des Autors

IX. Tiki aus Jade, Neuseeland, auf der man dieselbe Dreiteilung des Gesichts wiederfindet. Sammlung Le Corneur-Roudillon

X. Holzplastik der Maori, Neuseeland, 18. Jahrhundert (?). Nach Augustus Hamilton, *Maori Art*

XI. Haarschmuck (Holz), Nordwestküste des Pazifik, 19. Jahrhundert. Man sieht die beiden kleinen Menschenköpfe, die den plexus solaris, den Bauch und die beiden Brustbeinseiten schmücken. Alt, Sammlung des Autors

XII. Drei Eingeborenentatauierungen, holzgeschnitzt, Ende des 19. Jahrhunderts. Obere Reihe: zwei Männergesichter, untere Reihe: ein Frauengesicht. Nach Aug. Hamilton, *Maori Art*

XIII. Holzschnitzerei, Maori, 18. oder 19. Jahrhundert. Nach Augustus Hamilton, *Maori Art*

Claude Lévi-Strauss
im Suhrkamp Verlag

Das Ende des Totemismus. Aus dem Französischen von Hans Naumann. 1965. edition suhrkamp 128. 142 S.

Strukturale Anthropologie. Aus dem Französischen von Hans Naumann. 1967. 450 S. Mit Illustrationen. Ln. 1969 Lnkasch.

Das wilde Denken. Aus dem Französischen von Hans Naumann. 1968. 342 S. Mit Illustrationen. Ln.

Mythologica I. Das Rohe und das Gekochte. Aus dem Französischen von Eva Moldenhauer. 1970. 400 S. Ln.

Mythologica II. Vom Honig zur Asche. Aus dem Französischen von Eva Moldenhauer. 1972. 568 S. Ln.

1973 erscheint
Mythologica III. Vom Ursprung der Tischsitten. Aus dem Französischen von Eva Moldenhauer. Ln.

1974 erscheint
Mythologica IV. Der nackte Mensch

Rasse und Geschichte. Aus dem Französischen von Traugott König. suhrkamp taschenbuch 62. 112 S.

Orte des wilden Denkens. Zur Anthropologie von Claude Lévi-Strauss. Herausgegeben von Wolf Lepenies und Hanns Henning Ritter. 1971. Theorie – Diskussion. 427 S.

st 61 Herbert Achternbusch
Die Alexanderschlacht
240 Seiten
Über *Die Alexanderschlacht* schrieb Reinhard Baumgart: »Sieht neben Achternbusch der Blechtrommler Oskar nicht aus wie ein Gottfried-Keller-Zwerg in Bleyle-Hosen? Denn das ist sicherlich zweierlei: den Anarchismus nur vorzuführen als ein Thema oder ihn loszulassen als eine Methode. Genau das tut Achternbusch.«

st 62 Claude Lévi-Strauss
Rasse und Geschichte
Aus dem Französischen von Traugott König
112 Seiten
1952 veröffentlichte die UNESCO eine Schriftenreihe, in der von wissenschaftlicher Seite in allgemeinverständlicher Form die Unsinnigkeit jeder Art von Rassismus dargelegt werden sollte. Unter den Autoren befand sich der damals nur in Fachkreisen bekannte Ethnologe Lévi-Strauss, dessen Beitrag das Thema jedoch weit überschritt und sich heute als leichtfaßliche Einführung in den Problemkreis des Strukturalismus anbietet.

st 63 Wolf Lepenies
Melancholie und Gesellschaft
352 Seiten
Melancholie und Gesellschaft ist die bislang material- und erkenntnisreichste Untersuchung der verschiedenen Spielarten bürgerlicher Melancholie als eines historischen soziologischen Phänomens der bürgerlichen Gesellschaft. Ziel dieser Studie ist es, den ideologieverwandten Charakter dieser Affekthaltung und ihre Abhängigkeit von gesellschaftlichen Verhältnissen nachzuweisen.

st 64 F. Cl. Werner
Wortelemente lateinisch-griechischer Fachausdrücke in den biologischen Wissenschaften
480 Seiten
Lateinisch-griechische Fachbegriffe spielen vor allem in den biologischen Wissenschaften, einschließlich der medizinischen Anatomie und Physiologie, eine nicht zu eliminierende Rolle. Dieses Fachwörterbuch wird für all jene zum unerläßlichen Hilfsmittel, die sich mit den biologisch orientierten Naturwissenschaften beschäftigen: Wissenschaftler wie Naturfreunde.

st 65 Hans Bahlow
Deutsches Namenlexikon
592 Seiten
Die grundlegenden Fragen der Namenentstehung, Namenfestigung und Namenverbreitung beantwortet das Deutsche Namenlexikon. Insgesamt 15 000 Familiennamen mit ihren Ableitungen und viele Vornamen finden hier eine durch gesicherte Kenntnisse fundierte, ausführliche Deutung nach Ursprung und Sinn.

st 66 Eric J. Hobsbawm
Die Banditen
Aus dem Englischen von Rudolf Weys. Mit Abbildungen
224 Seiten
Die Banditen ist eine vergleichende Geschichte und Soziologie berühmter Banditenführer, die einerseits als wirkliche historische Figuren, andrerseits als Helden von Balladen, Geschichten und Mythen ganze Länder immer wieder in Schrecken versetzt haben, zugleich aber von unterdrückten Schichten oft als Wohltäter begrüßt wurden, auf jeden Fall die Menschen stets fasziniert und ihre Phantasie angeregt haben.

st 69 Walter Benjamin
Ursprung des deutschen Trauerspiels
288 Seiten
Von der Analyse der deutschen Trauerspiele des 17. Jahrhunderts ausgehend, liefert Benjamin einerseits die Geschichtsphilosophie der Barockepoche, auf der anderen Seite eine stringente Abgrenzung der klassischen Tragödie vom Trauerspiel als literarischer Form sui generis.

Die Rettung der Allegorie – das Zentrum des Trauerspielbuches – eröffnete erstmals den Blick für lange verkannte Bereiche der poetischen wie der theologischen Sprache.

st 70 Max Frisch
Stücke I
368 Seiten
Bereits Max Frischs erste Stücke sind Versuche, die Frage zu beantworten, die sein ganzes Werk bestimmt und ihm seine Einheit gibt: die Frage nach der Identität. Der Band enthält die Stücke *Santa Cruz, Nun singen sie wieder, Die Chinesische Mauer, Als der Krieg zu Ende war, Graf Öderland.*

st 71 Wolfgang Koeppen
Romanisches Café
Erzählende Prosa
128 Seiten
Wolfgang Koeppen, dessen Romane als bedeutende deutsche politische Romane von der Kritik bezeichnet wurden, ist auch in der kleinen Prosa ein Meister. Die hier vorgelegten Texte sind teilweise verstreut, zum Teil nur einmal in Feuilletons erschienen, manche ganz und gar verschollen. In allen ist die Koeppensche Welt lebendig: es sind Geschichten und Lebensläufe von Zweifelnden und Melancholischen. (Inhalt: Romanisches Café, Verlobung im alten Salon, der Nachttresor, Melancholie u. a.)

st 72 Theodor W. Adorno
Versuch, das »Endspiel« zu verstehen.
Aufsätze zur Literatur des 20. Jahrhunderts I
224 Seiten
Der Band *Versuch, das ›Endspiel‹ zu verstehen* dokumentiert die Auseinandersetzung Adornos mit dem sogenannten Absurdismus. Von Valéry, Proust und Joyce, den Klassikern der Moderne, führen die Arbeiten über den Surrealismus zu Kafka und Beckett; in allen wird das Paradoxon thematisch, daß angesichts der Katastrophe immer noch Kunst existiert. Wenn alle Kunst zum Endspiel im buchstäblichen Sinn wurde, dann kann

man Adornos Aufsätze zur Literatur insgesamt so überschrieben, wie ihr Autor seine Beckett-Interpretation überschrieb: ein Versuch, das Endspiel zu verstehen.

st 73 Georg W. Alsheimer
Vietnamesische Lehrjahre
Bericht eines Arztes aus Vietnam 1961–1967
2. verbesserte Auflage mit einem Nachbericht von 1972
Vorwort von Wolfgang Fritz Haug
480 Seiten
1961 kommt der deutsche Arzt Georg W. Alsheimer als Dozent für Neurologie und Psychiatrie nach Vietnam. Er kommt ohne besondere Kenntnisse über das Land, ohne ausgeprägte politische Ansichten. Sechs Jahre später gilt er als vorzüglicher Vietnam-Experte und trägt durch seine Aussagen vor dem Russell-Tribunal dazu bei, daß die amerikanische Vietnampolitik und die Hilfsdienste der Bundesrepublik vor der Weltöffentlichkeit angeprangert werden. Für diese Neuausgabe schrieb der Verfasser eine Ergänzung, in der er darlegt, daß seine damaligen Prognosen durch die »Pentagon-Papiere« bestätigt wurden.

st 74 Martin Broszat
200 Jahre deutsche Polenpolitik
Erweiterte Ausgabe
336 Seiten
In diesem Buch gibt der Historiker Martin Broszat eine detaillierte und materialreiche Darstellung der deutschen Polenpolitik von der 1. polnischen Teilung 1772 bis zur Gegenwart, die von Kolonisierung und Annexion bis zur Vernichtung reichte. Angesichts der Braunschweiger Konferenz polnischer und deutscher Historiker über gemeinsame Empfehlungen zur Schulbuchrevision, vor allem aber als Beitrag zur Diskussion über die neue Ostpolitik der Bundesregierung gewinnt dieser Band besondere Aktualität und Bedeutung.

st 75 Ernst Bloch
Vorlesungen zur Philosophie der Renaissance
176 Seiten
Vorlesungen zur Philosophie der Renaissance ist Ernst Blochs neueste Veröffentlichung. Bloch interpretiert die

Renaissance nicht als »Wiedergeburt« der Antike, sondern als Neugeburt eines neuen Menschen und einer neuen Gesellschaft: der bürgerlichen. Diese Zeitenwende stellt er dar anhand der bisher stiefmütterlich behandelten Philosophie der Renaissance, angefangen bei den italienischen Naturphilosophen, über Giordano Bruno, Campanella, Paracelsus, Jakob Böhme und Francis Bacon, die Entstehung der mathematischen Naturwissenschaft mit Galilei, Kepler und Newton, bis zur Rechts- und Staatsphilosophie von Althusius, Machiavelli, Bodin und Hobbes. So entsteht ein geistesgeschichtliches Gesamtbild dieser Epoche, wie es heute für die Renaissance im allgemeinen Bewußtsein noch fehlt, weil man von ihr vor allem die künstlerische Revolution wahrgenommen hat.

76 Alexander Mitscherlich
Massenpsychologie ohne Ressentiment.
Sozialpsychologische Betrachtungen
ca. 224 Seiten
In diesem Band sind Aufsätze gesammelt, in denen sich Mitscherlich mit dem Verhalten, den Reaktionsweisen und Belastungen des Menschen in der Masse beschäftigt, kurz, mit den Problemen des modernen Menschen überhaupt. Es geht um Angst und Aggressionen, Masse und Familie, unstillbare Bedürfnisse und Ersatzbefriedigungen, Tabus und deren hemmende Wirkungen für die Demokratie. Durch das Bewußtmachen dieser Schwierigkeiten will Mitscherlich dem Menschen helfen, das Leben in der gegenwärtigen Massengesellschaft besser zu bestehen.

st 77 George Steiner
In Blaubarts Burg.
Anmerkungen zur Neudefinition der Kultur
Aus dem Englischen von Friedrich Polakovics
160 Seiten
Grundthema dieses Buches ist die beklemmende Feststellung, daß die Schreckensfiktionen der westlichen Kultur, besonders der europäischen Literatur seit 1815, wie eine ersehnte Vorwegnahme des tatsächlichen Schreckens wirken, der ab 1915 über Europa kam. Aus dieser Feststellung entsteht die Erkenntnis: die westliche Kultur ist nicht von außen vernichtet worden, die Barbarei,

die sie zerstörte, entstand in ihr selbst aus dem unerträglichen Widerspruch zwischen der ideellen Befreiung des Individuums im Zeitalter der Französischen Revolution und seiner realen Versklavung in der Maschinerie der Welt der Wirtschaft seit der Restauration von 1815.

st 78 Wolfgang Koeppen
Das Treibhaus
192 Seiten
In dem Roman »Das Treibhaus« zeigt Wolfgang Koeppen am Schicksal eines Einzelnen die Anonymität politischer Mechanismen: das »Treibhaus«-Klima von Wahlkampf, Diplomatie und Parteiopportunismus, politische Praxis als Selbstzweck, als Geschäft. Wer sich nicht anpaßt, scheitert.

st 79 Hermann Hesse
Das Glasperlenspiel
624 Seiten
Dieses Buch enthält eine sehr konkrete Utopie. Nicht umsonst ist es den Morgenlandfahrern gewidmet, der Chiffre Hermann Hesses für die Künstler, Wissenschaftler und alle Menschen der Vergangenheit, Gegenwart und Zukunft, die untereinander darin verwandt sind, daß sie unabhängig von Parolen und Ansprüchen der Majoritäten ihre eigene Veranlagung konsequent verwirklichen, nicht aus Selbstzweck, sondern aus Notwendigkeit und somit zwangsläufig beitragen zur Objektivation des Geistes, der Wissenschaft und Humanität, die über allen Beschränkungen der Nationen, Rassen, Konfessionen und Ideologien steht.

st 97/98 Knut Ewald
Innere Medizin
ist das auf dem aktuellsten Stand befindliche, derzeit erhältliche Kompendium der Inneren Medizin. Als übersichtliches – den ganzen Stoff der Inneren Medizin stichwortartig resümierendes – Nachschlagwerk ist es das ideale Handbuch für alle Studierenden, Ärzte und interessierte Laien. Ein umfangreiches Sachwortverzeichnis ermöglicht eine rasche Orientierung.

st 103 Noam Chomsky
Kambodscha, Laos, Nordvietnam
Im Krieg mit Asien II
Aus dem Amerikanischen übersetzt von Jürgen Behrens
256 Seiten

Noam Chomsky, der Begründer der Generativen Grammatik, erregte weltweites Aufsehen durch sein kompromißloses Engagement gegen den Krieg der Vereinigten Staaten in Indochina. In seinem neuesten Buch *Im Krieg mit Asien,* dessen erster Teil als st 32 unter dem Titel *Indochina und die amerikanische Krise* erschien, legt Chomsky seine totale Verurteilung der amerikanischen Indochinapolitik dar. Dieser zweite Band enthält am Ende eine vollständige Literaturliste der zitierten Arbeiten und damit zugleich eine der wahrscheinlich umfassendsten amerikanischen Bibliographien zum Vietnamkrieg.

st 127 Hans Fallada
Tankred Dorst
Kleiner Mann – was nun?
Eine Revue von Tankred Dorst und Peter Zadek
208 Seiten

Tankred Dorst hat Hans Falladas 1932 erschienenen Roman »Kleiner Mann – was nun?« dramatisiert, der zu einem der größten Bucherfolge seiner Zeit wurde. In der Geschichte des kleinen Angestellten Pinneberg und der Arbeitertochter Lämmchen in den Jahren der großen Arbeitslosigkeit erkannten Hunderttausende ihre eigene Geschichte, ihren Alltag, ihre Welt. Die Dramatisierung von Tankred Dorst wurde für die Neueröffnung der Städtischen Bühnen Bochum unter der Leitung von Peter Zadek vorgenommen.

st 150 Zur Aktualität Walter Benjamins
Aus Anlaß des 80. Geburtstags von Walter Benjamin herausgegeben von Siegfried Unseld
288 Seiten

Der vorliegende Band »Zur Aktualität Walter Benjamins« nimmt wichtige, hier erstmals publizierte Abhandlungen auf, die aus diesem Anlaß geschrieben worden sind, und Texte von Walter Benjamin, seine »Lehre vom Ähnlichen«, eine umfangreiche Variante der Arbeit »Über das mimetische Vermögen«, den autobiographisch bedeutenden Text »Agesilaus Santander«, den Briefwechsel mit Bertolt Brecht und drei Lebensläufe, deren letzter kurz vor seinem Tod geschrieben wurde.